철학

II

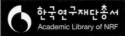
한국연구재단총서 학술명저번역 591

철학

II

실존조명

Existenzerhellung

칼 야스퍼스 지음 | **신옥희 · 홍경자 · 박은미** 옮김

아카넷

역자 서문

실존철학의 대표적 고전 중 하나인 칼 야스퍼스(Karl Jaspers, 1883~1969)의 주저『철학』제2권『실존조명』이 마침내 세상에 나오게 된 것을 매우 기쁘게 생각한다. 2010년 한국야스퍼스학회가 한국연구재단으로부터 '명저번역지원사업'의 연구비를 지원받고 공동작업을 시작한 후, 오랜 기간의 노력 끝에 나온 번역서라 감회가 남다르다. 1장부터 3장까지는 신옥희, 홍경사, 박은미가 공동번역을 했고, 4장, 5장, 6장, 11장은 홍경자가, 7장은 박은미가, 8장, 9장, 10장, 12장은 신옥희가 번역했다. 역자들은 이 책을 번역하면서 저자의 의도가 손상되지 않도록 가능한 한 원문에 충실하고자 노력했으며, 번역용어에 대해서도 여러 차례 만나 함께 토론하고 조정하면서 번역작업을 수행했다.

세 권으로 출간된『철학』은 실존철학의 창시자인 덴마크의 철학자 키르케고르(S. Kierkegaard)의 실존 개념, 주체적 사고, 그리고 간접전달의 방법을 받아들여 야스퍼스 자신만의 독창적인 실존철학을 전개하고 있는 방대한 저작이다.『철학』은 1권『세계정위』에서 존재를 고정하는 모든 '세계' 내 인식을 초월하여 개방적 영역으로 들어가는 내용을, 2권『실존조명』에서 자신의 '실존'을 조명하는 가운데 실존의 탁월한 표징이자 본래적 자기존재의 근원인 자유에 호소하는 내용을, 3권『형이상학』에서 '초월자'에게 다가

가기 위해 무제약적으로 행위할 수 있는 공간을 창조하는 내용을 다루고 있다. 사실 실존철학의 저서들 대부분이 그렇듯이 우리에게 가장 친근하고 큰 관심사인 실존으로서의 개별인간의 고유한 비밀을 다루고 있음에도 불구하고, 그 용어들이 낯설고 표현이 난해해서 독자들을 좌절시키는 경우가 적지 않다. 야스퍼스의 『철학 II: 실존조명』 역시 그처럼 난해한 책들 가운데 하나이다. 그러나 야스퍼스는 이 책 서두에서 주제개념으로서의 실존의 특수성과 그 전달방식의 특수성에 대해 미리 밝혀줌으로써 독자들이 이 책을 보다 쉽게 읽고 이해할 수 있도록 배려하고 있다.

　이 책은 모두 4부 12장으로 구성되어 있다. 제1장 '실존'은 이 책의 내용 전체에 대한 서론에 해당한다. 이 장의 전반부에서는 이 책의 주제개념인 실존에 대해서 예비적으로 간단히 설명하고 있고, 후반부에서는 이 책에서 사용되고 있는 진리 전달의 방법으로서의 소위 '실존조명'에 대해서 자세히 다루고 있다. 실존조명의 방법 자체에 대한 설명은 1장에만 나오지만, 이 책의 내용 전체가 다름 아닌 실존조명이므로 실존조명의 방법 자체에 대한 설명이 등장하는 1장을 유의하여 읽을 필요가 있다. 제2장부터 시작하는 1부에서부터 4부까지의 내용은 1장 '실존' 편에서 예비적으로 제시된 실존의 고유한 특성들에 대한 상세한 설명을 덧붙여 전개해 나가는 방식을 취하고 있다. 제1부 '소통과 역사성에서의 나 자신'은 '나 자신'(2장), '소통'(3장), '역사성'(4장)으로 구성되어 있으며, 제2부 '자유로서의 자기존재'는 '의지'(5장), '자유'(6장)로 구성되어 있고, 제3부 '상황, 의식, 그리고 행위에 있어서의 무제약성으로서의 실존'은 '한계상황'(7장), '절대의식'(8장), '무제약적 행위'(9장)로, 제4부 '주체성과 객체성에서의 실존'은 '주체성과 객체성의 양극성'(10장), '객체의 형태들'(11장), '실존들과 함께하는 실존'(12장)으로 구성되어 있다. 목차 주제를 보고 짐작할 수 있듯이 이 책은 처음부터 끝까지 '실존'이라는 축을 중심으로 원을 그리듯 실존의 조건이자 표징인 철학적 개념들(소통, 역사성, 의지, 자유, 한계상황, 절대의식, 무제약적 행위)을 탁월하게 분석, 확장해 나가면서 실존조명을 행하고 있다.

이 책 전체를 구성하는 중심축인 '실존'의 특징을 다음의 몇 가지로 요약할 수 있다.

첫째, 인식가능한 대상들의 총체로서의 세계에 대립해서 인식불가능하고 대상화할 수 없는 실존과 초월자가 존재한다는 것이다. 여기서 실존이란 지금 여기에 구체적으로 존재하는 대체불가능한 '단독자로서의 나'이다. 그러나 나의 현존(Dasein)은 실존이 아니며, 실존은 나의 현존 안에서 내가 성취할 수 있고, 또한 성취해야만 하는 특수하고 유일회적인 나의 존재가능성이다. 그러므로 나는 나의 실존을 볼 수도 없고 인식할 수도 없다.

둘째, 자기존재인 실존은 사물들처럼 경험할 수 없고 인식할 수도 없으나 그럼에도 불구하고 나에게는 무가 아니라는 것이다. 왜냐하면 나는 내가 대상으로 파악할 수 있는 나를 아는 것보다 '더 깊이' 나 자신을 알고 있고, 실존의 실현에서만 나는 참으로 나 자신일 수 있음을 알고 있기 때문이다. 더 나아가서 나는 개별자로서의 나의 고유한 자기실현을 가로막는 현존에 대해서 불만족을 품고, 그러한 현존을 돌파하기 위한 모험을 감행할 수도 있다. 이러한 불만족과 모험의 현장에서 나는 실존으로서의 나 자신을 체험하게 된다.

셋째, 나는 보편타당한 학문적 지식에 의해서가 아니라 다른 실존과의 소통에서 실존으로서의 나의 존재가능성에 대한 확신을 얻게 된다는 것이다. 그러한 의미에서 타자와의 실존적 소통은 실존으로서의 나의 자기 확신의 근원으로서 중요한 의미를 지닌다. 개별적인 실존은 혼자서는 자기 자신이 되기에 무력하지만, 다른 실존과 소통하는 가운데 자기 자신이 된다. 야스퍼스가 이 책의 제1부에서 자신의 철학 전체를 지탱해주는 근본 개념인 '소통'에 대해 상세하게 다루고 있는 것도 바로 이러한 이유 때문이다. 이때 소통은 자기가 자유롭게 자기를 선택함과 동시에 타자 역시 자유롭게 자기를 선택하려는 '의지'를 가질 때에만 가능하다.

넷째, 실존의 본질적 특성은 '자유'에 있다는 것이다. 실존은 현존 안에 있는 나의 존재가능성으로서 나의 자유로운 선택과 결단에 의해 존재할 수도 있고 '무' 속으로 사라질 수도 있다. 따라서 실존은 오직 나의 선택과 결단에 의해서만 존재한다는 점에서 단순한 현존과 구별된다. 실존은 실체화된 현존을 가지지 않고 현존 안에 존재하면서 현존으로부터 자기를 구별하고 현존에 대해 자기를 대립시키는 행위들을 통해서 드러난다. 실존은 세계현존에 대한 불만족과 그에 기초한 세계현존의 돌파를 통한 현존의 현상 안에 나타난다. 그리고 자기를 실현하는 실존의 운동은 현존의 상황에서 한계상황으로 나아가고, 경험적 의식에서 절대의식으로, 그리고 제약적 행위에서 무제약적 행위로 나아간다. 그리고 이와 같은 실존 운동의 일관된 특징은 실존의 무제약적 선택과 결단의 모험이다. 이 책에서 전개되고 있는 실존조명은 이러한 실존의 자유로운 자기실현의 운동을 밝히는 것을 과제로 한다.

다섯째, 실존은 항상 세계와의 긴장 속에 존재한다는 것이다. 실존은 세계로부터 자기를 분리하고 대립시키기 때문에 세계와 실존 사이에는 불가피한 긴장이 존재한다. 실존은 세계를 떠나서 존재할 수 없고, 세계를 매개로 해서만 자기를 실현할 수 있다. 세계는 가능실존이 자기를 실현하는 유일한 장소이기는 하지만, 현실이 가능실존을 제약할 때는 그에 대해 반발하고 현실 돌파의 투쟁을 감행하는 장소이기도 하다. 실존을 조명하는 진술에서 사용되는 언어들은 일반적 의미를 지니는 동시에, 실존적 자기존재의 가능성을 호소하고 자극하는 이른바 실존의 "신호(Signum)"의 기능을 한다. 실존을 조명하는 진술은 한 개인이 실존적 존재를 확신하지 못하게 되면 실패하는 것이다. 실존의 진리는 모든 사람이 찬성할 수 있는 보편타당한 객관적 진리가 아니라, 한 개인만이 찬성할 수 있는 진리이기 때문이다. 그러므로 실존조명은 일반적 사고라는 날개와 이를 넘어서는 초월적 사고라는 두 날개가 움직일 때 비로소 성공적일 수 있다.

이 책의 내용 전체는 실존을 서술하는 일반적 진술의 형식을 취하고 있다. 그러나 그 목표는 실존에 대한 지식을 전달하는 것이 아니고, 특수한 개인들을 향해 실존의 가능성을 호소하고 자극하는 것이다. 이 책에서 야스퍼스는 실존의 진리를 만인에게 '인식'시키고자 하는 것이 아니라 일반적 언어를 매개로 하여 특수한 개별자를 향해 실존적 자기존재의 가능성을 '호소'하고자 한다. 그러므로 독자들은 이 책에서 야스퍼스가 사용하는 말들이 실존을 '지시'하는 '개념'들이 아니고 실존적 가능성을 호소하고 자극하고자 하는 '신호'임을 염두에 두고 읽어야 야스퍼스가 시도하는 실존조명에 다가갈 수 있다. 이 책은 실존조명의 확장적 전개를 통해 독자들 각자가 자신의 실존적 '자기'를 각성하게 하고, 실존적 존재가능성에 대한 확신을 획득할 수 있는 계기를 마련해주고자 한다. 이러한 점에서 이 책은 인간을 사물화하고 인간의 주체적 자기확신을 제약하는 이 시대의 우리에게 매우 뜻깊은 의미를 지닌다.

한마디로 요약하자면, 이 책은 바로 '나 자신'에 관한 책이다. 이 책은 내가 알고 싶어 하고 만나고 싶어 하는 나 자신에 관하여 말하고 있다. 나는 나에 관하여 생각하려 하면 생각이 끊기고, 나 자신에 관하여 말하려 하면 말문이 막힌다. 그래서 너의 자기가 어디 있느냐, 있으면 보여달라고 채근하는 실증주의자들 앞에서 우리 각자는 침묵할 수밖에 없다. 그러나 나는 알고 있다. 나는 자기를 알고 싶어 하면서도 알 수가 없어 안타까워 하는, 그래서 자기에 관하여 말하려 해도 할 말이 없어 답답해하는 '나'를 뼛속 깊이 의식하고 있다. 이 책에서 야스퍼스는 바로 이 '나에 관하여 생각하고 말하는 방법'을 알려준다. 그래서 역자들은 이 책을 번역하는 일이 힘든 만큼 기쁨도 컸다. 야스퍼스는 나 자신, 나의 실존에 관하여 말하는 실존조명이 만인을 위한 것이 아니라 어느 한 사람의 공명을 얻을 수만 있다면 성공한 것이라고 말한다. 그렇다면 야스퍼스의 실존조명은 적어도 우리 역자들의 경우에서는 성공한 것 같다. 아무쪼록 이 책을 읽는 더 많은 독자에게도 야스퍼스의 실존조명이 성공적일 수 있기를 기대해본다.

또 다른 측면에서 이 책이 지닌 중요한 의의는 야스퍼스 전기 사상의 주저이면서, 동시에 후기 사상의 단초들을 이미 포함하고 있을 뿐만 아니라 후기 사상을 선제적으로 보충하고 있다는 점이다. 야스퍼스는 후기 사상에서 전기의 실존철학을 실존 이성의 철학으로 발전시켰다. '이성적 실존' 혹은 '실존적 이성'의 개념을 중심으로 하는 후기의 포괄자론(Periechontologie)은 개인의 내면적인 확신의 어두운 깊이와 역사성의 한정된 지평에 치우치기 쉬운 전기의 실존철학의 한계를 넘어 보다 밝고 개방된 소통의 지평을 열고자 하는 이론적 시도였다. 그러나 후기의 포괄자론적 사고와 보편적 소통의 이념을 통해 야스퍼스 사유의 지평은 넓어졌지만, 전기의 실존철학의 핵심인 실존의 절대적 무제약성의 깊이는 희석되는 결과를 초래했다. 그런 이유에서 후기의 이성 철학의 내실 있는 발전을 위해서도 전기의 주저인 『철학』의 실존 사상은 지속적으로 연구되어야 하며 재조명될 필요가 있다. 나아가 후기의 이성 철학을 대표하는 야스퍼스의 역사철학, 정치·사회철학, 세계 철학사도 전기의 실존철학에 근원을 두고 있다는 것 또한 의심의 여지가 없다.

이 책에서 전개되고 있는 야스퍼스의 실존철학은 다음과 같이 실존철학의 발전에 기여할 것으로 기대된다.

첫째, 야스퍼스의 실존철학은 실존철학을 유아론적 사상으로 오해하는 일반적 경향을 시정하는 데 기여할 수 있다. 야스퍼스의 『철학 II: 실존조명』에서 실존은 단독자로서 홀로 초월자 앞에 서는 키르케고르의 실존과는 달리, 타자와 함께 초월자 앞에 선다. 초월자는 피안의 존재가 아니라 세계의 존재를 통해 감지될 수 있는 존재로서 실존이 본래적이며 자유로울 수 있는 절대적 근거로서 실존의 타자이자 기반이다. 실존이 초월자를 경험함으로써 일체의 존재 근거가 초월자라는 존재 확신에 도달하게 되는 것이다. 그러므로 세계는 초월자를 깨닫게 하는 불가결한 '매개자'이며, 초월자의 암호로서 실존에 의해 해독된다. 그런데 초월자를 향해 비약하는 실존의 무제약적 결단의 모험은 다른 실존과의 소통에서만 가능하다. 실존적 소통은 개별인간이 실존적 자기를 확인하도록 해주는 유일한 근원이다. 이처럼 실존의 자기실현이 타자와의 소통 없이는 불가능하다고 보는 야스퍼스의 입장은 실존철학을 유아론적 사상으로 오해하는 경향을 불식시키는 효과를 가져올 수 있다.

둘째, 야스퍼스는 현상적인 사회적 공동체의 실존적 의의를 강조하는 동시에 어디까지나 주체성과 객체성의 긴장 속에서만 실존의 자기실현이 가능함을 강조함으로써 실존철학을 보다 현실성 있는 사상으로 발전시킬 수 있는 이론적 토대를 제공하고 있다. 야스퍼스 사상의 특이한 점은 실존의 주체적 내면성을 중시하면서도 실존을 현존 안에 있는 가능실존으로 보고, 실존의 자기실현은 그 현존의 역사적 상황 안에서만 가능하다는 점을 강조한다는 데 있다. 야스퍼스에게 실존은 현존을 떠나서 존재할 수 없고, 이 세계 안에서 자기를 실현해야 한다. 즉 실존은 현존의 구체적 현실로서의 사회적 환경과 사회질서, 법률 및 정치적 상황 안에 존재하면서 동시에 다른 실존들과 함께하는 실존 공동체에 속한다는 점에서 실존이 현실세계에 기반을 두고 있다는 점이 특히 강조되고 있다.

셋째, 실존의 역사성을 강조하는 야스퍼스의 입장은 실존철학을 개인적인 자의와 방종을 조장하는 데카당스한 사상으로 오해하는 편견을 시정하는 데 기여할 수 있다. 물론 다른 실존철학에서와 마찬가지로 야스퍼스의 실존철학에서도 주체적 실존의 무제약적 자유를 강조하고 있다. 그러나 야스퍼스가 말하는 실존의 자유는 자기가 원하는 대로의 자기를 실현할 수 있다고 주장하는 자의적인 주장이나 영웅주의적 확신과는 거리가 먼 것이다. 실존의 자유는 무한정한 자의적 자유가 아니라 어디까지나 실존의 역사성에 의해 규정된 자유이고, 실존적 자유의 무제약성은 한계상황 앞에서의 실존적 결단의 무제약성 이외의 다른 것이 아니다.

이상과 같이 야스퍼스 실존철학의 의미 있는 기여에 대해 생각할 때, 그동안 중역본조차 없었던 이 책의 번역을 이제나마 출간하게 된 것은 매우 다행스러운 일이다. 역자들 각자가 번역상의 미숙함과 부족함을 최소화하려고 무던히 노력했지만, 그럼에도 나타나는 오역이 있다면, 이 문제는 다음 기회에 차차 보완해 나갈 것이다. 『철학 II』의 번역이 출판되길 오랜 시간 인내심을 가지고 기다려주신 『철학 III』의 역자 정영도 선생님, 『철학 I』의 공동역자 최양석 선생님, 이진오 선생님께 깊이 감사드리며, 번역서가 나오기까지 최선을 다해주신 아카넷 출판사 관계자분들께도 감사의 인사를 전하고 싶다.

야스퍼스의 주저 『철학』의 번역을 계기로 앞으로 국내에서 야스퍼스의 철학 연구가 더욱 활성화되고 실존철학의 새로운 변용이 일어날 수 있기를 기대하며 역자 서문을 마친다

2019년 6월
신옥희·홍경자·박은미

차례

제1장

실존

세계현존과 실존

내가 인식의 정위를 통해 모든 사람에게 강제적으로 인식가능한 내용으로 파악될 수 있는 모든 것의 총체를 세계라고 부른다면, 모든 존재는 세계존재로만 국한되는가, 아니면 인식하는 사유는 세계정위(Weltorientierung)에서 끝나고 마는가라는 물음이 생긴다. 신화적 표현방식으로는 영혼, 신이라고 불리고, 철학적 언어로는 실존, 초월자라고 불리는 것은 세계에는 존재하지 않는다. 그것들(영혼, 신, 실존, 초월 등—역자)은 세계 내 사물들과 같은 방식으로는 인식될 수 없다. 그러나 다른 방식으로는 인식될 수 있다. 그것들을 알 수 없다고 하더라도, 없는 것은 아닐 것이며, 인식될 수 없다고 하더라도 사유될 수는 있을 것이다.

여기서 '모든 세계존재에 대립하여 무엇이 존재하는가?'라는 물음에 대한 철학적 근본결단이 내려진다.

현존(Dasein)의 현상으로서 존재하지 않고, 존재할 수 있고 존재해야만 하는 그러한 존재, 그렇기 때문에 시간적으로 결단하는 존재, 그것은 영원하거나 영원하지 않은 것이다.

이러한 존재는 **실존(Existenz)**으로서의 나 자신이다. 실존은 나에게 대상이 되지 않는 나이다. 실존인 나는 나 자신을 대상으로 볼 수는 없지만 나 자신이 독립적이라는 사실은 안다. 나는 실존의 가능성으로 살고, 실존을 실현할 때만 나는 나 자신이다. 내가 만일 실존을 파악하고자 한다면, 실존은 나에게서 사라진다. 왜냐하면 실존은 심리적 주체(Subjekt)가 아니기 때문이다. 나는 나 자신을 대상화함으로써 어떤 성향이나 소질로 파악하기보다 실존의 가능성에 더 깊이 뿌리내리고 있음을 감지한다. 실존은 주관과 객관의 대립 안에 현존으로 나타난다. 그러나 실존은 대상(Gegenstand)으로서 어떤 것으로 주어지거나 어떤 관찰을 위한 기반으로 추론하게 될 현상이 아니다. 실존은 자신과 다른 실존들에게 오직 현상으로만 존재한다.

　그러므로 나의 현존은 실존이 아니며, 인간은 **현존으로 존재하는** 가능실존(mögliche Existenz)이다. 현존은 여기 있거나 혹은 있지 않거나 둘 중 하나이다. 그러나 실존은 가능적인 것이기 때문에 선택과 결단을 통해 존재할 수도 있고 무로 사라질 수도 있다. 나의 현존은 다른 현존에 대해서 협소한 세계존재와 광활한 세계존재 사이에서 크기의 차이를 가지지만, 실존은 또 다른 실존에 대해 그 실존의 자유에 근거하는 본질적 차이를 가진다. 존재로서의 현존에게는 삶과 죽음이 있다. 실존에게는 죽음이란 없고 비약이나 몰락만이 있다. 현존은 경험적으로 여기에 존재하고, 실존은 자유로서만 있다. 현존은 전적으로 시간적이지만 실존은 시간 안에서 시간을 초월한다. 나의 현존은 모두의 현존으로 존재하지 않기 때문에 유한하다. 물론 나의 현존은 원래 자기 안에 포함되어 있다. 그러나 실존은 혼자도 아니고 일체(一切)도 아니다. 왜냐하면 실존은 다른 실존과 초월자(Transzendez)와 관계할 때에만 비로소 존재하기 때문이다. 실존은 전적으로 타자인 초월자 앞에서 자기가 혼자서 존재할 수 없다는 것을 의식하게 된다. 그러나 현존은 무한한 것의 상대적인 완결로서 무한하다고 부르는 것에 반해, 실존의 무한성은 완결되지 않는 열려진 가능성이다. 가능실존으로부터 나오는 행위는 현존에게는 의심스럽다. 왜냐하면 현존은 시간 안에서 자신의 존립에 대한 관심으로 인해 무제약적인 것에 대항할 수밖에 없기 때문이다. 무제약적인 것의 길은 현존의 염려에게는 의심스럽다. 왜냐하면 무제약적인 것의 길은 현존에게 상실을 가져올 수도 있고, 현존을 파멸로 이끌 수도 있기 때문이다. 현존의 염려는 자신이 고유하게 존립할 수 있는 한에서만 실존적 행위를 하려고 한다. 그러나 가능실존에게 현존의 무조건적인 장악(Ergreifen)과 탐닉은 이미 몰락이다. 왜냐하면 실존은 자신의 측면에서 현존의 현실을 무제약적인 것으로 파악한다는 조건하에서만 받아들일 수 있기 때문이다. 그러나 무제약적인 단순한 현존의 의지는 현존이 철저한 난파의 현실로서 자신에게 분명해질 때 절망할 수밖에 없다.

현존의 실현(Erfüllung)은 **세계존재**이다. 가능실존은 자기 스스로를 드러내는 장(場)으로서 세계 안에 있다.

알려진 것으로서의 세계는 낯설다. 나는 세계와 **거리**를 두고 서 있다. 오성(Verstand)에 의해 인식될 수 있는 것과 경험적으로 알 수 있는 것은 단지 그 자체로서의 나를 그 자체로부터 멀어지게 한다. 그것들(오성에 의해 인식될 수 있는 것과 경험적으로 알 수 있는 것)은 나에게는 타자이다. 나는 그것들에 대해 무관심하다. 현실에서 그것들은 강력한 인과율에 내맡겨져 있고 타당성에서는 논리적 강제에 내맡겨져 있기 때문이다. 나는 그 안에서 편안하지 않다. 왜냐하면 나는 나에게서 친근한 말을 들을 수 없기 때문이다. 내가 세계를 확실하게 파악하면 할수록 타자인 세계, 위로가 없는 세계 안에서 나는 더욱더 고향상실의 느낌을 갖게 된다. 자비롭다든가 자비롭지 않다든가 하는 그런 느낌 없이 법칙성에 종속되거나 우연 속에서 허우적대면서 세계 그 자체에 대해 알지 못한다. 세계는 파악될 수 없다. 왜냐하면 세계는 내게 비인격적으로 맞서 있고, 개별적으로는 설명할 수 있지만, 전체로서는 결코 이해할 수 없기 때문이다.

그럼에도 불구하고 나는 세계를 다르게 알고 있다. 그때의 세계는 나에게 친숙하고, 나는 세계 안에서 정통하고, 세계 안에서 보호된다. 세계의 법칙성은 나의 이성이다. 내가 세계에 적응하면서 나의 도구를 만들고 그것을 인식할 때 나는 평온하다. 세계는 나에게 말을 걸어온다. 즉 내가 참여하고 있는 세계에서 생명이 숨 쉬고 있다. 내가 세계 안에 있을 때 나는 세계에 나를 바치고 나 자신이 된다. 세계는 사소하고 현실적인 것들에서는 친근하고 그 크기에서는 매혹적이다. 세계는 가까이에서 나를 순진하게 만들거나 나를 멀리 끌어내고자 한다. 세계는 내가 기대하는 길을 따르지 않는다. 그렇지만 예견하지 못한 충족과 이해할 수 없는 거부로 나를 깜짝 놀라게 할 때, 나 자신은 몰락하면서도 여전히 세계에 대한 신뢰를 유지한다.

이러한 세계는 이미 내가 단순히 인식적 정위만을 통해서 아는 그런 세계와는 다르다. 그러나 세계에 대한 파악에서 나를 만족시키는 것은 두 가지 의미가 있다. 첫 번째 의미에서 세계는 나의 현존의 욕망을 충족시키는 것으로서 요구된다. 생에의 맹목적인 의지는 나를 세계로 유인하고, 세계와 관련해 나를 기만한다. 예컨대 내가 세계에 존재한다면, 세계를 열망하는 것은 나에게는 불가피한 것이다. 그러나 절대적 충동으로서의 욕망은 나 자신에게는 파괴적이다. 그러한 절대적 충동에 반해 나는 나의 가능실존으로부터의 요구를 듣는다. 즉 이 요구는 내가 퇴락할 위험에 처해 있는 세계로부터 나를 해방시키라는 요구인 것이다. 두 번째 의미는 내게 친근한 것으로서 가까이 있는 세계로 내가 초월을 수행한다는 것이다. 내가 세계를 보든 사유하든, 그리고 세계 안에서 행동하든 사랑하든 생산하든 형성하든 그 어떤 행동을 하든, 이 모든 경우에 나에게 말을 걸어오는 초월자의 현상으로서의 타자를 동시에 파악한다. 세계 그 자체는 알려지지 않고, 오히려 세계는 존립으로서의 자신을 잃을 것처럼 존재한다. 이 세계는 시간과 사람에 따라, 또 나의 내적인 태도에 따라 바뀐다. 즉 세계는 모든 사람에게, 그리고 항상 동일하게 말하지 않는다는 것이다. 내가 듣고자 한다면, 나는 세계에 대해 준비하고 있어야 한다. 만일 내가 이를 받아들이지 않는다면, 내가 초월할 수 있을지도 모를 곳으로 회피하게 된다. 왜냐하면 (내가 초월할 수 있을지도 모른다는) 것은 단지 자유에 대해서만, 그리고 자유에 의해서만 존재하고, 강제할 어떤 것도 없기 때문이다.

그렇기 때문에 가능실존은 본래적으로 세계로 들어가기 위해서 세계로부터 자기를 **분리한다**. 세계에 대한 파악에서 세계일 수 있는 것 이상의 것을 얻기 위해 가능실존은 자신을 세계로부터 해방시킨다. 실존은 자기실현의 매개로서의 세계에 매혹되고 단순한 현존으로의 몰락의 가능성에 있어서는 세계에 반발한다. 세계와 실존 사이에는 **긴장**이 있다. 세계와 실존은 서로 하나가 될 수도 없고 서로 분리될 수도 없다.

가능실존의 철학함에는 긴장이 전제되어 있다. 알 수 있는 것으로서의 세계와 조명되어야 할 것으로서의 실존은 변증법적으로 구분되고 다시 하나로 파악되어야 한다.

알려진 것으로서의 **세계존재**는 모든 사람에게 보편타당하기 때문에 일**반적이다**. 즉 세계존재는 세계존재 안에서 동일한 사태에 대한 지향을 통해 하나의 공동체를 가지는 모든 이성존재에게는 공통적이다. 현실적인 것의 무한성에서 어떤 개별자로서 규정되는 것은 공동체에서는 타당한 일이다.

실존은 그 자체로는 결코 **보편적이지 않다**. 그렇기 때문에 보편적인 것에 속하는 하나의 특수한 예로서 분류될 수 있는 경우는 아니다. 그러나 실존은 현상에서 객체가 됨과 동시에 역사적 특수성을 지닌 개별자로 존재한다. 이러한 개별자는 여전히 보편적인 범주하에서 파악된다. 다만 개별자는 사실성(Tatsächlichkeit)의 무한성으로 인해 다 파악될 수 없고(unerschöpflich), 그렇기 때문에 진술될 수 없는 한계만이 존재할 뿐이다. 보편적인 범주로 파악되는 개별자는 결코 실존이 아니다. 오히려 처음에는 세계존재의 가시적인 풍요로움에 지나지 않는다. 이러한 풍요로운 세계존재는 지식에 의해서가 아니라 묻는 자 자신에 의해서 실존적 근원성으로 말 걸어질 수 있을 뿐이다. 실존과 세계의 하나됨은 미리 예측할 수 없는 과정이며, 그 과정은 세계 안에 자립적으로 스스로 서 있는 자에게만 확신될 수 있다.

세계현존에서 가능실존의 불만족

1. 실존의 존재에 대한 의심

실존을 현존으로부터, 세계로부터, 보편적인 것(Allegemeines)으로부터 떼어내면 아무것도 남지 않는 것처럼 보인다. 만약 실존이 객체가 될 수 없다면, 실존을 사유 안에서 파악하려는 것은 희망이 없어 보인다. 이러한 사유는 아무런 결과도, 존립(Bestand)도 얻을 수 없기 때문에 실존을 사유하려는 시도는 그 자체를 없애야만 하는 것처럼 보인다. 사람들은 모든 의미에서 실존의 존재를 의심할 수 있고, 현실적이고 참된 것으로서 대상(Gegenständliche)에 집착하도록 인간의 건전한 오성을 요구할 수 있다. 그렇다면 이러한 시도는 하나의 망상으로부터 생겨나는 것인가?

실존에 대한 의심은 없앨 수 없다. 왜냐하면 실존에 관해서는 현존처럼 인식할 수 있는 것도 아니고, 실존이 타당한 것으로서 존재하는 것도 아니기 때문이다. 실존의 대상을 제시할 수 있는 특수한 대상적 인식과는 반대로 각각의 철학적 사유의 내용을 부인할 수 있는 것처럼 **실존도 부인할 수 있다.** 마치 내가 영속할 것처럼 어떠한 경우에도 나는 나 자신에 대해, 즉 나로 존재하는 것이 무엇인지에 대해 말할 수 없다. 나에 관해서 객관적으로 말해질 수 있는 모든 것은 나의 경험적 개별성(Individualität)에 관한 것이다. 이 경험적 개별성은 나 자신의 나타남이 실존으로 드러나기 때문에 규정된 심리학적 분석에서 결정적으로 벗어난다. 나에 관한 지식(Wissen)의 한계는 타자의 직관을 강요하지 않고 간접적으로 타자를 지시한다. 그렇기 때문에 실존조명은 정말 자유롭지만, 그러나 지식을 통해 성취되는 것은 아니다. 즉 실존조명은 나를 위한 공간을 획득하기는 하지만, 그러나 객관적으로 파악가능한 존재에 대한 증명을 통해서는 어떤 실체(Substanz)도 창출하지 않는다.

따라서 객관적 오성을 매개로 해서만 실존에 대해 묻는 사람에게 실존은 (그 방식으로는 결코―역자) 도달될 수 없는 존재라면, 실존은 계속해서 의심스러운 것이 되고 만다. 어떠한 입증도 나를 실존이라는 존재에 대해 인정하도록 강요할 수 없다고 하더라도, 나의 사고는 여기서 멈출 수 없다. 다시 말해 나는 더 이상 합리적으로 통찰되지 않는 비약을 통해 대상으로 인식가능한 것의 한계 너머에 다다른다. 철학함은 이러한 **비약**을 통해 획득되는 하나의 지점에서 시작되고 끝난다. 실존은 근원에서 자신을 파악하는 철학함의 목표가 아닌 **근원**이다. 이러한 근원은 그것을 넘어서 더 근원적인 시작을 묻는 그러한 시작이 아니다. 또, 근원은 내가 그 안에서 절망하지 않을 수 없는 나의 자의도, 그 자체로 의심스러운 무한한 동기로부터 나오는 결과로서의 의지도 아닌, 내가 무지(Nichtwissen)를 통해 철학함으로써 나에게 다가설 때, 그것을 통해 내가 초월하는 자유의 존재이다. 근원에 대한 회의 속에서 철학함의 무력함은 나의 자기존재에 대한 무력함의 표현이고 철학함의 현실은 자기존재를 시작하는 도약의 표현이다. 그렇기 때문에 철학함은 실존의 이해를 전제로 한다. 그 전제는 처음에는 그저 의미와 근거에 대한 암중모색에 불과하고, 의심과 절망으로서 그 가능성을 거부한다. 그런 다음 그 전제는 철학함에서 밝혀지는 파악불가능한 확신으로 나타난다.

2. 가능실존의 표현인 현존에서의 불만족

내가 이론적으로든 실천적으로든 세계현존을 모든 것이라고 여길 때 나를 엄습하는 **불만족**은 부정적(negativ) 근원이다. 이 부정적 근원은 세계현존이 실존과 구분될 때, 나로 하여금 이 구분에 대한 진리를 느끼게 만드는 그런 것이다. 세계는 어떤 지식으로도 완결될 수 없고, 현존에 대한 어떠한 올바른 정위도 결정적일 수 없으며, 세계 안의 어떠한 절대적인 최종 목적도 모든 사람에게 명백하게 유일한 것이 아니기 때문에, 나의 지식이 분명하면 할수록, 나의 행위의 의미가 충분하면 할수록 불만족은 점점 더 결정적일 수밖에 없다.

이러한 불만족은 **충분하게 근거를 들어 설명할 수 없다.** 불만족은 가능실존의 존재에 대한 표현이다. 그리고 가능실존이 자신의 불만족을 말할 때, 타자를 이해하지 못한 것이 아니라, 자기 자신을 이해하지 못한 것이다. 그렇기 때문에 이러한 불만족은 지식의 무능도 아니며 내가 무의 심연 앞에 서 있는 세계에서 나의 모든 성취 끝에 오는 공허도 아니다. 오히려 불만족은 불만으로서 나의 생성(meines Werdens)을 끊임없이 자극하는 것이다.

근거를 찾을 수 없는 불만족은 단순한 현존으로부터 나온다. 불만족과 함께 나는 **가능한 것(Mögliche)의 고독**으로 들어가는데, 그러한 고독 앞에서 모든 세계현존은 사라진다. 이러한 고독은 본래적 존재인식에 절망하는 연구자의 포기도, 모든 행위의 의미에 대해 방황하는 행위자의 염증도 아니며, 혼자 있을 수밖에 없는 자기도피적인 인간의 고뇌도 아니다. 오히려 고독은 모든 환멸 뒤에 **자기 자신의 근원으로부터 존재하고자 하는** 요구로서 현존일반(Daseiende überhaupt)에 대한 불만족이다. 만일 내가 현존에 부적합한 상태로서의 불만족을 가지고 나를 세계에 직면하게 한다면, 나는 세계로 향하는 나 자신의 자유를 통해 모든 환멸을 극복하면서 다른 사람들에게로 방향을 바꾸며, 그들과 함께 근원을 확신하게 된다. 그러나 나는 이러한 불만족을 숙고하는 반성으로 파악되는 것이 아니라, 바로 이러한 숙고를 포기하고, 나의 행위의 현실로서, 난파(Scheitern)로서 파악되는 것이다.

그 밖의 다른 방식으로 지양불가능한 이론적 **지식**과 실천적 **행위**의 관련성에 대한 실행은 극복가능성에 기인한다. **보편을** 이론적으로 알고, 세계상을 조망하고, 현존의 형태들을 고찰하고, 그리고 이 모든 것을 이념들하에서 계속하여 확장해 나가는 것은 어쩌면 특별하고 깊은 만족을 충족시켜줄 것이다. 그러나 불만족으로부터 전체의 세계가 그 보편성과 타당성에도 불구하고, **존재하는 전부가 아니라는** 의식이 나에게 생긴다. 나는 자신의 직책에 따라 교체할 수 있는 공동탐구자(Mitforscher)와 함께 모든 개별자를 알려는 의지욕구(Wissenwollen)로서 세계에 서 있는 것이 아니라, **친구들과 함께** 본래적으로 알려는 의지로서 존재 자체로 향해 있는 세계에 서 있다. 나를 붙드는 것은 물음과 답변이 있는 공동체요, 객관적 타당성 그 자체를 넘어 간접적으로 공유되는 그것이다.

내가 **실천적** 삶에서 객관적인 것으로서의 과제를 발견하고, 파악하고, 그 의미를 물을 때마다, 불만족은 세상에서 이해가능한 모든 의미를 뚫고 나온다. 비록 내가 나의 위치에서 나의 일을 행하는 하나의 전체에 대한 이념을 통해 의식적으로 파악하는 힘을 얻는다 하더라도, 가능실존의 의식은 평안에 이르지 못한다. 전체에서 실현(Erfüllung)의 사유는 언제나 모든 온전함을 파괴하는 **한계상황**을 가리는 유혹(Verführung)처럼 단순한 상대적 사유에 불과하다. 만일 전체이념이 때때로 분열을 넘어서 순전한 우연에로 나아가는 일보(ein Schritt)라면, 그 전체는 결코 조망될 수 없고, 결국에는 세계현존의 우연으로 또다시 넘겨진다. 개별자에게 존재에 대한 육체의 부분으로서 의미가 부여되는 전체 안에서의 어떤 부분은 항상 의심스럽다. 그러나 어떤 경우에도 전체로 편입되지 않고 남는 것은 개별자로서의 나이다. 즉 내가 나의 행위를 무의미하게 만들 수 있는 파괴적인 생각을 묵인하지 않는다면, 과제의 선택과 성과(Leistung)를 위한 노력 중에 **또 다른** 근원이 동시에 타당하게 된다. 내가 유한한 과제들을 수행하기 위해 나의 경험적 개별성(empirische Individualität)에 몰두하는 것과는 달리, 가능실존으로서의 나는 정치적, 학문적, 경제적 삶에서의 성과들의 발전으로 경험적 개체성과 객관적, 비인격적인 사물화(Sachlichkeit) 그 이상이다. 역사적 과정의 세계현존에의 참여를 통해서만 실존의 본질을 실현함에도 불구하고, 실존은 스스로를 둘러싸고 있는 세계의 어두운 근거에 대항하는 투쟁으로서 존재한다. 그 근거를 통해 실존은 스스로를 발견하고, 또 그 근거에 대항하여 본래적 존재의 영원성에로, 세계로 난파함으로써 자신을 관철시키고자 한다.

이론적으로 세계 안에 존재하는 모든 사물에 대한 단순한 지식과 고찰에 대한 불만족이든, 실천적으로 이념적인 전체 안에서의 과제의 단순한 실현에 대한 불만족이든 가능실존의 불만족**으로부터** 이러한 불만족은 진술될 수 있고 이해될 수 있다. 이러한 불만족은 보편타당한 근거들을 통해서는 결코 이유를 대지 못한다. 보편타당한 근거는 오히려 하나의 이념에 의해 관통된, 그래서 정신이 되어버린 세계현존의 전체성에서의 만족과 휴식으로 유혹하는(verleiten) 경향이 있다. 가능적 자기존재의 불만족은 세계현존을 돌파하고, 그 근원에서 개별자 자신을 성찰한다. 그 근원으로부터 개별자는 자신의 세계를 파악하고, 타자와 더불어 실존으로서 현실화될 수 있다.

3. 세계현존을 통한 돌파(Durchbruch)는 실존조명에서 확인된다

만일 내가 나의 불만족을 해명하고, 동시에 그것을 그저 없애는 것이 아니라, 여기서 문제되는 것이 무엇인가를 **긍정적**(positiv)으로 생각하려 한다면, 나는 **실존조명**에로 이르게 된다.

만일 현실적으로 수행된 세계현존의 돌파가 실존이라면, 실존조명은 이러한 돌파에 대한 **사유하는 확신**(denkende Vergewisserung)이다. 돌파는 가능실존으로부터 그 실현에 이르는 것이다. 그러나 그 가능성의 한계를 떠날 수는 없다. 행위 그 자체에서의 이 실재성은 비록 그것이 객관적으로는 증명될 수 없다고 하더라도 실존에게는 본래적 실재성이다. 철학적 조명은 어떤 방식으로든 돌파와 관련되는 모든 사유를 추구할 것이다.

a) 돌파는 세계현존의 **한계**에서 일어난다. 이러한 사유는 그러한 한계에로까지 이끌리고, 한계의 경험과 그 경험으로부터 일어나는 호소를 생생

하게 드러낸다. 이러한 사유는 세계에서의 상황으로부터 **"한계상황"**에로 이끈다. 경험적 의식으로부터 **"절대적 의식"**에로, 합목적적인 행위로부터 **"무제약적 행위"**로 이끈다.

b) 그러나 한계로의 돌파는 세계 밖으로 이끌리는 것이 아니라 세계 안에서 성취되는 것이기 때문에, 철학적 사유는 세계에서의 실존의 현상을 **"역사적 의식(역사성의 의식)"** 안에서, 그리고 실존의 현존에 대한 **"주체성과 객체성 사이의 긴장"** 안에서 끝까지 추구한다.

c) 돌파는 하나의 **근원**으로부터 발생한다. 세계에서는 단지 사건이 발생할 뿐이다. 그러나 돌파에서는 나에 의해 무언가가 결정된다. 시간현존 안에 현상으로서 본래적으로 존재하는 그 어떤 것도 미결인 채로 존재할 수 없다는 것이야말로 실존에게는 확실하다. 왜냐하면 나는 사물의 경과가 나에 대해 결정하도록 내버려 두거나, 어떤 것도 본래적으로 결정되지 않고, 모든 것은 오직 **일어날** 뿐이므로 나 자신으로 사라지거나, 아니면 결단되어야만 한다는 의식을 가지고 존재를 그 자체 존재하는 근원으로부터 파악하고 있기 때문이다. 근원에로 향하는 사유는 **"자유"**를 조명한다.

d) 그러나 결단되어야만 한다는 것은 어떠한 세계지식을 통해서 확립될 수 없고, 세계지식을 수단으로 해서만 파악될 수 있을 뿐이다. 세계현존은 실존조명을 통해 목적을 달성한다. 그 결과 무엇이 문제인지는 지금 알려지기보다, 오히려 내가 진리가 **됨으로써** 진리가 파악될 수 있는 가능성들만이 감지될 수 있을 뿐이다. **"나 자신"**, 그리고 **"소통"**으로 존재하는 자기존재는 일체의 실존조명을 위한 근본사유들에서 서로 만나려 한다.

실존조명의 방법

　가능실존이 단순한 세계현존으로부터 구별되는 것, 세계 자체에 대한 실존의 불만족, 그리고 결단을 통한 실존적 현실에로의 돌파 의식 등 이 모든 것은 단지 지식의 **한계**를 의식하게 하지만, 우선은 사유로 하여금 아무것도 볼 수 없는 공간 앞에 세우게 한다. 실존이 세계 내의 하나의 객체도 아니고 어떤 타당한 이념적 대상도 아니라면, 실존조명을 향한 **사유수단**은 어떤 **독특한 성격**을 가져야만 한다.

　실존조명적 사유는 실존함의 **현실**에로 향한다. 실존함의 현실이란 역사적 상황에서 자기 자신에게로 향하는 초월함이다. 그러나 조명하는 **사유** (das erhellende Denken)는 대상적 사유를 수단으로 한다. 조명하는 사유는 이 대상적 사유를 통해 실존 자신의 저 근원적 초월함에로 넘어간다. 실존조명에서 철학적 사유 자체는 그것이 순수한 대상으로만 **생각될 때**, 그 초월함이 박탈되고, 그리고 오해된다. 그러나 철학적 사유가 초월적으로 사유된다면, 그것은 실존적 현실의 **성취**가 아니라, **실존적 가능성의 성취**이다. 만약 철학적 사유가 그와 같은 가능성이 된다면, 그 가능성은 **첫 번째 전환** (Umsetzung)을 통해 자기화(angeeignet)를 성취한다. 그러나 실존함 자체는 오직 사실적 행위의 현실로서만 존재한다. 즉 가능성으로의 자기화 (Aneignung)는 내적 행위에서 자신의 **두 번째 전환**을 시작하며 성취될 수 있다. 그러나 그럼에도 불구하고 오직 나를 고무시키는 것과 그 안에서 내가 현실적이 **되는** 것의 구분은 여전히 남아 있다. 우리는 **철학하면서** 실존에로 향하지만, 아직 실존은 아니고 다만 우리의 존재를 **사유할** 뿐이다. 그런 이유로 내가 나를 자신의 가능성을 생각하는 한 인간으로 이해한다면, 나는 이미 양도할 수 없는 방식으로 사유를 자기 것으로 만들고 있다.

그와 같은 자기화 없는 실존조명적 사유들은 오직 일반적으로만 사유된 것으로서 어떤 의미도 갖지 못할 것이며 이해할 수 없는 것으로 남아 있을 것이다. 그러나 이 첫 번째 자기화는 처음에는 여전히 **본래적인 것**을 요구한다. 본래적인 것은 첫 번째 자기화를 통해 감지할 수만 있을 뿐이며, 아직은 현실화되지 않는다.

실존조명적 철학함에서 존재의 진술은 자유와 만난다. 초월하는 사유에서 그것은 자유로부터 무엇이 존재할 수 있는지를 진술한다. 자유의 **진리기준**은 진술된 것이 옳은지 혹은 그른지를 따지는 객관적인 척도라기보다는, 혹은 적합한지 적합하지 않은지를 생각하는 주어진 현상이라기보다는, 오히려 긍정하거나 반발하는(abstoßen) 의지 자체이다. 나는 나 자신에 의한 자유로서 그저 존재하는 나뿐만 아니라 존재할 수 있는 것으로서의 나, 존재하기를 원하는 나, 그러나 의식의 밝음 속에서만 원할 수 있는 나 등을 검토한다. 철학함이란 **이미** 조명 그 자체로 결정적인 지점(Punkte)에서 나타나는 자유에 대한 **의지의 표현**이다.

모든 **진술의 형식**은 대상적 내용들과 연결되어 있으며, 바로 그런 한에서 어떤 **보편적인** 의미와 연결되어 있다. 그러나 만일 진술을 통해 실존조명이 시도된다면, 그와 같은 의미의 보편적인 것을 넘어선 실존조명의 의미는 더 이상 보편적으로 통찰될 수 없다. 그렇기 때문에 실존조명적 사유와 진술은 일반적인 타당성에 의해서, 그리고 전적으로 개인적인, 즉 항상 개별적인 실현에 의해서 동시에 존재한다. 단순한 보편자로서의 보편자는 여기서는 마치 내용이 없는 것처럼 남아 있으며, 오도된 의미를 갖는다. 이와 반대로 실존은 자기확실성이 없기 때문에 언어 없이, 즉 보편적인 것의 표현 없이는 비현실적으로 존재할 것이다.

실존조명은 실존과 실존이 현상하는 실존의 보편적인 것과의 관계를 바라보는 것이다. 실존이 조명되고, 이러한 실존조명이 자기이해의 가능성을 통해 함께 완성하는 것으로부터 파생된다면, 실존조명 자체는 전적으로 보편적일 수 없는 것을 보편적인 사유에서 찾기를 원한다. 실존조명의 사유와 더불어 실존조명은 보편을 가리키는 것이 아니라 보편적인 것에서 실존으로 초월하는 것이다. 그러한 실존은 단지 나 자신이고, 소통에서 나 자신과 마찬가지로 나에게는 대상이 아니라 자유인 타자이다. 왜냐하면 보편적 사유가 실존조명으로서 어떤 초월적 의미를 가져야만 한다면, 실존은 가능성으로서 현존하지 않으면 안 되기 때문이다. 실존조명은 보편적인 것 안에서 스스로 움직이면서도 **보편적인 것의 한계**에 서 있다. 보편적인 것 안에서 자신을 알리는 철학적 에너지는 단지 조건에 불과하고 그 자체만으로는 오직 기만적인 논리적 명확성만을 위해 노력할 뿐만 아니라 물음, 사유, 직관 등을 통해 함께 사유함으로써 자기존재의 불꽃을 일으키는 물음, 사유, 직관 등의 규정(Anordnung)을 위해 노력하는 것이다. 이러한 자기존재의 불꽃은 직접 전달될 수 없다. 왜냐하면 각자는 그 자체로부터 자기 자신이거나 전혀 자기 자신일 수 없기 때문이다.

사유로 자신을 파악하는 가능실존은 그 사유의 보편을 타당하다고 간주한다. 왜냐하면 보편적인 것은 가능실존을 통해 이미 실현되기 때문이다. 그러나 동시에 모두에게 동일하게 알 수 있는, 전형적으로 보편적인 것은 통찰(Einsichtigkeit)의 또 다른 특성을 가지고 있다는 것을 가능실존은 안다. 실존조명적 사유의 형태로 보편적인 것에 대해 말할 때, 가능실존은 나 자신과 타자 안에서 명확한 의식을 획득하기 위해서 나 자신과 타자에게로 향한다. 가능실존은 **타자들**에게로 향하는데, 이는 과학적 인식처럼 모두에게 향하는 것과 같은 방식이 아니다. 임의로 대체될 수 있는 사람은 어느 누구도 실존을 수긍할 수 없다. 그러나 오직 개별자만이, 보편적인 것 안에서 직접 말할 수는 없지만 그럼에도 불구하고 개별자 자신 안에 보충하는 측면으로서 보편적인 것에 속하는 것, 그것을 가능성으로 보는 한에서 실존을 수긍할 수 있다. 왜냐하면 실존조명적 사유는 두 측면, 즉 그 자체로 진실이 아닌 한 측면(단순한 보편적인 것)과 그 자체로 불가능한 또 다른 측면(말 없는 실존)을 가지고 있기 때문이다. 한 측면(단순한 보편적인 것)은 그 자체로 진실이 아니다. 즉 전체로서의 두 측면은 더 이상 방법론적으로는 산출될 수 없는 표현으로 서로 운 좋게 만난다. 물론 사유가 진리로서 검토될 수 있고, 관련 속에서 명시될 수 있는 한에서, 이러한 사유는 방법론적이기는 하다. 그러나 사유를 떠받치는 형식화는 소통을 재촉하는 (drängend) 가능실존을 일거에 파악하는 방법(ineinsfassende Griffe)이다. 실존조명적 사유는 그 안에서 **두 날개가 동시에 퍼덕거리는** 어떤 사유이다. 두 날개, 즉 가능실존과 보편적인 것의 개념을 사용하는 사유라는 두 날개는 실제로 둘 다 날개를 퍼덕거릴 때에만 성공한다. 한쪽 날개가 퍼덕거리지 못하면, 비약하는 조명이 땅으로 추락한다. 사유와 가능실존을 두 날개로 하는 철학함으로서의 조명 안에서 **보편적인 것과 나 자신이** 서로 만난다.

단순한 오성에게서 실존조명을 움켜잡는 것은 희망 없는 시도이다. 문제가 되는 것은 어떤 대상도 아니고 어떤 보편적인 것도 아닌 바로 거기서, 인식되거나 의식되거나 조명될 수 있을 단순한 오성에게는 더 이상 아무것도 존재하지 않는 것처럼 보인다는 것이다. 만약 사유와 이러한 사유를 대상 없이 수행하는 비사유가 동시에 존재해야 한다면, 그것은 외견상으로 불가능해 보인다. 그럼에도 불구하고 그것이 어떻게 가능할 수 있는가라는 물음은 실존조명적 사유에서 **보편적인 것은 세 가지 기능에 의해 방법적**으로 이해될 때 비로소 가능하다.

1. 한계에로 이끎

실존이 아닌 것을 실존으로부터 제외시키기 위해 부정적인 방법으로 대상들을 다룬다. 즉 사람들은 대상적인 영역을 통과하고, 어떠한 대상도 더 이상 드러나지 않고, 오히려 공허가 다른 근원에 의해 충족되지 않을 경우에는 오직 공허만이 남는 한계로 이끌린다. 여기에 초월에의 호소가 있다. 초월함이 보편적인 것으로부터의 비약에서 발생할 때, 그 초월함은 첫 번째 날갯짓에 대한 두 번째 날갯짓이다. 두 번째 날갯짓에서 대상은 단지 그것을 배제하기 위해서 사유될 뿐이다. 왜냐하면 그것은 실존을 파악하기 위한 의도가 아니기 때문이다. 논증으로는 진리를 강요하지 못한다. 다시 말해 논증은 세계현존의 돌파를 통해서 무규정적으로 가능실존과 만나고자 한다.

2. 심리학적, 논리학적, 형이상학적 말함에서의 객관화

비록 실존이 사유된다고 하더라도, 불가피하게 언어로 말해져야만 하는 대상적인 것은 단순히 배제되기만 하는 것이 아니라, 가능실존과 동일시되지 않고 가능실존을 재인식하는 객관화로서 성취된다. 대상적인 것이 실존적 가능성의 한 측면으로 성취되기 때문에 대상적인 것은 동시에 대상적인 것 그 이상이다. 심리학적, 논리학적, 형이상학적 대상성은 보편적인 것으로서 철학적 실존조명의 하나의 날개가 된다.

철학적 사유에서 현실태(Wirklichgewordene)의 동기와 의미가 어떻게 나타나는가에 대해서는 심리학적 이해를 매개로 진술된다. 실존 자체는 이해될 수 없는 것이다. 실존은 보편적인 것의 범위로 들어서는 이해가능성

(Verstehbarkeit)으로만 접근할 수 있다. 그러나 실존 자체는 이해가능성의 한계에서 또다시 근원적으로 새롭게 자기와 만나는 방식으로 이루어지는 자기이해의 **과정**이다. 그렇기 때문에 이해가능성은 **실존**이 함께 동요하는 실존 자체의 한 측면이면서 동시에 실존 자체를 상실하지 않기 위해 그 한계로까지 재차 추적할 수밖에 없는 어떤 것이다. 이해불가능성으로서의 실존은 이해가능한 것으로서 스스로를 밝히고, 최대한의 이해가능성을 통해 비로소 실존의 고유한 이해불가능성을 자각한다. 철학적 근원으로부터 나오는 심리학적 이해에서 서로 상충하는 그 이상의 가능성들이 기획된다. 그 가능성들은 가능성들 사이에서 선택될 수 있는 방법으로서 제공된다. 이러한 기획(Entwurf)은 선택의 가능성을 통해 실존을 조명한다. 하지만 이 선택에서는 선택된 가능성이 여전히 생각된 것으로서 보편적인 것에 머무른다. 이러한 보편적인 것에 대한 이해는 실존적 선택의 표현이지 실존적 선택 그 자체일 수는 없다.

　논리학적 규정에서 가능실존은 추상적 사유를 통해 진술된다. 그러나 추상적 사유는 하나의 대상을 파악하는 대신, 추상적 사유작용 안에서 스스로를 다시 지양하고, 그 지양을 통해 조명하는 기능을 획득한다. 지식은 현재적인 것에 대한 밝은 무지(hellen NIchtwissen) 안에서 스스로를 성취하기 위해 스스로를 구성하는 것처럼 보인다. 논리학적 규정은 보편적인 것이고, 무지는 규정들을 비로소 채우는 가능실존의 운동 안에 있다. 이러한 논의들은 결국 진리가 성취되는 그러한 단선적인 연쇄관계로 진행되지 않는다. 공허한 논증에서 사유는 막힐 수밖에 없는 반면에, 실존적 의미로 충만한 논증으로서의 사유는 가능실존의 자기조명에 대한 표현인 난파(Scheitern)의 방식으로 존재할 수 있다. 그것은 근거를 통해 증명될 수 있는 것이 아니라 호소하면서 확신시킬 수 있을 뿐이다.

현재화하면서 동시에 철회하는 방법은 객관적 **순환**(objektive Zirkel)이다. 이 객관적 순환에서 대상적으로 말해진 것(das gegenständlich Gesagte)은 그 근거를 상실하고 사라지는 반면, 무엇이 중요한지는 남는다. 예를 들어 내가 다음과 같이 말한다면, 즉 다른 실존이 나를 통해서만 존재하는 것과 같이 실존으로서의 나 또한 다른 실존을 통해서만 존재하고, 또한 실존 그 자체는 전혀 존재하지 않고 소통에서만, 그리고 소통을 통해서만 존재한다고 말한다면, 이와 같은 진술의 의미는 대상적으로 타당한 진리로서 주장될 수 없다. 오히려 나와 타자의 서로를-통한-존재(Durch-einander-sein)는 소통에서 서로를 대상으로 생각한다면, 오직 순환으로만 간주될 수 있다. 물론 이 양극의 부분들이 고정되어 있는 대자적 존재자로 잘못 생각한다면, 둘 사이의 교환과 상호작용에 대해 객관적으로 관찰할 수 있는 과정에 대한 주장들이 가능해질 수 있기는 하다. 즉 서로를-통한-존재에 대해 대상적으로 파악할 수 있는 방식은 심리학적으로, 그리고 그 자체로 탐구할 수 있는 현존을 만나는 것에 불과하다. 다시 말해 현존에서 나와 타자는 두 사물들이며, 이 두 사물들의 상호작용을 통해 나와 타자는 서로가 변한다는 것이다. 그러나 실존으로서의 나의 존재는 결코 그 자체로서 미리부터 고립하여 존재하는 것이 아니라, 타자와 함께할 때 비로소 존재한다. 소통 혹은 소통에로 준비되어 있음은 "나 자신"이 현상으로 드러나는 탄생의 순간이 된다. 그러므로 (현존하는 자만이 아니라) 실존하는 자로서 양쪽 다 존재자(Seienden)라는 전제조건을 빼버리면, 단순한 대상적 존재로서의 나와 타자의 서로를-통한-존재라는 생각은 의미가 없어질 것이다. 왜냐하면 비록 상호작용을 한다고 하더라도, 실존에서는 무(nichts)로부터 단지 무만이 생성될 수 있기 때문이다. 그러나 이와 같은 순환의 정립은 상호작용 안에서 생명이 있는(vital) 현존에 대한 인식가능성과 구분하여 소통을 통해 실존의 존재를 설명하려는 하나의 시도이다. 소통으로부터의 존재는 대상적 지식으로는 아무것도 아니지만, 지식을 초월하는, 서로를-통한-존재라는 규정들에서는 간접적으로 진술될 수밖에 없다. 이러한 시도는 그 자신을 대상적으로 허물어버림으로써 소통으로 성취하는 자기존재의 확실성을 밝히는 것이다.

일반적인 범주들을 통해 실존과 만나는 또 다른 방식은, 현실이 지금이 되는 진술의 **논리적 모순**에 있다. 서로 모순되는 개념들의 전체에서 실존에 맞는 가능한 표현을 개념쌍으로서 비로소 부여하는, 언제나 서로 모순되는 두 개념들 사이의 긴장은 오성으로 하여금 대상적인 고정화나 실존에 대한 정의를 할 수 없게 만듦으로써 오히려 실존에 적합한 표현 기능을 성취한다. 언제나 실존적으로 서로에게 속하는 대립의 개념쌍은, 예를 들어 역사의식에서의 **시간성**과 **영원성** 같은 것이다. 그러나 시간성만이 객관적 현실이다. 시간적으로 객관적 측면만이 주장된다면, 흡사 시간적으로 객관적 측면의 영혼이 강탈당하는 것 같다. 말하자면 영원성 자체는 무이다. **고독**과 **소통**, 그러나 이 둘이 실존적으로 존재할 수 있다는 것은 객체적으로는 존재할 수 없다는 것이다. 소통은 단지 대체할 수 있는 주체들 사이에서 서로를 이해하는 관계에서만 객체적이고, 고독은 원자적 개인의 고립에서만 객체적이다. 객체적으로 고독하든지 아니면 소통하든지 둘 중 하나이고, 실존적으로 이 둘은 하나이다. **자유**와 **의존**, 그러나 의존만이 본질적으로 객체적이고, 자유는 아마도 객체적이고 형식적으로는 자의(恣意)로 여겨진다. 그래도 세계에서 일어나는 객체적 현실이 아닌 이 본래적 자유는 의존과 자유의 하나됨이다.

그 밖에 나에 관한 사유가 자기 자신과의 관계(Sichaufsichbeziehen)의 이중성으로 이러한 직접성의 존재를 진술함으로써 직접적 대상으로서의 나를 해소한다면, 이러한 나에 관한 사유는 논리적으로는 불가능한 것을 존재의 현실로서 진술하는 것이다. 즉 "나"는 하나이면서 둘이고 둘이면서 하나이다. 그러나 내가 의식일반으로 인지된 이중성을 넘어 자기반성을 통한 가능실존으로서의 나에게로 초월한다면, 나는 누구인가에 대한 진술의 모순 안에서 변증법적 순환의 심연이 발생한다. 나는 무한한 형상들 안에서 서로 함께 싸우고, 서로 기대하고, 서로 마주보며 말하는 하나의 본질로, 두 가지의 본질로, 여러 가지의 본질로 파악함으로써 오직 나를 생각할 수 있다. 나에 관한 진술에 따르면 나는 각각의 자신의 형상들로, 또한 (자신의 형상들에 반대하는―역자) 그때마다의 적대자로 존재하며, 어떤 것이면서 다른 것인, 하나이면서 하나가 아닌 존재이다.

이제야 형이상학의 주제가 되는 절대적 대상성들 안에 존재하는 객체화로서의 형이상학적 대상들은 그 자체 방법론적으로 오직 실존조명에 의해서만 파악되기는 하지만, (신비적 형상, 일자, 초월자에 관해 말할 때) 형이상학적 대상들은 이미 실존적 의식의 조명으로 되돌아가는 가능성을 만나기위해 실존조명으로 선취될 수밖에 없다.

3. 실존조명을 위해 특수한 보편을 생각해냄

심리학적, 논리학적, 형이상학적 언명은 동시에 항상 벗어남의 가능성을 의미한다. 이 언명에서 사용된 보편성이 그 자체 분리되어 남아 있을수 있다. 그러면 실존조명은 성공하지 못한다. 또는 실존이 일반적으로 현상하는 타자로서 공명할 수 있기는 하지만 또한 소진될 수 있다. 그렇게되면 보편적인 것은 철학적 사유와 더불어 역시 보편적인 것으로서 존속하게 된다.

실존을 조명하는 진술의 최후적이고 본래적인 방식은 **세계정위적** 지식에서는 **전혀 생길 수 없는 보편적인 것**에 의한 방식과 다르다. 보편적인 것의 범주들은 새로운 대상들을 규정할 수 있는 힘이 없고, 그래서 단순한 **기호(signa)**일 뿐이다. 보편성은 보편성으로부터 벗어나서 결코 존재하지 않는다. 보편성은 예를 들어 어떠한 실존에도, 어떠한 자기존재에도, 어떠한 자유에도, 어떠한 실존적 소통에도, 어떠한 역사성에도, 어떠한 무제약적 행위에도, 절대의식에도 "없다." 인간현존으로부터 지식의 대상으로 변질됨으로써 이러한 단어들은 오직 복잡한 실존적 기호로서 표시되는 완전한 타자를 의미한다. 실존조명은 가능실존에 대해 무엇이 참된 존재인가를 기호를 통해 말한다. 실존조명은 객체적인 것에 관한 규정으로서가 아니라, 가능성에 따라 나는 존재하기 때문에 이 참된 존재를 본래적인 것으로 즉시 **의욕**하지 않고는 파악할 수 없는 존재로서 진술하고 있다. 그러므로 보편적인 것으로서의 기호에서 자유는 존재 스스로에 의존되어 있는 존재의 활동으로 만난다.

실존조명에서의 특별한 기호들은 표면적으로는 낱말들로서 세계정위의 대상들로부터 기호들의 근원을 도출해내기는 하지만—흔히 '실존적'이라는 형용사를 통해 분명하게 특징지어진다—그러나 자주 마지막에는 대상을 구성하는 범주들이 아니라 실존적 가능성들에 호소하는 사유의 기호가 되기 위한 것이다. 기호로서의 낱말들은 그 자체로는 더 이상 세계존재가 아니라 이미 실존적으로 존재하는 일반적인 측면을 지닌다. 기호를 본래적으로 사고하기 위해서는 실존 안에서 일반적인 진술에 대한 반향을 일으키는 것이 요구된다. 실존 없는 기호들은 공허할 뿐만 아니라 무(nichts)일 뿐이다.

실존조명은 보편적인 것에 대해 말하는 것과 마찬가지로 자기 자신에 대해 말한다. 실존조명은 보편적인 것의 구조를 제시하지만, 그것은 대체될 수 없는 오직 나 자신만을 만날 수 있기를 의욕할 뿐이다. 나는 내가 아니라 나 자신이다. 나는 자기(Selbst)를 찾기는 하지만, 나를 스스로 발견하기 위해서이고, 그리고 나를 스스로 찾기는 하지만 자기를 위한 것이다. 내가 나 자신에 관해서 물을 때 비교할 수 없는 자로서의 나는 나 자신에 관해서 결코 말할 수 없다는 사실을 근원적으로 경험한다. 자기는 기호가 된다. 이 기호를 통해 나는 나 자신으로서의 나와 자기로서의 나를 하나로 묶어서 생각하는 나를 만난다. ─실존조명은 더 나아가서 실존으로서의 수많은 자기들에 관해 말한다. 그러나 실존조명은 실존으로서의 수많은 자기들을 의미할 수 없다. 왜냐하면 다수는 보편적인 것의 범례로 존재하지 않기 때문이다. ─실존조명은 소통에 관해 말하고 나의 소통을 의미한다. 다시 말해 이에 상응하는 실존조명은 나의 자유, 나의 역사의식, 나의 한계상황을 의미하지만 그것들에 관해서는 다만 일반적으로만 말할 수 있을 뿐이다.

그러므로 실존하는 가능성이 무엇이며, 초월하는 실존조명에서 철학함이 문제가 될 때, 실존적으로 부단히 현재가 되는 보편적인 것의 측면은 공명하는(mitschwingen) 언어가 된다. 실존은 단지 존재하는 그것, 볼 수 없거나 알 수 없는 그것이다. 그러나 실존은 조명 아래 지식의 일반적 매개 안에서만 존재하는 그것이다. 하지만 보편적인 것 자체가 이미 모든 것이 존재하는 경향으로 존재한다면, 개별자로서의 실존은 다시 부각된다. 그렇기 때문에 철학적 실존조명은 끊임없이 보편적인 것으로 옮겨질 수밖에 없지만, 그렇다고 해서 그 자체가 보편타당한 것은 아니다. 철학적 실존조명은 일반적으로 잘 이해할 수는 있지만 그것은 오직 가능실존에 한해서만 그럴 수 있을 뿐이다.

신호를 통한 실존의 사유에서 **실존의 형식적 도식**이 구성된다. 이러한 형식적 도식은 대상 집단의 도식이 그 대상들과 비례하는 것과는 달리 전적으로 불충분하게 실존에 비례한다. 실존은 포섭되지 않으므로 이러한 도식은 개별자인 실존에게 함께 호소함(Mitansprechen)에로 이끌도록 도움을 줄 수 있을 뿐이다. 도식은 이를 통해서만 의미를 가진다. 그러나 이러한 고찰은 실존의 형식적 도식을 지향해야 한다. 왜냐하면 이러한 고찰은 개별적인 진정한 실존과 만나지 않을 뿐만 아니라 실존이라고 불렸던 실존적 현존의 유적 개념과도 만나지 않기 때문이다. 실존은 조명의 방법만을 시도하도록 허용한다. 진정한 실존은 조명의 방법을 통해 실존과 동행하는 한, 각각의 자신을 더 잘 의식할 수 있다. 오로지 가능실존으로만, 그리고 유일회적인 비교불가능한 방식으로 실존조명이라는 사유의 참된 실행이 성취될 수 있다. 그럼에도 불구하고 일반적으로 말해지는 경우에 도식과 그 요소는 대상적 개념들의 유례(類例, Analoga)로서 불가피하다. 언어는 대상을 의미하지도 정의할 수도 없는 수많은 종류의 낱말들(자유, 선택, 결단, 결의, 확신, 충실함, 운명 등)을 소유하거나, 또는 언어가 수많은 낱말들이라면, 그것은 본래적인 내용을 정의한 것으로서 유지되지 못한다. 언어는 이미 언어를 언어로서 수행했던 실존조명에로의 철학함에 자격을 부여한다.

실존을 조명하는 신호의 특수한 보편적인 것을 명확하게 한다는 것은 우리가 **가능실존의 시간적 현상**과 보편타당한 **객체성**으로서의 시간적 현존을, 달리 표현하자면, **실존 개념과 칸트의 범주**를 대조시키는 것이다.

세계의 객관적 현실과 실존적 현실은 모두 시간 안에서 나타난다. 칸트는 객관적 현실을 규정하기 위해 지각의 감각적 자료에 그가 말하는 이른바 도식들 안에서 시간의 중간항(Mittelglied)을 통해 범주에 적용했다. 이때 객관적 현실에 대한 칸트의 도식들과는 완전히 질적으로 다른 실존적 현실의 도식들을 대립시키는 것이 가능하다. 왜냐하면 두 개의 도식들은 매개로서의 시간을 필요로 하기 때문이다. 그 시간은 원칙적으로 특이하고 의미 있는 종류와 대조되는 평행선을 말한다. 이는 다음과 같은 간략한 정식화로 진술될 수 있다.

객관적 현실은 **규칙들**하에 있고 이 규칙들에 따라 인식할 수 있고, 실존적 현실은 규칙 없이 절대적으로 **역사적**이다. ―현실의 규칙들은 **인과법칙**이다. 일어나는 것은 시간의 흐름(Zeitfolge)에서 원인과 결과를 가진다. 이와 반대로 실존적 현실은 자기의 고유한 근원으로부터 시간에서 스스로를 드러낸다. 즉 실존적 현실은 자유이다. ―실체는 시간 안에서의 **지속적인 것**(Beharrliche)이다. 이 지속적인 것은 증가되지도, 감소되지도 않은 채로 머물러 있다. 실존은 시간적 현상에서 사라지기도 하고 실현되기도 한다. 그러나 시간 안에서의 **확증**은 대조되는 평행선에서 객관적 지속에 상응한다. ―실존들 사이의 소통은 실체들 간의 **상호적인 인과성**(상호작용 혹은 합치)에 대립한다. ―객관적 현실은 **감각적 지각** 일반에 대응하는 것이다. 실존적 현실은 **결단의 순간**에 무제약적이다. 결단의 **내용**이 경험적 현실에 대립한다. 양적 관계에서 객관적으로 규정된 **크기**는 객관적으로 규정할 수 없는, 실존의 수준 혹은 **등급**이라고 부르는 것에 대립한다. ―나의 실존 자체인 미래의 미결정성으로서의 **선택의 가능성**은 시간의 조건들과 더불어 표상들의 일치로서의 **객관적 가능성**에 대비된다. ―필연성(모든 시간에서의 대상의 현존)에 대해서는 순간의 **충실된 시간**이 대립한다.(끝이 없는 시간 대신에) 시간일반(칸트에서는 실체를 상관자로 하는 지속성의 형식이다.)에 대해서는 영원한 현재로서의 충실된 시간이 대립한다. 시간일반은 객관적이고, 측정가능하고, 경험가능한 현실의 것이고, 순간의 충실된 시간은 실존의 근원 안에 있는 자유로부터 나오는 실존의 깊이이다. 시간일반은 모두에게 타당한 것으로 현존한다. 여기에서 시간은 선택과 결단을 가지고 현상으로서 그때마다의 시간이 된다. 실존은 자기의 시간을 가지는 것이지 단순한 시간을 가지는 것은 아니다. 단순한 시간은 의식일반의 시간이고 실존의 시간은 역사의식을 지닌 실존만의 시간이다. 객관적으로는 **어떠한 새로운 것도 실체로서 발생할 수 없다.**(경험의 통일성이 지양되기 때문에 경험 자체는 불가능하다.) 그와는 반대로 실존적으로는 결정적인 존속으로서의 객체성은 존재하지 않고 **실존의 비약들과 새로운 생성(Neuentstehung)**만이 있을 뿐이다.

　예를 들어 칸트가 왜 세계 안에 비약이 없는지(시간 안에서), 틈이 없는지(공간 안에서)에 대해서 그 근거를 캐물을 때, 왜 우연, 즉 일어남의 어떠한 맹목적인 대략적인 것(Ohngefähr)도 없고, 또 운명, 즉 규칙에 따라 불가피한 것으로서 이해되지 않을 필연성이 왜 존재하지 않는지에 대해서 그 근거를 캐물을 때, 칸트 자신은 실존적 기호들을 자신의 객관적 범주들로 점검해보면서 실존적 기호들의 많은 것들을 분명하게 거부했다. 사실상 이 모든 것은 객체적인 것으로도, 그리고 인식의 대상으로도 존재하지 않는다. 그러나 실존에 대한 설명을 하고자 할 때 이러한 단어들은 모두 되돌아온다. 두 개의 세계가 나란히 존재하는 것이 아니라 오직 하나의 세계만이 존재한다. 전적으로 다른 차원에서, 오직 외견상의 평행선(표현을 위해서는 객관적 개념과 범주가 수단으로서 불가피하기 때문에 오직 평행적일 뿐이다.)에서만, 그리고 대상인식에서 요구하는 것과는 다른 의미들과 다른 형식들로 설명될 수 있는 실존은 우리에게 인식되는 것이 아니라 조명되는 것이다.

실존현상의 다양한 의미와 실존조명적 진술의 오해

실존은 현상적으로 객체적이기 때문에 가능실존이 그 현상 안에서 말해지는 한, 객체성은 인식가능성의 일의성과 달리 다의적(vieldeutig)이다. 실존에 관한 진술은 실존의 일반적인 측면과 만나지 않으면 안 되기 때문에, 실존을 조명하고자 하는 모든 진술은 실존의 본질상 오해될 수 있다.

실존은 어떠한 보편타당성도 요구하지 않는다. 실존은 양도할 수 있는 존재가 아니라 무제약적 존재이다. 또한 실존으로 존재한다는 것은 타자로 존재하는 것이 아니다. 실존이 마치 보편타당한 것처럼 진술하는 객관화에서 [실존을] 진술하는 자에게 존재진술들 혹은 요구들 및 가치들은 다른 가능실존에 대한 무제약성과 호소일 뿐이지, 현존하는 모든 사람에게 확증될 수 있는 지식이 아니다. 오히려 객관화와 그것을 수반하는 실존의 일반화는 다의적이다. 이 말은 어떠한 경우에도 객관화와 일반화가 동일한 의미가 아니라, 실존현상과 보편적인 것을 매개로 하는 일반적 측면으로서의 그 근거가 공통적으로 유일회적이라는 의미이거나 아니면 (객관화와 그것을 수반하는 실존의 보편화가 다의적이라는—역자) 이것이 명백히 보편타당하게 된 다음, 실존의 표현과 동일하다는 것을 포기한다는 의미이다. 실존이 세계에서 보편적인 것의 형태로 현상하는 것으로서 진술되는 곳에서는 보편적인 것의 뿌리, 즉 역사적 현재로부터 사실적 실존으로 존재했었다는 것을 더 이상 따로 떼어내어 생각할 수 없다. 우리는 의식일반(Bewußtsein überhaupt)을 가진 오성존재(Verstandeswesen)로서 부단히 보편적인 것을 추구한다. 우리가 행위하고 말하는 것은 보편적일 수 있는 한에서만 타당하다. 단지 이를 통해서만 우리는 세계에 진입하고 세계에 대하여 존재한다. 그러나 우리는 이 모든 것을 꿰뚫고 포괄하면서 여전히 타자와 함께하고 초월자와 관계하는 자기이다. 보편적인 것은 단순한 수단으로 전락할 때, 우리는 본래적이다. 가능실존은 세계 안에서 세계로부터 분리될 수 있는 보편적인 것으로 옮겨간다. 그러나 실존은 일반적이지도 보편타당하지도 않다.

내가 실존조명을 추구하면서 대상으로 말할 수밖에 없기 때문에 실존철학적으로 의미하는 모든 것은 심리학, 논리학, 객관적 형이상학으로서 오해받을 수밖에 없다.

다음은 가장 극단적 대립들이 혼동되는 경우들이다.

a) "하여튼 나는 그렇게 바라고 있어."라는 자의와 정열로 표현되는 순간의 맹목적 충동, 즉 (성실성과 형식 없이, 그리고 현존의 계속을 위해 형상화하는 작용 없이) 단순한 생과 생의 도취(Lebensrausch)의 불가항력적이며 생명력이 있는 힘은 객관적으로 보면 똑같이 비합리적인 것(Irrationale)에 대립된다. 비합리적인 것은 자유의 근원으로부터 자신의 현실을 확립하고, 스스로에 구속되고, 아무것도 망각하지 않는다. 다시 말해 자의처럼 객관적으로 보이는 것은 삶의 논리적 일관성은 없지만, 실존적 일관성은 있다. 이러한 삶은 순간적 만족이라는 유사 확실성(Scheingewißheit)으로 사라져 버리는 도취와는 달리 영원한 확실성의 의식을 안다.

b) 누군가가 다른 사람에 대해 말할 때, 그가 가장 사실적인 문제들에 대해 논한다고 하더라도, 그는 항상 자신에 대해 말하고 있다. 이것은 두 가지를 의미할 수 있다. 하나는 그가 경험적 개별성의 자기중심적 관심사를 떠나지 않는다는 비난이고, 다른 하나는 그가 오직 참되고 구속력 있게, 즉 실존에 기초하여 말하는 가장 마음속 깊이에서 우러나오는 동의이다. 누군가가 그 자신이 한없이 중요하다는 것을 받아들인다는 것은 경험적 개인 안에 있는 공허한 편협성을 의미하거나, 아니면 전적으로 그 개인

에게 달려 있는, 즉 본래적 자기에 대한 걱정을 의미할 수 있다.

c) 학문의 영역에서는 연구의 근거로서의 열광적인 사랑과 확실한 결과에 대한 연구자의 비사실적이며, 이질적인 동기들로부터 나오는 관심이 혼동되는 것처럼 보인다. 이 둘은 내용상 공허하고, 오직 우연적으로만 다른 사람에게 유용한 비인격적인 수행과 대립한다. 실존에 봉사하면서 연구를 지배하는 이념의 사실성은 무한한 논의들, 정당성들, 그리고 확고하고 타당한 결과들 안에서 예방수단으로서 추구되는 유사 사실성(Scheinsachlichkeit)과 혼동될 수 있다.

d) 실존은 스스로에 기인하는 절대적으로 독립적인 지점을 갖는다. (그 지점으로부터 실존은 필연적으로 소통에 들어간다.) 객관적으로 유사하며 구별할 수 없을 정도로 혼동할 수 있는 것은 단순한 경험적 개인과 감각의 확실성을 위해 타자 앞에서 자기를 폐쇄하는 경우이다.(이런 경우에는 진실한 소통이 가능하지 않다.)

e) 객관적 특수성을 지닌 개별적 실존의 역사는 그 존재의 현상이다. 아름답지만 무한한 다양성으로서 객체적으로 동일한 특수성은 자극, 호기심, 향유의 대상이다. 절대적으로 역사적인 실존은 특수자의 현상 안에서 수축되고(kontrahieren), 특수자의 무한성은 혼돈으로 흩날린다.

이러한 혼동은 실존의 현상과 진술에서 실존을 관통하는 모호성에 대한 예시들이다. 이러한 모호성은 어떤 지식을 위해 지양될 수 있는 것이 아니라 자기책임적인 가능실존을 위해 지양될 수 있다. 그래서 기만은 비록 그것이 어떠한 단순한 지력(Intellekt)을 통해서도 통찰되지 않고 저지될 수 없을지라도 죄(Schuld)로서 그 책임을 떠맡아야만 한다. 가능실존의 **비판적 양심**은 단순한 오성에게는 마치 하나로 존재하는 것처럼 나타나는 두 개의 세계, 즉 무(無)의 현상과 실존의 현상 사이에 서 있는 것처럼 보인다.

이러한 비판적 양심의 삶은 힘들의 식별이다. 이 힘들의 혼합(Vermischung)은 가상과 기만으로 모든 것을 변화시키지만, 분리는 끊임없이 새롭게 수행되어야만 한다. 현존 자체는 단순한 경험적 힘들을 조건으로 가지며, 실존적인 힘들은 단지 의식과 현실로의 거부와 꿰뚫고 나아감(Durchdringen)에서만 온다. 즉 완전한 명확성의 순간에 이러한 분리의 과정은 결코 전체적으로 완결되지 않는다.

특히 **실존조명적 진술**이 자칭 현존을 위로할 수 있고 진정시킬 수 있을지 모를 그러한 존립에 관한 지식으로서 추구되는 것은 객관적 확실성에로 향하는 실존에 반하는 의지로부터 나오는 것이다. 모든 철학함의 근본 입장은 실존 없이 그렇게 존재하고 존립하는 어떤 지식 안에서 내가 실존 없는 평안함을 원하는지의 여부에 따라서, 아니면 내가 나의 의지로 가능 실존의 의식에 의해 실존의 반역(Verrat)을 보는지의 여부에 따라서 규정된다. 나는 나의 실존함의 불안정과 위험 속에서 본래적 존재란 존속하지 않는다는 확실성으로 단순하게 존립하는 모든 것을 근원적인 양심으로 덮어 버린다. 존립하는 모든 존재를 상대적으로 만드는 것은 나에게 달려 있다.

나아가 실존조명적 진술이 존재 지식의 의미로 고정되고 오해될 수 있을지도 모른다는 사실은 논증으로 그 진술의 오용을 이해할 수 있도록 해준다. 사람들은 실존조명적 설명에서 일시적이며 결코 객관적 의미를 갖지 않는다는 것을 정당화하기 위한 논법으로 잘못 이용할 수 있다. 사람들은 개개의 경우 비실존적인 것과 실존적인 것을, 바른 길에서 벗어난 것과 참된 것을 객관적으로 구별할 수 있게 해주는 기준을 찾고 싶어 한다. 이것은 원리상 불가능하다. 범주를 통한 합리적 수단을 가지고 모든 확립과 거부, 시험과 고정은 세계 속에서 일어나는 것이지 실존에게 바로 적용되는 것은 아니다. 실존조명에서 타당하게 적용되는 특수자에 대한 보편자와의 관계는 더 이상 존재하지 않는다. 모든 증명은 소통 안에 있는 자신의 양심을 통한 가능실존에서만 존재한다. 이에 반해 확립과 논박은 오직 증명과 관련해서만 수단과 표현으로서 의미를 가진다.

가시적 지식을 가진 실존조명적 진술과 자기현존 안에 있는 구체적 실존이 서로 혼동된다면, 그릇됨이 없는 양심이 주의를 주며 분리시킨다. 혼동이 타자에 대해 일어난다면, 그 혼동은 어떠한 논증도 존재에 대해 판단하지 않는 소통 안에서, 오직 오성으로부터 오성에로, 의식일반으로부터 의식일반으로 방향만을 바꾸는 어떤 공격과 정당화도 추구하지 않는 소통 안에서 해소된다. 왜냐하면 의식일반은 철학이 확실한 한계를 설정하고 한계를 초월하기 위해 한계를 추구하지 않는 한에서 오직 철학에 대한 관심만을 갖기 때문이다. 그러나 철학은 모두에게 타당한 진리로서 존재하지 않고, 가능성들의 혼동으로부터 본래적인 것에로 돌아가기 위한 소통 안에 존재한다.

실존과 관련하여 모든 객체적인 것의 모호성이 상술된다면, 역사적으로 규정된 실존들의 양심에서 그 모호성이 해결된다면, 이것은 객체적 확립의 거부를 의미하지는 않는다. 그것은 오히려 불확실한 단순한 느낌(Gefühle)이 이미 진리를 요구하지 않을 매개물이다. 양심은 이러한 사유를 통해 비로소 자신의 감정을 결단할 수 있게 되는 상황을 얻게 된다.

실존조명적 진술이 개별자를 보편적인 인식으로 포섭할 때 지식이 되는 것은 아니기 때문에, "나는 한 사람의 실존이다."라는 문장은 의미가 없다. 이러한 진술은 불가능하다. 왜냐하면 실존의 존재는 어떤 객관적인 범주가 아니기 때문이다. 타자가 나에게 귀를 기울이는 한에서 나는 가능실존에 대해 말할 수 있고, 그다음 두 실존이 상호적으로 존재하기는 하지만, 이러한 상호적 존재는 지식을 위해서 존재하는 것이 아니다. 확신, 신앙,

절대적 의식으로서의 실존은 인식될 수 없다.

소멸되는 표현으로서 소통 안에서 실현될 수 있는 "나는 실존한다."의 진술은 요구들, 정당성들, 그리고 근거들이 의미를 가지는 세계 안에서의 주장으로서 주제 넘는 짓인 동시에 무의미하다. 나는 객관성의 세계와 객관성을 통해 진술할 수 있음의 세계 안에서 주장들, 즉 성과들, 고유성들, 재능들, 권리들, 정립된 과제들을 가진다. 그리고 나는 나의 현존을 위한 투쟁에서 힘을 통한 가치를 갖는다. 그러나 내가 실존적으로 소통하는 지점에서 주장과 가치는 중단된다. 그러나 내가 이를 역으로 말한다면, 즉 내가 어떠한 요구도 제기하지 않는다면, 나는 어쩌면 적지 않은 오류를 범할지도 모른다. 왜냐하면 현상하는 실존의 모호함에서 나의 태도는 무력감과 똑같은 정도의 나약함 혹은 구실로 삼는 기만이 무요구(Anspruchlosigkeit)를 통해 실존철학적 어법을 이용하여 또다시 요구를 위한 수단일 수 있기 때문이다.

실존조명이 의식일반을 위해 진술하는 것은, 객체들 모두가 존재해야만 할 때 객체들로부터 획득된 불만족 때문에 단지 부정적일 뿐이다. 이를 통해 한계가 설정된다. 한계를 넘어서는 모든 긍정적인 발걸음, 실존에의 진입이 진술로 타당성을 가지거나 요청을 제기하는 것이 아니라 단지 간접적인 전달을 통한 질문과 조명을 의미하는 것이다.

제1부

소통과 역사성에서의 나 자신

제2장

나 자신

자연스러운 무관심으로 인해 나는 나에 대해 묻지 않는다. 나는 그저 나에게 가장 근접한 목적들을 실현하고 나의 과제에 대해 생각할 뿐이다. 내가 "나"라고 말하긴 하지만, 내가 어떤 의미에서 존재하는지에 대해서 나는 관심이 없다. 나는 내가 (나에 대해—역자) 물을 수 있다는 것을 경험한다. 나는 내가 무엇인지 알고자 한다. —그리고 존재의 유(類)로서 나 또한 속해 있는 인간을 생각한다. 혹은 나는 누구인가를 알고자 한다. —그리고 나는 내가 '나 자신'이라고 말할 때, 그것이 의미하는 바가 무엇인지 묻는다.

　이미 존재했었고 또 존재하게 될 세계 안에 있는 수많은 사물에 대해서 내가 관심을 갖는 것처럼, 그럴 만한 이유에서 나는 두 가지 물음을 제기한다. 나는 이 물음들에 대해 호기심을 가질 뿐만 아니라 **본래적으로 관여**한다. 나는 무관심에서 깨어난다.

　어린 시절 나는 나 자신에 대해 **무관심했다.** 그렇다고 해서 나 자신이 균형이 잡혀 있었다는 말은 아니다. 나는 자기의식의 무감각으로 인해 나를 발견할 수 없었고, 그래서 기분이 엉망이었다. 나는 혼란스러웠고, 나의 이 혼란스러움을 바로잡아준 것은 내가 아닌 부모님이었다. 나는 결단하는 내가 아닌, 그렇지만 가능한 나로서 단순한 현존의식을 가지고 살았다. 자기반성 없이 '나'라고 말하는 존재(Wesen)로서 살았다. 물론 불안하고 일시적으로 혼란스러웠지만, 그렇다고 절망하지는 않았다. 나는 충동적으로 처신했고, 기분에 따라 잘 잊어버렸다.

그런 다음 나는 단순한 사유를 통해서가 아니라 [나의] 근거와 불현듯 만났고, 어떤 것은 결정적으로 나에게 달려 있다는 그 요구를 감지했던 상황에서 어떤 충격(Erschütterung)에 의해 **깨어났다.**

나는 이제 세계에서 확장된 인식과 실천적 능력을 가질 수 있다. 본래적 깨어남이 전혀 일어나지 않을 수도 있고, 또 일어나더라도 곧 사라질 수도 있다. 나는 나라는 존재에 대한 물음이야말로 세상에서 가장 자명한 물음이라고 생각한다. 사람들은 어떤 것에 대해 깊이 생각하려고 하지 않는다는 점에서 이에 대한 대답은 단순한 당혹이나 회피를 의미할 수 있다. 그러나 이 대답은 또 다른 측면에서 본질적인 의미를 가질 수도 있다. 여기서 중요한 것은 내가 그것을 이해할 때 나는 타자를 통해서가 아니라 나 자신을 통해서만 이해할 수 있다는 것이다.

그러나 내가 이 자명한 것이 무엇인가에 대해 대답하고자 할 때, 나는 무척 놀라게 된다. 나는 그 자명한 것을 **모른다는** 것을 알게 된다. 나는 여전히 나 자신의 존재에 대한 언어를 갖지 못한 채 나에게 명료해질 수 있는 방법을 추구한다.

나는 나 자신의 존재에 대한 근원적인 자각(Innewerden)으로 돌아간다. 이 자각은 어떤 것에 대한 의식으로서가 아니라 현실적인 현재(Gegenwart)로서 마치 반성하지 않고 나를 실현시켰던 것처럼 보일 수 있다. 모든 내용이 어떤 것에 대한 의식에 놓여 있는 것처럼 보였다. 이 말은 내가 나 자신으로서의 나를 실제로 독려했었다(beseelte)는 것을 의식할 필요가 있었다는 뜻이다. 그러나 내가 그 보물을 드러내고자 한다면, 그것은 즉시 사라져버린다. 내가 나의 근원의 어둠을 물음으로써 나는 어둠을 떠났다. 내가 무엇인지 보고 싶어 하자마자, 내 근원의 어둠 안에서 나 자신에 대한 자각의 빛남으로 비췄던 그 불빛은 꺼져버린다. 내가 어둠뿐만 아니라 근원 자체를 떠났었다는 것은 현실적이고 최종적으로 떠났다는 것이 아니라 근원을 파악하거나 상실하는 가능성을 가진 의식으로서 떠났다는 것이 나에게 명백해진다. 내가 나에 대해 **물을 수밖에 없다는 것**, 이것이야말로 내가 근원에서 벗어나 있음을 보여주는 것이다. 나는 나에게 자명하지 않은, 소위 상실된 것의 재수용(Rückgriff)으로 자신을 발견하지 않으며, 오히려 앞으로 나아가면서 나 자신을 파악해야 하는 과제가 있음을 느낀다.

사유할 수 있는 것의 한계에 있는 '나'

1. 나 일반(Ich überhaupt)

이처럼 부정적인 명료성에 이르게 되면, 나는 의식으로서의 나로 돌아가게 된다. 즉 나는 나를 '나 일반'으로 다음과 같이 파악하고자 한다.

나는 **자신을 스스로 파악하는** 존재이다. 이 존재는 스스로를 향하고 있으며, 둘로 구분되면서도 하나인, 하나이면서 둘인 자기로서 자신을 의식한다. 이 존재는 스스로를 객체(Objekt)로 삼는 주체이다. 이 존재는 객체로서 스스로에게 주어져 있다. 이 존재는 낯설지만 타자로서 세계의 **사물들과** 같은 방식으로 주어져 있는 것이 아니라 나-존재로서 주어져 있는 것을 다시 **지양하는** 고유한 방식으로 주어져 있다. '나'는 그 자체 주체-객체-분열(Subjekt-Objekt-Spaltung) 속에 있지만, 세계의 사물들이 분리되어 있는 것과 같은 철저한 방식이 아니며, 혹은 신비스러운 일체(Einssein)로만 존재해야 할 분열의 지양과 같은 방식도 아니다. '나'라는 존재는 자기 자신 안에 있는 순환 속에서 자기를 의식한다.

다른 모든 것들은 변할 수 있지만 '나는 생각한다.'는 지속될 수밖에 없다는 점에서 나는 모든 나 의식(Ichbewußtsein)의 핵심을 결정하는 '나는 생각한다.'로서만 자기 자신을 파악한다. '나는 생각한다.'에서 나는 현재의 순간에 일자(Eins)로서, 기억으로서 혹은 다가오는 것으로서, 사유된 시간의 연속을 통한 일자로서 자신과 동일한 것으로 파악한다.

나는 내가 아닌 타자들과, 내가 존재하는 세계와의 관계에서만 단지 자신을 파악한다. 이 세계에 존재하는 사물들은 나에 의해서 지각되고 사유된다는 점에서 나는 이 세계와 대립된 주체이며, 주체에 대립된 모든 사물은 객체가 된다. '나'는 그러한 존재로서 어떤 주체에 의해서 대표될 수 있는 주체일반, 즉 의식 자체이고, 모든 인식가능한 것과 관계되어 있는 지점으로서의 오성(Verstand)이다. 이와 같은 오성은 그 자체로서는 단순한 점(Punkt)으로 명명될 뿐 더 이상 객체가 될 수 없고 오히려 모든 구체적인 나의 존재가 객체가 된다. 이러한 형식적 주체일반은 의식으로서의 존재가 있는 곳 어디에서나 포괄적인 일반자(Allgemeine)로 존재한다.

"나는 생각한다."는 것으로서의 '나'는 사고하는 순간에 자기의 세계 안에 있는 자기의 현존을 의식한다. 생각하는 내가 무엇인지를 아는 것이 아니라 나에게 현전하는 시간에 내가 존재한다는 것을 아는 것이다.

나는 지금 사실상 그와 같은 "나 일반(ich überhaupt)" 자체이다. 나는 각각의 다른 나와 일치한다는 것에 대해 의심하지 않는다. 그러나 나는 단지 '나 일반'만이 아니라 나 자신이기도 하다. 나는 나 일반의 구조에서 내가 나에게 나타날 때, 내가 존재하는 형태로서의 나의 현존의 조건을 인식한다. 그러나 나는 이러한 형태에서는 나를 나 자신으로서 파악하지 못한다.

나는 "나는 생각한다."는 것으로서 존재하기는 하지만, 그것은 단지 일반적인 것으로 존재하기 때문에 나 자체로서 존재하는 것은 아니다. 내가 "나는 생각한다."는 것에서 나와 동일하기는 하지만, 이러한 동일성은 "나는 나다."라는 단순한 문장의 공허한 **형식**일 뿐이다. 나는 이 동일성에서 나로부터 비워진(entleerte) 주체로서 개별적으로 나타나는 나를 정립한다. 다만 이러한 동일성은 이중화 안에 있는 일자로서 나의 의식을 아무런 내용 없이 진술하는 것에 지나지 않는다.

대상성의 의미로 측정된 나 존재(Ichsein)의 비교불가능성은 언어 속에 반영된다. "나"는 대명사이고, 대상으로 존재하는 유일함이 아니라 나를 말하는 존재의 유일함을 표현하고자 하는 하나의 언어 형태이다. 이와 반대로 우리가 여기서 말하는 바에 의하면 "**이러한 나**"는 인위적이고 어법에 어긋나는 명사적 형태(substantivische Bildung)이다. 이 명사적 형태는 철학함에서 익숙한 나의 대상적 존재를 상상할 수 있게 해주는 것이다. 명사적 형태는 우리가 말하려고 하는 모든 것이 결코 적합한 대상이 될 수 없다고 하더라도, 그것을 대상으로 삼아야 한다는 불가피성에 따른 결과이다.

2. 나의 관점들(Ichaspekte)

나는 의식일반으로서의 나 의식(Ichbewußtsein)에서 아직 나 자신을 발견하지 못하기 때문에 **현존**으로서 나 존재(Ichsein)의 물질적 충족에 의지하게 된다. 나는 나 자신을 의식하고 있다는 것을 볼 뿐만 아니라 나를 **무엇으로** 의식하는가를 묻기도 한다. 나는 나 자신 스스로가 시간과 공간 안에 대상이 되어 나에게 맞서고 있는, 내용적으로 충족되고 대체할 수 없는 생명이다. 나 자신에 대한 관점들인 그와 같은 대상화(Gegenständlichkeiten)된 것들에서 나는 거울에서 의식하는 것처럼 나 자신을 의식하게 된다. 어떠한 관점에서도 나는 나를 전체로서가 아니라 부분으로 본다. 나는 나의 존재의 측면들을 보고 그러한 측면들과 나를 부분적으로는 동일시하지만, 그러한 측면들에서의 나와 완전하게 동일시하지는 않는다. 왜냐하면 그와 같은 대상에서 사실로서 존재한다는 것은 대상에 맞서 있을 때 가질 수 있을지도 모를 의식으로 남아 있기 때문이다. 이 대상들이 나의 가능성의 실현된 현상이기 때문에 이 대상을 나-도식(Ichschemata)으로서 전형적인 형상들로 특성화될 수 있는 나의 관점들(Ichaspekte)이라고 부른다.

a) 내가 "나"라고 말할 때, 나는 공간을 점유하고 있는 **육체(Körper)**로서의 나를 의미한다. 육체는 내가 육체를 움직일 때 움직인다. 아니면 어떤 힘이 육체를 움직인다. 그래서 나는 모든 경우에 움직임을 경험할 수밖에 없는 육체이다. 내가 육체를 통해서만 활동할 수 있듯이 나는 육체가 겪는 것을 받을 수밖에 없다. 나는 육체이거나 육체와 하나이다. 내가 육체적인 생명력을 의식하는 것처럼 나는 강하게 혹은 약하게 삶의 환희나 불편함을 느끼기도 하고 능동적인 행위를 즐기거나 고통을 느끼거나 고요를 느낄 수도 있다.

그러므로 이러한 육체는 내가 확실한 의식 없이 존재하는 무심한 현존이다. 그러나 나는 누구인가를 묻고 내가 나에 대해 제대로 생각한다면, 나의 육체적 의식(Körperichbewußtsein)이 나의 관심의 대상이 된다. 나는 나의 특수한 육체의 형태, 크기, 힘, 운동방식에 따라 특수한 현존으로서의 나를 안다. 그리고 상황들, 즉 질병, 성별, 연령을 통해 나의 육체가 겪는 모든 변화를 겪고 있는 나 자신을 안다. 내가 나의 육체성(Körperlichkeit)을 그렇게 본다면 겉보기에는 내가 나 자신을 육체로부터 분리시키는 것처럼 보이지만 여전히 그 육체와 하나이다. 그러나 이 하나임은 같음이 아니다.

나는 나의 육체가 아니다.

만일 내가 육체로서의 나였다면, 어떠한 육체의 부분도 본질적으로 나에 속하지 않는다는 것이 이상할 것이다. 나는 사지(四肢), 개별 신체기관, 뇌 일부를 잃을 수 있는데 이 경우에도 여전히 나는 나로 남는다. 아마도 나의 상황이 이를 통해 변화될 수도 있을 것이다. 결함들로 인해 다른 삶의 조건으로 옮겨갈 수도 있지만, 그럼에도 불구하고 나는 여전히 본질적으로 동일하다. 몸(Leib)의 파괴를 통해서 나의 의식이 중지되거나 변화를 통해서 건강을 잃어 나에게 지향과 기억이 없어지고 소통이 불가능해지고 환각과 망상이 나를 온전히 채울 때에만 나는 더 이상 내가 아니다. 그러나 더 이상 존재하지 않음(Nichtmehrsein)은 내가 나 자신으로 존재하지 않는 것이 아니라 관찰자로 존재한다는 것이다. 아무리 내가 나의 몸에 속박되어 존재함과 동시에 몸과 대립하여 존재한다고 해도 내가 현존하는 한, 나는 나 자신으로 있다. 파괴의 소용돌이에서, 광기 속에서도 여전히 나는 나와 동일한 나로 남게 하는 가능적 지점이다. 나는 몸을 나에게 속한 것으로 파악한다. 왜냐하면 그 몸은 나의 존재와 결합되어 있기 때문이다. 그러나 나는 몸을 하나의 짐(Last)으로서 또는 방해하는 요소로서, 그리고 나의 본질을 위협하는 요소로서 나 자신과 대립시킨다. 어떠한 경우에도 나는 몸을 본래적인 의미에서의 나 자신으로 파악하지 않는다. 몸이 시간 안에서 나를 지탱시켜주는 것과 마찬가지로 시간 안에서 현존으로서의 나를 파괴시킨다.

나의 육체(Körper)는 질료를 지속적으로 새롭게 한다. 육체의 물질적인 것들은 바뀌지만 그럼에도 불구하고 여전히 나는 동일한 나로 남는다. 나는 육체로서 **생명**이며, 이 생명은 형태와 기능으로서 항상 스스로를 변화시키는 몸의 연속성이다. 나는 나의 생명을 원하고, 생명 없이는 현존하지 못한다. 나는 생명의 기능으로 현존하지만 단순히 그 기능들로서만 존재하는 것은 아니다. 내가 단지 생명이라면 나는 자연의 과정에 불과할 것이다. 내가 전적으로 생명이고자 할 때 나는 인간으로서 내가 동물이 될 수 없다는 것을 경험하게 된다. 자기존재의 분열이 없고, 그래서 가능성이 없는 동물은 있는 그대로 존재한다. 인간은 단지 자기 자신으로 존재할 수 있거나 그 자기존재(Selbstsein)를 단순한 생명 속에 맡김으로써 야만적일 수밖에 없다. 왜냐하면 누군가는 그 가능성을 파괴하고자 하기 때문이다. 단순한 생명은 실현불가능하다. 인간에게 생명은 단지 생명으로부터 유래하는 조건뿐만 아니라 자기 자신으로부터 유래하는 조건들과 결합되어 있고, 인간이 내면적으로 행위하고, 그다음 현실적인 실천 속에서 완수되는 결단들과 결합되어 있다. 인간이 생명력(Vitalität)을 조건부로 받아들이는 것으로 자기존재와 생명력을 분리시키는 것은 인간에게 생명과의 합일(合一)만큼이나 필요하다. 왜냐하면 분리는 인간이 자신의 시간적인 자의식의 근본구조를 안다는 것을 의미하기 때문이다. 즉 자신의 몸적인(leiblich) 현존을 몸적인 것으로서 견디어내고 지배해야 한다는 것이다. 그러나 합일은 자신의 생명이 자신의 자기존재로 실현될 때, 인간이 본래적으로 산다는 것을 의미한다. 몸적인 현존을 의심스러운 것으로 보고, 이러한 육체를 타자와 마찬가지로 취급할 수밖에 없는 경우가 빈번하지만 인간은 자신의 몸적인 현존을 자기 자신만큼이나 사랑한다.[1]

그러나 어떻게 나는 나의 육체(Körper)를 다루는가, 나는 나의 육체에

---

1) 몸의 부활은 그 자체로는 위로가 안 되는 관념이기는 하지만 죽음 이후에 우리의 현존의 경험으로는 상상할 수 없는 방식으로 육체와 동일해지는 본래적인 자기존재라는 조건과 육체의 가능한 통일의 변용을 나타내는 이념으로서 생각될 때 하나의 참된 상징일 수 있다.

어떤 척도를 주고 어떤 조건들로 육체의 자유를 주는가에서 나는 육체 그 자체로부터 더 결정적으로 나를 의식한다. 육체는 내 손안에 있다. 나는 나를 죽일 수 있고, 이러한 행위를 통해 내가 나의 육체를 나 자신으로 인정하지 않음을 스스로 증명할 수 있다. **나는 수동적으로만 죽을 수 있는 육체를 죽인다.** 그러나 나는 이를 통해 나 자신을 완전히 없앨 수 있는지에 대해 물을 수 있다.

b) 나는 사회적인 삶의 연관성에서 규정되는 나로 생각할 수 있다. 직업에서의 나의 역할, 나의 권리, 그리고 의무가 나의 존재로서의 나를 규정한다. 다른 사람에게 미치는 나의 영향은 나의 존재의 상(Bild)을 생성시킨다. 나에게 되돌아오는 이 상은 내가 알아채지 못하게 나에게 전가된다. 즉 나는 타인을 위해 존재하는 존재로 생각한다는 것이다. 누구나 육체로 존재한다는 것과 마찬가지로 개개인이 사회 속에 존재할 때, 그리고 개개인이 사회 밖에서 사회에 대항할 때 존재한다는 것이다. 우리의 **사회적** 나는 마치 한 인간이 자신의 사회적 위치의 변화로, 그가 관계하는 사람들의 변화로 인해 달라지는 것처럼 보일 정도로 우리를 그렇게 많이 지배한다. 원시적 상태에서 인간들은 갑자기 자신들의 환경으로부터 분리되었을 때, 자신들의 존재의식(Seinsbewußtsein)을 완전하게 잃어버릴 수 있다. 인간들은 더 이상 그들 자신일 수 없다. 왜냐하면 인간들에게서 자기 자신이었던 것을 일순간에 거두어가기 때문이다.

그러나 사회적 나로서의 나는 나 자신이 아니다. 내가 나의 세계로부터 분리된다 할지라도 나는 무(無) 속으로 사라지지 않고, 오히려 재난 속에서 나 자신으로 깨어날 수 있다. 그러한 깨어남이 여전히 규정되어 있지 않은 가능적 자기로 깨어나는 것에 불과할지라도 말이다.

내가 사회적 나로서 존재한다는 것과 어떤 범위 내에서 존재한다는 것은 나에게는 나의 삶이 사회와 지양할 수 없을 만큼 연결되어 있다는 것으로 특징지어진다. 나는 이러한 상황에서 역사적 특이성, 즉 나의 **세계에 속하는 하나의 현존**이고, 이러한 연관에서 모든 사람이 나를 무엇으로 간주하는 그런 나이다. 합리화된 사회에서는 특수자의 실체성은 점점 사라지고, 극한에 가서는 정해진 나의 현존에 대한 내용의 의식은 국가 내 전체의 역사적 의미에 대한 신앙으로 해소된다. 나는 사회적 현존 외에는 아무것도 아니며, 단지 권리와 의무를 가진 현존으로 존재한다. 각각의 개인은 원리상 타자와 마찬가지로 동일한 방식으로 사회적 가능성들, 즉 부양, 노동, 향유에 참여해야 하는 하나의 표본에 지나지 않는다. 사회적 나로서의 나는 **우리 모두**가 된다.

그렇기 때문에 나에게 나의 사회적 자아가 강요된다면, 나는 **내적으로** 사회적 자아에 대항할 수 있다. 비록 내가 가차 없이 나의 사회적 현존에 속박되어 있고, 그 안에서 나의 자기의식을 나의 행위의 거울(Spiegel) 안에 보존한다고 할지라도, 또다시 나는 나 자신으로서의 나를 대립시킬 수 있다. 사회적인 이익과 손해에도 불구하고 나는 모든 변화에서 나 자신으로 머무를 수 있다. 내가 매 순간마다 사회적 나로 존재한다고 하더라도, 나는 나의 사회적 나와 더 이상 일치하지 않는다. 이때 나는 나의 사회적 현존에서 의식, 말하자면 내가 수행하거나 감당하는 **역할의** 의식을 가질 수 있다. 나를 위한 나와 나의 역할은 서로 어긋난다. 내가 무조건적인 활동력 (Energie)으로 나의 역할을 파악하고, 현존에 적극적으로 관여할 때, 내가 본래적으로 존재하고 있다는 것을 알지만, 그렇다고 해서 나는 나의 사회적 나를 포기할 수 없다. 이는 내가 육체를 가진 존재이기를 그칠 수 없는 것과 마찬가지이다. 그러나 나의 사회적 나는 나 자신에게 대상이 됨과 동시에 그 대상에 의해 나 스스로 억압된다. 나는 사회학적 맥락의 결과가 아니다. 왜냐하면 나는 나에 의해 객체적으로 현상하는 모든 것 안에서 나의 사회적 현존을 통해 규정될지라도 나는 나의 근원으로부터 나오는 나 자신의 가능성으로 남기 때문이다. 나는 물질적 현존을 위해서만이 아니라 나 자신이 되기 위해서도 나의 역할을 붙들고자 한다. 즉 나는 역할에서의 나를 알지만 그렇다고 내가 역할과 동일시되지는 않는다.

보편성을 통해 강력하게 떠맡기고자 시도하는 "**우리 모두**"에로의 사회적 나로 희석될 때, 자기존재가 결단을 통해 자기를 방어하고 우선권을 요구한다면, 자기존재의 무제약성은 우리 모두로서 존재에 대한 제약성 모두에 대립해 있다. 나는 모든 사람과 더불어, 그리고 서로 함께 살며 공동의 지역권(Dienstbarkeit)에서 직무(Funktion)를 수행하지만, 그러한 관계뿐 아니라 무조건적으로 결합되어 있는 개별적 인간들을 알고 있다. 나는 나 자신으로서 나와 소통하는 개별적 인간들을 상대적으로 그들에게 무관심한 타자들과 동일한 세계에 놓을 수 없다. 나는 그들과 관계를 맺고 있는 자기존재를 모든 인간과 관계 맺는 존재의 차원에 놓을 수 없고, 나는 가능성에 따라 다른 모든 사람의 외부에서 개별적 인간들과 함께 있다.

c) 사회에서 나는 내가 **성취한** 것을 통해서 가치를 획득한다. 이는 나에게 나는 누구인가에 대한 하나의 새로운 거울이다. 나를 통해 일어났었던 것, 혹은 내가 성취로서, 그리고 업적으로서 볼 수 있는 것, 혹은 실패하거나 잘못된 것으로 내 앞에 드러나는 것, 거기서 나는 나 자신의 고유한 방식으로 나에게 대상화된다. **자기성과 안**에서 나의 의식은 성취된 의식과 일치할 수 있다.

그렇다고 해서 성취하는 내가 나는 아니다. 나는 이에 대해 어떤 모순에 빠질 수 있다. 우리는 우리가 만들어낸 일들에 의존하게 될 때, 우리 자신을 그 일들에 견준다. 우리는 그러한 일들 안에 있지만 단순히 행위자로서의 우리와 동일하지 않다. 다른 사람들이 우리가 만들었던 것을 모방하고 그대로 흉내 낼 때, 누군가는 자신의 작업에 몰두했던 것과 마찬가지로 본 래적 자기와 맞서 싸울 수 있다. 나는 나에 의해 이미 이루어진 성과를 나로부터 분리시킨다. 나는 내가 존재하고자 하는 어떤 것에 머무를 수도 없고, 또 현재 성취하고 있는 것이 나라고 말할 수도 없다. 왜냐하면 내가 누구인지, 그리고 내가 행하고자 하는 것이 지금, 그리고 항상 한 사람으로 존재하지만, 그렇다고 동일한 것은 아니기 때문이다. 또한 나는 내가 아니더라도 수행할 수 있다. 어떠한 경우에도 나는 내가 수행했던 것을 소진시키지는 않는다. 나 자신 스스로 나의 업적과 동일시하는 것을 기피한다. —상대적으로 그 업적을 나의 것으로서 인정하면서, 그리고 나에 대한 신뢰 속에서 그 업적을 나의 것으로서 지지하면서도—나 자신을 확신하는 그 안에서 미래를 느끼고 가능성과 현재를 계획할 때, 더욱더 나를 나 자신에게서 **빼앗는** 것처럼 보인다.

d) 내가 누구인가는 결국 나의 과거를 통해서 알게 된다. 내가 경험했고, 그리고 내가 보았고, 내가 행했고 생각했던 것, 다른 사람들이 나에게 귀속시켰던 것과 내가 어떻게 도움을 받는지에 대한 모든 것이 나의 현재의 자기의식을 무의식적 기억 혹은 의식적 기억으로 규정하고 있다. 여기로부터 나는 나에 대한 존경과 멸시를 가지게 되고, 애착과 증오 사이를 움직인다. 과거로부터 현재가 나에게 말을 걸어온다. 그래서 나는 거기로부터 도망치거나 탐색한다. 무반성적 상태에서는 물어오지 않는 **기억** (**Erinnerung**)의 자신은 나에게 또 다른 나의 양태들과 마찬가지로 무규정적 한계에서 대상화된다. 나의 과거는 나의 거울이 된다. 나는 존재했었던 것으로 존재한다.

모든 것이 다르게 존재할 수 있다는 사유를 통해 모든 존재자로부터 나를 분리하고자 한다면, 나는 나를 공허한 가능성으로 변하게 하고, 나는 나의 과거의 기반 없이는 더 이상 내가 아니다. 그러나 분리의 가능성은 나의 기억의 총체와 내가 동일시되지 않는다는 것을 의미한다. 왜냐하면 나는 현재 존재하며 미래를 가지고 있기 때문이다. 내가 나의 과거로부터 가지게 된 상을 나와 동일시한다면 나는 나를 상실할 것이다. 나는 나의 과거를 나이고자 원하는 하나의 도식으로 구성하게 될 것이다. 이 말은 내가 현재와 미래를 기준으로서 나의 과거 밑에 두고, 현재와 미래를 과거의 기준에 따라 무가치하게 만든다는 뜻이다.

지속성은 기억으로 오고 기억을 통해서만 나의 존재의 실체가 나에게 확실해지는 것이 사실이다. 자기에 대한 판단 기준은 **현재 유효한** 기억의 깊이이다. 그러나 내가 기억하는 나는 내 기억 속에 나타나는 나일 뿐이다. 기억 속의 나는 고정된 객체로서의 나 자신이 아니다. 왜냐하면 기억은 내가 살고 있는 한, 기억의 작용과 변화 속에 있기 때문이다. 나의 본래적 자기의 매 순간은 기억을 통해 규정되는 동시에 기억에 대립해 있다. 모든 순간은 기억의 의미와 의의를 현재적 삶의 결단으로부터 펼치게 하거나 위축시킬 수도 있고 본래적 진실함으로부터도 의미를 변화시킬 수 있다.

내가 누구인지 알고자 한다면, 내가 추구하는 사유과정에서 도식 속에 있는 나의 객체적 현존이 나의 존재로서 제공된다. 나는 그 도식 안에서 나를 파악하지만, 내가 전적으로 도식 안에 있는 나의 객체적 현존은 아니라는 경험을 매번 하게 된다. 이 말은 그렇게 **대상화된 것은 나 자신과 절대적으로 동일하지 않다**는 것이다. 왜냐하면 나는 그 도식을 넘어서 있고, 그러한 도식에서는 나를 잃어버릴지도 모르기 때문이다.

3. 성격

나 자신의 현상에서 나의 토대가 되는 존재가 마치 나인 것처럼 나와 관련하여 내가 누구인지를 묻는다면, 그것 자체로 나를 위해 존재한다. 왜냐하면 나는 나의 현상으로 내게 주어진 것이긴 하지만, 내게 현상으로 주어졌기 때문에 나는 나 자체로 존재한다. 그래서 나는 어떠한 직접적인 방식으로도 나 자신에 대해 내가 무엇인지, 어떻게 나 자체로 존재하는지에 대해 알지 못지만, 나는 나의 존재를 나의 모든 현상의 토대가 되는 것으로서 추론한다. 내가 단순하게 구체적으로 거기에 존재하지 않고 무엇보다도 내가 그렇게 되기를 원하는 모든 것의 가능성이 아니라 내가 나에게 하나의 상존재(相存在, Sosein)로서 주어져 있다는 것이 나의 근원적인 경험 중 하나이다. 놀라움으로, 부끄러움으로, 경악으로 혹은 사랑으로 나는 나의 행위로부터 내가 어떻게 존재하는가를 경험한다. 내가 나에게 갑작스럽게 정신이 들어 '넌 그런 존재야.'라고 말할 수도 있다. 나는 매일 내가 절대적으로 좌지우지할 수 없는 나 자신이라는 하나의 존재에 의존되어 있다는 것을 경험한다. 나는 나 자신과 관계하며 나 자신을 지배하고 강화하고 억제한다. 나의 존재는 나에게 주어진 것으로서 의미 있는 방식으로 심리학적 연구의 대상으로 되기도 하고, 내가 나 자체로 존재하고 나의 삶의 과정에서 나타나는 존재이기도 하다. 이것이 나의 성격이다.

그러나 나 자신 안에 실증적인 것으로서의 나 자신의 존재, 이젠 무어라 해도 별수 없이 나이다. 또한 내가 그렇게 실증적인 것으로서 지금 존재한다고 하지만, 그럼에도 불구하고 내 밖의 사물처럼 그렇게 나에게 주어져 있는 것은 아니다. 내 밖의 사물은 순전한 타자로서 존재하고 나를 위해서는 그것 자체로 존재하지 않는다. 그러나 나는 나를 위해 나 자신으로 존재하고, 행위하고 행위를 통해 존재하며 자기로 존재하면서 동시에 자신의 자유 속에서 비로소 자각할 수 있는 것으로 나타난다. 그렇기 때문에 내 안의 어떤 것이 전적으로 지금 그렇게 주어진 것으로서의 나를 **인정하는 것**에 대해 **거부**하게 된다. 내가 그러한 존재라는 것에 대해 내가 나에게 책임을 지운다. 만일 내가 지금의 의지에서 어떻게 확실하게 그것을 변경해야 하는지를 알지 못한다면, 나는 기술적인 개입으로서의 순간적인 합리적, 합목적적인 행위 안에서 나의 자유를 확신할 수 없다. 오히려 자유는 내 안에 깊이 내재해 있기 때문에 나의 지식으로는 파악할 수 없는 수많은 행위들의 결과를 통해 나의 현재의 상존재 안에 나로 인해 한 생명이 생겨난 것처럼 보인다. 그리고 이러한 태어남을 통해 내가 나 자신인 것은 마치 내가 이전의 선택에서 내가 그렇게 하려고 했었고, 그래서 거기에 대해 책임이 있는 것처럼 보일 수 있다. 나는 여전히 어떤 주어진 것처럼 나로 존재하는 것으로서 **존재 자체로부터 나를 되찾고** 그 주어짐으로부터 혹은 그에 반하여 나 자신을 파악한다.

4. 나는 사유의 가능성에서 전체로서의 나를 확신하지 못한다

나는 누구인가라는 물음에 대한 세 가지의 대답이 나왔다. 세 가지의 의미로 나는 '나'라고 말하지만 각각의 의미는 오직 나의 존재의 하나의 방식일 뿐이었지 본래적인 나 자신은 아니었다.

나는 의식일반이다. 왜냐하면 다른 모든 의식과 마찬가지로 나는 오성적으로 사고할 수 있고 보편타당성을 이해하고 인정할 수 있기 때문이다. 내가 의식일반이며 의식일반에서 물적이라는 것은 나에게 어떤 특별한 지위를 준다. 나는 의식 없이는 결코 나 자신일 수 없다.

나는 나의 현존의 현실을 실현한 것으로서 나의 양태들 안에 존재한다. 이러한 구체적인 개인은 여기, 그리고 지금 존재한다. 나의 양태들을 제외하고 나 일반은 나타날 수 없다.

성격인 나의 상존재에서 나는 비교적 고정된 것으로 존재한다. 그것은 단지 생각하여 추론된 것이기는 하지만 내가 나를 인식하는 한, 나의 현상의 근거로서 불가피하게 전제된 것이다. 이러한 상존재 없이 현존에서의 안정은 나에게 없다.

그러므로 나에게는 내가 무엇인가가 총체적으로 드러나지 않는다. 나의 존재일반에서, 나의 양태들에서, 성격으로서의 나의 상존재에서 나는 한계에 직면한다. 그러나 그 안에서 스스로를 대상화하려는 불가피한 사고는 간접적 명료성에로 이끈다. 처음에는 그때그때 미완성을 인지함으로써 나는 다르게 존재한다. 그다음 나는 나 자신과 그때그때 사고된 것을 분리시킴으로써 모든 대상으로부터, 그 대상을 통해 나를 조명하고, 다시 그것을 철회한다. 나에 관한 지식이 아닌 나에 관한 간접적 지식이 생기는 것이다. 자기는 알 수 있는 **모든 것 이상**이다. 그렇기 때문에 나는 내가 객체화되는 방식으로는 어떤 가능성으로서 나 자신을 객체화하지 못한다고 확신할 수 있다. 객체화된다는 것은 말하자면 내가 존재하는 유일한 언어이다. 그러나 진지하게 "나 자신"이라고 말할 수 있는 나의 활동적 의식은 자기로부터 나타나는 모든 대상을 상대화함으로써 언어를 장악한다.

내가 시간적 현존에서 나를 하나의 상(像)으로 전체로 만든다면, 그리고 그 상 안에서 내가 무엇인가를 통해 내가 누구인가를 알 수 있다고 예상한다면, 나는 나를 기만하는 것이다. 실존조명에서 여전히 장악해야 하는 근원들을 바탕으로 추적할 수 있는 형이상학적 초월함에서만이 나는 나의 지식이 영원한 것처럼 시간현존의 완성 안에서 나의 존재로 방향을 바꾼다.

그러나 나는 나의 어떤 상에 대한 각각의 완성을 고려하여 시간 안에서 실제적인 완성이 불가능하다는 사실을 확신한다. 이를 통해 비로소 나 자신으로 존재할 수 있다는 가능성에 대한 나의 의식이 본래적으로 일깨워진다. 나의 의식을 통해 나는 존재로서가 아니라 오히려 확실치 않은 생성(Werden)과 미래로서 나 자신을 안다. 형이상학적 초월함에서 나에 대한 확신은 또 다른 비약을 전제하는 비약으로부터 발생한다. 즉 대상화된 나로부터 자유인 나에게로 비약이 생기는 것이다. 나에게 현실화된 모든 것에 대립하여 나는 가능성으로서의 나 자신으로 존재한다. 객체가 된 나의 존립에 대립하여 나는 나 자신과 **자유로서의 나로** 존재한다.

나 스스로 대상이 되지 않는 나 자신은 대상들의 모든 현존을 위한 존재일 뿐이고, 그러나 그 자체로는 알 수 없는 대상들로부터, 그리고 현존의 세계에서 그 자체가 즉시 사라지는 존재라면, 나는 내가 감당해야 하고, 그러나 사라질 수 없는 어떤 상황에 존재할 것이다. 이 상황은 **본래적 자기존재의 철학적 조명에 대한** 표상된 근원이 된다. 나는 실망스럽게 나에 대한 대상적 지식 그 이상의 가능성을 더 이상 획득하지 못하고 내가 가능성 모두를 파악한 다음에야, 자기존재의 가능성에 대한 새로운 기반의 방법으로서 그 가능성들과 함께 나아간다.

자기반성

1. 나의 존재와 자기성찰

의식일반의 나의 존재를, 내가 경험적으로 현상하는 양태의 다양성을,

나의 성격의 주어진 상존재를 철회하게 될 때, 나 자신에 관한 어떤 태도와 그 안에서 나 자신의 새로운 이해를 위한 단초가 놓인다. 나는 사실적 대상을 통해 내가 무엇인가를 검토하고, 확고한 개별적 사실들로 충만해 있음을 발견할 뿐이다. 그러나 나는 그러한 사실적 대상을 넘어서서 내가 본래적으로 무엇인지를 검토하고 내가 본래적으로 무엇인지, 그것이 아직도 여전히 나 자신에게 달려 있음을 본다. 나는 나를 염려하고 자기태도 (Sichverhalten)에서 존재가 무엇인지를 결단하는 존재이다.

내가 모든 객관적 노력의 실패 이후에 "나 자신"에 대해 말할 때, 나는 더 이상 단순한 어떤 것으로서가 아니라 어떤 것을 행하는 존재로 생각한다. 즉 나는 하나이면서 동시에 둘이다. 나는 나와 관계하지만, 단순하게 나를 관찰함으로써가 아니라 행함으로써 나에게로 다가간다. 나는 오직 나의 내적 행위를 통해서만이 나를 알 수 있는가, 나는 그것에 따라 스스로 현상하는 것뿐만 아니라 **스스로 형성함**으로써 존재하는가에 대한 물음이 여기서 발생한다. 이 물음은 예, 그리고 아니요로 답해질 수 있다. 나는 의욕하지 않으면, 나 자신일 수 없다. 내가 나 자신이고자 할 때, 나는 이미 나 자신이 아니다. 나는 나를 형성함으로써 내가 되기는 하지만 나는 나 자신이다. 그러므로 나는 나를 형성하지 않는다. 내가 나에 대한 태도를 취한다는 것은 이미 나 자신이 아니고, 오히려 그것은 어떤 내적 행위 안에서 나를 기대하는 것이다. 자기존재의 근원으로서 자기에게 대하는 자기태도 (Sichzusichselbstverhalten)의 본질 안에 나와 대상화된 존립으로서의 **나와 함께하는** 나의 동일성의 가능성은 근본적으로 **좌절된다**. 내가 적극적으로 나에 대한 태도를 취하기 때문에 나는 자기존재의 **가능성**일 뿐이다. 그렇기 때문에 나는 나를 위한 이 시간에서는 결코 **끝도 완성도** 아니다. 나는 나 자신을 알 수 없고, 내가 나 자신으로 존재함으로써만 나를 확신할 뿐이다.

내가 나에 대한 지식을 직접적인 방식으로 고수하면서, 나의 의지를 통해서 내가 존재할 수 없고, 사실상 나는 내가 의식일반으로서, 나의 경험적 현상과 나의 성격으로서 규명하고 있을 뿐이라고 혹시 말한다면, 다음과 같은 물음이 제기될 수 있다. 내가 그와 같은 이야기를 실제로 믿는다면, 나는 어떻게 살아갈까? 즉각적으로 나타나는 나의 쾌락과 애호에 따라 살든지 아니면 어떠한 의미도 없기 때문에 절망하면서 살든지이다. 둘다 결론이 없다. 우선 나는 현실적으로 한순간도 의미 없이는 살아갈 수 없다. 이미 우연적인 성벽과 쾌락의 길은 그 자체로 하나의 결단이다. 무의미를 파악하고 불가피하게―부정적이기는 해도―어떤 의미로서 존재하는 의지행위는 상존재의 주장 안에 동시에 놓여 있다. 이때 내가 의미를 현실적으로 원하는지, 아니면 오히려 나를 기만하고 나를 숨기는지에 대한 물음은 가능실존으로부터 주어진다. 결국 절망은 나를 자살로 이끈다. 나는 나의 삶이 의미가 없다고, 그러나 의미가 있기를 원한다고 말한다. 왜냐하면 의미 없이는 나는 나 자신일 수 없기 때문이다. 자살은 적극적 행위로서 현존을 부정적으로 실현하는 의미가 된다. 자살은 하나의 결단이다. 그 안에는 비록 부정적인 자기존재가 있다고 하더라도, 여기에서야 비로소 본래적인 자기존재가 시작될 수 있을지도 모르며, 자살을 초월하면서 다시 영원으로 지양될 수 있을지도 모른다. 의미를 묻고 의미 있게 행위해야 한다는 것은 인간의 본질이자 상황이다. 인간에게는 선택만이 남지만, 통상적으로 인간은 선택하지 않을 수 없다. 왜냐하면 하나의 선택은 항상 인간이 능동적으로든 수동적으로든 수행하지 않으면 안 되는 것이기 때문이다. 인간이 결론을 **원한다면**, 의미를 즉각적으로 알 수 없다고 하더라도 의미를 묻고, 매 순간마다 자신의 힘이 닿는 대로 의미를 실현하는 것을 멈출 수 없다. 인간은 자신의 가능성을 탕진하거나 붙잡음으로써 스스로를 달성하거나 달성하지 못하는 존재이다. 그러나 만일 인간이 어떠한 결론도 바라지 않는다면, 이 결론은 또다시 어떤 부정적 의미에 대한 의지가 될 것이다. 인간은 그것으로 인해 의미 있는 행동을 멈출 수밖에 없으며, 더 이상 자기를 표현할 수 없게 된다. 그는 갑자기 모든 것을 중단할지도 모르며, 의미가 찢어진 조각으로 자신의 현존 안에 나타나게 된다면, 흡사 고의적인 것처럼 그는 정신이 이상해질지도 모른다.

자기에게 대하는 자기태도에서 자의식으로서의 주체는 나의 대상적인 존립으로 끊임없이 **사라져가는** 과거 논의들의 대상이었다. 그러나 지금 진술되는 자기에게 대하는 자기태도는 주체성의 보편자로서 그 내용이 없을지도 모른다. 이것은 단지 **개별적** 자기존재의 자기에게 대하는 자기태도로서만 존재한다. 나는 개별적 자기존재의 실현을 자기존재의 역사적 구체성 안에서 나 자신으로 존재하는 적극적 성취를 통해 구한다.

내가 나를 지배할 수 있는 힘을 소유할 때에야 비로소 나는 내가 나 자신이라는 것을 깨닫는다. 내가 온전히 하나의 사건에 몰두하고, 전혀 나에 대해 생각하지 않을 때, 나는 사실상 나의 주체성에서 눈을 돌릴 정도로 나의 자기통제로서 나를 사물화한다. 나의 태도에 대한 본래적 사물화는 자기통제에 영향을 미치는 확실한 자기존재 없이는 존재하지 않는다. 그러나 나는 세계 안에서 구체적인 연구를 할 때, 자기통제를 필요로 할 뿐만 아니라, 어떠한 한계도 모르는 물음에로까지 일반적으로 자기통제를 필요로 한다. 이러한 물음의 매개를 통해 나의 근원적인 행위의 무제약성은 나에게 확실시된다. 나는 세계존재와 그 안에서 나의 현존에 대한 방법을 구하는 이러한 매개를 **자기반성**(Selbstreflexion)이라고 부른다. 이러한 자기반성은 무한으로 사라져버리기 때문에 단순히 관찰하는 것으로서 수동적으로 남을지도 모르고 성과가 없을지도 모른다. 이 무한성은 활동적인 것으로서 본래적인 자기반성이다. 나는 자기반성 안에서 스스로에게 영향을 미치고, 관찰한 것을 필수불가결한 방법으로 만든다. 이러한 바라봄이 활동성을 통해 의미와 목표를 얻는 반면에, 나는 자기반성이라는 방법을 통해서만 바라볼 수 있을 뿐이다.

자기반성을 통해 나는 누구인가에 대한 물음은 **새로운** 방식으로 제기된다. 나는 누구인가라는 물음은 더 이상 지식을 의미하는 것이 아니라, 나를 찌르는 가시(Stachel)이다. 실존적 자기반성을 통해 나는 나에 대한 나의 **판단**으로부터 나오는 것으로서 나를 추구한다. 이는 자기반성을 통한 자기판단의 진지함이며, 이러한 판단은 의식일반의 판단에 근거하는 나에 대한 단순한 지적 욕구로부터 나오는 것이 아니다. 자기를 성찰할 때, 나 자신의 원천이 생성되어 나온다. 나는 나의 존재에서 스스로가 나의 고유한 근원이 된다. "너 자신을 알라."는 말은 거울에 비추어봄으로써 내가 무엇인지를 아는 지적 요구가 아니라, 내가 누구인지, 자기 자신을 만들어가면서 스스로 작용하라는 요구이다. 이러한 자기반성을 통해 나는 세계의 사물로 향하던 나를 나에게로 향하게 하면서 나의 행위, 나의 동기와 감정이 참으로 나의 것이고 나의 것이기를 원하는지를 기준으로 삼아 나를 **검토한**다. 나는 나의 행위, 나의 동기, 감정에서 내가 나 자신을 인식하는 것으로서 마음의 안정을 얻게 되는지, 그 안에서 나의 순수함이 보존될 수 있는지, 그러한 순수함이 도덕적 이성으로서 인정되는지, 내가 그 안에서 진정으로 존재하는지에 대해 묻는다. 그러나 이러한 **척도들** 중에서 어떠한 것도 대상적으로 인식할 수 없다. 오히려 각각의 척도는 형식화되고 적용된 것으로 음미하는 자기반성으로 받아들여지고, 그에 따라 그 자체가 물음으로 제기된다.

2. 해소되는 자기반성

자기반성은 나에게 어디에서도 종결되지 않는 매개이다. 나는 자기반성으로 인해 깊이를 알 수 없는 것으로 가라앉을 수 있다. 비록 내가 나에게 내적으로 대면한다고 할지라도, 나는 이러한 나의 현상에 대해 끊임없이 그 현상 배후에 다른 것이 있는지를 문제 삼을 수 있다. 나의 감정이 무의식적으로 다른 것을 숨기고, 나의 의식적인 목적 이면에 또 다른 목적이 있다는 것이 가능하다. 나는 나 자신을 기만하고 있을지도 모른다. 왜냐하면 내가 나 자신에게 만족하고 싶어서 자신에게 불만을 일으키는 것을 허용하려 하지 않기 때문이다. 그러나 배후에 대한 탐색을 통해 나는 나의 기만적인 직접성의 **지양**으로 나를 이해하는 것이지 존재로서 이해하는 것이 아니다. 그러므로 나는 그저 나의 가면을 뚫고 나아가는 자기반성일 뿐이며, 가면 배후에 전반적으로 존재하는 어떤 것을 찾는 일에 대해서는 알지 못한다. 자기반성에서의 이러한 이해는 기만의 지양을 통해 나를 변화시킨다. 그러나 이러한 이해 자체는 지양의 매 순간마다 특수한 방식으로 다시 그 동기에 대해 묻게 되고, 그다음에는 기만적인 것으로 의심하게 된다. 그러므로 나는 나를 이해하면서 무한한 과정 속으로 빠져든다. 그러므로 기만적 기대 속에서 나 자신에게 도달하는 것은 물음 자체의 근원성인 어떠한 근원성도 내게는 지속되지 않는다.

이런 와중에 나는 자기반성 자체에 귀속된다. 나의 성실성은 **밝은 의지**(Klarheitswille)로서 소진된다. 밝은 의지는 아직 자기존재가 아니다. 그 의지는 그 자체 미래를 향해 행위하지도 않고, 어떠한 실현도 감행하지 않는다. 밝은 의지의 절대적 지위 아래에서 나는 나 자신의 모든 현상이 나를 위해 존재한다는 위험을 피할 수 있을지도 모른다. 나는 참인 것을 추구하기 전에 무엇이 참인지 알기를 원한다. 자기반성은 나의 현실존재의 모든 시작을 파괴한다. 왜냐하면 시작은 자기반성을 통해 곧바로 의문시되기 때문이다. 나는 한 발자국도 더 나아갈 수 없다. 밝은 의지가 나를 마비시킨다.

이러한 일이 일어날 수 있었던 이유는 자기반성이 또다시 앎에의 욕구(Wissenswollen)가 되는 것을 내가 저지시켰기 때문이다. 나의 활동성(Aktivität)은 겨우 검토와 평가일 뿐이었고, 나의 활동성은 부정적으로만 행위했다. 나는 부정함을 통해 행위하고자 했거나 아니면 무엇이 나 자신인지를 노출시키고자 했다. 그러나 나는 적극적으로 반성하면서 동시에 반성으로 변하는, 실현된 활동성의 근원으로서만 존재한다. 내가 존재한다면, 나는 항상 어떠한 의미에서는 직접적으로 존재한다. 왜냐하면 밝은 의지는 나의 자기존재를 모든 기만의 부정적 지양에로 국한시킴으로써 그의 **성실함**에 대한 자기확신으로 살아가기 때문이다. 또한 밝은 의지는 이러한 보편적인 파괴에서도 단적으로 모든 것의 가면을 보면서 적어도 단 한 번만이라도 자기 자신을 통해서 기만당하게 하지 않으려는 존재로 자기 자신을 확신할 수 있기 때문이다. 충만함 없이 단순한 성실함의 자기확신 안에서 직접성은 자기확신에 대한 고유한 자기물음의 모든 내용을 묻는 것이지, 더 이상 물음 자체를 묻는 것은 아니다. 그것에 관해 모든 것이 기만적인 것이기 때문에 자기확신은 자기존재를 잃어버렸다고 믿게 되지만, 그러나 자기확신은 자기존재의 지식을 통해 자신을 확신하므로 절망하지는 않는다. 나는 자기확신 안에서 물음을 통해 나 자신에 대해 관심을 갖지만, 본래적으로 현실에서는 역사적으로 실현된 존재인 나에 대한 관심을 갖지 않는다. 또한 나의 절대적 상실에 대해서가 아니라 부정할 수 있는 꼼꼼함(Punktualität des Negierenkönnens)으로 희석된 나의 진실함에 대해서 관심이 없다. 나는 존재하지 않고, 점점 비어가는, 나를 둘러싼 소용돌이 안에서 돌고 있다. 나는 나의 양태들에서와 마찬가지로 자기반성에서 나를 잃어버릴 수 있다. 거기서 내가 아닌 나에 관한 표상들 안에서 더 이상 나에게로 향하지 않는 어떤 기능으로 나를 잃어버릴 수 있다.

3. 자기반성과 근원적 직접성

자기반성으로 들어서기 전에, 나는 나의 직접성 안에 무심하게 있다. 내가 불확실하다면, 자기반성을 통해 자기를 확신하는 직접성에로 되돌아가기 위해 나는 자기반성을 한다.

왜냐하면 깊은 확신에 의해 자기반성으로서 존재할 수 있기 때문에 나는 자기반성을 통해 내가 자기반성 자체는 아니라는 것을 결단한다. 나 자신이 자기반성에서 드러날 때, 내가 나의 존재를 위해 자기반성을 필요로 할 때, 그래서 자기반성과 동일하지 않을 때, 자기반성은 나름대로의 진리를 가진다. 즉 나는 해결할 뿐만 아니라 자신의 역사적인 시대현존을 파악하고 실현하는 근원적인 실증성(Ursprüngliche Positivität)을 수반해야만 한다는 것이다. 자기반성은 목적이 아니라 수단이다. 여기서 중요한 것은 자기반성으로부터 어떻게 내가 드러날 수 있는가에 있다. 이러한 수단은 내가 자기반성 없이 불가능한 직접성의 현존만을 정신 없이(geistlos), 자기 없이(selbstlos) 이끌 수 있을 뿐이다. 자기반성은 근원적으로 나 자신으로부터 나오는 동기를 가진다. 자기반성은 자기연구(Selbststudium)가 아니라 **자기소통**이며, 인식으로서가 아니라 자기창조로서 실현된다.

그러므로 자기반성의 의미에 따르면 자기반성은 상실되었다가 다시 회복되는 직접성의 그때마다의 **일시적인(transitorisch)** 매개이다. 자기반성을 하는 나는 매 순간 더 이상 내가 아니고 아직은 내가 아니다. 나는 가능성 안에서 분열로서 존재한다. 이 분열 안에서 무심한 직접성은 지양되고, 나 자신의 본래적 근원성은 가능해진다.

자기존재의 가능성으로서 자기반성의 **지반이 분리되어버리고 마는** 자기 반성은 임의적이 된다. 나는 나를 관찰하고, 문제 삼으며, 어떻게 그것이 그런 방식으로 나오는지 그 가능성을 설명한다. 이와 반대로 내가 현실적 으로 바로 그 자리에서 성찰하면서 나의 과거의 업적과 현재의 태도에 대해 준비한다면, 나는 내·외적 행위에서 결단을 내리고 싶어 한다. 왜냐하면 나는 내가 되어가는 존재임을 알기 때문이다. 그러나 그저 살아 있는 것처럼 수동적으로 성장하는 것이 아니라, 자기반성을 매개로 하여 나에게 옴으로써 나는 나 자신이 된다.

나는 무한한 자기반성 안에서 나를 잃어버렸던 나 자신의 견고한 **존립**을 바로잡지 않고, 말하자면 멈추게 하지만, 그러나 오직 자기 안에 머물게 함으로써 자기를 벗어난 자기반성을 재발견한다.

자기반성의 과정에 따라 확실한 의식으로 옳음을 행함으로써만이 자신을 찾는다. 옳음이란 다음과 같다. 내가 영원을 바라보며 참된 것으로서 옳음을 원하기 때문에 의욕한다는 것이다. 그런 다음 나는 그것이 나의 규정이자 과제라고 감히 말한다. 그와 같은 수행은 이해와 앎을 통해서만이 준비되고 실현되기는 하지만, 그렇다고 해서 저절로 수행되는 것은 아니다. 가능성들이 탐구되면, 그 가능성들은 하나의 객체처럼 그렇게 결정적이지 않다. 하나의 판단에서 다른 판단으로 옮겨가고, 이 판단들을 구분하고 해소하는 자기반성의 배후에서 자기존재의 근원으로부터 나오는 결단의 **통일**을 향한 의지가 추진력이 된다. 내가 자기반성을 하는 한, 나는 탄탈루스처럼 고통을 받는다. 즉 내가 나를 추구하지만 추구된 나는 사라져버린다.

혹은 탄탈루스와는 다르게 고통을 받는다. 이 말은 내가 결단의 형상으로 나 자신을 만나게 되리라는 희망을 가진다는 것이다.

사람들은 흔히 자기반성이 삶과 행위의 자연적 확실성을 저해한다고 경고한다. 그러나 자기반성 때문에 저해되는 것은 단지 자의와 잔인한 의지뿐이다. 왜냐하면 자의와 잔인한 의지는 자기반성이 불확실하기 때문이다. 확실성은 음침한 본능의 물어보지 않는 직접성 안에 존재하는 것이 아니라, **밝은 자기의식** 안에 존재할 수 있다. 밝은 의식은 엄격한 자기반성에 근거하여 성장하며, 스스로를 어떤 존재로서 알지는 못하지만 삶의 연속성을 파악하는 순간의 행위 안에서 지식이나 물음 없이 자신의 존재를 확신한다.

가장 밝은 자기확신은 맹목적인 자의와 다르지 않다고 말할 수 있을지도 모른다. 나는 원하기 때문에 욕구한다. 왜냐하면 모든 구체적인 상황에서 확실한 의지의 방향 또한 객관적으로 알 수 있기 때문이다. 그러나 모든 것이 객관적으로 생성되는 것과 마찬가지로 확실한 의지의 방향은 자기와 관련해서는 **모호하다**. 자기반성은 두 개의 상이한 의미로 혼동될 수 있는 한계에 부딪힌다. 그 첫 번째 한계는 이해를 통해 전달불가능한 충동적 고집의 경험적인 소여들에 대한 완전히 예측하기 어려운 어두움이 있다. 이 전달불가능한 충동적 고집은 자연의 힘들처럼 강하거나 약하거나 할 수는 있지만, 정신이 나타내는 힘처럼 밝거나 어둡거나 할 수는 없다. 또 다른 한계는 이해가능성을 매개로 하여 현상하는 자기의 가능실존이다. 실존이 어둡게 생동하는 소여성을 장악하고, 그의 직접성의 몸으로서 사용하는 것을 통해 모호성은 고조된다. 왜냐하면 실존은 어둡게 생동하는 소여성을 자기의 것으로 파악하고, 자기의 것을 맹목적인 존재로부터 자유로, 실존에 속한 본질과 실존의 책임으로 바꾸기 때문이다. 자기반성은 두 한계들 사이에서 이해하며 스스로를 펼친다. 자기반성은 무규정성으로 밀쳐내면서 자기로부터 새로운 공간들을 확보한다. 이러한 공간들은 한계를 수단으로 하여 자기반성을 조명한다. 그러나 객관화된 이해로서 자기 자체는 파악하지 못한다. 자기는 오히려 그 앞에서 퇴각하고 공격할 수 없는 주권을 가지고 의식된 모든 것과 의미가 주어진 모든 것에 자기를 대립시킬 수 있는 자기반성이다.

그렇기 때문에 **종결된** 의지의 자기반성은 언제나 정신에게 낯설고 적대적인 자의—자기 자신을 파악하지도 못하고 사랑하지도 못하지만 무관심하게 자신을 만족시키는 현존의 무자비함의 단순한 표현—가 더 이상 아니라 그 속에서 자기를 확신하게 되는 자기존재의 표현이다. 이러한 자기반성은 실존의 절대의식으로서 밀고 나갈 때 밝아짐의 무한한 과정으로 들어선다. 정신에게 열리지만, 정신 그 이상이다. 내가 확인하고, 탐구하고, 판단하는 한에서 자기성찰은 법정이다. 그것은 내가 그것에 직면하여 원했던 바로 그것이다. 왜냐하면 자기반성은 나를 관철시키지 못하기 때문이다. 즉 이러한 계시됨의 무한한 과정 안에서 자기반성은 수수께끼 가득한 문턱에까지 이른다. 바로 여기에서 자기반성은 **비약**을 통해 자기반성의 편에서 계속 활동을 지속시키고 있었던 "나 자신"과 마주하게 된다.

4. 자기 밖에 있음과 자기를 선사받게 됨

자기가 스스로를 확신하는 근원적인 수행이 일어나지 않는다면, 인간은 절망할 수 있다.

자기반성이 판단과 작용의 고유한 능동성 없이 단순히 우연적인 자기의 식화일 때, 절망은 전혀 위협적이지 않다. 나는 나에 대한 별다른 관심 없이 그와 같은 사이비 자기반성을 행하고, 매번 그것으로부터 벗어나 금방 잊어버린다. 나는 나를 순간적으로 의식하게 되지만, 그렇다고 해서 내가 나에게로, 나를 규정하는 어떤 관계로 들어서는 것은 아니다.

또한 **명료한 의지 자체** 안에 모든 기만을 없애는 자기반성이 되묻지 않는 부정적 자기의식을 자신의 담지자로 삼을 때에도 절망은 위협적이지 않다.

그러나 그것 역시 불확실하게 된다면, 즉 인간이 자신을 **기대하지만** 여전히 (기대했던 일이) **일어나지 않는다면**, 자기반성은 자기됨의 가시가 되는 대신에 자기 자신을 소진시키는 불꽃이 된다. 상대적 관계로 인해 자기가 되어가는 기능이 현재의 순간에 머무르는 대신에 자기반성은 자신을 절대화하고 그것을 지양함으로써 전체로서의 나에 대한 판단을 내린다. 자기반성은 나 자신의 생성 안에 심급(Instanz)으로 존재하는 대신에 전형적으로 나의 존재에 대한 심급이 된다. 가능성에 대한 신앙을 가지고 가능실존으로부터 나를 찾는 대신에 나는 이 가능성 자체를 의심의 소용돌이로 끌어넣는다. 나는 나 자신의 총체적인 문제제기로부터 더 이상 되돌아오는 길을 찾을 수 없을지도 모른다. 자기반성은 자신의 한계를 넘어선다. 한계는 자기반성을 통해서만 가능해지는 근원적인 자기존재를 통해서 자신의 한계를 동시에 규정한다. **절망**은 절망을 견디게 하는 가능적 자기존재에 의해, 그리고 본래적인 자기반성에 의해 자유로워진 힘을 보여준다. 내가 오직 절망만을 참된 것으로 간주함으로써 나의 존재의 모든 가능성에 반하는 역설적 불신앙 안에서 절망을 믿으며, 또 내가 나를 영원히 부인할 수밖에 없다는 것을 스스로 영원히 믿는 것처럼 보인다.

그러나 이러한 절망이 위협이라면, 나는 절망과 절망을 피하려는 행위 속에서 나 자신을 **회피**하려고 시도할 수 있다. 내가 나에 대해 깜짝 놀랐고, 안전함의 동기로부터 **새로운 해석**을 했을 때까지 나는 자기반성 안에서 정말 성실했다. 자기반성의 새로운 가능성은 이와 같은 재해석의 고정된 형식화를 통해 회피하거나 단절되었다. 나는 나에게 드러남(Offenbarwerden)을 견디지 못했다. 그 위험과 그로부터 나오는 나에 관한 요구가 나를 불안하게 한다. 나는 나의 가능성 앞에서 도망쳤고, 견고한 건축물로서의 나를 유지한다. 그럼에도 불구하고 나는 그러한 회피로 인해 막연하게 **불안**하다. 나는 안전장치를 고정시켰다. 어느 누구도 더 이상 숨김없이 나와 이야기할 수 없다면, 모든 것은 확정된 질서 속에서 제거되고, 타인에 대한 "배려"는 완전히 무규정적인 최상의 통제가 된다. 나는 사유의 가능성을 스스로 억제한다. 그러나 이러한 안전함 안에는 안전함에 대한 거부도 동시에 존재했었다. 나는 나의 불안정의 심연 속에서 보았고, 현재 나의 현존은 겉치레에 지나지 않는다. 나는 나의 현존을 스스로 인정하지 않으면서 나 자신의 **무(Nichts)**를 들여다본다. 내가 나 자신에게 주어지길 원하지 않았었던 것을, 밖으로부터 내게 주어진 그 권위가 마치 구원처럼 여겨진다. 권위는 내가 무엇이며, 나에 의해 무엇이 주어지게 되는가에 대해 나에게 말해주어야만 한다. 나는 복종함으로써 자기존재를 원한다. 나는 나의 가능한 자기반성을 제한한다. 권위는 외부의 도움으로 나에게 주어지게 된 고정된 기준에 따라 통제되어야만 한다. 나는 근원적으로 절대적인 나의 불안정을 유한성의 불안정 속에 숨긴다. 자기로부터 자기에의 본래적 소통의 운동 안에서 자기존재는 유지될 수 없다. 나는 나 자신이기를 과감하게 행하지 않고, 이러한 질문이 중단된 어떤 다른 존재지평에서 나 자신이 구원되었음을 알기를 원한다.

그렇지 않으면 나는 또 다른 측면에서 **회피**한다. 자기반성에서 본래적이며 스스로를 끊임없이 밝히면서도 결코 최종적으로는 밝아지지 않는 자기존재의 한계에 부딪치는 대신에, 나는 나의 경험적 소여(Gegebenheit)의 항상 어둡고, 어둡게 남아 있는 한계에 나를 의지한다. 나는 근원적으로 어두운 현존 자체만을 무관심하게 관철시키기 위해 오직 절대적 의식에 귀를 기울일 때에만 존재하는 나 자신을 빼앗는다. 나는 나의 고립을 통해 나를 없애고, 더 이상 자기존재가 아닌 한 존재가 되며, 그 존재는 자기존재를 알고 있고 또 원하기 때문에 나쁘다고 불리지만, 그 존재는 본래적으로 알고 원할 수 없기 때문에 도움을 필요로 하며, 그 존재의 숨겨진 자기존재는 어린아이처럼 무의식적으로 뒤따라가기 위해 붙잡는 손만을 기다리고 있다.

그러므로 **절망**은 가능성으로서 자기반성의 끝에 서 있으며, 또한 절망은 권위나 현존에서 자기를 포기하고 싶어 하는 충동으로 존재한다. 둘 모두의 경우는 단지 공허한 시선, 힘없는 손처럼 나에게 맞서 있는 본질일 뿐이다. 이것은 더 이상 자기(Selbst)로 답하는 것이 아니라, 오히려 말하는 방식, 도식 혹은 감수성, 독선의 비장함, 약자의 동정심으로 답하고 있다.

우선 자기의 반성이 무한으로 빠지는 부단한 위험 속에서, 모든 것에 대한 완벽한 불확실성 속에서, 바로 거기서 경계 없는 개방을 감행하는, 가능한 자기존재의 불가결한 표현(Artikulationen)으로서 실존은 명확한 의식에 다다를 수 있다. 내가 나 자신에 대해 감행할 수 있는 정도로만 타자에 대해서도 가질 수 있는 이러한 개방성은 앎의 가능성과 반성의 무한한 매개 안에서 그때마다 이해할 수 없는 고유성을 드러낸다. 실존은 물음과 답변의 피상성 안에서 근원성으로 현전한다. 나의 자기존재의 모든 객체화는 반성을 통해서 파악될 수 없기 때문에 자기존재는 그 자체로 가려짐 없이 **직접적**이다. 이는 마치 얼굴을 맞대고 바라보는 방식처럼 자신의 모든 객체성과 주체성을 관통하는 방식으로 존재한다. 그러나 나 스스로 굴복하는 자, 보편타당성으로 물러서는 자, 대체할 수 있는 오성의 존재

(Verstandeswesen)로서 자신을 명시하는 자, 어딘가에 숨어 있기 때문에 더 이상 진지하게 자신을 만나지 못하고, 자신의 주변을 겉도는 자 등은 나 자신으로서의 나일 수 없다. **자기를 만남으로써 유일하게 본래적으로 존재하는 자, 그 대단한 존재자가 바로 자기 자신인 인간이다.** 자기 자신인 인간은 객관적으로 타당한 것에 고정되어 있지 않으며, 제한하지 않는 물음들을 허용하고 수행한다. 그는 임의로 행하지 않고, 그 물음 안에서 스스로 말하고 대답한다. 그는 모든 근거를 듣고 싶어 하는 이성존재(Vernunftwesen)이자 고유한 자기인 이성존재이다. 나는 그를 무조건 사랑한다. 그는 현전하고, 지금이야말로 그가 행동할 때이다. 그는 평온하게 기다리며 주저 없이 확신을 가지고 행위한다. 그는 자신이 서 있는 상황에 놓이게 되지만, 어떠한 경우에도 그 상황이 자신을 만드는 것은 아니다. 그는 항상 어떤 종류의 사람들 가운데로 들어가 두려워하지 않고 감행한다. 그를 물음 앞에 서게 하거나 부정하게 하는 가장 낯선 것, 적대적인 것은 대체로 그의 관심을 사로잡는다. 그는 자신이 무엇이며, 그 안에서 어떻게 될 수 있는지를 경험하기 위해 낯선 것과 적대적인 것을 찾아낸다. 그는 결코 온전하게 자기가 되지 못한다. 왜냐하면 그는 상(Bild) 속에 통용되는 모습으로서 더 이상 자기 자신으로 존재할 수 없기 때문이다. 그는 자신의 무한한 근원성과 마찬가지로 자신의 유한성을 의식하게 된다. 참된 어두움이 그에게 나타나기 위해, 현존이 그를 비춘다. 그는 구체적인 순간에 자기반성의 불확실성으로 인해 자신의 근거로부터 나오는 자기를 받아들이게 된다. 또한 그가 분열, 불확실성, 혼란스러움을 거쳐야만 할 때, 그는 모든 반성으로부터 다시 본래적 자신으로서 나타난다. 그는 자기 자신이 되지만 어떻게 그렇게 될 수 있는지는 알지 못한다. 하지만 자신의 부단한 노력이 자기를 강제할 수 없다. 즉 **그는 선물처럼 자기 자신에게**

도달한다. 이제 모든 것이 명료해지고 분명해지고 결정적이고 불가피하며 간단하다. 어떻게 그렇게 오랫동안 의심이 가능했었는지! 자기반성은 사실상 실존함에로 지양된다.

그러나 선물처럼 나에게 오지 않는다면? **그것이** 지체된다면? 자기 자신인 인간은 절망으로 고통받으며 무한으로 빠져 나아가지 못한다면? 그가 선한 의지를 가지고 자기 자신이고자 하지만, 자신을 발견하지 못한다면?

자기존재는 자유롭다. 나는 자기 자신으로 존재하고자 한다. 여기서 나와 나의 존재는 하나이다. 그러므로 나 자신의 지체됨이 나의 잘못인가?

자기존재의 역설은 자기존재의 단순함에 비해 진술된 것 안에서 가장 심화된다. 단순한 나의 존재(Ichsein)의 동일성 안에 표현된 이 이중성은 여기에서 비로소 본래적이며, 일자로서 유일하게 현전한다. 나는 나에 대해 **책임을 진다.** 왜냐하면 나는 나 자신이고자 하며, 나는 자기로서의 근원적 존재를 스스로 확신하기 때문이다. 그리고 **나는 단지 나에게 선사된 것일 뿐**이다. 왜냐하면 이러한 자기존재에 대한 욕구는 아직도 덧붙여져야 할 어떤 것을 요구하기 때문이다.

나는 나 자신이 아닌—나에게는 항상 모호하지만—내게 어떤 낯선 것으로서의 질병(Krankheit)으로 책임을 전가할 수 없다. 만일 내가 그런 한에서 지체된다면, 나는 죄의식으로 고통을 받는다. 나는 내가 이전에 의식했었던 것과 마찬가지로 나의 존재가능성에 머물러 있고, 놓쳐버린 가능성으로서 나의 비존재(Nichtsein)를 경험한다. 이러한 지체가 일시적인 것으로서 나를 만날 경우 이러한 긍정은 의심하지 않았던 친구를 통해 헤아릴 수 없는 시간에 대한 유일한 정지이다. 내가 나에 대해 잃어버리고 있는 동안, 이러한 정지는 나 자신으로서의 나를 잊지 않게 해준다.

그러나 이러한 지체가 계속되면 절망이며, 타인에게 이러한 절망은 결코 궁극적으로 수행될 수 없다. 이러한 절망이 나에게는 현사실로서 궁극적인 것처럼 보이며, 나는 완전히 소멸될지도 모른다. 그러나 어떠한 인간에게도 자신의 **가능성**이 완전히 소멸되지 않고, 그러한 인간은 더 이상 절망 자체를 보지 않는다. **계속되는** 지체가 절대적인 의문으로만 남는 것처럼, 내가 나 자신이 되는 것을 통해 **부가된** 것은 나 자신의 생성 안에서 스스로를 밝힐 때 내가 바라보는 어둠이다.

내가 나 자신이 되면, 나는 나의 본래적인 존재의식을 성취한다. 그러나 만일 내가 나에게 오지 않는다면, 나는 **스스로에게 만족**(selbstzufrieden)**하지 않는다.** 왜냐하면 나는 바로 나의 본래적 자유를 초월적으로 주어진 것으로서 경험하기 때문이다.

자기존재의 이율배반

내가 나를 만날 수 있는지 없는지에 대해서 나는 결코 객관적으로 알지 못한다. 나는 내가 온전히 존재할 수 없는 시간 안에서 나에게 현상한다. 내가 본래적이라면, 동시에 나는 스스로에게 과제가 된다. 그럼에도 불구하고 내가 나의 현존의 부동하는 불확정성 속에서 내가 무엇인지를 알고자 한다면, 나는 다음과 같이 경험한다. 나는 알고자 하지만 결코 알 수 없으며, 사이비 지식(Scheinwissen)으로 나를 잃거나 물음을 중단함으로써 나를 없애버리고 만다. 내가 존재하고자 한다면, 나는 모든 외적인 것들 자체로부터 떠나면서도 나 자신을 외적인 것 안에서 파악할 수밖에 없다. 본래적 자기존재의 모든 진술은 확실한 성과 없이 남을 수밖에 없다. 왜냐하면 순수하고 완전한 현상에서 모습을 드러내는 자기는 현상이 아니기 때문에,

결코 멈추지 않을 불완전성 때문에 현상이나 현상에 대한 진술 역시 결코 끝나지 않을 모순 안에서 움직일 수밖에 없다. 우리는 그 자체 모순 안에서 이러한 설명을 한 번 더 변화시켜 돌아오게 해보자.

1. "나는 존재한다."의 경험적 의미와 실존적 의미

'나는 존재한다.'의 의미는 이중적이다. 경험적 현존으로서의 나는 아직 결정되어 있지 않고, 미래로서의 가능성을 가지고 있다. 왜냐하면 나는 내가 됨으로써 내가 누구인지를 정하기 때문이다. 그러나 실존으로서의 나는 시간을 초월하는 하나의 의미로 존재한다. 대상적 지식과 행위로서의 나는 현상으로만 존재할 뿐이다. ─그러나 시간적인 생성의 형태는 내가 전혀 알지 못하는 본래적 존재의 현상이다. "어떤 것"도 말하지 않으면서 자기에 대해 스스로 말하는 "나는 존재한다."라는 것은 경험적 개인인 내가 유효한 현실진술로서 나에 관해 말하는 "나는 존재한다."와는 전혀 종류가 다른 것이다. 무제약적인 것으로서의 전자는 시간 내 존재와 대립하고, 규정할 수 없는 것으로서의 전자는 어떤 종류의 존재, 즉 경험적인 시공간적 현실성의 존재와 대립한다. ─경험적 의미의 "나는 존재한다."에 대한 의심은 의심이라는 사유행위 자체에 의해 곧바로 해소된다. 내가 의심한다는 것은 그 자체 안에 내가 바로 지금 존재하고 있다는 것을 포함한다. 물론 여기에서는 또한 단순한 사고를 위해 이미 생명력이 있는 현존의 느낌으로 어떤 것이 부가될 수밖에 없다. 만일 이것이 병리학적인 상황으로 오지 않는다면, 나는 두려운 결론에 도달할 수 있다. 즉 나는 죽었고, 나는 더 이상 존재하지 않으며, 죽은 것으로서 무한하게 존재할 수밖에 없다. 그러나 실존적 의미의 "나는 존재한다."에 관한 의심은 일반적으로 어떠한 사유에서 해소되는 것이 아니라, 내가 나를 자유롭게 책임지는 존재로서, 근원으로서의 존재로서 의식하게 되는, 근거 없는 수행 안에서 오직 해소될 뿐이다. "나는 존재한다."는 정식은 어떤 지식에 대한 진술이 아니라, 내가 무제약적으로 결단하는 시점에서 절대의식의 모든 성취를 통해 깨닫게 되는 현상 본질에 대한 신호이다. '나는 존재한다.'의 진술 안에 영원한 존재로서 비대상적으로 생각하는 것은 지식에서는 항상 사라지기 때문에, 나에게는 아직 최종적이지 않은 **결단**으로 나타난다. 그 결과 나는 사유하는 방식에 따라 사유하는 조명 안에서 미래 혹은 영원, 생성 혹은 존재이다. 나는 오직 내가 나를 획득함으로써만 현상으로 존재하고, 현상 안에 도달함으로써 나는 영원으로 존재한다. 나는 나 자신을 현상으로 만들어내지, 결코 나 자신을 영원으로 만들어내지는 않는다는 것이다.

2. 자기극복으로 자기됨

나는 자기극복을 통해 현상으로 나 자신이 되었다. 나는 나의 존재를 경험적으로는 나의 성향, 즉 그렇게 있어왔음(Nun-einmal-Sosein)으로 파악할 수 있다. 나의 성격이 본래적 자기로서의 나를 위한 나는 아니다. 나는 성격을 소유하고 있고 그 성격에 따라 처신한다. 나는 **주어졌기**(gegeben) 때문에 투쟁함으로써 맹목적인 성격을 **자유롭게 원했던**(frei gewolltes) 성격으로 바꾸며, 그러한 성격 안에서 나 자신을 발전시키고, 그러한 성격을 나의 책임(Schuld)으로 떠맡는다. '나 자신'은 수동적 관찰을 통해 순수하게 형식적인 독립으로부터 능동적인 작용에 이르기까지 비상하면서 성격 위에 놓는다. 위에 놓는다는 것은 내 성격의 주어짐을 통해, 충동으로서 내게 현실화되는 어떤 동기도 강제하지 않는다는 것이다. 양적인 힘을 통한 투쟁에서 우위에 도달할 수밖에 없는 어떠한 강력한 동기들도 존재하지 않는다. 왜냐하면 동기의 우세함이 나 자신을 넘어서 그 자체로 존재할지도 모르기 때문이다. 오히려 나는 스스로 동기가 되지는 않지만 동기를 간섭하고 지배하거나, 혹은 동기에 끌려가기도 하면서 모든 동기를 작용하게도 하고 뒤로 물러서게도 한다. 만일 나 자신이 이러한 동기들 안에 존재하는 거라면, 현상에서의 자기극복 없이는 어떤 경우에도 참된 나일 수 없다. 이는 진실하지 않은 것으로 판단되는 나 자신의 껍데기에 흠집을 내는 일이지만, 이는 더 깊고 본래적이고 무한하며 참된 자기를 획득하기 위함이다. 몰락 안에서 자기에게 도달하는 것은 자기존재의 현상이다.

자기극복의 기능은 **자기반성**이다. 자기반성은 그 자체로서는 모순이다. 자기반성에서 나는 나에게로 향하기는 하지만, 항상 현상만을 만날 뿐이다. 나는 자기반성을 통해서 하나의 특수한 것에로 향하게 되고, 자기반성 안에서 온전한 나 자신이 되고자 한다. ─나는 시선을 나의 과거로 돌림으로써 미래로서의 나를 생각한다. ─나는 나에게로 향하면서 나를 판단하며, 이미 자기반성의 올바른 방향 자체에서 다시 물음과 판단에 예속되어 있는 자기반성의 근원으로서의 심판관이 아니다. ─나는 자유로부터 근원적으로 자기반성을 수행하지만, 자기반성을 통해서 비로소 자유롭게 나 자신이 되는 조건들을 추구한다.

자기극복은 **자기해소**(Selbstauflösung) 일반으로 **빠질** 수 있다. 그러나 나는 거기서 자기상실의 목표와 함께 극복되고 파괴된다. 현상 안에서의 나의 객관적 모습을 의식하는 것 대신에, 끊임없는 변형을 통해 나의 본질의 빛(Widerschein)을 보는 것 대신에, 나에 관해 더 이상 말할 수 없고 현상이 중단되는 곳에서 나는 모든 자기를 상실하기를 원하며, 없어지길 원한다. 그러나 단지 자기를 인식할 수 없기 때문에 이러한 이탈이 가능하다. 자기의 모든 객관적 현상의 사라짐은 이탈을 통해서 가장 결정적으로 표현되지만, 동시에 모든 의미에서의 자기존재를 상실한다. 신화적으로 표현하면, 존재는 모든 자아가 가라앉고 해소되어 있는 자기로부터 **벗어나** 있는 빛의 바다이다. 존재는 **자기존재**로서, 영원한 현재에서 자기를 드러내는 영혼 상호 간의 빛남이다.

3. 세계에서의 자기존재와 초월자 앞에서의 자기존재

자기존재와 극복하는 자기반성에 대한, 어쩌면 공허하게 될 순환 속에서 세계 안에 있는 나의 현존(Dasein)이 **비약의 근거지점**을 내게 부여한다. 그런데 나는 단지 초월자에 직면해서만 이 공허한 순환을 **돌파**할 수 있다.

내가 단지 존재하기만 한다면, 나 자신은 아무것도 아니다. 자기존재는 양면성, 즉 스스로의 힘으로 서는 것과 세계와 초월자에게 내어주는 것의 통일이다. 나는 혼자서는 아무것도 못하지만, 세계와 초월자를 상실하게 되면, 나 자신으로서의 나는 사라지게 된다. 나는 자기로서 독립적이기는 하지만, 나에게 자기만으로는 충분하지 않다.

나는 내가 활동하는 세계에 참여함으로써만 나의 현존이 된다. 나는 단지 부분이지만 가능성으로 전체를 간섭한다. 나는 전체에 대항할 수 있지만, 나의 고립으로 인해 나의 독립은 공허해진다. 왜냐하면 나 자신의 폭은 내 세계의 폭과 같기 때문이다. 그러나 나는 순간적으로 나를 현존의 방식에 대립시켰을 때에만, 현존의 방식을 파악할 뿐이다. ― 내가 세계와 관계하는 방식은 모순적이다. 나는 오직 대립적인 것의 결합에서만 내가 된다. 자기존재가 세계존재의 대상성으로 자기를 나타내는 경우에만, 자기존재가 본래적일 때만 현실적이다.

내가 세계 없이 **현존**할 수 없는 것처럼 나는 **초월** 없이는 나 **자신**이 아니다. 나는 나 자신의 결단을 통해 나의 근거가 되고, 이성적 인식과 자율적 행위를 통해 나를 만들어낸다. 나의 자기존재의 근원은 현상 안에서 이성을 통해 밝혀진 나의 존재가 됨과 동시에 나 자신은 거기서 주어진 것으로서 존재할 뿐이다. 나는 그렇게 존재하는(soseinend) 나의 현존의 경험적 질료로서, 나에게 주어진 것으로서 나를 형성해가며, 자유롭게 나에게 다가오는 근원으로 내가 선물로 주어진다. 나는 초월자 앞에 서 있다. 초월자는 세계 안에 있는 현존으로서 사물의 현상으로 나와 만나는 것이 아니라, 존재하는 모든 것에 의한 가능성으로서, 나의 자기존재로부터 가장 확실한 것으로서 나에게 말을 건다. 나 자신의 깊이는 내 앞에 서 있는 초월자를 통해 그 깊이의 척도를 가진다.

내가 누구인가 하는 물음은 **나는 보편적으로 존재하는가**라는 물음으로 변한다. 이 물음은 내가 질문을 제기하는 순간에 내가 경험적으로 존재하는가의 여부에 관한 물음이 더 이상 아니다. 그것은 오히려 신화적인 용어로는 불멸에 관한 물음인 본래적 존재에 관한 물음이다. 몸, 의식, 기억, 시간과 공간으로서 나의 현존의 어떤 현상이 무한하고 파괴됨이 없이 지속함으로써 불멸한다는 것을 어떤 누구도 진지하게 주장하려고 하지 않는다. 그러나 본래적 자기는 존재와 불멸이 동일하다는 의미에서 자신의 불멸을 의식할 수 있다. 자기가 이러한 의식을 가지는 것은 어떤 지식을 통해서도 아니고 적합한 표상이나 객관적 보증을 통해서도 아니다. 이러한 의식은 자기가 세계 안에서 스스로 작용하고 결단함으로써 초월자에 직면하여 본래적 자기로 존재하는 척도 안에서 갖는 것이다. 본래적 자기는 가능하게 나타나는 가장 극단적인 것으로서의 초월자에 의존해 있다는 것을 의식한다. 자기 자신이 근원이 되는 자유로운 자기존재는 시간적 현존의 무상성에서 현상으로 나타나는 어떤 존재이길 원했다. 그렇기 때문에 초월자 없이 무의 심연으로 빠지고 마는 자기는 초월자와 관련해서만 이유 없이 자기를 확신한다. 내가 현존의 현상에 있는 나를 본다면, 나는 결코 본래적 자기로서 나를 보지 못한다. 유한하게 나타나는 모든 것은 나의 초월함을 통해서만 비로소 단순한 현존으로서는 결코 가질 수 없는 무게를 얻는다. 초월자는 나에게 말을 걸지 않고 또 내가 초월자에 반항한다고 하더라도, 나는 초월자를 보고 나의 존재를 확신한다. 내가 초월자를 더 이상 보지 못한다면, 나는 나 자신이 퇴락하고(versinken) 있음을 느낀다.

우리가 자기존재를 밝히려는 시도를 더 한다면, 그 의미는 다음과 같다. 자기존재는 고립된 나의 존재로서는 중단되고, **소통** 안에 존재한다. 자기존재는 대체될 수 있는 순수한 오성으로는 중단되고, 바로 여기 지금 역사적인 유일회성에서만 존재한다. 자기존재는 경험적 상존재를 포기하고, 자유로서만 존재한다.

제3장

소통

근원으로서의 소통

자기존재에 대한 물음에서와 마찬가지로 '왜 소통인가? 나는 왜 혼자가 아닌가?' 하는 물음에서도 핵심을 찌른다면, 이에 대해 이해할 만한 대답은 가능한 한 적다. '나는 오직 타자와의 소통에서만 존재한다.'는 이 문장의 의미는 객관적으로든 주관적으로든 이해와 행위로 결합된 현존으로 이해될 수 있으며, 함께 있음(Miteinandersein)의 사실(Tatbestand)을 통해 제시할 수 있는 어떤 특정한 의미이긴 하지만, 만일 이 말이 실존적으로 이해된다면, 이 문장은 진술과 모순되는 자기존재의 근원과 만난다. 자기존재는 본래적으로 존재하는 **자기로부터**, 그리고 자기와 함께 그 자체 홀로 존재하지 않는다. 실존적 소통은 현상으로 드러나게 하는 자기 자신의 몸(Leib)에로 향하는 현존의 소통을 가지게 될 것이다.

1. 현존의 소통

소통, 즉 타자와의 삶은 삶이 현존에서 다양한 방식으로 성취되는 것과 마찬가지로 관찰되고, 그 특수성에서 구별되며 동기와 작용에서 명백하게 되는 공동체의 관계 안에 존재한다. 현존에게 없어서는 안 되며, 그렇기 때문에 현존으로서의 가능실존에게도 필수불가결한 공동체의 모든 방식은 내가 가능실존으로서 본래적으로 원하는 바의 것, 그 자체는 결코 아니다. 오히려 공동체의 모든 방식은 **고찰가능한** 소통의 **한계**에서 물어져야 한다. 심리학적, 사회학적인 사실관계들이 이 연구의 대상이다. 내가 타자와 함께 나의 존재를 산출시킴으로써 비로소 나의 존재를 본래적으로 알게 되는 참된 소통은 경험적으로 존재하지 않는다. 참된 소통에 대한 조명은 철학적 과제이다.

a) **공동체에서 인간의 소박하고, 확실한 현존**은 자신의 개별적 의식을 인간을 둘러싸고 있는 인간의 일반적 의식과 일치시킨다. 현존은 자신의 존재에 대해 묻지 않으며, 그 물음은 필히 분열을 가져올 것이다. 또한 개인이 본능적으로, 충동적으로 자신의 장점을 찾을 수 있는 법을 알 수 있다면, 인간을 구속하는 모든 것과 인간이 아는 모든 것은 자신의 고유한 현존의식을 정초 짓는 공동의 것이다. 인간이 속해 있는 세계, 인간들의 사유, 공동체적인 삶의 실체는 타자로서, 문제 삼을 수 있는 것으로서, 검토될 수 있는 것으로서 개인의 특별한 자기의식과 대립되지 않는다. 소박한 현존으로서의 나는 모두가 행하는 것을 행하고, 모두가 믿는 것을 믿고, 모두가 생각하는 대로 생각한다. 인간은 의견, 목표, 불안, 기쁨 등은 알아채지 못한 채, 하나에서 다른 것으로 형식만 바꾼다. 왜냐하면 근원적이고 확실한 동일성은 모두에게 일어나기 때문이다. 인간의 의식은 밝으며, 인간의 자기의식은 베일[1]에 가려져 있다. ― 자기(Selbst)가 공동체의 소통수

---

1) 상대적 배경으로서 항상 현실적이고 전체로서는 하나의 가능성으로 남는 이러한 원초적 상태에 대한 심리학적, 사회학적인 연구에는 타르데(Tarde), 르 봉(Le Bon), 레비-브륄(Levy-

단으로 살아가는 한, 자기는 아직 소통하는 것이 아니다. 왜냐하면 자기는 자신으로서의 자기를 아직 의식하지 못하기 때문이다. 내가 소통을 원한다면, 나는 무의식의 뒤편으로 숨지 않는다.

b) **스스로를 의식하는** 자아가 타자와 타자의 세계에 맞설 때, 비약이 있다. 그것은 구별되며, 구별되는 것과 함께 독립성을 획득한다. 이러한 비약은 분명하고 확실하며 보편타당한 **논리적 사고**의 발전과 결합되어 있다. 그 사고 안에 이전의 몽상적인 세계는 규정적이며 고정화된, 그리고 재인식가능한 대상들과 규칙성으로 결정화된다.[2]

독립적인 나의 분리 이후에 나와 나는 어떻게 서로를 **이해하고** 서로 **교제하는가**라는 물음이 생긴다. 만일 우리가 원초적(primitiv) 현존에서 가장 분명하고 확실한 공동체를 사라진 것으로 생각한다면, 여기에는 현존하는 원자적 자아로서의 인간들과 오성과 오성의 관계, 현존과 현존의 관계로서의 그 관계만이 있을 뿐이다.

첫째, 올바름 자체를 이해하고 인정하는 어떤 사유내용(Denkinhalt)으로서, 혹은 어떤 목적이 거기에 필요한 수단들과 함께 파악하는 행위로서 **어떤 객관적 사실에 대한 공동의 이해**를 통해 나로부터 나에게로 향하는 이해가 있다. 이러한 공동체들은 비인격적이다. 그 안에서 각각의 나는 자신의 형식적 독립에도 불구하고, 원리상 또 다른 나를 통해 대체될 수 있으며, 모든 나의 점(Ichpunkte)들은 교환될 수 있다.

둘째, 각각의 다른 **나를 사물로서** 다루는, 분리된(losgelöste) 자아(Ich)의

Brühl), 프로이스(Preuß)의 여러 관점이 있다.

2) 자기의식과 논리적 사유의 사실적 발생과 전개의 문제는 역사 이전의 문제이다. 그 문제는 진부함을 넘어선 모든 것에서 실증적 전승의 결핍에 따른 가설에 의존하고 있다.

가능성이 있다. 사실 내용에 대한 공동의 이해는 타자의 동기에 대한 심리학적 이해와 마찬가지로 사람들이 자신들을 위해 지니고 있었던 어떤 목적으로부터 타자를 설득할 수단으로만 이용될 뿐이다. 타자는 자신의 욕구전달을 통해 현존으로서 동일한 지위를 인정받는 것이 아니라, 지배할 수 있는 자연의 대상처럼 궁극적인 의미를 붙잡지 못하도록 준비시킴으로써, 그리고 자신의 목적을 알지 못하도록 타자를 다루고, 타자와 교제함으로써 영향을 미치게 된다. 여기서는 어떠한 인격적인 관계로 들어서지 않는다. 그러나 비록 타자를 완전히 사물에다 맞추고, 오직 사물로만 바라보게 된다고 하더라도, 사람들이 어떤 사물에 대한 공동의 이해에서 타자를 고유한 나로서 비인격적으로 간주하게 하는 반면, 여기서 타자는 그 자체로 사물이 되고, 모든 매개와 관계는 사물지배에서와 마찬가지로 타자에 대한 지배수단이 된다. 이러한 관계가 상호적이라면, 둘 중 **누가** 침묵의 수단과 소통의 가상수단을 통해 지배되는 사물이 되는지, 그에 대한 투쟁이 일어난다.

c) 이러한 소통에서 나는 오직 의식일반의 오성으로만 여겨질 뿐이다. 그러나 이러한 보편적 합리성의 가능성은 내가 여전히 실존으로 존재할 수 있는 매개에 지나지 않는다. 이러한 이성(ratio)을 **통해서** 내가 나 자신은 아니지만, 그것 **없이는** 나 자신이 될 수 없다. 나는 누구에게나 동일한 사물들 안에서의 소통을 포착하지만, 내가 사물을 **순수하게** 파악함으로써 이미 그러한 소통을 넘어서 있다.

왜냐하면 인간은 결코 오성의 형식적이기만 한 나, 생명으로서의 현존이기만 한 것이 아니고, 원초적인 공동체의 어두움에서 보존되거나 의식되기는 하지만 결코 충분히 의식되지 못하는 **정신적인** 전체성을 통해 현실화되기 때문이다. **이념으로서의** 정신적 전체성은 오성적으로 분명한 규정성과 합목적성의 공통성을 넘어서 있지만, 맹목적이고 충동에 매어 있는 개인의 자기중심적 이해관계와는 본질적으로 구별된다. 이념은 규정되고 확증될 수 있는 목적으로 방향을 정하는 것이 아니라, 개별자가 자기를 헌신하면서 실현하고, 세계로 확장하면서 스스로가 발견하는 의미에의 통합으로 방향을 정한다.

지배적 이념은 그 자체로 대상적 사태(Sache)는 아니지만, 사태의 전체성 때문에 보편적이다. 그로 인해 지배적 이념은 사태의 비인격성 때문에 주체들의 실현과 결합되어 있다. 이 주체들은 지배적인 이념을 비대상적으로 고조시킨 의미에서 이념의 "사태"로 부른다. 밖에서 볼 때 원초적 공동체로 보이는 것이 이념의 몸(Leib)은 될 수 있으나, 오직 저 원시성과 확실함을 전적으로 변화시키는 자아일반의 의식적이고 독립적인 자기라는 매개를 통해서만이 이념의 몸이 될 수 있다. 어떤 전체의 이념에서의 공동체—국가, 공동체, 가족, 대학, 직장—는 나를 최초로 **내용이 풍부한 소통**(gehaltvolle Kommunikation)에로 이끈다.

그러나 이러한 소통에서는 아직 나와 나의 동일화는 일어나지 않는다. 나의 삶은 오직 내용을 가진 이념에의 참여를 통해서만 세계현존의 객관성 안에서 성취될 수 있기는 하지만, 개별자는 객관성을 돌파하는 독립성을 지니고 있다. 그렇기 때문에 개별자는 경험적 개인으로서 완전히 대상성으로 소실될 때도 여전히 대상성에 대립되어 있다. 이념에서의 소통과 실존을 통한 이념의 현실화는 오성, 목적, 그리고 원초적 공동체보다 타자에 대한 더 확장된 가까움(Nähe)으로 인간을 이끌기는 하지만, "나 자신"과 다른 자기들의 절대적 가까움은 더 이상 온전히 받아들일 수 없고, 또한 이념의 관점에서 볼 때도 어쩌면 사적인 것으로 사소하게 생각될 수도 있는 "나 자신"과 다른 자기들의 절대적 가까움은 가능하지 않게 된다.

사회학적인 관계들은 주체적인 측면에서 다음과 같은 세 가지가 상호 연결된 방향들, 즉 원초적 공동체, 사실적 합목적성과 합리성, 이념적으로 규정된 내용의 정신성을 추구한다.[3] 그럼에도 불구하고 사람들은 사회학적인 관계의 특수한 현실들을 관찰의 대상으로 삼고, 순수하게 대중심리학적인 것을 원시공동체로, 순수하게 합리적이며 목적규정적인 것, 순수하게 이념적인 것을 전체성으로 해석하는 극단적인 경우들에 만족한다. 공통의 노동목적(직업연대, 동료공동체)이 문제인지, 선생과 학생, 의사와 환자, 상사와 부하, 판매자와 구매자, 점원과 고객의 관계가 문제인지, 아니면 계약에서 협상파트너, 법정에서의 검사와 피고인, 의회에서의 토론과 그와 유사한 토론의 규칙이 문제인지, 아니면 사교와 경축일의 축제가 문제인지, 아니면 우정, 동료가 문제인지, 전우와 동맹이 문제인지에 대해서는 항상 심리학적 현실이 **토대**이며, 합목적성과 오성은 가치를 획득하는 **매개**이고, 부인(Verleugnug)으로까지 약화될 수 있기는 하지만, 적어도 가능한 것으로 남아 있는 전체성의 이념과 포괄적인 것에의 소속감은 어느 정도 질서 지어진 의식적인 **결합**이다.

그러나 세 가지 객관화된 소통방식의 현실에서 한계들은 감지되었다. 그 한계에서 **실존적 소통**에로의 방향이 표현되고 있지만, 실존적 소통 자체는 아직 제대로 **찾지 못했다.** 소박하고 본질적인 공동체에서는 독립된 나의 한계가 있었다. 대체가능한 지점으로서의 다른 나와 나와의 소통에서

---

3) 이념에 대한 분석은 그 연구자들이 몽테스키외(Mintesquieu), 헤겔(Hegel), 랑케(Ranke) 등과 어느 정도 거리를 두고 있다고 할지라도 시대, 문화, 민족, 제도의 '정신' 혹은 '원칙'을 파악할 수 있는 역사적 해석을 통해 이루어진다. 보편타당한 명료함이 두 번째 그룹에서만 성취할 수 있었던 것을 규정적으로 파악하는 데에 성공할 때 본래 과학으로서의 사회학은 사실상 역사에서 나타나는 이 세 가지 방향의 힘에서 나오는 무의식적이고 무의도적인 결과를 밝히는 것을 통해 결실을 맺게 된다.

그 이외의 한계, 즉 전체에 관한 포괄적인 이념이 있다. 이 전체 안에서 한계들은 활동하고, 전체를 통해 인과적이 아니라 이념적으로 결합되어 있다. 이제 마지막으로 이념에 의해 성립되는 소통의 한계는 실존이다. 실존은 앞서의 소통의 모든 단계와 관련되는 것으로 나타나는데, 그중 어느 단계에서도 (실존으로서) 완성되지 않는다. 근원에서의 실존만이 유일하게 실존에 속하는 소통 안에 있다. 실존적 소통은 객관적 소통에 대립해 있다. 왜냐하면 실존적 소통은 볼 수 있는 것이 아니라, 단지 실존 자체에서만 경험될 수 있기 때문이다. 나는 나의 현존이 전력을 다해서도, 일반적으로 바꿀 수 있는 형식들을 통해서도 아닌, 나의 참된 존재가 전력을 다할 때 실존적 소통 안에 있는 것이다.

2. 비실존적인 소통에 대한 불충분함

내가 각각의 소통에서 어떤 **특별한** 만족을 경험할지라도, 어떠한 소통에서도 절대적 만족을 경험하지는 못한다. 왜냐하면 내가 나의 소통의 편협성을 의식하게 되고 그로 인해 한계에 대면할 때, 나에게 불만족이 일어나기 때문이다. 나는 어떤 규정된 방향에서만 단순한 현존으로서, 나 일반으로서, 어떤 이념적 전체의 기능으로서, 성격으로서 (소통에) 참여했던 것이지 나 자신으로서 참여했던 것은 아니다.

그래서 소통에 대한 불만족은 실존에의 돌파를 위한, 그리고 이 돌파를 조명하려고 하는 철학함을 위한 하나의 근원이다. 모든 철학함이 경이로 시작되고, 세계인식이 의심으로부터 시작되는 것처럼, 실존조명은 소통에 대한 **불만족의 경험**으로부터 시작된다.

불만족은 각각의 대체할 수 없는 타자를 통해서만이 내가 나 자신으로서 존재한다는 생각을 이해하고자 하는 철학적 성찰의 출구이다.

 a) 의식일반과 현존 전승(Überlieferung des Daseins)의 소통에서의 불충분함
의식일반으로서의 나는 이미 다른 의식과 함께 존재한다. 의식이 대상
없이 존재하지 않는 것처럼 자기의식은 다른 자기의식 없이 존재하지 않는
다. 고유한 고립된 의식은 전달 없이, 질문과 대답 없이, 그렇기 때문에 언
어로서 이미 타자로부터 자신을 분리시키는 **자기의식** 없이 존재할지도 모
른다. **자기소통** 안에 나로서 나를 대립시키기 위해서, 그리고 보편타당성
을 파악하기 위해서 자기의식은 다른 나에서 스스로를 재인식해야만 한
다. ─그러나 이 소통은 임의로 대체될 수 있으며, 단순한 매개일 뿐이지
자기존재는 아니다. 나는 이 소통 안에서 누구라도 될 수 있는 나, 즉 보편
적인 나 일반이다. 내가 보편적인 나 일반이기는 하지만, 나 자신을 의지
하고자 하는 것이지 누구나일 수 있는 나로 존재하고 싶어 하지는 않는다.
 왜냐하면 나는 이미 **경험적 현존**으로서 **오직** 다른 현존을 통해서만 상호
작용함으로써 존재하기 때문이다. 한 인간은 탄생과 유전(Vererbung)에 의
해 단순히 존재하는 것이 아니라, 현실적 인간은 자신에게 자신의 세계
를 가져오게 하는 전승에 의해서만 비로소 존재한다. 고립된 인간존재는
한계표상(Grenzvorstellung)으로서 존재할 뿐이지 사실로서 존재하지 않는
다. 사람들은 인간존재를 성장이 위축된 존재로 생각할 수 있을 것이다.
이전에는 농아자가 정신박약으로 간주되었고, 실제의 바보와 구분되지 않
았다. 이후에 농아자는 수화법을 얻었고 그 덕에 그들도 전승에 접근할 수
있게 되었다. 그 결과 그들은 온전한 인간이 되었다. ─그러나 인간존재
의 역사적 내용과의 온갖 종류의 소통에도 불구하고, 나는 단지 그러한
전통 안에서만 존재할 뿐이지 그것을 통해 나 자신이 되는 본래적인 전통

안에 존재하지는 않는다. 객관적 전통 안에 개인들이 존재한다. 이 개인들은 전통을 자기에게로 가져오고, 객관성 그 자체 안에서 어떤 것도 변화시키지 않은 채, 자기 자신으로 대체할 수 있다. 그러나 인간은 더 이상 단순한 용기(容器)가 아니다. 만일 인간이 단순히 물려받는 자(Überkommene)로 수용되기만 한다면, 인간은 거기서 질식할 수밖에 없을 것이다. 자신을 붙잡을 때에야 비로소 자기 자신이 된다.

b) 나 혼자에 대한 불충분함

만일 내가 소통을 거부하면서 나 자신을 붙잡는다고 한다면, 그리고 나혼자 내 앞에 서 있는 의식을 시도한다면, 불충분함(Ungenügen)은—이제는 비약으로—강화된다. 불충분함은 절대적이고 최종적이 된다. 마치 나는 나를 위해 이미 참된 것을 알 수 있는 것처럼 내가 "나 혼자"로서 삶의 의미를 파악하고자 한다면, 타자들에 마음을 쓰고 그들을 위해 옳은 것처럼 보이는 것을 그들에게 수행한다. 그러나 타자들이 가장 내적인 것에서 본래적으로 나에게 다가오지 않는 것처럼 그렇게 나는 연루된다. 나는 참된 것을 발견할 수 없다. 왜냐하면 참된 것은 **오직** 나에게만 참된 것이 아니기 때문이다. 나는 타자를 사랑하지 않고서는 나를 사랑할 수 없다. 나는 오직 나 혼자일 때 황폐할 수밖에 없다.

나 혼자 서 있는 것이 내 안에 근원적으로 존재하는 참된 충동이기는 하다. 다시 말해 소통이 단절되었을 때에도, 나는 여전히 침해당하지 않은 채 나 자신으로 살아가길 원한다. 그러나 내가 가능한 소통을 저버렸다는 것이 사실이든 준비가 부족했든 내가 가능한 소통을 저버렸을 때, 그리고 이러한 불충분함이 더 이상 소통의 의지 안에 놓여 있지 않을 때, 나는 무(Nichts)로 빠져들 것이다. 그다음 이러한 불충분함은 마치 내가 존재로부터 떨어져 나간 것 같은 의식으로 변한다. 불충분함은 괴이하게 변한 현존과 더불어 단독존재(Alleinsein) 앞에서 공포를 가진다. 나는 절망적으로 결의된 자기존재에 대한 자기만족의 철학함을 통해 나에게 도움을 주고자 하며, 내가 무의식적으로 나의 부정의 자유를 통해 내게 초래된 것을 자칭 불가피한 것으로서만 긍정한다. 현존은 어두워진다.

불충분함은 나-혼자-서 있음(Auf-mir-allein-Stehen)의 가능성을 위한 내적 투쟁이다. 나는 나 혼자서 삶의 의미에 도달하고자 하는 것을 포기해야만 한다. 투쟁은 항상 소통과의 연결을 통해 소통 안에서 나의 자기존재의 결단에 이른다. 나의 가능적 자기존재의 깊이로부터 요구되고, 타자 안에서도 같은 가능성으로부터 말해지는 소통 안에서 나는 그때마다의 고유한 타자와 함께 바로 나로서의 내가 된다.

c) 타자에 대한 불충분함

타자가 자기 자신이 되고자 하지 않을 때, 나도 나 자신이 될 수 없다. 타자가 자유롭지 않을 때, 나도 자유로울 수 없다. 내가 타자를 확신하지 못할 때 나도 나를 확신하지 못한다. 소통을 통해 나는 마치 타자가 나이고 내가 타자인 듯이 나에 대해서뿐만 아니라 타자에 대해서도 책임을 느낀다. 타자가 나를 만날 때와 마찬가지로 나는 비로소 타자에게 다가간다고 느낀다. 왜냐하면 내가 소통의 의미를 나의 고유한 행위를 통해서만 달성하지 않기 때문이다. 나의 고유한 행위는 타자의 행위를 받아들여야 한다. 타자가 나를 향해 다가오는 자(Entgegenkommende)로 있기보다는 타자 스스로 나에게 대상이 되어버리는 순간, 나는 영원히 불충분함의 고통스러운 관계로 들어갈 수밖에 없다. 타자가 자신의 행위에서 독립적으로 자기 자신이 되지 않는다면, 나 역시 나 자신이 되지 않는다. 내 밑에 둔 순종에서 타자에 대한 종속은 나를 나에게로 오지 못하게 한다. 나에 대한 타자의 지배 또한 오지 못하게 한다. 우리 두 사람은 상호인정 속에서 비로소 우리들 자신이 된다. 우리가 함께할 때만이 각자가 도달하고자 하는 것에 도달할 수 있다.

d) 소통에의 충동

소통이 거부된다는 것은 본질적으로 나의 책임이다. 소통은 분명히 목적을 가진 오성의 선한 의지만을 통해서 달성되지 않는 것은 분명하지만, 자기존재가 정해질 때 달성된다. 왜냐하면 나는 소통 안에서만 내가 될 수 있기 때문이다. 내가 나를 비상용으로 준비해두고, 이미 상대적이며 개별적인 소통을 궁극적 가능성으로 취급한다면, 소통은 결코 성공할 수 없다. 자기 자신에 대해서, 그리고 타자에 대해서 자신이 결정적 요인이라는 의식은 소통을 위한 최선의 준비이다.

한 인간의 모든 관계는 우리에게 가능한 방식으로 관계의 규정된, 그렇기 때문에 제한된 현실을 넘어서서 연결되어 있다. 가능실존들의 상호만남을 통해, 혹은 가능실존들의 접촉을 통해, 혹은 서로 스쳐 지나가는 것을 통해 세계에서 **파악할 수 있는 모든** 것을 본질적으로 **넘어서는** 의미에 대한 의식은 우리가 올바르게 이해하지 않고도 부지중에 떠오른다. 우리가 뻗은 손은 본래적으로 잡히지 않고, 단지 사회적으로만 잡히기 때문에 상실과도 같은 버림받음, 우리가 소통을 단절하거나 이러한 소통의 단절을 감내해야 한다는 의식, 모든 적대자의 존재(Feindsein)에 대한 압박—가능한 현존의 가해로부터 완전히 독립적인—, 모든 불화와 알력이 일어날 경우 그것을 죽음에 의해서 해소하려는 성향, 사람이 죽은 후에도 계속해서 미워하는 사람에게 해로운 것을 덧붙이기도 하는 인간의 성향에 대한 전율.

이러한 감정은 본래적인 존재의 소통이자 단순히 시간적인 연결이 아닌 실존적 의식과 연관된 지시이다. 소통에서의 모든 상실과 거부는 본래적 존재의 상실과 같다. 존재는 현존뿐만 아니라 실존의 공동존재이다. 그러나 존재는 시간 안에 존속하는 것으로 있는 것이 아니라 과정과 위험 안에 있다. 따라서 소통 안에서 나에게 주어지고, 아직 일어나지 않는 것은 가장 끝의 뿌리에 닿는 것처럼 그렇게 내면에서, 그리고 조용히 일어난다. 그렇기 때문에 현실적 현존의 소통에 대한 불충분함은 더 깊은 실존적 소통에로 나를 **깨우도록** 자극하는 가시(Stachel)이다.

e) 실존적 소통

내가 나 자신을 만나는 것을 의식하게 되는 소통에서 타자는 **지금의** 타자일 뿐이다. 유일성은 이러한 존재의 실체를 나타내는 현상이다. 실존적 소통은 시범을 보이거나 모방할 수 없을 뿐 아니라 전적으로 그때마다의 유일회적인 것이다. 소통은 바로 이 사람이고 대리자가 아니기 때문에 대체불가능한 두 자기(Selbst) 사이에 있다. 자기는 절대적으로 역사적이며 외부에서 인식할 수 없는 소통 안에서 자기를 확신한다. 오직 소통에서만이 **상호의 창조로** 자기를 위한 자기가 된다. 소통 안에서 자기존재를 파악하기 위해 역사적 결단으로 소통에의 결합을 통해 고립된 나 존재로서의 자기존재는 지양된다.

타자가 자기 자신이고 자기 자신이고자 할 때, 그리고 내가 그와 함께 있을 때, 비로소 내가 나의 자유 안에서 나 자신이 된다는 문장의 의미는 오직 **가능성으로서의 자유**에 의해서만 이해될 수 있다. 의식일반과 전통에서의 소통은 무의식에로의 침잠이 피할 수 있는 인식가능한 현존의 필연성인 반면, 실존적 소통의 필연성은 객관적으로 파악할 수 없는 자유의 필연성이다. 본래적 소통을 피하고 싶어 한다는 것은 나의 자기존재의 포기를 의미한다. 내가 본래적 소통을 피한다면, 그것은 타자는 물론 나 자신도 배반하는 일이다.

3. 실존적 소통의 한계

실존적 소통의 실현은 강제되지 않는 것과 연관된다. 강제되지 않는 것은 일어나지 않을 수 있다. 실존적 소통은 그 현상의 **객관적 협소함**과 관련된다.

a) 소통의 부재

내가 타자와 함께 나 자신이 될 수 있다는 확신이 나의 존재의식의 근원에 놓여 있다면, 마치 소통 없는 자(Kommunikationslosen)의 저주를 물리칠 수 있는 것처럼 다음과 같은 말을 듣게 된다. '친구를 찾는 것이 누구에게나 허락된 것은 아니다.' 인간은 끊임없이 친구를 찾지만 결코 성공하지 못할 수도 있다. 모든 인간은 실망할 수도 있다. 어떤 사람들은 친구를 만나는 행운을 가진다고 하지만 자신이 충분히 준비되어 있어도 어느 누구도 다가오지 않는다.

이러한 생각으로 소통은 외부의 사건처럼 한 사람을 만날 수도 있고 만나지 못할 수도 있는 객관적 **사건**이 되어버린다. 어떤 사람에게는 한 친구가 마치 물질적 재화처럼 다가온다. 이 말은 받아들일 준비가 당연한 것처럼, 친구의 부족이 마치 사물의 결핍과 같다는 것이다. 그러나 친구를 찾는 것은 단순한 수동적 사건이 아닌 가능실존 자체에 기초한다. 이러한 현상으로 친구를 찾는 것은 예측되는 소통의 망설임을 통해서와 마찬가지로 소통을 감행함으로써 발생하고, 공통의 만족과 이익을 추구하는 연대의 단순한 사교적인 관계를 소통으로 혼동하지 않는 성실성을 통해서도 발생한다. 또한 소통에 들어가기 전의 고독의 고통스러운 견딤, 자기를 지킴, 기다림이 준비되어 있어야 한다. 이러한 준비가 되어 있지 않으면 참된 소통은 일어날 수 없다. 객관적으로 고정된 이상을 가지고 접근하는 것은 참된 소통을 불가능하게 만든다. 자유로운 실존과의 소통은 모든 고정된 표준을 피할 것을 요구한다. 모든 검증은 2차적이며 단지 매개에 불과한 것이지 소통의 조건이 아니다. 다른 사람들이 신이나 성자 같아야 한다는 본능적 요구는 모든 소통을 방해한다. 넓은 시야의 현실성과 절대적 성실성의 가능성을 통한 내적 긴장에서만이 친구가 주어진다.

그러나 내가 친구와의 소통을 나의 이득과 관련하여 생각하는 것에 스스로 만족한다면, 나는 더 깊은 허위로 떨어지고 그리하여 둘 모두를 잃어버리게 된다. 결국 나 혼자만이 아닌 일을 내 탓으로 돌려서는 안 된다. 사실 무제약적인 실존의 보다 큰 힘은 행운이 더 이상 오지 않을 때 존재할 수 있다.

여기서는 책임이나 공적을 따질 수 없다. 여기서는 부족함에 대한 어떠한 변명도 없고—왜냐하면 나에게 잘못이 있었을 수도 있기 때문이다—이행을 통해 자칭 개선에 대한 보증도 없다. —왜냐하면 항상 내 마음대로 되지 않는다는 것이 재차 덧붙여질 수밖에 없기 때문이다. —실존적인 모든 것은 내가 목적을 가지고 의도하거나 의도할 수 없는 객관성의 외부에 있다. 소통의 역사적 유일회성은 내가 이미 나 자신이고 내가 획득함으로써 이루어지는 전체가 아니라, 그 안에서 나 자신이 비로소 본래적이 되는 것이다. 그러나 소통은 비대상적 전체로서 근거가 없다. 소통은 실존의 근원이다. 소통 안에 나의 자유가 있고, 그 자유 안에 공적과 죄책이 존재한다. 나는 발아되는 맹아를 경솔하게 포기할 수도 있고 간과할 수도 있고 혹은 곧바로 말라죽이면서 살 수도 있다. 단절되고 나아가지 못하는 소통 때문에 죄책감이 밀려든다면, 소통이 실현될 경우에도 불가해하게 주어진 것으로서, 선사된 것으로서의 불공정한 의식이 나를 채우며, 소통이 실현되지 않은 경우에는 결코 끝나지 않을 외로움의 의식이 또다시 나를 채운다. 나는 진심으로 외로움을 없애려고 노력했기 때문에 초월자 안에서 나의 친구를 스스로 직접 만들어낸다.

b) 소통의 역사적 협소함

소통은 마치 모든 사람이 모든 사람에게 요구할 수 있는 것처럼 존재한다. 소통의지에 대한 거부가 나의 책임인 것과 마찬가지로 현실적인 소통으로 들어가는 것은 결과에 대한 또 다른 가능성들을 배제하는 것이다. 나는 모든 인간과 소통할 수 없다.

내가 가능한 많은 사람들과 소통하고자 한다면, 이미 나는 소통을 파괴하는 것이다. 내가 모두를, 즉 내가 만나는 모든 사람을 동일하게 평가한다면, 나는 피상성을 가진 나의 현존을 실현하고, 가능성의 경계설정 안에서 언제나 유일회적인 역사적 가능성을 실제가 아닌 보편적 가능성 때문에 거부하는 것이다.

피할 수 없는 책임으로서 자신의 현상에 대한 객관적 협소함은 소통적 자기의식의 근원과 연결된다. 그러나 그 협소함 안에서 비로소 진정으로 넓은 공간(Weite)이 생긴다.

실존적 소통의 조명

철학은 자족함의 성향에 대항하여, 의식일반의 지식에서의 만족에 대항하여, 개인의 자의에 대항하여, 자기폐쇄적인 삶의 충동에 대항하여, 습관적인 생활형식으로서의 기존 전통에 대한 상실에 대항하여 자유를 조명하고자 한다. 자유는 항상 위협이 되고 있는 유아론이나 현존의 보편주의 앞에서 소통을 통해 근원적으로 존재를 파악한다. 이러한 철학함은 나로부터 나를 열어놓도록 호소하고, 그런 다음 실현된 소통적 결합을 무제약적으로 붙들 수 있도록 호소한다. 철학은 유아론과 의식일반의 보편주의에서 절망적으로 부정된 가능성을 지키고자 노력한다.

1. 고독—결합

내가 나 자신이 되려면, 소통에는 다음의 두 가지 요소가 있어야 한다. 즉 나의 존재(Ichsein)와 나의 존재와 함께하는 타자존재(Mit-dem-Anderen-Sein). 나 자신에 대하여 내가 독립된 한 사람으로서 독립적이지 않을 때, 나는 타자 안에서 완전히 나를 잃어버린다. 동시에 나의 존재와 함께 소통 자체도 없어진다. 반대로 내가 나를 고립시키기 시작하면, 소통은 점점 더 빈약해지고 공허해진다. 소통의 완전한 단절이라는 극단적인 경우에 나는 나 자신이기를 중단한다. 왜냐하면 나는 점점(點點)이 공허로 사라져버리기 때문이다.

고독은 사회학적인 의미에서의 고립과 동일하지 않다. 원시상태에서, 그리고 독립적인 자기의식 없이 자신의 공동체로부터 축출된 자는 내적으로 자신의 공동체에서의 삶을 이어가거나 비존재에 대한 어두운 절망적

의식을 가진다. 그는 공동체 속에 보존되어 있는 경우에도, 공동체 밖에 있는 경우에도 고독하지 않다. 왜냐하면 그는 스스로 독립해 있는 내가 아니기 때문이다.

밝은 의식에서 비로소 좀 더 발전된 상태가 가치가 있다. 즉 나 자신이 된다는 것은 고독하다는 것이다. 그러나 내가 고독 속에 있다고 해도 아직 나 자신이 아니다. 왜냐하면 고독은 소통 안에서만 실현되는 가능실존을 준비하는 의식이기 때문이다.

소통은 서로를 연결하는 두 사람 사이에서 일어나지만, 각기 둘로 남아 있어야 한다. 두 사람은 고독으로부터 서로에게 다가오고, 그때에야 비로소 고독을 알게 될 뿐이다. **왜냐하면** 고독은 소통 안에 존재하기 **때문이다.** 소통 없이, 소통에 들어가지 않고, 고독하지 않고서는 나 자신이 될 수 없다. 소통을 통해 고독이 모두 지양될 때, 나 스스로 소통의 조건으로서 중단하지 않는 한, 사라질 수 없는 새로운 고독이 생긴다. 나 자신이 고유한 근원으로부터 나 자신이고자 하고, 또 이를 위해서 가장 깊은 소통에 들어가고자 감행한다면, 나는 고독을 원해야만 한다. 내가 나를 포기할 수 있고, 거리가 없이 타자 안으로 도망쳐버릴 수 있기는 하지만, 막히지 않는 물처럼, 얕은 시내에서 힘없이 흘러가 버리는 물처럼 나는 그렇게 자기존재의 견고함과 거리를 두는 견고함을 더 이상 원하지 않는다.

현존에서 열광적인 헌신과 고독을 통해 자신을 엄격하게 자제하는 것(Ansichhalten)의 양극성(Polarität)은 실존적으로 지양되지 않는다. 가능실존은 현존 안에서 그 근원과 목적이 밝혀지지 않은 궤도로 인해 발생하는 양극 사이의 운동에 지나지 않는다. 내가 항상 고독을 새롭게 극복하기 위해 고독을 감수하지 않으려 한다면, 나는 자기가 없는 형식과 궤도에서 카오스적인 분열이나 고정화 중 어느 한쪽을 선택한다. 내가 헌신하고자 하지 않는다면, 나는 경직되고 공허한 나로 무화되어버린다.

그렇기 때문에 새로운 형식으로 생성하기 위해 순간적으로 해결될 뿐인 자기의 현존에서 불안이 지속된다면, 이 운동은 희망 없는 작동의 끝없는 반복이 아니라, 그 안에서 가능실존이 방향과 발전을 포착하게 되는 것이다. 운동의 목적과 근거는 통찰을 가지고 실증할 수는 없다고 하더라도 실존에게는 초월함을 통해 조명이 가능해진다.

고독에 근원적으로 낯선 근본태도는 **고독의 소통**에 반대하는 것이다. 그와 같은 소통은 단지 고독한 자(Einsame)에 대한 공동체의 희망 없는 시도에 지나지 않을 것이다. 거기에는 참된 공동체에 놓여 있는 진리를 외면하는 자의적인 자기존재만이 있을 뿐이다. 허물이 있는 고독한 자는 고독의 동행자들을 가지게 된다는 자신의 망상으로 철학함을 행한다. 그러면 참된 공동체란 무엇인가라는 물음과 관련하여 그 대답은 모든 인간을 결합시킬 수 있는 무엇(Was)이 있다는 것이다. 그 무엇은 헌신적인 자들의 공동체에서 순종하여 따를 수밖에 없는 계시된 진리이거나, 아니면 올바른 세계질서의 이념, 모든 힘을 하나의 자의에 경도된 힘으로 집중시키는 배타적인 국가 민족주의적 통합의 이념, 모두의 행복을 담지하는 정복적인 세계형성의 이념 등등을 말한다. 인간은 자기를 버려야 한다는 것이다. 내가 전체에 봉사할 때, 나는 참된 공동체 안에 있게 된다고 하는데, 이때 자기존재는 자기가 없는 것(selbstlos)을 말한다.

소통을 주장하는 철학적 입장과 그에 반대하는 철학적 입장의 **양쪽 모두는 '공동체를 세우는 것이 진리이다.'**라는 명제를 확신한다. 종교와 철학은 이해가능한 것이 오직 객관적으로 알려진 것 안에서 유사공동체(Scheingemeinschaft)를 세우는 것에 불과하다는 데 의견을 같이한다. 이해가능한 것은 사실상 이해불가능한 것 안에 있는 공동체를 위한 매개이다.

이해불가능한 것은 명료화의 무한한 과정을 통해 이해가능한 것을 성취한다. 그러나 알려진 것으로서 단순히 이해가능한 것은 자기존재로부터 거리를 가지기 때문에 구속력이 없다. 이해가능한 것이 중심사항이 될 때, 공동체는 느슨해진다. 모든 것으로부터 물처럼 투명하게 합리화된다면, 공동체로서의 소통은 사라지게 될 것이다.

분리는 공동체를 세우는 이해불가능한 것의 장소와 그 근원과 관련되어 있다. 이것은 철학적 현존에게는 자기 자신을 사실적으로 만나는 인간의 자기존재의 현실 안에 있고, 순종적인 현존에게는 객관적으로 고정된 신의 계시나 마르크스주의 같은 세계상(Weltbild)의 권위적인 정당성 안에 있다. 살아 있는 인간들과 나누는 소통의 역사적 현실성이 나에게는 가치가 있다. 살아 있는 인간들의 자기존재 덕분에 나는 객관적인 진리로서 들을 수 있는 것보다 더 많이 나 자신으로 존재하거나, 혹은 나는 인간들과 나누는 나의 가능한 소통을 신을 위한 나의 무세계적 사랑 안에서 모든 사람의 태도나 아니면 인류규정에 대한 합리적인, 그럼에도 불구하고 이해불가능한 어두운 의식을 가지고 있는 모든 사람을 위해 보편적인 이웃사랑에 몰두한다. 나는 소통 안에서 자기존재를 획득하기 위해 항상 새롭게 고독을 모험하거나 아니면 결국 하나의 다른 존재 안에서 나 자신이 지양되거나 한다.

모두의 공동체의 가능성에 대한 태도에서 이러한 구분은 **심화**된다. '어떤 것을 이해하는 사람이 많으면 많을수록 그것의 내용은 더 빈약해진다.'는 문장의 진리는 경험적 관찰에서 항상 재차 강요되기는 하지만, 철학적 진리는 모든 인간을 소통할 수 있는 가능적 타자로서 보기 때문에 다음과 같은 요청은 지양될 수 없다. 즉 가장 깊은 진리는 모든 인간이 이것을 이해함으로써 유일한 공동체가 되어야 한다는 그러한 요청이다. 이러한 딜레마 때문에 두 개의 근본사상이 갈라진다. 두 개의 근본사상 중 하나는 통일을 폭력으로 강요하고자 하며, 피상적인 이해, 즉 이해 없는 복종에 만족스러워하는 것이며, 다른 사상은 진리와 관련해서 아무것도 기만적으로 예견하려 하지 않는, 그래서 사실적인 것을 인정하고 예상할 수 없는 과정을 참된 소통을 통해서만이 극복할 수 있다는 것을 인정하는 것이다. 사회질서를 통해 현존의 가능성을 마련해주는 공동체는 모두가 이해하는 목적을 가지고 있어야만 한다. 그러나 이러한 공동체는 곧바로 그 안에서 내가 본래적인 존재의식을 획득하게 되는 그런 공동체가 아니다. 그것은 단지 그 안에서 이해되지 않는 것을 상호적으로 존중할 수 있고, 점점 더 확장하는 소통으로 더 가까이 접근해야만 하는, 과제 안에 남겨진 인간 세계의 질서이다.

고독과 소통의 긴장 속에서 실존의 가능성은 모든 사람에게 보편타당하지 않지만, 자기존재에게는 자기존재에게 접근할 수 있는 존재의 장악으로서 인간 안에 무제약적으로 여기는 선택이다.

2. 드러남(Offenbarwerden)—실현됨(Wirklichwerden)

소통에서 나는 타자와 함께 나로 드러난다.

그러나 그와 동시에 이러한 드러남은 자기로서의 나 자신의 실현됨이다. 만일 내가 드러남이 타고난 성격과 같은 것으로 생각한다면, 나는 그와 같은 생각을 가지고 실존을 밝힘으로써 드러남의 과정을 수행하는 실존의 가능성을 포기하는 것이다. 그러므로 대상적 사유에서는 이전에(vorher) 존재한 것이 단지 드러날 수 있을 뿐이다. 그러나 동시에 존재가 생성을 가져오게 하는 어떤 드러남은 무(Nichts)에서 산출되는 것처럼 존재하는 것이지, 단순한 현존의 의미에서 존재하는 것은 아니다. 내가 태어난 것처럼 그렇게 존재하고 있다는 관점에 서면, 나는 삶 속에서 나의 성향을 인식할 수 있겠지만, 내가 존재한다는 사실에 머문다면, 나는 심리학적으로 나를 관찰하는 태도를 취하게 되고, 하나의 완성된 경험적 인식이 미리부터 나에 관해 내가 어떤 존재인지 나에게 말할 수 있다는 것을 전제하게 된다. 이것은 성향과 특성에 대해서는 옳다. 성향과 특성을 아는 것은 나의 상황을 정위시키는 것에 해당한다. 그러나 **가능실존의 결단하는** 의식은 소여성을 파악하는 것이다. 의식에 대해 명료성을 추구하는 것은 오직 실존적 드러남의 전제일 뿐이다. 실존적 드러남을 통해서 세계에서의 경험적 현존으로서의 내가 누구인지, 나 자신이 누구인지에 대해서도 분명해진다. 이러한 드러남에 관하여 주어진 상황에서 현실적인 한계의 인정(Anerkennung)은 내가 그 한계를 통해 또 다른 실현의 소재를 얻는 것에 불과하다. 어떠한 지식도 최종적이지 않기 때문에, 주어진 것의 그와 같은 인정은 경험적 관점에 있어서 저 한계의 넘어섬에 대한 믿을 수 없는 가능성을 동시에 포함한다. **드러남에의 실존적 의지**는 외관상 대립된 것을 포괄한다. 즉 경험적인 것에 대한 엄격한 명백함과 영원히 존재하게 될 가능성이다. 경험적 현실의 불가피함을 통한 속박과 불가피한 현실에 대한 파악을 통해서 경험적 현실을 변화시키는 자유이다. 상존재에 대한 인정과 모든 고정된 상존재에 대한 부정이다.

이러한 드러남에의 의지는 오직 스스로 실현할 수 있는 소통에서만 온전히 자신을 감행한다. 즉 의지는 상존재에서 자기에게 다가오는 것으로서의 고유한 실존을 비로소 알기 때문에 모든 상존재를 소통에 헌신하도록 감행한다. 이에 반해 폐쇄성에의(가면에의, 안전을 위한 예방에의) 의지는 소통에로 들어가는 것처럼 보일 뿐이고, 그것을 감행하는 것은 아니다.

왜냐하면 폐쇄성에로의 의지는 자신의 상존재를 자신의 영원한 존재와 혼동하고 자신의 상존재를 구제하고자 하기 때문이다. 드러남이 자기존재에게는 가능실존을 위한 단순한 경험적 현실 파악이자 극복인 데 반해, 의지에게는 파멸일 것이다. 왜냐하면 드러남에서 나는 (가능실존으로서의) 나를 획득하기 위해 (기존의 경험적 현존으로서의) 나를 상실하기 때문이다. 폐쇄성에서 나는 (경험적으로 현존하는 것으로서의) 나를 지키지만, (가능실존으로서의) 나를 상실할 수밖에 없기 때문이다. 드러남과 실존적 실현은 무로부터 생성되는 것처럼 보이는 상관관계에 있고, 자기를 감당하는 관계에 있다.

드러남이라는 실현됨의 이 과정은 고립된 실존에서가 아니라 타자와 함께할 때에만 수행된다. 나는 개별자로서는 나에게 드러나지도 않고 실현되지도 않는다. 소통에서의 드러남의 과정은 투쟁(Kampf)이면서 동시에 **사랑**인 그러한 독특한 **투쟁**이다.

3. 사랑이 있는 투쟁

사랑으로서의 소통은 어떤 대상을 만나든 상관없는 맹목적 사랑이 아니라, 천리안을 가지고 투쟁하는 사랑이다. 이 사랑은 가능실존으로부터 다른 가능실존을 의문시하고, 난처하게 만들고, 요구하고, 파악한다.

투쟁으로서의 소통은 실존을 위한 개별자의 투쟁이다. 이 투쟁은 자신의 실존과 다른 실존을 위한 투쟁이다. 현존의 투쟁에서는 모든 무기의 사용이 유효하고, 책략과 기만이 불가피하며, 타자를 반대자로 대하는 태도—반대자는 저항하는 자연과 마찬가지로 완전한 타자이다—로 다룰 수밖에 없는 반면, 실존을 위한 투쟁에서는 그와는 완전히 다른 것, 즉 철저한 개방성, 모든 힘과 우위를 배제하는 것, 그리고 나의 자기존재와 마찬가지로 타자의 자기존재가 중요하다. 이러한 투쟁에서 양쪽 모두는 숨김없이 자신을 열어 보이게 하고 문제제기를 하도록 감행한다. 만일 실존이 가능하다면, 실존은 투쟁하는 자기헌신(부분적으로는 객관적이지만 현존적 동기에서는 파악되지 않는)을 통해 자기획득으로(결코 객관적이지 않은) 나타나게 된다.

소통의 투쟁에는 어디에서도 찾아볼 수 없는 **연대성**이 있다. 연대성은 공동으로 결과에 대해 책임을 지는 모험을 감행하기 때문에 이러한 연대성만이 비로소 문제제기를 극단까지 밀고 나갈 수 있다. 연대성은 투쟁을 항상 두 사람 사이에 비밀로 하는 실존적 소통으로 제한함으로써 공개적으로는 가장 가까운 친구들일 수 있다. 이 친구들은 가장 확실하게 이익과 손해를 공유하는 투쟁을 통해 실존을 위해 서로 필사적으로 싸운다.

개방성을 위한 투쟁과 관련하여 사람들은 규칙들, 즉 어떤 우위와 승리도 결코 원하지 않는 **규칙들**을 세울 수 있다. 다시 말해 규칙들은 우위와 우세의 편을 들게 되고, 그러므로 그것들이 방해와 책무로서 느껴지게 되며, 그것들 편에서 싸우게 된다. 모든 카드가 들추어지게 되고, 어떠한 타산적 신중함도 전혀 행하지 않게 된다. 서로의 투명성은 그때마다의 사실적 내용에서뿐만 아니라 물음과 투쟁이라는 수단에서도 추구되는 것이다. 누구나 타자와의 관계 안에서 자기 자신을 꿰뚫어보게 된다. 이는 두 실존 상호 간의 투쟁이 아니라, 자기 자신과 타자를 대상으로 하는 공동의 투쟁이다. 그러나 이 투쟁은 오직 진리를 위한 투쟁이다. 이 투쟁들은 완전히 동등한 수준에서만 일어날 수 있다. 기술적인 투쟁 수단(지식, 지능, 기억력, 피로)이 차이가 날 때, 이 둘은 모든 힘을 서로에게 맞추어 수준의 동등성을 확보한다. 그러나 이러한 동등성은 각자 자기 자신과 타자를 실존적으로 가능한 한, 힘들게 만들기를 요구한다. 여기서 기사다움(Ritterlichkeit)과 편의를 주는 모든 것은 우리의 현존현상을 통해 한정적으로 일어나는 어려운 상황에서의 일시적인 안전수단—양쪽 모두의 승인에 의한—으로만 통용된다. 이것이 지속된다면, 소통은 중단된다. 그러나 소통이 어렵게 되는 것은 결단의 내용 안에 있는 결단의 가장 고유한 근거들과 관련해서만 타당하다. 영적인 도구의 가장 큰 힘이 승리하는 곳에서, 궤변이 가능한 곳에서 소통은 중단된다. 실존적으로 투쟁하는 소통에서는 누구나 **모든 것**을 타자의 재량에 맡기게 된다.

소통을 할 때, 중요하다고 느껴지는 모든 것은 어떤 경우에도 답해지지 않으면 안 된다. 나는 말의 미묘한 차이로 청취된 말을 진지하게 실존적으로 수용하며, 그에 반응한다. 그러나 비록 타자가 간접적으로 질문하고 대답함에도 불구하고 타자를 의식하든, 타자가 본래 본능적으로 침묵하기를 원해서 어떠한 대답도 구하지 못했든, 나는 지금 청취할 수밖에 없다. 나 자신이 말하는 것은 물음을 뜻한다. 나는 대답을 듣고자 한다. 그러나 이는 결코 설득하려 하거나 강요하려 하지 않는 것이다. 진정한 소통은 제한 없이 말하고 답하는 것이다. 대답이 즉시 수행되지 않으면, 그 대답은 잊혀지지 않는 과제로 남는다.

투쟁은 동등한 수준에서 일어나기 때문에 투쟁 그 자체 안에 이미 인정이 있고, 긍정은 이미 문제제기 안에 있다. 그렇기 때문에 실존적 소통에서 연대성은 바로 맹렬한 투쟁으로 드러난다. 투쟁은 실존들을 분리시키는 대신, 참되게 연결시키는 길이다. 이러한 연대성의 규칙은 사람들이 절대적으로 자기를 신뢰한다는 것이며, 그들의 투쟁은 결코 타자에게 보이는 투쟁이거나 파벌을 일으킬 객체적 투쟁이 아니라는 것이다. 이 투쟁은 실존의 진리를 위한 투쟁이지 보편타당성을 위한 투쟁이 아니다.

결국 자기를 중심에 두고 고립시키는 정신적인 고유한 법칙성과 심리적 충동의 현실성을 동시에 인정하지 않으면, 투쟁하는 소통에서의 참됨은 획득될 수 없으며, 실존과 실존 간의 자유 또한 확보될 수 없다. 이러한 힘들은 소통의 자유로운 활동성을 방해하고 속박하고 저지한다. 이러한 힘들이 소통의 자유로운 활동성에 한계를 설정하거나 조건을 부여하게 된다. 그러한 힘을 인식하지 않고, 그 힘을 드러내지 않고는 인간은 결코 자신의 주인이 될 수 없다. 물론 인간은 자신의 실존의 절정에서 그 힘들로부터 자유롭지만, 곧바로 다시 빠져들며, 어떻게 그런 일이 일어나는지 알지 못한다.

4. 소통과 내용

자기 자신으로서의 인간은 모든 외적인 것을 통해서 다른 자기에로 가까이 가고, 실망하고, 본래적인 것이 분명해지면, 세계현존의 외적인 것 안에서 어떤 구속도 없이 영혼과 영혼은 베일에 가려지지 않은 채 하나가 되는 것을 목표로 할 수 있을 것이다.

그러나 세계에서 실존과 실존은 직접적으로가 아니라 내용의 매개를 통해서만 만날 수 있다. 영혼들이 하나가 되는 것은 행위와 표현의 현실성을 필요로 한다. 왜냐하면 소통은 저항 없이 지속하는 축복받은 존재로서 공간과 시간 없이는 현실적이지 않고, 오히려 현실성을 매개로 하는 자기존재의 운동이기 때문이다. 소통은 마치 접촉이 즉각적인 것처럼 당장은 좋다. 접촉은 모든 세계현존을 넘어 초월함으로 실현될 수 있다. 그러나 객관적이고, 지금 초월된 내용의 폭과 명료함 역시 본래적 소통에 대한 순간적 결단을 위한 척도일 뿐이다. 소통은 세계에서의 이념, 과제, 목적에의 참여를 통해 활력을 얻는다.

접촉의 직접성을 진정한 소통으로 보는 경향은 이미 인간에게 자신이 분명하게 해명할 수 없는 단순한 공감과 반감에 접근하게 한다. 생명력이 있는 상생으로부터 성적인 긴장에 이르기까지, 인간의 습관을 통해 호소하는 것으로부터 내적으로 밀접하게 관계를 맺고 있는 하나의 가능성에 대한 직관의 한계에까지, 말이 없이도 이해되는 이러한 직접성은 거의 간과할 수 없는 영역이 된다. 각각의 경우에서 무매개성은 비인격적이고 유형적인 어떤 것을 가진다. 그것은 본래적인 자기 운동에서의 상호성이 아니다. 직접성은 생명적인 운동에서 이미 완성되고 그 운동과 함께 사라진다. 혹은 직접성은 오직 밝혀지고 입증되어야 할 가능성일 뿐이다. 내용 없이는 모든 직접적 관계는 공허하게 남을 뿐이다. 그저 생명현상이 활발한 청소년들 간의 우정, 세계에서의 활동 없이 그저 곁에 있는 것, 목표와 이념 없는 친구관계, 놀이와 스포츠에서의 현존적 기쁨 등은 체험의 순간에 특수한 만족을 준다. 그러나 이것만으로는 불충분하며, 결단으로서 삶을 붙드는 자기에 대한 불가피한 불만족을 남겨두게 된다.

인간들 사이의 사랑이 모든 외적인 것을 넘어선 초월에서 그 고양된 순간을 가진다면, 비록 가장 결단적인 자기존재를 포착한다고 할지라도, 새로운 직접성 안에서 사랑이 있는 소통 자체를 순수한 내면성으로 되돌리고, 그 자체로 육성하는 어떤 경향이 다시 생길 수 있다. 그래서 사랑은 지친다. 사랑은 시간순서에서 중요한 세계현존의 매개 없이는 직접적 소통에서 실존적으로 남을 수 없다. 그러한 시도는 뚫고 나갈 수 없는 현존의 딱딱한 껍데기를 벗기는 파괴적인 이탈이거나 단순한 가능성 속에 자기를 고착시킴으로써 자기를 지양하는 것이다. 그렇기 때문에 가장 근원적인 사랑은 가장 드물게 그 자체에 대해 말하게 될 것이다.

접촉의 직접성(Unmittelbarkeit des Kontakts)은 모든 진정한 소통의 근원

일 뿐만 아니라 결과이기도 하다. 규정된 행위와 표현된 사유의 세계 안에서 자기존재의 명료성에 이르는 충동은 접촉의 직접성의 어두움으로부터 나온다. 교제의 직접성의 형태로 획득된 소통은 현존의 모든 객체성의 분위기로서, 새로운 실현을 도모하기 위한 준비로서 존재한다. 내가 **사태(Sache)를 통해 타자의 영혼(Seele)**에 이르거나, **사태**가 타자의 **영혼**을 통해 비로소 나의 관심을 얻게 되는 것은 그 구분에 있어서 잘못된 양자택일이다. 왜냐하면 사태가 타자에 전념하기 때문이다. 후자(사태가 타자의 영혼을 통해 비로소 나의 관심을 얻게 되는)의 경우, 사태들은 단지 부수적인 것에 지나지 않기 때문에 관계는 점점 빈곤해질 것이다. 이와 반대로 전자(내가 사태를 통해 타자의 영혼에 이르는)의 경우, 영혼은 비인격적인 주체로 전락할 것이고, 사태와 관련해서는 유효할지도 모른다. 영혼과 사태, 자기존재와 세계는 상관관계에 있으므로, 가능실존으로서의 삶이 행위들과 결과들에 대한 상호의 인정으로 존재할 것이라는 오해처럼 가능실존으로서의 삶이 상호의 영혼으로 열릴 수 있다는 것 또한 오해이다. 실존적 소통은 세계의 내용 없이 그 현상의 어떠한 매개도 가지지 않는다. 소통이 없다면 세계의 내용은 무의미하고 공허할 것이다. 세계의 내용을 진지하게 취급한다는 것은 우선 가능실존에게 현존을 부여한다는 말이다. 다시 말해 현존이 가능실존의 존재에게 달려 있다는 것은 소통을 통해서만 비로소 세계의 내용들로부터 무상함과 무관심에서 생기는 소통의 황량함을 얻게 된다는 뜻이다.

5. 과정으로서 소통의 현존

소통은 결코 투쟁하기를 중단하지 않는다. 소통이 일어나는 한, 현상으로 결코 완성되지 않는, 즉 중단되지 않는 실존의 무한성 때문에 투쟁은 단지 개별적으로만 끝나지, 결코 전체적으로 끝나지 않는다.

투쟁하는 탐색의 연대성에서는 항상 개별자들 사이만큼의 멀고 가까움만이 있을 뿐이다. 왜냐하면 절대적 소통은 시간 안에서 순간적인 확신으로만 존재할 뿐이기 때문이다. 소통은 고정된 객관적 결과로서 참된 것이 아니고, 그것으로부터 나오는 성실(Treue)로서 참된 것이다. 본래적이고 참된 것은 적어도 지속하는 존재를 가지고, 오직 생성과 소멸에서의 현상으로만 존재한다.

인간들 사이에서 단번에 진실을 파악한다는 것이 실질적으로 가능하지 않다. 인간과 그의 세계는 순간에 성장하지 않고 상황들의 **연속**을 통해 **획득된다**. 인간은 자신의 세계를 보충하기 위해 임시적인, 그리고 절반의 불완전한 입장을 통과해야만 한다. 세계를 변화시키기 위해서는 극한까지 치닫는 입장을 통과하지 않으면 안 된다. 올바르게만 행동하고 말하고자 하는 사람은 전혀 행위하지 않는 사람이다. 그 사람은 비현실적이기 때문에 과정에 들어서지 않고, 거짓이 된다. 진실하고자 하는 사람은 과오를 저지를 수밖에 없으며 부정한 행위로 빠질 수밖에 없고, 용무들을 참되게, 그리고 현실적으로 결단되기 위해서는 극단까지 밀어붙이거나 위태로운 상황으로 가져갈 수밖에 없다.

그러므로 타자와 관련하거나 자신과 관련하여 그 어떤 것도 시간 안에서 완성되기를 요구할 수 없다. 그러므로 실존적인 연대성은 판단함으로써 비난하기 위해서가 아니라 거부와 빠져듦에 손을 잡기 위해 **서로를 보고**자 한다. 실존적 연대성은 편하기보다는 오히려 무자비하게 요구를 하지만, 이러한 요구가 잘못 생각된 것일 가능성을 의식한다. 소통에서 이러한 요구는 경직된 법칙처럼 파기되지 않는다. 본래적 자기존재가 거의 상실될 것처럼 보일 때 오히려 이러한 요구는 유효하다. 그의 본래적 존재를 드러내는 현상의 과정에서 확신하게 되는 이러한 가능성들은 모든 경험적 명백함을 통해 일어난다. 자기가 되는 것은 절대적 결합의 비약에로 함께 밀어내기 위해 한 사람이 다른 사람에게 공개되는 과정에로 들어설 것을 요구하는 것이다. 그러나 자기를 폐쇄해버리는 자기존재의 오만한 고립이야말로 죄이다. 이러한 과정 없이 자기존재는 마치 살아 있는 몸에서의 죽음과 같은 것일지도 모른다.

소통에서 최종목적은 알 수 없다. **성과**에 관한 물음은 이중적인 의미를 가질 것이다. 즉 성과는 세계에서 공동체를 통해 목적과 관련된 현실화를 의미하거나, 결단과 함께 영원한 현실이 초래된다는 의미이다. 물질적 성과들은 가시적 현존에서 인정되고, 실존적 성공의 가능한 육체이다. 그러나 물질적 성과들은 무한함과 덧없음의 모순 안에서 모두 사라져버린다. 이에 반해 실존적 성취는 어떠한 객관적 기준을 갖지 않는다. 오로지 가능실존의 양심만이 소통적 결합을 통해 성취를 참된 것으로 간주한다. 현존에서 실존은 다른 자기와 함께하는 자기로서 실현된다. 비록 이러한 실현이 어떠한 지식으로 성립되지는 않더라도 말이다.

6. 소통과 사랑

소통에서 비로소 자기존재가 되기 때문에 나도 타자도 소통에 선행하는 고정된 실체적 존재가 아니다. 오히려 본래적 소통은 내가 나와 타자를 그 자체로 고정된 존재불변(Seinsbestand)으로 여길 때 중단되는 것처럼 보인다. 그럴 경우, 본래적 소통은 고립된 존재의 근본에 있어 자기존재와 관련하여 본질적으로 중요하지 않은 접촉일 뿐이다.

그로 인해 소통에서의 자기됨은 **무로부터의 창조**로서 나타난다. 이는 마치 연대적 투쟁이 자기존재를 생성시키기 위해서 고독과 결합, 드러남과 실현의 양극단을 통해 인식가능한 원천이 없이도 가능할 것처럼 존재한다는 것이다. 실제로 생성의 변증법은 완결된 모나드로서 그 자체로서 존재하는 개체존재에 대한 모든 고정된 주장에 반대한다. 부분들로만 존재하는 생성의 변증법에서 이 부분들은 단지 자기존재로서 함께 산출하는 부분들로만 존재할 뿐이다. 그러나 무로부터의 실존적 생성의 진술은 전제된 현존으로부터 객관적인 설명을 하는 시도에 대해 오직 부정적인 타당성만을 가질 뿐이며, 자기존재가 하나의 근원에서 자기 자신을 긍정적으로 만나는 것을 알 수 있다는 진술로는 타당하지 않다. 오히려 물어야 할 것은 소통을 통해 자기존재로 드러나는 실존의 존재에 **선행하는 것**을 어떤 의미로 파악해야 하느냐 하는 것이다.

가능성은 지치게 하는 불만족의 형태로 선행한다. 불만족은 친구를 맞이할 준비가 되어 있다는 뜻이며, 모든 기만적인 예견을 확신함으로써 친구를 발견할 수 있게 한다. 선행하는 **현존의 현실성**은 우연으로서의 시간 안에서 사실적인 자기와의 만남이다. 그러나 선행하는 **실체**는 개인에 대한 근거 없는 **사랑**이다. 객관적인 관찰로 보면 자기존재의 존재근원의 무가 있고, **실존적 의식**으로 보면 예비적인 불만족이 있고, 현실성을 가능하게 하는 우연이 있고, 자기존재를 운동시키는 사랑 등의 역사적 형태 안에 초월자가 있다.

사랑은 아직 소통은 아니지만, 소통을 통해서 조명되는 소통의 근원이다. 세계 안에서 이해되지 않는 **상호공속으로 하나됨**은 무제약적인 것을 느끼게 한다. 이 무제약적인 것이 현재 소통의 **전제**이고, 무제약적인 것 안에서 가차 없는 진실성의 사랑이 있는 투쟁이 비로소 가능하게 된다.

사랑은 그때그때 **유일한 것**으로 존재한다. 사랑은 어두움을 지닌 인간의 현실성을 사랑의 현존적 몸으로 가진다. 그것은 마치 현상에서 근원의 존재가 자기에게 말하는 것과 같다.

가장 깊은 접촉은 그 자체 초월자 안에 서 있는 것이다. 시간의 흐름은 영원한 현재의 나타남과 같다. 즉 그것은 영원성 안에 이미 속해 있는 것의 **재발견**이다. 일자는 항상 현재하며, 대개 자기 안에 갇힌 인간은 일자에게 자신을 개방해야 한다고 말하는 것처럼—왜냐하면 그것은 항상 존재하는 동시에 존재하지 않기 때문이며 또한 오지도 않고 가지도 않기 때문이다—연인들은 독일 가곡에서 다음과 같이 말한다.

내가 올 때 나에게 환영한다고 말하지 마오,
내가 떠날 때 잘살라고도 말하지 마오, 나의 연인이여.
내가 올 때 내가 오는 것이 아니며
내가 갈 때 내가 떠나는 것이 결코 아니기 때문이다.

현존에서 나와 너는 분리되고, 초월자에서는 하나로 존재한다. 저편에서는 서로 만나지도 않고, 서로 엇갈리지도 않지만, 그러나 이편에서는 위험으로 드러나고 확인되는, 투쟁이 있는 소통의 생성 안에 있다. 일치가 있는 곳에 이미 파악불가능한 것으로부터 절대적인 사유불가능한 것으로의 비약이 있다.

그러나 시간현존의 현상에는 사랑의 **운동**이 있다. 사랑의 운동은 동기 없는 사랑과 사랑받음으로 **생기고**, 사랑하는 사람의 존재 자체와 마찬가지로 처음에는 결단으로서 경험하고, 나중에는 결단을 스스로 확신하는 필연성으로서 경험한다. 이러한 사람들에게서 존재를 보는 것은 역사적 현상의 근거에서 존재 자체를 보는 것과 같다. 말하자면 인간의 파악은 환상

없는 변용으로 변한다. 비약에 대한 고유한 사랑은 진행 속에 있고, 사랑받음은 본래적 자기존재의 호소이다. 현존은 겪어야 하는 견고한 현실을 수반하고, 소통은 개방성으로 이끈다. 개방성 덕분에 자기존재가 비로소 자기에게 이르게 된다. 소통을 할 때 우리는 서로가 모든 것에 책임이 있다. 참된 사랑은 분리될 수 없으므로 운명공동체는 현존과 자기존재에서 위험과 손실의 경험만이 아니라, 현상에서의 극단적 난파의 경험도 있다.

비록 사랑을 확신한다고 하더라도, 인간의 자기존재는 **혼동**으로 자신을 의심스러워한다. 그것은 내가 사랑하고 있다고 믿고 있을 때이며, 나의 본질을 건드리는 확실한 감동이 거짓 속에 빠진 것처럼 보일 때이다. 그리고 나를 강렬하게 사로잡는 정력적이고 정신적인 합일을 성취하는 성애(Erotik)는 합일을 하나의 사건으로서 조건적으로 경험하게 되지만, 그렇다고 해서 모든 인간에게 무조건적이지 않을 때 의심스러워지며, 타자를 절망적으로 붙잡는 **고독으로부터의 탈출**은 타자를 현실적 사랑의 격동에 대한 대체물로서, 정력을 소모시키기 위해 타자가 자신의 의지를 의무적으로 결합할 수 있는 존재로서 자신을 환상적으로 설정할 때 의심스러워진다. 왜냐하면 존재하지 않는 것처럼 백안시한 우상에 대한 속박이 실망감으로 엄습하기 때문이다. 마지막으로 자신이 사랑한다고 생각하고 또 존경한다고 여기는 것을 소유하고 지키고자 하는 소유욕은 실제로 존경할 수도, 사랑할 수도 없을 때 의심스러워진다. 왜냐하면 소유욕은 타자의 판단에 근거하여 사랑과 사랑받음에 대한 가치를 부여하며, 그것의 부정을 통해 자기 자신으로 만나게 되기 때문이다. 소통을 방해하는 어떠한 힘도 사랑일 수 없다.

무제한적으로 자기를 남김없이 바치는 소통에서 사랑의 실현을 파괴할 수 없는 것은 끝까지 신뢰를 유지한다는 것을 또한 의미한다. 그러나 **실존**

적 소통 없이는 모든 사랑은 의심스럽다. 소통이 사랑을 확증하지 못한다면, 소통으로 지켜지지 않는 사랑도 결코 존재하지 않는다. 소통이 궁극적으로 단절되는 곳에 사랑은 중단된다. 그 이유는 사랑이 기만이었기 때문이다. 그러나 사랑이 진정으로 존재했던 곳에서는 소통이 중단되는 것이 아니라 사랑의 형태가 변화된 것일 뿐이다.

소통은 시간의 현존(Zeitdasein)에서 사랑으로 가득 채워진 **활동** (Bewegung)이다. 사랑의 활동은 합일에로 향해 나아가는 것처럼 보이지만, 그러나 합일에 도달하면 사랑은 끝날 수밖에 없다. **두 존재(Zweisein)** 는 사랑을 멈추지 않는다. 일자의 존재인 초월자(Transzendenz) 안에서 사유되는 것은 현존에서는 현실적인 것으로서 생각될지도 모르며, 초월자에서는 현존하는 것으로서 생각될지도 모른다. 거짓된 존재의 무과정성(Prozeßlosigkeit) 안에서 사랑은 초월자를 없애버린다.

소통에서의 자기존재의 실체적 근원인 사랑은 그의 고유한 드러남의 활동으로서 자기존재를 산출하는 것이며, 결코 최종적인 완성에로 이끌지는 않는다.

소통에서의 결핍

현존에서의 소통은 완성이 아니라 과정이므로 소통은 그 자체 결핍 의식으로서 현실적으로 존재한다. 결핍은 다음과 같은 형태들, 즉 **충동**에 지나지 않는 형태, 결핍 자체가 드러남의 필수적 **요소**인 형태, 그리고 파악되지 않는 **한계**로서의 결핍이 존재의식을 뒤흔드는 형태 등으로 나타난다.

1. 이행되지 않는(ausbleibend) 소통의 불확실한 경험

청소년 시절에는 자신이 무엇을 원하는지 알지 못했던 경험이 있다. 아직 알려지지 않은 것이 차단되었을 때, 나는 나를 사교적인 호의와 구속력 없는 관심으로 내적인 틈새를 메우려고 애썼다. ― 오직 사실적인 내용들 안에서만 사람들과의 비인격적 관계(Berührung)에서 만족을 찾고, 이러한 관계에서 공동체의 모든 만족에도 불구하고 내용들은 멀리하는 이해만이 생길 뿐이다. ― 나는 존재하는 상황의 종류에 따라 현존인 우리를 결합시키는 관심공동체를 받아들이는 경향과 거기서 나오는 상호성을 서로 개입시키지 않고 인정함으로써 참아내려고 애썼다. 요컨대 상대편에서는 전혀 거리를 의식하지 못하는 듯 보이는 그 거리를 나는 의식하게 된다. 나는 외형적인 가까움과 말의 홍수 속에서 말걸어지지 않고 있다는 감정이 커지고 있음을 본다.

이러한 태도에는 어떠한 기만도 내어주려 하지 않는 즐거운 기다림이 있다. 그러나 그 근저에는 이웃에 대한 불이행(Ausbleiben)의 의식이 파고든다. 모든 것을 좌우하는 것처럼 보이는 저 무한한 과정의 근원이 사랑과 사랑받음(Geliebtwerden)이 아니라면, 그리고 본래적 자기가 비로소 타자와 함께 결정해야 한다면, 나는 표현된 순수한 진심과 안정으로서의 나의 사랑과 사랑받음에 대해 만족하지 않는다. 나는 말(Wort)을 찾기를 원하며, 찾기를 계속한다. 만일 우리가 죽는다면, 그 말은 말해지지 않으며, 본질적인 것은 행해지지 않으며 …, 절대적 소통은 실제로 성취되지 않는다.

인간현존의 오랜 결합으로 서로에게 가까워진 사람들은 구체적인 상황에서 자신의 불확실한 불이행을 붕괴되는 고통으로서 경험한다. 소통적 실존의 확실성이 시간 속에서 모든 현상의 사라짐의 고통을 없애버림으로써 덧없음의 비애로서의 절대의식이 한계와 접촉하는 고양된 순간은 일어나지 않는다. 그것은 단지 가능적 소통일 뿐이며 분명하고 현실적인 소통은 아니다. 밀려드는 슬픔 안에 소통에의 어떤 갈망이 있다. 그러나 말, 행위, 진리 등은 본래적으로 현재적이지 않다. 이것은 움켜쥐게 될 어떤 것도, 제거하게 될 어떤 현실적 결핍도, 붙들어야 할 어떤 과제도 없는 것처럼 보인다. 이는 사람들이 서로에게 친절하게 대하고, 말하고, 기꺼이 응할 준비가 되어 있으며, 서로를 알아준다는 것이며, 피상적이기를 원치 않으며, 소란스럽지 않다는 것이다.

고유한 감정은 소통의 가능성을 실현하지 못한 데서 오는 고통을 무수한 형태들로 드러낸다. 이러한 감정은 가장 내적인 것을 고유하게 움직인다. 그러나 이러한 감정은 세계에서의 어떤 가치도 지니지 않으며, 실존의 무규정적 요구에 대해 나지막하게 청함으로써 그 의미를 드러낸다. 우리의 활력적이고 사교적 현존이 유한한 사물의 의미에 매달린다면, 여기서는 모든 것이 문제인 것처럼 보이는 무목적적인 것(Zwecklos)을 말한다. 이는 마치 소통의 영원한 의미가 본래적 존재의 결단으로서 지금 있는 것처럼 존재한다는 것이다.

2. 침묵

침묵은 현존하는 소통을 중단하는 무위(Nichttun)이다. 그러나 항상 그렇지만은 않다. 왜냐하면 침묵은 소통을 할 때 그 자체가 기능이 되는 고유한 활동이기 때문이다. 침묵할 수 있음(Schweigenkönnen)은 소통할 준비가 되어 있는 자기존재에 대한 힘의 표현이다.

참된 소통에서의 침묵은 타자를 말하게 하도록 싸움을 거는 말이 없는 상태로 나타날 때, 영향을 끼치려는 **가시화된 침묵**이 아니다. 참된 소통에서의 침묵은 마치 사람들이 무언가를 알 수 있고 말할 수 있는 것처럼 가치와 의미를 추구하는 교만한 침묵이 아니다. 참된 소통에서의 침묵은 사람들이 사실을 말하는 것을 피할 때, 소통하지 않고 말없이 행위하고 도와주는 동정에서 나오는 침묵이 아니다. 결국 참된 소통에서의 침묵은 침묵을 통해서 내가 상처를 입히면서 관계를 깨트리는 그러한 침묵이 아닌 것이다.

침묵은 어떤 소통을 생성하는 연속성 속에서 **침묵의 시간**으로 존재한다. 이러한 침묵은 죄책과 마찬가지로 억압이다. 만일 타자가 이러한 침묵을 알아차린다면, 그는 이 침묵을 참아내야만 한다. 침묵하면서 상대방에게 말하기를 미루는 것을 서로가 중단하는 것만이 침묵을 유화적으로 만들 것이다. 침묵으로 수반되는 불가피한 거리감에서 개방성의 시간이 다시 올 때까지 우리는 준비된 상태로 기다린다.

현실적인 말함의 명료함 속에서 해소될 수 있는 침묵은 다른 것을 덮는다. 깊은, 아무것도 어둠 속에 내버려 두지 않는, 그렇기 때문에 **공개적인 침묵**은 진술될 수 있는 말없는 이해를 넘어서 **도달하는** 상호존재(Zueinandersein)가 된다. 말 대신에 상호적 확신 속에서의 주저함, 눈빛, 손짓 등은 실존적 소통의 완성 속에 남아 있다. 이러한 침묵은 원해서도 안 될 것이며, 태도로서의 거짓된 예의범절로 변하게 될 것이다. 말하자면 이러한 침묵은 반복될 수 없으며, 그때마다 전적으로 현재적일 뿐이다. 침묵은 상황에 맞지 않기 때문에 보여주는 것보다 더 많이 묻어버리는 표현 앞에서 부끄러움으로 규정된다. 표현방법으로서의 침묵은 본래적 말함과 같다.

가장 친밀하고, 그러나 결코 말해질 수 없기 때문에, 결코 의식되지 않는 결합에 대한 근원의 매개로서 적극적이지만 고의적이지 않은 침묵은 여전히 가능할 수 있을 것이다. 침묵을 통해 공동체를 갖지 못한 인간은 소통할 수 있는 결정적 능력이 없다. **침묵에서의 근원은** 말해진 것(Gesagte) 으로 연결되는 것이 아니다. 오히려 이러한 기반인 척도에서 말해진 것은 침묵을 견디게 한다. 삶에서 가장 조심스러운 관계는 인간들을 묶었던 것 에 대해 책임을 지면서도 결코 잔소리를 하지 않는 침묵을 통해서 그 무게 를 가진다.

이 모든 것에도 불구하고 침묵은 언제나 현재적 **표현의 빈곤**(Ausdrucks-armut)으로서의 결핍이다. 아무것도 경험하지 않기 때문에 아무것도 표현 하지 않는 공허한 침묵으로서의 고요가 있고, 억누르는 침묵으로서 아무 것도 말하지 않는 고요가 있다. 왜냐하면 **표현력**(Ausdurcksfähigkeit)은 고 요에게 허용되지 않기 때문이다. 실존은 표현을 원하지 않고, 간접적인 표 현을 획득하기는 하지만, 표현력은 불가피한 침묵의 한계를 더 넓히거나 더 좁힌다. '내적인 것은 외적인 것이 아니다.'라는 문장은 이중적인 의미에서 타당하다.

표현의 재능(Gabe)이 별로 발전된 상태가 아니기 때문에 내면성이 소통 에로 나아갈 수 없다면, 사랑하는 사람들에게 무의식의 고통 속에서 자기 스스로를 알지 못한 채 가능성으로만 존재하는 자신들의 삶과 행위를 보 게 한다. 대화가 조심스럽게 이루어지기는 하지만, 대답은 확실하게 주어 질 수 있다. 그러나 자기존재의 소심함과 힘은 마침내 해결할 수 없는 비 사교성을 유지한다. 다시 말해 내적인 것은 외적인 것으로 **변하지 않는다**는 것이다.

반대로, **표현**의 세계가 담화의 언어와 같이 예의범절 및 태도의 일반적 언어로부터 **독립**하는 일이 발생한다. 즉 담화의 언어와 일반적 언어, 이 두 가지 언어들은 베일처럼 실존을 가릴 수도 있으며, 모든 것을 구속력이 없게 만들 수도 있으며, 아무것도 말해지지 않게 만들 수도 있다. 이 언어들은 사회학적으로, 그리고 심리학적으로 불가피하게 의식으로서 수행되고, 수용되는 곳에서만 속이지 않는다. 그 외에 이 언어들은 하나의 표현인데, 그 표현의 배후에는 어떠한 인간도 그 자신으로서 존재하지 않는다. 즉 외적인 것은 내적인 것이 아니다.

그 자체 단순한 표현은 소통의 결핍을 망각하게 하는 가상의 만족을 창출할 때, 표현의 세계(Ausdruckswelt)의 독립을 통한 외적인 소통의 표면적 풍요는 본래적인 것에 전념하게 할 수 있다. 그래서 표현의 세계에서의 양심은 삶에 우선하고, 침묵은 실존함에 대한 가능성의 구원이 될 수 있다. 개인은 자신의 전통에 결합된 현존으로 전승된 표현의 세계를 전유함으로써 자신이 되기는 하지만, 그것을 다시 근원적으로 실현하기 위해서는 표현의 세계를 전유해야 한다. 개인은 표현을 통해 거의 자기 자신보다 점점 더 많이 알고, 더 많이 표현할 수 있다. 자신의 침묵은 자기 자신에 대한 검토가 된다. 공허한 표현에 빠지는 위험은 항구적인 일부의 굴복에서만 극복될 수 있다.

침묵의 심화된 의식과 함께 절대적인 척도를 통해 모든 현실적 현상이 지양되는 새로운 위험이 나타나며, 참되지 않은 표현 앞에 비판적인 우려 안에서 마침내 침묵으로 빠지는 새로운 위험이 나타난다.

3. 품위없음(Würdelosigkeit)

품위는 이성존재로서의 인간의 신뢰, 지식, 그리고 의견의 확고함에 있다. 인간은 사적인 문제에서는 거리두기를 중시하며, 실제의 담화에서는 자유를 중시하며, 자신의 결단에서는 확고함을 중시한다. 인간은 이러한 존재의 인정을 도출하고 요구한다.

이러한 품위는 실존적 소통을 통해 의심하게 되며, 동시에 이 실존적 소통을 지양할 수 없다.

현상에서의 가능실존은 그의 드러남으로 연결되고, 이는 다시 소통으로 연결되기 때문에, **실존에게는 객체적 고정성이 없다.** 완전한 존립(Bestand)으로서 존중해봐야 할 어떤 것도 나와 타자에게는 없다. 소통은 새로운 고정성을 산출하기 위해서 모든 것을 유동화한다. 소통은 어떤 것도 확실성을 가지고 고정시켜서는 안 된다. 왜냐하면 소통은 알려진 모든 것을 여전히 어두운 소통의 가능성으로 덮기 때문이다. 제한 없이 관점을 바꿀 때, 또 고정되지 않을 때 참된 소통을 생각할 수 있다. 모든 고정성은 그것이 조건으로서 내세워질 때 타자와 나를, 나 자신과 나를 분리하는 하나의 벽이 된다. 소통이 일어나는 장소에서는 고정된 것은 방어된다. 드러냄의 의지는 획득된 모든 것을 의심스러워하며, 내가 그 안에서 나 자신을 획득하는지 획득하지 않는지, 또 어떻게 획득하는지에 대한 불확실한 모험을 의미한다.

그러나 고정되지 않음(Unfestigkeit)은 품위를 손상시키는 결과를 가져온다. 품위없음은 불가피하게 전환점을 경험하게 된다. 내가 확고하게 나 자신을 확신했다면, 명백한 의심의 과정에서 나는 깊은 존재의 의지로부터 나오는 순간의 근거 없는 해소를 통해 스스로를 무화하지 않으면 안 된다. 품위없음에서, 품위없음을 통해, 그것의 극복으로서 나는 나를 실현한다. 실현은 패배와 결부되어 있다.

다음으로 가능실존은 소통에서 드러냄, 즉 전달과 결부되기 때문에, 실존 자체가 잘못된 상황에 처해지게 되는 오해를 감행하지 않으면 안 된다. 순수하게 사실적 전달이 일의적인 반면에, 소통의 매개로서의 전달은 실존이 바로 거기에서 언급되어야 한다는 점에서 다의적이다. 말해진 것을 문자 그대로 파악하고, 말해진 것을 따로 분리시켜 파악하는 것, 행해진 것을 추상적이고 일반적으로 파악하는 것 등 모두는 소통을 방해한다. 타자도 나도 다의성에 당면해 있다. 다의성은 탐색과 설명의 길을 요구한다. 왜냐하면 매체를 통해 나타나는 실존적 소통은 그것 자체가 객관적으로 알려지지 않기 때문이다. 다시 말해 실존적 소통은 현실적으로만 존재할 뿐이며, 서로가 말없이 알게 될 뿐이다. 개념적 동일성의 고정성을 넘어서는 올바른 이해의 첫걸음은 이념의 전체 안에서 말해진 것을 파악하는 것이다. 실존적 소통의 두 번째 걸음은 이념에서 말해진 것을 역사적 현재로 수용하는 것이다. 나는 둘 다 거부할 수 있다. 그러므로 오해의 위험은 맞지 않는 것(Fremdes)을 나에게 떠넘기는 것을 의미한다. 그래서 나는 나에 대해, 나의 사태에 대해 잘못된 시각을 가질 수 있고, 그 어느 때보다 자기 자신에 대해 알고 있다고 생각할 수 있다.

나는 이러한 가능한 오해를 통해 드러나는 품위없는 상황들에서 다음을 **감행**한다. 즉 나는 나를 알리지만 호응을 얻지 못한다. 나는 말해진 것과 행해진 것으로 무시되기도 하고, 비웃음을 받기도 하고 또한 이용당하기도 한다. 내가 아닌 나에 관한 이미지, 나로 알려진 이미지로 살게 되기도 한다. 나는 강요하는 태도를 취하기도 하고, 지나치게 가까이 다가가기도 한다. 이렇게 품위를 잃는 상황에 대해 위험의 순간 없이 영혼으로 다가가는 것은 가능하지 않다. 왜냐하면 탕진하지 않거나, 자신이 수치스럽게 물러날 수밖에 없음을 한 번도 경험하지 않은 사람은 결코 실존적 소통에 성공하지 못할 것이기 때문이다. 내가 모든 경우에 냉정함을 유지하며, 거리를 두려워한다면, 인간 대 인간으로 이르는 길은 결코 열리지 않는다.

그러나 이러한 품위없음 자체는 다시 **두 가지 뜻으로 해석될 수 있다.** 품위없음은 감행하는 현상일 수 있지만, 자기를 포기하는 고유한 본질의 공허로부터, 맹목적 충동으로부터 나오는 타자의 얼굴에서 가치를 얻으려 하며, 고유한 실존을 결여한 체험은 부끄러움 없이 확산된다. 아니면 품위 없음은 소통의 의지 없이 아무렇게나 질문을 하고, 타자를 움켜쥐면서 장악하려는 것이다.

이에 반해 유지는 되지만, 언제나 다시 산산조각으로 부서질 수밖에 없는 가능실존의 소통의 의지는 **고독(Einsamkeit)의 품위**를 지닌다. 고독의 품위는 거듭거듭 자신을 탕진하지 않으려는 신념의 표현이다. 비록 무모한 시도들이 또한 요구된다고 하더라도, 이러한 시도들은 결코 임의적이 되어서는 안 되며, 잊혀서도 안 된다. 서로 연결되는 상황, 타자, 사태 등이 적합할 때에만, 그리고 자신의 사랑이 깨어날 때에만 실존은 고독으로부터 벗어나 완전한 개방성을 수행하고 감당할 수 있도록 허락된다. 양심은 임의적인 것과 필수적인 것, 맹목적인 것과 신중한 것을 구별한다. 실존은 어떤 경우에나 거짓을 통한 세속을 죄책으로 인정한다. 거리를 두는 고독의 품위는 실망을 무릅쓰고, 자기 자신 안에서 길을 잃어버림으로써 잘못된 격정으로 타자와 맞서며, 수치심에 시달리며 품위없음을 감당할 준비가 되어 있다.

다른 한편 자기폐쇄적인 고독의 품위는 **두 가지 의미를 가진다**. 고독의 품위는 모든 노출을 두려워하는 무력함에 대한 고집스런 힘의 본능에 대한 표현일 수 있다. 사람들이 정복할 수 없는 인간들에 대한 거리 둠과 고집 센 자기존재는 노출 안에 놓여 있다. 자신이 우월하다는 것을 자신과 타자에게 보이고 싶어서 사람들은 침묵한다. 외적으로 어떠한 우월함도 가능하지 않은 곳에서, 사람들은 단순한 태도의 배후에서 자기의 현존을 공허하게 하는 무위(Nichttun)로 침묵의 우월함을 내적으로 즐긴다.

소통의 의지가 품위없음을 감행하는 것은 가능하다. 왜냐하면 확고한 이성존재의 상처받는 품위는 절대적인 것이 아니기 때문이다. 품위없음과는 반대로 보다 심오한 독립성에 대한 또 다른 품위가 있다. 이 품위는 드러냄으로써 자기를 탐구한다. 드러냄의 용기는 완전한 부드러움과 유연함을 모든 유한한 현상을 초월하는 자기의 확신과 결합시킨다. 용기는 공개적이고 유연하게 지속되고, 동시에 결코 말해질 수 없고 생각될 수 없고 알려질 수 없지만 전적으로 현재적인 자기 안에서 확고하게 존재한다.

4. 고독

첫째, 고독은 소통에서 **지양될 수 없는 극(Pol)**이다. 극 없는 소통 자체는 존재할 수 없다. 둘째, 고독은 **공허한 나의 가능성**으로서 심연의 본래적인 비존재의 표상이다. 이 심연으로부터 나는 소통 안에서 현실성에 대한 역사적 결단으로 나를 구해낸다. 셋째, 고독은 타자와의 **소통적 연결**에 대한 현재적 **결핍**이고, 타자의 지양가능성에 대한 불확실성이다.

a) 고독과 소통의 대립관계에 있는 자기존재는 나와 함께하는 타자가 드러냄의 과정 안에서 자기 자신일 때에만, 내가 나 자신일 수 있다는 명제를 요구한다는 것이다. 그러나 이러한 상황은 타자가 자신의 실존적 의지를 마비시킬 때, 소통에서 생기는 고독을 **강요할 수 있다. 거부된 소통**에서 자기는 거의 죽음에 이를 지경이고, 타자를 영원히 잃게 될 것을 두려워할 수 있다. 그러나 자기는 이러한 난파의 한계상황을 통해서 자기 자신일 수 있다. 이제 더 이상 자기존재는 자기의 가능성을 잃어버린 것처럼 사는 자기됨(Selbstwerden)이 아니다. 그러나 근원적으로 자기존재와 역사적으로 연결되어 있는 타자의 자아 없이는 아무것도 될 수 없다(Nichtwerdenkönnen)는 것은 어떤 경우에도 그 가능성을 최종적으로 포기

하지 않는 기다림의 불확실성 안에서 새로워진 고독한 자기됨이다.

b) 또한 모든 현존의 충만함 가운데에서도 고독은 **비존재**의 가능한 **심연**으로서 나에게 돌연히 나타난다. 내가 오랜 시간 동안 객체성에만 집착했을 때, 그리고 내가 거기서 나 자신을 다른 사람에게 개방하지 않았기에 나 자신은 사라져버린다는 것이다. 그다음 순간적으로 모든 것이 무너지는 것처럼 보이고, 의심스러워 보일 때, 나는 공허함의 절망, 즉 어떤 것도 진지하게 의미가 부여되지 않고 단절되는 사회적 관계들, 전혀 실존적인 결과를 가지지 못하는 수많은 즉물적인 소통, 구속력이 없는, 즐기는 관계였기 때문에 사교적인 형식에 지나지 않는 친구관계를 경험할 수 있다. 이때 나는 외롭다!라고 말한다. 그러나 이러한 외로움은 현존의 차원에서 자기존재의 불가피한 현상인 고독과 소통의 대립이 아니라, 정신적 현존의 다양한 겉모습에도 불구하고, 가능한 자기존재는 없다는 의식의 표현이다. 이러한 의식은 자기존재의 방식에서 급진적인 위기로 이끌 수 있다. 비존재에 대한 고독의 심연 앞에서 충격은 소통으로 이끄는 모든 충동을 깨운다.

c) 내가 결코 경험해보지 못한 소통적 연결에 대한 결핍의 상황을 의식한다면, 나는 스스로에게 "나에게는 아무도 없어."라고 말한다. 나는 이러한 외로움을 기만 없이 경험한다. 그 결과 나는 드러냄의 과정을 탐색하면서 그것을 목표로 추구하는 한에서 공허하지 않다. 절망적이지 않지만, 어떠한 타협도 원하지 않는 끔찍한 고독이 있다. 그렇기 때문에 자신을 속이지 않는다. 그럼에도 불구하고 무엇이 존재하는지, 고독이 어디로 이끄는지는 실제로 알 수가 없다. 그래서 인간이 전적으로 그 자체로 있는, 식별할 수 없는 그러한 침묵이 있다. 그 누구도 침묵으로부터 알지 못하며, 그를 침묵으로 받아들인다. 인간이 자기를 진술할 때, 그 누구도 그의 고독

을 덜어주지 않는다. 그럼에도 불구하고 자기를 소모시키지 않고, 준비가 된 가능실존의 강함(Stärke)이 있다. 개념으로 포착되지 않는 고독의 가능성이 있고, 그러한 고독에 기만적 대용품을 포기하는 영웅주의가 있다. 고요 속에 불가해한 울음, 신비스러운 침묵이 있다. 이 침묵은 영원히 고유한 방식으로 소통을 위한 가능실존을 준비시키고 있음을 표현한다. 시간이 오면, 베일은 벗겨진다. 그러나 고독에 대해 말하는 것은 항상 불가능할 것이다.

또는 내가 소통했던 이들 모두가 죽고 **혼자 남겨질 때,** 고독의 상황으로 다시 돌아가게 된다. 인간이 여전히 사는 세계는 더 이상 그의 세계가 아니다. 그러나 그의 고독은 실존을 없애는 망각의 심연 앞에서 초월함의 가능성을 가진다. 인간은 현재의 현실성을 넘어 이미 수용했던 정신의 영역 안에 살 수 있다. 그것은 더 이상 청년시절에 생각하는 그러한 절망적인 고독이 아니며, 아마도 결코 그렇지 않을 것이다. 오히려 "더 이상 ~하지 않는다는 것(nicht mehr)"의 고통스러운 고독은 기억으로서의 현재인 존재 안에 또한 영원히 감추어져 있다. 헌신하는 호의는 고독으로부터 벗어나 새롭게 다가오는 사람들과 만난다. 그러나 새롭게 다가오는 사람들은 과거에 그랬던 것처럼 다시는 똑같은 친근함에로 들어갈 수 없다.

타자를 원하지 않는 것에서 오는 고독과 시간이 지남에 따라 자기와의 만남이 공교롭게도 일어나지 않을 때 홀로 죽어야 한다는 의식으로부터 오는 고독이 주어진다면, **초월자**에서만이 충족되지 않은 소통을 그 자체 지양할 수 있다. 그러나 고독은 역사적 소통에서만 현실적이며, 고독의 가능성에 직면해서 여전히 초월을 통해 지양할 수 없기 때문에 나는 오직 죽음을 통해서만 고독으로부터 해방될 수 있다. 나는 죽을 때까지 소통할 준비가 되어 있다. 이는 나의 자기존재가 완전히 폐쇄되지 않고 열려 있으며,

죽을 때까지 이를 견딘다면, 나는 나의 고독을 나의 자기존재를 통해 초월하면서 지양할 수 있다는 뜻이다.

소통의 단절

소통이 타자와 함께 자기됨이라면, 소통의 단절은 좌절하는 실존의 근원적인 위험이다. 만일 소통이 각각의 고유한 근원으로부터 하나가 되는 것이라면, 단절은 **근원 자체를 매장하는** 것이다. 매장은 근원적으로 파묻어버리는 것이 아니라, 스스로를 닫아버리는 행위이다.

그렇기 때문에 소통의 단절은 어디서부터 나 **자신**인지, 어떻게 근원은 진술불가능한지, 어떻게 조명될 뿐인지, 무엇이 근원에 의해 현실적이 되는지에 있다.

나는 나의 자기됨을 조명할 수 있다. 왜냐하면 나는 생성됨을 조명할 수 있기 때문이다. 그러나 어떤 부정적인 것은 조명할 수 없다. 만일 내가 단절을 조명하고자 한다면, 그것은 내가 나의 **자기존재**를 조명하는 **한**에서만 가능하다.

소통의 현실에서처럼 동일한 깊이로 단절이 생기기 때문에, 단절을 일반적으로 이해할 수 있는 하나의 원인으로 소급하는 일은 불가능하다. 소통은 일반적으로 접근하기 힘든 방식으로 단절된다.

따라서 단절은 **고독**하다. 고독 없이는 어떠한 소통도 가능하지 않으므로 소통은 고독으로 깨어지는 것이 아니라 각자의 자기(나) 안에서 단절된다. 소통이 나를 조각냈을 때, 나 자신도 조각났다. 내가 타자와 단절했다기보다는 오히려 내가 소통과 단절했다. 단절은 내가 나 자신과의 투쟁에서 지치고, 그로 인해 타자와 싸울 수 없게 되었다는 것을 전제한다.

그러나 파묻어버린 근원은 파괴되지 않는다. 오히려 근원은 여전히 나 자신의 **가능성으로** 남아 있다. 내가 나를 파묻어버린 한에서, 조명은 나의 가능성의 호소를 의미한다.

1. 소통 앞에서의 불안

소통에서 아직 단절의 위험이 전혀 의식되지 않는다면, 어떠한 현실적 투쟁도 없기 때문에 소통은 실존이 되는 것을 착수하지 않는다. 투쟁에서 나는 타자와 함께, 그리고 타자 앞에서 지금 있는 그대로의 내가 나 자신이 아니라는 사실을 분명하게 경험하고 인정해야만 한다. 여기에 모든 소통의 전환점이 있다. 나는 타자 앞에서뿐만 아니라 자기 자신 앞에서 발가벗겨지길 원하지 않기 때문에 소통에서 나의 본래적 가능성으로부터 비로소 재출현하거나 나를 숨기기 위해 모험을 견디거나 현실로서 타자 앞에 몰두한다. 나는 타자와 함께할 수 있는 나의 가능성으로 나를 붙들든지, 아니면 혼자서 나의 단순한 현존에로 다시 빠져들어 간다.

그러나 나는 단순한 현존이 **되지** 않고, 어떤 모순된 운동을 수행한다. 나는 현존하는 나 자신으로 머물기를 원하지만, 사실은 현존하는 나로 존재하기를 두려워한다. 어둡게 느껴지는 나의 존재가 있는 그대로의 나의 존재가 아닌 반면, 나는 그대로의 나 자신이기를 바라지만, 타자 앞에서는 그런 존재이기를 원하지 않는다.

모순이 첨예화된다. 파괴되지는 않았지만, 파묻혀진 근원으로부터 나는 내가 나 자신이 아님을 희미하게 안다. 그러나 내가 오직 나로 존재한다면, 나는 타자로부터 잠정적으로 벗어나는 데 충분한 시간이 있다고 생각한다.

그러나 나는 단독존재(Alleinsein) 안에 나를 완전히 가라앉힌다. 나는 나의 자기존재의 가능성으로서 앞에 있는 나와 상존재로서 앞에 있는 나를 지키기로 결심한다. 나는 이 둘을 숨기고 있는 나 자신의 외형으로 안정성을 추구한다. 안정성은 나와 타자 앞에서 나를 발가벗기는 드러냄의 위험으로부터 나를 보호한다. 그리고 안정성은 그렇게 존재하는 현존의 모습으로부터 나를 보호한다. 그 결과 나는 현존의 무한성과 임의성 안에 존재할 수 있다. 이렇게 모든 방향으로 나를 감추어버림으로써 나 자신과 타자를 잃어버린다. 내가 비록 여전히 타자에게 접근하고자 한다 하더라도, 나는 타자 앞에서 나를 드러내야 할 마지막 순간에 타자에게서 등을 돌린다. 내가 타자의 요구라고 막연하게 이해했던 것을 나는 수행하길 원하지 않기 때문에 할 수 없다고 생각한다. 소통에서 들추어지는 것에 대한 불안이 나를 완전히 봉쇄해버리고 만다. 나는 나의 자유존재의 당위를 피하며, 나를 상존재에 바치며, 이 둘 모두를 무시하면서 나 자신에게 굴복하고 만다. 내가 타자와 함께 길을 가고, 그의 요구들을 들었더라면, 나는 나 자신이 되지 않을 거라고 이제 생각한다. 나는 타자가 아닌 내가 원하는 대로 존재하길 원한다. 나는 소통의 의미를 그와 같은 형식으로 바꾼다. 나는 더 이상 타자를 위해 거기에 존재하는 것이 아니라 나를 위해 존재한다. 우리를 연결시켰던 다리를 내가 끌어올렸다. 내가 소통 앞에서의 불안을 피함으로써 나는 불안에서 벗어났다고 믿는다.

2. 자기현존(Eigendasein)의 저항

자기현존의 힘은 불안에 고정되어 있다. 자기현존은 근거 없이, 그리고 소통 없이 그 자체 어둡고 독단적인 상존재의 욕구로서 각자의 현존 안에서 그때그때마다 나에게 활력을 주었던 바로 그것이다. 이웃으로부터 자신을 고립시킬 수 있는 물질적인 재화, 가치, 향유에 대한 관심이 현존으로부터 발원된다.

소통 밖에 있는 이러한 자기현존은 모든 인간의 경험적 현존을 기초로 삼는다. 자기현존은 첨예한 갈등 속에 나타나고, 행운의 상황에서는 은폐된 채로 남을 수 있다. 그러나 총명한 사람들의 말과 행위에서 자기현존은 어렴풋이 예감되고 염려될 수 있다. 만일 여전히 그렇게 자주 포기하고 희생될 수 있다면, 인간이 살고자 하는 한, 자기 의지가 불가피하게 드러나는 가장 극단적인 갈등이 있다. 왜냐하면 나는 내 삶의 의지의 조건으로서 내 삶의 공간에서만 존재하기 때문이다. 삶의 의지를 포기하는 것은 내 삶을 포기한다는 뜻이다.

예를 들어 돈에 대한 태도는 자기현존의 주장에 대한 표현일 수 있다. 돈에 무관심하다거나 돈에 좌우되지 않는다는 것은 솔직하지 않은 표현이다. 왜냐하면 처분할 수 있는 돈의 양과 관련하여 중요하지 않다거나 적어도 결정적이지 않다고 하는 돈에 대한 태도는 여전히 상황을 제대로 밝혀주지 않기 때문이다. 돈을 필요로 하는 개인에게 그저 현존이나 파멸을 의미한다거나 돈의 중요성을 단순히 느낄 수 있게 하는 돈의 양이 문제가 된다면 모든 것은 달라진다. 구체적인 상황에 대한 해명은 참된 인간을 한계에로 이끈다. 그 한계에서 인간은 자기 자신과 타자에서의 자기현존, 자신의 척도, 그리고 자신의 본성을 지각한다. 자기현존이 실존의 조건하에서 더 이상 가치가 없고, 의심 없이 그 자체로 간주될 때, 언젠가 나는 나와 각각의 타자 안에서 자기현존의 견고한 저항에 부딪친다.

만일 내가 자기현존이 존재해야만 한다는 것을 가능실존으로부터 그저 요구한다면, 나는 실존이 현존에서만 실현된다는 사실을 망각한 것이 될 것이다. 반대로 내가 단순한 현존의 생존으로부터 나의 자기현존과 각자의 자기현존의 관심을 암묵적인 자기자명성의 수용(Sich-selbstverständlichnehmen)으로 인정하게 된다면, 나는 실존을 망각한 것이 될 것이다. 단순히 부정하거나 긍정하는 자기현존의 단선적인 태도는 자꾸 반복적으로 소통의 단절을 가져오게 하는 한계를 없애는 해결책이 아니다.

인간이 **자신의 자기현존의 저항을 포기함으로써**, 즉 그 자체 아무것도 원하지 않고 전혀 살고 싶어 하지 않음으로써 그는 세계를 버렸다. 인간이 형이상학적 관점에서의 성인(Heiliger)일 수 있다면 그는 더 이상 소통에로 들어갈 수 없다. 본래적으로 현존 없는 존재로서의 인간은 더 이상 독립적인 존재로서 타자와 함께 실존할 수 없다. 인간의 헌신, 도움, 그리고 사랑은 맹목적이고 냉정하다. 인간의 현존은 우연적이거나 상실된다. 소통은 오직 무한한 개방성에로 열려진 자기현존이 타자와 연결할 준비가 되어 있는 경우에만 존재한다. 자기현존은 어두운 채로 머물러 있는 근거에서의 밝아짐이다. 여기서 현존의 물질적인 수단은 그 현실성의 인정을 경험한다. 그래서 질서와 타협, 그리고 정점에서 위대한 희생이 생긴다. 그러나 또한 소통의 단절 없이는 결코 현존하는 것으로서의 일자는 포기되지 않는다.

그러나 만일 **자기현존이 자명하게 침해될 수 없는 것**으로 받아들여진다면, 소통은 다시금 수포로 돌아가게 된다. 오히려 가능실존으로부터 나오는 소통은 자기현존을 조건하에 두고, 자기현존에 대해 묻고 그것을 제한한다.

자기현존의 어두운 근거는 실존의 가능한 몸이 된다. 단순한 자기현존으로서의 몸은 점점 더 많은 것을 원하기만 하는 맹목적 **삶에의 욕구**이다. 가능실존의 몸으로서의 어두운 근거는 운명에의 **의지**가 된다. 삶의 의지는 어디서나 동일하며, 그 내용에서만 상황과 시간에 따라 변화될 뿐이다. 운명의 의지는 역사적이며 영원한 근거로서 실존과 대립되지 않는다. 단순한 삶의 의지는 현존의 조건으로서 궁극적으로 어둡고 정신적으로 낯설다. 몸으로서 현존 안에 있는 운명의 의지는 환해지면서 자신을 드러내는 현실성에서의 실존적 자기존재의 조건이다.

자기현존은 소통을 단절시키는 **결정적** 근거가 되기도 하지만, 현존의 조건인 **동시에 소통의 조건이기도 하다.**

자기현존으로서의 나는 자기현존의 투쟁 안에서 타자와 자기 자신에게 인정받으려 하기 때문에 **나는 자신을 비교한다.** 이러한 비교에서 개별자는 거리두기를 통해 자신을 고양하려 하거나, 아니면 아주 사소한 기준의 지각으로 자신을 모욕하게 되고, 자신에 대해 자만하거나 원한으로 스스로를 미워하게 된다. 이러한 자기비교는 성과와 보편타당성과 관련해서 중요하지만, **실존과 관련해서는 불합리하다.** 실존은 다수에 해당하지 않으며, 계산될 수 있는 숫자로 대체될 수 있는 것도 아니다. 자신을 비교하는 것은 현존투쟁에서 자기현존의 자연스러운 태도이다. 그러나 이러한 비교가 자신의 존재와 관계한다는 것 자체가 어떠한 소통도 스스로 실현되지 않는다는 것을 알려준다. 본래적 자기됨의 소통에서 성취되기 때문에 소통에서 자기를 비교하는 일은 중단된다. 가능실존들은 서로 마주보며, 그 안에서만 가능실존이 된다. 누군가는 자기 자신이 아닌 다른 사람이 되고 싶어 하지만, 그것은 실존적으로 불가능하다. 내가 나 자신이길 원하고, 내가 다른 사람일 수 있는지에 대해서 전혀 질문하지 않는 것이 오히려 실존의식의 표현이다. 실존의식의 표현은 내가 나 자신을 비교하는 것이 **아니라** 타자로서의 타자와 함께 존재하는 것, 내가 소통을 추구하는 한, 상대하는 모든 사람과 동일한 수준으로 들어가는 것이다. 그렇지 않으면 타자는 비교할 수 있는 대상 안에서 나를 훨씬 넘어서거나 내 아래에 있을 수 있다. 왜냐하면 내가 나의 근원과 자기존재를 전제하는 것과 마찬가지로 모든 사람 역시 각자의 근원과 자기존재를 전제하기 때문이다.

3. 단절의 의미

단절의 성급함 자체는 그 의미상 **일시적**일 수 있다. 비록 당장의 거부가 단절로 보인다고 하더라도, 그것은 최종적인 단절을 의미하는 것이 아니라, 단지 시간을 필요로 한다는 것을 의미한다. 현재의 상황에서 소통이 무산되었다고 해서 소통 자체를 지양하는 결과를 낳아서는 안 된다.

한 사람과의 소통을 단절시켰다고 해서 **다른 사람**과의 소통까지 단절시킬 필요는 없다. 비록 나의 존재에 대한 소통의 거부가 다른 모든 소통에서도 나를 위태롭게 하더라도 말이다.

전적으로 소통을 회피하는 사람은 자신의 드러남의 **모든** 가능성을 피한다. 그러나 **특별히** 소통을 체념하거나 단절할 수밖에 없는 사람은 실존적 가능성의 상실에 대한 공동책임을 경험한다. 그러나 그렇다고 해서 그가 **모든** 드러남의 상실을 경험하는 것은 아니다.

두 사람 사이에서 어느 순간 최종적이라고 생각한 단절이 일어났다고 해도, 어떤 측면에서도 단절이라는 의미로 고정될 수 없다. 만일 내가 타자와 함께 자기됨의 가능성이 사라진 것처럼 보인다는 이유로 단절한다면, 나는 충분히 그 근거를 증명하는 것이 아니다. 오히려 나는 고유한 자기존재 안에서 타자로서의 내가 나와 거리를 두는 것에 죄책감을 느낀다. 타자가 나와 소통을 단절하면, 이러한 불가피성을 탐구하지 않고, 나는 이 단절을 견뎌야만 한다. 두 사람이 서로 단절하면, 그들은 한 번도 작별한적 없는 동물들처럼 흩어지든지 아니면 서로의 차이로 인한 부정의 공동체에서 자신들의 가능성을 지키든지 한다.

만약 사람들이 의도적인 단절의 불가피함을 죄책으로부터 해소할 수 없는 실존적 체험으로서 인정하는 것 대신에 이해할 수 있는 것으로 취급하게 된다면, 단절의 불가피함을 객관적으로 말할 수 있게 될 것이다. 단절이 이미 이루어진 현실을 진정으로 인정한다는 것을 의미한다면, 두 사람 사이에 결정된 실존적으로 불가피한 외적인 단절은 그들이 진정으로 원한 것이다. 인간의 본질적 행위가 관건이 되는 확실한 상황에서, 그리고 두 사람이 합의와 이해 없이 대립된 상황에서 누구도 상대방에게 '예'라고 말하지 않는다면, 단절이 필요하다. 만일 한 사람에게 상대방이 인정하지 않는 신뢰의 단절이 앞에 놓여 있다면, 그리하여 설명의 과정에서 치유가 불가능함에도 불구하고, 주저없이 소통해야 한다는 조건이 위반된다면, 단절의 결단을 **요구하는** 것은 참되다. 만일 드러냄의 과정이 파괴된다면, 드러냄의 과정을 가능한 것으로 유지하기 위해 행해지는 방법은 느낄 수 있도록 **만들어야만** 한다. 왜냐하면 소통을 중단하는 사람은 단절과 동시에 비난하는 통상적 판단이 이루어지게 될 타자의 **존재**를 청산하려고 하기 때문이다. 단절은 통상적인 판단으로는 역사적 상황에서 두 사람 사이에서의 불가피성을 의미한다. 그 이상은 아니다. 단절의 결과가 침묵함으로써 나오는 것인지, 아니면 진솔한 대화에 따라 과거에 대한 진정한 인정과 함께 나오는 것인지는 형식의 차이이다. 형식의 차이는 넓은 외적인 관계에 대한 것이지, 단절이 있고, 그것이 중요하다는 식의 의미가 아니다. 사회학적 현실에서는 말을 못하게 하는 상황들이 존재한다. 사회학적 현실에서 가시적이고 강제적인 행위가 사람들 사이에서 거의 항상 존속하는 실질적이고 외적인 관계들을 힘들게 하는 데 꼭 필요한 것은 아닐지도 모른다. 또한 침묵의 거리두기는 장차 서로를 개방하기 위해 준비된 상태로 남아 있다.

왜냐하면 단절은 최종적으로, 실존적으로 결단함으로써 지금 나타나기 때문에, 화나게 하는 모든 행위에 따른, 모든 신뢰의 단절에 따른, 그리고 모든 가해에 따른 설명과 동의의 가능성이 미래에도 **여전히 존재하는 것**은 우리들 지식의 한계에 대한 인정과 자유의 한계에 대한 인정, 두 측면들이다. 진정한 소통 속에 있었던 사람들이 극복할 수 없는 고통으로 인해 단절될 경우, 이 단절에서는 실존하는 자가 자신을 정당화할 어떤 권리도 **없다**. 실존하는 자는 오직 **개별적**이고 객관적 용무에서만 의미 있는 방식으로 권리를 가진다고 생각할 수도 있다. 실존하는 자는 영혼의 참된 투쟁을 위해서 자신의 방식대로 타자를 **옭아매지** 않고 자유롭게 해야 한다는 것을 알지만 그렇게 할 수 없음을 또한 안다. 실존하는 자는 타자가 인위적 자기유지와 안전한 질서의 속박으로 자신의 가능실존을 상실해가도록 내버려 두는 것을 **죄책**으로 느낀다. 그러나 타자에게는 단절로 나타나는 관점이 다르게 보인다. 타자의 인식에서 타자의 봄과 가치평가에서의 중요한 잘못은 나로 인해 주어진 것처럼 보인다. 나는 어떤 경우에서든 책임이 있다. 밝음 속에서 죄의식 없이 행해지는 단절이란 없다. 그래서 나에게는 다음과 같은 요구, 즉 비난에만 머무르지 말아야 한다는 요구만이 아니라, 감상적이고 기만적인 화해가 아니라 신뢰와 문제제기라는 매개를 통해 투쟁해야 한다는 요구가 부과된다. 내가 어떤 순간에라도 한번은 타자와 관계를 맺었던 적이 있었던 한에서, 궁극적으로 **영원한 단절은 믿을 만하지 못하다**. 그리고 소통적 의지의 근본원칙은 영원한 지옥의 형벌과 마찬가지로 무한한 원한과 비난이 결코 있어서는 안 된다는 것일 수 있다. 여기서는 오직 매 순간의 결단하는 행위와 미래에 대한 준비만이 가능할 뿐이다.

4. 단절의 형태

실존이 자기의지를 제한하지 않는다면, 현존의 자기의지는 자기의지를 제한하는 자기됨의 가능성 앞에서 불안으로 인해 꺾인다. 실존 없이 이루어지는 단절의 형태들은 자기 자신과 타인을 기만하는 방식이다. 말과 행위는—그럼에도 불구하고 말과 행위가 있어야 하겠지만—더 이상 그 말과 행위가 전달하는 원래의 의미를 가진다고 할 수 없다. 기만의 형태는 아주 다양하다. 항상 다시 돌아오는 형태들은 다음과 같다.

a) 내가 고집스럽게 소통에 저항한다면, 예컨대 "아무도 나를 바꿀 수 없어."라든지 "나를 있는 그대로 받아들여줘야 해."라고 한다면, 사실상 그 안에는 타자에게 도움을 호소하고 있는 것이다. 마치 나에게 제2의 내가 마주보고 서 있고, 그 '다른 나'가 있을 수밖에 없다는 전제하에서 제2의 내가 나를 도와야 한다는 것처럼 말이다. 어떤 소통은 추구되는 동시에 단절된다. 왜냐하면 실존하는 자기에게 도움을 주는 것이 아니라, 실존하는 자기와의 소통에 들어서도록 할 수 있을 뿐이기 때문이다.(잘못된 도움으로 명명될지도 모른다.) 반면에 도움은 개별적으로, 현존의 질서와 합목적적인 행위로만 가능하다. 내가 드러남에 저항함으로써 내가 마치 나를 존립(나는 계속 그렇게 존재한다.)시키는 객관적 존재와 동일시하는 것처럼, 내가 나를 부자유한 사물로 만들어버린다. 그러나 나는 실제로는 이를 수행할 수 없고, 다만 말할 수 있을 뿐이다. 아주 단순하게 울리는 숙명적인 모든 명제(나는 실제로 그렇기 때문에 어찌할 수 없다.) 안에 있는 이 명제의 진술은 자기가 거기에 현재하고 있다는 의식(Selbstdaringegenwärtigsein)을 동반하는 자유로운 행위이다. 이러한 자유는 명제의 내용과 모순된다. 이 명제를 통해 나는 나를 철저하게 자유롭지 못한 단순한 현존으로 만들어버린다.

내가 나를 속이고 이 명제를 믿겠다고 생각함으로써 내가 그 명제의 내용을 따르는 한, 그 명제의 내용은 실존적 결단의 의미에 의해 존재한다. 그 명제의 내용은 내가 그것을 따르려 하는 한, 실존적 결단의 의미를 가지고 있다. 나는 나를 방치하고, 수동적이 되어 아무것도 기대하지 않는다. 그리고 나는 나의 자유를 나의 현존에 대한 불평에서만 행사한다. 결과적으로 다른 사람들이 불평에 동조하도록 만들기 위해서 다른 사람들에게 불평을 보여준다. 나는 소통을 원한 것이 아니라 결국은 동정을 원한 것이다.

b) 만일 소통이 실제 상황에서 행위에 맞는 결단과 관련된다면, 저항은 완전한 명료함으로 향한다. 명료함은 어두운 자기현존의 우월 혹은 고정된 견해를 보증하는 자기의식을 위험에 빠뜨린다. 경직된 자기현존은 상황이 암시하는 공식을 통해 쇄도하는 모든 소통의 경계를 설정하게 된다. 이 공식에는 그 의미가 옳다고 인정해야 한다는 요구가 있다. 이 논의들은 절망적인 외향을 띤다. 다시 말해 그것들은 끝이 없기 때문에 곧바로 궤변이 되고 만다. 다시 말해 이 논의들은 타자들에 대해 진지하게 듣는 것을 내적으로 거부하도록 강요하게 된다는 것이다. 소통의 가능성이 싹트기 전에, 이미 소통은 단절된다.

c) 무의 심연 앞에서 전율에 사로잡혀 있는 경험적 현존에 대한 염려로부터 나오는 실존에서의 불안과 마찬가지로, 결단을 회피하고자 하는 것과 마찬가지로 무지에 대한 위안으로서 의혹이 추구되고, 지금 해야만 하는 것을 나 대신 결정해주는 전문가의 단호함을 인정하게 된다. "나는 그것을 이해할 수 없어, 나는 전문가가 아니야."라고 말하면서 현재 가장 최고의 지식을 가지고 있다는 변호사, 의사, 사업가, 교사, 목사 등에 자신을 내맡긴다. 이를 통해 나는 구체적인 사건의 불확정성과 위험에서 드러나는

명백한 의심으로부터 벗어난다. 타인이 결정한다는 것은 자기됨 앞에서 본능적인 무지에의 욕구를 보증해주는 것이다. 내가 스스로 결정하기 전에, 모든 지식이 불확실할 수도 있다는 것, 모든 지식이 특수한 지식이기는 하지만 여기에서는 이해가능하며 전달가능하고, 그리고 무엇보다 결단을 할 때에는 철학적 인간이라면 이해에 근거한 찬성이나 거부를 해야 한다. 진정한 소통에서 자기존재는 앎의 모든 고통과 손실을 신뢰하고자 한다. 반대로 이러한 사람들은 항상 있어온 문제점 안에서 소통을 통해 통찰하도록 하는 대신에, 자신의 판단과 행위에 권위의 힘을 부여하고, 자신의 전문지식을 내세워 문제가 되는 논의들을 편리하게 제쳐두면서 전문가라는 미명 뒤로 숨는다.

d) 구체적인 상황에서 결단하기 전에 숙고한다는 것은 있을 수 있는 적수에 대한 근거들을 바탕으로 스스로 들을 준비가 되어 있음을 의미하며, 자신의 태도에서 여태껏 효과를 발휘할 수 없었던 어떤 것에 대해 확신할 준비가 되어 있음을 의미한다. 이러한 의미에서 그리스인들은 근거들을 바탕으로 듣는 인간이라는 점에서 비그리스인들과 구분된다. 오늘날 단순한 비그리스인들은 그것에 반대하여 다음과 같이 말한다. "당신은 결코 나의 견해를 굽히게 할 수 없을 겁니다.", "나는 당신의 견해와 다릅니다."라는 간단한 설명을 통해, 그리고 "나는 그러길 바랍니다."라는 말로 더 이상 정당화될 수 없는 것으로 인해 자주 소통이 끊어지게 될 때, 우월한 자(Überlegene)가 그럴 수만 있다면, 그의 행위가 소통을 대신하거나, 아니면 스스로 헤어 나오지 못하는 무능한 자(Ohnmächtige)의 거들먹거리는 교만이 소통을 대신하게 된다.

그 외에도 외견상으로는 소통을 위해 노력하지만, 오로지 방어만 하는 대화 매너(Gesprächsmanieren)가 있다. 사실상 타자는 더 이상 근거를 바탕으로 듣지 않는다. 공동행위의 상황에서 타자는 자신의 특정한 목적을 자신의 현존 전체를 넘어 오직 지배함으로써 관철하고, 그러한 목적을 이른바 어떤 평가에 종속시킬 뿐이다. 타자가 나의 근거들을 제3자에게 미치는 가능한 영향에 따라 평가함으로써 그는 의도적으로 내 관점의 이념으로 입장을 바꾸어 생각하지 않고, 내게 있는 공평함을 부인하며 나를 평가 절하한다.

나에게는 여전히 조심스럽게 말해지게 되고, 타자에게는 나에 대해서 매우 부정적으로 말해지게 되는 그와 같은 태도의 결과에서 이해의 연대는 더 이상 남아 있지 않다. 나는 순수한 객체이다. 정당방위에 대한 방어가 요구되지 않는다면, 나에게는 기다리고 준비하는 것 이외엔 아무것도 없다.

e) 구체적인 상황, 즉 고조되는 현존의 위기에서 소통이 단절되면, 나의 태도는 본능적으로 자신에게 유리한 방향으로 조정하려 한다. 타자의 관용에 호소함으로써("나는 너무 어려.", "나는 너무 나이가 들었어.", "나는 신경쇠약이야.") 나는 즉시 진실이 아닌 무제약성의 요구를 회피하려 한다. 이러한 표현들은 재능의 수단, 능력들, 개인적인 유능함과 관련해서 의미를 가질지는 모른다. 즉 이러한 표현들은 자유로운 결단의 물음에서 소통의 단절로 사용되고, 화자는 자기존재의 요구를 유지하는 반면, 자신의 본질 전체를 책임질 능력이 없음을 밝히고 있다. 타자는 나를 자신에게 방어할 능력이 없는 대상으로 삼으려 하지만, 결국 스스로를 대상으로 삼는 데 지나지 않는다.

마침내 이러한 위선은 혼자 단절되어 있을 때, "나는 견딜 수 없어.", "나는 참을 수 없어.", "나는 파멸되고 말 거야." 혹은 갑작스럽게 돌변하여 "나는 아무런 가치가 없어, 나는 쓸모없는 사람이야, 너희들이 원하는 대로 나를 취급하고 있어."라는 식으로 소통상실에 대한 절규에 이르게 된다. 소통의 요구는 절망으로 되돌아온다. 나는 육체적인 과로를 회복하기 위해 "일단은 먼저 자야 해."라고 말할 수 있다. 시간상의 연기가 회피여서는 안 된다. 나는 피로, 감정폭발로 인하여 "나는 나를 신뢰할 수 없어. 그래서 일정한 의무, 가령 이러저러한 정략적인 행위를 떠맡을 수 없어."라고 말할 수 있다. 그러나 결국 실존적 소통을 통한 드러남에서의 명료성은 결코 그렇게 거부될 수 없다. 아니면 내가 나를 완전히 포기하지 않고 오직 소통이 되어가도록 내버려 두기 위해서는 이 상황으로부터 나를 배제시킨다.

f) 당장의 효과를 얻기 위해서는 구체적인 상황에서 다음과 같이 단호하게 단절하게 된다. "너는 내게 그 일에 대해 말하자고 요구할 권리가 없어.", "나는 더 이상 너하고 말하고 싶지 않아.", "나는 이 일에 대해 더 이상 듣고 싶지 않아."라고 말하거나 그 사람을 상대하지 않고 내버려 둔다. 이러한 제멋대로의 단절은 그 자체로 보여지길 원한다. 여기서 내적인 것과 외적인 것의 일치를 보여주는 태도가 진심인 것처럼 보인다. 하지만 바로 그 노골적인 언어에는 기만이 숨어 있다. 자랑, 명예, 그리고 권위의 내세움은 격앙되어 있는 사람의 가능실존을 외면한다. 왜냐하면 가능실존에는 자랑, 명예, 권위 등은 담보되지 않기 때문이다. 그럼에도 불구하고 그때 다른 사람과의 관계, 그가 취하는 태도방식, 그가 생각하는 방식 등을 간접적으로 경험하려는 시도가 행해진다. 이러한 시도를 통해 표면적인 것에 불과했던 것이 진짜의 모습을 드러내지만, 단절된 행위의 결정적인 것은 결코 드러나지 않는다. 직접적인 관심만이 척도가 된다. 단절은 하나의 수단이다. 사회적 규정, 용서, 그리고 화해 등은 마지막에 모든 본질적인 것을 새로운 방식으로 다시 은폐할 수 있다.

5. 소통의 불가능성

처음부터 이미 진정한 교제를 영원히 좌절시키는 전형적인 인간의 태도 앞에서는 오직 포기만이 있을 뿐이다.

a) 인간에게는 전적으로 존재만을 의미하는 세계 속 물질화된 내용으로서 오직 화석화된 객체로 살아가는 인간은 그 자신으로서 다가가기 어렵다. 전혀 소통하려 하지 않고, 진실한 대화를 하지 않으며, 다른 사람들이 말하는 모든 것에 대해 건성으로 말하는 무감각하고 믿지 않는(abergläubisch) 사람들이 있다. 그들은 단순히 비인격적으로 수다를 떨든지 아니면 자신의 독단적인 주장만을 늘어놓을 뿐이다.

b) 스스로 행동하기보다는 판단하고 요구하는, 합리적으로 고정된 도덕성을 가진 그러한 인간은 근원적인 삶을 경험하지 못하고, 오히려 발생하는 모든 사건에 적용될 수 있는 이른바 도덕적으로 과도하게 억압하는 결과를 정당화한다. 그런 인간은 자신의 삶을 통해 자신의 존재를 드러낸다. 원칙들로부터 단선적으로 도출된 과도한 윤리적 행위는 충동적 흥분과 본능적 교활함으로부터 나오는 행위와 뒤섞여 있다. 그런 인간은 자기 자신으로서 소통할 수 없다.

c) 오직 자기만으로 존재하고자 하는 인간의 제멋대로의 자부심은 소통을 막는다. 이러한 인간은 자신을 세계와 동일시하며, 세계를 소유하려는 의지만을 알 뿐이다. 그는 호기심과 탐욕으로 촉각을 곤두세우고 자신의 적나라한 모습을 드러내거나 패배의 상황에 빠질 때에는 이를 참지 못한다. 그는 사람들에 대해 연대의 관계를 추구하기보다는 지배하고 자신의 것으로 삼고 싶어 한다.

소통적 상황

실존적 소통은 객관적 소통을 매개로 구현될 때에만 현존을 가지기 때문에, 그러한 실존적 소통은 사회학적이고 심리학적 현실에서 그때그때마다 나의 역할과 결부되어 있다. 실존적 소통은 역할로 들어가고, 그 역할로부터 빠져나와 자기존재에 도달한다. 그러나 자기존재는 역할로부터 결코 벗어날 수 없다. 경험적으로 현실적인 사회학적, 심리학적 현존의 관계에서 그러한 상황들은 가능실존들 간의 만남에서 또한 발생한다. 이러한 상황에 대한 기술(Beschreibung)이 실존적 소통에 대한 조명의 수단으로서 추구된다면, 그들 사이의 고유한 가능성의 공명은 느껴질 수 있게 된다. 실존적 소통은 바로 소통을 벗어나고자 하는 것에 대한 거부로 특징지을 수 있다.

이러한 분석 중 어느 것도 개별적 경우의 실존성 혹은 비실존성에 대한 분석을 통해 성취될 수 있는 지식의 의미로 응용되어서는 안 된다. 오성은 이상(Ideal)을 평가하기 위해, 그리고 이상에 맞추기 위해 이상을 확인하고자 하며, 대상적으로 진술하고자 한다. 그러나 형상적으로 구성된 이상으로서의 진정한 소통은 더 이상 소통 자체가 아닐 것이다. 실존적으로 현실적인 소통은 부지(不知)중에 그 자체로 어떤 확신을 가질 수밖에 없다. 구체적인 설명들은 소통에의 의지에 헌신할 때 가능한 해명으로서 그 의미를 가질 뿐이다. 소통에의 의지를 발휘하는 것에 대한 가능한 구체적 설명만이 그 의미를 가진다.

1. 지배와 종속

힘(Macht)은—물리적, 생명적, 정신적, 권위적인 각각의 형태에서—인간을 상하질서의 관계에로 편입된다. 이러한 관계들은 보편적인 현존의 현실성이다. 그러한 관계에서 소통은 상이한 수준으로 수행된다. 실존들은 서로가 스스로를 조명하는 것이 아니라, 상호적 관계 속에서 어떤 만족을 획득한다. 그러나 그 만족은 동일하지 않은 방식으로 획득된다.

노예들을 두고, 그들을 도구로 이용하는 사람은 이러한 힘의 관계 안에 있는 것이 아니라 단순한 권력의 내적인 무관계성 안에 있기는 하지만, 양쪽의 측면 사이에 영적인 힘이 작동하는 곳에는 살아 있는 힘의 관계가 있다. 하인에 대한 관용과 주인에 대한 순종에는 소통이 있다. 배려와 섬김에서의 충실함, 하인들에 대한 책임감과 주인들에 대한 외경은 서로 결합되어 있다. 이러한 상황은 그 자체로 거리를 둘 때 실질적인 소통이 가능하게 된다. 실존적 소통은 또한 현실적인 종속의 형태로 동등한 수준을 실현시킨다.

실존적 소통에 대한 위험은 종속의 현실성이 아니라, 수준이 다른 소통의 내용에서 자기존재의 충족을 추구하려는 유혹이다. 그런 다음에 주인과 하인 양측은 상반된 방식으로 외로움의 의식을 벗어날 수 있다고 믿는다. 한쪽은 자신의 자기(Selbst)를 권위적인 주인에 예속시키고, 거기서 외로움의 의식을 사라지게 함으로써 자신의 자기로부터 빠져나온다. 이와 반대로 다른 한쪽은 하인들을 복종시켜 자신에 동화시키기는 하지만 자신의 전체의 일부분으로 취급함으로써 주인으로서의 자신의 고독한 자기로부터 벗어난다. 다시 말해 그는 자신의 자기를 세계의 자기로 확장시키는 과정에서 자신의 고독으로부터 벗어난다. 양쪽 모두 다 어떠한 경우에도 목표에 도달할 수 없다.

하인은 자신의 주인이 범할 수 있는 주인이 아니라는 것을 경험할 수밖에 없고, 주인 역시 하인을 전체의 동화된 부분으로서 간주할 뿐만 아니라 언젠가 상황에 따라서는 없앨 수 있다는 사실을 경험할 수밖에 없다. 그렇기 때문에 하인은 자기포기의 의지를 정신적인 자기복종으로 변화시킨다. 이는 대상화된 신과 신이 원했던 것으로서 신으로부터 도출된 인간적 사회제도들에 반하는 일이다. 그렇기 때문에 하인이 주인을 믿고, 그의 발현을 믿는 한에서, 하인은 세계 속에서 자신의 종속상태에 대한 결핍들을 참아낸다.

그러나 주인은 모든 것에 대한 지배권을 획득하지는 않는다. 그는 항상 물리적 혹은 정신적 세계정복에서의 세계와 인간의 동화과정 속에서 여전히 살아간다. 이러한 방향은 주인의 자기성이 자신의 고통을 그 자체로 지양해버리는 데까지 나아가는 것으로 보인다. 그러나 주인이 이러한 과정에 있는 이상, 타자의 현존은 주인의 방해가 되지만, 동화되는 자는 아니다. 주인은 자신에게 복종하지 않으려 하는 자들을 어쩔 수 없이 없앨 수밖에 없고, 그는 아무것도 존재하지 않았다는 듯이 자신을 속이는 사막(Wüste)을 자기 주위에 놓는다. 그것이 가능하다면, 마지막 순간에 그는 기사답게 피정복자를 자기존재의 부분으로 두기 위해 피정복자들에게 손을 내민다. 아니면 이 과정에서 주인은 오직 이 과정을 통해서만이 자기 자신으로 산다는 것을 의식한다. 과정의 완성은 일체를 포괄하는 자기라는 세계의 고독으로 자신의 고독을 확장하고, 자기를 변화할 수 없는 고통에 내버려 두는 것일지도 모른다. 모든 것이 그에게 종속된 것처럼 보이는 그의 성공의 최고 정점에서 그는 자신에게 필적하는 적을 갈망한다. 왜냐하면 그는 혼자이기를 원하지 않기 때문이다. 그는 파괴해야만 하는 자신의 두려운 운명을 존중할 수 있다고는 느끼지만, 드러남에 대한 실존적이며, 사랑하는 소통으로는 들어갈 수 없다.

그러나 우러러보면서 복종하는 것에 대한 만족과 자기화하는 동화에서의 만족, 즉 하인과 주인 양자는 동등한 소통이 불가능하다는 점에서 서로 일치한다. 참된 소통을 하는 실존만이 고독하고 스스로를 이해할 수 없는 자기의 소통불가능한 관계의 양극성으로부터 벗어난다. 세계에서 상하위 질서에 대한 제약적이고 합목적적인 관계와 그 역사적 실현만이 남는다. 그러나 무제약적 소통은 현존의 현실이라는 외피 속에서 자기와 자기가 동등한 수준으로 만나는 곳에서만 전개된다.

현존의 현실성에 의존하여 소통의 실현을 관철시키는 모든 실존적 수준의 동등성에 대립하여 영원한 계급의 이념을 파악하는 것은 극단적으로 다른 것이다. 나는 모든 소통을 넘어서 내가 결코 알지 못하는 실존의 위계질서에 대해 생각한다.

실존의 위계질서는 본질적으로 알지 못했던 자연스러운 상하위 질서가 곳곳에서 발생하는, 인상학적(Physiognomisch) 흔적에 대한 즉각적이며 본능적인 반응 안에서 비교될 수 있는 특성들과 경험적 현존, 생명력이 있는 힘, 작용과 영향, 정신성과 교양, 공적인 가치, 사회적 지위의 위계질서와 완전히 구분될지도 모른다. 그 대신에 실존의 위계질서는 결코 실현될 수 없으며, 일반적 경우든 특수한 경우든 결코 알려질 수 없을 것이다. 실존의 위계질서는 타자의 심오한 깊이와 결단에 대해 항상 비밀스럽게 움직이는 어떤 느낌으로 나타날 것이며, 그 역으로도 가능하다.

이러한 느낌은 동일한 상태로 머물러 있지 않고, 자신의 결단에 대한 확실성에 따라 변화한다. 이 느낌은 소통이 불가능한 것이다. 왜냐하면 느낌이 진술된다면, 지식차원의 객체로 격하되어 비교를 하는 것이 허위일지도 모르며, 여기서는 진정한 소통의 조건인 수준의 동등성이 지양될지도 모르기 때문이다. 소통으로 들어서기 위해서는 수준이 높은 쪽에 있는 사람은 낮아지고 수준이 낮은 쪽에 있는 사람은 높아져야 하며, 이 양자는 이 사실을 깨닫지 못하게 해야 한다. 불통(Kommunikationslosigkeit)으로 가라앉지 않고, 곧바로 체감된 위계질서를 상실하지 않고, 개별자는 위계감(Ranggefühl)에 대한 활동에서 어떠한 경우에도 어떤 순간을 스스로 단순히 고정시켜 진술해서는 안 된다.

그러나 사유는 사유하면서 들어서지 않고 오직 들어설 수 없는 장소로 진술할 수 있는 한계로서만 존재한다. 일자는 마치 신성처럼 타자보다 더 가깝다. 그러나 실존의 현상에는 획일화도—왜냐하면 모든 사람은 그 스스로이고 유일하기 때문이다—어떤 평가도 있을 수 없다. 오히려 끊임없는 소통 안에서 수행되는 수준의 동등성만이 존재할 뿐이다. 수준의 동등성과 관련해서 현상의 모든 특수한 것들은 비교될 수 있지만 실존 그 자체는 비교될 수 없다. 나의 합계를 계산하고 대차대조표를 도출하는 식으로 내가 나의 본질을 전체로서 평가하는 한, 나는 더 이상 실존이 아니고 오히려 심리학적인 혹은 정신적인 대상일 뿐이다.

2. 사교적 교제(Umgang)

얽혀 있는 상황에서 사교적 관계로 이끌 수 있는 연루들(Verstrickungen)이 현존의 조건이다. 사교적 관습의 형태들은 시간적 전개에서 실존적 소통을 위해 불가피하게 또한 존재한다. 인간은 자신을 보호하기 위해 타자와 거리를 두는 태도가 필요하다. 실존적 소통의 참된 순간까지 내적인 품위를 보호하기 위해 친밀한 사이가 되는 단계들이 필요하다. 그러나 이러한 태도는 신중함을 상실한 고독한 자의 절망에 빠진 행위에서만 주체적으로는 진실하지만 거칠게, 객관적으로는 진실하지 않게 예측함으로써 극복될 수 있다. 인간은 여전히 어떠한 대답도 기다리지 않고, 말하자면 타자에게 끈질기게 달라붙어 있다.

사교를 매개로 구속력이 없는 수많은 접촉들이 생긴다. 이러한 접촉들에서 여러 번의 순간이 오며, 그 순간에 상황과 대화는 그때까지 비본질적 관계를 본질적 관계로 결정한다. 첫 번째 접촉에서 자기의 발견은 계속 함께 있으면서(Zusammensein) 여러 해에 걸쳐 노력한 헛수고와는 근본적으로 다른 것이다. 첫 번째 불꽃의 순간은 모험이 된다. 마치 아무것도 일어나지 않았던 것처럼, 이 순간은 여러 번 소리 없이 다시 철회되거나, 이 순간에 인간들은 진리와 개방성을 요구하는 과제 앞에 도달하기도 한다. 이 순간은 진술되지 않는, 외부적으로 거의 볼 수 있는 형식 안에서 어느 누구도 원치 않았던 것을 의식적으로 결정한다. 신뢰와 연대는 말과 계약 없이 순간에 고정되지만, 은밀한 저항은 활발하게 작용하는 혐오에 의해 영원히 고정된다.

한편 사교는 **현존의 조건**으로서 공동의 목적, 상호적 도움, 그리고 보상된 헌신에 대한 접촉의 형식이다. 사교는 또한 목적으로부터 자유로운 놀이이다. 왜냐하면 구속력이 없는 함께 있음은 소통을 위한 전제들을 마련하기 때문이며, 사교는 인간으로 하여금 자기만남의 가능성을 가져다주기 때문이다.

다른 한편 어떤 실질적인 실현이 불가능하다면, 사교적 형태들은 소통으로 들어오는 자기를 만나는 사람들을 **붙잡는다**. 자신의 가능성을 뜻대로 연결시키기에 충분하지 못한 개별자는 자신이 만나는 모든 사람과 실존적 소통으로 들어설 수 없다. 또한 친구들에 대해서도 실존적 가능성의 힘은 제한되어 있다. 삶의 모든 순간에서 실존적 친밀함의 극단적 형태는 실현될 수 없다. 그렇기 때문에 실존적으로 연결된 인간들은 또한 교제의 형식화된 관계 안에 있다. 이러한 관계들의 공동체는 형식들을 통해 지루한 소통의 시간 속에서 확실시된다.

자신들의 특별한 교육에서 **역사적으로 규정된**, 그러한 사교적 형식들은 교육을 통해 두 번째의 본성으로 변화되지만, 의식적으로 어렵게 배울 수 있을 뿐이며, 상황 속에서만 욕구될 수 있을 뿐이다. 사교적 형식들은 자명한 공동의 소유로서 불충분한 경우에 필요하거나, 지속적인 자기교육의 노력은 또 다른 문화권으로 이행할 때, 사교적 형식들 일반을 획득하는 경우에 필요하다.

특수한 자기의식과 특수한 명예의 개념과 함께 단지 제한된 범위에서 평생교육을 통해 일관된 삶의 태도로서 사교적 교제의 두 번째 본성이 생긴다. 그러나 대중적 현존은 자신의 존립을 또다시 위협하기 때문에 그와 같은 모든 태도는 역사적으로 규정된 태도일 뿐만 아니라 근본적으로 **귀족적** 태도이다. 그렇기 때문에 현실적으로 형성된 관계들은 외부인들(nicht Zugehörige)을 잇달아 배제시킴으로써 항상 교제의 한 형태이게끔 했다. 오로지 거기서만이 외부인들은 자신들을 또한 무력화시킴으로써 만민(ganz Völker)으로 이행했다.

인간화(Humanisierung)의 과정은—중국의 형식들, 근대의 신사까지 성장과 결과에서 중세 기사도의 형식들, 그리고 인본주의적 르네상스의 교양이 그 예시들에 해당된다—그 자체 높은 정도로 실존의 쟁취와 혼동되어서는 안 된다. 본질적인 것은 항상 인간화 그 자체가 충실로서 어떠한 구속도 수반하지 않는 영원히 사회적 가치의 영역 자체로만 존재한다는 것이다. 사회로부터 관계가 끊긴 사람, 즉 낮은 계층으로 떨어진 사람은 더 이상 존재하지 않는다. 그에게는 오직 냉담한 유보적 태도의 형식들만이 남아 있다. 그러나 사회의 내부에서 사적인 증오와 혐오, 적대관계와 교우관계 등이 이러한 형식들을 매개로 하여 사회적 수준을 수반하게 되며, 그 결과 이러한 형식들은 품위가 높아지거나(하층민과의 비교를 통해 적대자의 존재에 대한 사육과 태도) 떨어지게 됨으로써(갑자기 나의 호의를 사회적 형식으로 받아들이는 친구에게 깊은 모욕이 엄습한다.) 흡사 무감각해진다. 이러한 관계들은 객체적이고 외적이며, 그 관계들의 현실은 가치가 부여된 교양의 결과이다. 거기서 순간의 만족은 실존상실의 자기의식으로서 가능하게 되지만, 악의, 모욕, 근본적 충동성 등은 숨겨진 채로 지속된다.

　오직 귀족사회에서만이 사교를 완전히 형성한 반면, 사교는 전반적으로 인간들이 서로 함께 사는 곳에 있다. 어떠한 개별자도 스스로 벗어날 수 없는 교제의 방법들은 **도처에** 존재한다. 예를 들어 오늘날 세계의 형식들, 즉 정중한 행동과 친절함의 방식들, 모든 것을 숨겨야 하는 자연적 개방성, 실천적 결론 없이 신뢰에 대한 구속력이 없는 표현, 교제에서 질서와 탄력성, 상처가 쉽게 날 수 있는 일들을 건드리지 않는 것, 귀찮게 졸라댐이 없는 인도적 배려, 모든 태도에서의 신중함, 무형식성의 대립, 사적인 가치를 요구하는 교만한 방식, 아무래도 괜찮은 것처럼 느끼게 하는 것, 사람들은 자신들이 익숙하지 않을 때, 실제로 도처에 대립하는 불신의 표현, 마치 아무도 존재하지 않는 것처럼 보이는 공적 영역에서의 무분별한 태도 등이 있다. 그러나 이러한 세계의 형식들은 피상적이다. 교제를 할 때, 세계의 형식들은 공허하기 때문에 마찰이 없이 실현되기에 적합하다. 그러나 이러한 세계의 형식들이 인간들로 하여금 소통을 가능케 하지는 않는다.

　세계의 형식들로서의 사교적 교제만이 현존의 상황에서 정체되어 있지만,

실존적 소통은 어떠한 사회도 밀고 나가지 못하는 것을 실행한다. 실존적 소통 안에서 사교적 형식들은 상대화되면서 극복된다. 결정적으로 완전하게 형성된 사회는 개별자로 하여금 사회성과 뚜렷하게 대비되는 가능실존으로서 어떠한 현존도 사회에 대해 가질 수 없는 자유를 필요로 하는 공간을 쉽게 공급할 수 있게 한다. 이와는 반대로 사회적 삶에 대한 자율성은 규율이 있는 발전을 수반하지 못하기 때문에 여기에서 실존의 본질은 분명치 않다. 왜냐하면 규율이 있는 발전은 비정신적으로 지속되었기 때문이다.

교제와 소통의 갈등, 사회적 나와 자기존재의 갈등의 가능성은 둘의 긴장과 진실한 소통을 위한 개별자의 투쟁이 사교적 현존의 본질에 속한다는 것은 언제나 해소될 수 없는 사실이다. 이러한 투쟁은 사회 속에서 나의 가치를 다루는 것이 아니라, 나 자신 앞에 있는 **나를** 다루는 것이다. 내가 가지고 있는 나의 역할과 의견이 나에게 강요하게 됨으로써 나는 나의 역할과 의견을 내면화시킨다. 이것은 내가 그렇게 된다는 어떤 경향이며, 사람들이 어떻게 나에게 기대하는지에 대한 어떤 경향이다. 그렇기 때문에 나는 평생 동안 그러한 경향에 반하는 투쟁을 나를 위해 이끌어야만 한다. 투쟁은 실존적 소통을 위한 노력과 동일하다. 그러한 노력에는 두 가지 **위험**이 놓여 있다.

내가 사회적 관례들을 감수하고 받아들일 뿐만 아니라, 사람들이 나라고 여기는 내 앞에서 타자와 함께 당연하게 존재하는 한, 나는 우호적인 경향들을 수용하고, 단지 특수한 경우에서만 본래적 무소통을 감지한다. 그러나 내가―여전히 나 자신으로 불확실하게―이미 본능적 밝음을 통해 소통의 혼동을 두려워하면서 관례를 생명력이 넘치는 온정으로 실현하는 일에 동참하지 않는다면, 나는 타인들을 이해할 수 없고 증오하게 될 것이다.

독립적 근원으로부터 나의 자기주장의 가능성에 대한 무감각한 지각은 진정한 소통 안에서 의문을 제기하는 나의 준비되어 있는 감정적 파악을 통해 비분강개한다. 모든 혹은 다수의 현존으로서의 사회는 **나를 배제하는** 경향을 가진다. 가능한 소통을 위해 투쟁하면서 나는 사교적 소통을 중단할 수밖에 없으며, 비우호적인 이해의 경향들을 감수할 수밖에 없다. 근원적 확신 혹은 경험했던 영리함이 어느 정도 의견을 조정하는 것이 아니라, 오히려 의미에 맞는 사교성을 지식으로 익히고, (그리고 나서) 갈등의 경우에서는 의미를 깨뜨릴 각오를 지식으로 익히는 것을 이해하지 못할 정도로 실존적 소통과 관례에 따른 사교적 삶은 오랫동안 적대관계에 있다. 규칙에 따라 처리할 수 없는 이러한 영리함은 오직 상황에 의해서만 존재한다. 만일 개별적 인간들 사이에서의 갈등이 가시화된다면, 사회의 불신은 이겨내기 어렵다. 또한 그 외에 내가 타인에게 양보하고 호의적일 준비가 되어 있는지의 여부에 대해 나는 타인들의 대변인이 아니라, 그들에게 낯설게 느껴질 수 있는 저마다의 내적인 자기주장을 통해 불손한 이기주의자로 간주되는 위험에 빠지게 된다.

　두 번째의 위험은 **나 자신 안에** 있다. 나는 나를 고립시키면서, 모든 사회의 무관심에 대비하면서 투쟁을 회피한다. 또한 나는 실존하면서 사회참여에 대한 공정함으로만, 직업과 역할의 파악을 통해 나에게 나타나는 것을 사회에 대한 참되지 못한 경멸로 망각함으로써 나는 투쟁을 회피한다. 나를 침수시키는 사회의 경향성들에 대한 수동적 헌신을 통한 실존상실(Existenzlosigkeit)로부터 나는 내용 없는 공허한 자아의 실존상실에 빠진다. 사회에 반대하는 이러한 부정적 경향은 사회에 대한 긍정적 헌신과 다를 바 없는 강제된 자기이다. 다른 사람들과 마찬가지로 나는 한 사람의 인간이고, 또한 사회가 호소하는 충동과 공허로, 사회가 평가하는 건강한 인간오성으로 나를 경험한다면, 나는 나를 자기 없는 자기에게로 몰아 댐과 동시에 나를 나 자신에게 소외시키는 경향들을 밝히며, 끊임없는 투쟁을 극복함으로써만 자신을 얻는다. 반항적 폐쇄성은 순간적인 외관상의 비약일 수 있다. 그러나 이러한 반항적 폐쇄성은 실제로는 구체적 상황들과 과제들을 통해 실존현상의 역사적 특징 안에서 증명의 불가피성을 막는 실존의 유약함이다. 가능실존은 사교적 관계들을 형성함으로써, 그리고 사교적 관계에서 주어지는 정신적 살아 있음의 파급 범위 안에서 실현된다.

정신적 풍부함이 행복한 상황들로 실현될 수 있고, 특별한 척도에 대한 힘의 영역이 우대받는 사회에서 실현될 수 있다면, 사교성의 대가로 스스로를 잃어버리는 경향이 항상 존재하지만, 여기서는 오직 고조되는 투쟁의 가장 높은 긴장상태에서만 실존의 유일한 깊이와 밝음을 획득한 타자들이 존재한다.

그사이에 내가 세계로서의 세계를 잃으면서 붙잡는 도중에서 나 자신과 마주친다면, 아마도 나는 무한한 세계경험의 **탁월함**과 마주칠 것이다. 나는 개별성에 대한 욕망에서, 성격들과 운명들의 다양함에 대한 욕망에서, 호기심과 경청의 원의에서 인간들을 탐색한다. 어떤 관계는 일시적으로 확 타오르지만, 결국에 나는 타자를 그대로 방치한다. 나는 지금 그를 알고, 나의 욕망은 충족된다. 만일 내가 어떤 개별자에게 특별한 존경심을 가진다면, 나는 그에게 보여지길 원하고 그의 마음에 들길 원한다면, 어떤 단계는 내가 최선의 관점들에서, 그러나 즉시 공허한 의식, 그러한 의식으로부터 가치평가된다고 생각하는 곳에서 나의 모습을 가시화하는 특별한 노력이 뒤따른다. 이러한 종류의 상황들은 처음부터 어떠한 소통의 의지도 없이, 계속되는 관심의 부재를 알리는 무관심의 대기 속으로 흘러들어 간다.

나는 노획(鹵獲)과 정복의 과정에서 충분히 독립적이지만, 곧바로 이러한 무관심한 독립성은 나를 고립시키고, 나의 정신적 현존에 의해 절망적이지만 결코 만족을 모르는 추적을 하며, 고립된 자기는 나 자신을 닫아버린다.

3. 토론

사실적인(Sachlich) 소통에 대한 상황은 서로 함께 대화하는 것이며, 그 결과 진실이 드러나게 되는 것이다. 최종목표는 확실한 의지의 결단이 정치적 협의에 있는 반면, 실제적인 토론은 타당한 내용에 대한 이해 혹은 생각을 준비하는 것이다. 어떤 것은 주장과 반대주장으로, 그다음에는 이유들과 반대 이유들로 명확하게 된다.

방법에 대해 동일한 목표와 동일한 생각 속에 몇몇의 사람들은 자신들이 명료하게 되기를 원할 때, 실천적 목표는 여전히 "**협의**"를 구상한다. 협의가 전혀 같을 수 없는 목표들을 명확하게 한다면, 토론은 곧바로 정치적 협의로 변하거나 실존적 소통으로 심화된다.

이론적 토론은 반박할 수 없는 확실성을 냉정한 통찰로 이끈다. 토론에서 검토되고, 확언된다. 실존적 교제는 순수한 사실성의 자기원칙을 행하는 인간들 사이에 놓여 있는 신뢰로 제한되며, 탐구된 문제들이 의미와 가치를 가지는 이념의 공동체로 제한된다.

그렇기 때문에 토론은 **본래적 소통**의 수단이지 아직 소통의 실현은 아니다. 가능실존은 자신의 믿음과 욕구의 의미를 명확하게 하기 위해 토론으로 나아간다. 토론자 두 사람은 자신들이 본래적으로 생각하는 것이 무엇인지 아직까지 알지 못한다. 그들은 자신들의 대화에서 의견이 일치하거나 일치하지 않는 저 근원들, 그리고 형식적으로 진술된 원리들이 토론을 통해 비로소 명백해질 수밖에 없는 저 근원들과의 만남을 추구한다. 하지만 그들에게 원리들은 곧바로 상대적이 된다. 그 어떤 것도 그 자체 절대적이지 않고, 단지 합리적인 것으로서 잠정적인 어떤 결과일 뿐이다. 지금 새로운 물음과 시도가 시작된다. 다른 근원들로부터 나온 실존적 연계에서 이미 신뢰에 대한 의식이 강력해진 상태라면, 토론의 형태는 타자의 자기존재와 함께 한 사람의 자기존재에 대한 철학적 조명에의 부단한 길이다. 가장 결정적인 토론의 결렬(Uneinigkeit)은 실존적 분리가 아니라, 서로가 연결되어 있는 문제이다.

실존적 가능성에 의한 신중한 토론이든, 자기존재의 전력투구 없이 객관적으로만 신중한 토론이든, 모든 토론에서 하나의 전제조건은 토론자들의 현실적 참여(Dabeisein)에 있다. 진심으로 각각의 사태 혹은 그 자체를 합리적 토론에서 찾고자 하는 인간의 손을 떠날 때, 합리적 토론 그 자체는 궤변들로 관철되는 경향이 있다. 정직하고 지적인 양심이 궤변적 전위(轉位)를 미연에 방지한다면, 궤변적 전위는 결코 일어나지 않는다. 자신의 궤변들을 없애는 것을 타자에게 내맡긴 사람은 실존적 소통의 가능성을 수포로 돌아가게 한다. 궤변들은 하나를 제거하는 데 엄청난 힘이 들지만, 제거된 모든 것을 대신해 새로운 것이 몇 배로 증가하는 히드라의 머리와 같다. 궤변들은 논리적인 것으로서 나타나는 것이 아니라, 가치평가, 느낌, 그리고 의지의 경향 등의 전위로서 나타난다. 궤변들은 해결할 수 없는 그물에 걸려 있고, 즉각 타자를 혼란에 빠지게 하며, 설득시키고, 자기편으로 만드는 수단이 된다. 자신의 자기존재에서 가능실존이 항상 궤변들에 주의하기만 한다면, 본래적 소통은 가능하다.

그러므로 합리적 토론 자체는 한없이 길을 잃고, 그와 동시에 공허하게 되는 반면, 합리적 토론은 내용이 풍부하기 때문에 실존적 소통의 현상으로서 그 자체 안에 결합되어 있다. 경청하는 사람은 **세심하고 우호적인 이해**로 먼저 손을 내밀고, 단순한 오성으로가 아니라 자신의 실질적인 추진력으로 행하기 때문에, 그러한 추진력에 의해 경청하는 사람은 곧바로 본질적인 것을 포착한다. 철저한 사고의 발전으로 도달할 수 없다는 것은 자신의 밝음을 곧바로 얻는다는 것이다. 그것을 통해서 비로소 토론은 제한과 필연을 얻는다.

토론은 어떤 대답도 더 이상 이해하지 못하고, 오히려 자극으로서 계속하여 말을 듣는 타자에 대한 일방적인 항변에서도, 아직 응답하지 않은 것에서도 오로지 대화로만 존재할 뿐이다. 타자의 일방적인 매도를 통해 독백으로 기우는 사람은 또한 거짓으로 침묵하곤 한다. 이러한 말은 경청하는 이해와 응답하는 사유 간의 운동에서만 비로소 독창적이다. 대화에서 어떤 계획에 대한 모든 구속은 경청할 준비를 제한하는 것이다. 그러나 사람들이 우연히 떠오른 착상에만 몰두한다면, 그들은 대화의 진행을 깨트리는 혼란에 빠지게 된다. 그래서 어떤 특별한 소통적 양심은 자신의 견해를 강요하면서 나에게 말하는 사람을 지배할 때 존재하는 것이며, 간결하고 함축적으로 자기를 훈련시키고자 할 때 존재하는 것이다. 전달의 본질을 위해 서로가 노력을 할 때, 말을 통해 한 사람이 다른 사람의 명확성을 파악하기 때문에 한 사람이 다른 사람의 명확성을 높이는 현실적인 결과가 생긴다. 이것은 소통적 토론을 할 때 여기저기서 느끼는 유일한 만족이다. 일상적인 이탈은 방향성도, 내용도 없이 임의적인 수다를 번갈아 청취하는 것이거나 서로가 제각기 딴소리를 지껄이는 것이다.

4. 정치적 교제

현존에서의 상황은 나와 타자가 현존의 공간을 위해 싸울 수 있는 적대자이거나, 아니면 구체화할 수 있는 목적에 대해 공동으로 실현할 수 있는 파트너라는 사실만큼은 없앨 수 없다. 정치적 교제의 상황에서 두 사람은 어떤 것, 즉 현재 어떤 개별적인 것, 시간이 지남에 따라 불확실한 다수에 도달하고자 한다. 타자의 의지결정이 자신의 욕구를 성공시키기 위한 조건이기 때문에, 나는 나의 이익을 결정하는 데 애쓰거나, 아니면 그들의 영향을 위축시키는 데 애쓴다.

정치적 매개물이 진실일 수 없다는 것은 현존에 대한 관심의 충돌에 근거하여 실존을 따르지 않는다는 것이다. 그러나 그와 동시에 권력을 통해 나와 나의 적대자에 대해 진리를 정하지 않는 기준에 따라 정치적 매개 자체는 진리가 아니다. 두 명의 적대자들은 권력으로 아무것도 원하지 않기 때문에 진리가 아니든, 아니면 진리 자체가 또한 권력일 수 없다면, 진리를 원하는 한 명의 적대자가 다른 사람에 대해 무력하게 된다. 왜냐하면 현존 자체는 진리에 대해 무관심하기 때문에, 현존의 관심 자체는 자신의 나타남과 투쟁들에서 진리가 아니기 때문에, 그리고 현존으로서 각자는 현존과 함께 대립하기 때문에, 내가 현존을 원한다면, 나는 정치적 실현을 파악해야만 하고, 비진리의 매개물로 들어서야만 한다. 존재와 가상의 여명(Zwielicht)에서 현존에서의 가능실존의 과제는 인간존재의 진정한 실현의 길을 투쟁하는 현존의 관심 정도에 따라 찾아내는 것이다.

정치적 교제가 본래적인 자기실현의 수단이고, 그다음 내가 주인(Herr)으로 남는 기술(Kunst)이라면, 나는 나 자신으로서 정치적 교제 안에 있다. 여기서 인간은 결정적 순간에 자기 자신으로 나타나며, 흡사 실존하는 사람처럼 스스로를 정치적 요인으로 삼고, 정치를 실존과 조심스럽게 연결한다. 그런 다음 비록 인간이 자신의 법칙에 순종할 수밖에 없다고 하더라도, 인간에게 생소한 자극은 정치적 교제를 달성, 즉 관철시킨다. 이것은 현존에서 가능실존의 현상에 대한 가장 극단적인 긴장상태이다. 거짓을 없앨 수도 없고, 피할 수도 없는 죄책의 무거운 짐을 지고 있는 정치적 교제는 초월자(Transzendenz)의 존재와 연결된다. 모든 인간적 현존의 근거에 맞춰진 소통적 태도에 대한 실존적 준비는 초월자 안에서 보존, 유지된다. 이러한 소통적 태도는 이상적인 관념을 통해 정치적 교제를 일반적으로 지양해버릴지 모르겠지만, 그것은 오직 시간의 현존에서 상황의 요구로 남아 있는 정치적 교제 자체를 통해서만 가능하게 된다.

실존적 소통은 수단, 권력, 그리고 기만에 대한 모든 사용을 물리치는 반면, 정치적 교제는 가능실존이 자신의 현실됨을 통해 항상 제압해버릴 것만 같은 **투쟁과 기만의 특수한 수단**을 요구한다.

모든 것을 정당화하고, 반박하는 **지적 논증**은 이해관계들에 헌신한다. 즉 기술은 더 이상 간단하게 반박될 수 없는 것을 궤변적으로 강요할 때 존재한다. 논증들로 붙잡는 것과 그 안에서 거짓된 확신을 붙잡는 것이 성공하지 못한다면, 논쟁을 통해 전위, 새로운 가능성의 재촉, 결정해야만 하는 또 다른 주무 관청으로의 양도 등에 대한 무한함이 피로감을 낳게 한다. 이것을 누가 더 오래 견디는가에 대한 물음만이 남겨져 있을 뿐이다.

협의를 할 때 사람들이 우세함을 소유하든지, 타자가 우세함을 쥐고 있든지에 상관없이 이러한 형식을 통해 끊임없이 타자의 판단을 고려하게 된다. 타자가 기분이 좋은 상태로 있어야만 한다면, 예법상 당연하지만 성문화되지 않는 법률들이 있다. 이러한 진술의 형태는 가능한 한 질문을 통해 가설적으로 선택되며, 타자는 실증적인 것을 말할 수밖에 없다. 그다음 타자는 자신의 이익에 대해 입장을 분명히 하거나, 사람들이 말해진 것에 대해 불쾌한 마음을 품을 수 있다. 이것은 모든 것이 어떻게 작용하는지에 좌우된다. 기술은 중요한 승인을 알려지지 않은 자신의 목표에 대한 소리 없는 합법화와 결합하는 것이다. 이것은 타자의 특별한 상황에 대한 집약적 이해로 진술된다. 즉 사람들은 타자의 특별한 상황에 관여하고, 그것을 통해서 그 상황을 더 잘 알게 되고, 중요한 승인에 대해 가장하게 된다. 외견상의 양보를 표현하기 위해서는 협의를 통한 민첩함이 문제이다. 경직된 확정짓기는 대개 교제의 오류이다. 항상 새로운 제안과 타협을 찾아내는 것—아마도 실제로는 적게 변경하지만, 이러한 타자됨의 가상을 절대적으로 깨워야만 한다—은 수용의 분위기를 만들어낸다. 교제가 정치적인 한에서 자신의 의지는 다른 것을 고려하지 않은 채 권위적으로 남아 있다. 적응과 공손함의 수단인 민첩함 그 자체는 자신의 이익을 먼저 대변한다. 그런 다음 새로운 상황의 조성과 이용을 통해, 언급되지 않은 것이 영향을 미치게 하도록 눈에 띄지 않게 타자를 부당하게 다루는 것을 통해 타자의 과실이 갑자기 드러난다.

모든 현존의 투쟁에서 자신의 관심으로 인해 참여하고, 가능한 한 방식으로 협력할 수 있는 타자의 현존은 관객이다. 그 밖에 투쟁하는 현존은 자기 자신을 파악할 뿐만 아니라 법률로서 확증된 것을 알고자 하기 때문에, 정치적 교제에서 본질적으로 고려되고 있는 이 구성요소는 **공공의 의견**이다. 삶은 잔인한 폭력만으로 영구히 지배당하지 않는다. 자신의 주장을 끝까지 밀고 나간다는 것은 정당함이 인정되어야만 하며, 자기 자신의 하나의 상을 만들어내야만 한다. 그렇기 때문에 정치적 논증들은 사람들이 일반적으로 타당한 것으로 여기는 것에 호소하며, 누구든지 이해하기 쉬운 방식으로서 자명한 것, 귀속된 것, 단정된 것, 도덕적인 것 등에 호소한다.

평균적인 것으로서의 인간적인 것에 대한 과장된 엄숙함은 그 외의 논증을 없앤다. 왜냐하면 누구도 반대할 것을 고려하지 않기 때문이며, 이와 반대로 누구든지 그렇게 숙련된 것이 아니라면, 근거가 충분한 자명함을 강구할 것을 여전히 고려하고 있지 않기 때문이다.

정치적 교제에서 본래적인 것, 목표들, 그리고 관심들은 상황에 따라 은폐된다. 성공의지에 대한 절대성과 진실함의 불가능성에 대한 긴장상태에서 실존은 현존의 헌신을 통해 허위에 대한 **죄책**을 짊어진다. 현존의 실존적 가능성은 결코 수단을 정당화할 수 없다. 죄책에 대한 고통은 실존의식에 대해 어떠한 경우에도 분열을 중단시키지 않는다. 그렇기 때문에 그것은 정치적으로 행동하는 사람들과의 사적인 만남에서 흡사 예의범절을 제공하는 것처럼 보이며, 실존으로서 만나지 않은 것처럼 보인다. 왜냐하면 현존의 관심들이 중요하기 때문이다. 정치에 관한 문제라면, 사람들은 본질적이 되어서는 안 된다.

모든 사람은 국가행위의 형식뿐만 아니라, 모든 인간현존에 대한 상황인 정치적 교제로 들어선다. 일반적으로 교제가 관심에 대한 사적인 접촉에서 나타나는 바와 같이 교제는 공동으로 서로가 서로를 비춘다.

만일 정치적 교제의 형식이 단지 지배적이라면, 실존적 소통의 가능성은 사라지게 될 것이다. 인간들의 교제가 자신의 현존과 서로 싸우는 **적대자들**의 투쟁으로 단절될 때, 실존은 비로소 실존을 만난다. 그러나 일상의 사소한 일에서부터 자기 자신과의 교제에 이르기까지 정치적 교제의 형식들에 대한 절대화는 어떤 경우에도 열린 마음으로 현실적 결정을 하지 못하게 하는 상대적 안정을 통해 공동의 삶을 가능하게 하는 유혹이다. 이러한 결정들은 배후에서 조용히 진행되는 과정들이며, 이 과정들에서 실존은 더 이상 실존을 만나지 못한다. 정치적 교제가 삶의 형식을 구상하는 것은 자신의 베일 뒤에 가능실존을 사라지게 하는 것이다. 안정되고 정렬된 현존의 보호 아래 생명력이 있는 현존의 충동은 남아 있다. 누구나 상호성을 인정하지만, 그 자체로는 아니다. 존경과 사랑은 없고, 단지 질서 있는 객체적 권력관계와 계급관계만이 있을 뿐이다. 근본적으로 자기멸시가 지배하고, 모든 사람에 대한 멸시는 숨겨져 있다. 존경은 단지 권력, 공적인 의견에서의 위세, 돈과 성공 앞에서만 존재한다. 서로를 기만해서 얻은 안정이 전반적인 만족에 방해가 된다면, 누군가 무엇인가를 말하고 그 일들이 경건하지 못한 이름으로 지칭된다면 반란이 일어난다.

그러므로 정치적 교제의 절대화는 개별적 인간 자신의 실존적 불안정에 대한 표현이다. 인간의 내적인 공허가 타자의 공허와 만날 때, 무실존성(Existenzlosigkeit)에 대한 독특한 연대감이 형성된다. 공동의 관심들, 공동의 상황들을 통해서, 그리고 공동의 증오로 서로 간에 특색 있게 어울리는 것들(Passenden)은 끊임없이 불신으로 나타나고, 가능한 배신을 생각하는 식의 상호신뢰를 가진다. 이러한 태도가 은폐, 바로잡는 것, 합목적으로 규정된 궤변적인 논증들의 본능적 확실성을 발견할 때, 이 태도는 자기 자신을 정치적으로 취급하는 것을 자신의 본질로 삼을 수 있다. 그러나 결론적으로, 만일 현존의 질서라는 정치적 교제의 형식이 깨진다면, 실존적 소통의 가능성이 깨지는 것이 아니라, 겸허한 자기포기나 아니면 단순한 현존자신의 무례함이 깨지는 것이다.

철학함을 위한 실존적 소통의 가능성에 대한 의미

1. 본래적 소통의 전제조건으로서 조화로운 세계이해에 대한 회피

결코 충분히 실현되지 않는 소통에 대한 고통과 그와 함께 드러나는 소통에서 자기 자신에게로 향하는 의지는 조화를 이룰 수 없는 근원적 세계관과 연결되어 있다.

전체를 덮는 안정 속에서 내가 인간들과 함께 인간으로서 공감, 전달, 그리고 행위로 전체를 통해 질서 지어진 공동존재라면, 자기존재를 드러내는 문제제기의 과정은 없다. 이것은 근원적으로 부동하는 공동체이며, 빤히 들여다보이는 전체의 크기와 아름다움을 떠받치고 있다. 내가 그와 같은 안전을 가지지 않을 때 비로소 나는 소통에의 본래적 충동을 경험한다. 오로지 드러나게 되는 것만이 존재의 암호로서 전체의 조화를 볼 수 있을 현실성으로 나에게 존재하며, 서로가 서로를 정당화하면서 지지하는 실존함을 통해 존재한다. 종국에는 모든 것이 좋다는 것을 내가 미리 안다면, 나는 그것이 나에게 달린 문제가 아니라는 것을 확인할 필요가 있다. 어떤 지식에 대한 실체(Substanz)가 접근하기 어렵고 수상쩍다면, 소통을 통한 자기됨에서 나는 나에 대한 현상으로부터 실체의 실현을 위해 싸운다.

그러나 내가 이러한 의식을 **고립시킨다면**, 그리고 여전히 나에게 중요하다는 의미에서 이러한 의식이 전적으로 나에게 달려 있다면, 마치 한 사람의 인간이 **오직 참됨** 그 **자체로서** 존재하고 행동하는 것처럼, 나는 법률에 대한 확신을 가지고 도덕적 법칙에 따라서만 행동할 뿐이다. 그런 다음 이러한 도덕적 행위가 단순한 신념으로부터, 현실적 성공에 대한 시선 없이 형이상학적으로만 좋은 결과를 가져온다고 믿는다면, 올바른 행위를 통해서뿐만 아니라 나의 고립을 통해서도 나 자신이 이미 본래적 존재에 속한 것처럼 보인다. 바로 이러한 나의 도덕적 태도는 나에게 이미 안정을 준다. 왜냐하면 진리는 신과 영혼의 신비스런 합일과 유사하게 존재하기 때문에, 소통은 결정적이지 않으며, 자율적 자기의 윤리적 고독을 통해 현재적이다. 이러한 믿음은 조화로운 믿음으로서 도덕적 기초 위에 자기를 차단하는 실제의 기능이다. 한계상황들은 감춰져 있다. 무엇이든 완결되는 존재를 갈기갈기 찢고, 그것과 함께 우리가 인식하는 모든 것으로부터 의심스러움을 가르쳐주는 한계상황들을 통해서 비로소 자기로부터 타자의 자기로 방향이 전환되는 무조건적 능동성이 시작된다. 거기서 전제된 지식 혹은 믿음으로서 소통과 가능실존을 좌절시키는 초월자에로의 시선이 가능해지는 실존의 근거로부터 실존의 확실성을 추구하고자 한다.

자기-상실의 객체들, 즉 한 국가와 한 교회의 권위에서, 객체적 형이상학에서, 타당한 도덕적 삶의 질서에서, 존재론적인 존재지식에서 **최후의 안전이 사라질 때** 소통은 인간에게 본질적 근원으로 존재한다. 이러한 안전들은 나에게 나의 지식과 욕구에 조건 지어진 현존의 형식들일 수 있다. 나는 이러한 현존의 형식들 안에 살지만, 실존적 소통에서 이러한 안전들이 역사적으로 뿌리박고 있지 않을 때, 그것들은 절대적으로, 그리고 삶을 정당화하는 확실성이 아니다.

여기서 현존의 자기의식은 모든 것이 그 자체로 존재하지 않는다는 것, 모든 사람과 현실적 소통으로 들어설 수 없다는 것, 소통 없이도 관계를 맺고 있다는 것 등을 견뎌내야 한다.

인간과 인간이 진정한 소통에 있다면, **최후의** 진리는 철학적 학설로서 존재할 수 없다. 왜냐하면 진리에 대한 학설은 자기됨으로의 과정을 통해 획득되기 때문이며, 시간과 진행이 끝날 종말에 초월하는 사유를 통해서만 실현될 수 있기 때문이다.

하지만 사람들은 현재 그 자체로 조화로운 세계이해를 회피하는 객관적 안전과 실존적 소통을 선택을 위한 두 가지 가능성으로 제기하거나, 아니면 그중 하나를 요구하고 참된 것으로서 증명하고자 한다면, 이것은 사리에 어긋날 것이다. 이러한 양자택일은 안 된다. 왜냐하면 내가 양자택일을 생각한다면, 나는 이미 하나를 다른 것의 조건하에 두기 때문이다. 나는 내 앞에 놓인 똑같은 수준의 현실에서는 두 가지 방법을 실제로 보지 못한다. **내가 선택을 분명히 함으로써 이미 나는 둘 중의 하나를 선택한 것이다.** 각각의 방법은 영원에 대한 모험이다. 두 방법 모두 석화작용 안에서 기만적인 자기확신이 있을 수 있으며, 진리 안에 움직이는 의식의 비약이 있을 수 있다. 성립된 진리에 대해 어떤 판단으로 결정하는 것이 아니라, 삶의 태도에 대한 자극은 선택하는 심연으로 들어설 때만 요구되는 것이다. 전부와 무를 파악하는 불명확한 어중간함은 전적으로 공허하다. 지적인 양자택일을 통해서가 아니라 생동하는 생각을 통해서 선택될 때, 불가피한 결정은 **내가 선택으로 얻은 근원**을 본래적으로 인식하는 것이다. 타자는 단지 현상을 통해서만, 자신의 가능한 근원을 통해서 그 자체로서 이해되지 않는 반면, 나는 근원을 이해하면서 동시에 그 근거를 이해할 수 없는 것으로서 만난다. 그러나 소통에의 의지는 또한 낯선 자로서의 타자와 **함께하는 소통**에의 의지이어야만 한다. 나는 타자에 대해 질문하고, 듣고, 요구하고 싶어 한다. 나는 나를 확신하고, 너의 세계로 나를 끌어당기거나 너의 자기이해 방식에 대한 허위를 인식한다. 타자들이 나를 진실하게 보는 것이 불가능한 것처럼 내가 모든 타자를 진실하게 본다는 것은 불가능하기는 하지만, 그렇다고 이러한 불가능성이 나를 안정시키지는 않는다. 나는 사실로서 불가능성에 순응할 수 없고, 진실에의 의지로부터 모든 것에 문제제기를 하고자 하며, 내가 누구와 거짓되게 묶여져 있다고 믿는지 자신의 고유한 자유로부터 깨우치고 싶어 한다. 이러한 의심을 피하는 모든 생각은―이교도들과의 공개 학술논쟁(Disputation)이 어떤 권위에 의해 금지된다면―금지를 통해 허위 그 자체의 낙인을 찍게 될 것이다.

2. 소통의 가능한 부정

실존의 근원적인 소통에 대한 각오가 철학적 전제조건으로 표현된다는 것은 실존이 또한 부정되고, 새로운 해석을 할 수 있는 결과를 낳는다.

a) 실존철학이 독자적인 인간의 오만하고 대단한 체하는 완고한 개인주의라는 근거 없는 **주관주의**가 확산되고 있다고 말해지고 있다. 고향을 상실한 인간이 절망적인 고립에서 실제로는 전혀 존재하지 않을 환상적, 공상적인 소통을 바르게 건설하고, 모든 것을 뒤바꾸면서 스스로를 신격화시키고 있다는 것이다.

그와 같은 비판은 사실 가능한 정도에서 벗어나 있다. 이러한 비판은 내가 실존철학의 사유로 나의 현존에서 그 어떤 무엇으로 정당함을 밝히려고 할 때 나타나는 가능실존과 경험적 인간의 혼동에서 비롯된다. 실존은 단지 자기확실성의 소통으로만 존재한다. 그 안에서 나는 나의 고립을 지양하고, 더 이상 정당화할 수 없는 근원을 획득한다.

그러나 고유한 가능실존으로부터 받아들이지 않는 사람은 그와 같은 비판적 표현들을 명쾌하게 찾게 될 것이다. 이러한 표현들은 실존철학에 대한 근원을 파고드는 의문점의 표시이다. 실존철학이 실제로 그렇다면, 이러한 표현들은 실존철학에서는 낯선 것으로서 실존철학에 근접한 것이 전혀 아니다. 그러나 실존철학이 호소의 가능성으로서가 아니라, **지식으로서**

의 객관적 **공식들**로 파악된다면, 이러한 비판은 위험하게 된다.

그러나 사실적 지식에 대한 토론의 의미는 **철학적 초월함**으로 변화된다. 토론은 정당들을 매개로 모든 정당화를 넘어서 움직인다. 여기서는 단지 대답으로서, 그리고 고유한 초월함의 운동에서만 동의가 있을 뿐이다. 실존철학의 고정화 및 반박들은 하나의 학설로서 우선 여기서는 허위를 행하고, 이러한 관련성으로부터 명제들을 끄집어내고, 단순히 대상적으로 이치에 맞게 사유하게 한다. 철학적 진리는 보편적 진술이 불가피하지만, 그러나 진리는 이러한 보편적인 것 자체로 존재하지 않는다. 진리는 무의 의미에서 상대적인 것이 된다고 하더라도, 객관적으로 사유할 수 있는 현상은 상대적이다. 왜냐하면 존재는 보편적인 것으로서 절대적인 것이 아니라, 보편적인 모든 것은 존재 안에 있기 때문이며, 예측가능한 대상 자체로서 추론가능한 것이 아니라, 자기분열적이기 때문이다. 더 나아가 가능실존에 대한 우리들의 최후의 근원과 가능실존은 실존들과 함께 실존으로서 결코 전체로 존재하지 않기 때문에, 절대적 진리는 객관적인 것으로서 존재할 수 없고, 오히려 객관적인 모든 것은 상대적이어야만 한다. 강압적 토론은 오로지 보편적인 것과 만날 수 있을 뿐인 반면, 이와 반대로 철학적 진리는 그것을 넘어 초월함으로써 소통을 통해 실존의 근원에 기초하여 밝혀질 수 있다. 그렇기 때문에 소정의 이의제기 그 자체를 **논리적으로 반박하는 것은 의미가 없다.** 가능실존의 현실을 통해 가능실존이 진실한지나 자신을 통해 내가 확인하든지, 아니면 가능실존이 모든 실존조명적 사유를 지향하는 것과 조금도 상관이 없는, 단지 이것만이 물어질 뿐이다.

b) 하지만 결국 인간이란 그저 자기 자신일 뿐이라고 그렇게 말할 때, 소통의 또 다른 부정을 생각할 수 있다. **인간애**를 얻는다는 것은 세계의 다양성 그 자체만을 파악하는 것을 말한다. 실제로 인간은 단자로서 창문이

없다. 소통은 본래적으로 불가능하다. 왜냐하면 인간은 **자발적으로(nicht aus sich heraus)** 할 수 있는 능력이 있기 때문이다. 인간은 타자에게 머물러 있고, 근본적으로 인간은 타자에게 낯설고 불가사의하다. 소통은 고유한 범위, 즉 내 안에 있는 세계의 충만함과 다르지 않다. 마침내 모든 것은 나에게 하나의 상(Bild)일 뿐이며, 나를 깊이 감동시킨다. 그러나 나는 나에게 사로잡혀 있다. 나는 나의 자기존재의 범위를 세계존재로서 추구할 수 있고, 소통이 전혀 없는 것은 아니다.

여기서 또 하나의 반박은 **논리적으로** 불가능하다. 왜냐하면 이러한 반박은 지식이 문제가 아니라 주장과 반대주장에서 가능한 자유를 스스로 조명하는 행위가 문제이기 때문이다. 그렇게 말하는 사람은 말하는 순간에 소통을 위한 자신의 준비를 부정한다. 삶의 내용에 대한 부와 빈곤의 대립은 자기존재의 개방성과 폐쇄성으로부터 **이질적이다.** 타자가 나에게 하나의 상으로 변하지 않음으로써 나는 소통을 타자와 함께 수행한다. 그는 그 자신이며, 나는 나 자신이다. 누구도 타자로 변할 수는 없지만, 누구나 타자가 소통을 통해 본래적으로 자신에게 다가온다는 것을 안다.

c) 소통의 부정은 사람들이 소통이 무엇이고, 어떻게 소통을 달성할 수 있는가에 대해 퉁명스럽게 물어보는 냉담한 형식을 받아들이는 데 있다. 사람들은 무엇이 문제이고 어떻게 행동해야만 하는지에 대해 간결하게 듣길 원한다. 그것에 이어 행위들과 태도의 방식들을 이끄는 어떠한 명확한 대답이 뒤따라 나오지 않는다면, 소통은 조금도 분명하지 않을 것이다. 인간은 과제를 필요로 하지만, 잡담은 아니다. 과제를 보여주는 것과 파악하는 것이 중요하지만, 타자를 이해하는 것은 나의 과제가 전혀 아니라는 것이다.

그렇게 물어보고 말하는 사람은 아직 가능실존이 아닌, **생명력이 있는**

현존의 의식일반으로서 행동한다. 왜냐하면 의식일반을 생각할 때, 의식일반이 규정될 수 있는 목적에 따라 전용할 수 있는 계획을 실현하고자 할 때, 의식일반을 주제로 다룰 때 의식일반은 존재를 대상으로서 염두에 두기 때문이다. 그렇기 때문에 의식일반은 당연히 자신의 관점으로 압도적인 확언과 함께 모든 실존조명적 진술에 반대하고, 의식일반은 그 점에서 한마디도 언급하지 않는다.

그러나 그 자체 가능실존인 인간이 단지 의식일반으로서만 처신한다면, 그는 최종적 부정을 통해서 소통에 대한 내적인 요구를 박탈한다. 인간은 객관성의 관점에 자신을 세움으로써 고유한 모든 것은 그에게 가시화되지 않는다.

진지하게 생각하고 현실적으로 믿을 때, 실존적 소통에 대한 **원칙적 부정**은 실존적 소통에 속한 사람들이 단지 **구체적으로 이해할 수 있는 객관성**이나 **공허한 활력**에 대한 비합리성의 토대 위에서 교제할 수 있는 세계관의 표현이다.

그러나 **소통에의 의지는** 자유에 대한 앎(Wissen)을 의미한다. 드러냄을 통해 자유의 존재를 획득할 수 있는 가능실존으로서의 나는 현존의 현상에 존재한다. 이는 충만함의 길이요 모든 타자의 조건이다.

분명함에 대한 소리 없는 투쟁은 철학함의 방식으로 나아간다. 대상적 방식이 아닌 특별한 진리의 기준은 자기됨의 근원으로부터 나온 철학함이어야만 한다. 철학적으로 참된 것은 척도에 따른 사유이며, 사유의 성취로서 **소통을 촉진시키는 것이다.** 이러한 기준의 부정하에서 자기폐쇄성은 진리를 순수하게 **독립적인 객관성으로** 설정하고, **궤변철학에** 빠진다. 이러한 기준의 심급(Instanz)하에 철학함은 **공동체를 통해 습득한** 객관성으로서 진리를 파악한다.

3. 교의학과 궤변철학

철학의 창조자 혹은 그 제자에 의해 객체적 형상으로서 **참된 것으로** 간주하는 철학은 그 근원에서 **소통이 없다**. 왜냐하면 철학은 존재하는 참된 것을 독단적으로 알리기 때문이다. 철학의 형태는 개별과학의 형태이다. 객관적으로 모든 사람에게 타당한 진리는 탐구되어야만 하고, 진보하면서 발견되어야만 한다. 진리는 논증과 논박으로 전달된다.

하지만 철학은 개별과학들의 차이를 통해 존재의 전체로 나아가기 때문에, 철학은 또한 그 자체로서 전체이거나 아니면 아예 그렇지 않은 것으로서만 존재할 수 있을 뿐이다. 철학이 지식으로서 존재전체의 형태를 통해 영원히 참된 것이라고 한다면, 나는 고립된 개별자로 철학을 하면서 실제로 한 사람의 연구자로서 인식할 수밖에 없으며, 나에게 통찰된 것 또한 그것 자체라고 여기는 요구를 각각의 이성존재들에게로 향하게 할 수밖에 없다. 이러한 형태를 통해 진리를 소유하고 있다는 사람은 마치 자신이 신인 것처럼 유일한 진리를 소유하고 있다는 것이다. 그는 다른 진리를 배제하고, 진리를 인식했던 유일한 사람으로 **자신**을 간주한다. 타자들은 아직 진리를 가지고 있지 않다. 그들은 **형태**로부터 진리를 채택하고, 형태에 **순종**하거나 아니면 참되지 않은 것에 머물러 있다. — 철학자들의 존재의식은 진리에 대한 합리적 보편타당성과 결합되어 있기 때문에, (철학자를 위한 역사적 암호의 진리가 아닌) 동의에 대한 무감각에 직면하여 그는 진정한 소통으로 나아가기 위해 마지못해 수용하는 태도를 취할 수밖에 없다. 그는 제자를 가질 뿐 친구를 가질 수 없고, 적대자를 가질 뿐 그와 함께 싸우면서 소통으로 들어서는 고유한 실존을 가질 수 없다.

철학적 토론의 방식들은 지적 유희에서 관례적이고 고정된 객체성의 무해성(Harmlosigkeit)에 대한 태도로 제한된다. 그러나 무해성을 통해서 근원에로 파고드는 노력에 반해, 여기서는 드러냄에 대한 저항을 표현하는 토론의 형태들이 생긴다.

대화에서 소통을 구하는 것이 아니라, 자신을 존재로서 주고, 타자를 통해 긍정을 원하고, 자신의 비존재의 정당화를 원하는 **무한한 성찰의 기술**은 한 발짝도 앞으로 나아가지 않고, 자칭 알 수 있는 것과 알려진 것에 대해 그 어떤 이념 아래 서 있지 않은 논증을 승인하는 것이다. 어떤 합리적 공식들이 항상 유효하고, 그것들은 다시 다른 것으로 대체된다. 또는 완전히 타당한 것으로 설명되고, 무한한 토론으로 보호할 수 있는 개념장치(Begriffsapparatur)가 존재한다. 그때 답답한 자기주장이 드러냄의 요구를 명확하게 한다면, 이러한 논의를 궁지로 몰아넣는다면, 이러한 논의를 고수하고 해명해야 한다면, 그때까지 집요하게 타자의 동의를 자기에게로 가져와 강요하는 말함과는 반대로 정확한 의식 없이 자명한 것처럼 소통에의 의지에 대한 사실적 결핍을 확인하는 중단된 어법들만이 여전히 남아 있다. 사람들이 이해하지 못하고 관심을 가지지 않으면 아무것도 시작할 수 없는 어법들, 이해할 수 있기 위해 의견을 달리하는 어법들은 본질적인 철학함 안에서 언제나 허위의 고정화이다.

저항의 거친 방법들과의 차이를 통해 어렵게 진실을 간파할 수 있는 것으로서 오랫동안 속일 수 있는 **치밀한 사고**가 있다.

철학적 토론에서 사태는 끊임없이 사람과 연결된다. 왜냐하면 사람으로부터 벗어난 사태는 단순한 올바름이며, 언제나 개별적이며 철학이 아닐지도 모르기 때문이다. 사람들이 사물들을 **인격적으로** 파악하는 것, 즉 회피의 기술을 거부하는 비난은 모호하다. 자기중심적인 경악을 통해 나의 경험적 개별성과의 관계에서 충동적인 인격적 수용은 사실상 파멸을 초래할

것이다. 그러나 타자와 자신 안에서 영혼의 존재와의 연관을 통한 가능
실존의 인격적 수용은 바로 철학함에서의 진리이다. 이러한 의미에서 인격
적으로 수용되지 못한 사람은 전혀 그 자리에 있는 것이 아니다. 이러한 비
난과 동시에 거부 혹은 호의적 달래기(Beschwichtiung)는 첫 번째 의미에서
올바를 수 있지만, 두 번째 의미에서는 진실하지 못한 자기폐쇄성을 잘 표
현할 수 있다. 함께 철학함(Symphilosophieren)에서 인격적인 것은 양심으
로서 항상 함께 공명하는 배경이며, 대화를 형성하는 사태에 대한 직접적
내용에서의 비판이다.

두 번째 기술은 응수하는 데 있는 것이 아니라, 타자로부터 말해진 것을
단순한 내용으로서 포함시키는 것이다. 지적 소유로서 철학사로부터 나온
합리적 표현들의 충만은 꾸준한 수용성의 사태이다. 거기서 합리적 표현
들의 근원과의 모든 만남은 완전히 절망적일 수 있다. 현재 누군가가 소통
을 추구하는 대화의 연관성 안에서 근원적으로 철학적 자극들로부터 어떤
것을 말한다면, 말해진 것 그 자체를 벗어나, 이미 철학적으로 알려져 있
는 확고한 위치로 고정시키는, 겉보기에는 적당하고 논리적으로 이해되는
술수이다. 타자는 의견을 수용하고, 그 의견을 공개적으로 비판하며, 자신
의 분야들 중 하나에 집어넣고, 타자에게 이러한 놀이를 드러낼 때까지 인
간, 근원, 그리고 상황으로부터 분리시킨다. 인간은 이러한 방법으로는 결
코 스스로 현존하지 않고, 단지 하나의 개념장치(당연히 나쁜-사적인 격정으
로부터 비밀스럽게 작동되는)로만 존재한다. 시간을 초월하여 존재하는 순전
히 합리적 객체성의 사태로의 철학의 변화는 실존과 거리가 먼 비본래성과
지적으로 훈련된 야만(Barbarei)을 가능하게 한다.

함께 철학함을 통한 회피의 세 번째 방법은 19세기를 통해 지배적이었
던 세계도식, 즉 정신영역의 고유한 법칙성에서 정신영역의 다양성과 연관

된다. 모든 영역이 방법이기만 하다면, 그리고 최후에 나 자신의 어느 면에서 보아도 진리의 내용을 보증하기만 한다면, 진정한 소통은 가능하다. 그러나 모든 영역의 고유한 법칙성이 **절대적**으로 가치 있고 최종적인 것으로 취급된다면, 소통은 **이중**의 방식으로 모든 영역의 고유한 법칙성과 함께 어그러진다. 고유한 법칙성들은 하나가 다른 것을 통해 상호 간의 부정으로서 주체적으로 나타나는 유효한 특성을 지닌다. 이러한 특성을 통해 고유한 법칙성들은 실존 안에 본래적인 진리에의 갈망을 방해하는 수많은 **장벽들**을 세운다. 아니면 내가 나의 존재를 어떤 영역에 헌신하기는 하지만, 이러한 영역을 마음대로 **바꾸기** 때문에 하나의 영역으로부터 다른 영역에로의 급변은 아직 회피에 도움이 되지 않는다. 나는 사회적으로 존재했던 것을 갑자기 공적으로 혹은 호의적으로, 그리고 그 반대로 취급하고, 윤리적이었던 것을 갑자기 정치적으로, 그리고 미학적으로 취급한다. 이것이 심상치 않을 때 나는 하나의 영역으로 자취를 감추고, 그 영역을 떠나며, 살그머니 달아나고 본래적으로는 결코 현존하지 않는다. 이는 마치 내가 자기 없이 수많은 영혼을 가진 것과 같다.

4. 철학함의 공동체

진정한 철학적 토론은 함께 철학함이다. 철학함을 통해서 공정한 내용을 매개로 실존들이 서로 만나 흉금을 털어놓는다. 그러나 인간으로서의 우리는 현재의 사랑과 냉철한 이성보다는 열정을 통해서, 그리고 공허한 오성을 통해서 더 많이 행위했기 때문에, 옛날부터 철학자들은 철학적 이해를 응당 개별자의(특별한 천부의 재능과 개별적인 숙련은 결코 아닌) 근원적인 윤리적 본질에 의존했다. 그들은 철학적 형상에서 진리란 모든 사람이 쉽게 가까이할 수 있는 것은 아니라고 확신했다. 철학자들에게 철학적 토론은 **명백성으로부터** 벗어나 **스스로 노력하여 획득하는 것**(Sicherringen)이다.

존재를 나타내는 진리란 오직 진리와 결합한 소통에서 비롯되며, 이것이야말로 본질적이다. 여기서 사적인 증오가 사태에 대한 사실상의 촉진과 일치하기 때문에 인간이 과학적 사태연구에 무관심한 반면, 철학적 진리는 나 자신과 타자와의 소통의 **기능**에 있다. 소통은 진리이다. 나는 진리와 함께 살아가며, 이때 진리는 단순히 생각에 머물지 않는다. 진리는 내가 확신하면서 실현하는 것이며, 단순히 아는 것이 아니다. 나는 진리로부터 실현을 통해 확신하며, 진리는 사유의 가능성들을 통해서만이 아니다. 진리는 소통에서의 연대의식이다. 이 소통은 진리를 끄집어내고 발전시킨다. 그렇기 때문에 참된 철학은 단지 **공동체**에서만 현존에게 다가갈 수 있을 뿐이다. 철학자들의 무소통은 자기 사유의 비진리의 기준이 된다. 위대한 철학자들의 위풍당당한 고독은 누구도 원하지 않는다는 것이다. 오히려 그들의 사유는 본래적인 것으로서, 그리고 기만하지 않는 예견들과 대용물로서 소통을 위한 엄청난 전력투구에 있다.

철학함의 공동체는 **첫 번째** 단계에서 경청할 준비와 본질적으로 파악된 것의 장악이다. 철학함의 공동체는 내용이 풍부한 연대 없이 여전히 행복한 엿듣기(Erhorchen)를 가져온다. 철학함의 공동체는 **두 번째** 단계에서 공동사유의 연속성을 통해 서로를 결합하는 연대이다. 그다음 철학함의 공동체는 위험한 의심에서 근원으로 가는 사유의 불가결한 화법으로서, 소통의 확실성에 대한 원천이 된다.

5. 철학의 형식에 대한 결과

철학적 진리가 소통을 통해 원천과 현실을 얻는 한에서, 독단적 발전과는 달리 대화를 철학함의 적합한 전달형식으로 생각하는 것은 수긍이 간다. 객체적 형상으로서의 철학이 어떠한 존립도 얻지 못한다면, 철학이 단지 참되기만 하다면, 철학이 재차 소통의 원천이 된다면, 철학의 전달은 단순히 철학에 대한 내용의 사실적 이해만을 필요로 하지 않고, 습득과 변형을 위해 승인과 대답을 필요로 한다. 이는 마치 대화를 위한 소통의 대상화가 흡사 전체의 철학을 전달하는 것처럼 보일 수도 있다. 독자는 대화를 통해 출현하는 사실적, 실존적 소통에 대한 가능한 참여에로 초대된다.

하지만 그렇지만은 않다. 언어로 고정된 대화는 다른 철학적인 언어구조와 마찬가지로 오직 독자들에게 전달하는 형식일 뿐이다. 또한 대화가 철학적인 한에서, 철학적 작업으로서의 대화는 수용자들의 보완과 실현을 필요로 한다. 그렇기 때문에 플라톤의 대화들은 가능실존에 대한 소통의 표현이 아니라 단지 사유하는 인식의 변증법적 구조일 뿐이다. 진실은 오직 친구들 가운데에서만 좋은 시간으로 빛나고, 언어 작업을 통해서는 표현되지 않는다는 것을 플라톤도 알고 있기는 하다. 『향연』이 언젠가 마치 진정한 소통의 현현인 것처럼 우리에게 읽히고 있지만, 우리가 소통이라고 부르는 것이 플라톤에게서 일어난다는 것은 의심스럽다. 낙천적으로 형상에 묶여 있는 그리스인에게 소통이란 존재로서 의식했던 것의 외부에 놓여 있는 것처럼 보인다. 하물며 지오르다노 브루노(Giordano Bruno), 셸링(Schelling), 졸거(Solger)에서 대화의 인위성도 의사소통적인 철학함의 표현이 아니다. 현실적인 만남에서 현상으로 드러나는 실존에서도, 과거 플라톤의 대화들의 감동적인 변증법에서도 소통은 없다.

소통의 객체화된 형태로 대화가 있어야 한다면, 사고의 합리적 활동은 현실적 삶의 상황들에서 오직 소통 현상의 기본요소가 될 수밖에 없을 것이다. 그것은 어떤 세계를 통해 인격을 우리 앞에 가져오고, 그 인격이 그 안에서 진술하게 하고 논증하게 하는 문학적 대화는 대략 그와 같은 본래적인 철학적 대화의 현상형태일 것이라는 의미이다. 그 안에서 대화는 단순히 전달의 유한한 형태가 아니라, 두 사람의 실존적 관계에 대한 표현일 것이다. 철학적으로 그와 같은 대화는 현실적으로 파고드는 합리적인 활동으로서 대화의 내용(대개 문학작품들에서처럼, 오직-현실적인 것과 제한된 소통의 간결한 진술들에 대한 직접적일 수 있는 현상으로서의 대화가 아니다.)이라면, 특히 이 대화는 어느 정도 벗어날 수 없는 논의들로 들어서는 것이 아니라, 오히려 생각된 모든 것이 행위하는 인격들의 실존적 현실에 뿌리를 내리고 있다. 이러한 관점으로부터 도스토예프스키의 소설, 특히 『카라마조프의 형제들』은 독특한 방식의 철학적 작품이다. 심미적 관점에서 이 소설은 많은 논증들을 포함하고, 철학적 관점에서는 부수적이고 철학적으로 하찮은, 너무 순수한 역사를 포함한다. 독자들의 이러한 이중의 불만은 여기서 소통의 문제와 연결된 것으로서 강렬하게 호소하는 방식으로 언급하는 철학적 내용으로는 이러한 낭패를 막지 못한다. 사람들은 셰익스피어에게서 상황, 순간, 그리고 관여한 성격들을 통해, 그것으로부터 벗어난 내용만을 통해, 자신의 무게를 얻는 철학적 명제에 대한 대화의 전환점을 발견한다. 그러나 사람들은 『카라마조프의 형제들』에서처럼 현실적 행위들과 태도들에서 철학적 대화의 모든 연결을 어디서도 발견하기가 어렵다. 역시 독자에게 최후의 만족은 더 이상 오지 않는다. 독자는 형식을 추구하고, 그리고 그것을 찾을 수 없는 참된 이념의 난파를 경험한다. 셰익스피어에서의 억제된 불후의 어법들은 합리적으로 너무 상세한 도스토예프

스키의 대화보다 철학적으로 더 심오한 모든 표현의 경계 안에서 간접적으로 파악된다. 왜냐하면 가능실존의 가장 심오한 것은 인간적으로 형식화될 수 없기 때문이다.

대화는 철학적으로 효과가 있을 수 있다. 그러나 대화는 철학이 전달되는 적합한 방식이 아니다. 왜냐하면 대화는 예술가의 구성처럼 대화 전체를 통해 철학함이 대상이 되는 것이 불가능하기 때문이다. 만일 이것이 가능하다면, 대화는 틀림없이 참된 형식일 것이다. 철학은 소통에서 발원되고, 소통에서 다시 실현되고 확인되기 때문이다.

철학의 형식이 과학의 형식처럼 독단적이지도, 문학의 형식처럼 대화체도 아니게 전해줄 수 있다면, 결단코 철학에 대한 하나의 유일한 참된 다른 형식은 정립되면 안 된다. 철학의 형식은 단지 **전달가능성의 물음** 그 자체로서만 의식적이며, 그렇기 때문에 원천과 목표로서의 소통은 사라지지 않는다.

각각의 전달가능성 그 자체에서의 만족은 아직 **의식일반**에 대한 것이다. 전달불가능성은 전혀 존재하지 않는 것처럼 우리가 의식할 경우, 이러한 전달불가능성은 우리에게 유효하다. 이미 우리의 현존에 대한 이성으로부터 전달가능성의 최대한을 목표로 삼는 요구가 발생한다. 전달가능성은 진실의 특징이다. 그러나 전달가능성이 객관적 사태의 내용에 적합할 경우, 이러한 전달가능성은 개별적인 방법이며, 즉시 개별학문의 대상이 된다. 그럼에도 불구하고 철학적 사고는 존재의 전체로 나아간다. 그러나 철학적 사고가 존재에 의미를 부여할 때만 철학적 사고는 존재를 만난다. 이성적 의식일반은 주어진 것을 인식하는 반면, 철학적 사고는 사고하는 사람을 통해 현실로서 나타난다. 관심들, 권력들, 권위들을 통한 공동체 형성과 달리 이러한 **현실은 근원적으로 실존적 소통**이며, 사고는 본래적으로 스스로 존재하는 본성에 대한 공동체에 기여하는 능력이다.

철학함의 형식이 실존적 소통의 실현에 헌신해야만 한다면, 이러한 형식으로부터 **부정적**으로 말해질 수 있다. 철학함의 형식은 하나의 전체로서 완결될 수 없다는 것, 철학함의 형식은 사고의 현실로의 전환을 요구하는 단면을 가지고 있다는 것, 철학함의 형식은 각각의 모습으로부터 다시 철회해야 하기 때문에 하나의 모습에 고정되어 있는 것 대신에 오히려 변화하면서 가능한 **모든** 형태를 파악한다는 것 등이다. 지식의 방식과 확실성, 진실과 사고가능성, 방법들의 방식에 대한 의식을 통해 전달가능성의 요구에 대한 철학함의 형식은 **실증적**으로 정당화된다. 현존과 현존에서의 실존에 대한 밝음의 다차원성은 철학함의 중심인 **철학적 논리학**을 통해 명확해진다. 비록 철학적 논리학 자체가 여전히 초월자와 관련된 실존 자체의 내용을 진술하지 못한다고 하더라도 말이다. 그 어떤 형식도 그 자체 절대적 지식의 중단일 수 없는 초월자의 맹세, 실존의 호소, 세계에서 부유하여 떠다니는 것(Indieschwebebringen) 등 안에서 **초월함의 형식**들은 그 내용을 탐색한다. 왜냐하면 철학함이 자신의 현실에 근거할 경우, 그것은 확실한 형식들을 또다시 포기해야만 하기 때문에, 철학함은 스스로 형식에 대해서는 거리를 두고, 자신의 가능한 의사소통적 실현을 위해 모든 형식을 가지지만, 그러나 그 어떤 형식에도 헌신하지 않는다.

모든 철학함의 진리에 대해 객관화될 수 없는 기준은 항상 진리가 조명되고 실현되는 소통이다. 근본물음으로 변한다. **가장 깊은 소통이 가능하기 위해서는 어떤 사고가 필연적인가?**

나에게 가치와 평가를 소유하길 요구하는 모든 것이 좌절될 때, 내가 **소통하거나 또는 가능한 한 방식으로 소통할 수 있는 사람들**은 남아 있고, 또한 나에게 본래적 존재인 것은 비로소 그들과 함께 지속된다.

제4장

역사성

역사성의 근원

1. 역사학적(historische) 의식과 역사적(geschichtlich) 의식

우리는 역사학적 의식을 역사에 대한 지식(Wissen)이라고 부른다. 그러나 이는 지금도 여전히 어디서든 어떤 일이든 일어나고 있는 것과 마찬가지로 과거에 일어났었던 어떤 것에 대한 지식이 아니다. 일어남을 우리의 현재적 현존의 객관적 전제조건으로 파악함과 동시에 그 자체로 존재하면서 그 자체 유일회적이었던 타자로 파악하는 한에서만 비로소 지식이 된다. 이러한 역사학적 의식은 역사학에서 성취된다. 이 역사학적 의식은 세계사를 포괄하는 파노라마 상에서, 현재 존재하는 것을 자신의 과거로부터 해석하는—언제나 제한적인 것에 지나지 않는—능력을 통해 입증된다. 역사학적 의식에서 우리는 지적인 태도와 탐구하고자 하는 태도로 언제나 일어난 것만을 대상으로 하고, 이것을 관찰하면서 그 원인에 대해 묻는다. 또한 현재적인 것은 마치 그것이 이미 일어나기로 되어 있었던 것처럼 그 안에서 객관화되며 관찰된다. 나아가 역사학적 지식은 공적인 것, 사회학적인 것, 정치적인 것, 제도와 관습, 다양한 업적이나 활동 등에 관련되어 있다. 이것은 개별자로서의 나에 해당한다기보다는 현재적인 한 인간의 경우로서의 나, 혹은 단지 우연히 오늘을 사는 한 인간의 경우로서의 나에 해당된다. 그렇기 때문에 지금까지의 사건은 지식의 **내용**과 관련해서 제한되어 있기는 하지만 지식의 **방법**과 관련해서는 제한되어 있지 않다. 개별자로서의 나는 이러한 지식에서 나 자신이 아니라 의식일반으로서, 내가 아는 객체로부터 분리된 아는 자(Wissende)로서 존재한다.

자기가 자신의 역사성을 자각하는 본래적인 **역사적 의식**은 단독으로 자기를 실현하는 것과는 다른 것이다. 실존의 역사적 의식은 근원적으로 인격적일 수밖에 없다. 거기서 나는 다른 역사적 자기존재와의 소통을 통해 나를 의식한다. 즉 나는 나 자신인 현상 속에서 나의 모든 유일회적 상황들과 소여성의 연속적 계기와 시간적으로 결합되어 있다. 그러나 대상에 대한 역사학적 존재는 내가 안다고 생각하고 있는 한에서 나에게 역사학적으로 존재하는 것이지, 나 자신에게 역사학적으로 존재하는 것은 아니다. 나는 이와는 달리 나의 역사적 존재에서 역사적인 나를 아는 것이다. 여기서 존재와 지식이 근원적으로 불가분하게 연결된다. 우선 우리가 사유할 때, 역사적 존재와 역사적 존재의 지식을 구분하는 것은 한쪽이 다른 쪽 없이 존재할 수 없는 것과 마찬가지로 실존적이다. 지식 없이, 즉 명석한 파악과 관여함 없이는 어떠한 역사적 존재도 없으며, 역사적 현실성 없이는 어떠한 지식도 없다. 이러한 구분은 나를 알려진 대상으로 만들어버릴지도 모른다. 내가 이론적으로 나에 대해 아는 것은 개별적인 것으로서, 그리고 대상화된 것으로서 더 이상 나 자신이 아니다. 파악되고 양도된 것으로서의 이것은 다시 내가 되고, 나의 가능한 실존됨의 능동적인 역사적 과정 안에 용해된다. 역사적 의식 안에 지식으로서의 자신과 현실화되는 것 안에 역사성으로서의 자신의 동일성은 모순 없이 사유될 수 있는 방식으로 나타날 수 없다. 이 동일성은 실존에서는 무엇보다도 확실하고 명확한 것이며, 이론적으로는 가장 이해할 수 없는 것이다.

또한 이러한 역사적 근원으로부터 역사학적인 것은 비로소 본래적으로 역사적이 된다. 이런 역사적 근원 없이 역사학적인 것은 현재 긍정적으로 혹은 부정적으로 평가되는 현존과 연관된 임의의 사건의 의미만을 가질 뿐이다. 그러나 역사학에 대한 나의 이론적 지식은 모든 역사학을 넘어서서, 역사학의 내용과 형상들이 나에게로 향하고, 나에게 말을 걸고 요구하며, 오직 자신에게만 먼 형상으로 폐쇄되어 있는 나를 거부할 때 가능실존의 기능이 된다. 달리 말해, 역사학에 대한 이론적 지식은 역사학이 역사철학적 의식에 **적합하게** 실존함의 영원한 현재의 기능이 될 때, 가능실존의 기능이 된다는 것이다. 개별자의 역사적 의식은 무한한 공간으로 확장되고 실현된다. 그러나 이는 개별자의 역사적 의식을 통해 현재에 영향을 끼치는 한에서만 참될 뿐이며, 단지 관찰된 상(Bild)으로만 머물러 있는 한에서는 참되지 않다. 역사학적 지식은 역사적 의식에서만 그 의미의 근원을 포함한다. 역사학이 지식을 동반하는 것은 지식이 이러한 의식의 요소가 되도록 하기 위함이다. 모든 거리 둠과 대상의 정렬, 객관적으로 인과적이기만 한 탐구는 순수한 이론의 중간단계이다. 이러한 탐구는 그 결과의 유효함에서 그 힘이 입증되고, 현재에 실존하는 자기에 대한 진정한 역사적 의식으로 변화될 수 있다.

역사적 의식은 현존 안에서 실존의 사실적 역사성에 대한 밝음이다.

2. 절대존재와 역사성

내가 존재를 절대적인 것으로 **사유**하고자 한다면, 나는 절망할 것이다.

한편에서 나는 이러한 존재를 **초월자**로 사유한다. 그러나 초월자가 나에게 존재하는 것이 아닌 이상, 초월자가 나에게 나타나는 경우는 특별한 것이다. 나의 사유는 세계 내 초월자의 암호를 포착하며, 초월자 자체를 포착하는 것은 아니다. 추상적이고 실현될 수 없으며, 그 자체 다시 지양된 사유에서만 서슴없이 나는 절대자를 주장할 수 있을 뿐이다. 그러나 만일 이러한 사유가 그 자체 공허하다면, 나는 이것을 일반적으로 수용하면서 나의 현존을 완전히 제한적인 것으로서 명확히 할 수 있다. 왜냐하면 절대적 존재가 존재한다는 사유에 걸맞게 나는 자기 외에도 다른 현존을 갖는 개별적인 현존으로 제한될 뿐만 아니라 나에게 주어짐과 동시에 내가 무한하게 의존하는 존재와 관계하고 있기 때문이다.

다른 한편에서 나는 나를 적극적으로 만들어가는 경험을 통해 의존성을 극복하면서 절대적 존재를 나의 **자기존재**의 가능성 안에 있는 나로 생각한다. 내가 초월자와 대결하려 할 때 나의 무력함은 완전하지 않다. 나는 무력함 앞에서 현존이 또한 나에게 있다는 것을 실현할 수도 있고 내가 그 현존을 빼앗을 수도 있다. 나는 현존에서 자신의 제약 안에 내가 초월자로 생각했던 절대적 존재와 현존을 구분할 뿐만 아니라, 내가 절대적 존재의 실현을 가능케 한 나의 자기존재와 현존을 구분한다. 나는 시간 안에 구속되어 있는 것처럼 상황과 과제에 강제되어 있으며, 조건들에 속박되어 있다. 그리고 나를 시간 안에 있는 단순한 것으로 생각할 수 없다.

유리된 (절대적) 존재로서의 존재는 그것이 초월자이든, 자기 자신이든 나에게 도달할 수 없다. 내가 이것을 현존과 **구별**하면서 실현하고자 한다면, 나는 이것을 상실할 것이다. 나는 내가 도상 위에서 마치 이것이 가장 나쁜 세계에서의 몰락인 것처럼 나의 현존이 무가치하다는 것만을 경험할 뿐이다. 그러나 동시에 개별적으로 아무것도 잃어버리지 않기 위해 나의 존재 의식은 점점 더 빈곤해지게 된다. 왜냐하면 어떤 경우에도 이와는 다른 더 나은 세계를 발견할 수 없기 때문이다.

　현존 안에서 나는 나 자신이 되고, 그것을 통해 초월자를 확신할 수 있을 뿐이다. 주어진 것, 상황, 과제는 그때마다 **규정성과 특수성**에서 나 자신이 되는 의미를 획득한다. 단순한 현존으로서 폄하하는 것, 그것으로부터 나를 구별한다면, 나는 나의 **현상**으로서 나 자신이 된다. 현상 외에 이미지화된 유리된 자기존재, 그리고 추상적인 초월자에서가 아니라 단지 현상에서만 나의 존재 내용은 현재적이다. 현상으로서 나의 현존과의 나의 **통합**은 나의 **역사성**이며, 그 역사성에 내재되어 있는 것이 **역사적 의식**이다.

3. 요약

　현존으로서 나는 제한된 장소 가능성의 장소에 있는 교체될 수 없는 육체를 가진 모습이다. 나는 다른 현존을 통해 제한되고, 상호간에 다른 현존과 연관되어 있다. 나는 다른 현존을 욕망하고 밀쳐내고, 싸우고 이용하고, 다른 현존에게 패하고 절멸된다. 나는 시간 속에서 나타나며 사라진다. 그리고 나는 부단하게 움직이는 동요 속에서의 시간을 산다. 나는 내가 나의 것으로서 세계를 만들어내는 가운데 지칠 줄 모르는 가능성을 세계 안에서 발견한다. 이러한 시간현존에서 나는 가능실존으로 시간현존에 대립되어 있는 존재이다. 그런 한에서만 현존이다. 이것이 나 자신의 현상이 되는 한에서 현존과 같은 것이다. 그러나 모든 경우에 개별자는 나를 통해서가 아니다. 현존 안에 자기존재가 초월자 앞에 서 있을 때, 실존과 현존의 통일성은 역사성 안에 있는 현상으로서 그 자체 존재한다. 나는 초월자의 절대성을 고유한 역사성의 암호 이외에는 인식할 수 없다. 역사성은 나에게 시간현존으로서 유일한 방법이다. 그 안에서 절대적 존재는 나에게 다가올 수 있다.

그러므로 나의 유한한 현존의 제한성으로서 먼저 생각해볼 수 있는 것은 바로 현상으로서의 가능한 실현이다. 세계를 완전히 완성했던 현존의 사유에서, 단순한 제한처럼 만족할 줄 모르는 생의 충동을 보였던 것은 가능성으로서 제한되지 않은 실존의 유일한 현실이 된다. 실존은 그 안에서 초월자를 발견함으로써 자신의 존재를 확신하게 된다.

그러므로 역사성 안에서 역사성을 결정하는 통합에서야 비로소 진실된 나의 존재의식의 이중성이 나를 밝힌다. 나는 시간현존으로서만 있고 스스로 시간적이지는 않다. 나는 시간 속에서만 현존으로서 나를 알고, 이러한 현존은 나에게 무시간적 자기존재의 현상이 된다.

그러나 역사적 의식의 역설적인 이중성은 오직 사유에서만 존립한다. 분리를 생각하지 않고, 나는 방법 없이는 밝음에 다다를 수 없다. 시간현존과 자기존재에 호소하는 사유는 이질적 영역에서 실존적 의식 안에 근원적으로 하나로 존재하는 것에 대해 말한다. 나와 나의 현상은 분리되고 동일시된다. 경우에 따라서 나는 도상 위에서 생각하거나 순간적으로 나에게 있어 나 자신으로 존재한다.

실존의 현상인 역사성

1. 현존과 실존의 통일로서의 역사성

역사적 의식의 통일은 자기존재인 현존에 의해 파악된 절대적 의미를 부여할 수 있음과 동시에 단순한 현존으로서 상대화의 부유 속에 지속될 수 있다. 실존적으로 파악된 현존은 개별자에게 **무한한 것으로서 중요하며**, 진정한 소통 안에서 서로를 인정함과 동시에 자기 스스로 초월자 앞에서는 **무와 같다**. 이러한 긴장 속에 서 있는 것이 역사성이다. 한 번뿐인 시간적인 현실에서 마치 자신의 근거로부터 나오는 것이 현재적인 것처럼 본래적인 존재의 깊이를 대변할 수 없다.

만일 내가 역사적 의식을 근원적으로 현존 속에 결부된 것으로 안다면, 동시에 가능실존의 현상인 것도 알게 된다.

내가 현상으로서 더 이상 현존을 알지 **못한다**는 의미에서 현존이 나에게 **현존으로서 절대적**이 된다면 나는 실존 없이 현존에 묶여 있을 것이다. 그러므로 이것은 밝은 역사적 의식 없는 상태 속에 있을 것이다. 거기서 인간은 자신의 특별한 현존의 세계로부터 다른 현존의 세계로 이끌린다면, 인간은 이미 스스로를 잃어버린 것이다. 또는 인간이 결단을 경험하는 자신의 환경에 자유롭게 맞설 수 없게 된다면, 마치 감각적인 사물이 온전히 자신의 삶인 것처럼 감각적인 사물에 묶여 그 안으로 **빠져버린다**. 이러한 속박 역시 실존적이다. 만일 내가 이러한 속박을 허용하고 확립한다면 동시에 현존으로서의 그것과 맞선다면, 그것으로 인해 내가 나를 강요하지는 않는다. 내가 알면서 현존을 초월한다면, 그것은 더 이상 속박이 아니다. 왜냐하면 그것은 나 자신의 역사적인 규정성으로서 현존의 **자유로운 자기화**를 통해 해소되기 때문이다.

여기서 하나의 과정이 시작된다. 이 과정을 통해서 나의 소질이나 나와 만나는 사람들 안에 있는 소여성의 객관적 조건들 안에서 나의 기회, 나의 위치에 대한 규정성의 **계열**이 생긴다. 왜냐하면 나의 현존의 세계에서 나는 어디에서나 동일한 무제약성을 가지고, 나 자신으로 현전하고 있는 것은 아니기 때문이다. 나 자신의 현상에서 내가 **객관화되지 않고** 어딘가에서 나의 역사적 규정성으로서 현존과 하나가 되는 것만이 나에게는 항상 본질적인 것이다. 그때그때마다 무제약적인 점(Punkt)이 동일성으로 파악될 때 어떠한 기준점도 존재하는 것이 아니라, 이러한 파악으로 실존은 운명을 통해 자신의 본질을 실현하는 것이다.

실존이 절대적 의미에서 스스로를 자유롭게 유지하고자 하고, 어떠한 현존도 현상으로 이해하고자 하지 않는다면, 실존은 세계 밖으로 나가게 될 것이고, 심연으로 떨어질 것이다. 그러나 내가 현존에서 무제약적으로 존재하며 행할 때만이, 또한 동시에 내가 현존을 현상으로 아는 경우에만이, 나에게 초월자는 세계의 비존재로 드러난다. 초월자를 향한 모든 배반은 나에게 **현존현상을 향한** 배반의 형태로 나타나고, 실존의 상실로 대가를 치르게 된다. 실존의 파괴는 현존이 무가치에 대한 동일한 지반 위에 머물러 있을 때 획득될지도 모른다. 그 안에서는 더 이상 어떠한 것도 나에게 무제약적이지 않기 때문에 나는 어떠한 초월자도 확신하지 못한다.

그러므로 역사적 의식에서 현존과 실존의 통일이 근원적으로 실현될 때, **사실적인 연관성은 고유한** 것으로 파악된다. 나는 역사적 특수성 안에서 자유로부터 나온 현존과 동일하지만, 그와 동시에 나는 그 안에서 비동일성의 가능성을 가진다.

현상으로 드러나는 대상성이 없다면 우리는 존재하지 않는다. 그러나 우리가 역사적 순간과 확실한 상황으로 존재하는 것과는 달리, 대상성을 절대적으로 규정한다면, 우리는 무시간적이고 비현실적으로 존재하는 어떤 보편적인 참된 것(Wahre)에 우리들 실존을 **고정시킨다.** 우리 자체가 현존으로서뿐만 아니라, 실존하는 자로서도 보편적인 참된 것에 대해 무관심하다. 또 다른 한편으로는 우리가 현상을 통한 모든 대상성을 단순히 제약된 현존으로 만들어버린다면, 우리는 무제약성(Unbedingtheit)과 함께 모든 근원을 잃어버리기 때문에, 실존을 **상실한다**. 역사적, 구체적인 현재의 무제약성에 대한 집중만이 이러한 무제약성을 오직 **진실한 것**이게 한다. 실존이 자기가 되며, 실존이 여기서 자기를 획득하게 되는 진리는 현상에서만 존재한다. 그러나 객관적으로 생각하고, 견지하는 현상 자체는 이미 진리가 아니다. 다만 현상 안에 초월자가 동시에 존재했다는 이유만으로 진리는 존재했다. 그러나 그것은 역사적이었지만, 객관적 현상으로서 어떻게, 그리고 어디서 진리가 또다시 나타나는지에 대해서는 보편적이지 않았다.

그렇기 때문에 말로 표현할 수 있는 소유물은 역사적 자기됨(Selbstwerden)을 통해서 획득되는 것이 아니라, 실존이 실현되는 것이다. 실존이 현상으로 나타나는 이상, 실존은 현존으로서 거듭 의문을 품고, 유혹을 중단하고, 무(Nichts)로 침몰하는 위험을 안는다. 역사적 상황에서의 현상들이 완전하게 존재하는 곳에서, 그리고 지속되는 시간에서의 단순한 현상들, 즉 공허한 껍데기로서 고정될 수 있는 바로 그 절대적인 지점에서 최대의 기만이 생긴다. 여기서 중요한 문제는 현상하는 모든 것이 역사적 자기됨의 절대적 근원들로부터 끄집어내어서 또다시 **상대화된다**는 것이다. 사람들이 실존하는 이상, 그들은 어떤 현상도 영원히 보편타당하게 주어지는 것으로서 만족해서는 안 되며, 매번 어떤 현상과 절대적으로 동일시해서도 안 된다.

사유의 형식적 불가피성은 실존적, 역사적 진리에 **상응한다**. 사람들은 객관적으로 **타당하게** 진술된 **어떠한** 관점도 만족할 수 없지만, 그럼에도 불구하고 일반적으로 생각한다면, 사람들은 매 순간 **하나의** 관점을 취하지 않으면 안 된다. 그러나 사유의 관점들 전체가 범주론과 방법론에서 형식적 실험을 통해 잘 조망되며 지배되는 데 반해, **역사적 관점들은 실존이 되는 자유의 발걸음이다.** 역사적 관점들은 조망될 수도 없으며, 시작과 끝, 근원과 목표에 따라 평가될 수도 없고 예견될 수도 없다. 오히려 역사적 관점들은 실존적 발걸음으로서의 진리이다. 이 진리는 소통을 통해, 그리고 초월자와의 관계를 통해 스스로를 확신하지만, 이론적이고 보편적으로 알 수 있는 것은 아니다.

2. 필연과 자유의 통일로서의 역사성

나는 역사적 의식에서 주어진 필연성들에 의해 제약된 상황들을 자유의 가능성으로 본다. 이러한 상황들은 결정되었고, 나는 이미 결정된 상황들 안에 존재하지만, 그와 동시에 나는 일평생 결단해야만 한다. 결단한 것을 통해 나는 불가피하게 규정된 것으로서 자신의 모습을 드러내며, 자기 결정의 가능성을 통해 근원적으로 자유롭게 자신의 모습을 드러낸다. 내가 소여성(Gegebenheiten)에 주목한다면, 나는 단지 구속되어 있을 뿐이다. 그러나 내가 자유에 주목한다면, 최종적인 결단들은 현재 나에게 있는 그 대로의 것으로서 최종적인 것에 지나지 않는다. 최종적 결단들은 새로운 결단들을 통해 지양되기는 하지만, 최종적 결단들의 의미는 그 안에서 조정될 수 있다. 왜냐하면 최종적인 결단들은 아직 알려져 있지 않은 의미를 불어넣기 때문이며, 충분한 가능성이 여전히 존재하는 것처럼 보이기 때문이다. 나는 모든 것에 대한 필연성을 넓혀서 자신을 그렇게 존재하는 것으로 철저하게 구속하고 있다고 생각할 수 있다. 그리고 나는 모든 것에 대한 자유를 확산시킬 수 있고, 모든 결단에다 가능성의 징후를 부여할 수 있다. 외견상으로는 단순히 소여된 것에 지나지 않은 것을 내가 알며 받아들인다는 것은 단순한 소여에 불과한 것을 변화시켜 나 자신으로 삼는다는 것이다.

실존은 현존에서 직접 그대로 나타날 수 **없다**. 실존은 마치 한 마리의 새가 진공의 공간을 날고자 하는 것과 마찬가지로 소재(Stoff)의 저항 없이는 결코 자신을 실현시킬 수 없다. 실존은 현존 없이는 자신의 근간을 불태워 스스로를 없애버리고 만다. 이러한 현존에 대한 구속은 실존의 시간적, 역사적 현상이다. 실존의 시간적, 역사적 현상을 통한 구속은 어떤 순간에도 의심받지 않는, 매번 부여되고 획득되는 필연성이다.

단지 객관적으로만 주어진 사물의 **절대적 필연성**도, **저항 없는 자유**도 **역사적 의식**을 통해 본래적 자기존재에 의해 실현되는 근원적인 근거-내-존재(In-seinem-Grunde-Stehen)로 지양된다.

내가 실존하면서 나를 확신한다면, 나는 단순히 경험적으로 주어진 것으로서 나타나지 않고, 오히려 나의 존재는 선택의 가능성과 결단으로 나타난다. 그러나 나는 나의 자유로운 근원 안에서 **결코 처음부터** 시작할 수 없기 때문에 역사적이다. 내가 지적으로 도달할 수 없는, 나 자신의 의식적 행위를 넘어 더 멀리 나의 삶에 앞서 있고, 현존의 근거로 이끄는 결단의 미래에 나는 서 있다. 나는 현존의 근거에 구속되어 있다. 만일 나의 역사성을 통해 자유의 밝은 의식을 획득한다면, 결국에는 **현존일반도** 최종적으로 결정되는 것이 아니라, 오히려 지금부터 결단하게 됨으로써 명확해진다. 나는 나의 현존의 제한된 자유의식을 통해 세계의 존재가 최종적으로 나타나는 세계에 존재하지만, 상대적으로 협소한 범위에서만 나에 대해 자유로울 뿐이다. 그러나 자유 없는 소여성도, 소여성 없는 자유도 존재하지 않는 **포괄적**(umgreifend)인 역사적 의식은 현실로서의 현실 앞에서 나의 존경에 대한 근거임과 동시에 현실적인 모든 것을 가능성으로 비추기 위한 무제약적 준비의 근거이다. 이 포괄적인 역사적 의식은 현존의 근거를 통해 자각된다. 이때 현존의 근거와 결부된 자유만이 진리를 소유한다. 그리고 이 포괄적인 역사적 의식은 이른바 보편적으로 타당한 올바름에 기초하여 무시간적으로 전개되는 비역사적인 모든 유토피아를 거부한다. 역사적 의식은 현실적인 것에 가깝다. 왜냐하면 역사적 의식은 필연성으로서 그 근거를 자유롭게 확보하고 있기 때문이다. 이러한 근거들에 의해 역사적 의식은 행위를 통해 그 행동의 의미와 내용을 얻는다.

3. 시간과 영원의 통일로서의 역사성

실존은 무시간성도 아니고, 시간성 자체도 아니다. 오히려 무시간성은 시간성 안에 존재하고, 시간성은 무시간성 없이는 존재하지 않는다.

시간적 현재가 충실(Erfüllung)이기 때문에 실존한다는 것은 순간의 **몰입**이다. 이때 충실은 과거와 미래를 포함시키면서도 과거에도 미래에도 편향되지(abgelenkt) 않으며, 마치 현재가 미래에 이바지하는 단순한 통로나 단계인 것처럼 미래로도 편향되지 않는다.(이러한 관계는 방법과 목표가 전체로서 실존을 포괄하는 것으로 편입될 때, 일정한 성과들과 개별적 목표들과의 관계에서만 의미를 갖는 것에 지나지 않을 것이다.) 또한 실존한다는 것은 마치 과거에 완성된 것을 보존하거나 반복하는 것이 내 삶의 의미인 것처럼 **과거**로도 편향되지 않는다.(이러한 관계는 고유한 근원으로부터 나오는 자기존재의 전체의 삶을 완전히 소진시킬 만큼 각성이나 습득으로서의 진실한 의미를 갖지 않는다.)

시간성과 무시간성의 동일성으로서의 순간은 영원한 현재로 가는 사실적 순간의 몰입이다. 역사적 의식에서 나는 현상으로서 시간의 경과를 의식하고, 현상을 통한 **영원한 존재**를 일자로서 의식한다. 이는 어떤 무시간적 타당성을 우연히, 지금, 그리고 가능한 방식으로 임의의 또 다른 시간으로서 똑같이 포착되는 것을 말하는 것도 아니며, 시간성과 무시간성이 완전히 다른 것으로서 나란히 늘어서 있는 것을 말하는 것도 아니다. 그것은 오직 한 번뿐인 충실한 시간적 특수성이 영원한 존재의 현상으로서 파악되는 것이다. 영원성은 이 순간과 절대적으로 결합되어 있다.

순간은 시간적인 것의 단순한 **계기**(Moment)로서 흘러가는 것이다. 객관적으로 표상된 순간은 단순히 사라질 뿐이며, 그것은 아무것도 아니다. 순간은 자신의 고립을 통한 체험으로서 열망될 수 있다. 그럼에도 불구하고 단순한 자신의 체험으로서의 순간은 자기만족에 의해 구속력이 없는 것으로서 사소한 것이 되고 만다. 중요한 것은 오히려 순간이 실존의 역사적 현상으로 나타나는 **연속성**으로의 귀속(Hingehören)을 통해 **확증**되는 것이다. **고조된** 순간으로서의 본래적 순간은 실존적 과정에서의 정상(Gipfel)과 분기점이다. 본래적 순간은 수단도 아니고, 잇달아 나타나는 시간현존과의 실체적 결합 이외의 자기만족적인 것도 아니다. 실존은 단순한 순간이나 체험의 탐닉에 반대한다. 그것은 순간적으로 현재적이지만 완성되지는 않는다. 실존은 순간을 산출하며 수용하고, 소리 없는 엄숙함과 침묵의 신뢰로서 순간적으로 빛나는 연속을 통해 자신을 알게 된다. 여기서 처음으로 실존의 현상이 역사적인 것이라는 것이 밝혀지게 된다. 실존은 즉시 완전한 현상으로 나타나는 것이 아니라, 시간이 지속되는 가운데 결단으로서 실존의 발걸음들을 통해 획득된다. 개별적 순간 대신에 상관적(Zueinander) 순간의 역사적 연속이 실존의 현상이다. 상관적 순간들은 한 순간의 기다림에서, 스스로를 탕진하지 않는 어떤 태도에서, 보존하고 배신하지 않는 역사적 연속의 **조건들**에 대한 현재적 절정의 **연관성**에서, 과거임에도 불구하고 현재적 기준에 머물러 있는 **고조된 순간으로부터 나온 영속적인 삶**에서 그것들 자체로 지금 있는 것이다.

4. 역사적인 것의 지속성

나는 자기존재의 발전으로부터 나온 객관적 상황에서 실존적으로 지금 붙들려 있는 것과 시간순에서 비로소 모든 결단이 순차적으로 밝혀지거나 혹은 현실이 될 수 있는 것을 구분하지 않으면 안 된다. 내가 역사적으로 실존한다는 것은 **선취(Antizipieren)**의 위험이 있음을 의미한다. 다시 말해 어떤 구성에서만이 현실일 수 있는 것을 언제라도 곧바로 정당한 것으로서 잘못 추정하여 파악할 수 있고 실행할 수 있다는 것이다. 또한 실존에게는 그 자체로 유효하지 않은 역사적으로 시숙된 것(Reifgewordene)을 붙들지 못하는 **실기(失期)**에 대한 위험이 있다. 나는 시간적으로 확장된 현실과 동일하게, 그렇게 깊이 실존적으로 침잠해 있기 때문에, 내심으로 느끼는 현재적 존재(Gegenwäritigsein)에서만이 현실적이다. 그러나 나는 모든 피안과 무시간성에서와 같이 선취하는 것(Vorwegnehmen)과 방기하는 것(Fahrenlassen)에서는 나 자신을 비현실적으로 만드는 길을 걷게 된다.

시간적 실현의 구조는 단지 개별적 목적과 수단과의 관계에서만 **기술적(technisch)**으로 계획될 수 있다. **실존적 구조는 계획될 수도, 기획에 따라 작성될 수도 없다.** 오히려 역사의 진실은 **이중**의 관점, 즉 현재적으로 현존하는 것에 대한 인정으로부터 최종결정에 대한 현실적 결단과 창조로 나타나며, 행해진 모든 것을 또다시 의문에 부치고, 어떤 경우에도 역행할 수는 없지만, 새로운 의미를 부가할 수 있는 미래에 대한 개방성으로 나타난다. 이러한 개방성과 미고정성은 마치 현재의 결단과 마찬가지로 역사성을 위한 **전제**이다. 일례로 소통의 발전을 들 수 있다. 소통의 발전은 어쩌면 절교를 기반으로 할 때만 비로소 진정으로 우정을 실현할 수 있다. 그럼에도 불구하고 나는 이 방법을 통해 계획할 수 없다. 나는 어떠한 경우에도 이 방법으로 절교를 바랄 수 없다. 가장 극단적인 것을 감행하고 결단하는 실존만이 실제로 할 수 있는 일이지만, 그럼에도 불구하고 실존에게는 부정적인 것이 긍정적인 것으로 바뀌는 것을 이해타산 없이 목표로 삼을 수 있다. 실존하는 모든 것의 모험은 본래적 성과가 무엇인지, 그 길이 어디로 이르게 하는지 알지 못한 채 시간을 움켜잡는 것이다. 역사적 현실세계에 새겨져 있었던 것, 즉 표면상 임의의 파도놀이(Wellenspiel)에 지나지 않았던 것이 위기와 그 위기로부터 나오는 드라마를 통해서, 기술적 계획을 통해서가 아니라 변증법적, 대립적 진행들을 통해서, 계산가능한 직선적 진행을 통해서가 아니라 사전에 구성된 변증법이 아닌 예견할 수 없는 출현을 통해서 실현된다.

순간이 실존현상으로서 역사적 연속으로 수용된다면, 이러한 연속은 시간의 흐름으로서 실존적으로 사실이 아닌 연속으로 흡수되도록 또다시 위협받는다. 역사성은 **끝없는 지속**으로 오해되고 있다. 사람들이 다음과 같이, 즉 "나의 행위의 의미는 타자들이 계속 건설한 것을 얻는 것이며, 나의 종말은 내가 헌신하는 사태의 종말이 아니다. 진보를 통한 단계로서의 진보와 존속이야말로 역사의 의미이다."라고 말한다면, 이러한 표현들은 특정한 관점 아래 그 내용을 역사적 과정을 통해 수용한 것이거나 내용 없이 존재하는 특정한 업적에 대한 발전들의 의미를 진술한 것이다. 나의 의미로 나 자신을 충분히 다룰 수 있다는 생각을 통해 나의 현존 전체와 관련한다면, 이러한 표현들은 실존적 역사성을 부인하는 것이다. 그러므로 나는 장차 확실히 도달하게 될 종말에 대해 현실적으로만 자신을 **속이는 것**

이 아니라, 개별적이고 도구적인 것을 전체와 본질로 만든다면, 실존적으로도 자신을 속이는 것이다.

역사적 종말에 직면하여 여전히 **실체**를 소유하는 것만이 역사적이다. 왜냐하면 실체는 자기 자신에 의해 존재하는 것이지, 어떤 미래를 위해 존재하는 것이 아니기 때문이다. 시간과 그 결과들의 시작도 없고 끝도 없는 흐름이 역사적이 아니라, 초월자와의 관련을 통해 그 자체로 존재하는, 현상으로서 완성되고 현전시키는 충실한 시간이야말로 역사적이다. 만일 순간이 연속의 부분으로서 실존적이라면, 이러한 연속은 시간적으로 제한된 과정의 매 순간마다 만회할 수 없는 방식으로 현존하는 것에 대한 실현이다. 연속은 **포괄하는** 순간으로 생각될 수 있으며, 유한한 시간이 아니라 시간의 확장을 통해 채워진 무시간성 안에서, 자신 안에 국한된 시간 안에서 존재현상인 **시작과 끝 사이의 진정한 지속**으로 생각할 수 있다.

그러나 랑케가 각각의 시대는 신과 직결되어 있고, 단순히 후속 시대를 위한 단계가 아니라고 표면적으로는 비슷한 의미로 말할 때, 다음과 같이 덧붙여져야만 한다. 신과 직결된 존재는 역사학적인 관찰자 자체로 볼 수 없다고. 왜냐하면 신과 직결된 존재는 형상(Bild)으로서 현존하는 것이 아니라, 자신의 역사성으로부터 나온 소통 안에서 과거로 접근해가는 실존에 대한 실존으로서만 느낄 수 있을 뿐이기 때문이다.

사라져가는 시간이 영원성의 존재를 포함하는 실존의 역사적 의식에 대한 역설은 영원성이 시간적으로 나타나는 장소와는 다른 장소에서도 여전히 존재한다는 것을 의미하지는 않는다. 그러나 이러한 역설은 존재가 단순히 현존으로 **있는** 것이 아니라 결단된 것으로서 나타나며, 게다가 결단된 것이 영원하다는 것을 의미한다.

영원한 현재에 대한 역사적 의식에서 경험할 수 있는 것은 **영원회귀에**

대한 사변적 사상으로 표현된다. 인간에게 단순한 현존으로서의 현존을 반복하는 것은 섬뜩한 일이다. 끝없이 반복되는 환생은 인간을 거기로부터 도망치도록 만드는 끔찍한 일이다. 각각의 현존이 실존현상으로 존재함과 동시에 영원으로 존재한다는 것은 자기확신이다. 영원회귀는 본래적 존재에 대한 의미의 사유이다. 단순한 삶의 충동으로서의 현존의지는 맹목적이기 때문에, 감각적인 불멸에 대한 실현으로서 환생의 사유를 열망하며 붙들게 한다. 그러나 이와 반대로 자유의 밝은 존재의지는 영원회귀를 시간적 표상을 매개로 한 형상적 암호로서만, 그리고 의지의 불가해한 무시간성의 표현으로서만 허용된다.

그러므로 객관적으로 동일한 사변적 사유는 정반대를 의미할 수 있다. 우리들이 신뢰하는 현존에서 기계화, 습관, 허망함이나 실존적 내용의 역사적 고양 등이 시간에서의 **반복**이 된다. 사람들은 이런 반복을 진부한 것으로서 거부할 수 있고, 진정한 자기존재의 확증으로서 구하지 않으면 안 된다. 반복은 역사적 존재의 현상으로서 지속이 된다.

객관화하는 공식들과 대비되는 역사성의 의미

사유된 존재는 보편적이거나 전체이다. 역사적 의식에서 존재는 결코 보편적으로 포착되지 않는다. 그렇다고 그 반대도 아니다. 보편적인 것은 역사적 의식의 내용이지만, 보편 그 자체는 본래적인 것을 포괄하는 것(Übergreifende)으로서 자각한다. 나아가 역사적 의식에서 존재는 **결코 전체가 아니다**. 물론 그 반대도 아니지만, 다른 전체(anderes Ganzes)와 비전체(Nichtganzes)와 관계하면서 역사적 의식의 전체성을 근거로 하여 생성되는 것(Werdenes)이다. 만일 어떠한 역사성도 보편적인 것이든 전체적인 것이든 일체를 포괄할 수 없다면, 그 역사성은 보편적이고 전체적인 것을 부정하는 것과 똑같이 언표될 수 없다.

1. 비합리적인 것과 개별적인 것에 대비되는 역사성

보편적인 것에 자기를 맡기는 것이 역사적 의식을 위한 통로이다. 보편적인 것이 전적으로 진리라면, 그리고 사람들이 그 진리를 알 수 있다면, 사람들은 스스로 우연적이며 교체가능한 진리에로 다가갈 수 있다. 왜냐하면 진리는 도처에 존재하는 보편적인 것이기 때문이다. 이러한 자기(Selbst)는 진리를 알 수 없어도 진리를 생성해야만 한다. 나는 이전에는 몰랐지만, 포착함으로써 비로소 경험하는 나의 상황을 진리로부터 파악한다. 이때 보편적인 것에 대한 모든 앎(Wissen)은 단지 가능성만을 보여주고, 개별적인 것을 탐구하기 위한 하나의 전제에 지나지 않는다. **절대적인 것으로서 보편적으로 산다는 것은 막연한 자기가 되지 않고는 불가능하다.**

실존의 역사적인 것이 보편적이지 않다면, 그것은 흔히 말하는 **비합리적인 것**이다. 이것은 부당하지는 않지만, 틀리기 쉬운 것이다. 비합리적인 것은 단순히 부정적인 어떤 것이며, 보편적인 형식과의 관계에서 보면 소재이며, 법칙적 행위와의 관계에서 보면 자의적인 것이며, 필연성과의 관계에서 보면 우연적인 것이다. 비합리적인 것은 통찰되지 않는 것이든 혹은 거부되어야 할 것이든 부정적인 것으로서 매번 잉여로 남아 있다. 사유는 이러한 잉여를 최소한으로 제한하고자 노력하며, 그리고 이것은 당연한 일이다. 사유에 있어서 비합리성은 그 자체 어떤 것이 아니라, 단지 부정적인 것으로서 보편적인 것의 한계 혹은 임의적 소재일 뿐이다. 그러나 절대적으로 역사적인 것은 **긍정적인 것**으로서 그 자체 실존의식의 담지자이며, 한계가 아닌 원천이며, 잉여가 아닌 근원이다. 그것은 양도할 수 없는 유일한 척도가 된다. 그것은 본래적으로 진리이다. 이러한 진리로부터 보편적인 모든 것은 올바름으로 전락하고, 이념적인 모든 것은 이차적인 것으로 전락한다. 인식하지 않는다는 것은 보편적인 것에서도, 보편적인 것의 부정에서도 변형될 수 없다는 것을 말한다. 인식한다는 것은 그 자체 스스로 책임을 지는 가능실존의 자기조명 과정이 자기의 고유한 실현을 통해 있음을 말한다. 거기서 보편적인 것과 보편적이지 않은 것은 표현과 현상을 통한 수단으로 전락해버리고 만다.

게다가 비합리적인 것은 보편적인 것의 한계일 뿐만 아니라, 마치 시와 예술의 형상에서의 타당성과 마찬가지로 **비합리적인 보편성**이다. 그러나 역사성은 보편적으로 타당하지 않은 형상으로서 끊임없이 밝아지지만, 결코 명쾌해지지 않는 근거를 가지고 있다. 역사성은 합리적인 것과 형상이 된 비합리적인 것을 자신의 매개로 가지고 있다. 역사성은 **초합리적**(überrational)이지, 비합리적이지 않다.

보편적인 것의 부정으로서 혹은 합리적으로 타당하지 않은 보편성으로서 비합리적인 것에 대한 지식(Wissen)은 비합리적인 것을 **개념**으로 수용하고자 하는 사유로 이끌 수 있다. 헤겔에 의해 탁월하게 전개된 이러한 사유는 철학적으로 중요한 사실을 유일한 방법으로 진술할 수 있지만, 그럼에도 불구하고 이 사유는 근원적으로 역사적 의식의 핵심을 비껴간다. 이 역사적 의식은 사유하면서 어떤 사태의 객관화를 통해서 표현된 것이 아니라, 가능성에 대한 호소를 통해서 표현된다. 외견상 역사적인 것에 가장 근접한 것이 뜻밖에 생성된 지식을 기만함으로써 실존적 역사로부터 완전히 멀어진다.

개별적인 것 또한 비합리적이다. 개별적 현존에서 실존은 개별자로서 한 개인이기는 하지만, 개인으로 존재한다는 것이 실존으로 존재한다는 의미는 아니다. 개인은 어떤 객체적 범주이다. 개인이 현실적인 것의 **부단한 연속**(Endlosigkeit) 덕분에 보편법칙으로 사실상 해소될 수 없는 경우일 때, 개인은 각각의 개별적인 존재이다. 개인은 무한하고, 반복불가능한 유일한 존재이기 때문이다. 더욱이 개인은 살아 있는 개인으로서 **무한**(Unendlichkeit)으로 이루어진 부단한 연속 때문에 보편적으로 조망되지 않는 하나의 전체로서의 **불가분**의 통일로서 존재할 수 있다. 또다시 현실이 보편적인 것으로 인식될 수밖에 없다면, 개인의 개념은 남아 있는 잉여(Rest)의 표현이다.

일정한 의미와 관련하여 역사적 개인을 구성하는 사유는 오직 객관화하는 **역사학적**(historisch)인 서술들(소재의 선택, 연관들의 구조, 실제로 중요한 것과 중요하지 않은 것의 구별)의 논리적 구조로만 파악한다. 그러나 이러한 사유는 유일회적인 것을 결코 역사적 의식으로 만나지 않는다. 왜냐하면 이러한 사유는 실존의식을 은폐하는 반면, 유일회적인 것을 새로운 보편적인 것으로 해소하기 때문이다.

그러므로 실존의 역사성은 이미 비합리적인 것으로서 보편적이지 않은 것도, 개인으로서 보편적이지 않은 것도 아니다. 보편적이지 않은 것은 단순한 한계와 잉여이든, 아니면 보편적인 것 자체의 새로운 방식이든 양자 모두를 통해 생성될 것이다. 실존의 역사성은 항상 부정하는 공식들이나 혹은 보편적 연관성들을 통해서 표현될 수밖에 없는 객관성으로 전환될 것이다. 실존의 역사성에 대한 고유한 실증성(Positivität)은 객관화하는 인식과 연관되지 않는다.

그렇기 때문에 역사성에 대한 모든 진술은 문자 그대로, 그리고 논리적으로 말하면 허위가 될 것이 틀림없을 것이다. 왜냐하면 역사적 의식 자체는 오직 자신의 유일성으로만 근원적인 데 반해, 이 진술들은—오직 진술들에서만 사유되며 말해지게 된다—항상 보편적인 형식을 가지고 있기 때문이다. 왜냐하면 역사적 의식이 보편적 종(Gattung)의 경우로, 시간을 초월하여 타당한 존재자의 실현으로 또는 어떤 유형에로 접근한다면, 이러한 역사적 의식은 항상 고유한 기원으로부터 존재한다기보다 그 고유한 기원을 포함시킬 것이기 때문이다. 역사적 의식은 자신의 현상인 대상들(Gegenständlichkeiten)을 관철(觀徹)시키는 것 대신, 스스로가 하나의 대상이 될 것이다. 그렇기 때문에 설명의 방식은 보편적 수단으로서 한계를 지닐 수밖에 없었다. 설명의 방식은 사상의 비약이 아닌 의식 자체의 비약으로, 의식현실에서 사고의 전환으로 역사적 의식을 환하게 비출 수 있다. 이러한 비약은 항상 탁월한 방식으로 성공할 수밖에 없다. 왜냐하면 나는 오로지 나의 역사적 의식에서만 나 자신을 파악할 수 있고, 그와 동시에 자신의 역사성 안에서 타자들에게 개방되어 있기 때문이다. 보편적인 것은—부정, 순환관계, 형상들과 범주의 부적합한 사용—전달형식과 각성수단으로서의 방법이다.

2. 전체에서 부분존재(Gliedsein)와 대비되는 역사적인 것

나는 과제들과 함께하는 상황들 안에 역사적으로 존재한다. 또한 역사성이 보편적인 과제의 형상을 통해 나의 의식으로 나타날 때, 역사성은 나의 현존과 이때 놓인 과제의 특수성에 대한 유일한 상황에서 나의 뿌리내림이다. 나의 현존의 충만은 전체와 결합되어 있는 것처럼 보인다. 나는 전체에서 그 일부분으로 일정한 위치를 점하고 있으며, 전체로부터 나의 과제에 대한 특수성이 생긴다. 그러나 나의 위치는 하나의 닫혀 있는 세계 내 장소로서 조망될 수 없다. 이러한 의미에서 내가 나의 뿌리내림 (Verwurzelung)을 취한다면, 나는 절대적 전체로서 새로운 보편자로 해소될지도 모른다. 그러나 나의 뿌리내림의 절대적 역사성은 전적으로 보편자의 범주로 포섭되지도 않고, 그렇다고 전체로 편입되지도 않는 그런 것이다. 포섭과 편입은 현존의 관점에서는 상대적일 뿐이다. 전체를 통해 현존에게 부여된 위치들을 나눔으로써 전체의 질서와 현존 모두의 질서는 배열된 것으로서 항상 가상으로만 전개된 것에 불과할 것이다. 나와 소통하는 현실적 실존들과 동시에 나 자신은 비현실적인 가상으로 소실될지도 모른다. 그러나 전체에 대해 알지 못하면서도 또한 전체에 대한 맹목적 신앙은 역사성을 그 깊이에서 **지양한다**. 역사성은 실존의 상호존재 (Zueinandersein)를 통해 세계의 전체성 없이, 그리고 자기폐쇄적인 영계 (Geisterreich)의 전체성 없이 객관화되는 개별적 전체성으로 존재한다. 부분들로서의 개별적인 모든 것은 자기 안으로 지양되는, 가능적 세계존재의 총체성 대신에, 실존에게는 오로지 역사적으로 스스로 나타나는 일자로서의 초월자밖에 없다. 모든 보편적인 것과 전체적인 것은 종속적인 것이며, 그것을 초월자로 혼동하지 않는다. 나는 단지 가능실존으로서만 보편적인 것과 나에게 접근가능한 전체성을 파악한다. 나는 나의 실존의 역사성이 되는 나의 현존을 가능실존을 통해 떠맡는다. 그러나 현상으로 진술되는 것은 존재로서 대상화될 수 없다.

모든 사람에게 무제약적인 것으로서의 전체성은 시간현존에서는 목적으로서, 혹은 세계의 이중성(Weltdoppelung)에서는 피안에 있는 또 다른 세계로 **최종목표**의 가능성을 의미하게 될 것이다. 세계의 이중성은 세계의 올바른 제도나, 아니면 또 다른 어딘가에 존재하는 영원으로서의 세계를 의미하게 될 것이다. 그러나 역사성의 근원으로부터 올바른 세계제도의 가능성이 무너지고, 사유로서 존재하는 영원은 암호가 된다. 그것은 모든 사람에 대한 일자로서의 최종목표가 아니다. 이것은 보편적인 모든 것과 전체의 부정을 의미하지 않는다. 오히려 보편적인 모든 것과 전체는 개별적으로 중요하게 남는다. 게다가 내가 이것을 주어진 것으로서, 필수적인 것으로서 받아들이고 또한 원한다면, 그것은 역사적이다. 그러나 실존의 역사성으로부터 이것은 도출될 수 없다. 왜냐하면 실존의 역사성에는 어떤 전체도 포함되지 않기 때문이다. 나는 낯선 사람들과 소통할 뿐만 아니라, 타자 안에, 즉 우리는 경험적 현실로서, 보편타당한 것으로서, 현존하는 혹은 생성된 특수한 전체로서 실존을 결여한 것 안에 공존한다.

자기를 실현하는 어떤 존재로서의 역사적 의식은 사람들이 다른 관점들과 나란히 분류할 수 있을지도 모를 가능한 어떤 관점이 아니다. 그 자체 안에 스스로 구명할 수 없는 근원의 의식으로서의 역사성은 현상으로 알려진 근원으로서 충분히 진술될 수 없다. 역사성은 그 실현에서만 자기 자신에게로 도달한다. 자기조명의 원(Zirkel) 안에서 소통을 통해 스스로 순환하고, 현상하는 세계현존으로서 순환을 규정할 수 없을 정도로 확장하는 대신, 역사성은 역사성 자체를 상실하게 될, 객관적으로 고정된 형상이 될 것이다. 근원을 캐는 것은 아직 불가능하다. 왜냐하면 나는 실존하면서 나 자신의 진상을 의식일반을 통해서는 파악할 수 없기 때문이다. 나는 근원을 상실하게 될 것이며, 이는 더 이상 나 자신이 아닌 개개의 나 일반이 될 것이다.

3. 역사성의 형이상학적 확장

실존의 역사적 의식이 타자, 세계, 보편타당성, 전체성에 주목한다면,

역사적인 것을 전체적으로, 그리고 세계를 역사성으로 보려는 경향이 역사적 의식 안에 있다. 내가 나의 근원을 구명하려고 할 때, 나는 세계의 근원에 대해 형이상학적으로 문제 삼는다. 내가 나의 근원과 마찬가지로 세계 존재의 근원으로 밀고 나아가지 못하지만, 나는 그것에 대해 묻는 것을 중단할 수 없다. 두 개의 물음은 하나의 물음과 같다. 형이상학적 사변은 역사적 실존의식에 속한다. 모든 현실적인 것의 역사성을 확장하는 것은 존재하는 모든 것이 어떻게 존재하느냐 하는 것과 같이 결단으로부터 나오는 것을 말한다. 존재하는 모든 것은 절대적인 세계에서 영원지도 무시간적이지도 않다는 의미이다. 자연법칙 자체와 보편타당한 모든 것은 시간적으로 역사적인 것의 무시간적 관점으로서 생성된다. 여기서 시간성은 경험적 시간성에 적합하며, 마치 무시간성이 존재하는 것처럼 암호로서 어떤 형상으로만 존재한다. 그러나 그 안에 침잠한다는 것은 강제로 생각하게 하는 것이다. 즉 우리가 세계 속에서 의식일반으로 사유하는 한에서, 우리에게 세계는 무시간적 보편타당성으로 인식되고 전체적인 것으로 구성된 가능세계이기는 하지만, 이러한 세계는 자신의 극단적인 불안정으로 나타난다는 점에서 역사적이다.

이러한 사변은 개념적으로 이해되지 않고, 역사적 의식의 결단을 또다시 나타나게 하는 사유를 통해서 현기증을 일으킨다. 이러한 사변은 보편적인 모든 것과 전체적인 모든 것을 상대적인 것으로 침몰시키고, 전체 안에 있는 어떠한 부분존재도 조명하지 못하고, 어떠한 보편성도 근원적인 역사성을 명증하게 조명하지 못하는 그러한 깊이를 추구한다.

실현

나는 오직 현존으로 들어설 때만 역사적이기 때문에, 나의 존재를 현존을 통해서 가능실존으로 실현하지 않고는 세계 앞에 있는 나를 잡아둘 수 없다. 나는 개별적 현존의 관심들에서와 마찬가지로 내가 본래 무엇을 원하는지 알지 못한 채, 반드시 현존으로서 관여할 수밖에 없다. 내가 현존한다면, 나는 상황들 안에 있는 것이다. 나는 무엇으로 존재하고, 어떻게 자신에게 접근하는지를 본다. 그리고 그때에야 비로소 나는 내가 원하는 것이 무엇인지를 경험할 수 있으며, 그다음 나의 행위를 통해 나의 가능성의 역사적 현상이 될 수 있다. 단순히 맹목적인 현존의 의지가 아닌, 실존의 충동은 세계로 향한다.

1. 충실(Treue)

앞으로 나의 존재의 역사성은 충실을 통해 현존의 배려와 현존의 만족에 대한 단순한 임의적 연속과는 구분된다. 현존 안에 내가 나 자신으로 존재할수록, 한 번 사로잡힌 것(ein einmal Ergriffenes)을 벗어날 기회는 더 적을 수 있다. 그러나 이러한 실현과 함께 가능성은 제한된다. 더 이상 자기를 벗어날 수 없는 현존가능성의 끝은 죽음이다. 충실은 죽음에서 실존현상의 종말을 발견함으로써 실존의 현존을 가능성의 제한을 통해 그 자체 완결시킨다.

실존의 역사성이 실존의 충실이라면, 그것은 준수된 구속의 외형은 아니다. 나는 나의 계약들과 약속들을 내가 이미 살아온, 생존할 궤도에서 습관을 통해 확실히 지킬 수 있다. 그러나 나는 동시에 불충실할 수 있다. 충실은 언급된 단어가 지닌 고정된 가치, 도덕적 신뢰, 그리고 관습의 형식을 결과로 가지며, 재차 그것을 전제로 삼는다. 그러나 역사성이 자신의 근거와 결합하고, 자신을 망각하지 않고, 자신의 과거를 효과적으로 현재화함으로써 충실 자체는 자신의 현존 내용을 파악하는 역사성이다.

나는 **충실하지 않게**(treulos) 스스로를 벗어날 수도 있으며, 마치 한없이 깊이를 알 수 없는 공허로 방황할 수도 있다. 나는 나의 근원을 경멸하고 손상시키며, 나를 제지하고 볼품없이 만드는 속박들에 대항함으로써 나를 정당화하는 모든 것과 싸운다. 나는 나의 보편적인 것과 관념적인 것을 사랑한다고 생각하며, 그렇기 때문에 나는 어떤 구체적인 것도 나의 역사성 안에서 절대적으로, 배타적으로 사랑하지 않는다. 나는 때에 따라 장난 섞인 평가에 만족하는데, 내심으로는 정말로 나와 전혀 상관이 없는 그 모든 것을 나는 가장 좋아한다. 가령 역사적 근원을 대신하여 객관적 기준들에 따라 여전히 그렇게 빈약한 나의 전통에서 나는 후손들을 위해 오로지 조예가 깊은 교육학자에 의한 보편적인 교육을 열망한다. 역사적으로 특수한 모든 것은 보편적인 문화에 직면하여 여전히 변덕으로, 그리고 이기적인 완고함으로만 간주될 뿐이다. 사람들은 이러한 문화를 인간적이고, 유럽적이거나 독일적이라고 명명하며, 하나의 문화 혹은 몇몇의 문화를 인정하며, 그러한 문화야말로 보편적이다. 나는 고유한 자기를 무대와 단순한 도구로 끌어내리고, 그런 다음 어떠한 실존적인 충실을 인식하지 못한다. 오히려 나는 허위적으로 호명된 충실, 즉 보편적인 문화를 보존하기 위한 유용성과 확실성으로서의 충동적인 강제와 합목적적인 추종만을 인식한다.

세계의 범위는 충실의 내용이기는 하지만, **근원에 대한 단순한 충실이 결여**되어 있는 경우라면, 충실은 위대한, 보편적으로 중요한 과제들과 인간들에 대해 진실할 수 없다. 세계의 범위는 충실이 아닌 일반적인 이념과 객관적인 가치들, 역할과 효력에 사로잡힌 존재(Gebanntsein)이다. 충실은 자신의 보물을 가장 최소한으로 축적하고, 온전히 제정신이며, 다른 어떤 것도 바라지 않고, 자명함을 구하지도 않고, 조용히 자신을 확신하는 것이다.

부모에 대한 끝없는 현재의 충실은 나의 자기의식에 대한 하나의 요소이다. 나는 나의 **부모**를 사랑하지 않고는 나 자신을 사랑할 수 없다. 이 시대가 부모와의 갈등으로 새로운 상황들을 초래할 때, 충실은 자신의 깊이로는 어떤 순간에도 실현되지 못하지만, 항상 현재의 충실을 지키기 위한 준비로서 일상의 형식인 효심으로 전환되는 외형적인 것으로 존재한다.

충실은 유년기의 경험과 **청소년기**의 경험을 영원히 보존하고, 진지하게 간직하기를 요구한다. 공허한 실존의 혼란스러움만이 자신의 청소년 시기를 경멸하고, 현실적이었던 것을 청소년의 환상으로 밀쳐둔다. 자기 자신에 충실하지 않은 자는 그 누구에게도 충실하지 못하다.

비록 실존이 한순간만을 빛냈다고 하더라도, 여전히 어린 시절에는 고향 풍경, 마을의 수호신(genius loci), 선조들에 대한 충실, 한 인간과 모든 접촉에 대한 충실, 내가 기꺼이 되돌아갈 장소에 대한 충실 등이 있다.

보편적인 것과 무시간적인 것에 대해서는 어떠한 충실도 없다. 그렇기 때문에 충실은 **결코 기계적인 구속**이 아니다. 계산가능한 결과는 충실의 현상이어서는 안 된다. 충실은 거의 자기를 상실함으로써 무기력한 순간에만 일시적으로 의무의 형식을 취할 수 있다. 왜냐하면 충실은 역사적이기 때문에, 그것은 동시에 **과정**에 있다. 충실은 불변적으로, 객관적으로 동일하게 존재하는 것이 아니라, 실존 자신에 대한 현존의 변화를 통해 하나의 삶으로 존재한다. 나는 죽은, 고정된 어떤 것에 대해 충실을 갖는 것이 아니라, 현상으로는 한눈에 조망하기 어려울 정도로 달라지는 존재에 대해 충실을 갖는다. 충실의 핵심은 절대적 의식의 결단에 있으며, 이러한 절대적 의식의 결단을 통해 현존에서 자기 자신과 일체가 된다는 **하나의 근거가 확립**된다. 나는 나 자신으로서 행했고, 충실은 지금 타자와 함께 있는 나의 자기존재를 보호하는 것이다. 충실은 근원에서 나에 대한 나 자신의 요구들인 다양한 요구들을 통해 객관화된다.

현존에서 의심은 결코 배제되지 않는다. 충실은 안정에 뿌리내려져 있지만, 안정을 허용하지는 않는다. 충실은 갈등하고 단절을 **조장할 수도** 있다. 그러나 **단절**도 고유한 실존에 의한 단절을 의미하는 것이라면, 충실은 오직 그 자체로 존재한다. 불충실하다는 것은 내가 거짓된 안정으로 나의 권리를 만들어냄으로써 마치 인간이 혹은 한 사물이 존재하지 않았던 것처럼 그들을 사회적으로, 도덕적으로 없애고 외면하는 것이다. 불충실하다는 것은 내가 책임져야 할 순간에, 소통을 회피하고 자기위기를 다음과 같이 모면하는 것이다. "그건 이미 내게 일어난 일이야. 어쩔 수 없잖아.", "자주 있는 일이야.", "인간이란 그런 거잖아.", "잊어버렸어." 충실은 의무를 압도함으로써 강화되며, 느슨해지거나 누설되지 않는, 빠져나갈 구실을 찾는 불안정을 요구한다.

내가 충실과 동일시되었기 때문에, 나 자신으로 존재하는 **중심**의 충실은 **주변**의 충실과 구분되지 않으면 안 된다—왜냐하면 충실의 부정은 실존적 자기파괴의 부정일지도 모르기 때문이다. —주변의 충실은 냉담하지는 않지만, 일반적으로 그러한 경험들은 나를 존재로 이끌 수도, 파괴할 수도 없다. 그로 인해 **절대적**이고 **상대적인** 충실과 단계들이 있다. 나의 삶은 표면적이었던 만남을 보다 친밀하고, 본질적으로 만들며, 한때 본질적이었던 만남을 정착시켜야만 하고 믿음의 깊이를 더하는 방식으로 진행되고 있다.

충실은—절대적 충실을 확증하는 완전히 결정적 순간에 자신을 **몽땅 써버리기(Vergeuden)** 위해—점차적으로 나아가는 탕진, 주의(Vorsicht)에 대한 자기보존으로서의 **신중함(Zurückhaltung)**을 전제로 한다. — 왜냐하면 오직 한 사람이 현전하는 곳에, 초월자가 현존의 역사적 심연에 드러날 수 있는 경우에만, 현존과 자기존재가 완전히 일치하기 때문이다.

2. 역사적 실존의 광협(Enge und Weite)

실존적 내용의 현상으로서의 세계는 역사적 자기됨의 과정에서 확장되기도 하고 좁혀지기도 한다. 왜냐하면 실존의 넓이는 세계에서 단지 자기화를 통해서만 존재하기 때문이다. 내가 살아가는 곳이 있다는 것은 마치 나의 고유한 삶이 있는 것처럼 나의 현존의 범위, 나의 사실적 힘의 영역, 그리고 세계에 정통한 것을 통해서만 증명되었던 것은 아니다. 나는 많은 것을 실행할 수 있는 능력이 있지만, 그것은 단지 근면한 것에 지나지 않을 수 있다. 나는 역사적으로 실존하지 않고도, 무한한 역사학적(historisch) 세계를 볼 수 있다.

확장은 **실천적**으로 수행된다. 즉 내가 빠진 상황, 가능한 것으로서 밝혀질 수 있거나 외부로부터 나에게 제기될 수 있는 과제, 나의 자기이해를 전유하는 전통 등은 끊임없이 제한된, 극히 좁게 한정된 현존의 영역을 개방하는 것이다. 나의 현존 영역에서 나 자신을 위해 전심전력을 다하는 숨김없는 태도(Rücklosigkeit)야말로 나의 역사적 의식을 산출한다.

나는 역사학적 지식을 넘어서는 도중에 나의 의식을 **이론적으로** 확장한다. 이 지식은 실천적이고 역사적인 현재의식으로 파악됨에 따라 역사적 의식으로 전환된다. 그와 동시에 변함없이 낮게 평가되곤 하는 현재의 생활과 역사학적 지식이 거리를 유지한다면, 이러한 지식은 고유한 실존 없이 낭만적인 생생한 현재화(Vergegenwärtigung)로서 현존의 동경만을 가능하게 한다. 그러나 현재의 생활로부터 유리된 이러한 역사학적 지식은 현실적 실존에서 자기화를 준비하기 위해 그 자체 성장할 수밖에 없다. 나아가 실존 없이 과거를 살아갈지도 모를 나의 역사학적 의식의 절대화라고 하는 유혹을 극복하기 위해서는 어쩌면 유혹을 경험할 수밖에 없을지도 모른다.

마치 실존의 역사적 의식이 과거에 관한 지식의 도상에서 자신의 과거를 자각하는 것처럼 실존의 역사적 의식을 진술하는 것이 **역사철학**이다. 마치 현재마저도 이미 과거인 것처럼, 현재 자체가 역사학처럼 연구할 수 있는, 거리를 둔 취급과는 반대로, 그러한 취급은 대상적, 역사학적 지식을 수단으로 동화된 역사적 내용의 의식을 조명한다. 실존이 자신의 가능한 범위 안에서 파악하는 역사철학을 통해 역사학적 지식의 백과사전을 생성하는 것도 아니고, 역사철학이 어떤 가능한 이상으로서 완전성을 가질 수 있는 것도 아니다. 왜냐하면 그 경우에는 실존이 결코 이음쇠(Ansatz) 자체로부터 나오지 않았고, 그러므로 수많은 실존들의 세계는 다양성으로서 형상화될 수 있는 것 또한 아니기 때문에, 단지 실존에게만 남아 있는 것은 실존의 내용 자체를 확대하고, 포괄적인 소통을 할 각오에 있다. ― 역사철학적인 구성은 자신의 공간을 조명하고, 과거와 미래를 포괄하는 실존에 대한 표현으로서 그 진리를 갖는다. 그러나 학문으로서의 역사학에서 과거는 단지 지나간 것에 불과하고, 역사학은 어떠한 미래를 보지 못하는 반면, 역사철학은 현재 실존의 **모든** 시간과 관련된다. 역사학은 단지 당시로서만, 그리고 단지 그 자체로서만 진실일 수 있다. 역사철학은 그 자체가 역사적이며, 실존에서 모든 역사를 조망하는 것은 아니다. 물론 과거와 미래는 역사철학에서 근본적으로 상반되지만, 확증된 것으로서 구상적인 것은 가능한 것으로서 구상적인 것에 대립된다. 그러나 과거는 완성되는 것이 아니고 현재를 통해 개방되는 것이다. 결정된 것이라도 그 의미를 바꿀 수 있다. 미래는 가능성으로 남아 있고, 불가피한 필연성이 되지 않는다. 그렇기 때문에 실존적 현재 의식은 고정된 내용을 설명하는 것이 아니라, 그것을 넘어서서 본래적 문제로서 설명된다. 비록 신화가 지식과 결부된다고 하더라도, 실존의 대상적 형상은 하나의 신화를 의미한다. 사실적인 것은 얼핏 보기에 신화를 통해 다시 한 번 투명해진다. 사실적인 것은 사실적인 것으로 내버려 두고, 중요할 수 있는 어떤 사실도 결코 망각해서는 안 되며, 가능성을 고안해내고, 모든 사실적인 것과 가능적인 것을 실존과 그 초월자의 합일의 암호로서 해독하는 것은 영원한 현재로 가는 현재적인 것의 역사철학적 몰입의 길이다.

3. 일상

시간의 지속에서 현존의 연장은 일상을 의미한다. 이러한 일상의 분류, 유래, 그리고 방향 등은 실존적으로 현존이 준비하고, 그다음엔 조건이 되고, 마지막에는 결과가 되는 것을 통해 규정된다. 현존의 모든 순간과 객관성이 현존의 실존현상이라는 의미에서 보면, 누구도 절대적으로 실존할 수 없다.

나의 현상의 역사적 생성이 아무리 노련하게 직접적으로 실현된다고 하더라도, 내가 올바른 것과 이상적인 것으로서 오로지 관조적으로만 찬미하는 것을 나에게 허락하지 않는다. 내가 여전히 현존을 통해서는 올바른 확신도, 신뢰도 없다는 것을 스스로 알고 있을 때, 어떠한 충실도 생생하게 알지 못하며, 나와 타자에 대한 초인적인 윤리적 요구들을 통해 나를 확실하게 움직일 때, 나는 객관적으로, 윤리적으로만 보이는 행위를 수행하겠지만, 나의 일상의 사실성에서 그 의미를 한순간도 파악할 수 없는 사태가 나에게 발생한다. 나는 나의 생성존재에 대해 흡사 여전히 잠자는 역사적 현실로부터 나와서 내가 기괴하게 행동하고, 단지 불행만을 야기했을 때, 나를 공허에 빠뜨렸다. 나는 나의 행위들에 대한 권리를 **나의 근거를 통해서** 획득하지만, 그와 동시에 내가 행위들의 결과를 시간의 연속성 안에서 행위들에 적합한 실존함으로 가져오는 **확증을 통해서** 획득한다. 개별적 인간의 세계와 성격은 단지 주어진 것도, 개관할 수 있는 방식으로 정당하게 발전할 수 있는 것도 아니다. 개별적 인간의 세계와 성격은 오히려 내가 단순히 객관적으로만 정당하다고 간주하는 것을 행하는 것이며, 나의 역사적 현존에서 나의 근원에 대한 느낌을 책임질 수밖에 없는 것으로 확신시켜 파악하는 것을 점차적으로 행하는 긴장을 통해 실현되는 것이다. 순간적으로, 그와 동시에 순간의 연속을 통해서만 존재하는 역사적 의식은 순간적 격정과 순간적 외적 행위, 다시 말해 단순한 현상인 가상적인 것과 역사적으로 구축될 수밖에 없는 실존을 혼동하지 않는다. 실존은 격정을 통해서도 나타나지만, 본질적으로 실존의 소리 없는 자기확신을 통해 묵묵히 일상을 짊어지는 결단을 통해서 나타난다.

가능성들의 이상적인 파악은 단지 정신적 공간에만 존재한다. 정신적 공간의 풍부함(Reichtum)은 **불충분**하게 자기를 확신하며, 현실화하는 **실존**과 대립된다. 실존은 정신적 공간의 풍부함을 알지만, 그렇다고 실존이 풍부한 것은 아니다. 가능성과 현실성의 구별, 형상과 실존의 구별은 나의 역사적 근거의 선택을 통해 수행된다. 내가 나의 역사적 근거를 자발적으로 넘겨받았고 자기 것으로 만들었던 만큼, 내가 찾아낸 그 근거를 오직 나 자신이 되도록 구상한다.

일상은 역사적 실존의 **준비**이자 **확장**이다. 일상은 고조된 순간에 자신의 기준과 실현을 획득한다. 고조된 순간들은 확장을 통해 일상의 현실을 과거로서 증명하고, 시간이 무르익어 상황이 주어지게 되면, 오직 미래로서, 가능한 것으로서만 현실로 받아들일 준비가 되어 있는 긴장감이 현존에게 부여된다. 일상이 오로지 규율을 지키는 일(Arbeit)이어야만 한다면, 그래서 일상의 특별한 내용이 하찮기도 하고, 또한 훌륭하기도 하다면, 일상은 고조된 순간들로 인해 자신의 일상을 장엄하고 의미심장하게 만드는 배경을 갖는다.

그러나 현존을 자기 것으로 삼기 위한 요소는 일상을 관철한 **체념**이다. 체념은 스토아적인 것으로서 단지 인내하는 것이다. 그처럼 체념은 순간을 위한 불가피한 현존의 기술이지만, 체념이 그 이상이라면, 그것은 곧바로 공허로 향하는 길이 된다. 진정한 체념은 능동적이며, 난파(Scheitern)로 인해 무력감을 경험할 때 나타난다. 삶의 도약들, 즉 죽음을 아직 모르는 순진무구, 명랑함이라는 옛것(Frühere)과 나에게는 모든 것이었던 상실된 것(Verlorene)에서 두 번 다시 돌아오지 않는, 그래서 삶의 도약을 통해 아직 오지 않은 한계에 나는 부딪히며, 그 한계가 모든 것의 원인인 것처럼 보인다. ―비약의 고통으로 인한 적극적인 체념은 새로운 것을 건설한다. 거기서 과거는 절대적 과거로 남는 것이 아니라, 영원한 존재처럼 감추어져 있으며, 불가능한 미래는 초월하는 가능성으로 지양된다. 스토아적인 확고부동함의 견고함이 오직 공허한 시간으로만 지탱되고, 시간에 적대적이기 때문에 무시간적인 태도를 취하지만, 그렇다고 보존되는 것도, 건설되는 것도 아닌 반면, 진정한 체념은 역사적이며, 일상에 혼을 불어넣는다. 왜냐하면 진정한 체념은 불가능한 것에 직면하여 가능한 것을 적극적으로 파악하도록 하기 때문이다.

4. 비유

실존이 자신이 존재하는 세계에 구속되어 있는 것처럼, 그리고 실존을 없애고자 하는 대상들과 가치들에 구속되어 있는 것처럼, 실존은 고정된 하나의 관점을 유지하는 것이 아니라, 오직 부단한 운동에서만 자신의 현상을 통해 자신의 초월적 존재를 스스로 조명하는 것처럼 내가 비유적으로 실존의 역사적 현존을 생생하게 그려내고자 할 때, 나는 다음과 같은 모습을 추구한다.

나는 암벽 사이의 골짜기를 통해 먼 곳에 펼쳐진 평야를 본다. 저 멀리 햇빛이 비치는 시골길에서 말을 탄 한 사람이 트인 공간을 찾고 있다. 다채롭게 빛나는 모래 먼지에 가려져 그 사람이 전혀 보이지 않는 것도 아니며, 그렇다고 선명하게 보이는 것도 아니다. 마치 모든 색깔과 형태들이 마법과 같이 말을 탄 사람을 둘러싸고 있는 것처럼 보이고, 그의 목적을 의식하고 있는 소용돌이 안에 전체의 풍경은 살아 있는 것처럼 보인다. 이는 흡사 그 안에서 모든 것이 붕괴되고 소멸되는 것처럼 보이며, 한 번의 거대함으로 용해시켜버릴 것처럼 보인다. 사물들은 부분적으로 자신의 모습을 갖춘 명확성으로 여기에 존재하지만, 그 자체 홀로 있는 것이 아니라, 운동을 기대하면서, 운동의 현존을 통해, 운동으로부터 사물의 경계가 요구될 때, 비로소 사물 자체가 존재하고 있는 것처럼 보인다. 이는 사물의 견고한 규정성과 모든 것을 주조하고, 다시 세우는 것처럼 보이는 운동의 분리된 동력 사이에 존재하는 팽팽한 긴장이다. 고정된 모든 것은 중단되고, 아무것도 더 이상 존재하지 않는 완전한 소용돌이이거나, 경직되고, 죽은 투명한 결정체로서 모든 운동을 무한한 영속으로 변화시키는 완전한 형태만이 이러한 긴장을 해소시킬 것이다.

일탈

1. 확정적인 것에서의 안정

현존재와 자기존재의 합일로서의 역사성은 두 개의 측면으로의 일탈을 가능하게 한다. 내가 **자기존재 없는 현존**을 구한다면, 나는 독립적인 존재의식의 희생 아래 우연, 자의, 다양성 안에서 자기를 상실하며, 나는 그저 완전히 사라질 뿐이다. 내가 **현존 없는 자기존재**를 구한다면, 부정하는 작용 그 자체로서 더 이상 아무것도 남지 않을 때까지, 나는 부정할 뿐이다. 나는 아무것도 아닌 것(nichts)처럼 되어버린다.

자기를 상실하는 자기존재와 맹목적인 현존의 의지는 존재와 내용을 갖고 있는 것처럼 보이는 어떤 확정적인 것(Feste)을 **절대화하기 위한 동기**를 불러일으킨다. 또한 모든 것이 자기의 어두운 근거로부터 고유한 결단으로 오는 운동에 대한 긴장의 역사성 안에서 사람들은 몹시 불안하여 이러한 긴장을 피하려고 한다. 사람들은 이러한 역사성으로부터 해방되고자 한다. 우리가 현존 그 자체에 걸려 있는 한, 우리는 영원한 실존 대신에 시간적인 지속과 존속하는 진리를 원한다. 우리가 자기존재로서 공허하게 된 이상, 우리는 타자의 존재에서 자기존재를 재발견하고자 한다. 확정적인 것은 우리에게 시간과 영원을 위한 보증을 만들어야 한다.

확정적인 것은 **정확하게 알려진 것**으로서의 진리이며, **권위로서의 진리**이다.

나는 지식에서 **실증적으로** 안정을 찾는다. 정확함은 절대적인 것이다. 이 절대적인 것으로부터 지식이 결정된다. 지식은 마치 상황과 순간으로부터 어떠한 영향도 받지 않은 채, 정확하게 만들 수 있는 것처럼 나의 현존 전체에 대한 척도이다. 이는 새로운 경험을 필요로 하지 않는다면, 발견된 진리가 우리에게 실현되어야만 한다는 것은 부질없다. 나는 보편적이고 추상적인 정확한 세계를 통해, 상황의 무한한 제약으로부터 소극적으로 해방된다. 나는 정확한 사유를 통해 현존의 역사성을 회피한다. 본래적 현실은 보편성과 인과율이다. 그와 반대로 역사적 특수성은 인과 연쇄의 교차점으로서, 존재의 형태와 유형의 각각의 사례로서 취할 수밖에 없다. 나의 역사적 의식은 환상이 된다. 나는 나 자신에게 자립적 근원이 되지 않고, 하나의 무대가 된다. 여기에는 어떠한 역사적 깊이도 없고, 실존도 없으며, 오직 객체적인 것으로서의 존재만이 있을 뿐이다. 나는 저항 없는 공허한 자유 안에서 정확한 사유로서의 자기존재로 있다. 이때 저항 없는 공허한 자유가 현실로 들어섰을 때, 이 현실을 단지 저항하는 소재로서, 따라서 재료로서 강력한 조정을 위해 취급할 수 있을 뿐이다. 이와 반대로 현존에서 본래적인 자기존재를 위해 현실이 자유로부터 관철된다. 즉 모든 것을 물질처럼 취급하는 것 대신, 자유는 역사적이며, 자기존재의 시선은 본질적으로 소통을 추구하는 실존에게로 향해져 있다.

관념론의 철학에서 안정은 이념적 지식에서 발견되며, 그것으로부터 "사태가 자기전개를 한다는 것은 오로지 보편자 안에서만 내가 모든 개별자와 하나라는 것"(헤겔)을 요구한다. 여기서 해방 자체로부터 야기되는 사태는 보편자로서의 이념이며, 단순히 정확한 것(Richtige) 이상이다. 하지만 역사적 현상에서 사태는 오성으로 알려진 내용으로서도, 이념의 내용으로서도 가능실존의 매개가 된다. 이 가능실존이 사태 안에 존재한다고 해도 그 안에서 융해되어 없어져버리는 것은 아니다.

권위로서의 진리는 내가 무조건적으로 구속되어 있는, 객체적으로 고정된 것으로서 역사학적인 것의 절대화를 통해 발견된다. 역사적으로 실존하는 것 대신, 나는 역사학적인 객체들에 대한 가능실존을 상실한다. 모든 내용은 알려진 역사학적인 것으로 과거의 실존적, 역사적인 것의 합리화를 통해 삶과 그 원천을 잃고, 권위적인 것으로서 세울 수 있게 된다. 역사적으로 상실의 근거 위에 서 있고, 상실 속에서 자신의 고유한 근원으로부터 살며, 근거를 새롭게 세운다는 것이 불가능하기는 하지만, 근거를 자기 것으로 만들 수 있고, 그 안에서 변화시킬 수 있다는 의식을 대신해, 지금의 나에게 과거의 것은 부동의 것이 된다. 그 결과 현재 권력의 객체들에게 권위를 부여하기 위해, 그 객체들을 둘러싼 과거는 녹슬게 된다. 그들의 역사적 현상 안에서 실존의 자각을 대신해, 어떤 과거의 현상이 실존의 부정을 야기하게 된다.

지식과 **권위**의 고정화로 인해 역사적 현존에의 접근은 그렇게 소모적이고 불안한 현실에 깊이 뿌리내리는 것을 제거하고, 현존이 단순히 되풀이되도록 하기 위해 현상으로 달아난다. 시간은 단지 질적으로 무차별적인 연장으로서, 기술적으로 피할 수 없는 실현의 지속으로서, 마지막까지 빈틈없이 가득 채워진 단시간으로서, 사람들이 원칙적으로, 그리고 다양한 의미로 이미 알고 있는 것의 진보로서 존재하는 것에 지나지 않는다.

내가 보편적 필연성의 **지식**에서 안정성을 구한다면, 그 지식의 내용 없음에 나는 절망할 수 있다. 내가 역사학적인 것의 **권위**에서 안정성을 구한다면, 나는 나의 부자유에 대해 절망할 수 있다. 그러나 가능실존으로서 나는 나 자신에 대한 근원적인 선택, 즉 역사적으로 존재한다는 것, 그리고 보편적인 지적 의식으로는 볼 수 없는, 근거의 깊은 곳을 통찰해야 한다. 또한 그렇기 때문에 두 개의 안정성이 개별적이고 상대적인 가치를 제거하지 않고도, 나는 이 둘의 안정성을 포기해야만 한다. 왜냐하면 이 둘의 **질서들** 안에 모든 경험적인 현존이 연결되어 있기 때문이다. 여기서 중요한 것은 스스로가 역사적인 절대적 의식의 목소리를 통해 나타나는 내적인 안정성을 잃지 않는 것이다.

내가 역사적 과정의 긴장으로부터 벗어나 최종적인 안정을 갈망한다면, 존재하는 것은 결정되어야만 하고, 결정된 채로 그대로 있어야 한다. 그러나 실존은 그러한 결정에 안주할 수 없으며, 그렇게 오랜 시간이 걸리는, 더 이상 포기할 수 없는 근거인 결단 안에 형성된다.

결국 진리를 소유하고 싶은 경향은 역사성이 마치 **하나의 지식으로서** 사용될 수 있는 것처럼 역사성을 조명해야 할 사상들을 장악할 수 있을 것이다. 자기신격화(Selbstvergötterung)와 거짓된 변명이 그 결과가 될 것이다.

2. 자기신격화

역사적 의식은 인간이 자신을 최고자(Höchste)로 여기며, 신격화한다는 결론에 도달할 수 있을 것으로 보인다. 우리가 다양한 시대의 철학과 함께 최고자에 대해 묻는다면, 최고자는 우리에게 신비적인 황홀상태도, 신성과의 합일도 아니며, 이념의 삶으로서도 아니며, 타자의 체험으로서도 아니며, 정확한 보편자에 대한 인식적 사유도 아닌, 역사성으로서 소통을 통한 실존의 실현 안에 존재한다. 누구나 고유한 현존의 의식을 통해 실존을 확신할 수 있기 때문에, 누구나 스스로 최고자가 된다.

그러나 **최고자**는 상대적 의미에서만 실존이다. —즉 세계에서, 객체로서, 대상으로서, 자연으로서, 나에게 타당한 것으로서 나타나는 모든 것에 대해, 또는 경험적 현존으로서의 내가 존재한다. 왜냐하면 의식일반에 대해서가 아니라, 실존에게 최고자로서 초월자가 나타나는데, 이 초월자 없이 실존은 자신을 확신할 수 없기 때문이다. 인간은 항상 자신을 절정으로 간주하지 않고, 자신을 낮춘다면, 이러한 태도에 대해 심리학적이고 사회학적으로 밖에서 인식할 수 있는 것은 스스로가 만든 형상들이나 환상들을 동반한 삶이라는 것이다. 실존 안에서, 실존에 속하는, 실존을 넘어서 있는 것이 실존의 본질이다. 그러나 초월자가 진술과 형태로 객관화된다면, 초월자는 전달된 형식 안에서 실존조명으로 말할 수 있는 모든 것만큼이나 보편적이지 않다. 실존조명이 비록 실패했다고 하더라도, 형식적으로는 실존들의 공통적인 것을 설명하는 데 반해, 일자로서의 초월자는 모든 관점이 비정합적이며, 모호할 뿐만 아니라 실증적으로 실망시킬 정도로 온전히 비교될 수 없고 절대적으로 역사적이다. 여기서 역사적인 것은 다시 한 번 높여진다. 실존이 참되면 참될수록, 실존은 침묵한다.

세계에서 인간에게 나타날 수 있는 어떤 것도 자기 자신보다 중요한 것은 없다고 할 만큼, 진지하게 자기 자신을 생각할 때, 적어도 인간은 스스로 신이 될 수 없다. 그러나 인간 자신은 이미 자신의 현존의 개별성이 아니라, 오히려 본래적인 나와 본래적인 사태라고 부를 수 있고, 이 둘은 하나라는 주관과 객관 안에서 스스로 관철된(selbstdurchdrungen) 존재가능성이다. 이러한 진지함은 자기신격화의 경악스러운 형상으로 이끄는 것처럼 보인다면—왜냐하면 보편적인 모든 객체적 사물들과 권위는 상대적이기 때문이다—바로 그때, 그리고 단지 여기에서만 본래적으로 인간에게서 자신의 초월자와의 의존이 현전의 명확한 경험으로 변하게 된다. 자기신격화는 실존의 역사성으로부터 고정된 것 안에서 안정과 대립되는 일탈이다.

그러나 인간이 현존 안에서 그 어떤 현상으로 신격화된다면, 인간은 신도 될 수 없고, 자유로울 수도 없다. 객체적 사물들에 대한 말함은 가능실존으로서의 인간에 반대할 때, 권력으로서의 그 말은 순간 허위가 된다. 개인적인 단독자로서의 인간을 통해서만 참된 초월자에로의 길로 이끌어진다. 스스로를 포기하면서 신격화로서의 객체적 사물들에 예속되는 자는 가능실존으로서의 자기를 상실함과 동시에 초월자의 근원적인 드러남에 대한 가능성도 상실한다. 인간은 그저 고정적 근거, 현존의 구조, 그리고 사이비 초월자의 신앙을 획득할 뿐이다.

3. 허위의 정당화

역사적 의식은 이중의 방식으로 오해되는 경우가 있다.

역사성에서 나에게 절대적인 것이 확신되는 대신, 나는 나의 역사성의 현상을 그 자체 객체적 규정성에서 만인에게 타당한 것으로서 설정한다. 그때 역사적인 것은 생성되는 현상에 의해 소유로 변한다. 나는 역사적인 것의 소유를 통해 각자 고유한 역사성을 가진 타자들보다 나를 더 낫다고 생각한다. 나는 타자들에 대한 다양한 요구를 소유로부터 끌어내어, 그 소유를 논증을 통해 투쟁의 수단인 정당화로 이용한다. 이와 함께 나는 나를 포기하지 않고, 결코 이러한 요구들을 인정할 수 없는 근거들로부터 거짓의 또 다른 요구들에 대해 이의를 제기했을 뿐만 아니라, 나는 나의 근거 안에서 나 자신을 오해했던 것이며, 무한한 것에 의해서만 오직 유한한 것에 들어섰던 것이고, 자기됨의 과정에서 실존의 현상으로서만 진실인 것을 타당한 사태로 삼았던 것이다.

두 번째 객체화는 어떤 위치에 있는 나의 역사성에, 다른 위치에 있는 타자의 역사성에 일정한 자리를 부여한다. 역사학적인 발전에서 인간의 다양한 과제들의 어떤 유기체를 생각하게 된다. 전체적인 세계의 종합적인 형상에 의해 비로소 나의 특수한 사명이 직업으로서 정당화되며, 이 사명에게 어떤 위계가 인정된다. 일반적으로 어떠한 장소도 소유하지 않은 사명을 잃은 자들, 추방된 자들의 최하위까지 이 위계는 사명을 다른 사명 아래에 두거나, 다른 사명 위로 올려진다. 만인에 대한 자기존재의 보편화에서 최초의 고정화에 반해, 여기서는 복잡한 방식으로만 실존의 역사적인 것 대신에 하나의 보편자를 생각하게 될 뿐이다. 자기의 역사적인 삶은 오로지 보편적인 질서 안에 있는 하나의 삶일 뿐이며, 이 사명은 지명될 수 있는 것이지 투시하기 힘든, 역사적으로만 비로소 쟁취되어야 하는 사명은 아니다.

비록 이 둘의 객체화가 처음에는 모순된 것처럼 보일지라도, 이 둘의 객체화는 그 가치와 요구를 통해 **특수한 자기현존의 정당화**로 합쳐진다. 실존을 그 역사성 안에서 개별자에 대한 호소를 통해, 근원적으로 조명할 수 있는 사유의 불확실한 어떤 위장으로 실존 자신이 역사적인 태도를 취하면 취할수록, 더욱더 기만적인 단순한 객체화로 가능실존은 상실되고 만다.

진정한 역사적 의식은 이 둘의 객체화에 대항한다. 진정한 역사적 의식의 근본태도는 소통으로 들어가는 타자들을 **인정**할 뿐만 아니라, 타자들로 하여금 **대항해 싸우도록** 하는 것이다. 자기 자신을 기준으로 삼는 것은 역사적 의식의 상실을 의미하는 것이자 소통을 파괴하는 것인 반면, 나의 역사적 내용을 보편화하지 않는 것이야말로 내가 소통으로 들어갈 수 있는 조건이 된다. 모든 실존은 **자신들**의 근거로부터, 다른 사람으로부터 골고루 사랑받지 못한 인간에 대한 사랑을 통해, 실존과 마찬가지로 드러나지 않는 초월자를 통해 역사적으로 자기를 실현한다. 그러나 내가 소통으로 들어갈 때, 타자에 대한 나의 인정과 나에 대한 타자의 인정은 사람들과 함께 소통으로 들어갈 수 있는 존재로서 서로 인정한다는 표현으로 행해진다.

역사적 의식의 사명을 객관적으로 타당한 사명으로서 도출하거나 강요하는 대신에, 역사적 의식은 "사명"을 근원적인 실현과 거기서 경험할 수 있는 초월자의 필연성에 대한 구상적 표현으로서 간주할 때, 역사적 의식에서 발생하는 행위의 무제약성에 대해서만 말해질 뿐이다. 동시에 내가 원했던 운명으로서만, 나의 사명은 나에게 현전한다. 결단의 순간에 내가 나의 사명에 대해 묻는다면, 나는 다음과 같이 물을 것이다. 너는 이것을 영원히 바랄 수 있는가, 너는 이 행위에서 자유롭게 너 자신 스스로를 사랑하는가, 네가 행하는 것을 세계 안에 있는 현실로서 존재하길 바랄 수 있는가, 너는 이것을 가능하고 현실적인 하나의 세계로 바랄 수 있는가, 너는 이것을 영원히 옹호하고 싶은가? 이러한 물음들은 근본적으로 모두 같은 것이라고 말하지만, 나의 근원에 의지하고 있으며, 모든 객관적 질서는 오직 부수적으로만 인정될 뿐이다.

4. 구속력 없는 역사성

실존적 역사성에 대한 조명의 방식들은 올바른 존재의 지식으로서 적용되고, 곧바로 극도의 전도(Verkehrung)로 빠질 수 있다. 나는 모든 구속으로부터 해방되어 더할 나위 없는 신중함으로 상호 간에 서로 확립된 상황들과 체험들의 조정을 행하며, 나의 정열을 대략적으로 계산하고, 사건들의 정교하게 구성된 결과를 위해 적절한 시기인지 아닌지를 명민하게 측량하여 명암들의 가치와 우연들에 대한 이용의 매력을 인지한다. 그러므로 나는 나의 삶을 언뜻 역사적 대상으로 삼는다. 나는 이 역사적 대상을 예술작품으로서 창작함과 동시에 근거가 없는, 즉 무를 통해 본래적으로 구속된 모험을 통해 향유한다. 이것은 나의 행위를 미화하는 기준들로 간주된다. 독립적인 실존과 같이 외견상으로는 자유롭게 보일지 모르겠지만,

나는 훈련된 자의로 인해 독단적일 뿐이다.

이때 지반을 상실한 절망 속에서 극단적인 파괴를 향한 경향이 생길 수 있다. 사람들은 때때로 새롭게 시작하기 위해서는 모든 것이 파괴되지 않으면 안 된다고 생각한다. 여기서 근저를 갖지 않는 것(Unverwurzelte)이라는 이유로, 완전하게 비역사적인 것이 언뜻 보기에 마치 역사적으로 삶을 조정하는 것처럼 나타난다. 나 자신이 되기 위해서 나는 운명의식의 압박을 회피하는 것이 허용되지 않으며, 행해진 것과 그 결과에 대한 당황스러움도 허용되지 않는다. 내가 행한 것을 더 이상 나와 아무런 관계가 없는 것처럼, 남김없이 처리하도록 한다면, 나는 거짓이 된다. 인간이 모든 역사에 근거하여 공허에 빠지게 될 때, 그는 역사적인 파괴에 대한 폭력성을 잘 실행할 수 있다. 그러나 인간은 가장 깊은 근저에 놓여 있다는 것과 그가 그 근저를 역사적으로 파악하고는 있지만, 그럼에도 불구하고 세계를 새롭게 창조할 수 있다는 사실을 망각하고 있는 것이다.

나의 실존의 역사적 의식 안에서만이 유일하게 나는 과거의 노예도 아니며, 알려진 정확함과 유토피아적 전체성의 공허함으로 자신을 상실하지도 않고, 체험의 결과에 대한 미학적인 완성에서 무력화되지도 않는다.

제2부

자유로서의 자기존재

제5장

의지

자유는 의지로서 현존한다. 의지는 앞을 향해 나가는 능동성이 아니라 의지의 자유는 자기 자신이기를 동시에 의욕한다.

사람들은 곧잘 '나는 원하기도 하지만 원하지도 않는다.'라고 말한다. 이때 의지에서의 자유는 모호한 두 가지 의미로 나뉘어 있다. 나는 나 자신의 의지에 반해서 행위하고, 그래서 도대체 내가 누구인지를 몰라 심하게 동요된다. 원했기에 그렇게 행동했던 그 사람인가, 아니면 침묵했던 그 순간 원하지 않았던 바로 그 사람인가?

사람들은 곧잘 혼란스러워하면서 "나는 바랄 수가 없었다."라고 말한다. 그 경우의 나는 나 스스로 현재하지 않고, 무한한 반성의 가능성에 머물러 있으며, 내가 나의 바람대로 의욕할 때 본래적으로 존재하려는 결단에 이르지 못한다.

의지는 근거 자체가 부동하는 자유 안에 그 존재 근거를 가진다. 그러한 부동함으로부터 나오는 의지는 그 자체 자유를 통해 결정된다. 자기 자신이고자 하는 의지는 어떤 것을 원하는 의지가 아니다. 어떤 것을 원하는 의지는 심리학적인 현상으로 기술될 수 있다. 자기 자신이고자 하는 의지는 어떤 것을 원할 때 자유의 근거에서 나오는 존재의 적극적인 확실성이다.

의지의 심리학과 그의 한계

1. 의지의 현상학

사람들이 의지를 경험적으로 파악하고자 할 때 사람들은 그 의지를 반응적 표출체계의 가장 높은 단계로 간주한다. 이로부터 본다면 의지는 곧 타자이다. **반사운동**은 일정한 자극에 따라 기계적으로 결정된 방식 안에서 의욕함 없이, 그리고 의식 없이 일어난다. 기계주의는 반사의 억제와 허용을 통해서, 그리고 전체 질서 안에서의 배치를 통해서 무한히 착종되기는 하지만 그럼에도 불구하고 기계주의는 여전히 기계주의일 뿐이다. **본능행위**와 **충동행위**는 이미 노력의 의식, 그리고 실현이나 충만에의 추동으로부터 수반된다. 그 의식은 억제로서의 충동과 대립되는 저항을 통해 불러일으켜진다. 그 결과 충동은 직접적으로 실현되는 것이 아니고 단지 해소될 수 있을 뿐이다. 이러한 충동적인 추구는 여전히 맹목적이고 그 목표를 알지 못한다. 본래적 의식은 목적에 대한 지식일 때에야 비로소 **의지**에 속한다. 의지는 반동의 단순한 느낌이나 추구하는 추동도 아니고 대상적 내용에 실용적으로 관심을 두고 보는 것도 아니며 오히려 그 둘의 통일이다. 즉 의지는 내가 추구하는 방향으로 나를 움직이게 만드는 목표를 밝히는 것이다.

의지의 현존은 유기체의 반사운동과 충동적 추구의 운동을 전제로 한다. 의지 자체는 **구분되는 사유**와 함께 있을 때 비로소 현존한다. 이러한 추구의 외적 제약은 의지를 목적으로서 의식하는 목표로부터 후퇴하도록, 수단에로 몰아간다. 목적과 수단은 숙고의 대상이 된다. 즉 수단은 그것이 목적에 적합한지 여부와 관련된 것이다. 그리고 목적은 그것이 진실한지 여부와 관련된다. 목적이 진실하다는 것은 또한 목적이 실제적이고 수단을 가지고 의욕되어야 한다는 것을 말한다. 단순히 기술되는 사유로부터 활동하는 사유로의 비약이 행해지고 의지가 자기조명에서 수행된다면 의지 안에는 어떤 움직임이 있다. 이 움직임은 그 자체가 어떠한 고정된 지점에 종속되어 있지 않기 때문에 (의지가 적절한지 적절하지 않은지를―역자) 시험해보면서 모든 목적에 대립될 수 있다. 이러한 움직여진 합리성의 의식 없는 선택이란 존재하지 않는다.

　선택의 동기에 대한 질문을 받으면, 사람들은 '거기에는 많은 동기들이 있고, 이 동기들은 서로가 투쟁하고, 그것들 중에서 가장 강한 동기가 승리한다.'고 대답한다. 즉 이것이 바로 선택이다. 하지만 이것은 잘못된 기술 (Beschreibung)이다. 만일 나를 괴롭히는 나와의 싸움이 있다면, 그 행동은 맹목적일 수도 있다. 이러한 맹목적인 행동은 단지 상대적이거나 충동적일 뿐이다. 그것은 관찰자가 부여하는 의미에 따른 어떤 선택을 뜻하는 것이지, 의지에 따른 것이 아니다. 선택은 어떤 힘의 우세함이 아니라―왜냐하면 나는 심리적으로 정열과 충동에 가장 약한 동기를 선택할 수 있기 때문이다―내가 나의 상황에 대해 옳은 방향을 찾고, 내 안에 있는 모든 힘에 귀를 기울이며 성찰하는, 이리저리(Hin- und Hergehen) 동요하면서의 결단을 말한다. 본래적인 선택 없이도 어떤 하나의 동기가 우위를 차지하는 동기화된 힘의 투쟁의 과정이 있다. "나는 **선택한다**."의 명확성이 있을 때에야 비로소 우리는 의지에 대해 말하게 된다. 분투의 실현을 중단시키는 결정적인 순간이 있고, 바로 거기에서 자신의 방향을 검토하게 된다. 즉 이 순간에 인간은 동기들에 의해서만 움직이는 것이 아니라, "내가 **그것을 그렇게 원해**."라는 입장에서 그 동기들과 대립하게 된다는 것이다.

　만일 이것이 그 실행을 현실화하는 과정에서 확실해진다면, 의지의 본질에 속하는 것은 현상학적인 기술과 심리학적인 인식을 전적으로 피하게 된다. 의지는 **자기 자신과의 관계로서 존재한다.** 의지는 내가 나 자신을 관찰의 방식으로 보는 것이 아니라, 내가 적극적으로 나와 관계하는 자기의식이다. 이러한 자아는 단순히 존재하는 것이 아니라, 자기창조로서 존재한다. "의지가 강하면 강한 만큼 자기가 더 많이 존재한다."는 키르케고르의 문장은 바로 이 근원과 만난다.

2. 의지의 작용

충동적인 생명은 환상과 현실을 아직 구분하지 못한다. 이 둘 안에는 만족이 삶이 된다. 인간은 환상을 만족시키는 근원적이며 영속적인 경향을 가진다. 사유하는 의식으로서의 의지는 처음으로 꿈과 현실을 **구분하는** 성과를 가진다. 의지는 충동과 만족의 실현 그 자체를 추구하게 되는 수단으로서 충동과 만족 사이에 전가된다. 이때 현존의 직접적인 폐쇄성과 상실은 같은 방식으로 사라지게 된다. 의지는 긴 안목으로 사유하고 계획하면서 그때까지 자신을 방치했던 현존을 붙들고 **역사** 속으로 들어간다. 의지는 고유한 현존의 영역을 사실적으로 초월할 뿐만 아니라, 지식적으로(wissend)도 초월한다. 의지의 작용은 그 행위의 **의미**를 통해 특별한 근거를 갖고 있는 것으로서 자신의 가능성에 따라 무제한의 시간으로 들어간다. 더 이상 단순한 자연스러움의 영역에 넘겨주지 않고 단순하게 변화되는 생명의 현존을 돌파하면서 의지는 **운명**이 된다. 의지는 단순히 순간적인 만족을 원할 뿐만 아니라, 계속 작용하는 현실성의 근거를 획득하고자 한다.

결정적으로 현실적인 것과 연관된 의지는 모든 바람, 표상, 꿈 등과 일정한 거리를 둔다. 그와 더불어 의지는 단순한 노력의 수준에서의 전력투구(Anstrengung)와 대립되는, 그것과 근원적으로 다른 힘을 인식한다. 나는 분투하면서 심리적으로 긴장되어 있고 생동력을 필요로 한다. 즉 일의적인 긴장 안의 분투는 다의성 안에 있는 현실적인 상황과의 연관 속에서 신중한 내면성의 규정 안에 존재하는 의지의 에너지보다 더 수월하다. 이와 같은 의지의 에너지는 순간적으로, 그리고 제한된 지속을 통한 강력한 작용으로서 현실적으로 존재하는 것이 아니라, 전적으로 비가시적인 물리적 힘이 있을 때 잘 훈련된 개방된 귀밝음(Hellhörigkeit)과 지도력 안에 존재한다. 의지의 에너지는 의미의 연속성으로서의 지속이다. 즉 의지의 에너지는 목표를 붙잡는 것이 아니라 모든 지식의 차원을 초월하여 궁극적인 목표를 탐구하면서 생명을 주시하는 것이다.

3. 의지의 시작점

분투의 직선적 활동력은 나의 육체적 운동에서, 그리고 나의 영적인 생명의 순간적 진행에서 직접적인 작용을 갖는다. 간접적인 작용은 맹목적인 활동성만이 아니라 의지를 통해서 계획된 것과 마찬가지로 세계로 넓혀진 나의 상황에서 우연히 발생한다. 팔운동과 같은 종류의 육체적인 표출의 가시적 결과는 우리나 동물이나 마찬가지이다. 즉 매개를 통해 의미의 선언이나 기술적으로 계획된 행위, 이해될 수 있는 태도로서의 다른 인간과의 교섭 등이 가능한 것이며, 그리하여 수천 년에 걸친, 현존일반에 미친 인간적인 작용과 현존에서의 전망이 가능하다. 우리는 의지가 본래적으로 무엇을 할 수 있는지와 할 수 없는지, 그리고 의지는 어디서 자신의 일을 시작해야만 하는지를 묻는다.

의지의 모든 작용은 정신물리학적인 현존에서, 소여성의 세계에서, 나아가 의지가 행동할 때 알지 못하는 연관성의 세계에서 무의식적인 메커니즘에 의존한다.

의지가 육체적인 운동과 영적인(seelisch) 일어남(Geschehen)의 진행방식에로 변화되는 최초의 직접적 전환은 우리에게 놀라운 사실에 대한 반성적 사유에서와 똑같은 정도로 그것의 순간성(Augenblicklichkeit)을 신뢰하게 한다. 이것은 세계에서 "마법적인 것"이 실재하는 유일한 장이다. 다시 말해서 정신적인 것이 직접적으로 물리적이고 심리적인 현실로 전환되고 그와 동시에 자신의 현존의 변화를 제약하는 유일한 장이다. 사람들이 기계적이고 심리학적인 연관을 인과적으로 인식하는 것과 마찬가지로 이러한 전환은 그 어떤 것과도 비교되지 않는 근원적 사실이다.

사람들은 이러한 근원적 사실을 수많은 경우들로부터 출발하여 연구의 대상으로 삼았다. 근원적인 사실 안에서는 기대하고 있는 것과 같은 **전환**은 일어나지 않았다. 팔다리나 혹은 사유는 복종하지 않는다. 즉 인간은 그가 원하는 대로 행할 수는 없다. 그는 어떻게 인간이 의지를 만드는지, 자신의 의지가 어디서 시작되어야만 하는지에 대해 의사에게 묻는다. 어떠한 일을 아직 할 수는 없지만 그것을 학습하거나 연습하고자 하는 사람도 비슷하게 묻는다. 또는 실험에서 사람들은 복잡한 과제설정으로부터 출발하고 오작용에서 주어진 의지목표의 실패를 조사한다. 전반적으로 탐구되는 것은 빈약하고 세부사항에서는 너무 상세하게 전달되는 이것은 실험심리학의 일이다.

이러한 관찰에서 적어도 의지는, 기계적으로 사유하는 오성에 기대하는 것처럼 하나의 기본적인 성과를 다른 성과들과 함께 정렬하고 그런 다음 종합하는 것이 아니라는 것을 명확히 하게 된다. 즉 사람들은 학습이라는 것을 처음 할 때 단지 부분적으로만, 예컨대 타이핑, 암기 등의 부분만을 잘할 수 있을 뿐이다. 오히려 의지는 모든 표상과 판단을 똑같이 일회적인 의지행위를 가지고 전체적인 것으로 실현하는 전체성과 관계한다. (운동복합체, 연관되는 기억의 전체성의 착상) 의지는 맨 처음 직접적이며 각각의 단계를 조정하거나 조정하지 않는다는 것은 성공을 위해서는 매우 중요하다. 우리는 이것에 너무 익숙해져서 제대로 알아채지 못한다. 왜냐하면 우리는 이것을 본능적으로 적합하게 만들기 때문이다. 이와 반대로 "재능 (숙달)"의 거부는 전환점에서 의지의 적합하지 않은 시도에 기인한다. 의지가 어디에서 에너지를 사용해야 하는지, 그리고 의지가 어디에서 에너지를 정반대로 돌려야 할 것인지가 중요한 문제이다. 이와 관련해 운동, 말, 표상의 흐름, 기억의 재생 등의 노련함이 있다. 하지만 개별적으로 태도를 취하는 것과 마찬가지로 전체적인 것이 똑같이 알려지지 않는다. 사람들은 "태도"를 잘 기술할 수 있지만, 구체적인 처방은 거의 없다. 만일 의지의 시작에서 방해물을 교정하는 것에 성공한다면, 이것은 우연들을 인위적으로 이용하는 것이고 심리적으로는 결코 계산될 수 없는 행운을 포착하는 것이다.

의지는 순간적인 작용(효과) 이외에 흐르는 시간 속에서 천천히 습관, 연습, 학습을 통해 자신의 정신–물리적 현존의 형상을 목표로 한다. 순간적으로 나타나는 성과로서는 불가능하게 보이는 것이 시간이 흘러감에 따라 쉽게 파악된다. 우리에게 느낌의 방식과 삶의 방식으로서 순간적으로 여전히 낯설고 피할 수 있는 것은 결국 우리들의 본질로 변화된다. 의지가 시간 안에 달성되거나 인내하는 과정에서 의지가 발현될 수 있다는 사실은 예상할 수 없다. 사람들이 관찰을 순간의 성과에 국한한다면, 의지가 할 수 있는 일은 적다. 그러나 아주 사소한 행동이라도 규칙적으로 반복하게 되면 비범한 것이 성취될 수 있다. 단지 숙련과 재능만이 획득되는 것이 아니라 완전한 인격성, 지금으로서는 경험적으로 주어진 상존재의 위대함이 변형되는 것이다. 그러므로 일상의 모든 행위는 이와 같이 중요하다. 왜냐하면 일상의 행위들은 원하든 원치 않든 형태가 있는 작용을 가지기 때문이다. 성격학적인 소질과 의식외적(außerbewußter) 기제의 주어진 전제하에 있는 순간적인 행위뿐만 아니라 행위하면서 **획득된** 소질도 의지의 결과에 따라, 그리고 그 의지에 경험적으로 산출된 것이다. 인간은 자신에게 행해진 것 안에서 아주 하찮게, 그리고 무관하게 취급되는 것에 대한 책임을 진다. 나중에 "나는 그럴 수밖에 없어."라고 말하면서 순간적인 상황에서 책임을 떠넘길 때 이러한 불능은 이전의 의지와 비의지의 결과인 경우가 많다. 인간이 자신에게 책임 있는 의지행위를 과도한 행동과 눈에 띄는 행위로 잘못 하게 되어서 그 덕분에 태만과 자의가 허용된다면 이는 그릇된 자기기만이다. 그래서 개별화된 행위는 어떠한 신뢰도 할 수 없는 병리적인 과도함으로 변하고 그 의미는 고정될 수 없다. 작은 일에서도 큰일에서도 인간은 마찬가지이다.

현존의 형성과 변용에 있어서의 점진적인 작용과 마찬가지로 정신물리학적인 현존에서의 의지의 순간적인 작용은 세계 안에서의 **간접적인 의지작용**을 위한 전제조건이 된다. 어떤 단순한 운동이 정신물리학적이고 그 의미에 따라서 객관적인 목표로 삼는 것이 인간과 사물과의 관계 속에서 세계 안의 **행위**가 된다. 행위를 통해서 목표와 동기는 광범위하게 작용될 수 있다. 세계현존과 관련해서 정신물리학적인 현존은 흡사 마구잡이로 서투르게 건반을 두드리는 것처럼 되든가 아니면 의지가 잘 구현된 작품을 연주하는 것처럼 되든가 한다. 이는 아직 주체의 자판에 확립되지 않은, 세계 안에서의 전체가 된다. 의도적인 행위들은 광범위한 사회적 메커

니즘과 기술적인 자연지배를 위한 행사(Veranstaltung)에 편입되면, 이미 알려진 혹은 사실적인 작용에서 밝혀지는 그러한 의미에서는 꺾일 수밖에 없다. 의지의 직접적인 영적, 육체적 변형은 전제로만 남는다.

의지의 시발점에 대한 물음이 제기될 때 기계적 도구에 대한 기술적 지식의 사용에서 원했던 것의 전환이 소진된 곳에서는 이에 대한 대답은 더 이상 오지 않는다.

4. 의지와 비자의적인 일어남

밝은 의지와 어두운 비자의적 힘 사이의 통일은 알력이 없는 영적 일어남 안에 있다. 의지가 아직 자유의지가 아니고, 그래서 의지가 단절되고 두 가지 의미가 되어 근원적인 자기존재로 변화되지 않는 한, 이러한 통일은 문제없이 존속될 수 있다. (통일의―역자) 분리 이후에 이 양자는 근원적으로 실존적인 의지 안에서 새롭게 하나가 될 수 있다. 그러나 경험적 현상에서 이 양자는 분리된다. 양자는 서로 투쟁하고 검증하고 관계를 맺고 상호침투한다.

이러한 투쟁은 지속적인 분열이 될 수 있다. 그렇게 되면 이 지속적인 분열은 결실 없는 상태에 있게 된다. 나의 정신물리학적인 본질은 더 이상 의지에 따르지 않는다. 정신물리학적인 본질은 비자의적인 과정에서 의지에 반하여 스스로를 관철시킨다. 나는 내가 원하는 것을 할 수 없다. 예컨대 읽을 때 주의를 기울일 수도 없고, 자연스러운 움직임을 실행할 수도 없다. 내가 구하지도 않은 것들, 즉 감정, 표상, 나에게 낯설게 나타나는 내적 충동 등이 나를 엄습한다. 나는 나 스스로를 지배하고자 하지만 점점 더 나빠지기만 할 뿐이다. 즉 나는 무력해지고 종속된다. 결국 이러한 종속은 의지의 지양하에서, 억압현상과 정신병리학적으로 탐구되는 과정과 마찬가지로 맹목적인 충동에 따르는 나의 현존에의 굴복에로 이끈다. 사람들은 처음에는, 자신의 영혼에 대해서 말하지 않고도 질병에 대한 처방전을 얻을 수 있을 것이라는 순진함을 가지고 의사에게 갈지도 모른다. 이러한 순진함이 사라지게 되고 이러한 분열로 자신의 고유한 의지가 작용할 준비가 되어 있다면 다음과 같은 물음이 제기된다. 이러한 의지는 어디서 작용해야 하는가? 의지의 작용을 "집중시키는 것(Zusammennehmen)"은 사태를 악화시킬 뿐이므로 다른 방식으로 의지가 의욕되어야 한다는 것이 분명하다. 그러나 일반적인 의사의 충고에 따르게 할 수 있는 것에 대한 현실적인 인식은 없다. 사람들은 의지가 자주 꺾일 수 있기는 하지만 대개는 규정될 수 없는 지점, 즉 갑작스럽고 운 좋은 포착에서 만날 수 있었던 지점까지 작용했던 바로 그곳에서 의지는 곧바로 중단되어야 한다는 것을 알 뿐이다. 또한 사람들은 비자의적인 일어남과 의지로부터 상호작용하면서 함께 가는 것으로의 분열의 전환이 성공한다면 훈련과 습관이 개별적인 경우에 세련되게 추구되는 방법에서 상호작용해야 한다는 것을 알 뿐이다. 그러나 결국 영적인 배경에 대한 심오한 조명이 성공하지 않을 때, 그리고 의지가 자기투시의 길에서 의지의 근원적인 내용으로부터 명확성과 힘을 획득할 때 이러한 직접적이고 곧은 의지가 일반적으로 할 수 있는 게 적다는 것을 경험하게 된다. 그러므로 이 길은 정신물리학적인 것에서 심리학적인 것으로 이끌어진다. 착란은 정신병리학의 대상이다. 정신병리학은 착란을 현상학적인 방법으로 인과적으로 이해하면서 연구하기는 하지만 그 대상은 그 자체 안에서 완결된 것으로 획득될 수 없다. 왜냐하면 그 대상은 실존에서도 단절의 현상이기 때문이다. 그래서 결국 정신착란에 대해서는 인과적으로만 연구될 수 있다거나, 심리학적으로만 이해될 수 있다거나, 의학적으로 치료될 수 있다는 생각이 중단된다. 자기 자신과의 소통 안에 있는 철학자만이 가능한 한에서 스스로를 도울 수 있다.

결실 없이 분열되는 대신에 의지와 비자의적인 일어남은 분열 없이 그 자체 안에서 자기를 촉진하는 전체이든 싸우거나 제한하면서 다시 합치하든 둘 중의 하나의 방식으로 결실을 맺을 수 있다.

한 측면(비자의적 일어남)에는 성장과 생성, 충실과 힘이 있고 다른 측면(의지)에는 행함과 목적, 숙고와 구성이 있다. 우리가 이러한 대립을 단지 상대적으로 타당한 추상으로서가 아니라 항상 존속하는 대립으로 받아들인다면 그때의 의지는 분명히 비창조적인 것이 될 것이다. 의지는 질서 지우고 형식을 부여할 뿐인 주어진 재료에 의존하게 될 것이다. 또한 의지는 의지가 작용하고 그 자신에게 주어져야 하는 것을 통해서 본질적인 것이 될 것이다. 그러나 가공될 재료가 기계에 제공되면 기계는 어떤 것을 수행하고 그렇지 않으면 헛돌게 되는 것과 마찬가지로 의지 역시 그렇다. 클라게스는 의지를 이렇게 보았고 구성적으로 탁월하게 서술했다. 의지는 확실하게, 그리고 규정적으로 작용하고 오성과 합치한다. 반복될 수 없는 리듬의 삶에 반하여 의지는 규칙적인 것과 모방가능한 것을 만든다. 의지의 저지를 통해 기준과 획일성이 생긴다. 의지는 과도한 노력의 활동범위를 강제로 좁혀서 그것에 법칙성을 부여하고 그것을 이용할 수 있게 만든다. 클라게스가 제안한 이것이 바로 의지의 파괴적인(verwüstend) 작용의 모습이다.

의지가 무엇을 할 수 있느냐고 사람들이 묻는다면 그러한 관점에서는 아무것도 할 수 없다고 대답하지 않으면 안 된다. 이렇게 보면 인간은 자기 자신을 넘어서서 의욕할 수 없고 자신의 영혼의 힘을 정해진 노선에서만 발휘할 수 있을 뿐이다. 인간의 본래적인 본질은 이러한 힘일 것이고,

의지 안에 인간은 인간 그 자체는 아닐 것이다. 이러한 의지가 보다 물질적인 어떤 것을 행하고자 한다면 가상의 현실이 생겨야만 할 것이다. 나의 본질의 실체는 변화될 수 없는 채로 주어진 그대로이다. 의지는 그 실체를 제한하지만 본래적인 선택과 관계하지는 않는다. 즉 의지는 실체가 아닌 그 어떤 것을 인위적으로 만든다. 모든 자기교육은 인위적인 것 때문에 참이 아닐 것이다. 다시 말해 비진리는 이러한 의지 자체에 이미 존재할 것이다.

여기서 의지는 형식화하면서 존재하지 않는 것에 대한 가상을 일깨울 수 있음을 통해서 올바른 것과 만나게 된다. 어떠한 자아도 의지 안에 실존하는 것으로 실현되지 않고 의식일반이 가능적인 것의 무한성 안에서 임의대로 파악하게 된다면, 이 의지는 자신의 근원으로부터 분리되어 남겨지게 될 그러한 의지이다.

의지가 제한할 수 있고 형성할 수 있고 그래서 없앨 수 있다면, 의지는 이러한 형식적 의지로서 이미 **그 이상의** 것일 수 있다. 의지는 영혼 안에서 가능한 것을 방해하고 밀어붙일 뿐만 아니라 촉진하고 이끌어내기도 한다.

결국 의지와 비자의적 일어남의 분리는 오직 두 힘들을 대립시키는, 객체화하는 심리학적 관찰에 있어서만 성립된다. 우리가 자유라고 말하는 의지는 일반적으로 직접적으로는 관찰될 수 없고 대상화하는 관찰과는 다르게 호소함으로써만 밝힐 수 있을 뿐이다. 그러나 이러한 관찰은 이미 한계에 이르러 있다. 다시 말해 자립적인 의지가 공허하게 작용한다면 의지는 어디에서 그 힘을 가지고 오는가? 이 힘이 의지의 고유한 것이라면 의지 자체는 본질적인 힘일 것이다. 그러나 만일 그 힘이 의지가 기여해야 할 다른 힘이라면 이때의 의지는 단순한 도구에 지나지 않을 것이다.

이에 반해 의지를 포괄적인 것으로서, 즉 실존으로서의 인간의 본래적인 힘으로서 밝히는 것이 가능하다. 또한 비자의적인 것과 마찬가지로 무한하고 그 자체 어두운 것으로서, 자의와 마찬가지로 매 순간 밝음 속에서 유한하고 규정된 것으로서 밝히는 것이 가능하다. 게다가 이러한 의지는 항상 목적에 대한 의욕의 형식으로만 현상으로 드러날 뿐이다. 이러한 목적에 대한 의욕에서 드러나는 의지는 그때의 순간과 상황에서 스스로를 이해한다. 의지의 모든 자동화는 의지의 고유한 본질을 없애는 형식이다. 이 고유한 본질은 자동화를 체계적인 훈련을 통해 자기 자신에게 의존하는 것으로서 허용하게 된다. 의지가 비자의적으로라도 자신 안에 함축하는 자기 내실의 충실 안에서 의지 자체는 본래적 자기존재로서 생명의 자연스러운 존재방식인 수동적인 성장, 생성과 구분될 것이다.

5. 의지의 형태들

분명한 목적의식으로서의 의지가 어떤 것을 원할 때 오성은 그 어떤 것과 어떤 것을 얻기 위한 수단을 행위자에게 제공하지 않으면 안 된다.

의지는 자신의 고유한 한계를 파악하는 오성의 도움으로 자신이 알게 된 궁극적인 목적에서 그 최후의 것을 가지는 것이 아니라 포괄적인 것 안에 깊이 산입해 있다는(einbetten) 것이 명확해진다. 의지는 자신의 작용가능성에 대해 객관적으로 규정된 것만을 완전하게 파악한다. 그러나 바로 거기에서 의지는 항상 한계에 부딪친다. 목적과 동기의 명확성이 아무리 최고도로 추구된다고 하더라도 이러한 명확성은 의지가 내실 있는 힘들을 획득하는 것에 결부되어 있다. 지탱되는 근거에 몰두하게 되면, 유한한 목적이 절대화되고, 이때 자동화는 시작된다. 물론 나는 가장 가까이에 있는 목적에 관해서만 내가 정말로 무엇을 원하는지를 알고, 그리고 아마도 이를 장기적인 관점에서도 알기는 할 것이다. 그러나 이렇게 알려진 것은 그 자체로 절대적인 것은 아니다.

명확한 의지가 한계에 부딪힐 때, 사람들은 심리학적으로 접근한 관찰을 통해 알려지지 않은 은폐된 동기들을 본다. 이러한 동기들은 일반적인 충동과 개별적인 조건으로부터 이해될 수 있다. 더 나아가 사람들은 그 내용을 파악하지 않은 채 의지가 복종하는 외적인 권위를 본다. 관찰자들의 한계는 유한한 것으로 **파악될 수 있고** 그 다양성에서 탐구되어야 한다. 관찰자들의 한계가 통찰되지 않는 한, 그것은 행위자의 현재적 명확성에 대한 한계가 된다. 그러나 의지가 이념과 실존을 담지한다는 것은 통찰될 수 **없다.** 자기관찰의 한계에서의 단순한 어두움이 아니라 자기확신의 가능한 실존적 명확성은 의식일반의 차원에서 행위하는 자의 지적 명확성으로 진입한다. 내가 나에게 충실한 이상 나는 그렇게 존재하지 않으면 안 된다. 실존의 명확성과 합목적적인 것의 명확성의 통일 안에서 근원적으로 나를 움직일 수 있는 의지는 심리학적으로는 파악되지 않지만 간접적으로는 밝혀질 수 있다. 왜냐하면 이러한 의지는 나 자체이기 때문이다.

형식적 의지와 오성의 공통점은 어떠한 원동력(bewegende Kraft)도 가지고 있지 않다는 것이다. 이는 다른 힘이 하나의 동인으로서 이용될 수 있는 유한한 물리적 충동, 예를 들면 복종에의 충동으로부터 나온다. 아니면 이 힘은 이념의 전체성(Totalität)으로부터 나온다. 이는 마치 **강한 의지**와 같다. 이 의지의 파토스는 명확하게 파악된 목적을 넘어선 것이고 의지의 통일은 합리적으로 통찰될 수 없다. 강한 의지는 실존을 기초로 하는 이념에 의한 의지이다. '무엇을 위한 것인가? 무엇이 궁극적 목적인가?'의 물음은 오성으로는 대답될 수 없는 것이다. 그러나 이 물음은 드러남(Offenbarwerden)의 무한한 과정 안에서 삶과 행위의 연속에 따라 그때마다의 구체적인 유한한 목적을 밝힌다. 오성이 최종목적에 대한 물음에 대해 답할 수 없다면 의지의 정념은 어떠한 대답도 필요로 하지 않는다. 왜냐하면 의지의 정념에게는 유한한 것 안에 무한성이 현재적이기 때문이다. 유한할 뿐인 의지는 형식화되지만 강한 의지는 형식화 없이 형성된다. 의지가 근원적으로 충만할 때에만 의지는 형식적 의지의 힘이 된다.

시간 안에 있는 우리의 현존은 균일한 수준에 머물러 있는 것이 아니기 때문에 우리는 의지를 통해 고정된 것으로서 완전히 허위가 된 **이탈된** 방향으로 빠진다.

a) 이념과 실존의 파토스가 일시적으로 마비된다면 고조된 순간의 감수성이 흡사 방어장치를 가진 것처럼 **합리적 의지**를 가지고 견지될 수 있다. 현존의 열악한 환경에서 나는 획득된 규칙과 법칙의 준수를 통해 분명한 자기확신을 가지고 나 자신을 보호한다.

b) 의지는 이념 대신에 **열정**에 따른다. 열정으로 인한 영향의 엄청난 힘에도 불구하고 의지는 유한한 것에 고정되어 고착되어 있는 것과 마찬가지이다. 물론 강한 의지 역시 열정적이기는 하지만 이는 유한한 목표만을 통해서임과 동시에 그 목표 안에서 어떤 경우에도 충분히 대상화될 수 없는 이념을 통해서이다.

c) 모든 의지과정, 즉 자기 자신을 완전히 지배하는, 실체가 없는 본질, 훈련된 제한적인 열정, 이념에 의해 실현된 실존은 훈련의 형식적 특징에서, 그리고 분명한 목적, 수단관계에서 상호적으로 일치된다. **단순한 훈련**으로서의 의지가 이탈하면서 이미 파토스로 고취된다면 질서는 그 자체로 궁극적인 의미가 된다. 형식화하려는 욕망은 내용의 소멸과 함께 독립적이 되고 의지에서는 이념 없이도 이미 그 자체로 충분하다.

d) 의지는 **습관**이 된다. 습관화된 의지는 근면하고 규율적이고 기계적인

인간이 흔히 가지게 되는 없어져야 할 과잉이다. 의지의 습관은 단지 실존적 삶의 토대로서만 참되다.

그리하여 의지는 근원적으로는 **실존**으로부터 나오고 또한 **이념**으로부터 나온 가치의 크기를 가진다. 그리고 의지는 열정에의 기여, 생명을 지속시키는 **목적**에의 기여에서 발동되고, 오랜 훈련의 **최종적 형태**로서는 기계적이다. 그리고 의지는 열정에의 기여, 생명을 지속시키는 목적에의 기여 안에서 오랜 훈련의 최종적 형태로서 자동적으로 움직인다.

사람들은 **의지의 힘**에 관해 말하곤 한다. 또, 의지의 힘의 의미에 대해서는 다음과 같은 이질적인 여러 방향이 있다.

a) 우리는 의지의 **강도**에 관해 말하는데, 이 의지의 강도는 물리적, 성격학적 특질로서 말하자면 근력과 비교될 수 있을 것이다. 이것은 격정으로 인해 제약되는 순간의 힘이다. 다시 말해 인간이 그러한 순간까지 고양될 때 바로 거기에서 그 힘이 발휘된다. 의지의 강도는 대부분 주위의 이목을 집중시킨다. 의지의 강도가 행위자에게 존재의 척도로 나타날 때 이 의지의 강도는 행위자를 기만한다. 어떠한 지속성도 의지의 강도와 연결될 필요가 없다. 말하자면 의지의 강도에는 존재와 운명에로의 뿌리내림이 완전히 결여될 수 있다. 그러나 또 한순간에 현재화되는 에너지를 발전시키지 않는 의지는 어떤 것에도 영향을 끼칠 수 없다.

b) 의지의 **집요함**은 시간의 흐름에도 불구하고 유지되는 지속성이다. 이 의지의 집요함은 고집과 관철에서 드러난다. 현상적으로는 기계적인 완고함과 충족된 완고함 사이에 외적인 유사성이 있다. 집요함 없이는 어떠한 실존도 실현되지 않는다. 그러나 공허로의 이탈과 아집(Eigensinn)—유한한 것 안에 있는 반항은 이 아집에서 형식적인 자기의식을 만들어낸다—으로의 이탈은 실존에 가까이 있다.

c) 우리는 내적 조건과 외적 조건을 유의하지 않고 이용하지 않는 행위를 의지의 **강제성**이라 한다. 원칙에 입각한 행위 혹은 임의적인 착상에 입각한 행위는 일반적이고 추정적인 통찰을 파괴한다. 왜냐하면 이 행위가 상황과 결합되지 않고 근원 없이 실존에서 무리한 것을 관철시키려고 하기 때문이다. 그러나 강제성은 또한 과감한 감행과 결단의 특징이기도 하다.

d) 의지의 **무제약성**은 실존을 걸고 행위할 때 명백하게 드러난다. 의지의 힘에 대한 기존의 모든 형태는 실존적 현상의 형태들로 변화된다. 그런 다음 이 무제약성으로부터 순간의 힘, 집요함, 강제성이 흘러나온다. 다시 말해 무제약성이 이와 관련하여 협소한 고정성을 제거함으로써 이 순간의 힘과 집요함, 강제성에 의미와 삶을 부여한다. 실존은 의지의 무제약성으로서 절대적 선택에서 실현된다.

6. 상황, 그리고 의지의 세력범위

세계 전체에 대하여 의지는 무력하다. 의지는 세계를 근본적으로 뒤엎을 수도 없고 새로운 토대 위에 세울 수도 없다. 의지는 세계 안에 있는 유한한 존재의 의지일 뿐이다.

합리적 의지는 그때마다의 관점의 **지평**을 가진다. 즉 합리적 의지는 현실성과 의미에 대한 절대적인 통찰을 가지지 않는다. 의지는 전체를 그 자체로 보지 않고 관점에 입각해서 본다. 그리고 영원에서가 아니라 시간 안에서 본다.

보여지는 세계에서의 의지는 여전히 **보다 좁은 세력범위**를 가진다. 사유하는 인식은 원리적으로 제한되지 않는다. 의지 그 자체는 항상 제한된다. 그렇기 때문에 의지는 자신의 범위만을 파악할 수 있을 뿐이다. 이 범위는 개인적으로 매우 상이하고 시간의 흐름에 따라 같은 개인에서도 변화된다. 이러한 의지의 가능한 작용영역의 범위에서 인간은 자신의 목적을 발견한다.

의지는 **모든 것을 동시에** 할 수 없다. 하지만 몇몇은 시간의 **흐름에** 따라 예외가 되기도 한다. 상황은 공간과 시간에 따라 선택을 강요한다. 선택의 필연성은 의지를 제한하고 강조함으로써 의지는 이 선택을 통해 비로소 본래적으로 실존의 근원으로서의 의지가 된다. 본래적으로 의욕하지 않는 자는 하나를 행하고 다른 것도 그냥 두려 하지 않는다. 의욕하는 자는 자신이 선택한 것만을 원한다는 것을 의식한다.

우리는 이념에 따라 움직이면서 완성된 대상적 세계상과 그 세계상의 모든 대립이 지양되는 것을 볼 수 있는 지점에서 더 **이상 선택해야만 하는 것이 아니라** 모든 것을 제자리에서 사유하고 관조적으로(kontemplative) 자기화하고 향유할 수 있다. 우리는 사유하면서 이러한 헤아릴 수 없는 무한한 배경을 가진다. 이 배경에서 하나일 수 있을 뿐인 의지가 검토될 때 이 의지는 편협하고 제한된 것으로 보인다. 무한한 관조에 반하여 이러한 제한성으로서의 의지는 가치가 떨어진다.

그러나 관조적 태도는 동시에 우리로 하여금 우리 스스로를 망각하도록 잘못 이끌 수 있다. 실존을 상실할 수 있다는 감지된 위험에서, 전적인 강조점은 **그럼에도 불구하고** 실존으로부터 **선택한다**는 것에 있다. "사유하는 이성은 의지로서 유한성을 결단하는 것이다."라는 헤겔 문장의 파토스는 강렬하다. 우리가 전체를 의욕할 수 있는 것이 아니라 단지 전체 안에서만 의욕할 수 있기 때문에, 우리는 전체 안의 우리의 자리에서 유한한 실현을 그 협소함 안에서 행위하며 성취할 때에만 현실적이다. 이러한 한계의 지양불가능성을 의식하면서 실존은 그 깊이를 획득한다.

그런데 우리는 최종목적을 알지 못한 채 제한 없는 영역에서 행위하고 만들어내지 않으면 안 된다. (행위하고 만들어내는—역자) 모든 내용은 현재에 집중되어 있으므로 실현되는 최종목적은 미래에서 처음 경험되는 것이 아니라 비록 그것이 아직은 불분명하더라도 이미 현재, 즉 순간에서의 영원한 현재에서 경험된다. 의지는 순간에서의 영원한 현재이다. 의지는 자기존재의 현재이다. 이 현재를 기반으로 모든 대립을 지양하는 보편적 관조는 초월적 존재에 대한 암호해독에서 가능해진다.

이러한 결과는 역설적인 것으로서만 참되게 진술될 수 있다. 즉 우리는 합목적적으로 행위하고 합목적성의 어떠한 한계도 인식하지 않는다. 우리는 합목적성 안에서 실존적으로 행위하는데, 합목적성이 포괄적인 것으로서 무목적성 안에 깊이 들어가 있을 때(eingebettet)에만 그러하다. 현존 안에 있는 실존은 자신의 목적을 실현할 때만이 참된 무목적성을 자각한다. 나는 스스로를 고립시키는 충동적인 순간의 체험에 대한 무목적성에로 이탈하는 것과 마찬가지로 가상의 미래를 위해 모든 현재를 희생시키는 고립된 합목적성에로 이탈한다.

7. 내가 의욕할 수 없는 것

어떤 것을 의욕하는 의지는 의지의 대상과 (의지를 실현하게 하는—역자) 지렛대가 있다. 스스로를 의욕하는 의지는 그 자체로서 계획도 수단도 가지고 있지 않다. 본래적인 의욕은 제한 없고 근거 없고 목적 없는 것으로서 실존의 존재이다. 이 실존의 존재는 정위를 통해 접근하게 되는 세계 안에서의 무한한 성찰을 매개로 어떤 것에 대한 합목적적 의지를 통해 자기 자신에게로 돌진해 들어간다.

사람들이 일반적으로 이 "어떤 것에 대한 의욕"에 대해 말할 때, 곧바로 든 무의식적으로든 근원적인 의지 자체인 것을 의욕의 대상으로 삼으면서 기만에 빠진다. 사람들은 자신이 의욕할 수 있는 것과 단지 자신이 원하기 때문에 의지를 가지게 되는 것을 혼동한다.

이러한 혼동은 실존조명의 명제에 반하는 **위험**이다. 나는 내가 조명하는 것을 대상으로 삼을 수도 없고, 더욱이 나의 합목적적 의욕의 대상으로 삼을 수도 없다. 나는 실존을 곧바로 의욕할 수 없다. 근원으로부터 설명을 통해 조명되는 곳에서 내가 충분히 근원적으로 의욕할 수 있지만 배후에서는 근원을 의욕할 수 없다. 나는 전적으로 대상적인 것만을 의욕할 수 있을 뿐이다. 실존이 그런 것처럼 나 역시 이념을 의욕할 수 있는 것이 아니라 이념 안에서만, 그리고 이념으로부터만 의욕할 수 있다. 그래서 나는 모든 소통에서 다음과 같은 경험을 하게 된다. 즉 목적이 또 다른 목적을 위한 수단인 한에서 나는 나의 의욕의 대상적인 목적으로 명하기보다는 오직 근거 지을 수 있을 뿐이라는 경험을 하게 된다. 목적 그 자체는 근거 지을 수 없다. 이러한 근거는 오직 이념과 실존의 간접적인 전달 안에서만 해명된다. 그러한 근거 안에서, 그리고 그 근거로부터 저 정초될 수 없는 목적들이 의욕되고 둘 다 타당하게 된다.

실존의 직접적인 의욕이 선전되는(propagieren) 곳에서는 진실하지 않은 비장함이 전개된다. 이 비장함은 삶, 인격, 그리고 민족에 대한 공허한 말로서 실존적 수행 없는 도취이고 잘못된 대상화에 기초하고 있다. 대상적인 것과 개별적인 것에서 간접적으로 현실화될 수 있는 것은 감정, 자기의식, 민족의식을 통해 어떤 것으로도 추정적으로서 직접 파악되지 않는다.

여기에는 놀랄 만한 혼동이 있다. 죽음, 질병, 전쟁, 그리고 불행 등은 그 실존적인 자기화와 극복을 통해 호소하면서 조명된다. 그다음 그러한 조명의 실존적인 의미에 대한 오도로 인해 '사람들은 두려워할 만한 것을 의욕해야 한다.'는 결론이 도출된다. 이는 사건들이 나와는 상관없이 일어난 이후 그 사건을 받아들임으로써 가능실존적 실현을 하는 것과 의도했던 연관—이 연관으로부터 사건이 의욕되는데—의 법칙에 대한 허위지식을 가지는 것과의 혼동이다.

어떤 실존의 역사적 현상을 사후에 보편타당하게, 그리고 올바르게 통찰할 수 있다고 생각하는 경우에는 의욕도 관찰도 참되지 않다. 역사적으로 참된 것에 대해서는 참이 아니기를 열망하게 된다.(역사적으로 일어나서는 안 되는 처참한 사건에 대해서는 그것이 진실이 아니기를 바라게 되는 것을 말한다—역자) 이해할 수 없는 전개, 그리고 그로 인해 어떤 것도 예측할 수 없음을 자각하는 것은 실존의 심오한 경험에 속한다. 이와 관련해서 나는 이해할 수 없는 것과 예측할 수 없는 것을 더 쉽게 할 수도 있을 것이라든가 유사한 경우에 다른 사람들을 위한 규칙을 만들 수 있을 것이라든가 하는 식으로 단순히 잘못 생각한다. 역사적으로 일어난 일은 고유한 무게를 가진다. 이는 위기를 통해 만들어지고 실존적으로는 풍부하게 된다. 모든 의지는 세계 안에서만 참되게 존재할 수 있으나 실존적인 현재에 역사적으로 결합된 자유의식이 개별적인 현존의 한계를 넘어서서 포착하는 전체와의 연관에서는 그렇지 않다.

의지의 자유에 대한 물음

의지의 부자유나 의지의 자유와 관련된 주장은 결정론과 비결정론의 이름으로 격렬한 투쟁 속에서 행해진다. 이전에는 인간의 본질이 이론적인 판단에 달려 있는 것처럼 보였다. 실제로 우리에게는 의지의 자유에 관해 말할 때 의지의 자유가 객체적 현존으로 제시되기를 바라는 경향이 있다. 그러나 자유가 현존의 존재를 가지지 않을 때, 그리고 그럼에도 불구하고 자유의 주장과 자유에 대한 부정이 이른바 보편타당하고 증명될 수 있는 진술 안에서 존재로서의 자유를 객체화할 때 이 둘은 자유의 의미에서 전도될 수밖에 없다. 자유를 객체적 현존의 대상으로 보유하고자 하는 것은 자유 안에서 근원적으로 문제되고 있는 것과 동일하지 않다. 객체적 현존으로서의 자유에 대한 논증이 유효할 수 있다면 자유의 현존이 주장되거나 부정된다. 그러나 이러한 사유 자체에서 또다시 의지의 문제가 부각된다.

1. 의지의 자유에 대한 주장

이른바 자유라고 하는 것의 객체성에 대한 주장들은 매번 본래적인 자유의 물음에 대한 답과 구분되는 특별한 의미를 가진다.

a) **무원인성으로서의 자유**를 생각하는 객체화된 사유는 의지의 자유와 관련해서는 다음과 같은 형태를 가정한다. 행위가 진행되어야 할 경우 두 가지 동일한 정도의 가능성에서 선택에 의해서 하나가 강화되고, 그래서 필연성에 의하지 않고도 실현될 수밖에 없다.[소위 자유가 무차별성을 만든다. (liberum arbitirum indiffierntiae.)] 이는 부리당의 당나귀의 이야기로 증명되었다. 똑같은 거리로 떨어져 있고 똑같이 먹고 싶은 두 개의 건초다발 사이에서 먼저 어느 건초다발로 향할지를 결정할 자유의지를 가지지 않았다면 그 당나귀는 굶어죽고 말 것이다. 그러한 논증은 아무것도 증명하지 못하는 공허한 사유이다. 또한 이를 통해 증명되는 것은 의지의 자유와는 아무런 관계가 없을 것이다. 즉 이를 통해서 본래적인 자유가 아니라 우연과

자의로서의 자유가 나타날 것이다. 의지의 자유에 대한 호소는 이와 같은 자유에 대한 주장이나 부정에 의존하지 않는다.

b) 사람들이 의지의 자유를 무로부터 시작하는 것으로 생각하지 않으면서도 여전히 의지의 자유를 주장하고자 한다면 그 의지의 자유는 **외부로부터의 방해**가 없는 행위의 **자유**로서 심리학적으로 규정된다. 사람들이 자유의 경우에 대해 말할 때, 즉 나무의 자유로운 성장에 대해 말할 때 여기에서의 자유는 자기의 고유한 본질에 근거한 행위일 것이다. 이러한 관점에서 모든 현존하는 것은 자유롭고도 의존적인 것으로 관찰될 수 있다. 그러나 이러한 자유는 무의미하게 될 것이다. 이 자유는 행위와 선택의 심리학적인 자유일 것이다. 여기서 행위의 자유는 나의 의도를 방해받지 않고 실현할 수 있는 한에서의 **행위**의 자유이다.(이 자유의 한계는 나의 의지의 세력 범위의 한계와 일치한다.) 그리고 **선택**의 자유는 내가 원했던 것에 대한 숙고된 결정을 하면서 원했던 것을 나에게 의식된 가능성에 근거해 방해 없이 안정적으로 선택할 수 있는 경우에 있다.(이 자유는 위협적인 폭력 앞에서의 공포로 인해, 규정된 행위에 대한 보상으로 인해, 피로와 언짢음으로 인해, 시간의 부족으로 인해 제한된다. 그리고 모든 가능한 동기들이 신중함을 통해 그 영향력이 발휘되도록 촉진된다.) 많든 적든 간에 행위와 선택의 위대한 자유가 있다는 것은 논쟁의 여지가 없다.

순간 객관적으로 명쾌해지는 이 심리학적 자유 개념은 그 내용 없음에 실망하게 된다. 심리학적 자유 개념은 의지의 자유를 묻는 물음에 대한 답이 아니다. 심리학적 자유 개념에서는 어떠한 경우에도 '나는 그 자체를 원한다.'는 것을 제대로 문제 삼고 있지 않다.

여전히 심리학적 관찰에서는 본래적 자유의 한계가 외적으로 제약된 행위와 선택의 자유를 넘어서서 의욕 자체의 내적 자유를 가지고 있는지 여부의 물음과 맞닿아 있다.(행위, 선택, 의욕의 자유의 개념은 의지의 자유에 대한 W. 빈델반트의 저서에 상술되어 있다.) 선택하고 행위할 때는 동기가 되었든 목표가 되었든 이미 어떤 동기와 목표가 있을 수밖에 없다. 결정적인 물음은 다음과 같다. 나의 동기의 종류와 내용에서 나는 자유로운가? 그것들 사이의 결정의 척도에 대한 선택에서 나는 자유로운가? 더 나아가, 나는 나의 성격을 위해 무엇을 할 수 있는가? 또한 다른 것을 의욕할 수 있는가? 내가 무엇을 원하는가가 나의 자유의지에 달려 있는가? 선택에는 궁극적인 근원이 있는가? 이러한 물음과 함께 나는 이미 나의 자기(meines Selbst)에 대한 실존조명으로 들어간다. 즉 나는 실존조명을 객체화하고 그 대답을 위해 객관적인 양자택일의 선택지를 제시하면서 곧바로 다시 대상적인 것을 매개로 이 선택지들과 함께한다. 하지만 이러한 물음들은 여기에서는 의미 없는 것으로 인식된다. 즉 나는 객체화하면서 또다시 의지의 진상을 간파할 수 없다. "내가 원하는 것을 원한다."라는 그러한 의지의 이중화는 객관적으로 동어반복이다. 그렇기 때문에 내가 나의 의욕의 의욕에서 자유로운가의 여부를 묻는 것은 의미 없는 일이다. 또는 이 물음은 양자택일로 인정되고 이러한 자유가 객체적으로 존재하지 않는다고 대답한다. 행위와 선택의 자유는 이미 현존하는 것으로 있지만 의욕의 자유는 내용과 근거 그 자체로는 존재하지 않는다.

그럼에도 불구하고 이러한 물음은 무의미하지도 않고 필연적으로 자유의 부정으로 이끌지도 않는다. 심리학적 관찰에서 이러한 물음은 소용이 없다. 이러한 관찰로는 여기서 무엇이 정작 중요한지 파악되지 않는다. 개별적 의지의 동기와 목표는 잘 대상화될 수 있는 반면, 자유는 과학적으로 인식된 것으로는 나에게 대상화될 수 없다. 나 자신이 더 이상 대상이 되지 않는 근원적인 의미에서 존재하는 곳에 심리학은 결코 도달할 수 없는 자유의 자리가 있다. 그러한 물음은 대상적인 물음도 지식을 위한 양자택일도 아니고 대상성을 매개로 하는, 비대상적인 것의 존재에 대한 간접적 표현이다. 대상적으로 탐구되는 물음은 앞의 물음 안에서 전복된다.

c) 세 번째 객체적 자유는 사회와 국가에 속해 있는 구성원들 사이의 권력관계와 관련하여 의지에 의해 진술된다. **사회학적**으로는 개인의 자유, 시민의 자유, 정치적 자유로 구분할 수 있다. 경제적 수단의 소유라는 전제 하에서 시민적, 정치적 자유 역시 유지될 수 있는 사적인 삶의 영위의 자유(예를 들어 짜르 치하의 러시아에서), 법적 보증으로서의 정치적 부자유에서 전개될 수 있는 시민적 자유(예를 들어 카이저 치하의 독일 제국에서), 모든 국민이 지도자를 누구로 할지를 함께 결정하는 정치적 자유(예를 들어 미합중국에서). 자유가 부인될 경우, 이러한 자유의 현존에 대한 물음은 곧바로 자유를 초래하는 의지를 각성시킨다. 이러한 세 가지 자유는 사회학적 **상황**이다. 개인에게 자유는 기회이다. 자유가 있다는 것은 의심의 여지가 없다. 그러나 자유의 현존은 실존 그 자체인 자유에 대한 물음에 관한 대답이 아니다. 왜냐하면 후자는 전자에도 불구하고 의문시되기 때문이다. 이와 반대로, 비록 개별자가 세 가지 객체적 영역에서 부자유하다고 할지라도 그는 실현의 영역이 없이도 실존으로 존재할 수 있다고 말할 수 있을지도 모른다.

그러므로 존재 자체가 문제인 의지의 자유에 대해 정열적으로 물어볼 때는 그 가능성 혹은 현존이 제시되는 그것이 객체적 자유에 있는 것이지 무엇이 중요한지를 다루는 것이 객체적 자유에 있는 것은 아니다. 자유가 의심되고, 그래서 객체화하는 사유의 도정에서 추구되어야 한다면, 상술된 그와 같은 자유의 방식을 제시하는 것은 별 도움이 되지 않는다.

심리학적인 자유와 사회학적인 자유는 결코 자유 자체는 아니지만 그럼에도 불구하고 자유와 무관하지 않다. 나는 자유의 실현을 원한다. 내가 근원적으로 자유롭다는 것을 아는 경우에 나는 자유를 원할 수밖에 없다. 왜냐하면 내가 단순한 가능성과 내면성을 원하는 것이 아니라 세계 안에서 실현하고자 할 때 심리학적이고 사회학적인 자유는 현존에 있는 자유의 현상 조건이기 때문이다. 객체적 자유는 근원적인 자유에서 그 내용이 꽉 차게 된다. 이 객체적 자유는 이러한 성취를 탈취당하게 될 때는 기만으로 변한다. 내가 객체적 자유를 원한다면, 그리고 내가 그것을 초래한 이상 나의 자유가 객체적 자유 안에 이미 쟁취되었다고 생각한다면 곧바로 나는 나를 상실한다. 이는 모든 자유라는 말의 양의성에서 드러난다.

2. 독립성의 기만

독립의 의미에 관한 다의성이 하나의 예가 된다.

독립은 세계 안에서의 나의 자유의지의 목표이다. 나는 나의 의지가 결정적으로 **작용**할 수 있는 현존을 원한다. 그래서 나는 고려, 예견, 지혜로움을 통해 나의 현존의 안전과 확장을 꾀한다. 나 스스로가 나의 현존의 조건을 넘어설 수 있는 만큼 나는 독립적이다. 그러나 나는 그 위험을 없앨 수 없다. 이러한 가능성에 직면하여 나는 나에게 유리한 가능성을 원하는 또 다른 독립, 즉 나의 내적 의식태도의 독립을 추구한다. 자유는 의식 일반의 형식적 자기의 반항으로 변하거나 경험적 개인의 고집스러운 자기주장으로 변한다.

내가 확실성의 사유에 지배되면 나는 나에게 종속된 것을 소유하기 위한 **외적** 자유에 연루된다. 나는 나의 처분권의 확실성을 통해 현존의 불안을 가라앉힌다. 나는 나의 세력 작용을 느낌으로써 현존의 자부심을 가지게 된다. 어떤 경우에든 나는 어디엔가 종속된 채로 **존재한다.**

내가 나 자신에게 돌아가고 어떠한 경우에도 나에게 종속되지 않은 것에 상관하지 않으면, 나는 공허한 자기존재의 자부심이 동요되지 않는 독립에로 빠진다. 현존으로서의 내가 외적 생활조건과 외부 소식(Mitteilung)의 최소치에 의존하고 있다면 스스로를 고립시키는 자부심이 추정적 독립을 통해 가치에의 욕구로 실제로 변화된다. 이 독립은 어디선가는 타자의 거울에 의존하는 것으로 입증되는 그러한 독립이다.

현존의 절대적 확실성과 유아독존의 사이비 독립은 위험으로 선언되어야 하고, 유혹으로 치부되어야 하고, 그 상대성 안에서 자기화되어야 한다. 그래야만 위험과 유혹의 포로가 되지 않을 수 있다.

실존적 독립은 고정된 존속일 수 없다. 개인의 독립은 실존적 독립에게는 계산을 통해 얻어지는 확실성을 의미하지도 않고 확실성의 허구에 의해 지배되는 것을 의미하지도 않는다. 오히려 그 확실성의 허구를 지배하는 것을 의미한다. 즉 그러한 한계에서 실존적 독립에 따르기보다는 운명 안에 서 있는 것을 감행하는 것을 의미한다. 실존적 독립은 내가 타자와의 관계를 지배하는 동시에 나로부터 거리를 두는 방식으로 사는 것을 의미하는 것이 아니라 타자와의 소통에로 들어가는 것을 의미한다. 그 결과 소통에 기반을 둔 이념의 공동체와 그 아랫단계의 공동체는 제도를 통해 나에게 결정적인 현존의 규칙이 된다.

현존에서의 **실존의 독립**은 외적인 것에서, 그리고 자기존재의 완고함으로써 제한되지만 소통에서 자기존재의 역사적 실현의 진정성으로서는 제한되지 않는다. 독립적 실존은 실존의 초월과의 관계에서는 고독하다. 독립적 실존은 세계 외부에서 아르키메데스의 지점을 하나의 가능적인 것으로 인식하기는 하지만 현존에로 되돌아가고, 그리고 실존이 고독하게,

그리고 피안에서 경험했던 것을 확신하고 보증하는 유일한 장소로서의 실존적 소통에로 되돌아간다. 독립적 실존은 세계 안과 밖에서 산다. 다시 말해 독립적 실존은 한계를 인식하고 본질적으로 그 한계 안에서 움직인다.

그렇기 때문에 본래적 독립은 그 현존을 양극성 안에서 본다. 즉 공동의 유적 본질, 세계 운행, 법칙 등에서의 삶과 단독자로서의 실존의 인격적 출현, 즉 전체 안에서 은폐된 것과 한계에로 끌어감, 즉 자기 안에서 완결된 현존과 시간 안에서의 현존, 즉 질서와 계급사회로 주어진 세계를 바라봄과 의문스러운 현존에서 모험을 감행함. 어떠한 시작도 어떠한 결말도 이러한 독립에서는 의식되지 않고 어떠한 목표도 궁극적인 것은 아니다.

3. 의지의 자유에 대한 부인

의지의 부자유가 주장되면, 자유의 자기확신에서 그 본질을 결정하는 것이 없다는 것이 객관화를 통해 반박된다.

의지의 자유에 반해서, 일어나는 모든 것은 하나도 빠짐없이 인과적으로 야기될 것이기 때문에 의지의 자유가 가능하지 않다는 것이 말해지게 되었다. 특히 다음과 같은 예를 들 수 있다. 인간의 의지는 자연필연적으로 (naturnotwendig) 가장 강한 동기를 통한 동기들의 투쟁 안에서 발생한다. 그러나 심리적 "강함"의 모든 특징에 따라 다른 동기가 더 강했다면, 그리고 어떤 동기가 그것이 선택을 통해 파악되기 때문에 지금 가장 강한 동기라고 불린다면, 이러한 선택은 동어반복을 통해서 파악될 수 없다. 즉 단순한 명명이 객관적 자연필연성을 산출하지는 않는다.

더 나아가 의지의 자유에 반하여 모든 행위가 법칙의 지배를 받는다는 것을 도덕통계학을 통해 언급된다. 즉 매해 일정 수의 자살, 범죄, 결혼이 자연필연적으로 발생한다는 것이다. 이러한 법칙은 모든 예측이 적은 오차범위 안에 있을 정도로 확실하다고 말한다. 그러나 이미 오래전에 통계법칙들은 개인의 자유에 반하여 증명될 수 없다는 것이 통찰되었다. 개인이 통계법칙에 따라서 자살하는 것은 아니다. 물론 개인은 또한 통계법칙에 따라서 암으로 죽지도 않는다. 통계학은 개별 경우를 자유로운 것으로도 필연적인 것으로도 포착하는 것은 아니다. 통계학은 개별 경우에 대해 아무것도 말해주지 않는다.

그러므로 이러한 논의는 우리가 인식하는 것, 그리고 우리가 인과적으로 인식하는 것이 우리가 자유로서 나타나지 않는 현상세계에서 대상으로 존재한다는 칸트식 사유에서는 무력하다.

4. 물음에서의 오류

그러한 객관적 논증을 통해 자유의 존재에 대한 결단이 추구되는 한 결정론과 비결정론 사이의 투쟁은 지속될 수밖에 없다. 이 투쟁에서 양쪽 모두는 본래적 자유를 눈앞에서 놓치게 된다. 자유에 대한 찬성이든 반대든 그와 관련한 증명은 일단 반박된다. 그다음에는 이 증명에 반하여, 모든 존재는 객체의 존재에 국한되지 않는다는 것을 확신하는 의식의 혁명적 전환이 일어난다. 증명과 반박은 절대화의 행위를 통해서 결정론과 비결정론의 주장으로 비로소 이끌어진다. 자유는 증명될 수도 없고 반박될 수도 없다. 그래서 칸트가 자유를 불가해한 것으로 명명하고, 자유에 대한 우리의 통찰은 불가해성의 개념에 국한될 수밖에 없다고 생각한 것이다.

인간이 자유로운지 자유롭지 않은지의 여부는 찬성이든 반대든 원초적인 이론적 관심으로부터가 아니라 다른 증명의 근거로부터 논의된다.

사람들은 진리에의 용기를 가져야만 한다고 말한다. 즉 객체적으로 유지되지 않는 것은 환영(Illusion)으로 인식한다. 그리고 모든 것이 필연적으로 그렇게 될 수밖에 없다는 것을 아는 것, 후회와 죄책으로부터 벗어나는 것은 가장 심오한 위안이 된다고 말한다. 아니면 역으로 사람들은 유해한 비자유설(Unfreiheitslehre)에 반하여 책임을 구해내지 않으면 안 된다. 그렇지 않으면 모든 도덕성의 파괴를 피할 수 없기 때문이다.

진리에의 용기, 필연성의 위로, 도덕성에 대한 우려를 여기서 논하는 것은 적절하지 않다. 진리에의 용기는 실존에게는 본질적인 충동이기는 하지만 자유에 대한 실존조명적 사유에서는 문제되지 않는다. 필연성의 위로는 그것이 초월적인 것으로 이해되지 않고 또다시 자유의 근거로만 이해된다면 이 위로는 의심쩍은 위로이다. 결정론적 주장으로 인해 도덕성이 위험에 빠지는 것은 복종의 가능성을 문제시하지 않으려는 권위에의 신앙에 대한 위험으로만 존재할 뿐이다. 왜냐하면 실존에서 발원하는 도덕성은 자유 자체와 자유의 가능성에 대한 어떠한 객관적 증명도 반박도 필요로 하지 않기 때문이다.

그러나 어떠한 경우에도 결정론과 비결정론은 **잘못된 지평**으로 이끌어진다. 결정론과 비결정론은 실존적 근원을 종속적인 것으로 만든다. 결정론은 자유를 객체적인 것으로 잘못 만들고 자유를 존재하는 것으로 주장하면서도 그 자유를 다음과 같은 방식으로 곧 지양해버린다. 본래적 자유가 아닌 자유를 옹호하는 것은 그것이 성공할 경우 자유에 대한 무의식적 부정이 된다. 비결정론은 자유를 부정하지만 자유를 제대로 겨냥하는 것이 아니라 대상적인 환상으로서의 자유를 겨냥하는 것이다. 양쪽 모두 올바르지 않다. 왜냐하면 결정론과 비결정론 모두 객체적인 존재를 모든 존재로 간주하면서 자유를 잃고 있기 때문이다.

우리는 이 논쟁을 사소한 논쟁으로 간주한다. 이러한 논쟁은 가능실존이 스스로를 확신하지 않을 때, 혹은 오성이 자신의 한계에서 자신의 고유한 영역을 아직 이해하지 못할 때, 의식일반에서의 오성이 언제나 다시 가고자 하는 **일탈**이다.

악한 의지

존재의 모든 것은 어떤 위계질서(Rang)를 가진다. 그러나 가장 하위의 것이 악은 아니다. 현존에서 우리는 추한 것을 거부하게 된다. 그러나 여전히 추함은 악이 아니다. 자기존재는 퇴락할 수 있다. 자기존재는 단지 퇴락으로부터 자신을 극복함으로써만 존재한다. 그러나 이탈된 것, 공허해진 것, 소실된 것은 악이 아니다. 참되지 않음 또한 여전히 악이 아니며 충동도 아니다. 그리고 현존을 제한하고 파멸시키는 현존의 불행도 아니다. 이 모든 것은 단지 악의 손아귀에 있는 수단에 지나지 않는다. 악은 이러한 수단을 통해 현존의 욕구에 대한 부정성으로 활기를 띠게 된다. 왜냐하면 악은 어떠한 지속적인 존재에도, 어떠한 경험적인 현실성에도, 어떠한 관념적인 가치에도 속하는 것이 아니라 자유가 있기 때문에 존재하는 것이다. 악하게 존재할 수 있는 의지만이 악이다.

1. 악의 구조

악한 의지는 주체성과 객체성 안에서 실존의 가능적 자기존재에 반하는 경험적 자기현존의 반항을 현존의 사태로 파악한다. 이 반항 자체는 본능적일 뿐 악하지는 않다. 그러나 반항을 의식적으로 자신의 본질로 실현하고자 하는, 반항에 동의하는 의지의 능동성은 악한 의지이다. 단순한 현존의 무실존성은 악한 것이 아니라 무이다(nichtig). 악은 가능실존을 거스르는 의지이다. 즉 의지는 단순한 현존의 절대화를 긍정하고 이를 현존이 실현할 수 없이 원하기만 하는, 모든 가능적 존재에게 유해한 의지로서 실현한다.

"나는 내가 원하는 것을 원한다."는 것으로서의 의지가 실존의 자유라면, **자기 자신을 거스르는** 의지는 악하다. 다시 말해 의지는 자기 자신이 원하는 것(Sichselbstwollen)으로서 스스로 원하는 것이 아니다. 자신의 자유 안에서 의지는 악한 의지로서 선택하면서 지양된다. 즉 의지가 실존을 파멸시키면서 스스로를 실현하고자 할 때 그 의지는 사실상 그 스스로를 없애버리고자 하는 것과 같다. 의지는 선과 악 사이를 선택하는 것이 아니라 선택하면서 선이든 악이 되는 것이다. 선택할 때 의지가 선한 의지일 때는 자유롭고, 악한 의지일 때는 스스로를 옭아맨다. 이 두 가지 경우에 의지는 두 가지 가능성 사이에서 선택하는 것이 아니라 근원적으로(그 근원성에서 그 자체로) 의지의 자유이거나 아니면 의지의 반자유이다. 선의 선택에서 의지는 무한한 발전과 개방성에 있어서 자유롭다. 악의 선택에서 의지는 자유로부터 자유를 상실하고 모든 존재와 그 자신의 부정에 연루되어 있다. 선한 의지는 단순한 현존에 있는 자기존재의 비약에서의 자유의 길이다. 악한 의지는 자기존재와 현존 사이의 혼동 속에 있는 자기속박의 길이다.

그러므로 선과 악은 **내용적으로 규정될 수 있는 것**이 아니라 둘의 모든 내용적인 가능성은 고유하게 있다. 특정한 일은 그 자체로 선과 악이 아니다. 의지는 어떤 것을 원할 때 본래적인 존재를 원하거나 부정한다.

절대화하면서 고유한 실존적 가능성에 반하여 방향을 바꾸는 스스로를 의욕하는 현존으로서의 악은 가능실존으로부터의 진리를 가리키는 모든 것을 증오하는 데서, 즉 존재의 고귀함으로서의 역사성 안에서 무제약성을 증오하는 데서 드러난다. 소통의 부재에 간힌다. 악이 현존의 무화에서 자기현존을 원할 때 이는 **무에의 의지**이다. 무를 완전한 명료함으로 의욕하는 것은 모순으로만 조명될 수 있을 뿐이다. 이는 타자를 부정하고자 하는 열정 속에서 스스로를 부정하고자 하는 것이다. 그리고 도달하자마자 곧바로 사라져버리는 목표를 추구하는 것이다.

악한 의지는 불가해하다. 즉 악한 의지는 절망적인 열정 속에서 다른 모든 것만큼이나 스스로를 증오하면서 **의식적으로** 스스로를 파악한다. 그러나 명료한 앎에서 선한 의지는 바로 그 자신이 된다. 모든 것이 명확하기만 하다면—우리의 기대가 바로 이러한데—, 어떤 것도 은폐되어 있지 않다면, 선한 의지는 본래적인 자기존재로서 스스로를 발견하게 될 것이다. 그래서 알고자 함, 소통, 개방성에의 의지는 그 자체로 이미 선으로 가는 길이다. 어느 누구도 고의로 악을 행하지 않는다는 것이 확실한 명제로 나타나기는 하지만, 악은 의지가 바로 **의식적으로** 자기 자신에 반한다는 것이다. 의지는 악을 행할 수 있다. 의지가 어딘가에 은폐되어 있고 의지의 알고자 함이 저지되며 소통이 단절될 때에만 의지는 악을 행할 수 있다. 악을 행함과 동시에 그의 행위를 알거나 알 수 있는 악한 의지는 이미 악으로 존재한다.

악은 자기현존을 속박하고 이를 긍정한다. 악은 천상의 신이든 지하의 신이든 어떠한 신에게도 헌신하지 않는, 내용 없는 정열이다. 악은 선에 반항하는 힘이면서 동시에 현존에서의 존재의 파괴의 무제약성에 휩쓸려 들어가게(einsetzen) 하는 힘이다. 악은 변덕스러움과 결단하지 않음(Unentschiedenheit)에 대해서만 그 파괴의 극단성으로 인해 힘을 발휘한다.

2. 악의 현실성

악은 존재하는가? 악의 구조는 내가 현실적 현존에서는 결코 재인식하지 않는 것을 분명히 보여준다. 악마적인 것은 신에 반하는 그 자체로서 현존에서는 현실적일 수 없는 크기로 존재할지도 모른다. 악마적인 것은 신화적 형태에서만 믿어지거나 아니면 무조건적으로 자기를 걸지 않으면 무력할 수밖에 없는 것의 투영이든지이다. 악의 **익숙한 형태**는 선이 의욕되는데, 자기현존에 기여한다는 조건하에서만 의욕된 것이다. 혹은 경험적인 충동 안에 있는 자기현존이 무조건적인 의지로서 무조건적이지 않기 때문에 악의 **가능성**은 무제약성의 결핍(in der mangelnden Unbedingtheit)으로 인해 이미 결정되어 있다. 은폐, 선에 대한 증오, 무로 인한 절망이 다가오는 것과 마찬가지로 자기현존은 그러한 것들이 자기존재의 수중에 있지 않음으로 인해 위협적으로 느끼기 때문이다. 무제약성의 결핍은 아직 악이 아니라 결정되지 않은 것일 뿐이다. 선한 의지는 무제약적이고, 악한 의지는 존재에 반하는 또 다른 무제약성이다. 악이 현실화될 경우, 그것은 그럼에도 불구하고 이미 불명료해지고 더 이상 절대적으로 악한 것은 아니다.

구조적으로 생각하면, 악은 선한 의지의 **배후에 현존하는 것과 같은 것**의 환상(Phantom)이다. 한 번 그 환상이 드러나면 인간은 자기의 가능성 앞에서 더 이상 어떠한 평온함도 누릴 수 없다. 현실적인 악마의 구조로서의 악령적인 악의 구조는 악마 안에서 악마 자체에 대한 지식을 가지고 생각하는 데 비해 불명료한 속박 안에 있는 인간적인 현실적 악은 악령적인 악의 구조와 약간의 차이는 있을지 몰라도 그 본질에서는 유사하다. 그렇기 때문에 나 자신에 대한 위험한 타자로서 의식 안에 있는 악은 의지가 선하면 선할수록 점점 더 현실적이 된다. 의지가 악으로부터 벗어날 때 나는 나의 의지 안에 있는 나 자신을 근본적으로 악하다고 파악한다. 반대로 미결정 안에서 나는 모호함에 갇혀 있다. 나는 선과 악을 구별하지 못하고 더 이상 해명하거나 투쟁하지 않는다. 오히려 나는 나 자신을 은밀하게 미워하고 파괴에 참여하며 선에 대한 본능적인 부정에서 자기현존을 지탱해주는 토대를 발견한다. 나는 알지 못한 채, 그리고 더군다나 마비된 (übertäubtem) 나쁜 도덕의식으로 무의 주위를 무한히 선회한다.

현실적으로 결코 확인되지 않고 사유적으로 파악될 수 없는 이러한 악은 실제로 그 **갑작스러운** 출현에서 극복될 수 없는 것으로 증명된다. 그러나 악이 일어나는 곳에서 악이 **궁극적인** 것으로 간주될 수 없다. 나의 대립자도 나 자신에게도 개방성을 향한 의지는 희망을 가지고 걷는 길이다. 내가 악을 이겼다고 할 때뿐만 아니라 내가 악을 궁극적으로 존재하는 것으로 간주할 때도 나는 똑같이 그것을 거부한다. 시간현존에서의 과정은 언제나 새롭게 변화하는 형상을 통해 진행된다. 승리는 그때마다의 순간적인 것이다. 즉 승리는 자신의 가능성을 그 과정에서 강화하기는 하지만 이른바 그 완성은 동시에 악을 통한 유혹일 수도 있다.

나의 계획에 맞는 의지의 합리적인 기술에서만 되는 것은 결코 아니지만 합리적인 기술 없이는 결코 될 수 없는 것 안에서 나는 시간의 차원으로는 도달될 수 없는 목적에로 접근해간다. 나는 단지 나의 자기존재에게로 가까이 다가가는 것 안에서만 그 목표를 획득할 수 있다. 이러한 불명료함은 자기존재에게 역사적 순간을 통해 명확한 결단을 불러일으킨다.

악은 절멸되지 않고 단지 악과의 싸움에서만 선이 현실화될 수 있기 때문에 시간현존에서 의지에게 고유한 선의 존재의 **자기만족**이란 불가능한 것이다. 나의 선한 의지의 행위로서 참된 것을 파악하는 절정의 순간에서도 여전히 내가 성취한 것은 나 혼자 성취한 것이 아니라는 소리가 조용히 울려 퍼진다. 나에게 선으로 성취된 것은 그것이 마치 나의 것처럼 평온과 당연한 권리가 될 때 악의 수단으로 변한다. 그렇기 때문에 내가 나 자신을 선한 의지의 능동성 안에서 사랑한다. 그러나 곧바로 내가 참된 자기애를 나의 존재에 대한 방관하는 지식으로 변형할 때, 나는 나 자신을 잃어버린다. 이 경우 나는 나의 행위의 거울 속에서 나의 존재를 만족스러운 존재로 인식한다고 믿는다. 방관의 최초의 순간에 나의 행위는 즉시 내게 의문시되거나 혹은 그 행위를 긍정할 때 바로 그 순간에 이미 더 이상 확실하게 나에게 부가되지 않는 것처럼 보이는 요구가 내게 의문시된다.

자유와 마찬가지로 선한 의지와 악한 의지는 단지 가능실존의 **현상하는 시간현존**에만 속한다. 여기에서 선한 의지와 악한 의지는 서로를 끝없이 각성시키면서 서로에게 결속되어 있다. 그러므로 역사적인 순간에 선이 요구로서 명확하고 결정적으로 분명하게 된다면, 이 선은 순한 정서에 단순하고 간명하고 명백하게 현재적일 수 있다. 역사적인 순간에 선이 요구로서 아무리 명확하고 결정적으로 분명하게 된다고 해도, 또 이 선이 순한 마음에 아무리 단순하고 간명하고 명백하게 현재적일 수 있다 하더라도 그것은 객체적인 측면에서 선으로서 보편적이며 영원히 알 수는 없다. 이와 같은 것으로 분명해진다면 선은 곧바로 악의 가능형태가 된다.

이것은 언제나 다시, 악이 가장 결정적으로 도덕적으로 숭고한 형태로(oralpathetish) 나타날 수 있다는 놀랄 만한 희극이다. 유령 같은 도플갱어는 현존 안에 있는 자유의 모든 존재를 통해 해소될 수 없는 모호함의 역할을 한다. 악은 가능실존의 진정한 난파의 불가해한 얼굴과 마찬가지로 자신의 난파에서 현존에서의 현상으로 존재한다. 즉 악의 절망적인 결단은 실존적 결단의 보호색과 같은 것이고, 현존의 고찰에서의 자기만족은

스스로로부터 요구된 본래적 자기의 고귀한 본질에 대한 자기애의 보호색
과 같다.

제6장

자유

내가 자유에 대해 **묻는**다는 것은 자유가 나에게 개념으로 나타나고, 그 개념의 대상을 내가 인식하고자 한다는 것에 기인하는 것은 아니다. 자유가 정말 존재하는가의 물음은 대상적 연구라는 수단으로는 오히려 자유에 대한 부정으로 곧바로 이끌어질 것이다. 나 자신이 대상이 되지 않는다는 것이 내게는 자유의 가능성이 된다. 자유가 존재하는지 여부에 대한 물음은 자유가 존재하기를 **바라는** 나 자신에게서 그 **근원**을 갖는다.

　모든 물음에서 어떤 일정한 의미에서의 주체는 물음의 종류와 대상적인 대답 방식의 조건이다. 그러나 자유에 대해 물을 때 자신의 가능성 안에 있는 본래적 자기존재는 묻는 자인 동시에 대답하는 자이다. 그래서 내가 자유가 존재하는지 여부에 대해서 묻는다면 이 물음은 곧 내가 나를 어떻게 파악하는지 아니면 어떻게 포기하는지에 대한 나의 행위가 된다. 나는 자유가 세상 어딘가에서 나에게 나타날 것인지, 그것을 찾아서 배회하지 않는다. 그렇기 때문에 자유가 존재하는지에 대한 물음은 의식일반의 물음으로서는 무가 된다. 자유에 대한 물음의 중요성은 언제나 동일한 수준에서 유지되는 것이 아니라 본래적인 자기존재의 현재와 함께 성장할 뿐이다. 나는 추상적으로 묻는 것이 아니라, 바로 거기에 나 자신이 존재하는 것과 똑같이 묻는 것이다.

자유의 문제에 대한 진리가 단순한 개념만을 가질 뿐이라고 믿는 자는 자유를 단지 철학의 **근본개념**으로만 명명한다. 그러나 여기서 자유의 문제에 대해 **알지** 못하는 자, 그래서 어떤 성과도 전혀 기대하지 않으며 자신이 역사적 도상에서 자기 자신이 되려고 하기에 명백해지길 원하는 자, 바로 이 사람에게는 자유가 실존조명의 본래적 **기호**가 된다.

나 스스로가 관망하면서 자유라 **불리는** 모든 것이 무엇인지를 다시 한 번 숙고한다면, 나는 다양한 종류의 사실과 정의에로 **빠지게** 될 것이다. 이 경우 어떤 객관적인 의미의식이 나로 하여금 자유가 무엇인지, 자유가 어디에 있는지, 무엇이 자유가 아닌지를 결정하도록 하지는 않는다. 자유에 대한 나의 본래적 **관심**이 나를 이끌 때에만 다양성 안에서 내가 자유로서 나에게 호소하는 것을 알아차리게 된다. 왜냐하면 나는 가능성을 통해 이미 스스로 자유롭기 때문이다. 고유한 자유존재의 가능성으로부터 비로소 나는 자유에 대해 물을 수 있다. 따라서 자유는 전혀 존재하지 않든지, 자유의 물음 안에 이미 존재하든지 둘 중의 하나이다. 그러나 자유가 근원적인 **의지로서의 자유존재**에 대해 묻는다는 것은 이 자유존재의 물음에 대한 사실 안에 이미 선취되어 있다는 것이다. 자유존재는 먼저 **증명**하고 나중에 욕구되는 것이 아니라 자유가 스스로를 의욕하는 것이다. 왜냐하면 자유에게는 그 가능성의 의미가 이미 현재하고 있기 때문이다.

자유존재의 **가능성**으로부터 철학한다는 것은 자유를 논증하면서—즉 자유가 존재한다는 것—확증하고자 하는 길로 **빠진다**. 이러한 논증들은 —이를테면 자유의 존재와 함께 태어난—철학자들에게는 불가피하게 본래적 자유에의 논증을 제쳐두게 한다. 그렇기 때문에 자유를 조명한다는 것은 자유를 현존으로 증명하지 않으려는 부정적 의미를 가진다. 자유는 나의 통찰을 통해서가 아니라, 나의 행위를 통해서 증명된다. 자유의 존재에 대한 염려(Sorge)에서 자유가 실현되는 적극성이 결단된다.

그러나 자유가 가능성일 때 그것은 동시에 나의 부자유(Unfreiheit)의 가능성이고, 이 부자유하에서의 고통은 자유에 대한 **부정적 충동**이다. 자기존재로서의 나는 부자유의 가능성을 참지 못한다. 이러한 참을 수 없음에서 나는 나 자신을 자각한다. 내가 나 자신에게 의존되어 있는 것에 전적으로 좌우되는 자신으로서 현존하기 때문에, 나는 자유로울 수 있어야 한다. 그러나 이것은 어떠한 사실로부터 그 조건에 대해 추론해서 나오는 결론이 아니라, 자기 자신에 대해 여전히 계속 결단하는 어떤 존재의 가능성을 의식하는 자기존재 자체의 표현이다. 자기존재는 자기로부터 요구됨으로써 요구된다. 자기존재가 존재하고자 한다면, 자기존재는 이 요구를 충족시킬 수밖에 없다.

실존조명의 처음이자 끝인 자유는 세계정위에서도 아니고 초월자에서도 아니고 전적으로 실존조명에서만 언급된다. **세계정위**에서의 존재는 존립으로서, 대상적이고 타당한 것으로서 존재한다. 인식의 범위에서는 이미 자유란 없다. **초월자**에서는 어떠한 자유도 더 이상 존재하지 않는다. 다시 말해 자유는 초월적 존재로 잘못 절대화될 수도 있다. 즉 자유는 오직 시간현존에서의 실존으로서만 존재한다. 실존의 시간현존의 현상을 통해 최후적인 것 자체를 불필요하게 하는 목표를 가진 활동은 자유 안에 존재하며, 실존은 초월자에서 자신을 지양하고자 한다. 자유는 어디까지나 실존의 존재이지 초월자의 존재가 아니다. 자유는 실존이 초월자를 포착하는 지렛대이다. 하지만 실존은 자신의 독립성에서 자유 그 자체라고 하는 것을 통해서만 그러하다.

실존적 자유의 조명

1. 지식으로서의 자유, 자의로서의 자유, 법칙으로서의 자유

단지 존속하거나 행해지기만 하는 것은 자유롭지 못한 현존이다. 비약을 통해 나는 현존에서 나 자신을 발견한다. 나는 이러저러한 사건들의 경과로만 존재하는 것이 아니라 내가 존재한다는 것을 안다. 나는 어떤 것을 행하고 내가 그것을 행한다는 것을 안다. 살아 있는 모든 다른 생명과 마찬가지로 나는 죽지 않으면 안 된다. 게다가 나는 내가 죽어야만 한다는 것을 안다. 수동적이고 불가피하게 발생하는 것에 대한 지식은 필연성을 벗어나지 못하지만, 인식하는 자아는 무에 대한 지식 안에서 불가피하게 그 지식을 능가한다. 내가 행해야만 한다는 것을 사태로서 이해하는 것에 스스로 참여한다는 것이 자유의 계기이다. 나는 지식에서 여전히 자유롭지 않지만 **지식 없이는 어떠한 자유도 없다.**

지식 덕분에 나는 나에게 가능한 것의 범위를 본다. 내가 알고 있는 많은 가능성 가운데에서 나는 선택할 수 있다. 나에게 가능한 것이 여럿일 경우, 나의 자의는 행해지는 것의 토대가 된다. 나는 객관적 관찰을 통해 이 자의를 강제적인 사건으로 파악하고자 할 수는 있다. 다시 말해 나의 선택은 내가 실현시킬 수 있는 나의 지식의 방식에 의존한다. 나는 내가 알고 있는 바에 **따라** 소위 알려져 있는 것을 선택할 뿐이다. 그러나 내가 아직 알지 못하는 현존현실성에 맞춰진 나의 지식이 아무리 거짓이라고 하더라도 나는 내가 기대한 것과는 다른 것이 나타난다는 것을 경험한다. 나아가 나의 선택은 내가 관찰할 수 있는 심리적 충동에 의존적이다.(심리적으로 강력한 동기는 결정적이다.) 그러나 두 종류의 의존성에도 불구하고 자의는 인식을 통해서 파악되는 것이 아니라 전제되는 능동성이다. 다시 말해 자의의 존재가 도출될 수 있는 것도 아니고, 자의의 사실적인 결정은 개별적인 경우에 인과적인 통찰의 엄격함을 통해 필연적인 것으로서 증명되거나 예측될 수 있는 것도 아니다. 비록 내가 선택하는 자로서 나의 결정을, 예컨대 셈 세기나 주사위 놀이를 통해서 단순한 우연으로 변화시킨다고 하더라도 자유의 계기는 여전하다. 왜냐하면 내가 객관적인 우연의 수동성에 자발적으로 따르기로 했기 때문이다. 최후의 경우에는 자의가 일반적으로 무엇인지 간결하게 드러난다. 즉 자의는 객관적인 관찰에서는 임의적으로 처신하기 때문에 자의는 **선택의 여지가 없는** 것처럼 보이며 주관적으로도 임의적인 것으로 보인다. 그러나 이렇게 생각하는 것은 불가능하다. 모든 자의적인 결단에서 자발성으로서의 나의 자아존재와 일치하는 것이 오히려 효과적이다. 내용 없는 자의는 여전히 자유가 아니다. 그러나 **자의 없이는 어떠한 자유도 존재하지 않는다.**

내가 자의에 대한 지식을 임의적으로 결정하는 것이 아니라 내가 구속되어 있다고 인식하는 **법칙**에 따라 결정하게 될 때, 나는 나 자신에서 발견하는 정언명령을 따르는 한, 그리고 역시 따르지 않을 수 있는 한 자유롭다. 법칙은 내가 따라야 하는 불가피한 자연필연성이 아니라, 내가 따르거나 따르지 않을 수 있는 행위와 동기의 규범에 대한 필연성이다. 그러한 나 자신에게 구속적인 것으로서 명백하게 나타나는 규범에 대한 인정과 준수에서 나는 나의 자기를 자유로운 자기로 의식하고 그 자체로 타당하고 또한 존재하지 않는 필연성을 현실화한다. 나는 어떤 규범이 통용되는지 여부를 권위를 통해 경험하는 것이 아니다. 왜냐하면 나는 타자에게 자의적으로 복종하게 될 것이기 때문이다.(내가 통찰 없이 따르기는 하지만 여전히 나는 나로 남아 있으면서 신뢰를 가지고 대적하든지 아니면 내가 서서히 나 자신을 버리고 (타자에 맞추어—역자) 변화되든지 둘 중의 하나이다.) 규범이 나의 자기와 동일하기 때문에 나는 이러한 규범을 명백하게 타당한 것으로 경험한다. 비록 이러한 타당성의 형태가 일반적인 것이기는 하지만, 특정의 타당성에 대한 내용이 가장 구체적인 것에 이르기까지 특수화되고 자기의 전적인 현재화를 통해 그때마다 발견되지 않으면 안 된다. **초월적 자유**, 그 안에서 내가 타당한 규범에 대한 복종을 통해 나 스스로가 자유롭다는 것을 발견하게 되는 바로 이 초월적 자유는 단순한 수동적 지식에 반하는 능동적인 자유이고 자의 안에서 상대적 의미에 반하는 필연성에 의해 담지된다. 초월적 자유에는 지식의 자유가 있고 자의의 자유가 포함되어 있다. 이 두 가지가 없이는 어떠한 본래적 자유도 존재할 수 없는 것과 마찬가지로 **법칙 없는 자유는 없다**는 것이 타당하다.

그러므로 나는 초월적 자유를 통해 나 자신의 명증성에 기초하여 나의 것으로서 승인하는 법칙을 따름으로써 나 자신을 확신하지만, 그럼에도 불구하고 나는 이 초월적 자유를 자유에 대한 본래적인 설명으로 간주하고 고집할 수 없다. 법칙은 진술될 수 있는 정언명령으로서 정식화할 수 있는 최종적 규칙으로 격하되고, 자기는 그 실현의 한 경우에 지나지 않게 된다. 법칙에 대한 보편화와 자기를 자기일반으로 하는 보편화에서 나의 구체적인 자유의식은 적절하게 조명되지 않는다. 합리적으로 일의적인 정식은 필연적으로 고착될 수밖에 없고, 그와 동시에 단선화와 기계화를 야기할 수밖에 없다.

특정한 시간적 상황에서 역사적 자기에로 접근할 때, 법칙성이 특수화된 내용은 초월적 자유 법칙에 부합하지 않는다. 그 내용은 지도적 이념의 전체성과 선택된 자기존재의 역사적 유일회성 사이, 양극성에서 발생한다.

2. 이념으로서의 자유

내가 부단하게 세계정위를 확장할 때, 무제한적으로 행위의 조건과 가능성을 의식할 때, 모든 동기에 내 마음이 끌리고 그 동기들이 내 안에서 작용하게 될 때 나는 자유롭다. 그러나 내가 행위하는 세계와의 내적 연관성이 실현되는 정도에서, 모든 것이 모든 것과 함께 사실적으로만이 아니라 가능실존의 눈으로서의 나의 의식과 연관되기도 하는 정도에서, 이러한 것들이 쌓이고 쌓인 축적으로부터 자유가 발현되는 것이다. 그러한 종류의 연관성은 완성되고 고정된 형태로서 완결되지 않는다. 다시 말해 연관성은 존재하는 것이 아니라, 이념에 불과한 무한한 전체 안에 존재한다. 정위와 동기가 쌓아온 무한한 다양성으로부터, 나에게 현재화되는 이념을 통해 구조와 질서가 생성된다. 단순한 도식에서는 대체할 수 있는 방식으로 대상이 되지만, 이념에서는 대체할 수 있는 방식으로 대상이 되지 않는다. 그 안에서 자유로서 전체가 되는 것이 현실화되게 하기 위해서 대상적인 것과의 무한한 객체적인 관계를 매개로 내 안의 무한한 성찰로 나를 활동하게 하는 것은 상황의 편협에서, 법칙에 대한 일면적인 규정성의 편협에서, 그리고 개별지식의 고립화에서 그 대립물을 갖는다. 어떤 것을 잊어버리지 않고 내가 전체성으로부터 나의 봄, 결단, 느낌, 행위의 규정을 점점 더 많이 획득하면 할수록 나는 그만큼 더 내가 자유롭다는 것을 안다.

3. 선택(결단)으로서의 자유

내가 항상 결정하고 행위할 경우, 나는 전체성으로 **존재**하는 것이 아니라 객체적으로 개별화된 **상황**에 규정된 소여성을 가진 하나의 자아로 존재한다. 세계 안에서의 정위가 한계가 없기 때문에, 그리고 무한한 성찰 속에서 가능적 자기존재가 확장될 수 있기 때문에 아직은 나의 행위의 결과는 이루어지지 않는다. 나는 나의 현존의 시간적인 일어남(Geschehen)의 필연적인 결과로 전개되는 보편적인 이념의 무대가 아니다. 오히려 내가 먼저 경험하는 것은 전체성이 결코 완성되지 않고 가능적 자기존재의 확장이 한계에 다다르지 않는 반면에, **시간**은 이미 **밀려오고** 있는 것이다. 내가 모든 전제와 가능성이 현재화되는 과정에서 이념의 전개를 기다리고자 한다면, 나는 결코 행위할 수 없을 것이다. 필연성과 전체성의 미완성과의 마찰에 근거하여 지금으로 살 것인지 아니면 살지 않을 것인지, 지금 선택할 것인지 아니면 선택하지 않을 것인지, 지금 결단할 것인지 아니면 결단하지 않을 것인지를 시간적으로 결정하는 것으로 인해, 시간과 장소의 속박으로서의 부자유에 대한 특수한 의식은 가능한 정신적 검증과 확실성의 협애(Verengerung)로부터 발생한다. 그러나 그때 나는 시간적으로 규정된 **선택**이 필연적으로 나타나는 부정적인 것과 부자유만은 아니라는 것을 경험한다. 이것은 이념의 완성 없이 어쩔 수 없이 완성되어야만 하는 것이 아니라 바로 선택을 통해 비로소 나는 **근원적인 자유로서의** 자유를 처음으로 스스로 의식한다. 왜냐하면 나는 자유 안에서만 비로소 나를 본래적인 나 자신으로 알기 때문이다. 이와 같은 입장에서 가장 심오한 실존적 자유가 표면화되도록 자유의 다른 모든 계기들은 **전제조건들로** 간주된다. 이러한 자유는 어떠한 대상화와 일반화로도 포착되지 않는다. 내가 이전의 계기들을 인정하면서 자기 것으로 만든 이후에 내가 절망하며 내가 전혀 존재하지 않는다는 것을 의식하는 곳에서, 혹은 근원적인 존재를 자각하는 곳에서 한계가 열린다. 자기 자신인 자는 자기 자신과 다른 실존에게 나타나는 역사적 유일회성에서 선택한다.

실존적 선택은 동기의 투쟁의 결과가 아니다.(이는 객관적인 과정일 것이다.) 또한 그것은 정답이 있는 예제의 풀이와 같은, 결단의 외양을 띠기만 한 그런 것도 아니다.(이는 강제적일 수도 있다. 나는 이를 명백한 것으로 인정하고 거기에 나를 맞출 수 있다.) 실존적 선택은 객관적으로 정식화된 명법에 대한 순종도 아니다.(그러한 순종은 자유의 선행형태 혹은 자유의 일탈이다.) 오히려 실존적 선택의 결정적인 것은 내가 선택한다는 것이다. 우연성과 다른 것을 선택할 수 있음에 대한 의식이 아닌 본래적 **자기**의 근원적인 필연성에 대한 의식을 가지고 역사적이고 객관적으로 조망할 수 없는 내용은 규정성과 개별성의 공간을 관통함으로써 현존을 수반하게 된다.

　　이러한 선택은 현존에서 내가 나 자신으로 존재하겠다는 **결단**이다. 그럼에도 불구하고 결심 자체는 여전히 유한한 것을 "단호하게" 행할 수 있는 합리적 의지는 아직 아니다. 의지는 맹목적으로 대담한 현존의 저돌적인 결행에 있지도 않다. 오히려 결단은 의지에게 내가 의욕하면서 본래적으로 존재할 수 있음을 선물로 주는 것이다. 다시 말해 나는 결단 **때문에** 의욕할 수는 있지만 **결단을** 의욕할 수는 없다. 결심을 할 때, 나는 내가 의욕할 수 있다는 사실을 통해 근본적으로 내 안에서 나 스스로를 만날 수 있다는 희망으로부터 자유를 포착한다. 그러나 결단은 구체적인 선택에서 다음과 같이 드러나게 된다.

　　이러한 선택은 전적으로 **매개적**(vermittelt)이다. 가능적인 것의 모든 객체성에 직면해서, 그리고 주체의 무한한 성찰을 통해 검증되면서, 실존의 절대적 결단이 나타난다. 그러나 실존의 결단은 숙고의 결과가 아니다. 비록 숙고를 거치고, 그래서 숙고 없는 결단이 아니라고 해도 말이다. 결단 자체는 **비약**에 있다. 숙고를 바탕으로 나는 언제나 **개연성**에 이를 것이다. 그러나 만일 나의 행위가 개연성을 통해서만 규정된다면, 나는 어떠한 결단도 실존적으로 할 수 없을 것이다. 왜냐하면 결단은 **무제약적**이기 때문이다. 더 나아가 기회를 계산한 결과에 따라서 행위를 결정하게 되면, 대체로 결단은 **사라져버린다**. 왜냐하면 결단에서 진리의 궁극적인 시금석이 결과가 아니라, 난파에도 불구하고 여전히 진실하게 남아 있는 것이 결과로 포착되기 때문이다. 결국 결심은 통찰에 반하는 단순한 즉각적인 자의는 더욱이 아니고, 오히려 현존의 역사적인 구체성에서 **내가 원하는 것을 내가 알고 있다는 것**에 있다. 내가 모든 것을 숙고하지 않았을 때, 내가 숙고하지 않으면서 다양한 가능성으로 뛰어들었을 때, 내가 무한한 성찰에 전념하지 않았을 때, 나는 결단을 하는 것이 아니라 맹목적인 영감에 따른 것이다.

그럼에도 불구하고 결단은 완전히 **직접적**이다. 그러나 이러한 결단은 현존의 직접성이 아니라 본래적인 **자기존재**의 직접성이다. 결단과 자기존재는 하나이다. 무결단(Unentschlossenheit) 일반은 자기존재의 결핍이다. 다시 말해 그 순간의 무결단은 내가 아직까지 스스로를 발견하지 못하고 있다는 것을 보여줄 뿐이다. 그러나 선택과 결심, 밝음과 근원은 일치한다. 결심이 **자의**처럼 보인다면 객관적으로는 구분의 기준이 존재하지 않지만 주관적으로는 이 결단에서 바로 임의성과는 극단적인 대립각을 세운다. 다시 말해 자의와 같이 느껴지는 것은 그래야만 하는 결단의 자유이다. 왜냐하면 자의는 결단 자체이기 때문이다.

시간적으로 보면, 결단에 대한 선택에서 중요한 것은 포착된 것을 무조건 **꽉 붙들어야** 한다는 것이다. 나는 그것을 또다시 포기할 수 없다. 왜냐하면 내가 나 자신으로 존재하는 것의 배후에 다른 어떤 것으로 존재할 수는 없기 때문이다. 내가 포착된 것 안에 존재했었다는 것을 포기하게 될 때, 나는 나 자신을 일거에 없애는 것이다. 근원적인 결단에서 포착된 현존은 내가 살아가고, 새로운 모든 것에 생기를 불어넣는 **원천**이다. 결단에서 운동이 나온다. 이 운동은 현존의 부주의함 속에서 자발적으로 삶에게 연속성을 부여한다.

이러한 선택의 자유는 선택을 방해 없이 실현하기 위해서 외적인 장애물이 없어야 한다고 요구되는 그런 자유가 아니다. 오히려 선택의 자유는 대상적으로 **파악될 수 없지만** 자유로운 근원으로서 자기 자신 안에서 스스로 의식된다. 또한 선택의 자유는 **전적으로** 비교될 수 없는 **본래적인** 의미이다. 왜냐하면 내가 외적으로는 단순한 사실성에 따른 행위에 대해 책임져야 하는 반면, 선택에서는 나는 나 자신 스스로 전적으로 나를 책임져야 하기 때문이다. 선택은 내가 자유로운 결단으로 세계 안에서 행위할 뿐만 아니라 역사적 연속성에서 나의 고유한 본질을 창조한다는 의식의 표현이다. 결단에서 나는 더 이상 단순히 어떤 것을 결정하는 것이 아니라 나 자신에 대한 자유를 경험한다. 그러한 자유 안에서는 자아와 선택의 분리가 불가능하고 오히려 나 **스스로가 선택의 자유이다.** 단순한 선택은 단지 객관성 사이의 선택으로만 나타난다. 그러나 자유는 나의 자기의 선택이다. 그렇기 때문에 나는 또다시 맞설 수는 없지만 마치 자유가 나의 도구인 것처럼 나 자신과 나-자신으로-존재하지-않음 사이에서 선택할 수는 있다. 오히려 내가 선택할 때 나는 존재한다. 내가 존재하지 않는다면 나는 선택하지 않는다. 나 자신으로 존재한다는 것은 여전히 열려 있는 것이기도 하다. 왜냐하면 나는 그래도 결단하게 될 것이기 때문이다. 그런 의미에서 나는 아직 존재하는 것이 아니다. 그러나 현존의 현상에서 최종적이지 않은 것으로서의 이러한 비존재는 내가 결단에서 선택하며 근원이 되는 바로 그때, 나의 존재의 실존적인 확실성을 규명하게 된다.

선택에서의 결단은 근원적으로 **소통적**이다. 나 자신의 선택은 타자의 선택과 함께 있다. 그러나 타자의 선택은 내가 이전에 나를 이미 존재하는 것으로서 절대적으로 설정하고, 나아가 나를 인간 외부에 두고, 그 가운데에서 몇몇을 선택하여 그 사람들과 관계를 맺으려 하는 그런 방식은 아니다. 그래서 나는 타자 없이 이미 존재하고 있는 것처럼 자기 나름대로 비교하며 평가하게 될 것이다. 타자의 본래적인 선택은 선발하는 것이 아니라 내가 나 자신 스스로를 발견하게 만드는 바로 그 사람과 조건 없는 소통을 하려는 근원적 결단이다. 나는 나를 둘러보면서 구하는 것이 아니라 무제약적이고 역사적인 소통을 결단하려는 각오를 통해 나를 발견한다. 나의 외적인 운명만이 아니라 나의 존재도 타자와 함께 얽혀 있다. 결단으로서의 선택에는 어떠한 양자택일도 물음도 없다. 근원의 확실성으로부터 비로소 양자택일은 결정되고 물음은 답해질 것이다.

4. 자유로부터의 도피

자기 자신의 근거가 되면서 근원적인 자유를 필요로 하는 인간은 이제 본래적 존재로서 겨우 자유의 존재를 알게 된다. 인간은 자신 안에서 가능한 한 주어진 것으로서만이 아니라 전적으로 자신을 자신의 선택과 책임으로서 포착하고자 한다. 인간은 체념 속에서 주어진 것에 대해 참고 견디는 것이 아니라 근원적인 자유를 펼치는 한에서, 자신의 고유한 것을 "떠맡음"으로써 책임을 다하는 태도를 취한다. 인간은 자신의 현존과의 동일성을 자신의 역사성에서 부인할 때 자신의 자기존재가 희생된다는 것을 안다. 이러한 자기동일성에는 결단과 그에 따른 무제약적 노력이 있다. 거기서 나는 현실적이 되기 위한 가능성을 포기한다. 있을 수 있는 풍부한 세계의 공허로부터 나는 현실적이면서 자기존재에 의해 담지되는 품위 있는, 빈곤한 충만함으로 들어선다.

그럼에도 불구하고 나는 동시에 이러한 노력 앞에서 **뒷걸음친다**. 현실적으로 존재하고자 하는 것이 아니라 가능적으로 존재하고자 한다. 즉 나의 숙고와 기획(Entwürfe)은 결단 그 자체로서 어떠한 결과도 강요하지 않는다. 이는 사실상 언제나 불충분한 통찰일 뿐만 아니라, 이념에서 완성된 통찰 자체가 결단을 위한 충분한 근거를 제공하지 않는다. 선택은 그것이 수행되지 않는 한 불확실한, 그래서 섬뜩한 측면을 가진다. 선택은 비교불가능한 확실성을 요구한다. 이것이 일어나지 않는 한 나는 나 자신의 본질을 포함하는, 결코 번복할 수 없는 결단 앞에서 두려워하며 물러선다. 왜냐하면 나의 존재 자체가 언제 불확실한지 **관찰하면서도** 나는 알 수 없기 때문이다.

그렇기 때문에 확실성 이전에 **무지의 위기**, 즉 불안, 내가 알지 못하는 순간적인 도피가 먼저 일어난다. 이는 오류를 피하려는 마지막 시도이거나 결단 앞에서의 마지막 숨고르기이다. 왜냐하면 나에게 타자가 없이는 존재의 현실이 되지 못하는 그러한 타자와 함께 내가 자유롭게 불안을 나눌 수 없기 때문에, 위기에서 완전한 고독이 가능하며 결단에서 가장 깊은 소통이 가능하다. 왜냐하면 결단이 나의 존재를 획득하는 밝고 신중한 결행이기 때문에, 근원적인 자유가 없을 때, 강력한 현기증이 생긴다. 그 안에서 나는 지식 없이, 선택 없이 공허하게 결단한다. 외적으로 제약된 단지 사회적이기만 하고 실존적이지 않은 자기의식이 다시 부상하기 위해서, 그리고 그 어떠한 자기도 더 이상 존재하지 않는 역할을 수행하기 위해서 나는 나 스스로를 포기한다.

내가 무엇을 해야 하는지에 대해 알지 못할 때, 다시 말해 무엇을 해야 하는지를 계산도, '법칙도', 이념의 전개도 나에게 보편타당하게 말하지 않을 때, 즉 내가 진짜로 아는 게 아니라 마지막에 이 모든 것 안에 서 있을 때 나는 나 자신의 비존재를 경험할 수밖에 없다. 내가 스스로 결정하지 않고 우연에 나를 맡길 때, 그것은 자유로부터 도피하려는 방식이다. 그래서 나는 사실상 무대(Schauplatz)에 지나지 않는다. 그리고 나는 나의 고유한 존재가 무 속으로 사라지는 것을 보면서 '그것은 전적으로 나와 무관하다.'고 모호하게 말한다. 여기에서 실존에서 실존에로 이르는 소통이 가장 깊은 근원에서 와해되기도 하고 이루어지기도 한다. 자신의 비존재를 그러한 방식으로 알리는 자는 마치 도망치듯 존재한다.

그러나 그것은 시간현존에 나타나는 실존현상의 본질이다. 즉 이것은 결단되어야만 한다. (실존하면서) 내가 결단하든지 아니면 내가 다른 것에 의해 결단되든지(타자의 수단이 되는 곳에서 나는 실존적이지 않다.)이다. 어떤 것도 결단하지 않은 채로 존재할 수 없다. 단지 시간적 가능성의 한정된 활동범위만이 있을 뿐이다. 어떠한 결단도 그 범위를 넘어 더 이상 미뤄지지 않는다. 이때 나를 통하지 않고 결단되는 일은 없다.

지식, 자의, 규칙, 이념 안에 가능성으로 있는 자유는 말하자면 어떤 비어 있는 공간을 허용할 것이다. "무엇으로부터의 자유인가?"에 대한 물음이 모든 객체의 파괴를 통해 답해진다면, "무엇을 위한 자유인가?"에 대한 물음은 그만큼 더 육박해온다. 내가 무엇을 원하는지를 모르면 나는 무수한 가능성 앞에서 당혹해하고, 나를 무로 느끼고, 자유에서의 불안 대신 자유에 앞서 불안을 갖는다.

많은 사소한 행위에서 나―개별적으로는 알아채지 못하지만 전체적으로는 나의 본질 자체를 규정하는―는 나를 상실하거나 혹은 획득하는 발걸음을 옮긴다. 나는 결단을 거역한다. 내가 원할 수 없기 때문에 나는 나를 맹목적으로 만든다. 다시 말해 내가 항상 어떤 것을 결정해야 하기 때문에 나를 구속하는 자유는 나에게 공포를 불러일으킨다. 그래서 나는 책임을 전가하고 될대로 내버려 두거나, 아니면 사소한 내·외적 행위에서 무리없이, 그리고 강제성 없이 눈에 띄지 않게 나의 길을 간다. 그리고 본래적 결단을 통해 나는 나 스스로 존재할 정도로 성숙해진다. 내가 자유를 붙잡을 것인지, 아니면 놓칠 것인지는 내가 누구인가와 관련된 시간 안에서 전개되는 현상이다.

5. 실존적 자유의 사유

형식적 자유는 지식과 자의였다. 초월적 자유는 자명한 규칙에 대한 복종을 통한 자기확실성이었다. 이념으로서의 자유는 전체 안에서의 삶이었다. 실존적 자유는 결단의 역사적 근원의 자기확실성이었다. 단적으로 파악될 수 없는, 즉 어떠한 개념으로도 포착될 수 없는 실존적 자유 안에서야 비로소 자유의식이 성취된다. 자유는 자의를 가능한 것으로서 자각하는 지식 없이는 완수되지 않는다. 자의는 최후적으로 이러한 전제들을 밝히는, 절대적으로 유일회적인 근원에 의해 포괄되기에 앞서 법칙적인 질서의 현상 안에서 의무에 대한 자유로운 선택과 이념에 대한 청취에 이르도록 심화된다. 법칙과는 멀리 떨어져서 더 이상 진정한 것으로서 밝혀지지 않는 것은—이 경우에 진정한 것은 법칙에 위배되어서는 안 되지만, 그것은 법칙과 함께 법칙으로서 제거하는 것이 어쩌면 가능하다—자기존재의 가까이에 있는 다른 자기존재와 함께 자신을 확신하는 것이다. 실존적 자유는 그 근원을 통해 우연의 피상성에 저항하고, 실존적 필연을 통해 일시적인 의욕의 임의성에 저항하며, 충실과 연속을 통해 망각과 소멸에 저항한다.

그러나 자유는 의식되지 않는다는 것, 어떤 방법으로도 객관적으로 사유될 수 없다는 것이 자유를 조명하는 시작이자 끝이다. 내가 **나의** 자유를 확신하는 것은 사유를 통해서가 아니라 실존함을 통해서이다. 즉 자유에 대한 관찰과 물음을 통해서가 아니라 실행을 통해서이다. 오히려 자유에 대한 모든 명제는 항상 오해될 소지가 있으며, 오직 간접적으로만 지시되는 소통의 수단이다.

자유는 절대적이지 않음과 동시에 항상 구속되어 있다. 자유는 소유가 아니라 쟁취이다. 자유 그 자체와 같이 자유의 **사유됨**도 오직 **운동** 안에 있다. 자유의 의식은 유일하게 특징짓는 표현을 가지고 언표될 수 없다. 어떤 의미는 하나의 표현으로부터 다른 표현으로 나아갈 때에야 비로소 드러난다. 이때 의미 자체는 개별적인 표현만 가지고는 밝혀질 수 없다. "나는 선택한다."라는 행위에서 결단의 의식이 본래적 자유와 만날 때, 이 자유는 선택의 자의(Willkür) 안에 있는 것이 아니라, "**나는 해야만 한다.**"의 의미에서 "**나는 바란다.**"로 진술되는 선택의 필연성 안에 있다. 두 개의 표현 안에서 실존은 경험적 현존과는 구별되는 자기의 근원적 존재를 자각하며, 바로 그 순간 "**나는 존재한다.**"라고 말할 수 있다. 거기서 자유의 존재인 어떤 존재와 만날 것이다. 모든 표현—나는 존재한다, 나는 해야만 한다, 나는 바란다, 나는 선택한다 등—은 자유 그 자체의 표현으로 **한데** 모아진다. 왜냐하면 모든 표현 자체는 다른 표현들에 의한 해석이 없다면, 경험적 현존이든, 충동적 필연이든, 심리적 자의든 셋 중 하나를 의미할 것이기 때문이다. 자유의 의식에서는 다양한 요소들이 하나로 흡수됨으로써 근원 안에 깊이로 여기에 존재한다. 이 깊이로부터 개별적인 요소들이 현상의 형식으로 발현되어 나온다. 즉 결단 없는 선택도 없고, 의지 없는 결단도 없으며, 존재 없는 필연도 없다는 것이다.

그래서 모든 정식이 **직접적으로** 이해되면, 단순한 현존과 관계하고,

초월적 조명(transzendierende Erhellung)을 통할 때야 비로소 가능실존과 관계한다. 내가 자유를 탐구하면서 "나는 된다.(ich werde)"라고 말할 때, 이 표현은 시간에서의 수동적인 자기전개로서 오직 나의 성장에 지나지 않기 때문에 부자유와 관계한다. 그러나 그 표현에서 내용이 가득 찬 의지에 대한 역사적 연속이 고려될 경우에는 자유와 관계한다.

"나는 할 수 있다."라든지, "나는 할 수 없다."라는 말은 개별적인 경우에 진짜이거나 거짓을 의미해도, 당장 경험적인 개인의 육체적이고 정신적인 힘과 어떤 상황에서의 세력범위를 의미하는 것이지, 실존을 의미하는 것은 아니다. 나는 자신을 경험적 현존과 완전히 일치시킴으로써 자기를 객체로 만들고, 실존으로서의 자기를 포기한다. 그런 다음에야 초월적 자유의 의미에서 '해야만 하기 때문에, 나는 할 수 있다.'라는 명제가 가능하게 되며, 실존적 자유의 의미에서 '할 수밖에 없기 때문에, 나는 할 수 있다.'라는 명제가 가능해진다. 비록 내가 경험적인 존재로서 세계에서 좌절한다고 하더라도, 이러한 능력은 더 이상 세계에서의 어떤 목표를 실제로 실현하는 것과 관련되는 것이 아니라, 내적이며 외적인 행위와 관련된다. 이것은 근원적인 자유의식에서 어떠한 한계도 알지 못하는 역량(Können)의 무제약성(Unbedingtheit)이다.

현존과 자유존재

1. 자유의 존재에 대한 물음

어린 시절 나의 독립은 아직 나에게는 문제가 아니다. 나는 유일한 방식인 부모와의 관계를 통해 안전하게 보호된다. 이후 자유에 근거한 소통을 할 수 있는 것은 아직 의심의 여지가 없는 초월자 안에 있다는 것이다. 즉 부모가 초월자의 파수꾼이자 고지자(Künder)이며, 조상이나 신 등은 나를 보호하는 존재의 신화적 계열이다.

내가 자유에 대한 **물음**을 제기하는 순간마저도, 그전부터 가능성으로서 내가 자유로웠던 것 같지만 사실은 잠들어 있는, 암담한 의존상태로 살았으며, 이제 나를 여기서 해방시키지 않으면 안 된다. 나 스스로 묻고 검토하고 결단함으로써 나 개인의 책임에 대한 필연성이 생성에서 설명하기 힘든 방식으로 나를 비춘다. 이러한 에토스는 자립적 존재(Auf-sich-selbst-stehen)의 가능성 안에서 눈을 뜬다. 그림자는 나를 보호했던 의심의 여지가 없는 초월자에게로 던져진다. 나의 최초의 존재는 분열되어 있는 행위와 의식으로서 세계에 대립되어 있고, 나 자신의 기대로서 나에 대한 요구 안에 있다.

자유에 대한 물음은 이중의 방식과 같이 근본적으로 나를 **당혹케** 한다.

내가 분열되어 있다는 것을 진지하게 생각할 때, **심연으로** 가라앉고 있는 나를 본다. 그러나 나는 각성된 자유로서 역사적 실체의 내용에 근거하여 또다시 자신을 제한한다. 나는 그 역사적 실체 안에 소박하게 뿌리를 내렸고, 배신으로 포기할 수 없고, 포기하길 바라지도 않는다. 자유는 실현을 통해 자신을 탐구한다. 자유는 자신의 유래에 대한 내용에 근거하여 자신의 형식적 허무(Nichtigkeit)의 한계 안에서 자신의 현실을 돌보는 것이다.

그때 나의 배후에 있는 것처럼 보이는 **부자유의 가능성**이 새롭게 떠오른다. 어쩌면 나는 일반적으로 자유란 존재하지 않는다는 생각에 사로잡혀 있을지도 모른다. 첫 번째 각성 이후에 나는 어떻게 내가 나를 파악해야 하는지 당황한다. 비록 비밀스러운 유보(Vorbehalt)에도 불구하고 진정한 독립심이 없기 때문에, 여전히 지도와 복종에 나는 나를 의지한다. 나는 세계에 정위되어 주변을 돌아본다. 나는 모르는 사이에 완전히 의존적이 될지도 모른다. 자유란 전혀 존재하지 않았던 어떤 것에 대한 기만적인 생각이었고, 내가 나 자신의 고유한 책임 없이는 결코 나 자신일 수 없다는 것은 일개의 환상이었을지도 모른다. 절대적 부자유의 가능성에 대한 당혹스러움으로 나는 나의 본질의 밑바닥까지 내려가길 두려워한다. 나는 자유의 확신 없이 자유가 있다는 것을 나 자신에게 증명해 보이고자 한다. 나의 자기존재를 통해 행동하면서 자유를 나에게 확인시키는 것은 여전히 불가능하며, 나는 자유를 가능성으로서 객관적으로 입증되길 바란다.

이러한 충동은 삶을 통해 계속된다. 자유를 알지 못한 채, 자유를 자각하는 것이 나에게 충분하지 않을 때, 자유가 나에게 나 자신의 현실로서 사라진 것처럼 보일 때, 나는 객관적인 방식으로 자유를 **되찾으려** 한다. 거기로부터 그 자체 좌절하지만 그 안에서, 그리고 대비를 통해 점점 더 결정적으로 본래적 자유로 되돌리는 여러 사상들이 발생한다. 즉 자유를 문제삼는 사상은 무엇보다도 본래적 자유를 위협하는 가능성으로부터 나온다.

2. 자유의 현존을 증명하려는 사유의 과정

나는 자유를 원인 없는 시작이라고 생각한다. 자유는 무로부터의 한 열(eine Reihe)이 시작될 때 자유가 존재한다. 어떤 원인도 밝혀내지 않고, 또 확인하지도 않은 채 세계일반 혹은 세계 내에서 시작해야만 한다. 그러나 근거에 대한 물음의 한계인 최초의 시작은 객관적으로 근거가 없는 사유일 것이다. 최초의 시작은 결코 경험적 현실에서 달성되지 않는다. 왜냐하면 가령 절대적 시초가 주장될 때 나는 필연적으로 어디서부터, 그리고 왜를 묻지 않으면 안 되기 때문이다. 이러한 물음이 가능하지 않다는 사실이 언젠가는 발견될지도 모른다는 것은 배제된다. 원인의 연쇄는 객관적으로 가는 곳마다 무제한적으로 이끌리며, 나는 객관적으로 시작이 있다고도, 없다고도 말할 수 없다.

자신의 원인을 물어도 그 이상으로 대답할 수 없는 절대적 시초는 **자기원인**(causa sui)일 것이다. 그러나 이러한 사상은 어떤 불가능한 것을 포함하고 있다. 왜냐하면 이 사상은 순환이든지 혹은 그 자체 모순이기 때문이다. 이러한 사상은 객관적으로 존립하는 것이 아니고, 단지 조명(Erhellungen)에 대한 표현수단으로서만 가능하다. 조명에서 이러한 사상은 더 이상 객체적 존재의 개념을 의미하지 않는다.

그 밖에 비록 자유의 현존이 존재하지 않는다고 하더라도, 강제적 필연성들의 조직 안에 **빈 공간**을 보일 때 자유를 위한 공간을 마련하려는 시도가 행해진다. 사람들은 인과법칙을 찾으며, 인과법칙이 더 이상 지배되지 않는 여분(Rest)의 객관적 한계를 찾는다. 그러나 그와 같은 여분을 지시할 수 없다고 하더라도, 그 여분은 우리가 실존하면서 인과의 필연성 가운데 의식되는 자유에 대한 부적합한 장소가 될 것이다. 그것은 우리의 자유의식을 만족시키기 위해 입증하기에는 충분하지 못하다. 그러나 시도 그 자체는 다음과 같이 말해질 수 있다.

최후의 인과법칙적으로 질서 지어진 세계에 대한 조건은 사실적인 인식을 위해서 중요하다. 왜냐하면 법칙적인 질서가 있는 한에서만 보편타당한 인식이 가능하기 때문이다. 그러나 바로 그렇기 때문에 이러한 질서는 절대적이며 객체적 세계존재 그 자체의 주장으로는 증명될 수 없다. 여기서 객체는 단지 법칙 아래서만 인식가능성을 말하는 것에 불과하다. 법칙의 지배를 받지 않는다는 것은 단지 소여로서만 받아들여지고 다른 방식으로는 인식될 수 없다는 것이다. 그 결과 자유가 인과율 이외에 발견될 수 있다고 생각될 때, 자유는 거기서 어떤 경우이든 인식되지 않거나, 혹은 그럼에도 불구하고 또다시 자유가 포기될 수밖에 없는, 아직 발견되지 않은 어떤 법칙이 재차 요청될 것이다.

인식의 한계에서 해결되지 않는 **여분**이 출현하고, 그 여분에서 법칙을 따르는 질서의 한계가 경험된다는 것은 어디까지나 이론상으로는 가능하다. 그때 한계 내에 있는 것만이 경험의 대상이다. 즉 한계경험 그 자체는 공허하며, 그것은 법칙의 "피안"을 인식할 수 없다. 왜냐하면 한계경험은 자신의 현존으로부터 어떤 종류의 실증적인 주장들도 제기할 수 없기 때문이다. 이러한 한계경험은 여분을 법칙적인 질서의 세계로 끌어들임으로써 자신이 올바른 것으로 증명되자마자 여분을 제거할 것이다. 그러나 아무것도 말하지 않은 이러한 여분이 사실상 한계로 나타난다면, 인과질서의 한계로서 객관적으로 인식할 수 있는 여분과 그 여분의 사유를 통해서, 지금부터 간접적으로 자유가 **입증**될 수 있을지 없을지에 대한 실존적 자유 사이의 어떤 관계에 대한 물음은 가능할 것이다. 왜냐하면 자유와 마찬가지로 인과율로 간주될 수 없는 어떤 것이 존재할지도 모르기 때문이다. 그러나 소위 인과율로부터 자유로운 여분과 실존적 자유 사이에는 일반적으로 어떤 관계도 존재하지 않는다. 자기 자신을 이해하는 실존적 자유는 자유의 객체성을 주장하지도 않을 뿐만 아니라 찾지도 않을 것이다. 왜냐하면 객체적 가능성이 자기 자신 안에서 확신하고 있는 것과는 완전히 다른 것에 들어 맞는다는 것을 실존적 자유는 알기 때문이다. 그러나 우리가 자유의 실존적 자기확실성을 자유가 존재한다는 객관적 주장으로 변질시키는 수단을 취할 때, 객관적 법칙성의 한계에 대한 여분과 자유와 여분 사이의 관계는 객관적 의미 안에 있는 절대적 법칙인 **시작**이 실존적 의미에서의 근원에 대해 껍데기일 수 있는 그 가능성을 한 번도 앞질러본 적이 없다. 그러나 어쩌면 보일 수 있는 모든 개별적 관계들이 결여될지도 모른다. 객관적 시작과 실존적 근원의 괴리가 있을 것이며, 그와 함께 첫걸음부터 실존적 자유를 객체화하려는 오류가 있을 것이다.

이러한 사유는 확실한 물리학적 **법칙성**을 **통계적** 법칙성으로서 이해하는 물리학의 방법을 통해 실현된다. 이 물리학은 개별과정들 중의 어떤 것도 법칙에 따라 필연적인 것으로서 인식되지 않고, 물질 안에 원자론적인 수많은 개별과정들을 통해 확고한 것으로 간주한다. 여기에서 물리학적 법칙과 원자론적인 개별과정들의 관계는 인간사회 안에서 개별적으로 인격을 지닌 행위들과 통계적 법칙과의 관계와 같다. 개별적 원자의 운동은 단지 통계적으로 파악된 것에 불과한 개인들의 외적인 개별행위처럼 인식되지 않는다. 통계적 규칙들이 사유상 필연적으로 개별적 개인의 자유를 폐기하지 않은 것처럼, 원자의 개별과정들은 통계적 자연법칙을 통해 인식되지 않는다. 그러나 내가 개인으로서 나의 행위에 대한 자기확신을 가지고, 소통을 통해 타자의 자유에 관여하며, 마침내 심리학적으로 하나의 전체 세계를 객관적으로 보는 반면, 통계학이 단지 외적인 것만을 계산할 때, 나에게 저 원자의 개별과정은 완전히 무의미하다. **방법적** 비교는 사물 그 자체가 반드시 비교가능하다는 것을 필연적 결과로서 갖는 것은 아니다. 비교가능성을 넘어서서 모든 관계는 사물 자체를 실현하지 못한다. 규칙적이지도 기계적이지도 않은 개별적 사건에서 나 자신이 공간과 시간의 차안(Diesseits)으로부터 공간과 시간으로 작용하는 것과 유사하게 어떤 것이 공간과 시간의 피안(Jenseits)으로부터 공간과 시간으로 작용한다는 이러한 비교는 자유에 대한 사유의 결과 없이 객체화로 우기는 것과 같다. 분명한 시공간적 사물화의 지양은 사실상 완전히 인식되지 않을 객체-존재를 피안과 차안으로 설정한 것이다. 자유가 자기의 고유한 기반 위에서 우리 자신이 남김없이 가두어버린 존재 그 자체에게 자기 세계의 절대화를 저지시키게 되며, 이를 통해 근대 물리학은 자유에 대한 철학함에 도움이 된다. 근대 물리학은 분명하게 수행하며, 칸트가 철학적 사유를 가지고 우리에게 강제적으로 수행하지 않았던 것을 효과적으로 수행한다. 즉 근대 물리학은 존재가 법칙들하에서 사물들의 존립이라는 의미에서의 존재에만 국한되지 않는 통찰이다.

칸트는 '나에게 현상에서의 객체로서 남김없이 인과법칙에 복종하는 것(심리학적 개인과 자신의 경험적인 성격) 자체가 자유(예지적 성격)이다.'라고 말했다. 이로써 객체화의 정식 안에 두 개의 세계가 존재한다면, 우리는 현상과 존재 자체의 존재방식의 구별을 통해 세계에서 현존과 함께 자유의 연관성에 대한 물음의 칸트의 독특한 해결을 무효화할 수 있다. 왜냐하면 오직 객체들의 세계만이 존재할 뿐이기 때문이다. 그러나 객체들의 세계는 자유존재에 대해 오로지 필연적으로 객관화된 정식일 때, 그 세계는 우리에게는 진정한 것이다. 그 이외에 자유는 법칙적으로 질서 지어진 세계의 빈 공간 안에, 말하자면 방치된 것은 아니다. 자유의 객체적 보존은 항상 옹색할 정도로 행해지지 않는다. 그런 까닭에 자유의 객체적 보존이 자유에게는 좋은 일이기는 하지만, 전혀 보존되지는 않는다. 그러나 이보다 더 나쁜 것은 자유의 객체적 보존이 자유 자체를 겉으로만 객관적으로 만들 뿐만 아니라, 이와 동시에 자유 자체를 이질적인 것으로 만든다는 것이다.

3. 자유의식의 근원

자유는 자기존재 밖에 존재하지 않는다. 대상적 세계에서는 자유를 위한 자리도 틈새도 존재하지 않는다. 그러나 만일 내가 영원에서 초월자의 존재와 모든 사물의 존재를 알고 있다면, 자유는 불필요하게 될 것이며, 시간은 채워질 것이다. 나는 더 이상 어떤 결단도 필요로 하지 않는 지점에서 영원한 명석함에 서게 될 것이다. 그리고 나는 시간현존 안에 존재하는 것처럼, 세계정위를 통해 나에게 나타나는 현존만을 알 뿐이지 현존의 영원 안에 있는 존재를 아는 것은 아니다.

그러나 나는 알지 못하기 때문에 의지할 수밖에 없다. 지식으로 접근하기 어려운 존재는 오직 나의 의지로 드러날 수 있다. 무지함이 의지의 필연성의 근원이다.

실존의 정열은 자유로운 의지이기 때문에 무지함(Nichtwissen)하에서 절대적으로 괴로워하는 것이 아니다. 나는 불가피한 부자유의 사유 안에서 무지함에 절망하는 것이다.

자유의 근원은 내가 탐구하는 현존으로부터 자유를 배제한다. 나 자신으로 존재할 수 있는 현존에서 존재는 자유를 통해 자신의 근거를 갖는다.

자유와 필연성

자유의 모든 존재방식은 자유의 **저항**이든 자유의 **법칙**이든 자유의 **근원**이든 필연성으로서 존재하는 속박에 대립하는 의미를 가진다. 자유의식은 필연성에 대한 **저항**으로 혹은 필연과의 **통일**로 전개된다. 모든 대립을 극복한 자유는 환상이다.

1. 필연적인 것의 저항

단순히 일어나기(geschehen)만 하는 것은 자유롭지 않다. 내가 **자연**으로서 이해하는 것은 필연성에 의한 저항의 일어남으로 **규정**된다. 그것은 **야기된** 것으로서 임의성을 벗어나 있다. 현존의 규정성은 현존이 존재하는 것과 마찬가지로 타자에 의해 필연적이다.

내가 모든 것을 현실적 자연(wirkliche Natur)이라고 부른다면, 그러므로 모든 존재를 이러한 필연적 현존의 방식과 동일시한다면, 나 자신이 바로 자연이다. 내가 필연성의 배타성과 유일성으로 인해 존재를 자연으로서 긍정한다면, 자연 그 자체로 좋고 나는 나인 그대로 좋다. 나는 열렬하게 나의 본능, 충동, 성향, 기분에 나를 내맡기고, 항상 반복되는 아름다운 순간을 신뢰한다. 그러나 내가 논증을 한다면, 나는 정당함을 증명하는 것이다. 나는 모든 자연연관성을 벗어난 자유로서 나로부터 나를 정당화하지 않고, 타자로부터 주어진 자로서의 나를 정당화한다. 그 안에 나 자신이 주어져 있다. 어떤 것이 현실적으로 존재하기 때문에, 그것은 좋은 것이다.(자연주의적 윤리학)

하지만 나는 이러한 견해에 머물러 있을 수 없다. 나는 자연적 현실에 반대하는 판단과 의지의 독립성을 주장한다. 그 현실은 그 자체가 의심스럽다. 나는 그 현실을 선도, 악도 아닌 무관심하게 보든지, 아니면 본질적으로 그 뿌리부터 썩은 것으로 본다. 나에게 중요한 것은 현실을 따르는 것이 아니라, 현실로부터 그 자체가 나오기 때문에 단순하게 현존하는 것이 아닌 어떤 것을 실현하는 것이다. 무엇이 좋은가 하는 것은 어떤 현실로부터 증명되지도, 확증되지도 않으며, 오히려 선의 실현을 통해 증명된다. 비록 현실에서 좌절된다고 하더라도, 판단하는 의지는 현실에 반하는 근거 위에 서 있다. 어떤 것이 자연스럽다는 것은 의지에게는 척도가 없다는 것이며, 어떤 것이 비자연적이거나 비현실적이거나 불가능하다는 것은 대상이 없다는 것이다. 의지는 이 모든 것에도 불구하고 존재한다. 비자연적인 것이 근원적 실존에 기초하여 진실한 것으로 설정될 수 있다면, 이러한 비자연적인 것은 포착된다. 이러한 에토스는 자주 부정적일 때뿐이며, 에토스의 내용 자체는 객관적 실현들의 경우 완전히 초월적이다. 세계와 세계 안에서만 자기로 돌아갈 수 있는 현존에게 낯선 냉혹함과 폭력성은 완전한 독립성의 의식을 전제로 한다.(영웅주의적 윤리학)

자연적인 것과 비자연적인 것의 구별은 이중성을 통해 가능해진다. 즉 자연적인 것은 일단 현실적으로만 존재할 뿐이며, 그 다음은 규범적으로 존재한다. 자연적으로 현실적인 것과 자연적으로 규범적인 것은 구체적으로 딱 잘라서 분리될 수 없다. 모든 경우에 자연적인 것은 동시에 나를 그 자체 구속하는 것으로서(내가 아니요라고 말하거나 예라고 말하든) 현실적인 것이며, 모든 경우에 현실적인 것은 그 자체로 일종의 요구의 성격을 가지고 있다. 나는 자연주의적이고 영웅적인 태도의 그 구별이 오직 사유된 극단에서만, 즉 자연적 소여(Naturgegebenes)가 아직 자유의식과의 진지한 갈등에 들어서지 않은 첫 번째 경우에서의 경계와 자신을 격리시키는 자유의식이 자연 소여로 존재하는 모든 것(나의 안과 밖)의 멸시로까지 나아갈 수 있는 두 번째 경우에서의 경계에만 적합할 뿐이다. 이러한 양극단은 내가 완전하게 양극단 **사이**를 경험하는 상황을 조명한다. 절대적인 것에 기초한 자유는 세계에서는 상대적이다. 자유는 그에 대한 의존성, 저항, 충격, 소재를 의미하는 자연적 소여에 항상 대립한다. 그러나 자유는 또한 아무것도 없는 것이 아니라, 자연과의 대립으로서만 존재하며, 오직 지식에 의해서만 달라질 뿐이다.

자연적 소여성에 대립하여 의지는 별개의 자연법칙적 필연성이 아니라 당위법칙적 필연성의 의식에서 초월적 자유에 근거하여 행한다. 이러한 필연성은 명령 혹은 금지로서의 명제로 정식화된다. 이때 자유로부터 명제들의 타당성을 인정받음으로써 발생한 가치들은 장차 법칙에 구속되는 부담으로 변한다. 이에 대하여 근원적인 실존적 자유로부터 갈등이 생긴다. 새롭게 발생한 자유는 이전의 자유에 의해 스스로 존재했었던 필연성에 대립한다. 자유는 타당성의 새로운 형태를 창조하기 위해, 경직된 요구에 대항하여 스스로를 관철시키지 않으면 안 된다.

그렇기 때문에 실존적 자유는 두 개의 필연성, 즉 현실적인 것의 지양될 수 없는 저항으로서의 자연법칙성과 규칙의 고정적 형식으로서의 당위법칙성 사이에서 파악된다. 실존적 자유는 둘 사이에서 완전히 섬멸될 위험이 있다. 하지만 실존적 자유가 양자 사이에서 내적으로 가장 가깝게 접근하지 않고 양자로부터 완전히 멀리하고자 할 때, 실존적 자유는 공상으로 자기 자신을 상실할 수밖에 없다.

그러나 완전히 자기 자신에 근거하고자 했던 자유의식은 극단적 자율 안에 스스로를 유지할 수 없을지도 모른다. 자유의식에 모든 존재를 허락하는 절대적 자유를 확증할 때만이 비로소 자유의식은 유지될 수 있을 것이다.

2. 절대적 자유의 환상

절대적 자유에 대한 사유는 자유 자체를 지양하지 않고, 모든 자유의 제한을 지양하는 존재를 목표로 한다. 한 개인의 자유는 존재하지만, 모두의 자유와 대립할 수밖에 없다. 모두의 자유는 과정과 투쟁을 통해 전개되어야 하기 때문에 개인의 자유는 항상 제한될 수밖에 없다. 절대적 자유는 자기 밖에는 아무것도 없고, 모든 대립을 자기 안에 가지고 있는 전체의 자유이다. 절대적 자유가 그렇다면, 그것은 그 자체로 존재하는 자유이다. 절대적 자유의 사유는 헤겔에 의해 가장 완벽하게 전개되었다.

주체는 주체와 대립된 것 안에 더 이상 낯설지 않기 때문에 어떠한 한계도 제한도 없다. 오히려 주체는 객체를 통해 자기 자신을 발견한다. 이것이 성공하는 한 주체는 세계 안에서 만족한다. 대립과 모순은 해소된다. 자유는 완전한 타자를 통해, 그럼에도 불구하고 자기 마음속에 있다. 단지 주체적인 것에 불과한 자유는 자유가 아닐 것이다. 왜냐하면 그러한 자유는 필연성으로서 오직 객체적으로만 자신을 대립시킬 것이기 때문이다. 자유는 화해(Versöhnung)이다. 화해는 인간의 순수한 사유에서 완성된다. 순수한 사유에서 정신은 자기 스스로 생각한다. 절대적 자유로서 순수한 사유는 어떠한 다른 대상을 정신으로서 혹은 신으로서 갖지 않으며, 그렇기 때문에 예배인 철학이다. ─그러나 인간은 순수한 사유에서 참을 수 없고, 오히려 감각적인 현존을 필요로 한다. 그렇기 때문에 이러한 현존에서 철학자들의 순수한 사유 혹은 그 전 단계인 종교의 순수한 사유에서 진정한 화해로 갈 수 있는 상대적 자유와 만족의 단계가 전개된다. 그러므로 감각적 욕망의 체계에서 대립의 해소를 통한 직접적인 만족이 있다.(하지만 이러한 만족은 유한하고 제한적인 방식이다. 왜냐하면 만족은 절대적이지 않기 때문에, 새로운 욕망으로 쉼 없이 진행되기 때문이다.) 이때 지식과 의지 안에, 인식과 행위 안에 정신적 만족과 자유가 있다. 무지한 자는 자유롭지 못하다. 왜냐하면 낯선 세계가 그와 대립되어 있기 때문이다. 지식욕의 충동은 비자유를 지양하는 노력이다. 행위하는 자는 의지의 이성이 현실을 획득하는 것을 목표로 나아간다. 이러한 자유의 실현은 국가의 생존(Staatsleben)에서 성취된다. 그러나 이 또한 유한한 영역이기 때문에 모순과 대립이 어디에나 존재한다. 만족은 상대적인 것을 넘을 수 없다. 절대적 자유는 종교와 철학에서 실현되는 오직 진리 그 자체의 영역에서만 존재한다.

이상이 헤겔의 견해이다. 이러한 절대적 자유는 명백하게 사유하는 신성의 존재에 대한 신화이든, 인식하는 기능에서 자기를 실현되는 절대적 의식의 형태에 대한 조명이든, 두 경우 모두 현실적 자유를 뜻한다. 그러나 절대적 자유는 스스로 꾸며서 말하는 그런 자유가 아니다. 왜냐하면 자유의 내용이 그 의미에 따라 요구되는 것처럼, 인간이 자유의 존재를 고수할 수 있을 만큼 신화를 통해서도, 절대적 의식의 관조적 경험을 통해서도 인간은 자유의 존재를 파악할 수 없기 때문이다. 절대적 자유의 허구는 사실상 완전한 것이 아니라, 사유자가 곧바로 귀속되는 어떤 것을 자기 밖에 가지고 있는 영역과 관계한다.

게다가 실존이 절대적 자유에서 보편적인 것과 전체적인 것을 위해 지양되어버리는 이상, 절대적 자유는 본래적 자유가 아니다. 절대적 자유에서는 주체도 객체도 사라질 뿐만 아니라, 모든 대립과 함께 실존 자체도 무로 증발해버린다.

결국 절대적 자유는 사리에 어긋나고 만다. 다시 말해 대립이 없는 자유는 공허하며, 자유는 대립적인 것 안에 과정으로 존재한다. 자유는 닿을 수 없는 곳에 있다. 자유의 고유한 내용은 보이지 않는다. 실존은 현존을 통해 나타나지만, 자유의 장소는 초월에서도, 자연에서도 존재하지 않는다. 자유에게 최종적 의미가 있을 수 있다면, 그것은 자기 자신을 지양하려는 것이다. 자유가 스스로를 지양하는 것은 더 이상 자유가 아닌 초월자이다.

3. 자유와 필연성(자유와 불가불)의 통일

자유는 객체적 현존에서는 자의로서 나타날 수 있는 반면, 실존적 근원에서는 바로 필연적인 것으로서 자신을 알게 된다. 그러나 자유와 필연성의 동일성이 오직 개별적인 근원에서만 수행된다면, 이러한 동일성 역시 결코 절대적 자유는 아니다.

내가 여태까지 행했던 것을 통해 나의 미래행위를 있게 하는 필연성은 타자의 필연성과 마찬가지로 나 자신을 통해 나를 규정하는 고유한 필연성이다. 모든 실존적 선택은 그 당시 유일하게 수행되어 취소할 수 없는 어떤 최종적인 것으로서 조명된다. 선택은 자유롭지만, 나는 선택에 구속되고 그 결과를 감수한다. 결단의 명석한 의식이 비로소 그 선택을 실존적 선택으로 만든다. 모든 결단은 나의 역사적 현실의 형성에서 새로운 근거가 된다. 이제부터 나는 나의 행동이 결과로서 그렇게 되었던 경험적 현실에 의해 속박되는 것이 아니다. 오히려 나는 자기창조로서 선택의 순간에 자신이 행했던 행보에 의해 속박된다. 내가 원했던 대로 나는 그렇게 되었다. 비록 시간 안에서 가능성이 여전히 남는다고 해도, 나의 존재는 현재 자기 자신에 의해 속박되어 있지만 동시에 여전히 자유롭다.

고유한 역사적 근거를 통한 구속으로서 각각의 새로운 선택으로 현전하는 이러한 필연성은 "여기에 내가 있다, 나는 그것 이외에는 달리 할 수 있는 게 없다.", 즉 실존의 가장 근원적인 자유의 결단과 결합되어 있는 "불가불"의 의식에서 현전하는 현상의 한층 더 깊은 필연성을 수반한다. 여기에 주의할 만한 방향전환들의 의미 있는 지점이 있다. 인간은 반드시 행해야만 하는 하나를 선택한다. 그러나 "자유로운" 선택이라고 말하는 것은 아니다. 절대적 자유가 절대적 필연성이라는 것이다. 올바른 것에 대한 최고의 결단은 선택이 없다. 이러한 필연성은 결코 이해되지도, 연역되지도 않는다. 자연의 필연성과 당위의 법칙성은 대상적으로 타당하게 이해될 수 있지만, 실존적 필연성은 그렇지 않다. 그렇기 때문에 결단의 절정에 완전히 투신할 위험이 있으며, 그렇기 때문에 밖으로부터, 그리고 근거들로부터 결단을 수반할 수밖에 없는 불가능성이며, 그러나 그렇기 때문에 이러한 근원적 실존의식의 깊이와 확신은 실행 안에 또한 있는 것이다.

자유와 초월

1. 자유와 죄책(Schuld)

나는 내가 자유롭다는 것을 알기 때문에, 나에게 죄책이 있다는 것을 인정한다. 나는 내가 행했던 것에 대해 죄책을 진다. 내가 행했던 것을 알기 때문에 나는 그에 대한 죄책을 갖는다.

나는 나의 죄책이 최초로 **시작되었던** 근원을 발견할 수 없다. 나는 나의 죄책을 제한할 수 없기 때문에, 맨 처음 책임을 졌던 어떤 시작을 안다.

내가 이미 짊어지고 있는 죄책으로 인해 나 스스로 죄책을 의식할 때, 나는 죄책을 지길 원하지 않지만, 나의 죄책인 만큼 피할 수 없는 죄책이라면, 또다시 짊어질 준비를 한다.

거기서 나는 나의 자유로운 결단의 밝음에도 불구하고, 결단을 통해 나의 자유의 한계를 경험한다. 나는 이러한 자유의 한계를 나 자신의 행위로서 인정함과 동시에 책임으로서 제한하고 있음을 인정한다. 나는 나의 모든 지식에도 불구하고 피할 수 없다는 것을 **받아들인다**. 그러므로 나는 나의 모든 특정한 행위들 앞에 근거로 존재하는 나의 본질의 근원을 받아들인다. 나는 이 근거에 의해 의지했고 의지해야만 했다. 따라서 나는 현실에서 행하지 않으면 안 되는 것, 즉 그 상황에서 달리 방법이 없다는 것을 받아들인다. 마치 내가 예전에 선택한 것처럼, 내가 존재한 것처럼, 실제로는 결코 수행된 적 없었던 선택을 나의 행위를 통해 내가 인정한 것으로서 받아들이지만, 그럼에도 불구하고 나의 죄의식을 통해 마치 내가 존재하는 여러 현실들을 나로 인해 야기된 현실로 느꼈다.

만일 내가 나의 죄책의 시작을 안다면, 죄책은 제한되며, 회피될 수 있을 것이다. 즉 나의 자유는 죄책을 회피할 수 있는 가능성일지도 모른다. 내가 무엇을 행했는지 스스로 의식하지 못할 경우, 나는 나를 선택한다는 의미에서의 나 자신도, 내가 옹호하고 행위하면서 죄책을 지게 될 현존도, 그 어떤 것도 받아들일 필요가 없을 것이다.

나는 나의 자유 안에서 자유를 폐기하는 것처럼 보이는 죄책의 필연성으로서 타자와 충돌한다. 그러나 그럼에도 불구하고 내가 나의 자유를 받아들임으로써 나의 죄책이 인정될 때에만 나에게 죄책의 필연성은 존재한다.

나의 죄책은 나의 자유의 **내부에서** 각기 규정된 것임과 동시에 내가 나와 관계하지 않도록 노력하는 어떤 것이다. 나의 죄책은 그것이 불가피한 이상, 나의 자유존재를 **통해** 모든 특별한 죄책의 근거가 되는 규정할 수 없는, 그래서 예측불가능한 죄책이다. 내가 자유롭기 때문에 죄책을 짊어지는 것과 싸우는 사이, 이미 나는 나의 자유로 인해 죄책을 짊어지고 있다. 나의 자유 자체를 부인하는 죄책 없이 나는 **이러한** 죄책으로부터 도망칠 수 없다.

왜냐하면 우리는 자유의 고유한 근거인 능동성 안에 실존하며, 수동성이 공허하다는 이유로 존재하는 것이 아니기 때문이다. 나는 의지해야만 한다. 왜냐하면 내가 마지막에 존재하고자 한다면, 의지는 나의 궁극적인 의지일 수밖에 없기 때문이다. 그러나 초월자는 어떻게 내가 자유롭기를 바라는가라는 방식으로 나에게 나타날 수 있다.

2. 의존과 독립

어떻게 내가 존재하는지는 나에게 죄책이 있고 자유존재를 통해 처음으로 내가 누구인지를 발견한다. 내가 완전히 독립적인 것처럼 보였던 그때 나는 나의 궁극적인 의존과 독립에 대해 묻는다.

한편, 나는 **전적으로 의존적이다.** 신은 나를 현존으로 던졌다. 나의 의지는 전혀 나 자신이 아니다. 만일 신이 나의 의지를 움직이지 않게 된다면, 나의 의지는 내게 아무런 도움도 되지 않을 것이다. 신으로부터 과분한 은총이 주어지지 않은 자는 버림받은 자이다.

또는 나의 자기의식은 이러한 의존성에 소리 없이 저항한다. 의지를 통해 나는 나 **자신을 창조하며,** 일회적으로 창조하는 것이 아니라, 삶의 연속성으로 창조한다. 공허로부터 임의로 창조하는 것이 아니라, 자유로운 변형의 불확실한 가능성들을 제공하는, 나의 상존재의 역사적 근거와 함께 창조한다. 나는 어떤 중심을 통해 자신이 독립적이라는 것을 안다. 이 중심으로부터 나는 나 자신일 수밖에 없기 때문에, 처음으로 나와 자유롭게 맞서길 바랐던 초월자와 연관된다. 내가 원하고 행하는 것, 그리고 내가 본래적으로 존재한다는 것에 대해 나는 스스로 책임을 진다. 그뿐 아니라 내가 나의 본질을 책임 있게 선택하는 것처럼, 나의 경험적 현존에 대해 책임지지 않으면 안 된다. 왜냐하면 근원은 완전히 나 자신인 내 안에 존재하기 때문이며, 비록 현상에 빚을 지고 있다고 하더라도, 그러한 근원으로부터 나의 현상을 내가 형성할 수밖에 없는 현존으로 간주하기 때문이다. 자유는 나인 모든 것을 나의 자유와 죄책으로 전환시킬 것을 요구한다.

우리는 신의 은총의 절대화 혹은 독립적 자유, 이 둘의 형이상학적 입장을 그 합리적 규정성과 명백한 정직성 안에서 초월적 근거의 비밀을 위해 필연적으로 부적절한 표현방식으로서 인식한다. 마치 이 형상에서는 자유가 **없이도** 죄책이 있을 수 있는 것처럼, 은총의식으로의 자유는 단독적으로 작용하는 신의 의지를 위해 부정된다. 독립적 죄의식에서 자기책임을 위해 자유 **안에서** 초월자 없이도 죄책이 있을 수 있는 것처럼, 자유는 긍정된다. 비로소 양쪽 사유의 긴장은 실존의 초월적 연관에서 의지의 무력함에 대한 경험의식의 표현임과 동시에 나의 행위와 존재에 대한 무제한의 책임에서 의지의 자유에 대한 경험의 표현이다.

3. 자유에서의 초월자

만일 초월자가 없다면, 왜 내가 의지해야 하는지 의문이 들 수 있다. 여기서는 기껏해야 책임이 따르지 않는 자의만 존재할 뿐이다. 사실 초월자가 존재할 때만 오로지 나는 의지할 수 있다.

그러나 초월자만 존재한다면, 나의 의지는 기계적인 **복종**으로 인해 사라질 것이다. 반대로 어떤 초월자도 존재하지 않는다면, 나의 순수한 의지는 초월자를 **드러내는** 것이 불가능할 것이다.

마치 자유가 이미 존재하는 것처럼, 내가 자유에 대해 묻는다면, 초월자의 가능성은 단지 **자유 자체**에서만 존재할 것이다. 내가 자유롭기 때문에 나는 자유 안에서, 오직 자유를 **통해서만** 초월자를 경험한다.

자유는 그것의 실현 안에서 **결코 완성되는 법이** 없으며, 자기 자신을 위한 가장 결단적인 실현 안에서 오히려 크나큰 결핍 앞에 직면한다. 나는 현실적이지만, 완성된 것도 아니고 가능한 완성에 근접해 있지도 않다. 나는 이러한 실현을 통해 이미 자유로서의 책임으로 존재하는 나의 좌절로 인해 나의 초월자와 관계한다.

나는 자유로운 것으로서 초월자와 마주하고 있지만 분리된 것이 아니다. 왜냐하면 거기에서 나는 초월자와 대립하고 있는 나를 가리키는 것이 아니라, 일시적이기는 하지만 완전성으로서 나를 가리킬 수 있기 때문이다. 그렇기 때문에 나는 현실적으로 나에 대한 불완전성으로서 나의 자유 안에 존재하며, 나는 책임으로서 의식되는 불가불 안에서 자유롭다. 그러나 이러한 현실적 존재 자체는 이미 자신의 초월자 안에 존재한다. 초월자는 나의 자유가 아니라 나의 자유 안에 현전하는 것이다.

내가 자유를 창조할 때 필연성의 의식으로 인해 침해되는 나 자신으로 존재하는 자유는 나에게 실존적인 근원으로 남아 있으며, 이러한 근원을 넘어서서는 어떠한 자유도 결코 존재하지 않는다.

내가 자연법칙과 당위법칙의 필연성을 침해한다고 생각하는 나의 자기 존재의 근원에서 나는 자신을 스스로 창조할 수 없다는 것을 의식한다. 만일 내가 본래적 자기로서 나의 근원적인 의지에 대해 단순하게, 그리고 결코 완전하게 조명될 수 없는 어두움으로 되돌아간다면, 내가 완전히 나 자신으로 존재하는 경우, 나는 **더 이상 나 자신으로만 존재하지 않는다**라는 것이 밝혀질 수 있다. 왜냐하면 이러한 본래적 "나 자신"은 나에 의해 존재하는 것처럼 보이지만, 그럼에도 불구하고 나는 본래적 나 자신에게조차 놀라기 때문이다. 나는 어떤 행위, 즉 나는 이것을 할 수 없었고, 다시는 할 수 없을 것이라는 것에 대해 알고 있다. 본래적 나 자신은 의지 안에 존재함과 동시에 나의 자유 안에 주어져 있다.

내가 되는 것처럼 나는 타자를 통해 존재하지만, 나의 **자유존재의 형식**으로 존재한다. 나는 나에 **의해** 존재하는 것이 아니라 나를 **통해서만** 존재한다. 나는 나에 **의해** 존재하기 때문에 나에게 빚이 있다. 나는 나를 통해서만 나로 존재하는 것이 아니므로, 내가 의지했던 것이 나에게 주어진다. 이러한 이율배반은 초월자에서 자유의식과 필연성의 의식이 하나가 되는 표현이다. 내가 자유로부터 나를 파악함으로써 나는 거기서 나의 초월자를 파악한다. 나는 **나의 자유 자체**에서 초월자의 사라져가는 현상이다.

내가 나 자신을 상실함으로써 현존에서 나는 자유를 **상실**할 수 있다. 그러나 오로지 초월자에서만 자유는 **지양**될 수 있다. 초월자를 통해서 나는 가능실존으로, 즉 시간현존에서의 자유로 존재한다. 세계의 모든 형상에 대항하는, 모든 권위에 대항하는 자유와 의존에 대한 결단은 초월자에 대항하는 결단이 아니다. 전적으로 자립하는 자는 초월자에 직면하여 가장 결단적으로 자신을 온전히 신의 손에 내려놓는 필연성을 경험한다. 왜냐하면 지금에야 비로소 자신의 자유를 스스로 없애려는 충동을 지닌 시간적 현상으로서 자립하는 자에게 의식되기 때문이다. 자유는 자신의 시간을 갖는다. 자유는 여전히 자기 자신을 절멸시키고자 하는 저급한 것이다. 그러나 이러한 생각은 세계의 종말이지, 세계 안에서가 아닌, 오로지 초월적 표상에 대한 의미만을 갖는다.

제3부

상황, 의식, 그리고 행위에 있어서의
무제약성으로서의 실존

제7장

한계상황

1. 상황

구상적인 표상은 상황을 공간지형학적 질서 안에서 사물들이 병존하고 있는 상태로서 눈앞에 보여준다. 이러한 공간적, 원근법적 표상을 실마리로 해서 상황을 그에 대해 관심을 가지는 현존으로서의 주관에 대한 현실성으로 보는 사상이 생겨난다. 그러한 주관에게 상황은 제한을 의미하거나 활동범위를 의미한다. 상황 안에서 다른 주관들과 그들의 이익(관심), 사회학적 권력관계, 일시적인 연합 또는 기회가 작용한다. 상황은 자연법칙적일 뿐만 아니라 오히려 **의미관련적인 현실성**이다. 그것은 심리적이기만 한 것도 물리적이기만 한 것도 아니다. 그것은 나의 현존에 대해서 이익 또는 손해인 것, 기회 또는 제한을 의미하는 구체적인 상황으로서 심리적인 동시에 물리적이다. 이러한 현실성은 하나의 개별적인 학문의 대상이 아니라 여러 학문의 대상이 된다. 그래서 개별적 상황들은 생물학에서는 동물들의 환경세계라는 개념에서 방법론적으로 연구된다. 가령 적응에 대한 탐구로 연구된다. 국민경제학에서는 공급과 수요의 상황적 합법칙성이라는 개념에서 또는 인종지리학적 질문들 안에서 연구된다. 역사과학에서는 상황들의 유일회적인 의미 있는 형태들이 연구된다. 현존 안의 상황들도 역시 일반적이고, 전형적인, 또는 역사적으로 규정된 유일회적인 상황이다. 전형적인 것은 우리 현존의 항존하는 특수한 규정성에 기초한 일반화인 반면에, 절대적으로 유일회적인 것은 유일회적 세계상황이나 절대로 다시 돌아오지 않는 기회에 대한 우리의 관심이 고찰을 결정할 때 비로소 회고적으로 분명해진다.

내가 현존으로서 그 안에서 행위하거나 떠밀려 살아가는 상황 안에서 나를 발견한다고 해서 내가 실제로 그 안에 존재하고 있는 그 상황을 인식하고 있는 것은 아니다. 대체로 나는 상황을 단지 전형적이고 일반적인 것에 덮여져 있는 도식 안에서만 알고 있거나, 아니면 단지 상황의 몇 측면만 알고 그에 대한 인식에 따라서 행동한다. 반면에 더 넓게 보는 관찰자와 나 자신은—나 자신의 경우에는 나중에서야—전체와 그 모든 가능성은 아니더라도 상황을 보다 더 넓은 범위에서 바라보게 되고 종종 나의 행위의 예기치 않은 결과들을 파악하게 된다.

상황은 **변화하는** 가운데 존속한다. 그러다가 상황이 더 이상 존속하지 않는 순간이 온다. 나는 상황을 주어진 것으로서 감당해야 하기는 하지만 전적으로 그래야 하는 것은 아니다. 상황 안에는 내가 주어진 것으로서 그 안에서 행동하기 위해 내가 상황을 계산적으로 **유도할** 수 있다는 의미에서도 변화의 가능성이 있다. 이것이 목적이 있는 행위의 특징이다. 우리는 기술적, 법률적, 정치적인 행위를 통해 **상황을 창조한다.** 우리는 하나의 목적을 향해서 곧바로 달려가는 것이 아니라 결과적으로 그 목적이 달성되는 상황을 이끌어낸다.

상황들은 따로따로 나타나지만 그것들은 서로 관련되어 있다. 나는 상황연관에 지배된다. 그 규칙은 학문적 연구를 통해서 비로소 의식될 수 있다. 이 규칙들은 결코 완전히 의식되지는 않는다. 왜냐하면 규칙에 대한 의식은 그것이 **새로운 요인**으로서 상황 안으로 들어오면서 상황과 함께 그 규칙 자체를 또다시 변화시키기 때문이다. 다른 사람들 모두가 알지 못하는 상황의 어떤 측면을 나만이 안다면 나는 상당한 확실성을 가지고 계산적으로 행위할 수 있다. 모두가 그 상황을 안다면 모두의 행위가 변화될 것이고 상황은 더 이상 동일하지 않을 것이다. 다른 사람, 다른 사람들, 대다수의 사람들, 모든 사람이 생각하는 것은 결정적으로 상황에 속해 있다.

현존은 상황 안에 있는 하나의 존재이기 때문에 나는 결코 **다른 상황**에 **들어서지** 않고서는 상황에서 벗어날 수 없다. 상황파악이란 내가 상황을 변경시킬 수 있는 단초를 만들어낸다는 뜻이다. 그러나 내가 이 상황-내-존재 자체를 지양할 수 있다는 것을 뜻하는 것은 아니다. 나의 행위는 그 결과로서 **나로 인하여 나타난** 상황, 즉 지금 주어져 있는 상황으로서 나에게 또다시 돌아온다.

2. 상황과 한계상황

내가 항상 상황 안에 있다는 것, 내가 투쟁과 고통 없이는 살 수 없다는 것, 불가피하게 죄책을 감당한다는 것, 내가 죽어야만 한다는 것 등과 같은 상황을 한계상황이라고 칭한다. 한계상황은 **변하지 않고** 단지 그 나타나는 현상만 달라질 뿐이다. 우리의 현존과 관련해서 한계상황은 최종적인 것이다. 한계상황은 **개관될 수 있는 것이 아니다.** 우리는 현존 안에서는 한계상황 뒤에 있는 다른 아무것도 더 이상 볼 수 없다. 한계상황은 우리가 거기에 부딪치고 난파하는 하나의 벽과 같다. 한계상황은 우리가 변화시킬 수 있는 것이 아니다. 다른 것으로부터 설명하거나 다른 것으로부터 도출할 수는 없는 채로 단지 분명하게만 할 수 있을 뿐인 그런 것이다.

한계상황은 현존 자체와 함께 있다.

한계는 다음과 같은 것을 표현한다. 다른 어떤 것이 존재하는데 그와 동시에 이 다른 어떤 것은 현존 안에 있는 의식에는 존재하지 않는다. 한계상황은 의식일반에게는 더 이상 상황이 아니다. 왜냐하면 인식하고 합목적적으로 행위하는 의식은 한계상황을 객관적으로만 취급하거나 단지 회피하고, 무시하고, 망각할 뿐이기 때문이다. 의식은 한계 안에 머무를 뿐이고 의식은 물음을 물으면서 자신의 근원에 접근하는 것조차 하지 못한다. 의식으로서의 현존은 이러한 차이를 파악하지 못하기 때문이다. 즉 의식은 한계상황과 관계하지 못하거나 혹은 현존으로서 조명할 수 없는 채로 무능력 속에서 숨막히는 혼미상태로 가라앉는다. 상황이 내재적으로 있는 의식에 속하듯이 한계상황은 실존에 속한다.

3. 한계상황과 실존

현존으로서 우리는 한계상황 앞에서 단지 눈을 감고 회피할 수 있을 뿐이다. 우리는 현존을 확장함으로써 세계 안에서 우리의 현존을 유지하고자 한다. 현존을 지배하고 즐기면서, 혹은 그로 인해 고통을 받고 그에 굴복하면서 우리는 물음없이 현존과 관계한다. 하지만 결국에는 우리 자신을 포기하는 것 외에는 아무것도 남지 않는다. 그래서 우리가 한계상황에 의미 있게 반응하는 것은 한계상황을 극복하기 위한 계획과 숙고를 통해서가 아니라 하나의 완전히 다른 활동, 즉 **우리 안에서의 가능실존의 생성**을 통해서이다. 우리는 눈을 뜨고 한계상황에 들어감으로써 우리 자신이 된다. 한계상황은 지식의 차원에서는 단지 외적으로만 알려질 수 있을 뿐이고 오직 실존에게만 현실로서 느껴질 수 있다. 한계상황을 경험한다는 것은 곧 실존이 된다는 것이다. 현존의 무력함 안에서 한계상황을 경험하는 것은 내 안에서 일어나는 존재의 도약이다. 현존에게는 한계상황 안에 있는 존재에 대한 물음이 낯선 반면에 한계상황 안에서 자기존재는 어떤 비약(Sprung)을 통해 존재를 깨닫는다. 그 외에 한계상황에 의해서만 알게 되는 의식은 유일회적이고 역사적이며 대체할 수 없는 방식으로 성취된다. 한계는 내재적이면서도 이미 초월자를 지시하는 고유한 기능을 하게 된다.

4. 한계상황에서 실존이 되는 비약의 단계

비록 내가 세계 안에 존재한다고 하더라도 나는 나를 모든 것에 대립시킬 수 있다. 내가 어쩔 수 없이 분주함에 참여하면서 현존으로서가 아니라 사유하는 관찰 속에서 아르키메데스의 점—여기에서 우리는 무엇이 존재하는지 보고 알 수 있다—에 다다를 때 나는 세계 안에 있으면서 그와 동시에 세계 밖에 있을 수 있는 가능성을 갖는다. 공허하기는 하지만 놀라운 독립성(Unabhänigkeit)으로 나는 **마치 낯선 것에 대립시키듯이 나 자신을 나의 현존에 대립시킨다.** 나는 나 자신으로서 나의 현존적 삶 외부에 있는 것 같다. 거기서부터 세계 안으로 들어가서 나의 상황 속에서의 특수한 목적을 위해 사는 사람으로서만이 아니라 지식 그 자체로 충분한 모든 것과 전체에 관한 나의 지식을 위한 나 자신으로서 나를 정위시킨다(orientieren).

그와 같이 나는 절대적인 **고독** 안에서 나의 고유한 존재를 획득한다. 이 절대적인 고독 속에서 나는 세계에서 일어나는 일이 의문시됨에도 불구하고, 모든 것과 함께 나 자신의 고유한 현존 역시 침몰함에도 불구하고, 나 자신이 대양의 안전한 섬인 듯이 세계 바깥에서 내 앞에 서 있게 된다. 거기서부터 나는 무한으로 상실되는 파도 치는 대기 안을 보는 것처럼 세계 안을 목적 없이 본다. 아무것에도 관심이 없지만 **안전한 지지점**인 내 **지식**에 대한 의식 속에서 모든 것을 바라본다. 자기존재 안에 유폐되어서 나는 **지식욕의 보편성**으로 존재한다. 동요 없이 나는 내가 타당한 것으로 인식하는 실증적인 것을 바라본다. 그리고 그 지식 안에서 나의 존재를 확신한다. 모든 상황의 외부에서 보편적으로 인식하는 자의 실질적 고독은 모든 것을 보지만 자기 자신은 보지 않는 **단순한 눈**, 즉 결코 어떤 눈도 만날 수 없는 그러한 단순한 눈과 같다. 이 눈은 자신의 자기존재의 고독 안에서 편안하게, 자신의 눈길의 고요함 이외에 어떤 다른 내용도 없이 점으로 사라지는 하나의 존재와 같다. 세계가 멸망한다고 하더라도 용감한 사람은 두려워하지 않는다.(Si fractus illabatur orbis, impavidum ferient ruinae.)[1]

이 고독은 종국적이지 않다. 이 고독 안에는 다른 가능성이 숨겨져 있다. 고독은 그 안에서 자신을 넘어 최초의 비약으로 자신을 관철시켜나가는 **현존의 눈**이다. 고독은 실제로 어떤 외부의 지점에 서 있지 않고 단지 그리로 향하는 길을 찾으며, 이러한 길의 완성에 대한 사유에서 오히려 세계로의 새로운 진입을 준비한다. 왜냐하면 세계로부터 최초의 비약을 한 이후에도 여전히 나는 현실적인 것에 관계하는 가능실존으로, 상황 안에 서 있는 현존으로 남아 있게 되기 때문이다. 고독한 자기존재는 현존 안에 있는 나를 본래적으로 한계상황에 대해 열려 있게 만드는 지식이 된다. 이 자기존재는 순간적으로만 단순한 눈일 수 있다. 마치 씨앗 안에 숨어 있듯이 외부로 나간 존재의 고독한 점(Punktualität) 안에 숨어 있는 가능실존으로서 이 자기존재는 조명에로의 **두 번째** 비약을 한다. 자기존재는 확고한 지식에서는 자신에게 낯선 것으로 포기했던 **한계상황**을, 철학하면서는

---

1) 호라티우스의 말.(역자)

자기존재가 본질 안에서 그 자체로 만나는 **가능성으로서** 명확히 한다. 세계는 나에게 나오는 무관한 것으로 방치해도 좋은 지식의 대상에 불과한 것이 아니다. 세계 안에는 나를 흔드는 나의 고유한 존재도 있다. 현존의 눈먼 무력함을 극복하는 대담함은 현존에서 중요한, 그리고 한계상황에서 의문시되는 것에 대한 공포의 근원이 된다.

상황과 무관한 지식을 얻고자 시도한 이후에 나는 또다시 **나의 상황**을 대상으로 삼는다. 이를 통해 내가 사실상 거기서 **빠져나올 수 없고 나에게 전체로서 개관될 수 없는** 그러한 상황이 있다는 것을 경험하게 된다. 내가 상황을 남김없이 다 꿰뚫어볼 수 있을 때에만 나는 의식적으로 상황으로부터 빠져나올 수 있다. 이러한 상황을 알면서 지배할 수 없을 때 나는 상황을 단지 실존적으로만 포착할 수 있다. 이제 나는 세계존재와 실존을 구분한다. 세계존재는 존재의 특수한 한 차원에 불과한 것으로서 내가 지식을 통해서 떠날 수 있다. 이에 반해 실존은 내가 관찰을 통해서 그로부터 벗어날 수 없고 내가 실존이거나 아니거나 둘 중에 하나일 수 있을 뿐이다. 세계정위에서 세계가 완결되지 않는 것과 마찬가지로, 내가 거기서 유래하는 그 역사적인 것은 전체가 되지 않는 것과 마찬가지로, 실존의 왕국이 형상적이고 구성적으로 사유될 수 없는 것과 마찬가지로, 참됨의 다수성은 다수성으로 인식되는 것이 아니라 참됨의 자기존재에서만 느껴질 수 있는 것과 마찬가지로 상황-내-존재는 개관될 수 없다. 인식하는 자기존재의 고독으로부터 자신의 가능실존을 의식하는 것에로의 비약은 한계상황에 대해 타당하게 인식하는 것이 아니라 꿰뚫어볼 수 없는 한계상황을 조명하는 방향으로 나아간다.

그러나 한계상황에 대한 사유하는 조명은 **조명하는 관찰**이고 아직 **실존적인 실현**은 아니다. 우리가 한계상황을 논할 때 우리는 이를 실존—실존은 그 역사적 현실성 안에서 비로소 자기로 존재하고 더 이상 거리를 두는 방기(Gelassenheit)에서 반성하지 않는다―으로서 하는 것이 아니라, 비약을 한 것이 아니라 비약할 준비만 되어 있는 가능실존으로서 하는 것이다. 이와 동시에 관찰에는 실존의 현상의 몸체로서의 유한하면서도 현실적인 상황이 결여되어 있다. 관찰은 관찰자의 현실성을 보류하며 단지 가능성일 뿐이다. 관찰은 아직 실존으로 존재하지 않고 있는 실존에게 중요하다. 왜냐하면 관찰은 상황에 대한 오로지 객관적이기만 한 현재화 이상의 것이기 때문이다. 이는 내가 아는 바가 내가 존재할 수 있는 바를 준비하고 또한 이 내가 존재할 수 있는 바를 나는 개별적인 실존의 획득 안에서만 알기 때문이다. 그렇지만 나는 아직 내가 철학하면서 아는 것으로서 존재하지는 않기 때문이다.

우리가 한계상황을 인간에게 존재하고 있는 상황들과 마찬가지로 객관적으로 이해할 수 있지만 이러한 상황은 **고유한 현존에서 수행되는 유일회적인 전환**을 통해서 비로소 본래적으로 한계상황이 된다. 그리고 이를 통해서 실존은 스스로를 확신하게 되고 그 현상에 각인된다. 특수하고 꿰뚫어볼 수 있고 일반적인 것의 한 경우인 유한한 상황에서의 실현에 대해 이해될 수 없으며 대체될 수 없는 한계상황에서 실존 전체에 관여하는 실현이 대립한다. 나는 더 이상 개별적인 생명체의 특수한 상황에만 유한하게 관심을 가지지 않고 실존으로서 현존의 한계상황에 무한한 관심을 가지며 이해한다. 이것이 **가능실존에서 현실화되는** 세 번째의 본래적인 **비약**이다.

비약의 모든 형태는 한계상황에서 현존으로부터 실존에로―**맹아적으로 숨겨져 있는**(keimhaft verschlossen) 실존에로, 스스로를 **가능성으로 조명하는** 실존에로, **현실적 실존으로**―이끈다. 비약 이후에 나의 삶은 단지 현존에 불과한 나의 존재와는 다른 삶이 된다. 나는 새로운 의미에서 "나 자신"

이라 말한다. 실존에의 비약은, 탐구가능한 규칙에 따라 반응적으로 그때마다 때에 맞추어 적합하게 발전하는 생명의 성장과 같은 것이 아니다. 그것은 이전의 나에서 이후의 나로 나아가는 의식적인 내적 행위이다. 그래서 근원은 나의 시초로서의 나 자신이다. 그런데 나는 시작부터 이미 나를 존재하고 있었던 것으로 아는 그런 양태에서의 근원이다. 즉 내가 나를 창조하지 않은 것으로서의 자기존재의 가능성에 기초하여, 내가 나를 통해 태어난 나 자신으로서 나를 의식하게 되는 현실성에로의 비약에 들어선다.

세 가지의 비약은 모든 것에 대한 의문가능성에 직면해 세계현존으로부터 보편적인 지식을 가진 자의 실체적 고독으로, 나 역시 피할 수 없는 난파의 세계에의 참여에 직면해 사물에 대한 관찰로부터 가능실존에 대한 조명에로, 가능실존으로서의 현존에서부터 한계상황에 존재하는 현실적 실존에로의 비약으로 나아갔다. 제1의 비약은 세계상들에서의 철학함으로 이끌어가고, 제2의 비약은 실존조명으로서의 철학함에로, 제3의 비약은 실존의 철학적 삶으로 이끈다.

세 가지의 비약은 서로 연결되어 있는데 한 방향으로만 상승하는 계열로가 아니라 번갈아 나타난다. 점 같은 자기존재의 지식에서의 고독은 체념 속에서 스스로를 가능성으로 지키기 위한 피난처가 아니라 그 자체로 긍정적인 것이다. 실존의 현실성을 바라보면서 자기존재가 이 고독을 벗어나기를 바란다고 할지라도 고독은 그 자체로 유의미하다. 만약 그렇지 않다면 고독은 준비로 유지될 수 없을 것이다. 고독이 실존에서 사라진다 할지라도 고독은 여전히 실존의 조건이다. 절대적으로 혼자였던 사람만이 실존이 될 수 있다. 그러나 고독의 사라짐은 세계와의 독립적인 무연관성을 희생하는 것과 마찬가지이다. 이 세계는 고독이 존재로서 포기되는 경우에도 가능성으로 남는다.

철학적 사유로서의 **실존조명**은 실존이 자신의 결단을 분명히 표현할 수 있는 공간을 만든다. 이 공간이 없으면 실존은 어두워지고 불확실해진다. 실존은 실존조명으로부터 자신의 의식을 자기확신의 의식에로 가져온다. 실존조명에는 한번도 현실화되지 않은 것을 받아들이게 하는 가능성의 삶이 있고, 그리고 개별적인 고독 안에서의 지식의 넓음과 같은 인간으로서의 존재의 넓음이 있다.

현실적 실존은 말하는 것이 중지되는 역사적 현실성이다. 그 침묵은 세계지식과 가능적인 것에 대한 철학함을 넘어선 것이다. 현실적 실존은 둘 다 모두 자신 안에 짊어지면서, 그리고 자신의 뒤에 남기면서 모든 사유가 개방된 측면을 가진다. 이러한 실존의 현실성 없이는 인식하는 자와 철학자에게 점(Punkt)으로 된 실존의 현실성의 최소치인 그 가능성조차 존재하지 않는다.

비약의 모든 형태는 이들 형태가 **상호관계를 상실할** 경우 일종의 **일탈이** 된다. 인식하는 자기존재는 국외자의 완고한 자기중심적인 존재로 될 수 있고, 존재 없는 무정한 지식에 불과한 "원래 그런 거야."의 무관심성의 존재로 될 수 있다. 한계상황을 조명하는 철학함은 남용되면 모든 현실의 가능적인 것 안에 폐쇄될 수 있고, 실존에의 준비가 없는 실존적인 것에 대한 단순한 사상에 그치게 되면 주제 넘을 위험이 있다. 실존의 직접적인 현실성은 초월자의 명료성 없는, 뿌리부터 흔들리는 동요로서의(als radikales Erschüttertsein) 혼란스러운 정열에 빠질 수 있다.

5. 세계존재의 이중성

현존으로서의 나는 상황 안에 있고, 현존 안의 가능실존으로서의 나는 한계상황 안에 있다. 비약 이후에는 다음과 같은 해소되지 않는 이중성이 있다. 내가 세계 안에서 나에게 현상하는 한, 더 이상 세계 안에만 존재하는 것도 아니면서 또한 실존하기만 하는 것도 아니다. 이 이중성은 한 측면 때문에 폐기되는 것처럼 보일 수도 있고 그로 인해 한계상황이 상실되는 것으로 보일 수도 있다. 나는 세계에서 벗어나 소통이 가능하지 않은 무세계적인 신비주의에 발을 들여놓든지 아니면 세계 안에서 사실적인 실증주의에 전적으로 빠져버리든지 한다.

그러나 신비주의자는 실제로 이 세계에서 계속 살아간다. 그의 일상생활과 그 신비적인 세계외적 존재(Außer-der-Weltsein)는 관계되지 않고 나란히 진행된다. 즉 신비적인 것은 그 자신에게 도취나 환각의 체험으로 되지만, 그 이외에는 단순한 세계-내-존재의 상태로 가라앉는다. 이때 의식되지 않는 모순의 근거는 한계상황의 은폐였다. 아니면 이와는 달리, 신비주의자의 일상생활이 이러한 세계외적 존재의 현상으로서의 자신의 신비주의적 체험과 내적 관계를 가지고 있어서 한계상황에서 실존에 대해서 가지는 세계현존의 본질인 이중성에로 되돌아간다.

반대로 실증주의자 역시 단순한 세계로서의 세계에서 안정에 이를 수 없다. 위협적인 한계상황 앞에서 끊임없이 도피하면서 멈출 수밖에 없게 되고 위기에 처하게 될 때까지 새로운 것을 좇아다닌다. 이 위기에서 그는 가능실존으로 떠오르고, 그리고 이제는 세계를 한계로 보게 된다.

가능실존으로서의 현존은 신비주의와 실증주의의 순간을 통과하는데 이 순간에 가능실존은 이중성에로 밀쳐져서 다시 돌아온다. 이 이중성은 그것이 내재적 불가해성을 가지는 한, 현상 안에서는 간접적으로만 말해질 수 있을 뿐이다. 이중성 때문에 겉으로 봤을 때 모순으로 보이는 것이 동시에 존재한다. 즉 이 모순의 힘은 그것이 어떠한 면도 약화시키지 않을 때 실존의 진리이다. 즉 세계 안의 모든 것은 아무래도 상관없는 것이기도 하며 또한 결정적으로 중요한 것이 될 수도 있다. 즉 나는 현상 안에서 단적으로 시간적임을 통해서 실존적으로 초시간적일 수 있다. 그리고 시간의 무실체성(Wesenlosigkeit)은 실존의 현상에서 결단을 통해 그 절대적 중요성을 갖는다. 또, 행위에서의 정열은 '모든 것이 아무것도 아니기는 하지만 행위의 진지함은 심화되고 마비되지는 않는다.'는 의식과 맺어져 있다.

6. 한계상황의 체계

첫 번째의 한계상황은 나는 **항상 어떤 일정한 상황 안에 있는 현존**으로서 존재하고 일반적으로 모든 가능성의 총체로 존재하지 않는다는 것이다. 나는 특정한 사회적 상태에, 특정한 역사적 시간에 존재하며 남자이거나 여자이고 젊거나 늙었고 이런저런 경우와 기회를 통해 인도된다. 나에게 주어진 좁음(속박) 안에서 유일회적인 위치에 묶여 있다는 한계상황은 인간일반과 모든 완성에 어울리는 인간에 대한 비교하는 사고를 통해 첨예화된다. 그러나 그럼에도 불구하고 이 좁음은 어떠한 상황에서도 무규정적 미래로서의 가능성이 남아 있는 여지를 허용한다. 이러한 한계상황에는 나 자신이 결정할 것이 아직 앞에 놓여 있다는 불안이 있다. 한계상황에는 주어진 것을 마치 원래 원하기라도 했던 것처럼 자신의 것으로 만듦으로써 주어진 것을 떠맡는 자유가 있다.

첫 번째 한계상황이 실존의 모든 현존에 속하는 역사적인 것을 의식하게 한다면, **개별적인 한계상황**—죽음, 고통, 투쟁, 죄책—은 각 개인의 그때마다의 특수한 역사성 안에 있는 일반적인 것으로서 각 개인에게 닥친다.

세 번째로 이러한 한계상황은 현존을 다음과 같이 보는 관점에 이르게 한다. 이 현존은 **전체로서** 물어지고, 가능하거나 불가능하거나 그 이외의 다른 방식으로 가능한 것으로 생각된다. 현존일반은 한계로서 포착되고 이러한 존재는 한계상황 안에서 경험된다. **한계상황은 세계의 존재와 나의 존재가 의문스럽다**는 것을 드러낸다. 보편적인 것은, 그것이 어떤 것이든 간에, 하나의 실존의식으로 녹아들게 되는데 이 실존의식은 절대적 역사성 안에서 모든 세계현존을 이미 생성된 것으로서, 생성되는 것으로서, 미래적인(생성될―역자) 것으로서 본다. 이러한 한계상황에서의 존재의식은 개별자의 역사적 실존에 기초하여 역사적으로 나타나는 것으로서의 존재일반의 의식으로 심화된다.

한계상황을 생생하게 표현하는 우리의 길은 이 길이 모든 현존의 보편적인 한계상황에서 느껴질 수 있는 것처럼, 실존의 규정적이고 유한하게 역사적인 것으로부터 시작하여 개별 한계상황을 넘어 무규정적이며 절대적으로 역사적인 것에까지 나아간다.

제1절
실존의 역사적 규정성이라는 한계상황

나는 세계일반 안에서 나를 발견할뿐더러 세계와의 관계에서 하나의 개별적 현존으로서 그때마다의 규정된 상황 안에 있다. 이 사실은 마치 현존에게 그의 모든 가능성에서 단적으로 현실적이기를 요구할 수 있다는 듯이 누구든 스스로를 위해 모든 것을 요구할 때에는 망각된다. 객관적인 기회와 관련해 스스로를 다른 사람과 비교하면서 적어도 우리는 다른 모든 인간과 동등한 사람으로서 동등하고 동등하기를 원한다. 이와 반대로, 규정된 것의 좁음(속박)이 한계상황으로서 가능실존을 그 현존의 현상 안에서 깨어나게 한다면, 규정된 상황은 비교불가능한 근원성에 대한 역사적 의식으로부터 적극적으로 나의 것으로서 밝은 의식에서 포착될 수 있다.

1. 규정성

상황은 세계일반—완전한 현존으로서 모든 규정적인 것의 총체이기는 하지만 스스로는 무규정적인 것으로 남는—안에 있는 어떤 일반적 상황으로 생각되는 것과 구분되는 하나의 규정된 상황이다. 그러나 상황은 규정된 것으로서, 조합에 속하는 일반적인 계기 중의 한 경우로서 남김없이 파악될 수 있다는 식으로 결론지어질 수는 없다. 나는 이 규정된 상황 안에 빠져 있는 동시에 이 상황을 통해 존재한다. 그래서 나는 일반적인 세계상으로부터 나의 상황을 충분히 나의 역사적 의식에 맞게 도출할 수 있다기보다는 규정된 상황으로부터 세계상에 대한 관점에서 일반적인 세계상을 획득하게 된다. 규정된 상황 안에 있는 현존은 하나의 단지 가상적일 뿐인 일반자에 대한 제한이다. 즉 일반자로부터의 도출은, 그것이 성공하는 한에서, 이해의 한 가지 방법일 뿐이다. 이 방법은 마치 내가 상황 안에 있지 않은 것처럼 나의 상황을 넘어서는 상황에 나 자신을 두는 방법이다. 왜냐하면 나는 상황을 고유한 근거의 가능성 안에 있는 실증성으로 이해하는 대신에 다를 수도 있었다는 하나의 가능성으로 이해함으로써 마치 상황의 바깥에 있는 것 같기 때문이다. 내가 규정적인 것을 제한을 통해 일반자의 한 경우로 생각하는 이 방법은 존재에로 이끄는 것이 아니라 정위의 한 방식이다. 충만한 현실성은 포괄적이다. 그런데 이 현실성은 단지 일반자의 관점에서는 규정된 것으로 칭해지지만 사실상 상황으로부터 일반자에로 나아감(Heraustreten)에 한계를 부여한다. 일반자로부터 다 설명되지 않는 이 잔여야말로 현실적인 것의 무한한 심연으로서 존재의 충만한 현재(현전)이다. 이것이 우리의 사유에 대해 그때마다의 좁음(속박)으로서 규정성의 형식을 가지는 것이 실존의 한계상황이다. 일반적인 것만을 이해하고 무한한 과정에 있는 현존을 일반성으로 이해할 수 있다고 전제하는 오성(Verstand)은 이러한 한계상황을 볼 수는 없고 단지 은폐할 수 있을 뿐이다.

일반적인 것을 척도로 하는 관찰에서 특수자로 규정되는 것은 현존 안의 가능실존에게는 규정(Bestimmung)이 된다. 그러나 이 규정이 전체—규정은 **전체를 통해 자신의 장소에서 자신의 존재를 가진다**—의 일반성으로부터 스스로를 다시 도출하고자 한다면, 한계상황은 모든 전체를 상대화하면서 실존을 그 어두운 근원으로 되돌려 보낸다. 왜냐하면 실존의 현존으로서 역사적으로 규정된 것도, 그리고 또한 현존이 그 안에서 자신의 본질을 가지는 전체도 존재로서 인식될 수는 없기 때문이다. 규정의 한계상황에 있는 실존은 전체에서 연원하는 객관적인 규칙에 따라서만 행위하는 대신에 규정의 결단에로 소환된다. 실존의 존재의식은 전체의 객관성에서가 아니라 객관성의 형태를 통과해 자신의 고유한 근거의 깊이에서만 안정을 찾을 수 있다.

2. 좁음(속박)으로서의 규정성

매 순간 나는 소여성을 통해 현존하고 소여성을 내 앞에 가지고 있으며 이 소여성과의 관련에서 의도하고 행위한다. 그래서 나는 나 자신에 대해 경험적 현존으로서 존재하고, 나에게 익숙한 나의 세계는 그 규정성 속에서 형성해야 할 소여성으로 나에게 현존한다. 현실적인 상황은 그 저항 때문에 좁음이다. 즉 현실적인 상황은 자유를 제한하고 한정된 가능성에 묶어놓는다.

그때마다의 규정성 안에서 우리가 실제로 접하게 되는 **저항**은 일반적으로 다음과 같은 형태로 존재한다.

대립해 있는 첫번째의 것은 **사용되는 물질**이다. 그런데 그것은 나의 사용에 대해서는 합목적적이지만 그 자체로는 이 물질과는 구분되는 것이면서 그 자체를 위해서는 아마도 부적합할 것이다. 생명체는 음식물로 소비된다. 인간은 도구로서 기계의 기능으로 된다. 대립해 있는 두 번째의 것은 **양육되는 생명**이다. 인간은 생명을 보존하기 위한 조건을 만들고 생명이 자라도록 한다. 양육은 양육되는 것의 존재를 목적으로 하는 힘이다. 그러나 비록 존재를 목적 자체로 여기고 다른 것을 위한 수단으로 생각하지 않는다고 해도, 양육되는 것은 양육자가 공간을 허용하거나 만들어주는 경우에 그러한 정도의 자립성만을 가진 채 의존성 안에 있다. 그러한 관계에는 소통이 없다. 대립해 있는 세 번째의 것은 **도야되는 영혼**이다. 권위와 복종의 관계에서의 소통의 과정에는 양육과 유사한 것이 있는데, 이는 자신의 자유 안에서 표면적으로는 무제한적으로 보이지만 조건적으로 인정되는 피교육자의 의존성에 있다. 연습, 익숙, 교육은 미래의 자유존재의 가능성과 연관하여 의존성에 근거를 둔다. 대립해 있는 네 번째의 것은 **소통에서 완성되는 정신**이다. 자기존재의 자립성에 대한 조건 없는 인정에서는 내밀한 일방적으로 의식된 목적의 한계가 없이 타자 안에 있는 고유한 존재가 상호성 안에서 추구된다. 설득과 제안, 권위가 척도를 주는 것이 아니라 확신, 스스로 성취한 통찰, 의견의 일치가 척도를 준다. 이성적인 것은 사유하는 변증법의 무제한의 과정에서 생긴다.

 이러한 모든 대립해 있는 것은 그때마다의 규정성에서 **저항을 통해** 상황을 형성한다. 물질은 저항하고 생명은 기대한 것과 다르게 성장하고, 영혼은 고유한 근원을 대립시키고, 정신은 이성적인 것으로서 단지 일반자로 존재하는 것이 아니라 실존의 자기존재에게 부담이 된다. **자유가 저항의 극복**, 즉 **저항 없는** 현존의 넓음 안에서 좁음을 지양하는 것이라고 한다면 이러한 자유의 두 가지 **극단적인 경우**가 생각될 수 있다. **대상에 대한 완전한 지배로서의 자유**는 지식을 통해 대립된 것을 낯선 것으로 제압한다. 불투명한 자연으로서 자주성과 우연에서 존립하는 저항은 나의 사유, 형성, 행위에 순응한다. 정신은 인정 안에서 일치되고 연대적으로 되기 때문에 **정신의 남김 없는 사실적인 일치로서의 자유**는 서로 더 이상 저항하지 않는 절대적으로 독립된 것 사이에 있는 의식의 밝음 안에서 완성된다. 그 저항성 안에서 자기만의 목적을 의욕하는 것은 상호적으로 지양된다. 첫 번째 경우에는 힘이 강제된 물질에 대립해 있다. 이는 지배로서의 나의 자유 안에서 타자와 함께하는 하나의 외적인 나의 정체성이다. 두 번째 경우에는 스스로를 침투시키는 정신의 공동체가 있다. 이는 동의로서의 자유 안에서의 내적인 일치이다. 두 경우 모두 관념적인 극단의 경우이다.

 그렇지만 **정신은 당연히** 속박된 형태에서만 현실적이다. 현실적인 것으로서의 정신에는 나와 타인 안에 있는 이해할 수 없음(Unverstehebaren)과 이해하지 않음(Nichtverstehenden)의 저항이 있다. 일치에서의 완전한 이해라는 특별한 경우를 제외한다면, 행위는 저항에 대해 고려해야 하고 저항과 관계되어 있다. 이해되는 소통에서 내부로부터 일치에 이르지 않도록 끌어가는 것으로서의 저항은, 자기 자신 안에 저항을 숨기고 있는 세력이 적절한 조건의 형성을 통해 서로 영향을 미치고 상호 간에 섞이고 그때마다의 전체로 질서 지어지는 가운데 영향을 줄 뿐이다. 정신 그 자체의 존재는 저항으로서 양육과 교육에서 자연처럼 다루어진다.

이 자연 자체는 단적인 타자로서 관념적인 극단적 경우에만 자유 안에서 지배된다. 유한한 현실성의 폐쇄된 시스템만이 조망될 수 있고, 그래서 계산될 수 있다. 그러나 현실에서는 모든 것이 모든 것과 관련되기 때문에 항상 하나의 그때마다의 지배적인 유한한 시스템에는 교란가능성이 주어진다. 모든 요소가 완전히 알려지고 지배될 것 같은 때에도 일어나는 모든 일의 한계 없는 우연성은 역시 또한 여전히 저항으로 남는다. 현실적인 것은 무한한 것으로 남는다. 유일회적인 현존은 그 안에서 우리가 현존하면서 관계되어 있는 꿰뚫어볼 수 없는 타자로 남는다.

자연적 소여성에 대한, 그리고 다른 사람의 의지 입장에 대한 나의 불가피한 종속은 그것이 나를 제한하는 한에서 한계상황의 얼굴이다. 이렇게 본다면 자유의 한계는 저지와 저항일 뿐이다. 그러나 이를 통해 발생하는 모든 상황의 규정성에서 비로소 지배하는 힘으로서의, 그리고 이성적인 추상적 자유 안에서의 완전한 동의로서의 그 자유 개념이 실존을 지양한다는 사실이 분명해진다. 자유는 모든 규정성을 단지 한계와 제한으로만 본다.

3. 실존함의 깊이로서의 규정성

저항과 좁음으로만 보였던 규정성은 한계상황으로서는 실존함 자체가 가지는 현상의 꿰뚫어볼 수 없는 깊이로 파악된다.

이러한 실존의 현존깊이(Daseinstiefe)는 상황의 역사적 규정성 안에, 그리고 역사의식 그 자체와 함께 단순하게 주어져 있는 것이 아니다. 현존깊이는 한계상황으로서의 상황에 대한 실존적 조명을 통해 비로소 현실화된다.

이러한 조명은 전달될 수 없다. 자신의 대체될 수 없는 근원에서 각자는 자신이 어떤 사람인지에 대해서 스스로에게 책임이 있다.

내가 하나의 세계일반에서 행위하는 것이 아니기 때문에, 그런데도 세계일반이 나의 상황에서 일반자를 위한 정위로 남기 때문에, 규정된 상황 안에 있는 나의 현존이 나의 행위와 관련하여 의미하는 것은 내가 유일회적인 상황 그 자체 안에서 행위하면 할수록 그만큼 더 결정적으로 실존한다는 것이다. 이러한 행위에서 나는 물질에 대한 완전한 지배를 통해 물질을 완전히 지양한다는 의미에서 자유로운 것도 아니고, 완성된 정신적 소통에서의, 그리고 거기에서 연원하는 의견일치(Einverständnis)에서의 무이해를 지양한다는 의미에서 자유로운 것도 아니다. 그렇지만 나는 현존 안에 있는 나의 실존의 근원적 역사성을 초월한다는 의미에서 자유롭다. 나는 자기존재로서 선택가능의 불안 속에서 모든 밝음(이유를 앎—역자)과 정초 지움을 넘어서 이러한 상황 안에만 놓여 있는 하나의 진리에 대한 가능적 확신을 향해 서 있다.

근거가 뒷받침된, 그래서 정당화될 수 있는, 그리고 무엇을 행했는지를 말하고 그로부터 타인에 대해 합목적인 요구를 도출해내는 규정된 행위는 일반적인 규칙하에 생각될 수 있는, 세계 안에 있는 파악가능한 개별계기들에 의존한다. 인간은 특수자에 관련되어 있다. 인간은 어떤 방식으로든, 말하자면 지배불가능한 것에 대해서까지도 예측하고 고려할 수 있는 사물에 의존한다.

그러한 합목적적인 행위를 통해 저항이 부분적으로 극복된다면, 행위의 이러한 가능성을 전력을 다해 붙잡을 때, 그리고 바로 그때에만 저항의 극복불가능한 근거가 한계상황을 분명히 드러낸다. 무저항성과 완전한 의견일치로서의 자유이념을 통해서, 이 자유이념을 포기하지는 않고 방법으로 격하시키면서 규정된 것, 우연적인 것, 달리 될 수 있는 것이 나에게 속한 것으로 자유롭게 **인수되는** 순간에, 또는 이러한 현실성을 인수하는 가능성이 그 잘못에서[2] 고유한 본질이 영원히 훼손될 위험 때문에 **거절되는** 순간에 가능실존은 스스로를 고양시킨다. 역사적 의식이 단지 가능성으로만 포착되는 정신의 비인격적 소통을 기초로 해서 이것을 수단으로 이용하면서 상황을 의식하는 인격적 실존들 간의 더 심오한 소통이 일어난다. 이해 불가능성은 나의 현존의 상황에 속하는 역사성을 드러낸다. **포괄적인 것으로서의** 실존의 자유는 어떠한 올바름을 통해서도 어떠한 이념을 통해서도 충분히 정초 지어질 수 없는 **선택**으로 남는다. 이 선택 안에서 나는 나의 현존의 규정성을 나의 고유한 규정성으로서 **받아들이거나 포기한다.**

내가 일반적인 것의 한 **경우**로서 단순히 **옳음을** 합목적적으로 수행하는 한, 결국 영혼은 공허해지고 기분전환이 필요해서 시간을 "낭비하는" 것을 허용하는 자신의 불만족에 놀라게 된다. 한계상황에서 **역사적으로** 규정된 근원으로부터만 충만으로서의 만족, 현상하는 실현으로서의 시간이 존재한다. 그 안에서 영혼은 자기 자신과의 심오한 일치를 경이로워한다. 내가 일반적인 것에 따라 행위하고 생각하는 한 나를 **비교하고** 측정하려는 병적 욕망이 나를 지배한다. 내가 역사적으로 실존하는 한 나는 비교가 중지되는 존재의 고요 속에서 나 자신을 느낀다.

4. 시원의 한계상황으로서의 규정된 것

나는 나 자신을 절대적 시원으로 생각할 수 없다. 나는 나 자신을 창조

---

2) 현실을 인수하는 것이 잘못일 때.(역자)

하지 않았다. 내가 나 자신일 때 나는 근원으로서의 나를 붙잡지만 나는 나의 **유래**에 의해 규정되어 있다. 유래는 그 자체의 가능성을 가지고 있기는 하지만 모든 가능성을 그 안에 포함하고 있는 것은 아니다.

내가 나의 유래를 나의 시원으로 **객관화**한다면 나의 현존은 내 부모의 만남에 달려 있으며 유전과 교육을 통해서, 사회학적인, 그리고 경제적인 상태에 의해 규정되어 있다는 것을 나는 안다. 나의 시원이 시원은 아닌 것이다. 나는 나의 시원을 넘어서 보고 그것을 생성된 것으로 여긴다. 이러한 시선은 나의 탄생을 넘어서 생성의 무한한 과정에로 이끌어진다. 그 안에서 나는 최초의 시원이라고 할 만한 어떠한 근거에도 도달할 수 없다.

이러한 객관화에서의 나의 유래는 나에게 본래적인 유래는 아니다. 역사적인 근거로서 조망할 수 없는 것으로 숨겨진 것들은 한계상황으로서 나를 **제한하는** 것인 동시에 **충실화하는** 것이다. 나의 유래에 의해서 이미 형성된 내가 나의 유래를 의식하게 될 때 나는 나의 유래에 대해서 **태도를 취한다**. 나의 유래에는 객관화될 수 없는 어떤 불변의 것이 있다. 그 유래에서 내가 거기에 충실함으로써 나 자신이거나 그것을 부정함으로써 나 자신을 잃어버리게 된다. "자신의 근본을 경시하는 인간은 결코 자기 자신 안에 확고하게 자리잡을 수 없다."

나는 나의 **부모**를 선택해서 결정한 것이 아니다. 어떤 절대적인 의미에서 부모는 나의 부모이다. 내가 혹시 원할지라도 나는 나의 부모를 무시할 수 없고, 그 존재가 아무리 낯설게 나타난다 할지라도 가장 친밀한 공동체로 나와 관계되어 있다. 부모라는 객관적이고 공허한 개념은 대체될 수 없는 방식으로 나에게 속해 있는 나의 부모에서 특정하게만 실현된다. 그래서 여기서 나의 실존의식이 부모의 존재에 대한 규명될 수 없는 공동책임에서, 혹은 치유될 수 없는 나의 실존의 뿌리에서부터의 파괴에서 생긴다.

그런데 부모는 세대간의 관계에서 자신의 상존재(Sosein)의 객관적으로 고정된 존재는 결코 아니다. 오히려 부모는 그 자신이 실존하면서 가능실존으로서 나에 대해 존재한다. 부모가 나에게 속하고 내가 부모에게 속하는 소속감의 과정이 현실적인 혹은 가능적으로 유지되는 소통에서 일어난다. 이러한 소속감의 역사적 규정성은 단순한 현존과 성장으로서 전개되는 것이 아니라 긴장과 위기 속에서 깊어진다. 이는 사랑 안에서 완성된다. 이 사랑은 내가 선택하지 않은 나의 유래의 한계상황 안에서의, 그리고 내가 그 유래를 나의 것으로 인수하는 근원적 선택 안에서의 실존적 충만으로서 무제약적이고 확실한 근거이다.

무한하게 무규정적인 것, 자신의 부모의 규정된 형태에서 실존적으로 인수한 것은 한계상황에서 경험될 때 모든 소통에 앞서는 연대감을 창조한다. 무슨 일이 일어나든지 상황이 소통을 포기하도록 강제할 때조차도 부모에 대한 사랑은 남는다. 그래서 부모에 대한 **효심**은 소통으로 충분히 파악되지 않을 것이다. 비록 소통이 효심에서 독특한 방식으로 추구될지라도 이 효심은 소통의 근거인 동시에 소통 이상의 것이다. 내 삶이 즐거울 때 나는 부모에게 감사한다. 내가 삶에 대해 절망할 때도 여전히 나는 그분들을 사랑한다. 왜냐하면 결국 인간은 누구나 설사 스스로 생명을 끊는다 하더라도 한 번은 삶을 사랑한 적이 있기 때문이다.

5. 우연의 한계상황으로서의 규정된 것

나의 상황의 규정된 조건들은 시간의 연속에서 우연으로 나에게 나타난다. 내가 무엇이 되는가, 어떤 과제를 떠맡는가 하는 것은 기회에 의존하고, 성장과정은 우연적인 사회적·경제적인 출발상황에 달려 있고, 반려자에 대한 사랑은 현존에서의 우연한 만남에 달려 있다.

그것과 관련해서는 어쩔 수 없다는 듯이 내가 우연을 대하면, 셀 수 없는 우연이 나를 스쳐간다는 것, 나는 그 우연을 보거나 눈치채지 못하거나 포착하거나 지나가게 둔다는 것이 분명해진다. 현실에서의 나의 길은 본질적으로 나에게 달려 있는 것처럼 보인다. 그러나 무엇이 될 것인가는 결코 나에게만 달려 있는 것은 아니다. 오히려 나는 스스로를 이러한 우연의 노리개인 양 느낄 수도 있다. 감당하기 어려운 이러한 한계상황은 맹목적인 우연이 모든 개별적 사건을 지배하는 필연성의 평온함 속에서 지양될 것이라는 위로 속에서 회피된다. 형이상학적으로 사유된 숭고한 필연성이 아니라 내가 당면하는 특수한 일들을 규정하는 필연성은 점성술의 확신에 이르기까지 추구된다. 그래도 내가 어떤 규정된 필연성이 내 앞에 놓여 있는지를 알게 되면, 이 필연성을 마음대로 선택에 따라 취하거나 적당히 넘겨버릴 수 있다는, 즉 필연성으로 되지 않도록 지양하고자 하는 저의(底意, Hintergedanke)가 즉시 나타난다. 필연성이 절대적으로 되면 필연성은 우연과 마찬가지로 견딜 수 없는 것으로 된다. 인간은 전자를 통해 후자로부터, 그리고 후자를 통해 전자로부터 자유로워지려고 한다. 즉 필연성에 대한 사유를 통해 임의의 우연으로부터 해방되려 하거나 가능성과 우연의 기회에 대한 사유를 통해 무자비한 필연성으로부터 벗어나고자 한다.

한계상황이 확실해질 때 비로소 가능실존은 자신의 현존에 대한 유한한 마음씀의 차원에서 벗어나 다른 의식에로 진입할 수 있다. 즉 한계상황에서의 역사적 규정성은 단순한 우연으로만 존재하는 것이 아니라, 시간 안에 있는 **영원성**으로서는 나에게 확신될 수 있는 반면에 나의 오성은 파악할 수 없는 존재의 현상이 된다. 사랑을 하는 남자는 자신의 연인에게 "아, 당신은 전생에 나의 누이였거나 아내였을 것이오."라고 말한다. 행위하는 사람으로서 나는 단순히 외적으로 내가 처해 있는 상황에 대립하는 타자로 존재하는 것이 아니다. 그러한 상황 없이 내가 무엇일지 하는 것은 공허한 상상이 될 뿐이다. 나는 내가 무엇이 될 수 있는가의 현상적인 육신으로서 그 상황 안에서 나 자신이다. 이해가능한 모든 사유를 초월하면서 나는 한계상황 안에서 나 자신이 동요되는 것을, 그리고 나중에는 내가 나의 것으로 받아들인 우연과 하나가 되는 것을 경험한다.

6. 역사적 규정성의 한계상황에서의 신화화하는 조명

생생하게 경험된 한계상황의 의식은 신화적 형태로 표현된다. 이는 자기를 조명함에서 중요한 것이다. 칸트 역시 다음과 같이 말한다. "행운, 운명 같은 차용된 개념이 있다. 이 개념들은 대체로 일반적인 관용하에 통용되기는 하지만 여전히 … 분명한 권리근거를 경험으로부터도 이성으로부터도 끌어낼 수 없다." 그리고 사실상 이러한 개념들은 그 자체를 방법적으로 의식하는 객관적 통찰에서는 존재할 수 없다. 이 개념들은 그러나 한계상황에서의 형이상학적 실존조명의 기능이다. 그러한 것으로서 이 개념들은 근거 지움에 의해서 증명되는 것이 아니라 자기화되든지 아니면 거부되든지 하는 것이다.

a) 행운

우연은 그때마다 행운 혹은 불운으로 여겨진다. 나는 외부의 사정과 나 자신을 대립시키면서 나 자신과 외부의 사정 사이의 분열을 고수한다. 사정들 사이의 연관은 신화적으로, 주도적인 힘으로서의 행운의 여신(Fortuna)의 지휘하에 놓여 있다. 이러한 분열에는 다음과 같은 세 가지 가능성이 있다.

행운은 운 좋은 우연, 연속적으로 **행운을 가진** 인간에게 동반되는 좋은 결과이다. 이 사람은 행운이 그에게 속하는 행운아(fortunatus)이다. 우연은 믿을 만한 어떤 한 전체의 요소가 된다. 행운의 여신은 그와 함께한다. 그는 자신의 별을 가지고 있고 스스로를 행운아(Felix)라고 부른다.

행운은 맹목적으로 이편과 저편으로 제멋대로 방향을 전환하는 것처럼 보이는 **양의적인 것**이다. 행운에는 믿을 수 있는 것이 아무것도 없다. 세계 바깥으로 나가는, 그리고 내적으로 충동에서 벗어나는, 그리고 방해받지 않는 고요함 안에서 행운과 불행의 저편에서 실존을 보호하는 평정심을 통한 것 외에는 어떠한 방법으로도 행운과 무관해질 수 없다.

행운은 결정되는 것도 아니고 어떤 낯설기만 한 힘도 아니다. 행운은 **붙잡아야 하는** 것이다. 가능과 도전의 능동성 안에서 행운은 수동적인 것에 해당되지 않고 오히려 획득되어야 할 어떤 것이다. 행운은, 마키아벨리의 말에 따르면, 자신을 붙잡아서 강제하는 사람을 기꺼워하고 그에게 헌신하는 여자이다.

b) 운명을 사랑하라

세 가지 행운에 관한 표상은 한계상황에서 나와 환경 사이의 **긴장** 안에 있는 현존의 유한한 목적에 제한되는 것에 그쳤다. 한계상황은 행운의 상황의 유한성 및 외면성과 달리 그 긴장을 **지양하는** 경향에서 우연이 내적으로 자기화될 때 비로소 본래적으로 밝혀진다. 나와 환경은 서로에게 속한다. 역사적 의식은 자신의 현존의 특성과 상당히 같아서 행운과 불행이 더 이상 낯선 것, 닥쳐오는 것이 아니라 오히려 **운명**에 대한 더 심오한 사유에서 나에게 속하는 것으로 파악된다는 것을 안다.

나는 나의 역사적 규정성에 함몰되어 있어서 역사적 규정성 안에서 원래 그대로의 나의 현존에 대해 긍정한다. 물론 이때의 긍정은 단순히 경험적으로만이 아니라 실존적으로도 이미 물들어 있는 객체성으로서의 나의 현존에 대한 긍정이다. 내가 다른 세상에서 다른 사람으로 존재하기를 원하는 것은 의미가 없다. 나는 역사적 규정성 안에 존재한다. 그런데 이러한 역사적 규정성은 최종적이지 않고 내가 시간적으로 되기는 하지만 계속 나이기는 한 그러한 형태로 존재한다. 이러한 물듦에서 나는 운명을 단순히 외적으로가 아니라 **운명애** 안에서 나의 것으로서 붙잡는다. 나는 내가 나를 사랑하는 만큼 운명을 사랑한다. 왜냐하면 운명에서만 나를 실존적으로 확신하게 되기 때문이다. 일반적이기만 한 것과 전체가 불명료한 것과는 대조적으로 나는 객관적으로 제한인 것 안에서 실존적으로 존재를 경험한다. 운명의식으로서의 역사적 의식은 구체적 현존을 진지하게 받아들이는 것이다.

　성찰로 보이기만 할 뿐인 것은 이러한 운명의식을 잘못 이해하기 쉽다.

　일반적인 것은 특수한 것을, 일반적인 것에 향하도록 되어 있는, 그리고 그 자체로는 별로 중요하지 않은 단순히 개별적인 것과 사적인 것의 경우로 만든다. 그러나 일반성과 전체성은 실존으로서 절대적으로 특수한 것 안에서 현존으로 용해되면서 비로소 현실적으로 된다. 그리하여 실존으로서의 개별자는 매개와 방법일 뿐인 일반적인 것에 대항하는 자신의 파토스를 획득할 수 있다. 그러나 특수성이 그 자체로 그 임의적인 다양성에서 절대화된다는 의미에서 스스로를 중요시하는 경향성이 느껴진다면, 실존의식은 이에 맞서게 된다. 특수한 것에서 현상으로 되는 것만이 절대적으로 중요할 수 있다고 해도 특수성이 그 자체로 실존적으로 중요한 것은 아니다. 일반적인 것에서의 불명료함과 특수한 것의 다양성에 대한 단순한 열망을 극복하는 진지함은 **특수성과 실존의 분리할 수 없는 통일**의 진리이다.

이 진리는 운명애의 역사적 의식에서 밝게 드러난다.

물론 삶에 대해 진지함을 찾는 것은 추사유적 철학함의 이론적 관찰에서는 아직 실존적이지는 않고, 일반성 앞에서 어떠한 정당화도 더 이상 요구하지 않는 유일한 규정성에서의 실현만이 실존적이다. 완전한 것(제한된 업적과 수행목표에 의미를 두는 척도)이 중요하다는, 그리고 현존이 객관적으로 유효한 진리로서의 하나의 일반적인 올바름에 따라야만 한다는 표상에 대항하여, 실존은 운명애의 역사적 의식에서 자기 자신의 깊이 안에서 규정적인 것을 전환시키는 것으로서 특수한 것의 자기화를 완수한다.

운명애는 극복된 계기로서, 그리고 하나의 조화로운 안식이 그 안에서 생기지 않도록 하는 지속적인 대립항으로서 개별적인 현존의 조건에 대한 부인, 나의 전체 운명에 대한 단적인 부인, 자살의 가능성, 그리고 불만과 반항의 가능성을 그 자체 안에 가진다.

제2절

개별 한계상황

죽음

1. 죽음에 대한 지식과 한계상황

현존의 객관적 사실로서의 죽음은 아직 한계상황이 아니다. 죽음에 대해서 아무것도 모르는 짐승에게는 한계상황이 가능하지 않다. 자신이 죽게 된다는 것을 아는 인간은 이 지식을 죽음이 정해지지 않은 시점에 대한 예기(Erwartung)로서 가진다. 그러나 죽음이 인간에게 단지 죽음을 피하고자 하는 마음씀 이외의 다른 역할을 하지 않는 한에서, 그리고 그런 한에서 인간에게 죽음은 한계상황이 아니다.

단순히 살아가는 자로서 나는 목적을 추구하고 나에게 가치 있는 모든 것의 지속과 존립을 위해 노력한다. 현실화된 선이 파괴되고 사랑하던 것들이 소멸되는 것으로 인해 나는 고통을 받는다. 다시 말해 나는 종국을 경험하지 않으면 안 된다. 그러나 나는 종국의 불가피성과 모든 것의 종국을 잊고 살아간다.

이와 반대로 내가 나의 현존의 역사의식 안에서 **실존하면서** 시간 안에 있는 현상으로서 나의 현존을 확신하면, 즉 나의 현존이 현상이지만 그 안에 가능실존이 있는 현상이라는 것을 확신하면, 모든 사물의 종국에 대한 경험은 실존의 이러한 현상적 측면을 지시한다. 즉 종국으로 인한 고통은 실존의 확신이 된다.

객관적 관찰에서 나는 죽음의 필연성과 무상성을 강제력 있는 것으로 파악할 수 없다. 그러나 실존에게는 현상에서의 이러한 소멸이 실존에 속하는 것이다. 이러한 소멸이 없다면 나는 존재로서 무한한 지속일 것이고 실존하지 않을 것이다. 아마도 나는 현상 안에서 실존하는 자로서 시간 안에서의 실현과 결단을 절대적으로 중요한 것으로 여길 수밖에 없을 것이다. 그러나 나는 소멸을 수동적으로 관찰해서도 안 되고 의도적으로 초래해서도 안 된다. 오히려 소멸을 내적으로 자기화하면서 포착해야 한다. 죽음을 향한 갈망도 아니고 죽음 앞에서의 불안도 아니고 실존의 현전으로서의 현상의 사라짐이 진리가 된다. 내가 현존을 마치 존재 그 자체인 듯이 절대적으로 받아들이고 현존에 사로잡히는 결과 망각과 불안의 교체 속에 존재하는 단순한 현존일 뿐일 때 나는 실존을 상실한다. 내가 너무 무관심해서 현존현상을 경시하고 소멸에 대해 아무런 상관도 하지 않는 식으로 현존현상을 느낀다면 나는 반대 방향으로 이탈한다. 내가 현존하면서 현상할 때, 그러나 현상 안에서 현상 이상일 때에만 나는 가능실존으로서 현실적이다. 그래서 나는 현존으로서는 종국으로 인한 고통을 제거할 수 없지만 실존의 확신 속에서는 극복할 수 있다. 즉 지배할 수 있다. 죽음은 실존에게는 자신에게 항상 동시에 참되지 않은 현상의 소멸을 통한 그 현존의 필연성이다.

지금까지 서술한 것은 일반적으로 이해되어서는 안 된다. 일반적이지 않다. 다시 말해 죽음은 일반적인 것으로 한계상황에 있는 것이 아니고 객관적 사실로서만 일반적이다. 죽음은 한계상황에서 역사적인 것으로 된다. 이 경우의 죽음은 **가까운 사람의 죽음**이거나 **나의 죽음**이라는 특수한 죽음이다. 죽음은 일반적인 통찰을 통해서 극복되지도 않고, 그럴듯한 근거를 통해 나의 망각을 유지하는 객관적인 위로에 의해서 극복되지도 않고 오직 스스로를 확신해가는 실존함의 개시성에서만 극복된다.

2. 가까운 사람의 죽음

나와 소통하는 가까운 사람, 가장 사랑하는 사람의 죽음은 현상적인 삶에서 가장 심도 있는 절단(Schnitt)이다. 마지막 순간에 죽는 사람을 홀로 보내면서 그를 따라갈 수 없을 때 나는 홀로 남겨진다. 아무것도 되돌릴 수 없다. 모든 순간 죽음은 항상 종말일 뿐이다. 죽는 사람은 더 이상 말 걸어지지 않는다. 죽는 사람은 누구나 홀로 죽는다. 죽음 앞에서의 고독은 남아 있는 사람에게도 죽는 사람에게도 철저한 것으로 보인다. 의식이 있는 한 함께 있음의 현상은 분리의 고통인데 이는 소통의 최후의 무력한 표현이다.

하지만 이러한 소통은 심원한 근거를 가지고 있어서 죽음에서 종말 자체도 소통의 현상이 되며 소통이 그 존재를 영원한 현실로서 보존하게 된다. 그러면 실존은 그 현상에서 변화된다. 실존의 현존은 **비약**을 통해서 나아가는데 이는 되돌릴 수 없다. 단순한 현존은 망각할 수 있고 스스로를 위로할 수 있지만 이 비약은 하나의 새로운 생명의 탄생과 같은 것이다. 죽음은 삶 속에 받아들여진다. 삶은 소통을 통해 된 것, 그리고 소통을 통해 되어야 하는 것과 같이 삶이 실현됨으로써 죽음을 넘어서 지속되는 소통의 진리를 증명한다. 고유한 죽음은 공허한 심연이기를 그쳤다. 이는 내가 죽음에서 더 이상 스스로를 포기하지 않고 나와 가장 친밀한 소통에 있는 실존과 결합하는 것과 같다.

소통의 부재(Kommunikationslosigkeit)로 인한 **절대적 고독**과 **가까운 이의 죽음**으로 인한 고독은 철저히 구분된다. 전자는 내가 나 자신을 알지 못하는 의식으로서 무언의 결핍이다. 이와 반대로 실현된 적이 있는 각각의 소통을 통해 절대적 고독은 영원히 지양된다. 다시 말하면 진실된 사랑을 받은 사람은 실존적인 현전으로 남는다. 고독하게 남겨진 사람을 압도하는 그리움, 이별의 생생한 난감함은 현상 안에서는 그래도 보호받음(Geborgenheit)과 연결되어 있다. 반면에 근원적으로 고독한 사람의 절망은 어떠한 상실도 한탄할 수 없기는 하지만 알지 못하는 존재에 대한 동경에서는 보호받지 못하고 있다. 물론 존재했던 것의 실제적인 상실은 감각적으로 현존하는 인간으로서의 나를 위한 위로는 없이 나에게 가능한 충실함을 통해서 존재의 현실성이 된다.

타자의 죽음이 실존적 동요일 때, 그리고 특별한 감정의 변화와 관심이 동반된 단순히 객관적인 과정이 아닐 때 실존은 초월자 안에서 죽음을 통해 편안해진다. 죽음을 통해 파괴되는 것은 현상이지 존재 자체는 아니다. 해소시킬 수 없는 고통에 근거를 둔 더 심오한 명랑성이 있을 수 있다.

3. 나의 죽음

나에게 가장 가까운 사람의 죽음은 그가 나에게 오직 유일한 사람인 경우에 성격상 전체적이고, 그러므로 한계상황이 된다. 그렇다 하더라도 결정적인 한계상황은 나의 것으로서, 바로 이 유일한 것으로서, 전혀 객관적이지 않은, 일반적인 것으로 알려지지 않은 나의 죽음이다.

사건으로서의 죽음은 오직 타자의 죽음으로서만 존재한다. 나의 죽음은 나에게는 **경험될 수 없고** 나는 단지 죽음과의 관계 안에서만 죽음을 경험할 수 있다. 나는 신체의 고통, 죽음에의 불안, 피할 수 없는 것처럼 보이는 죽음의 상황을 경험하고 그 위험을 넘어설 수 있다. 죽음을 경험할 수 없다는 사실은 지양될 수 없다. 죽어가면서 나는 죽음을 겪지만(erleide) 나는 결코 죽음을 경험하지는 않는다. 나는 살아 있는 존재로서 나와 죽음과의 관계에서 죽음에 저항하거나 아니면 죽음으로 귀결될 수 있거나 귀결될 수밖에 없는 과정의 전 단계를 경험하거나 한다. 물론 나는 이 모든 것을 경험하지 않고 죽을 수도 있다. 그러나 이 경험은 그 자체로서는 아직 한계상황의 표현은 아니다.

현존에서 나는 제한, 좁음, 파괴에 부딪치지만 심연으로부터 다시 내가 나를 만나는 가능성을 경험한다. 즉 실패에서 나는 재생의 확신으로서 스스로를 증여받게 될 수 있는데 이 증여가 어떻게 가능한지는 알 수 없다.

모든 회귀가 중지될 때 나는 **죽어가면서** 나의 **절대적 무지** 때문에 고통받는다. 내가 무로부터 나 자신의 살아 있는 형태의 존재만족 속에서 더 이상 나 자신을 **되돌려받지** 못하기 때문에 나는 나를 경직시키는 나의 현존의 지점인 무 앞에 무력하게 선다. "남은 것은 침묵이다." 그러나 이 무지 안에서의 침묵은 아직 내가 알 수 없는 것에 대해 알고자 하지 않는 것으로서 하나의 **질문**이다. 이 질문은 그것에 대해 대답을 얻기보다는 그 질문의 힘으로 삶과 죽음에서 내가 무엇인지 알게 될 수도 있는 질문이기는 하다. 그런데 그보다는 오히려 죽음에 직면해서 나의 삶을 이끌고 시험하려는, 나에 대한 요청이다.

이렇게 해서 죽음의 한계상황의 현전은 실존에게 행위에 있어서의 현존경험의 이중성을 강요한다. 즉 **죽음에 직면해서 본질적으로 남은 것은 실존적으로 수행된다.** 그리고 **덧없는 것은 순전한 현존이다.** 내가 죽음에 직면해서 아무것도 중요하다고 보지 못하고 허무주의적으로 절망한다면 이는 실존의 침몰과 마찬가지이다. 죽음은 그것이 압도적인 불행으로서 객관적 절멸이라면 더 이상 한계상황이 아니다. 이 경우 실존은 죽음에 직면하자마자 잠들어버린다. 왜냐하면 죽음이 실존의 가능적 깊이를 각성시키는 데 사용되지 않고 모든 것을 의미 없게 하는 데 사용되기 때문이다.

내가 무한한 존속으로서의 특수한 것에 대해 마치 그것이 절대적인 것처럼 지속 그 자체에 집착한다면, 불안과 염려가 나를 도약하게 하는 필수적인 현존매개가 되는 것이 아니라 내가 유한한 목적에 대한 불안과 염려에 의해 지배된다면, 감각적 존재로서의 내가 일시적으로 **빠져** 있는 삶의 의욕, 질투, 명예욕, 자부심에서 내가 나에게로 돌아오지 않고 이로 인해 현존에서의 내가 포로가 된다면, 나는 단순한 현상에서 스스로를 상실한다. 물론 행해지는 모든 것은 세계 안에서 현존으로서 행해지고 소멸의 유한성으로 인해 중요하지 않기는 하다. 그러나 어떤 행위가 실존의 현상으로서 본질적인 것이라면 객관적으로 가장 대수롭지 않은 것이 이러한 중요성을 가질 수 있다. 이때 죽음은 실존의 거울이 된다. 실존이 현존의 내용일 때 각각의 현상은 소멸하는 것일 수밖에 없기 때문이다. 그래서 죽음은 죽음에 관한 철학적 사유나 언어로 전달되는 지식으로서가 아니라 실존 그 자체에 대한 확증으로서, 그리고 단순한 현존의 상대화로서 실존 안에 받아들여진다.

한계상황에서 실존하는 자에게 죽음은 가깝게 느껴지는 것도 아니고 낯선 것도 아니고 친구도 아니고 적도 아니다. 죽음은 서로 모순되는 형태를 통한 운동에 있는 양자 모두이다. 실존이 죽음에 대해 일의적이고 직선적인 태도를 지닌다면 죽음은 실존의 내용을 보증하지 않는다. 즉 더 이상 영향을 받지 않는 점 같은 자기존재의 완고함으로 인해 한계상황에서 벗어나는 확고한 부동심(Ataraxie)은 실존의 내용을 보증하지 않는다. 그렇다고 피안의 삶에 대한 판타지로 스스로를 기만하고 위로를 얻는 세계부정도 실존의 내용을 보증하지 않는다.

세계와 자기 자신을 실증주의적으로 보고 지속을 존재의 척도로서 절대적으로 취하는 **제한 없는 삶의 의욕**에게는 죽음의 불가피성은 어쩔 수 없는 절망의 이유이다. 죽음의 등장의 시간적 불확정성을 의식하는 **망각**은 죽음을 간과하게 한다.

무조건적인 삶의 의욕이 망각을 통하여 한계상황으로부터 벗어날 수 없으면 삶의 의욕은 **한계로서의 죽음의 의미를 변형**한다. 삶의 의욕은 죽음 앞에서의 불안이 올바른 사유에 의해서는 지양될 수 있는 순전한 오류에 기인한다고 스스로를 설득하고자 할 수도 있다. 모든 고통은 살아 있는 사람에게 속하고, 삶으로의 귀환이 불가능한 고통은 없기 때문에, 죽음 앞에서의 불안은 존재하지 않을 죽음 이후의 괴로움에 찬 존재에 대한 표상에 기인하거나, 그 자체로는 감지할 수 없는 죽음의 과정에 대한 불안에 기인한다. 다음을 명확히 하는 것이 중요하다. 즉 내가 존재하면 나의 죽음은 존재하지 않는다. 그리고 나의 죽음이 존재하면 나는 존재하지 않는다. 그러므로 나의 죽음은 나와 전혀 상관이 없다. 이러한 모든 사유는 타당하고, 생생한 불안을 불러일으키는 사실상 근거가 없는 표상과 투쟁한다. 그러나 이 중 어느 것도 비존재에 대한 사유 앞에서의 전율을 지양할 수는 없다. 이러한 사유는 죽음을 직시하는 것 같지만 본질적인 것에서 더욱더 깊은 망각을 초래할 뿐이다. 나에게는 아직도 끝내야 할 일이 있다는 것, 난 아직 끝장나지 않았다는 것, 다시 제대로 해야 할 일이 있다는 것, 그리고 무엇보다도, 절대적 종말에 대한 표상을 통해서 의미 없게 되는 순전한 현존으로서의 존재에 대한 의식이 언제나 다시 나의 뇌리를 파고든다는 것, 그래서 모든 것이 덧없는 것에 지나지 않는 것으로 등한시된다는 것 등이 간과된다. 이런 것들이 부각되면 **감각적인, 시간적인 불멸성**이라는 표상 안에서 의미의 전환을 통해서 다시 한 번 망각이 가능해진다. 즉 나는 이미 시작된 것을 계속 진행시키는 다른 현존의 형식을 얻게 되고, 내 영혼은 현재의 현존형식이 그중 하나일 뿐인 이러한 현존형식을 두루 거친다. 나는 불멸성의 증거를 받아들이고 증거의 개연성만으로도 만족한다. 그러나 모든 불멸성의 증거는 오류투성이이고 가망이 없고 또한 이 절대적으로 중요한 사항에서 개연성이라고 하는 것은 이치에 닿지 않는다. 오히려 그것은 바로 가사성을 입증한다. 경험상 우리의 영혼의 삶은 살아 있는 신체의 기관에 속박되어 있다. 꿈 없는 잠의 경험은 소극적으로 되돌이켜보는 경험에서 비현존을 지시한다. 병이 들었을 때 기억이 두뇌에 의존한다는 것을 경험하는 것은 영혼이 죽어가더라도 육체적 생명이 가능하다는 것을 보여준다. 우리에게 현존인 것은 감각세계를 통해서, 우리에게 기억인 것은 욕망과 의식을 통해서 규정된다. 자신이 의심할 나위 없이 알고 있다고 생각하는 것에서조차 자주 오류에 빠지는 사유하는 인간이 사람이 죽는다는 것이 확실한 경우에서까지 자기 자신에 대한 회의를 포기하지 않는다면, 그는 비판적인 용기(Tapferkeit)로 다음과 같이 말한다. 불멸성이 있다는 것은 있을 수 없는 일이다. 여기서 그가 말하는 불멸성은 우리 현재의 삶을 포함한 기억의 연속성에 있는 어떤 방식으로든 감각적인 현존형식에서의 시간적인 지속으로서의 불멸성을 의미한다.

용기는 자기존재의 막연한 가능성으로서의 죽음에 대한 한계상황에서의 태도이다. 지옥과 유황불, 교회의 면죄 수단의 능력에 관한 표상을 틀리다고 생각하는, 위험에 직면하는 용기는 인간이 어릴 때 이것들을 삶의 근거의 현실성으로서 받아들였던 경우에만 필요하다. 그렇지 않은 경우에는 인간이 초월과의 관계에서 두려움에 차서 "모든 경우에 대비하는" 식으로 행동하게 되는 수준에까지 떨어질 때 완전히 의지할 바 없는 상태에서만 이런 것들이 다시 강력해질 수 있을 것이다. 나에게 실제로 보이고 기억될 수 있는 모든 것의 종말로서의 죽음에 직면하는 용기는 피안을 감각적으로 그려냄으로써 죽음이 한계로서 지양되고 현존형식들 사이의 단순한 이행으로 될 때 최소한의 것으로 축소된다. 죽음은 비존재의 무시무시함을 상실한다. 참된 죽음은 끝난다. 현존의 단맛(Süße)이 사라지는 것을 보는 것은 자연적인 생명욕에게는 너무나 끔찍한 일인데, 이 현존의 단맛은 권위 있는 종류의 보장을 통해 희망을 거의 지식으로 만드는 다른 형태로 다시 가시적으로 된다. 죽음은 한계상황을 상실하는 대가로 극복된다. 이에 반해 용기는 자기기만 없이 참되게 죽는 것이다.

4. 이중의 불안

현존 자체가 단적으로 모든 것일 때, 기억과 의식을 지닌 세계 안에서의 삶으로서의 현상적 현실성이라는 특정한 의미에서의 불안뿐 아니라 **비존재 앞 전율**에서의 불안은 현존의 의지와 관련하여 지양될 수 없으며 최종의 것으로 남는다. 감각적 불멸성에 관한 표상을 통해 이러한 불안을 은폐하는 것에 반하여 인간이 감각적 현존을 생각하는 한 죽음 안에 있는 무를 포착하는 것은 근본적이다. 이러한 무를 통해서 시간 안에서 현상하지만 시간적이지는 않은 참된 실존을 확신할 수 있다. 이러한 실존은 생명력 있는 현존의 동시적인 신선함 및 충일함과는 대조적으로 그 현존에도 불구하고 자신을 엄습할 수 있는 비존재에 대한 또 다른 절망을 안다. **실존적 비존재에 대한 불안**은 생명을 가진 비현존에 대한 불안과는 질적으로 달라서 비존재와 죽음은 같은 말이지만 이 중 단지 하나의 불안만을 참되게 지배할 수 있다. 실존적 불안을 채우는 확신만이 현존불안을 상대화할 수 있다. 실존의 존재확신은 삶에의 욕망을 지배하고 끝을 아는 평온함으로서 죽음 앞에서의 고요를 찾는 것을 가능하게 한다. 그러나 존재의 확신에 대한 믿음이 역사적 의식 속에서 소통을 통하여 실현되지 않는다면 실존적 죽음은 비로소 생물학적 죽음의 전망을 완전한 절망으로 만든다. 그렇게 되면 망각과 은폐 안에서의 삶과 공허한 무지만이 가능할 뿐인 것으로 보인다. 이러한 방식으로 경험적인 현존이 절대적으로 되고 실존적 불안이 도외시된다면 우리는 어떤 대가를 치르고라도 살기 위하여 실존의 가능적 양심에 반하여 행동할 수밖에 없다. 삶에의 욕망은 실존적 불안을 상대화하고 실존을 절멸시키며 죽음 앞에서의 어찌할 수 없는 불안을 산출한다.

그 자체로 충실된 무지(Nichtwissen)의 부동함 안에 있는 실존의 존재확신은 현존이 존재하는 한 현존에 집착하는 삶의 의욕에는 위로가 될 수 없다. 이러한 불안은 지식을 통해서 없앨 수 있는 것이 아니라 **실존적 현실성의 순간적 현전에서만** 지양될 수 있는 것이다. 즉 자유에 근거하여 자기를 거는 영웅적인 인간의 죽음에의 용기에서, 어떤 사물과 스스로를 동일시한다는 것, 그리고 자신의 존재를 확신하여 '나는 여기에 모든 것이 달려 있다.'라고 말할 수 있다는 것을 알고 바라는 것이 밝은 의식 속에서 그에게 주어져 있는 경우에는 삶의 감행에서 불안이 지양된다. 대체로, 시간 안에서 현상하고 시간 안에서만 현상으로서의 자기에 대해 알 수 있지만 시간에서 자신이 모르는 근원을 확신하는 존재의 의식에서 실존적 현실성이 죽음을 바라보는 경우에는 불안이 지양된다.

하지만 이러한 절정은 일상이 아니기 때문에 실존적 진실성에는 항상 다시 한편으로는 죽음에의 불안과 삶의 쾌락 사이의 **이중성**이, 또 다른 한편으로는 끊임없이 새롭게 획득되는 존재확신이 남는다. 죽음에 대해 각오**하는 것은 평정한 태도이다.** 이 평정한 태도에 여전히 두 가지 계기가 드러난다. 이 태도에서 삶은 경시되는 것이 아니라 극복된다. 즉 죽음의 고통은 항상 다시 경험되어야 한다. 실존적 확신은 항상 새롭게 획득될 수 있어야 한다. 죽음에 직면해서 삶은 더 깊어지고 실존은 스스로를 더 확신하게 된다. 그러나 삶은 불안에 차서 공허 안에서 스스로를 상실하는 위험에 처해 있고 그 안에서 실존은 어두워진다. 즉 용감했던 사람은 자기 자신에 대한 기억으로부터 가장 결정적인 결의를 하지만 자신의 자유의 한계를 경험할 것이다.

용기가 스토아적 평정으로 안정적으로 지속되는 것은 불가능하다. 왜냐하면 이 경우 실존이 텅 빌 것이기 때문이다. 양의적인 현존—이 현존에서는 본래적 진리가 고정된 것으로 존재하지 않는다—은 항상 고통에서

태연함을 획득하기를 요구한다. 가장 사랑하는 사람들을 잃은 경우에, 어떤 의미에서든 절망을 고수하지 않는 사람은 절망에 빠지는 사람만큼이나 자신의 실존을 상실한다. 비존재 앞에서의 전율을 잊어버린 사람은 이러한 전율의 불안에서 몰락하는 사람만큼이나 자신의 실존을 상실한다. 절망으로부터만 존재확신이 선사된다. 우리의 존재의식의 특징은 이것이다. 죽음을 직면했던 사람만이 존재한다는 것이다. 스스로를 현상으로서 감행했던 사람이 본래적으로 자기 자신이다.

5. 이중의 죽음

현존적 불안과 실존적 불안이라는 이중성 때문에 죽음의 공포는 본래적이지 않은 현존과 철저한 비존재라는 두 가지 형태로 나타난다.

실존의 비존재에도 여전히 존재하는 현존은 가능성, 영향 및 소통(Mitteilung)이 없는 끝없는 삶의 공포가 된다. 나는 죽어 있고 영원히 이렇게 살아야 한다. 나는 사는 것이 아니고 가능실존으로서 죽을 수 없음의 고통을 겪는다. 철저한 비존재의 안정은 지속되는 죽음의 공포로부터의 해방일 것이다.

현존 안의 이러한 비존재가 내가 그것을 향해 살아가는 유혹적인 죽음이라면 나는 모든 것을 회피하고 어떠한 인간과도 관계하지 않고 나의 내면에서도 이미 생명을 거둔 것이나 마찬가지이다.

단적인 비존재는 실존이 현존에서 가능성을 배반하는 만큼 실존에게 공포가 된다. 그러나 실현된 가능성이 삶을 채우고 그러다 보면 나이가 들어서는 삶의 권태에까지 이를 수 있다. 이와 같은 삶은 더 나아가는 미래 없이 현존 안의 존재로서의 안정을 가지고, 죽음 이후의 현존을 물음으로 인식하지 않거나 현존하는 비존재를 공포로 인식하지 않는다. 공포는 내가 살지 않는 만큼, 즉 결단하지 않고, 그래서 자기의 존재를 획득하지 않는 정도로 존재한다. 그리고 안정은 내가 가능성을 실현하는 정도로 존재한다. 세계 안에서의 지식이 아니라 자기존재의 확신에서의 지식에 대해서 가능성이 결정적으로 완전하게 되면 될수록, 그리고 헛됨이 아니라 현실화를 위해서 가능성이 소모되면 될수록 그만큼 더 실존은 기꺼이 죽으려는 현존으로서 고인이 된 실존들의 태도에 가까워진다.

그러나 위협적인 비존재가 현존 안에 있는 실존의 실현으로 되돌려지는 대신에 거꾸로, 가능한 한 빨리 많이 즐겨야 한다는 권유로 되돌려진다면, 이것은 '내일이라도 죽을 수 있으니 먹고 마시자.'라는 말에 따라 단순한 현존으로 되돌려지는 것에 불과하다. 이러한 태도는 아무런 해결책 없이 스스로를 탕진하고 반복하기만 하는 현존적 향유의 무한성에 머무를 뿐이다. 중요한 것은 희망 없는 현존이 연장되고 단순히 현존으로서 반복되는 것이 아니라 결단을 통해 역사적 현실성과의 자기동일화 안에서 현존이 충실화되는 것이다. 반복은 진실함의 형태에서만 무한성이 아니라 충실화이다.

6. 죽음 안에서 보호받음

죽음은 안식(Ruhe)으로서가 아니라 **완성**으로서 존재의 깊이가 된다. 물론 객관적인 사유에서는 죽음의 필연성이 삶에 속한 것임을 이해할 수 없기는 하지만 이 속해 있음의 의식은 지워지지 않는다. 삶에서는 우리에게 달성된 모든 것이 죽은 것과 마찬가지이다. 완성된 어떤 것도 살 수 없다. 우리가 완성을 위해 노력하는 한, 우리는 완료된 것으로서의 죽음을 향해 노력하는 것이다. 그래서 삶에서 완성된 것은 우리에게는 개별적이며 단계이고 출발점이다. 이전에는 목표로 보였던 것이 삶의 수단이 된다. 삶은 포괄적인(übergreifend) 것으로 남는다. 삶 자체를 완성시킨다는 것은 우리에게는 불합리한 생각이다. 다른 사람을 위한 연극으로서의 삶은 어떤 완성된 성격을 가질 수 있는데 실제적인 것으로서의 삶은 그런 성격을 가지지 않는다. 삶에는 긴장과 목표, 불충분함과 미완성이 남는다. 가장 적극적인 삶이 그 고유한 완성을 향하여 나아갈 때, 이는 곧 그 고유한 죽음을 향하여 나아가는 것이다. 실제의 죽음은 강제적이고 중단시키는 것이다. 즉 죽음은 완성이 아니라 끝이다. 그러나 실존은 그럼에도 불구하고 자신의 가능적 완성의 필연적인 한계로서의 죽음을 향해 선다.

그래도 이러한 사상은 가장 본래적인 삶은 죽음을 향하고 있다는 것, 지친 삶은 죽음 앞에서의 불안이라는 것을 밝히기에 충분하지 않다. 젊은 시절 황홀경에서의 사랑의 죽음은 의식과 책임의 단계에서 책임을 지는 능동적인 영웅주의로서 더 강하게, 그리고 더 밝게 나타나는 것을 의문 없고 나이브한 영웅주의로 무의식의 단계에서 선취할 수 있는 것처럼 보인다. 그러나 사랑의 죽음에서는 모험의 이러한 능동적인 영웅주의에서 더 이상 전혀 함께 작용하지 않는 어떤 것이 선취된다. 즉 그것은 고유한 존재로서의 죽음의 깊이, 최고도의 삶이 죽음을 두려워하지 않고 의욕한다는 가능성이다. 현상의 막을 제거하면서 한계로서가 아니라 완성으로서의 죽음이 진리처럼 나타난다. 죽음은 현존에서는 존재로 보이던 것이 몰락하는 완전한 것이다. 그러나 그러한 명제는 의문스러우며 그에 대한 오해는 필연적이다. 여기에는 삶의 고통에 대한 불만스러운 혐오(Nichtmögen), 자기 자신에의 증오, 육욕과 고통 및 죽음에의 탐닉의 혼란, 피곤해서 휴식을 원하는 것 등이 생각되지 않는다. 죽음에로의 회피가 추구되지 않을 때만 죽음은 깊이를 가질 수 있다. 죽음은 직접적으로도 외적으로도 원해질 수 있는 것이 아니다. 깊이는 죽음의 낯선 성격이 없어진다는 것, 내가 나의 근거에로 향하는 것처럼 죽음에 향할 수 있다는 것, 죽음 속에 완성이 있기는 하지만 이해하기 힘든 방식으로 있을 것임을 의미한다. 죽음은 삶 이하였고 용기를 요구했다. 죽음은 삶 이상이고 보호해준다.

7. 실존과 함께하는 죽음의 변화

고정적으로 올바르다고 말해질 수 있는 죽음에 대한 입장은 존재하지 않는다. 오히려 죽음에 대한 나의 태도는 삶을 통해 새롭게 획득되는 도약에서 변화된다. 그래서 나는 "**죽음은 나와 함께 변한다.**"고 말할 수 있다. 그래서 인간이 자신의 존재의 모든 것을 바쳐서 삶에 매진한다고 해도, 현존의 모든 현실성을 비현실적인 비존재보다 우선시한다고 해도, 그 모순성과 어리석음에도 삶을 사랑하면서 경시한다고 해도, 죽음에 이르러 절망하는 것처럼 보이고 죽음에 직면해서 자신의 본래적인 존재를 의식하게 된다고 해도, 이해하지 못하면서도 신뢰한다고 해도, 인간이 무를 보면서도 존재를 확신한다고 해도, 인간이 죽음을 적과 친구로 보고 죽음을 피하고 죽음을 갈망한다고 해도, 이는 인간의 자기모순이 아니다. 죽음은 하나의 사실로서만 하나의 항상 동일한 사태이다. 한계상황에서 죽음은 죽음이기를 중단하지 않지만 그 형태가 바뀔 수 있는데, 내가 그때마다 실존으로서 존재하는 방식대로 바뀔 수 있다. 죽음은 그것이 무엇인지 결정되어 있는 것이 아니다. 오히려 나의 현상적 실존의 역사성 안에서 받아들여지는 것이다.

고통

1. 사실적 고통

많은 상황에서는 전면에 나타나고 또 다른 지배적인 상황에서는 대체로 그냥 넘어가기도 하지만 결코 무시될 수 없는 수많은 고통은 헤아릴 수 없다. 항상 거듭하여 감당해야만 하는 육체적 고통, 인간으로 하여금 삶을 의문시하게 할 뿐 아니라 살아 있으면서도 자신의 고유의 본질 이하로 떨어지게끔 하는 질병, 극복에의 의지 속에서 무너져버리고 내 존재의 참된 모습 대신 현상 안에서 부득이하게 일그러진 모습만 나타나게 하는 무력한 노력, 정신적인 질병에 걸려서 스스로 그것을 의식하게 되고 상상할 수 없는 상태에 이르는 것, 즉 죽지 않고도 자기 자신을 상실하는 것, 쇠약해진다는 의미에서의 노년기의 병, 타자의 힘에 의한 파멸과 그 결과로 오는 모든 형태의 노예화에서의 종속, 배고파야만 함. 고통은 현존의 위축이고 부분적인 파멸이다. 모든 고통 뒤에는 죽음이 있다. 고통의 종류와 고통을 받는 정도에는 아마도 큰 차이가 있을 것이다. 그러나 결국 모든 인간은 똑같이 고통을 만난다. 모든 이가 자기의 몫을 감당해야 하며 어느 누구도 이를 면할 수는 없다.

2. 고통에 대한 현존의 태도

마치 고통이 전혀 최종적인 것이 아니고 피해질 수 있는 것인 듯한 태도를 내가 취한다면, 나는 전혀 한계상황에 있는 것이 아니고 오히려 고통을 수적으로 무한하기는 하지만 현존에 필수적으로 속하는 것으로는 이해하지 않는 입장을 취하는 것이다. 이 경우 고통은 개별적인 것이고 현존의 전체에 해당하지 않는다.

나는 고통이 지양될 수 있다는 전제에서 **고통과 투쟁한다**. 이러한 투쟁은 실제로 성공하고 인간의 현존조건의 하나가 된다. 모든 사람은 이러한 투쟁에 참여하며, 그가 진지하고 상황을 직시하는 한, 이 투쟁에서 모든 합리적이고 경험적으로 의미가 있는 수단을 가지고 최고도의 노력을 기울일 것을 자기 자신에게 요구한다. 물론 성공은 늘 제한적이기는 하다. 그럼에도 불구하고 유토피아에서는 고통이 필연적으로 현존 자체에 속하지 않는 것으로 생각되어왔다. 가령 생물학과 의학이 그 절정에 도달하고 정치적 기술이 완전한 공정성에 도달하기라도 한다면 이것들이 모든 고통과 질병과 모든 구속적 의존성을 피하는 법을 가르치게 될 것이라든가 죽음은 고통없는, 갈망되지도 않고 두려움의 대상이 되지도 않는 빛의 소멸과 같은 것이 될 것이라는 식으로 말이다.

고통을 유한화하는 이러한 사상은 구원하는 것처럼 보이기는 하지만 해방할 수는 없다. 고통의 필연성에 직면하지 않으려는 현존은 기만의 방법을 찾지 않으면 안 된다. 나의 경우에 나는 사실을 파악하지 않고, 그래서 사실과 실존적으로 만나지 않고 사실을 행동으로 옮기지 않고 오히려 견디기만 함으로써 **고통을 피한다**. 나는 본능적으로 나의 시야를 제한한다. 예를 들면 의사와의 관계에서 진실을 알고자 하지 않는다. 나의 질병을 인정하고자 하지 않고 나의 신체적, 정신적 결함을 보고자 하지 않으며 현실의 나의 사회학적 상황을 스스로에게 분명히 하지 않으려 한다. 고통의 근절을 위한 노력 속에서 고통의 지양불가능성의 한계를 분명히 하는 대신, 나는 다른 사람의 나쁜 의도와 어리석음으로 인한 죄만을 주장하면서, 그리고 죄를 진 존재의 단순한 파괴를 통해 도달하게 될 고통의 끝에 대한 소극적인 생각 속에서 위로받으면서, 명료성을 가지고 동시에 나의 고통과의 이성적이고 효과적인 투쟁을 포기한다. 또 다른 경우에, 나는 그 사람의 비참함이 구제불능일 때 그를 멀리하고 그로부터 적시에 물러서면서 고통에 당면하여 타자들을 피한다. 그런 식으로 사람들은 무감각(Erstarren)과 침묵을 통해 행복한 사람과 고통받는 사람 사이에 생기는 틈을 넓힌다. 즉 인간은 냉담하고 무정하게 된다. 그러니까 많은 짐승들이 병든 동족을 괴롭혀서 죽게 만들 듯이 인간은 고통받는 자들을 경멸하다가 결국에는 증오하게 된다.

3. 고통을 통한 실존의 각성

한계상황에서 비로소 고통은 피할 수 없는 것으로 존재할 수 있다. 이제 나는 나의 고통을 나의 것으로 된 내 일부로 파악하고 탄식하며 진실되게 감당하고 나 자신 앞에서 은폐하지 않으며 긍정하고자 함과 결코 궁극적으로 긍정할 수 있는 것은 아님 사이의 긴장 안에서 살고, 고통을 줄이고 미루기 위해서 그에 대항해 싸운다. 그러나 나는 고통을 나에게 낯설지만 나에게 속한 것으로 받아들인다. 나는 수동적인 감내 속에서 조화로운 평안을 얻지도 못하고 어두운 무이해 속에서 분노에 빠지지도 않는다. 누구나 다 자기에게 일어나는 일을 감당하고 해내야 한다. 어느 누구도 그에게서 그 짐을 덜어줄 수 없다.

현존의 **행복**만 있다고 한다면 가능실존은 잠든 상태에 머무르게 될 것이다. 순수한 행복이 별 내용이 없다는 것은 기이한 일이다. 고통이 사실적 현존을 파괴시키는 것과 마찬가지로 행복은 본래적 존재를 위협하는 것으로 보인다. 행복이 지속되지 않을 것을 알기 때문에 행복 안에는 자기항의

(Selbsteinwand)가 있다. 다시 회복된 것으로서 비로소 참된 행복이 되기 위해서 행복은 의문의 대상이 되어야만 한다. 행복의 진리는 난파를 바탕으로 한다.

행복에서보다는 불행에서 더 쉽게 자기 자신이 되는 인간은 역설적으로 **행복해지기를 감행할** 수밖에 없다. 행복에서 나타나기를 감행하는 존재의 깊이는 왕성한 활력으로 드러날 수는 없다. 실존이 행복 속에서 자기 자신으로 머물기 위해 필요한 근거에 도달할 때에야 비로소 행복이 존재의 현상이 된다. 이 존재의 현상 앞에서 각성시키는 고통은 그 그늘 속에서 행복이 초월적으로 충만된, 현존의 본래적인 적극성(Positivität)으로 드러나게 하기 위해 물러난다. 실존이 무(Nicht) 안에서도 여전히 본래적일 수 있을 때 그 현존의 무력함을 지배하는 것, 그것이 실존이다. 실존이 배경에 머무를 때 이 경험에서만 비로소 행복을 참되게 존재의 현상으로 기만 없이 파악하는 것이 가능하다. 그리고 이것이 실패할 때 타자의 행복을 사랑하는 것이 가능하다.

4. 고통의 자기화

고통의 목적, 의미, 정당성에 대한 물음은 이해할 수 없다고 포기될 때 무용한 것으로 인식된다. 이러한 포기 속에서 어떤 **능동적인** 생명이 자기 자신과의 관계에서의 고통 속에서 실존하는 개별자로 스스로 선다. 이 사람은 고통을 피하지 않음으로써 자기 자신을 의식하게 된다. 이 사람은 자신이 무력해지는 데에서 고통을 직시하고 힘껏 고통과 싸우고 파멸할 때까지 고통을 감내한다. 그는 몰락해가면서 이 몰락 안에서도 (고통과 싸우는 —역자) 태도를 지키고자 한다. 아니면 자기존재의 힘 역시 상대화되고 알려지지 않은 힘에 종속되는 것을 보게 되는 곳으로 이해할 수 없는 소용돌이가 그를 휘몰아 넣을 때 심지어 이 태도조차도 상실하게 된다.

혹은 나는 이해할 수 없는 상황에서, 행위에서 **수동적으로** 되는 동시에 현존의 향유에 전념하게 된다. 모든 것이 공허하고 종국에는 고통일 뿐이라도 사람들은 할 수 있는 한 먹고 마시고 지상에서의 쾌락을 향유할 수 있다. 이해된 것이든 능동적으로 만들어낸 것이든 어떠한 의미도 포기된다.

한계상황에서 가능실존은 **능동적인 포기** 혹은 **수동적인 포기**의 양극성 안에서의 고통에 대한 태도로부터 존재의 한계상황 안에서 사고된(gedacht) 근원에서 초월과의 하나됨을 알게 되는 경험에까지 도약한다.

고통이 근원 자체와 연결될 때 그것은 개념화되지 않은 의미를 획득하게 되는데 이는 그것이 절대자 안에 침잠되어 있기 때문이다. 나의 고통은 우연적으로 나의 황량함(Verlassenheit)의 비운인 것이 아니라 현존 안에 나타나는 실존의 현상이다. 이제 초월적인 표현이 다음과 같은 사고 안에서 추구될 수 있다. 즉 내가 다른 사람이 고통받는 것을 볼 때 그가 나를 대신해서 고통을 받는 것같이 생각하고, 그리고 세계의 불행을 자신에게 속하는 불행으로 짊어져야 한다는 요구가 실존에게 부과되는 것처럼 생각하는 것이다.

투쟁

죽음과 고통은 나의 참여 없이도 나에게 한계상황이다. 내가 바라보기만 해도 죽음과 고통에서 현존의 얼굴이 드러난다. 이에 반해 투쟁과 죄책은 내가 그에 참여하면서 그것을 야기할 때에만 한계상황이다. 즉 이들 한계상황은 나에 의해 능동적으로 이루어진다. 그러나 한계상황은 그것이 나에게 작용하지 않고서는 내가 사실상 존재할 수 없기 때문에 한계상황이다. 어떠한 방법으로도 나는 나로부터 벗어날 수 없다. 나는 내가 현존한다는 것을 통해서 이미 한계상황이 형성되는 데 참여하고 있기 때문이다. 한계상황을 피하려는 모든 시도는 다른 형태에서의 한계상황의 재생으로 또는 자기파멸로 귀결된다. 죽음과 고통을 나는 실존적으로 체험된 한계상황에서 포착한다. 투쟁과 죄책을 나는 어쩔 수 없이 우선 함께 만들어낼 수밖에 없다. 그러고 나서 한계상황으로서의 이 상황에 서 있으면서 실존적으로 투쟁과 죄책을 의식하고 어떻게든 이를 자기화해야 한다.

1. 투쟁의 형태에 대한 개관

모든 생물은 지식과 의욕함 없이도 이미 **현존을 위한 투쟁**을 한다. 소극적으로는 고정적 존재의 외견상의 평온 속에 있는 단순한 현존을 위한 것이고, 적극적으로는 성장과 증식을 위한 것이다. 삶의 가능적 확장과의 관계에서 항상 제한되어 있는 물질적 현존조건은 이러한 조건을 둘러싼 투쟁을 필수적으로 만든다. 이러한 **의식되지 않는 투쟁**은 인간에게는 의식된다. 그러나 또한 투쟁이 집단, 사회조건, 국가로 옮겨가서 이들에 의해 개인을 대신해 수행되는 한, 그리고 인간에게 있어서도 개별자에게 항상 또한 무의식적으로 그를 제한하는 권력관계가 존속하고 자기의 성공을 통해 타자들에 대한 의식되지 않는 피해가 야기되는 한, 투쟁은 인간에게조차 개별적인 것으로 또다시 은폐된다.

염두에 두고 있는 상대방과의 **의식적인 투쟁**은 현존영역의 확장을 목표로 진행된다. 물질적 현존의 폭이 결국 현존인가 멸절인가의 물음에 있고 물음에서 결정되는 한, 어디서나 우세한 업적을 통해서든 간계를 통해서든 피해를 주는 모의를 통해서든 경제적으로는 평화적으로, 전쟁에서는 폭력적으로 투쟁이 일어나는데 결과는 마찬가지로 잔인하다. 폭력의 사용이 한쪽의 멸절로 끝나지 않는 경우, 승자는 권력을 획득했고 패자는 자신이 계속 사는 것을 우선시했기 때문에 지배하에서의 헌신을 받아들인 사회적 관계가 고정된다. 그러한 상대적으로 고정된 권력관계에서 모든 개인은 특정한 위치에 태어나고 그 위치에서부터 출발한다.

정신적 이념과 실존으로부터는 현존에서 전적으로 다른 종류의 투쟁이 일어난다. 여기서는 투쟁이 더 이상 물질적으로 제한된 종류라는 하나의 사실의 성격을 가지는 것이 아니라 현존에서 본래적 자기존재가 드러나는 근원이 된다.

정신적인 일에서는 문자 그대로의 의미로 현존이냐 멸절이냐의 투쟁이 아니라 위계를 위한 것이냐 반응을 위한 것이냐의 투쟁이 가능하다. 이러한 **경쟁**은 그 실행을 위해 한정된 공간을 가지는 것이 아니라 정신의 무한한 공간을 가진다. 정신의 공간에서는 모든 창조와 수행이 자리를 가지고 내용으로서 파괴되지 않고 유지된다. 투쟁은 위계와 표준을 통한 문제제기일 뿐만 아니라 동시에 더 나아가 장려하는 투쟁이다. 왜냐하면 투쟁은 각성시키고 촉진하기 때문이다. 투쟁은 그 자체로 창조의 원천이 된다. 투쟁하는 사람은 상대방에게 자신이 획득한 것을 주기 때문이다. 파생된 결과에서만, 즉 동시대의 사람들에의 영향에서, 물질적 보수의 측면에서 경쟁은 현존투쟁이 갖는 억압, 침해, 파괴의 형식을 취한다. 이를 통해 경쟁은 그 의미가 변화된다. 경쟁은 물질적 목적을 위한 수단으로 스스로를 상실하면서 그 실체가 잘못되어버린다. 왜냐하면 경쟁이 무엇을 위한 것인지에 혼동이 왔기 때문이다.

정신적 경쟁에서 이미 폭력이 낯선 것이라면 **사랑**의 살아 있는 과정으로서 실존에서의 사랑의 표현인 **투쟁**에서는 더욱더 그러하다. 사랑에서 인간은 상호적으로 자기를 남김없이 물음에 부치는 것을 감행한다. 이는 가차없는 해명에서 사랑이 참되게 하는 것을 통해 그 근원에 도달하기 위함이다. 이러한 투쟁은 가차 없이, 그러나 폭력을 사용하지 않고 실존의 근원에 이르기까지 나아가는 실존의 현상 안에 있는 그 실현의 조건이다.

따라서 투쟁은 나의 삶의 물질적 기초를 위해 진행되고 정신적 경쟁에서의 창출의 원천이 되고 물음을 묻는 사랑 안에서 실존의 드러남의 근원이 된다. 그런데 투쟁은 존재의 상호적인 관계에서뿐 아니라 개별적 개인 안에서도 일어나는 것이다. 실존은 자기 **자신과의 투쟁**인 **자기됨**의 과정에 있다. 내가 나의 존재를 소유로 인정하지 않을 때, 나는 내 안에 있는 가능성을 꺾고 나의 충동을 억압하고 나에게 주어진 소여를 틀짓고 내가 되어온 바를 물음에 부치고 내가 존재할 뿐임을 의식한다.

이러한 개관으로부터 두 가지 본질적으로 구별되는 투쟁의 방식이 나온다.

폭력으로 하는 투쟁은 강제하고 제한하고 억압할 수 있고 역으로 공간을 창출할 수 있다. 즉 이러한 투쟁에서 나는 패배하고 현존을 상실할 수있다.

사랑 안에서의 투쟁은 폭력 없이, 이기고자 하는 마음 없이 오직 드러남(Offenbarkeit)만을 목표로 하는 의욕으로 물음을 제기하는 것이다. 이 투쟁에서 나는 스스로를 감추면서 피할 수 있고, 그리고 실존으로서 실패할수 있다.

본질적인 차이에도 불구하고 사랑하면서의 투쟁이 강제적 투쟁으로 이탈하면서든, 아니면 실존들의 예기치 않은 접촉으로 폭력적 투쟁을 극복하면서든 한편의 투쟁에서 다른 편의 투쟁으로 이행한다.

2. 현존을 위한 폭력적인 투쟁

나의 현존은 그 자체로 타자에게서 빼앗는다. 이는 다른 사람들이 나에게서 빼앗는 것과 마찬가지이다. 내가 획득하는 모든 위치는 다른 사람을 배제하고 사용가능한 한정 지어진 영역에서 자신이 사용할 수 있는 영역을 요구한다. 내가 이룩한 모든 성과는 타자를 위축시킨다. 내가 산다는 것은 나의 조상의 승리에 찬 투쟁에 기인한다. 내가 패배한다는 것은 결국은 수백 년이 지나고 나서 나를 자신의 조상으로 아는 어느 누구도 없다는 데서 드러나게 된다.

그러나 동시에 그 반대도 성립한다. 즉 모든 현존은 상호 간의 협조에 의거한다. 나의 현존은 나의 부모님의 돌보심 덕분이다. 나는 일평생 도움에 의존하고 나 역시 인간 공동체와 관련해서 도움을 행한다. 그러나 가장 결정적인 것은 도움이나 평화, 전체의 조화가 아니라 투쟁과 그때마다의 승자에 의한 착취이다. 다음과 같은 두 가지 사실이 이를 증명한다.

역사적으로 현실적인 정신적 삶은 소수의 자유와 여가를 위한 공동체의 질서에 기반을 둔다. 대다수는 이와 다른 의미에서 일한다. 이 경우 어느 누구에게도 소수의 정신적 현실성은 목적이 아니기 때문이다. 자신의 힘에 기반을 둔 지배계층이나 연금 수입으로 생활하는 사람들 혹은 그런 사람들, 즉 상대적으로는 가난하지만 필수적인 생존수단을 가지고 있기 때문에 기계적인 일이 강제되지 않는 사람들의 계층은 자기존재에서의 자율적인 노동을 통해 교육과 생산에서 하나의 역할을 수행한다. 이 계층의 개인은 이후에 항상 일회적인 창조로서 모두의 관찰에서 어떤 가치를 가진 것의 담지자가 된다. 이 가치는 그것이 자라나온 기반과 분리되어 이들이 소유하고자 하는 가치이다. 잔인한, 그리고 결정적인 지점에서 폭력적인 착취는 그에 대해 개인이 어떠한 의식적인 지식을 가질 필요가 없는 조건이다. 왜냐하면 어디로부터인가 자신에게 당연한 것처럼 주어진 것에 대해 자기편에서 제공되는 물질적인 성과를 지불하지 않고 단지 소비만 하는 사람들을 위해 다른 사람들을 착취하기 때문이다. 경제-사회학적인 지식은 이 사실을 완전히 명확하게 제시했다. 세계로부터 착취를 없애고자 하는 사람은 개개의 사람들 안에 교육과정의 연속성에서 자라나는 정신적인 삶의 현실성을 포기해야 한다.

또 하나의 사실은 다음이다. 우리가 경험적으로 보는 한 협조에 있어서의 상호성은 자기편에서 투쟁하는 통일성을 구축할 뿐이다. 상호성 안에서의 도움은 단지 조차지(Enklave)일 뿐이다. 무엇보다도 경제적 삶에서의 투쟁은 전쟁의 투쟁처럼 그때마다 특정한 그룹에게 유리하거나 불리하게 전체로서의 현존에 영향을 끼친다. 이러한 투쟁은 후세를 위한 여유를 만들거나 멸절시킨다. 점진적인 과정의 느림과 종국적인 몰락의 고요함만이 돌발적이고 충격적인 것만을 보는 눈에 투쟁을, 그리고 투쟁의 승리와 무화를 은폐한다. 결국 살아 있는 사람이 평화롭게 번영하고 종족을 번식시키는 것만이 유일하게 현실적인 것으로 보인다. 구조받을 수 있게 해줄 나무판자를 하나밖에 가지지 않은 두 조난자의 상황과 같은 상황, 즉 은폐를 통해서만 구별되는(실제로는 별 차이가 없는 — 역자) 이와 같은 상황이 언제나 다시 나타나는 것에 대해서 인간은 어떻게 눈을 감을 수 있을 것인가? 이 나무판자가 한 사람만 나를 수 있다면, 둘 다 죽거나 싸움에서 하나가 이기거나 하나가 자발적으로 생명을 포기해야만 한다.

이러한 사실적인 것에 대립하는, 한계상황이 밝혀지지 않는 유한한 견해가 가능하다. 내가 법에 따른 삶, 고요함 속에서의 삶, 모두의 현존적 조건에 맞는 삶을 막연하게 믿을 때 나는 전체를 보지 않은 채로 투쟁을 피할 수 있는 것으로서 오인하고 투쟁을 피하려고 시도한다. 나는 한계에 이르기까지 생각하지 않고, 현실적 기초의 은폐가 이를 허용하는 한 만족해서 산다. 나에게 나의 현존조건이 안정적인 것으로 보일 때 나는 투쟁을 모든 현존의 조건과 한계로 오인한다. 나는 사회적 사교의 가면 아래에서 스스로를 기만하도록 허용하고, 신중하게 검토된 객관성의 상당히 기만적인 형태의 편안한 중립성을 선택한다. 그러나 내 고유한 현존의 조건—나는 이 조건을 창출하지 않고 조건의 혜택을 입은 부당이득자인데—에 대한 모든 자기기만에서, 어렴풋하게 느껴지는 위험으로서의 위협이 나타날 때, 부당성, 불만족이 해소불가능한 것으로 밝혀질 때, 나는 때때로 신경이 예민해지고 어떤 불분명한 압력을 받게 된다. 아니면 어떠한 위험도 느낄 수 없을 때 나는 평온해지고 실제로는 나에게 유리한 투쟁상황일 뿐인데도 다시금 투쟁이 없는 인생을 믿게 된다.

실존이 자신의 조건들을 가진 현존을 당혹 속에서 파악하는 한 **한계상황**은 실존의 명료성에의 의지에만 나타난다. 투쟁의 한계상황에는 근원적으로 참된 단초에 따라 해결을 추구하는 경향이 있다. 이 경향에서 비로소 본래적인 한계상황이 대조적인 것으로서 스스로를 나타낸다. 그 안에서 나는 해결책을 알지 못한 채로 역사적으로 실존함을 계속한다.

한계상황에 대한 유사해결은 다음 두 가지 방식으로 이루어진다. 한 가지 방식은 인간이 투쟁을 원치 않아서 투쟁 없는 현존을 실현하는 방법에 대해 논의하는 것이다. 즉 유토피아의 무제약성에 대해 믿으면서 현존으로서 몰락하는 것이다. 다른 방식은 인간이 투쟁을 위한 투쟁을 의욕하는 것을 긍정하는 것이다. 즉 무엇을 위한 것인지, 어떤 내용의 것인지와는 상관없이 투쟁하면서, 그리고 결국은 투쟁에서 죽으면서 자신의 실존을 채운다.

복음서는 첫 번째 가능성을 요구한다. "나는 너에게 말한다. 너희들은 악에 맞서지 말지어다." 결코 폭력을 행사하지 않는 것, 방어를 위해서도 행사하지 않는 것, 어디서든 다른 사람에 대한 폭력 사용에 기초한 모든 현존조건을 포기하는 것은 고유한 현존을 희생시키지 않고는 가능하지 않을 것이다. 가장 원초적인 현존형태로의 귀환 또한 시간 안에서의 인간 공동삶의 또 다른 상태와 마찬가지로 무저항에 속하는 저항하지 않는 사람들의 몰락의 결과 없이는 무저항을 가능하게 하지 않을 것이다.

이와 반대로 다른 가능성은 투쟁 그 자체를 긍정하는 것이다. 인간은 쾌락을 추구하는 것이 아니라 권력의 우세를 추구하고 이를 행하고자 한다. 자신의 힘의 크기는 자신의 가치의 등급과 마찬가지이다. 권력을 지배하게 된 느낌이 행복이다. 소피스트의 가르침은 다음과 같은 진리를 말한다. 우리는 누구나 가능한 한 모든 사람의 지배자가 되고자 하는데, 가장 되고자 하는 것은 신(神)이다. 투쟁은 끊임없이 필요하며 그 자체로 인간현존의 진리와 가치이다. 권력이 무엇을 위한 것인가 하는 질문과 관련한 대답은 더 이상 주어지지 않는다.

이 두 가지 경우에 한계상황은 한순간 포착되기는 하지만 부정과 긍정의 합리적인 일의적 단선성에서는 상실된다. 모든 권력 그 자체의 포기에 권력에 대한 찬양이 대립하고, 자기굴복과 투쟁 없는 몰락의 품위 없음에 고유한 현존의 자기주장과 투쟁적 확장의 위엄이 대립하는 것이다. 첫 번째 경우의 기만은 이러한 방식으로 인생 일반이 가능하리라는 것이고, 두 번째 경우의 기만은 투쟁 그 자체에 이미 내용이 있으리라는 것이다.

폭력은 다른 사람에 대해서 **밖으로만** 향하지 않는다. 인간은 **자기 자신**

에게 폭력을 행사하기도 한다. 외부를 향한 계속적인 권력행사의 의지를 가진 사람은 자기 자신에 대해서도 강한 의지를 가진다. 자기 자신을 지배할 수 없는 사람은 다른 사람 또한 지배할 수 없다. 즉 우연적인 상황에서만 일과성의 거칠지만 오래 지속되지는 않는 폭력행사를 할 수 있을 뿐이다. 요구하는 자기가 복종하는 자기와 대립하는 분열 안에서의 자기 자신에 대한 폭력은 자기 자신에 반하여 복종하는 자기훈련으로서 실현된다. 자기훈련은 폭력이 외부적으로 수행하는 역할, 즉 억제, 파괴, 형성, 지배 등을 내적으로 수행한다. 한편으로 이러한 폭력은 단순한 형식으로서 찬미될 수도 있으며, 반대로 인간은 자기자신에게 향할 수 있는 모든 폭력에 저항할 수도 있다.

윤리적 규칙의 일의적인 타당성을 참된 것으로 보는 엄숙주의자는 **자기 자신에 대한 폭력행사** 그 자체를 **찬미한다.** 왜냐하면 엄숙주의자들에게 자기는 아무것도 아니며 자신의 자기지배의 형식을 통해서만 가치가 있기 때문이다. 이성적인 요구나 미학적인 형성의 기준에 맞추어서 스스로 자신의 개성에 폭력을 가하는 것은 엄숙주의자들에게는 본래적인 것이다.

반대로 **자기 자신에 대한 폭력의 거부**는 모든 본능과 자극과 충동을 직접적으로 따를 것을 요구한다. 있는 그대로가 좋은 것이다. 모든 억압적인 규칙성은 인공적이고, 그러므로 참되지 않다. 존재에 대한 사랑 안에 있는 사람들에게는 감각적 쾌락, 거짓말, 도둑질, 사기의 환각상태 등 모든 행위가 좋은 것이다. 직접성을 저해하는 모든 것에 대한 거부는 역사적으로 종파에서 가장 극단적인 결과를 가져왔다. 그러나 외적인 무저항의 교의의 실현에 있어서와 마찬가지로 혼돈과 몰락이 필연적이었다.

다른 사람이나 자기 자신에 대한 폭력을 찬미하는 것과 거부하는 것은 합리적으로 분명하게 사유될 수 있다. 이는 한계상황의 밖에 있기 때문이다. 그 현실적 결과는 폭력의 효용성을 포기함에 따른 몰락 아니면 억압을 내용 없는 현존으로 만드는 비움이다. 내가 다른 사람의 삶을 대가로 해서 살기를 원하지 않는다면 나는 삶을 포기하지 않으면 안 된다. 무저항의 신조는 우연한 상태나 모순에 의해서만 저질될 수 있는 자기파멸을 의미한다. 이와 달리 폭력으로서의 단순한 힘은 인간으로 하여금 막다른 길로 이끌어서 모든 것을 파괴하고 폐기하고 난 후 홀로 남게 만든다. 이때 그는 자신을 위해서 무제한의 공간을 얻었지만 그 안에서는 아무것도 시작할 수 없다. 아직 무언가 파괴할 것이 있는 한에서만 그에게도 과제가 있기 때문이다. 모든 것을 지배하거나 무화하는 것, 자신의 힘에 제한을 두지 않는 것은 결과적으로 어떠한 상대도 더 이상 가지지 못하는 절망적인 결과로 끝난다.

오성에게는 폭력의 거부와 폭력에 대한 찬미 사이의 선택이 피할 수 없는 것으로 보인다. 즉 선택의 결과는 양쪽 중 하나에 따른 엄격한 결과일 것이다.

먼저 폭력을 통해 현존이 투쟁에 속박되어 있음의 **한계상황**은 **논의**의 여지가 있을 수 있다. 세계는 도처에서 모두를 위한 도움, 이해, 합의, 인정, 공간을 보여준다. 그렇지만 지속성이 있고 안에서나 밖에서나 한계에서 폭력과 권력에 기반을 두지 않는 인간의 공동삶의 어떠한 경우도 경험적으로 보여주지 않는다. 그러나 인간은 다음과 같이 대답할 수도 있다. 그러한 것을 경험적으로 찾을 수 없다면 만들어내는 것이 과제이다. 인간은 만들어지고 나서야 경험에 있을 수 있는 것을 의지가 이상에 맞추어 창출할 때 먼저 경험에 기반하지 말아야 한다. 그와 반대로 그래도 현존의 보편적인 사실적 필연성이 지시되어야 한다. 즉 자연적인 인구증식, 크게 확장되었음에도 여전히 제한된 식량생산 영역, 생존에 필수적이지만 파멸을 가져오는 노동, 모든 과제와 노동을 분배하는 것은 불가능하다는 결과가 나오게 되는, 객관적이고 모두에게 분명한 확증의 대상이 되지 않는 엄청난 종적 차이, 이 모든 것은 다음과 같은 부정적인 확증의 기초가 된다. 즉 완벽한 인간적 통찰이 주도적인 것으로 받아들여질 때도 인간현존의 관행은 올바른 것에 일치하지 않을 것이다. 더 밝은 사유에서는 현존에서의 권력의 존속으로서, 그리고 공개된 혹은 은폐된 폭력을 통한 해결로서 식별되는 더욱더 깊은 해결불가능성이 밝혀진다. 모든 합목적적이고 올바른 구조는 조차지이고 그때마다 추구된 개별적인 목적이다. 인간의 세계는 전체로서는 행위의 대상이 아니다. 각각의 인간은 세계 안에서 행위하는 것이지 세계를 포괄하는 것은 아니다.

그러므로 도움, 합의과정, 합의, 공동작용의 현실성과 현존필연성이 대립되지 않을 수 없다면, 인간의 공동생활이 오히려 질서를 지시하고 이 질서에 또한 올바름과 자유가 있다고 할지라도, 이 모든 것은 제한되어 있다. 모든 개별자는 그 질서가 아니라 실제의 폭력이 결정하는 한계에 서는 상태에 처하게 된다. 그는 이 폭력을 견디거나 아니면 그 수혜자가 된다. 그러나 어느 누구도 도움을 주고받지 않고는 살 수 없으며 어느 누구도 타협으로서의 합의과정(Verständigung) 없이 살 수 없다. 이 합의과정은 실제적인 투쟁에서 권력관계를 검증하지 않고 신중한 검토를 통해서 해결에 이르는 그러한 것이다. 그래서 양편의 이익은 부분적으로 만족된다. 그 이유는 타협을 통해서가 아니라 투쟁에서 더 많이 얻어내려는 마음이 있기 때문이다.

궁극적으로 사상은 투쟁을 통한 해결의 일시적인 연기 대신에 **참된 법**을 밝힐 수 있을 것이다. 권력은 법의 실현의 수단에 불과할 것이고 법은 그 실현을 위해 권력을 추구할 것이다. 권력은 법의 수호자로서 양심과 이성적인 투명성을 획득할 것이다. 이와 같은 사상은 현실성 없는 것일 수밖에 없다. 권력이 권력에서 실현되는 이념과 실존을 통해 비로소 내용을 얻는 다는 것은 아마도 참일 것이다. 그리고 이념과 실존이 법의 정식화 가능성 을 소통수단으로 가진다는 것도 참일 것이다. 또한 내실 있는 권력은 스스 로를 제한하고 권력 자체와 무저항의 대립명제의 단선성을 다시 지양한다 는 것도 참일 것이다. 그러나 법은 기껏해야 실존들 사이의 이념으로서 하 나의 현존에서 담지되는 그때마다의 규정된 역사적 힘의 표현일 뿐이다. 이 현존의 질서는 투쟁결정에 뿌리박고 있으며 위협적인 폭력사용을 통해 존속된다. 올바른 법을 보편타당하게 알려질 수 있는 것으로서 인정하려 는 것은 언제나 항상 헛된 일이다. 왜냐하면 법은 추상적인 명제로서, 그 리고 그에 따라 가능한 현존의 구성에서 올바른 것이 아니라 이전에는 아 무도 생각하지 않았던 그 실천적 결과의 현실성에서 비로소 올바르기 때 문이다. 올바른 법은 단순한 이념에 머무른다. 즉 법은 대상적으로, 그리 고 규정적으로 알려지지 않을 뿐 아니라 그 실현도 불가능하다. 그러므로 올바른 법의 실현을 위한 정열은 다음의 방식, 즉 폭력을 세상에서 종식시 키려는 목적으로 혁명에서 폭력을 사용하는 것은 정당화된다는 방식을 취 하기 쉽다. 그러나 인간집단의 현실성에의 불가피한 적응에서 또다시 폭력 을 통해 존속하는 하나의 새로운 실증적인 질서가 산출된다. 즉 다른 지배 자와 다른 내용을 가질 뿐인 처음에 있었던 현존형식이 끝에도 유지되는 이러한 실증적인 법을 통해 폭력을 은폐하는 비교적 오래 지속되는 질서가 유지된다. 폭력이 은폐되는 이유는 폭력이 드물게만 사용되기 때문이다. 누구나 폭력의 존재를 알고 적시에 실제의 법에 복종하는 것을 통해 폭력 이 자신에게 적용되는 것을 피하고자 한다. 나는 합법성의 의식을 가지고 권력 있는 지위를 통해 존속되는 법에서 이익을 얻어낸다. 그리고 불리한 위치에 있을 때에는 이익과 비교해서 견딜 만한 한에서 만족하면서 가장 극단적인 폭력가능성에 직면하여 법으로 인한 불이익을 감수한다. 여기서는 올바른 평화가 존속되는 것으로 보인다. 이는 제도화된 폭력에서 한계가 은폐되기 때문일 뿐이다. 이 한계를 통해 이러한 현존 역시 어떤 일에서든 언젠가 결정된, 그리고 더 나아가 언젠가는 결정될 투쟁의 조건에 의존한다.

여하간 인간 공동생활의 최종적인 안정상태는 경험적으로 존재하는 것도 아니고, 가능성으로서 구성할 수 있는 것도 아니고, 실현될 이상으로서 눈앞에 생생한 것도 아니다. 내가 살고자 한다면 그 폭력사용의 수혜자가 되어야 한다는 것, 나 자신이 언젠가는 폭력을 감수해야 한다는 것, 내가 도움을 주고 도움을 받아야 하며 도움에 감사할 수 있어야 한다는 것, 내가 분명한 이것이냐-저것이냐를 한계짓고 합의와 타협에서 조정해야 한다(umbiegen)는 것은 항상 변함없이 **한계상황**이다.

따라서 이러한 한계상황에는 영구히 객관적인 해결은 없고 오히려 그때마다의 어떤 역사적인 해결이 있을 뿐이다. 내가 이러한 한계상황에서 실존한다면 결과는 소극적 태도가 아니라 양극 안에서 삶을 나의 역사적 상황에 속하는 조건과 함께 붙잡아야 한다는 요청이다. 나는 세계 전체를 그 근거에서부터 다른 것으로 만들고자 할 수 있는 것이 아니라 오히려 세계 안에서 나의 근원에 기초하여 실현할 수 있을 뿐이다. 나는 나의 법을 상대적으로만, 그리고 특수하게만 정초할 수 있다. 왜냐하면 법을 통해 나는 현존 일반을 원상회복하고자 할 수 없기 때문이다. 그러나 오늘날 나는 최하위의 활기찬 기회주의에서부터 역사적 순간에 나에게 행위의 진리를 보여주는 법이념에서의 격렬한 열광에 이르기까지 그 내용의 본질에 따라서 법사상 안에 현재적으로 존재하고 있다. 삶이 투쟁 없이는 가능하지 않은 것과 마찬가지로 한계상황에서는 투쟁 앞에서 눈을 가리는 불명료성의 안정이 불가능하게 된다. 다시 말해, 추상적인 법원칙에서 실존적인 내용을 몰락시키는 맹목적인 광신은 불가능하게 된다. 한계상황에서 현존은 완결되지 않고 완결될 수 없는 것으로 나타난다. 첫번째 경우의 이탈이든 두 번째 경우의 이탈이든 그러한 오성의 이탈은 역사적으로 현실적인 실존의 포기를 의미한다. 투쟁에 대한 최종적인 판단은 긍정도 부정도 더 이상 가능하지 않다. 오히려 현존 역시 투쟁이기 때문에 다음의 질문만 아직 가능할 뿐이다. 즉 어느 경우에 권력의 지위를 장악하고 누리는가, 어느 경우에 굴복하고 참는가, 어느 경우에 투쟁하고 모험하는가의 질문이다. 그리고 결단은 일반원칙 없이 가능하지 않기는 하지만 일반원칙에서 나오지 않고, 역사적인 실존의 상태로부터 나온다. 이제 폭력을 통한 결단은 합의와 타협에의 용의를 배제하지 않고, 투쟁의지는 이해력 있는 인간성(humanitas)을 배제하지 않는다. 문제는 항상 언제, 그리고 어떻게이다.

자기 자신을 위한 영웅적인 투쟁과 몰락, 그리고 평화의 한계 없는 조화 안에서 함께하는 영혼의 존재는 추상적인 한계표상이다. 우리는 단선적인 가능성에 반하여 시간 안에 있는 투쟁의 유한한 상황 안에서만 그 존재와 내용을 가지는 존재이다. 우리의 현실성은 전체적인 것도 무시간적인 것도 아니다.

3. 실존을 위한 사랑에서의 투쟁

실존은 우리에게 현상 안에서만 존재하기 때문에 실존은 실존이냐 아니냐를 결정하는 행위로서 존재한다. 그래서 경험적 현존을 위한 마음씀과 실존을 위한 마음씀은 그 근원이 완전히 다르다.

실존은 소통 안에서만 실현되고 상황의 변화에서의 시간을 통한 운동 안에서만 완성되기 때문에 각각의 실존마다 내적인 파악의 고요함 속에서 무시간적으로 하나가 되는 조용한 조화는 그때마다의 상황 속에서 그 어두움에서 기인하는 사랑하면서의 투쟁의 사라지는 순간일 뿐이다. 존재의 확신이 **개현을 위한 투쟁**에서 연원한다는 것은 현존 안에 있는 실존에게는 한계상황이다. 이 한계상황에서 실존은 가장 깊이 있게 자신을 의식하기도 하지만 완전히 속수무책으로 절망하기도 한다. 내가 나 자신이 되는 것처럼 보이는 경우에조차도 여전히 물음을 제기할 수 있음이 시간 안에서의 참으로 현실적인 현전의 생성의 조건이라는 사실 자체가 이러한 투쟁을 요구한다. 왜냐하면 현상 안에서는 실존적으로 단적으로 결정적인 것은 아무것도 없기 때문이다. 실존은 개현하는 투쟁의 한계상황에서 본래적인 것이 드러나는 것을 통해서 존재한다. 실존적 소통은 본래적 존재를 위한 마음씀으로부터 나오는 투쟁의 이러한 과정으로서 본래적 존재의 현실화이다.

이 사랑하면서의 투쟁은 실존의 상호성 안에 있는 현상의 (밝혀지지 않은 —역자) 어두움에서 **근원**을 찾는다. 이 근원은 나 자신의 고유한 혹은 고유하지 않은 성격의 추정적인(vermeintlich) 고정화 안에서 경험적으로 현존하는 성격의 특질이 아니라 분명하게 되는 앎의 밝음 속에서 결단하는 자유이다. 투쟁은 근원과 목적에서 밝혀질 수 없는 궁극적인 의미를 향한다. 그런데 이는 이러한 투쟁이 순간순간의 상황과 목적 안에서 진행되는 것, 그래서 구체적인 현전화에서 전개되고 가장 사소한 것도 너무 사소하게 여기지 않는 것을 통해서이다.

투쟁은 **객관적인 것을 넘어서는 길**에서 이러한 드러남(Offenbarwerden)을 추구한다. 정확성을 매개로 해서 투쟁은 인식가능한 모든 것을 파악한다.

그러나 그 목적은 보편타당한 정확성이 아니라 소통 안에서 스스로를 실현하는 존재의 진리로서의 현재적 상황 안의 진리이다. 투쟁은 영혼의 비판과 정화를 위한 도구로서의 물음의 한계를 모른다.

이러한 투쟁에는 **어떠한 폭력도 없다**. 한편의 승리나 패배라는 것이 없다. 승리와 패배는 공동의 것이기 때문이다. 승리는 우월함을 통해서가 아니라 드러남에서의 공동적인 획득을 통해서이다. 패배는 힘의 결핍으로 인한 것이 아니라 자신의 혹은 타인의 의지의 위기에 대해 대처하지 못한 결과 숨겨진 회피로 인한 것이다.

사랑하면서의 투쟁은 폭력, 예를 들자면 지적인 우월감이나 암묵적인 영향 등이 아주 조금이라도 개입되면 중단된다. 투쟁은 폭력이 전혀 없을 때에만, 모든 사람이 자신의 능력을 자신이 사용하는 것과 마찬가지로 남들도 사용할 수 있도록 할 때에, 그래서 객관성이 아니라 투쟁의 도구를 추구하는 권리주장(Rechthabenwollen)을 중단할 때에 잘 진행된다. 투쟁은 남들뿐만 아니라 자기 자신에게도 대항할 때에만 가능하다. 스스로를 사랑하는 실존은 모든 것을 공동으로 요구하기 때문에 일방적으로 남에게 요구하는 것을 멈춘다.

타자와 나 자신에 대한 가장 극단적인 문제제기로서의 이러한 투쟁은 타인에게나 나에게서 실존의 가능성을 의문 없이 **전제하는 연대성**으로서만 가능하다. 뿌리에까지 접근하는 가장 극단적인 문제제기를 하는 대신에 실존 자체를 부정하게 된다면—이를 의미 그대로 말하는 것이 가능하지는 않은데—실질적으로 조용하게 이미 투쟁이 중단되고 한계상황으로부터 벗어나게 된다. 나의 실존에 대한 확신은 그러한 언표할 수 없는 전제의 반향 안에서 인식된다. 그래서 나 자신과의 가장 가차 없는 투쟁은 그것이 나를 존재가능성으로 진지하게 여기기 때문에, 어떻게 그렇게 되는지

나에게 알려지지 않은 채 나의 실존적 존재확신을 일깨울 수 있다. 그 전제는 승인으로 언표되지 않는데 이는 승인이 객관성, 권리, 수행, 성과, 특질, 성격과 관련되기 때문이다. 승인은 사회적 자기의 존재의식 속에서 그 욕구를 충족시킨다. 그러나 승인은 연대성 안에서의 실존적 접촉과는 근원적으로 의미가 다르다. 승인의 가시적인 현상을 강조하면 연대성에서의 실존적 접촉은 약해진다. 나는 상실될 수 없는 이러한 실존적 소통 안에서만 존재한다. 그러나 다소간 내 생물적인 구성의 방식에 따르자면 살기 위해서는 음식이 필요하듯 나는 어떤 형태의 승인을 필요로 한다. 실존적 존재확신을 추구하는 것을 사회적인 공동생활이 가지고 오는 의미에서의 긍정과 승인에의 요구로 잘못 이해한다면 이는 실존의 혼란을 불러일으킬 위험이 있다. 언표하는 것이 아무 의미도 없는 실존적 긍정은 사랑하면서의 투쟁을 위한 연대성으로서 다른 깊이(깊은 근원—역자)에 뿌리내린다.

내가 이러한 소통으로 **투쟁해야**만 한다는 것은 죽음, 고통, 외적인 폭력 이상으로 나 자신을 **흔들** 수 있다. 이는 자기존재의 현상의 근원에 관계되기 때문이다. 나는 고요한 사랑 안에 품어지고자 하고 물음의 과정에서 해방되고자 하고 다른 사람을 나 자신처럼 무조건적으로 받아들이고 긍정할 수 있기를 바란다. 그러나 실존적 사랑은 시간 안에 있는 지속으로서 상대방에로의 영혼의 조용한 빛남이 아니다. 이러한 성격을 가진 순간이 시간 안에서 하나의 상태가 된다면 이해되지 않는 어떤 감정적인 도취로 공허해질 것이다. 왜냐하면 감정적인 도취는 그 현존의 현실성을 은폐하기 때문이다. 사랑은 내가 의존할 수 있는 소유가 아니다. 나는 나 자신 및 사랑하는 타인의 실존과 싸워야만 하는데 폭력을 배제한 채로 질문을 던지면서, 그리고 질문을 받으면서 싸워야만 한다.

나는 논쟁의 합리적인 폭력을 통해 투쟁하면서의 소통을 실현할 수는 없다. 그러나 합리적인 명료성의 가장 극단적인 것이 없이도 실현할 수 없다. 전적으로 헌신적인 남김 없는 희생적인 사랑을 통해서 실현할 수는 없다. 그렇지만 이것이 없이도 가능하지 않다. 최종적인 해결이라는 목적을 통해서 가능한 것은 아니지만 또한 과제에 대한 그때마다의 규정성 없이도 가능하지 않다. 투쟁하면서의 소통은 시간적인 현상에서는 항상 **미완성이다.** 여기서 역시 하나의 절대적인 의식이라는 의미에서의 가장 강한 확신은 가능할 수 있지만 소유의 확실성은 결코 가능하지 않다. 지속적인 의문 가능성이 모든 획득된 지위를 단계와 전제로 변화시킬 때, 모든 스스로를 결정화하는 것을 상대적인 것으로 변화시킬 때, 모든 소유를 소멸하는 것으로 변화시킬 때, 이러한 실존에 대한 실존의 사랑의 깊이에 **공동의 위험 안에 있는 눈과 눈을 마주한 물음으로서의 한계상황**이 시간현존에서 열린다.

투쟁의 본질을 보는 것보다 일탈의 본질을 보는 것이 더 쉽다. 즉 위력으로 작용하는 정신적 우세에서, 무조건적인 굴복의 수동성에서, 대답하지 않음이 투쟁의 강제적인 수단으로 이용될 때 모욕감으로 스스로를 스스로 안에 폐쇄시킴에서, 궤변적인 물음에서, 그리고 무한한 종류의 순수하게 객관적인 잡담으로 바꾸는 것에서, 염려와 형식화된 형태의 단순한 신사도에서, 침묵하는 인내에서, 동정과 표면적인 도움의 자선에서 볼 수 있다. 도처에서 사랑하면서의 투쟁이 배제하는 수준의 비동등성이 발생한다.

영혼들 사이의 투쟁은 한계 없는 준비가 되어야만 추구되는 것처럼 보일 수 있다. 그러나 다음의 경우 그 수행에서 투쟁은 모든 순간에 스스로를 **거짓되게 위장한다.** 즉 실존적 드러남을 위해서가 아니라 근본적으로 나의 경험적 인격에 대한 긍정을 위해 투쟁하게 될 때, 스스로를 증오하는 사람들의 근본적인 불타는 복수심에서 자기 자신과 함께 타자를 동시에 위험에 빠뜨리고 영혼을 파괴하고 모든 것이 아무런 가치도 없게 되는 승리를 얻고자 하는 욕망이 일어날 때, 사랑 없음이 타인에서 신을 보고자 하고 그것이 어떤 것이든 타인이 지켜야 하는 적합한 척도로 그를 측정하고 파괴하고자 할 때 스스로를 거짓되게 위장한다. 투쟁하면서의 사랑의 작용이 여기서는 대체로 타인을 계략에 빠트려 그가 실패했다는 것을 보여주는 것에서 성립할 수 있는 것으로 보인다. 그러나 이는 상호성의 결핍을 통해, 그리고 자기폐쇄의 기만을 통해 그 자체가 참되지 않음이 드러난다.

그러나 **투쟁 없음**으로부터는 현존과 다른 현존의 관계가 보다 더 만족한 것이어도 실존의 공허가 발생한다. 이러한 현존의 풍부한 객관성과 실존의 의미에서의 현존의 비존재의 대조는 투쟁의 한계상황이 경험되지 않을지라도 무의식적으로 느껴질 것이다. 고독의 가능성이 실존적 비존재의 표현으로서 분명해진다. 왜냐하면 나는 사랑하면서, 그리고 사랑 안에서 투쟁하면서 개현된 실존이 되지 않았기 때문이다. 가능실존의 현상으로서의 의식이 심연 앞에서 스스로를 발견한다. 신성과의 소통에서, 즉 종교적인 보호 안에서 하나의 해결책이 주어지는 것으로 보인다. 그것은 사랑하면서의 투쟁을 피하는, 고립된 나로 편안히 살고, 자기 자신에 대한 어떠한 물음제기도 감행하거나 참아내지 않는 것이다.

일탈은 이해심리학을 수단으로 해서 거의 임의적으로 전개된다. 그러나 투쟁하면서의 소통의 참된 길은 직접적으로, 그리고 일반적으로 지시될 수 없다. 왜냐하면 그것은 현실적인 것으로서 항상 유일회적이고, 모방할 수 있는 것이 아니기 때문이다.

죄책

모든 행위는 세계 안에서 행위자가 알지 못했던 결과를 가진다. 행위자는 자신의 행위의 결과에 놀란다. 왜냐하면 비록 자신이 그 결과에 대해 생각하지 못했을지라도 여전히 자신이 행위의 장본인임을 알기 때문이다.

내가 나의 현존에서 나의 **삶의 조건들**을 투쟁과 다른 사람의 고통에서 **허용**하기 때문에, 비록 내 쪽에서도 나 자신의 고통과 삶의 기본전제들을 충족시키기 위한 노동에서의 수고와 결국 나 자신의 몰락을 통한 대가를 지불한다고 할지라도 나는 착취를 통해서 산다는 죄책을 가진다.

나의 행위와 느낌의 동기는 상황 안에서 근원적인 충동에 기초하는 것으로 바랄 수 있는 것의 다양한 가능성으로 인해, 그리고 나에게 다시금 영향을 끼치는 환경의 기대로 인해 매우 애매하다. 그래서 결단에서의 명료성은 오직 드문 순간에만 가능하거나 맹목적으로 이성적인 추상을 통해서 가능할 것처럼 보일 뿐이다. 나는 말하자면 활동적인 삶을 단초로 언제나 또한 **얽혀들어 가는 현존**을 소재로 해서 살아간다. 이는 실존하면서 단적인 의미에서의 무구일 **영혼의 순수성**에 도달하기 위해서이다. 그러나 현존에 몰입되어 있는 존재의 불순성은 극복되자 곧 현존 안에서 새로이 나타난다. 나는 불순물을 버려야만 할 뿐 아니라 내가 사는 한 항상 다른 불순물이 생기는 것을 보아야만 한다. 나는 가능실존으로서의 내가 마음쓰는 나의 순수한 영혼이 무엇인지 전혀 모른다. 오히려 나를 이끌어주는, 그리고 어떤 의미에서는 나의 가장 내밀한 감정에서 죄책적인 것을 발견하는 나의 구체적인 양심에로 되돌려진다. 영혼의 순수성은 실존의 진리이다. 이는 시간적 현존의 긴장 안에서 계속해서 죄책의 의식을 가지고 순수성의 실현을 끝없는 과제로 삼기 위해서 현존 안에서 불결함을 각오하고 실현해야만 하는 실존의 진리이다.

내가 현존 안의 가능실존일 때 나는 오직 일자를 통해 현실적으로 된다. 일자를 붙잡는다는 것은 **다른 가능적인 것**—비록 드러나지 않는 것이고 합리적인 도덕의 의미에서는 죄없는 것일지라도—을 **거절한다는** 의미이다. 그러나 타자는 나와 함께 가능실존인 인간이다. 물론 오성은 모두에게 자신의 권리를 주는 것에서 간단한 해결책을 찾을 수 있으리라 믿는다. 그러나 추상적 권리의 분배에서 존재를 찾는다는 것은 각자의 실존적 현실성의 지양을 의미한다. 나는 다양성과 대체가능성 안에 있는 다자, 그리고 일자 중에서 선택해야만 한다. 다자를 선택하는 경우에는 모든 것이 아무것도 아니라는 결과가 나오고, 일자를 선택하는 경우에는 나와 관련해 가능성으로 요구하면서 나타나는, 그리고 순간적인 동시에 사라지는 성향 속에서 이미 현실성이 될 수 있었던 다른 것을 포기하는 결과가 나온다. 실존함의 현실성 안에서 가장 심원한 결단성을 통해서 나는 하나의 객관적으로 파악할 수 없는, 침묵하는 배경 뒤에서 나 자신에게는 이해불가능한 방식으로 내 영혼을 위협하는 죄책에로 빠진다. 이러한 죄책은 현실화되어가고 있는 실존의 모든 독선을 가장 극단적인 방식으로 파괴한다.

삶을 활동적으로 사는 것을 통해 나는 타인들로부터 **빼앗으며** 얽힘 안에서 영혼의 불순성이 나타나도록 두고 나의 배타적인 실현을 통해 거절로 가능실존을 상처 입힌다. 나의 행위의 결과에 대해 내가 겁을 먹을 때 나는 세계에 들어서지 않고 아무것도 하지 않음으로써 죄책을 피할 수 있다고 생각하게 될 수도 있다. 그래서 나는 누구와도 교섭하지 않으며 스스로 순수하게 남고 보편적인 가능성에 집착함으로써 아무것도 거절하지 않을 것이다. 그러나 **부작위**는 그 자체로 하나의 행위, 즉 단념의 행위이다. 거기에서 다음과 같은 결과, 즉 결과적으로 그리고 절대적으로 고수된 부작위는 필연적으로 급속한 몰락에로 이른다는 결과가 나온다. 그것은 자살의 한 형태일 것이다. 세계에 개입하지 않는 것은 밝혀지지 않은 어두운 요구로서 모험하고 거기서 나오는 결과를 경험하라고 나에게 청하는 현실성의 요청 앞에서 거절하는 것이다. 내가 개입하지 않기 때문에 일어나는 일에 대해 나는 나의 상황에서 책임을 진다. 내가 행할 수 있는데도 행하지 않는다면 나는 나의 행하지 않음의 결과에 대해 책임이 있다. 내가 행위하든지 행위하지 않든지 간에 두 가지 모두 결과가 있고, 각각의 경우에 나는 피할 수 없이 죄책에 빠진다.

이와 같은 한계상황에서는 내가 원하지 않는 일인데도 나로 인하여 일어나는 일에 대해 의식적으로 받아들여야 한다. 행위자가 다른 결과 때문에 행위를 하려고 해서 그 결과를 의식적으로 허용하는 한 그는 **양심이 없다**고 일컬어진다. 그러나 한계상황에서 그는 자신의 행위에 대해 **책임이 있다**고 자처한다. 책임은 죄책을 떠맡을 준비를 의미한다. 책임 때문에 현상 안의 실존은 지양할 수 없는 중압하에 서 있다.

한계상황 없이 살면서 나는 **긴장을 피할** 수 있다. 그래서 나는 불성실하게 다음과 같이 말할 수 있다. '그것은 이미 일어난 일이니 어쩔 수 없다, 그것은 어떻게도 바꿀 수 없다, 현존이 그러한 것에 대해 나는 책임이 없다, 현존으로서는 죄책을 피할 수 없다면 그것은 내 죄책은 아니다, 이러한 경우에는 죄책이 내 몫이 되든 안 되든 간에 마찬가지이다. 왜냐하면 근본적으로 나는 내 죄책 없이도 책임을 져야 하기 때문이다.' 그러면 내가 내 행위의 결과에 압박받지 않고 편안히 착취를 통해서 살며, 평정한 상태에서 바라보고 확인하는 영혼의 불순성에 신경 쓰지 않으며, 실존적 가능성에 대한 그 어두운 거절을 더 이상 전혀 죄책으로 이해하지 않는다.

내가 세상 돌아가는 것을 한 번도 돌아보지 않음으로써 나는 한계상황을 더욱 철저하게 **은폐**한다. 우리는 상호성에서 행위하고 헌신하고 이익을 얻으며 정당한 질서에서는 착취가 사라질 것이라고 생각한다. 혹은 나는 추상적이고 도덕적인 일관성 안에서 내가 동기라고 표현하는 것을 나의 존재—내가 그 순수성을 위해 투쟁하는 나의 현상하는 가능실존과 혼동하는—로 여기면서 (나의 존재를—역자) 회피하려고 한다. 가능실존으로서의 나에게 현실성이 말을 건다는 것을 부인하며 내가 이를 거절했다는 것조차 의식하지 못한다.

결국 나는 모든 죄책을 개별적일 뿐인, 그리고 동시에 피할 수 없는 것으로 해석함으로써 **한계상황을 지양한다**. 내가 피할 수도 있었던 각각의 명명할 수 있는 죄책들을 받아들이거나 어떤 죄책도 의식하지 않고 편안한 양심을 가질 수 있다. 나는 낙관적으로 죄책 없는 삶이 가능하다고 보고, 그리고 죄책을 나를 정화시키기 위해서 내가 속죄할 수 있는 개별적인 것으로서 본다.

한계상황 안에서 이러한 참되지 않은 은폐가 실존에게 가능하지 않게 될 때 가장 깊은 근거에서의 지지가 사라진다. 즉 나는 나 자신이기는 하지만 죄가 있다. 지금 나는 긴장 안에서 살 수 있을 뿐이고 그 긴장 안에서 도약을 추구한다. 중요한 것은 더 이상 죄책이 없게 되는 것이 아니고 본래적이고 깊이 있고 피할 수 없는 죄책으로 가기 위하여 피할 수 있는 죄책을 현실적으로 피하는 것이다. 하지만 여기에서도 평화를 발견할 수는 없다. 책임은 피할 수 없는 죄책을 자기의 것으로 받아들이는 실존적 열정에까지 이른다. 그렇지 않으면 우리는 피할 수 없는 죄책을 꺼려서 가련한 죄책에 생각 없이 수동적으로 얽히게 된다. 착취적인 이용은 변제의 의무를 부과한다. 불순성은 근원적인 욕구를 분명하게 하기 위해서 가장 밝은 현실성 속에서만 의욕할 것을 요구하는 요청으로 된다. 일자 안에서의 실존의 현실화는 실존함의 가능성을 거부했었던 제거할 수 없는 참된 죄책을 발견한다.

제3절

모든 현존을 의문에 부칠 수 있음이라는 한계상황과 현실적인 것 일반의 역사성이라는 한계상황

각각의 한계상황 모두에서 나에게는 말하자면 발아래의 지반이 없어진다. 나는 현존으로서의 존재를 지속하는 고정성에서 파악할 수 없다. 사랑하면서의 소통까지도 현상 안에서 투쟁으로서 나타나야만 한다면, 세계 안에는 어떠한 완성도 있을 수 없다. 어느 현존이든 항상 본래적인 존재이고자 하려고 해도 절대자를 추구하는 물음 앞에서는 몰락한다. 모든 현존을 의문에 부칠 수 있다는 것은 현존 그 자체 안에서 평정을 찾을 수 없다는 것을 의미한다. 현존일반이 한계상황에서 그 자체로 깨지기 쉬운 취약한 것으로 드러나는 양상이 곧 현존의 이율배반적인 구조이다.

1. 현존의 이율배반적 구조

인간은 구분함으로써만 사유할 수 있고 모순을 배제하는 방식으로만 사유를 분명히 할 수 있다. 현실성은 각기 배제, 조정 혹은 종합을 통해 그때마다 결과를 갖는 대립되어 있는 힘들의 유희로 나타난다. 동기는 선택에서 의욕의 일정한 방향성이 잡히는 대립되는 가능성들에 따라 움직인다. 이러한 모든 경우에 대립화와 모순은 이 둘 모두를 지양하는 도정의 한 걸음일 뿐이다. 인간이 모순의 지양하에서 모순 없는 연관으로 가는 것이 무엇인지를 인간은 안다. 더 이상 중요하지 않은 다른 것을 배제하면서 규정된 것을 원할 때 인간이 원하는 것이 무엇인지를 인간은 안다. 객관성과 통찰을 위한 노력은 모순과 대립을 이용하면서 극복하기 위하여 모순과 대립에 대항해 싸운다.

이에 반해 우리는 극복될 수 없는 합의불가능성, 해소될 수 없고 오히려 명료한 사유에서 심화될 뿐인 모순, 전체가 되지 않고 오히려 추론을 완결 지을 수 없는 단절로서 한계에 서 있는 대립화를 **이율배반**이라고 한다. 현존의 이율배반적 구조는 현존에서 특정한 대립에 대한 해결이 각각 유한한 것일 수만 있음을 의미한다. 그런데 전체를 볼 때는 한계 어디에서나 해결불가능성이 나타난다. 완성은 개별성과 상대성 안에만 있고, 전체 안에서의 현존은 미완성으로 남는다. 현존의 자기완결성 자체는 이율배반으로 인해 도처에서 방해받는다. 죽음과 고통, 투쟁과 죄책의 한계상황은 개별적인 이율배반을 보여주었다. 그 공통성은 현존의 이율배반적 구조에 대한 생각 안에서 파악된다. 이는 세계 안에서의 희망 없는 불행으로서, 그리고 궁극적으로 옳은 것을 찾는 의욕의 무지반성으로서 의식된다. 특수자에 대한 엄밀한 지식 안에서 그때마다의 현존의 이러한 측면이 한계상황으로서 조명된다. 이 한계상황 안에서 모든 존재는 시간현존의 지속으로 해소되고, 전체의 진리는 하나의 객관적인 모든 상황에서 타당한 것으로 해소된다.

이러한 한계상황에서 인간은 가치 있는 것이 그 자체로 가치가 낮은 조건에 의존되는 것을 본다. 어디에서나 우리가 원하지 않았던 것을 감수해야만 한다. 대립은 너무나 서로에게 긴밀하게 속해 있어서 그 전체적 양극성과 내가 정말로 원하는 것을 상실하지 않고서는 내가 투쟁하고 지양하고자 하는 한 측면을 버리고자 해도 버릴 수 없다. 자유는 의존에, 소통은 고독에, 역사적인 의식은 보편적인 것의 진리에, 가능실존으로서의 나 자신은 나의 경험적 현존의 현상에 구속되어 있다.

2. 이율배반적 구조에 대한 태도

밝은 눈에 나타나는 현존의 이율배반적 구조는 이 밝은 눈에도 한계상황으로서는 은폐된 것이나 마찬가지일 수 있다. 이율배반적 구조에서 실존하는 것이 아니라 이 구조에 대해 **방관자**의 태도를 지니면서 나는 모든 상황에서 끝없는 변화에 따라 이율배반을 언제나 새롭게 깨닫고, 이율배반에서 안정감을 느끼며 그 모순 속에 인간과 세계의 풍요로움이 있음을 주장한다. 나는 한쪽의 가치를 인정하고 또한 다른 쪽의 가치도 인정하면서 양쪽 모두에 관계한다. 한계상황 안에서 가능실존을 위해 현존 안에서 나 자신을 고양시키도록 하는 억제의 둑을 쌓아 올리는 대신에 저항이 중단된다. 나의 삶은 저항에서 나 자신이 되는 대신에 그냥 흘러가게 된다. 가물거리는 거품 속의 아름다운 그림을 보면서 그렇지만 배제적인 역사적 규정성이 없기 때문에 자기 자신 안에는 어떠한 실체도 없이 말하자면 흘러가게 된다. 이러한 삶은 근원으로부터의 삶이 아니라 세계로부터의 삶이고 집중적인 삶이 아니라 확장적인 삶이며 초월과의 실존적 관계에 있는 삶이 아니라 경험의 다양성 속에 있는 삶이다. 내가 웅대한 대상적 존재에 사로잡힌 방관자로 마주서는 것과 같이 세계의 이율배반적 구조 속에서 실존하는 것이 아니라 사로잡힌 방관자로서 마주 선다면, 나는 구속됨이 없는 관찰로 바라볼 뿐이다. 그러면 나는 기존의 이율배반적 세계상에 묶여서 한계상황을 상실하게 된다.

또 다른 회피의 가능성은 상호의존적인 대립에 대해 **눈을 감아버림**이다. 인간은 어느 한쪽에 유리하도록 오성에 적합한 방식으로 대안을 사유하고 보편타당에 입각해서 선택을 수행한다. 내가 그에 따라 구체적인 것에서 오판하게 될 뿐인 최종적인 결단들은 **합리적 명료성**으로 인해 오도되고, 나의 구체적인 상황에서 현실의 어두운 요구에 위험하게 귀 기울이는 것에 결부된 역사적인 심층이해를 포기해도 된다는 허용으로 인해 안일한 것이 된다. 나는 무엇이 옳은지를 추상적으로 알기 때문에 일어나는 일을 포괄하기만 하면 되는 것이다. 이렇게 획득된 원칙들은 밀어닥치는 사고의 심원에서 나를 벗어나게 하기 위해 존재한다. 나는 이러한 단선성으로 강제되지만 이러한 행위에서 내가 가지고 있는 안정성에는 자기존재가 없다. 이는 근본적으로 부정적인 것이며 그 결과는 실질적으로 파괴적인 행위이다.

그래도 실존하는 사람으로서 나는 이율배반의 한계상황에서만 나 자신이 될 수 있다. 근원 안에서 참되게 포착되어야만 하는 것들은 실존과 무관하게 존재하는 객관적 가치들로 인해 실존과 분리되지는 않는다. 세계 안의 사물 대신에 **그 자체로 절대적인 존재로서의 존재**를 인식하고자 할 때 나는 이른바 모든 나의 지식을 모순 속에 좌초하게 하는 이율배반에 빠지는 나를 볼 것이다. 내가 **참인 것**을 언젠가는 현실화되어야 하는 완성—그것을 넘어서는 아무것도 없는—에서의 행위의 객관적 **목적**으로 알려고 하면, 나는 이상과 유토피아에 대한 가능적 표상 안에서, 그러니까 모든 실현의 시도에서 모순에 빠질 것이다.

현존의 이율배반은 모든 종류의 지식에서 절대성을 객관적인 지속으로 무효화하는 한계상황이다. 절대자는 세계 안의 대상으로 직접 나타나지 않기 때문에 절대자는 실존에 근거하여 그때마다 역사적 형태 속에서 자유로부터 포착되어야만 한다. 내가 올바르고 정당하고 최종적인 세계정위의 가능성을 나의 행위에 의미를 부여하기 위한 조건으로서 요구한다면, 나에게 있어 세계로서의 세계가 전부이다. 즉 나는 초월을 부정한다. 내가 누구에게나 항상 객관적인 것으로서의 절대적 목적을 원한다면, 나는 무 앞에서의 이율배반에 직면해서 불가능한 것의 희망 없음에로 침몰한다.

따라서 참된 존재는 한계상황에서만 경험되거나 그렇지 않으면 전혀 경험되지 않기 때문에 이율배반이 없는 세계에서는 객관적으로 눈앞에 존재하는 것으로서의 절대적 진리와 함께 실존은 존재하기를 그칠 것이다. 그와 함께 초월자를 느끼게 될 수 있는 현존 안의 존재도 존재하기를 그칠 것이다.

이러한 철학함의 **전도**는 실존하기 위해서 고통, 죄책, 모든 이율배반을 원하고 조장하는 부조리, 자신의 십자가를 구하고, 복된 죄(felix culpa)를 숭배하고, 스스로를 괴롭히고 아프게 만들며 의혹에 빠져 소멸되고 자기가 사랑하는 것을 망치는 부조리일 것이다. 실존을 조명하고자 하는 사상은 그 안에서 다시 실존을 인식하고 (실존에의―역자) 호소를 경험하기 위해서라면 의미가 있지만, 실행을 통해서 인간이 참이라고 생각하는 것을 불러올 수 있기 위해서 이 사상을 통찰로서 취하고자 한다면 의미가 없다. 오히려 다음이 의미가 있다. 참된 것이 우리의 의지에 반하여 존재하고 압도할 때, 단지 파괴하지 않고 파괴 안에 본래적인 존재의 드러남의 가능성을 품을 수 있는 것을 피하고 개선하기 위하여 우리는 무엇이든 한다는 것.

3. 현존일반의 역사성

내가 현존에서 경험하는 것을 나는 단적으로 존속하고 있는 것으로서 그 자체로 중지하도록 할 수도 없고 그 현실성을 제거하지 않은 채로 존속하는 것을 박탈하도록 할 수도 없다. 즉 나는 그 자체로 통일체를 이루는 현존을 존재로 파악할 수도 없고 현존 안에서가 아니고서는 가능실존일 수도 없다. 현존이 불가피하게 나의 존재에 속한다는 것, 그러나 동시에 어디에서도 그 자체로 충분한 것으로 나타나지 않는다는 것은 다음의 물음으로 이끈다. 도대체 왜 현존이 존재하는가? 나는 현존하는 현실성 없는 어떤 신성에 대한 사상을 추상적으로 생각할 수 있다. 즉 신성은 자족적이며 완전하고 결핍이 없고 축복받은 것일 것이다. 그렇다면 어째서 현존이 존재하는가? 한계상황에서 나타나는 현존은 어떻게 해서 신성을 통해 가능한가?

세계 없는 고립된 신성에 대한 사상은 우리에게 무의 심연 중 하나로 나타난다. 다른 한편으로 현존은 실존에서 조명되는 이율배반의 한계상황과 관련해서는 개념적으로 파악될 수 없다. 그래서 모든 다른 한계상황을 포괄하는 이해불가능한 최후의 한계상황은 다음이다. 즉 현존이 존재할 때만 존재가 존재한다는 것, 그러나 현존은 그 자체로서는 존재가 아니라는 것이다.

그래도 존재가 있기 위해서 현존이 존재해야 한다면 나는 이러한 당위를 이해할 수 없다. 오히려 중요한 것은 가장 심오한 이해불가능성을 표현하는 것이다. 이해불가능성을 조명하는 것은 전체에서의 현존에서 현존 안의 개별적 실존의 현상의 역사성으로 확장되는데 무규정적인 방식으로 된다. **현존은 시간 안에서 완성될 수 없기 때문에 역사적**이며 전혀 조화로운 상태에 있지 않기 때문에 불안해하면서 자기를 산출한다. 이율배반적 국면은 시간현존에서의 다르게 됨을 향한 중단 없는 요구이다.

우리에게 존속하는 것일 수 있는 것은 절대적 존재일 것이다. 그런데 우리에게 존속되는 것은 현존뿐이다. 절대적인 것은 우리에게 자유의 현실성을 통해 사라지고, 상대적인 것이 우리에게 시간적 지속과 타당한 객관성 안에 있는 존속으로 존재한다. 존속하고 있는 것이 무가 되며 사라지고 있는 것이 존재의 현상이 된다는 것을 통해 기대하던 것이 역전되는 것이 현존의 역사성이다. 이는 무엇보다도 우선 한계상황에서 긴장하면서 현존의 존속과 자유 사이에서 스스로를 발견하는 실존에게 드러난다. 하나의 전체로서는 참된 상(Bild)이 되지 않고 참되게 보면 볼수록 분열적으로 되는, 그리고 상대적 관점에서만 대상으로 보여질 수 있는 것으로 남는 세계에서 가능실존은 저항에 대항하는 자유로부터 자기를 실현한다. 실존이 현존의 전체 안에서 자신의 역사성을 의식하게 된다면, 실존은 현존이 무엇인가의 물음에 대해 어떤 평정도 허용하지 않는 자신의 운동이 존재의 현상이라고 대답한다. 이 존재는 현존을 존속하게 만들고 순수하게 세계로서 보는 시선에게는 현상 안에서 은폐되기는 하지만, 이러한 존속이 제한되지 않는 역사성에서 해소될 때는 드러난다. 이러한 형이상학적 견해는 모든 것을 자유로 바꾸는 데까지 밀고 간다. 이 형이상학적 견해에서 현존이 역사성이라고 하는 것은 이 견해가 역사성을 모든 개인이 참여하고 공동책임을 부담하는 자유의 현상으로 파악한다는 것을 의미한다.

존재가 현존의 역사성에 의존한다는 것은 실존과 초월자에게 유효하다.

현존 없는 실존이란 존재하지 않는다. 모든 현존 안의 존속의 계기, 저항, 지속되는 것이 없다면 자유는 결코 존재하지 않는다. 내가 현존과 분리된 것으로서의 순수한 자유를 추구한다면 나는 무로 사라질 것이다.

나에게 **현존 없는 초월자는 존재하지 않는다.** 가능실존에게 한계상황에서 나타나는 현상의 현실성 없이 초월자는 존재하지 않는다. 내가 세계 없는 순수한 초월자를 추구한다면 나는 한계상황을 상실하고 공허한 초월자에 침몰할 것이다.

항상 스스로를 파괴하고 있는 생산(Hervorbringen)으로서의 역사성은 그 안에서 나만이 나 자신과 초월자를 확신하게 되는 현상이다. 오직 이 현상에서만 나는 존재를 포착한다.

제8장

절대의식

1. 경험으로서의 의식, 의식일반, 절대의식

의식은 **경험**으로서는 개인적 현존의 현실성이다. 의식은 **의식일반**으로서는 인식하는 주관들에게 모든 대상이 나타나게 하는 하나의 보편적 조건이다. 의식은 **절대의식**으로서는 실존의 존재확신이다.

절대의식은 첫째로, 심리학의 대상으로서의 **경험**이 아니다. 절대의식은 심리학에 대해서 경험가능한 것의 한계에 있다. 왜냐하면 절대의식은 관찰하는 자에 대해서 존재하는 것이 아니라 방향을 주는 것으로서 관찰자 안에 존재하는 것이기 때문이다. 절대의식은 그것 이외의 다른 것으로부터 이해될 수 있는 것이 아니다. 왜냐하면 근원이 그의 안에 있기 때문이다. 그러나 절대의식은 이해의 출발점으로 삼기 위해서 기술되는 충동이나 체험의 소여 등과 같은 이해가능한 것의 한계가 아니라, 경험하는 현존 모두를 포괄하고 관통하고 변화시키는 한계이다. 절대의식은 대상화하는 심리학의 눈에는 보이지 않으면서 오히려 심리학적으로 인식가능한 모든 것을 독특하게 불가측적인 것으로 만든다. 절대의식은 모든 심리적 이해가능성이 그의 현존에 있어서 전적으로 의존하고 있는바 전혀 이질적이고 불가해한, 그러나 연구가능한 사물들의 인과적 연관성에 비교될 수 있는 것으로서, 의식 안에 존재확신의 양태들을 야기하는 불가해한 것이다. 비록 절대의식은 심리학적 인식대상으로 되지는 않지만 심리적 현존을 본래적 존재의 현상이 되도록 하거나, 그렇지 않으면 그것을 무한한 공허 속에 빠지게 한다. 절대의식은 경험과 함께 소멸하면서 원인으로서 계속 영향을 주는 하나의 경험과 같은 것이 아니라, 실존적 존재의 현상으로서 경험 이상의 것이다. 그러므로 절대의식은 변화하는 정서들처럼 경험들에 관련되는 것이 아니고, 오히려 항존적이고 내실 있는 근거로서 조용하게, 그러나 항상 분명하게 감정 속에 울리고 있는 것이다. 그것은 조용하지만 믿음직한 결합의 배후에 서 있다.

심리학의 대상으로서의 현상, 즉 경험, 의식, 감정, 지각, 충동 등은 실존의 현상으로서는 나 자신인바 무제약적인 것의 현존이고, 내가 그것을 나의 고유한 존재로서 책임적으로 받아들이는 바의 존재이다. 그것은 내적 행동의 체험(Erfahrung)을 통한 적극적인 성취이다. 그러므로 그것은 단순한 경험(Erlebnis)에 불과한 것이 아닌 자유이다.

둘째로, 절대의식은 현존분석과 논리학의 대상으로서의 **의식일반**이 아니다. 의식일반의 모든 대상성 및 그의 형식과 규칙들의 조건인바 의식일반의 사고 안에서 모든 대상적인 것이 초월되는 것이라면, 절대의식의 사고는 다시 또 한 번 일반적이고 무시간적인 것, 즉 일반자와 무시간적인 것의 의식—그것에 대해서 개체적 의식은 그가 나타나기 위한 임의의 장소에 불과한—을 초월하여 역사적으로 시간 안에 출현하는 개별자에 이른다. 그 개체들이 그 자체로서는 무제약적이지만 일반적이지 않고, 대치불가능하지만 단순한 경험적 현존으로서는 중요하지 않은 한에서, 내가 모든 대상적인 것을 넘어서 초월하는 것을 통해 의식일반에 도달한다면, 절대의식은 이 일반적인 것을 **초월함**에 의해 **시간성에로 돌아온다**. 이러한 초월함에서 시간성은 경험적이기를 그치지 않으면서 동시에 그의 무제약성 안에서 또 하나의 새로운 성격을 획득하게 된다. 그것은 직접적으로 주어지는 것이 아니라, 그와 같은 이중의 초월함에서 비로소 주어지는 것이다. 나를 나에게 드러내는 초월함을 통해 산출된 것으로서 그것은 나의 현존의 어떤 직접성으로부터도 떠나 있는 것이다. 나는 나 자신을 충실된 자유로서 확신할 때, 나의 절대의식을 나의 눈앞에 대하지 않으면서도 그것이 무엇인가를 적극적으로 체험하게 된다.

우리는 그 안에서 나와 대상, 그리고 대상들 사이의 이원적 분리가 명확히 표시된 양태를 가지는 오성적 사유에서 최고의 밝음을 획득한 것을 의식이라 칭한다. 그리고 이 의식을 동시에 그 자신의 밝게 조명된 **물마루**(Wellenkämme)로서 가지는 심적인 삶의 흐름을 우리는 **무의식**이라고 칭한다. 절대의식은 이 두 가지 중 어느 하나도 아니다. 그것은 사고의 최고의 밝음 안에서도, 또한 무의식의 깊이 안에서도 도달될 수 없는 것이다. 절대의식에 대해서는 그 두 가지의 분리는 그 자신의 고유한 조명을 위한 매개가 되는 것이며 모든 무의식적인 삶은 그의 소재가 되는 것이다.

의식이라는 말에는 모호성이 내포되어 있다. 마치 그것이 **심적 상태**처럼 산출될 수 있는 듯이 보일 수 있다. 그러나 절대의식은 정태적 체험으로서 자신을 의식하는 것이 아니다. 더 나아가서 또 하나의 모호성은 절대의식이 마치 절대적 존재로서의 **어떤 것에 대한 앎**인 것처럼 보인다는 것이다. 그러나 대상에 대한 모든 지식은 단지 그의 조명과 전달의 방도일 뿐이다. 나는 경험적 연구자로서는 종교나 철학에서 (절대의식의 가장 밝은 확신이 표명되고 있는) 의미해석이나 교리적 상징들의 밑에 덮여 있는 어떤 심적 **상태**가 실제로 절대의식으로서 추구되고 있는지를 물을 수 있다. 그리고 나는 또한 그 안에서 그들의 진리를 절대적인 것으로서 인식하게 되는 **대상들**에 관해서 물을 수 있다. 그러나 나는 의식상태(구원의 확신, 해방하는 무세계적인 사랑의 감정, 황홀상태 등의) 안에서, 그리고 대상(신들, 절대정신, 삼위일체, 예배행위의 법칙들, 의식들 등) 안에서 본래적 접촉을 위한 외적인 것을 파악할 수 있을 뿐이다. 이러한 외적인 것은 인식에 대해서 어떤 의미를 가질 수 있다. 그러나 본래적 접촉에서는 나는 이해함 없이, 파악함 없이 단지 자기가 됨 안에서 근원을 경험하면서 나에게 가능한 절대의식의 근원에서 타자들과의 교제 안에 들어가는 것이다.

2. 절대의식과 실존

절대의식은 일반적인 형식으로서 존재하는 것이 아니다. 그 안에서 형식과 내용은 분리될 수 없다. 내용 자체는 그의 근원적인 현상 안에서는 실존의 자기인식이 아니라 실존의 확신으로서의 절대의식이다. 의식이 대상이 아니고 대상의 의식인 것처럼 절대의식은 실존의 존재가 아니고 실존의 확신이다. 본래적 실재가 아니라 본래적 실재의 반영이다. 실존은 그의 대기 중인 의식을 성취하는 것을 통해 자기를 확신하게 된다. 그 의식은 말하자면 현존 안에서 존재를 깨닫게 되는 가능성이다.

절대의식은 "생활형식"도 "입장"도 아니고 "정신적 태도"도 아니다. 생활형식은 예의범절, 의식적인 훈육, 지시가능한 의미로서의 자기통제의 객관적 규칙들이다. 입장은 객관적 분석에서 규정되는 것으로서 주관이 어떤 일정한 관점에서 대상들에 대해서 취하는 태도의 특수한 가능성이다. 정신적 태도란 여러 이념들에 당면하여 활성화되는 것으로서, 그것은 정의될 수는 없으나 전형적인 것으로 생생하게 드러나는 것이다. 그에 반하여, **실존적 태도** 또는 **절대의식**은 그의 무제약성 안에 있는 실존의 반영으로서의 객관화 가능한 태도들을 작용시키는 근거이다. 실존적 태도는 그 안에서 생활형식, 입장, 정신적 태도 등이 합류하는 그때그때의 한계이며, 절대의식은 파생태들로서의 그들 안에서 내실을 주는 것으로서 작용한다.

"절대의식"은 실존의 의식에 대한 포괄적인 기호로서 존재한다. 내가 경험적 현존으로서 의지할 것 없이 탐구하는 한에서, 나는 무제약적 근원에 기초한 본래적 존재의 의식인 절대의식 안에서 의지처와 만족을 발견한다. 내가 불안할 때는 안정을, 투쟁과 긴장 속에 있을 때는 화해를, 내가 본래적으로 질문할 때는 결단을 발견한다.

절대의식의 조명은 그것을 또다시 일반적이고 인식가능한 형태들 안에서 파악하는, 그리고 그것을 양심, 사랑, 신앙 등등으로 분류하는 불가피한 가상으로 이끌어간다. 그렇지만 이들은 형식들로서 조명에서 그들을 통해 의도되고 있는 바의 것은 아니다. 그들은 범주들과 달리 그들의 대상에 적합한 것이 아니다. 그들은 단지 대상화될 수 없고 전적으로 현존적인 것, 자유로서 그 자신의 고유한 행동 안에서 전달되는 존재 이외의 어떤 다른 존재에도 상응할 수 없는 것을 가리키는 기호와 같은 것이다.

절대의식 안에서 작용하는 근원의 인식불가능성이 의미하는 것은 나는 거기서부터 출발할 수는 있으나 그것에로 방향을 돌려 돌아갈 수는 없다는 것이고, 내가 거기서부터 나오기는 하지만, 그 근거에 또다시 발을 들여놓지는 못한다는 것이다. 나는 또한 그의 존재를 알 수 없고 그의 비존재도 알 수 없다. 그러나 나는 자기 자신과 관계하면서 타자와 관계하는 가능적 실존으로서 그 근원을 감지할 수는 있다. 그의 비존재는 내가 나의 자유로부터 도피하고, 나 자신을 객관성 안에 가두고자 하게 되는 공허 속에서 나의 자신 안에서 느낄 수 있다. 그리고 타자와 더 이상 대화를 할 수가 없고 그가 전혀 거기에 존재하고 있지 않은 듯이 나에게서 도망쳐버릴 때, 내가 스스로 그와의 관계를 추구하지만 항상 거듭하여 그를 대상으로 만들지 않을 수 없게 될 때, 나는 타자 안에서 근원의 비존재를 느끼게 된다. 성취된 교제 안에서 타자 안에 절대의식으로서 현존하고 있지만 하나의 상대자로서 파악할 수가 없는 그것은 그것에 대해 밝히고자 하는 언표 안에서도 또한 마찬가지로 은폐되어버린다.

그럼에도 불구하고 철학함에 있어서 나는 침묵하는 것으로 만족할 수가 없다.

3. 절대의식과 철학함에서의 존재확신

우리가 철학을 하면서 인식이 불가능함에도 불구하고, 또한 그 때문에 일어나는 언표형식의 부적합성에도 불구하고, 철학함 안에서 언제나 존재확신을 탐구하게 되는 이유는 각각의 실존의 비완결성 때문이다. 분명한 실현을 성취한 실존은 철학하지 않을 것이다. 철학함의 동기는 절대의식과 단순한 현존 사이의 긴장, 당연히 그래야만 하지만 그렇지 못한 진리와 기존의 강제적 정당성 사이의 긴장에서 나오는 것이기 때문이다.

실존은 근원적 존재확신을 확인하고자 한다. 왜냐하면 실존은 현존 안에서 그것을 붙잡으면서 이미 놓쳐버리게 되고, 불안정하고 모호한 가운데 머물기 때문이다 실존은 자기 자신을 사고함이 없이는 어떤 확신도 자기 안에 가질 수 없다. 확신은 그에게서 떠나가 버리는 것처럼 보인다.

철학함 안에서는 존재의식이 분명하게 구성된다. 존재는 초월자의 **절대적 존재**로서 사유되고, 존재하는 모든 것이 그로부터 존재하고 동시에 그 속으로 사라지는 그 절대적 존재로부터 전개된다. 존재 자체는 사고의 대상이 되는 것처럼 보인다. 그렇지 않으면, 존재는 우리에 대해서 존재하는 모든 것이 대상으로서 우리에게 나타나게 되는 의식일반에 기초하여 **현존으로서** 구성된다. 그의 경험적인 현상의 양태들 안에서 존재는 엄밀한 연구를 통해 접근가능해지는 세계정위가 된다. 서로 상반되는 철학적 사고의 이러한 두 가지 방향 안에서 내가 고찰하는 존재가 인지된다. 나는 나 자신인바 특정한 역사적 현실성으로서가 아니라 나의 주관적 존재의 형식에 따라서 이와 같은 인식 안으로 들어가게 된다. 그런데 이러한 인식은 **존재론적 의식**으로서 철학의 끝이 아니고 철학이 거기에서부터 출발하는 그의 시원에 대한 확정적 표현이다.

철학함은 존재론적 의식으로부터 존재의 확신에로 돌아가는 것이다. 그리고 존재의 확신은 이러한 역사적 자기존재의 자기조명적 현존의 실재로서 스스로를 증명하는 것이다. 존재론적 의식은 다음과 같은 경우 보전될 수 있다. 즉 그것은 암호해독의 가능성으로서 절대적 존재를 대하고자 할 때, 그리고 모든 세계존재를 항상 특수한 규정성 안에서 인식하고자 하는 한없는 앎의 의지를 가지고 현존에 관심을 돌릴 때 보전될 수 있다. 그러나 참된 **철학적 의식**은 이 두 가지를 존재에 대한 결정적인 지식의 고정화에서 벗어나는 매체로서 삼는다. 왜냐하면 실존의 근원적인 존재확신은 초월자의 절대적 존재와 세계존재의 대상성 안에서는 만족을 얻지 못하기 때문이다. 실존의 존재확신은 존재에 관한 단순한 지식으로서가 아니라, 다만 자기존재의 구체적인 역사적 현재와의 연관 안에서만, 그리고 단순한 지식으로서가 아니라 동시에 행동인 지식으로서만 참된 것이기 때문에, **언표하는** 철학함은 고정화를 지양하고, 단지 가능적 실존에게 말을 걸고 초월자의 존재를 불러내는 형식을 취하지 않으면 안 된다. 그것은 모든 실현된 지식이 단계 또는 명확화로서 그 안에 포함될 수 있는 **가능화하는 형식**을 보존해야만 한다. 스스로를 사유 안에서 확인하고자 하는 실존적 존재확신은 근원적으로 이미 하나의 철학적 활동이며, 철학함 안에서 현실적으로 보다 더 결단된 존재가 되고자 자신에 관해 반성하고 예견하는 사고인 것이다.

절대의식, 즉 무지와의 긴장을 통해 모든 철학함의 근원이 되는 존재확신을—그것에 근거하여 철학하는 대신에—철학함의 테마로 삼는다는 것은 아무것도 남는 것이 없는 공중제비와도 같은 것으로 보인다. 그것은 마치 아무것도 꿰뚫어볼 수 없는 곳으로 돌아서고자 하는 것과 같고, 내가 참으로 나 자신일 때 거기에서부터 내가 출발하는 근원 안으로 발을 들여놓는 것과도 같다. 절대의식은 대상적으로 사고할 수 없고, 현존으로서 연구할 수 없고, 경험으로서 표상할 수 없는 마치 무와도 같은 것이다.

그러나 의식일반이 세계 안에 있는 모든 대상성의 조건인 것처럼, 절대의식은 그때그때의 세계현존을 그의 비대상적인 역사성의 깊이에서 파악하는 일, 실존의 무제약적 행동, 초월자의 현현 등의 근원이 되는 것을 반영해준다. 그것은 나의 본질에 대한 의식이다. 실존조명이 우리에게 철학함의 축이 되는 것이라면 절대의식은 실존 자신의 가장 깊은 내면에 해당한다.

이와 같은 근원을 지시하는 신호를 발견하고자 시도하지 않으면 안 된다. 언표와 비언표, 그리고 순환과 의미의 소멸 등에서 나타나는 철학함의 역설은 과제의 성취불가능성을 표현하는 것이다.

우리는 절대의식의 세 가지 특징을 다음과 같이 표시할 것이다: 근원에 기초하는 운동 안에 있는 절대의식을 무지, 현기증, 불안 양심으로서, 그의 성취 안에 있는 절대의식을 사랑, 신앙, 판타지로서, 그리고 현존 안에서의 그의 보호 안에 있는 절대의식을 아이러니, 유희, 수치, 평정심으로서 표시할 것이다.

근원 안에서의 운동

절대의식은 경험적 현존으로서 알려지는 것도 아니고 그에 관한 지식을 통해 그것을 소유할 수 있는 것도 아니고, 단지 **노력하여 획득될 수 있을** 뿐이다. 오직 운동 안에서만 존재하는 절대의식은 자기획득인가, 아니면 자기상실인가, 자기가 되는 것인가, 아니면 자기로부터 떨어져버리는가의 **위험**을 의식하면서 자기를 성취한다.

이 같은 운동들은 논의될 수는 있으나 그들의 수행규칙들로서 논해질 수 있는 것은 아니다. 왜냐하면 그들은 그들의 참된 내용에 있어서 항상 역사적이고 대치불가능하며, 기술적인 조정이 가능하지 않으며, 동일하게 반복될 수 있는 것이 아니기 때문이다. 그러나 그들을 사고함에 있어서 개인은 사고된 것을 변화시키면서 그 자신의 고유한 근원과 일치할 수 있게 된다.

이 운동은 부정적인 것에서 출발하지만 부정적인 것을 통하여 가능성으로서의 긍정적인 것을 발생시킬 수 있다. 즉 **무지, 현기증, 불안** 속에서 운동은 침몰의 경험에서 출발하면서 바로 그 경험을 통해서 비상에로 돌진한다. 그 안에서 발생하는 것에 당면하여 운동은 양심 안에서 변별의 표준과 결단의 요구가 크게 울리도록 한다.

1. 무지

a) 근원에서 전환점이 되는 무지

무지는 그것이 단지 부정적인 진술에 불과하다면 아무 의미도 없는 것일 것이다. 그것은 절대의식의 운동으로서 내가 무엇을 알기 이전의 나의 무지에 대한 일반적인 인식이 아니라, 내가 대상적 지식을 지양할 때마다 도달되는 획득된 무지이다. 무지는 인식을 시도하기 이전의 지식의 공허한 부정도 아니고, 각각의 특수한 현실에서 도피하고자 하는 포기도 아니다. 그것은 자신을 무지로 발견하는 지식의 정도에 따라서 그때마다의 내용이 있는 것이다. 무지는 단순하게 말해지는 경우에는 아무것도 아니기 때문에 항상 거듭되는 다음의 구절들, 즉 그것은 인식불가능하다든가, 개념적으로 파악되지 않는다든가, 언표불가능하다든가 하는 말은 그 말 자체만으로 끝난다면 공허한 것이다. 그러한 말들은 무지를 극복한 지식과의 관련 안에서만 무게를 가지게 되는 것이기 때문에, 무지는 단지 내용이 있는 특수한 과정에서 산출된 특수한 무지로서만 충실된 내용을 지니는 것이다. 가장 포괄적인 인식의 기초 위에서 획득된 무지만이 본래적인 무지인 것이다.

획득된 무지는 정지되어 있는 지점이 아니라 도달하자마자 즉시 되돌아가는 운동 속의 **전환점**이다. 획득된 무지 안에서는 정지는 없고, 그것에 기초하여 그들의 운동의 근원을 그 자체 안에 가지는 **지식과 확신**을 향해 움직인다.

그런 까닭에 알려는 의지가 수많은 실패를 거듭한 후에 결국 그러한 시도를 포기하고 내가 알지 못한다는 것을 겨우 알게 되는 것만으로는 충분치 않다. 이러한 무지는 인식과는 아무런 관계도 가지지 않고, 움직여지지도 않고 움직이지도 않는다. 그것은 스스로 아무것도 시작할 수 없다. 그것은 이미 끝나버렸기 때문이다. 참된 무지에 도달하기 위해서는 인간이 알 수 있는 것을 참으로 아는 것이 중요하다. 무지는 특정한 지식을 파괴하는 것이 아니고, 그것으로 충분치 않기 때문에 그것의 한계를 넘어서면서 그것을 극복하는 것이다. 그러므로 무지는 인식하는 자가 인식의 한계에 설정하는 무관심한 무지도 아니고, 체념하는 자가 자기의 존재의 정지로서 파악하는 공허도 아니다. 오히려 그것은 움직여지면서 동시에 되돌아오는 것이다.

이러한 무지는 또한 유한한 사물들과의 관계에 있어서의 불확실성도 아니다. 그러한 불확실성은 특정한 지식에 의해 지양가능한 것이다. 그런데 이 무지는 지양불가능한 무지로서 본래적인 앎이 밝아지면 밝아질수록 그만큼 더 결정적으로 경험하게 되는 것이다. 그것은 운동의 전환점 안에서 밖에는 발을 들여놓을 수 없는 깊이이다. 그 깊이는 운동의 전환점 안에서가 아니라 그 운동이 되돌아가는 곳 안에서 성취되는 것이다.

b) 무지 안에 있는 지식욕

무지로서의 절대의식의 깊이는 내가 알 수 없다는 것 때문에 단념하는 것을 통해서 도달되는 것이 아니라, 오히려 전환점에 이르러서 더욱더 강화된 힘을 가지고 가속화되는 지식욕을 통해 도달되는 것이다. 근원적 지식욕의 자극 밑에서 전진할 때, 나는 더 이상 알 수 없는 곳에서도 끊임없이 알기를 원하고 무지를 견디어내고자 한다.

세계정위에 있어서 지식욕은 그의 의미와 가능성들의 한계를 비판적으로 설정하는 데 열정을 기울인다. 지식욕 일반은 어떤 한계도 가지지 않는다. 즉 그것은 모든 한계를 넘어선다. 그리고 그것은 난파를 원하지 않지만 난파하지 않으면 안 된다.

그러므로 진리에의 용기는 존재 자체의 진리를 맹목적으로 주장하는 데 있는 것이 아니다. 오히려 그것은 자신의 난파가 피할 수 없는 것임을 알면서도 무제한한 지식욕의 개방성 안에 머무는 것이다. 이와 같은 지식욕은 어떤 무지 속에서도 지치는 일이 없다. 그것은 단지 실존 자신에 의해 더 이상 알고자 하지 않는 의지에로 약화될 수 있다. 그렇기 때문에 무지는 실존의 운동으로서는 내가 알 수 있는 것에 대한 연구 안에서 불확실성을 초래하는 것이 아니다. 오히려 그것은 나의 안에서 앎의 모든 결정적인 양태들을 강화시킨다.

c) 무지 안에 있는 확신

절대적 양심은 어떤 존재자에 대한 지식으로서가 아니라 본래적인 내적 행동 및 외적 행동의 단호함으로서 무지 안에서 확신으로 된다.

이 확신은, 지배적인 지식욕 때문에 무지로부터 지식으로 돌아가는 가능성 대신에, 실존적 확신의 근원의 작용을 받아 무지에 이르려는 새로운 열정이 일어날 때, 지식욕의 무지에서 발화된다. 이와 같은 정열 안에서는 존재의 인식불가능성은 더 이상 단지 감내해야 되는 것이 아니고, 그의 초월자와의 관계 안에 있는 본래적 자기존재가 치러야 하는 대가로 파악된다. 나는 또한 여기에서 무지를 그 자체를 위하여 붙드는 것이 아니다. 그렇게 되면 그 안에서 나는 공허 속에 빠지게 될 것이다. 그러나 그것은 나에게 그 안에서 무지에도 불구하고, 무지에 대면하면서 나 자신을 발견하지 않으면 안 되는 전환의 결정적인 상황이 되는 것이기 때문에 나는 무지를 붙잡는다.

내가 사랑하고 신앙한다는 것, 내가 한계상황 안에서도 살아남을 수 있다는 것, 그리고 더 이상 사고할 수 없는 것 안에서 초월자의 존재가 느껴질 수 있다는 것이 어떤 근거에서 가능한 것인지를 내가 설명할 수 없을지라도, 나는 이와 같은 무지 안에서 나 자신을 확신하게 된다. 세계 안에서 지식이 내가 나에 의해 사유된 것을 넘어서 비사유를 통해 질료로서 사유하게 되는 타자의 투시불가능한 저항에 부딪쳐 난파하는 것처럼, 나는 내가 사고하는 한에서 항상 침묵하면서 사유불가능한 것, 즉 가장 밝은 빛 속에서도, 가장 어두운 근거 안에서와 마찬가지로 그 자신을 나에게서 숨기는 이해불가능한 것으로서 신을 사유한다.

자유로서의 실존은 무지 안에서 스스로에게 지시된다. 절대적 지식이 인식에 대한 명제로서 또는 행동에 대한 목적처럼 고정된 형식 안에 존재한다면, 실존의 절대의식은 없어질 것이다. 그리고 이제부터는 의식일반만이 남게 되고, 그 안에 객관적 절대자가 등장하고, 현존은 객관성의 줄에 의해 조정되는 인형놀이가 될 것이다.

실존은 확신을 통해 무지 안에서 자기 자신을 경험하면서 자기를 성취하지 않으면 안 되기 때문에, 무지의 지는 참으로 절대의식을 위한 일반적 형식인 것이다. 그러나 그것은 무지의 현실적인 확신으로서 역사적이고 대치불가능하다. 확신의 현실성과 의식의 무지가 구체적인 유일회성 안에서 상호적으로 서로를 실현시킨다는 것은 근원적인 사실로서, 그것 없이는 그것에 관계하는 철학적 사유는 공허한 유희로 남게 될 것이다.

2. 현기증과 전율

무지의 전환점에서 운동은 모든 것을 의문에 부치는 불확실성을 통과하면서 방향전환을 하게 된다. 이 같은 전환점을 통과하는 과정은 심적 현상으로 특징지을 수 있다. 현기증과 전율의 감성적 상태는 모든 것이 사라진 가운데 근원에 접촉하게 될 때 거기서 솟아 나오는 절대의식의 운동에 비유될 수 있다. 현기증 속에서 나는 나의 객관적인 발판을 잃고 넘어진다. 그리고 전율 속에서 나는 내가 붙잡을 수도 있는 것에서 물러선다. 무제약적인 것을 향해 운동하는 과정에서 나는 한계상황들에 관해 생각할 때 현기증을 느끼고, 한계상황에 직면하여 적극적인 선택을 해야 하는 결단 앞에서 전율한다.

한자리에 머물지 않으면서 모든 확고한 입장을 빼앗는 **회전운동으로서의** 현기증은 그 안에서 내가 모든 사유가능한 것을 초월하게 되는 형이상학의 이론적 사고에 비유될 수 있다. 현기증 안에서 소극적으로는 현존의 현상성이, 적극적으로는 초월자의 존재의 확실성이 느껴진다. 어떤 경우에도 현기증은 객관성을 파괴한다. 즉 그것이 나타나는 곳에서는 지식은 멈춘다. 그렇기 때문에 모든 것이 객관적으로 인식될 수 있다는 원칙의 전제하에서는 현기증이 나타난다면 사고가 잘못된 것이 분명하다는 논의가 성립된다. 그러나 사유가능성이 단지 현존의 한 현상형식에 지나지 않는 것이라면, 현기증은 그와 반대로 존재의 깊이에로의 진입을 위한 가능적 근원이 된다.

그런 까닭에 현기증을 느끼는 것은 철학함의 근원인 것이다. 현기증은 그 안에서 모든 것이 동요하고 혼돈에 빠지는 것에 불과한 것으로는 아무 의미도 없는 것이다. 현기증은 사유 안에서의 반성적 현기증일 때 철학적이다. 그러한 사유 안에서는 모든 것이 빙빙 돌고 있는 듯이 보이지만 그러한 동요는 동시에 나의 손안에 있기 때문에 나는 현기증을 통해서 이해불가능성을 이해하게 된다. 나는 현기증 속에서 인간이 불가능성을 의지하는, 즉 자기의 그림자를 뛰어넘기를 원하는 한계에 진입하게 된다. 그러나 참으로 나는 이 운동 속에서 거기에서만 나에게 나타나고 그 운동이 없으면 나타나지 않는 것, 또한 되돌아옴의 과정 안에서 이제는 특정한 철학적 사유를 인도하는 것을 볼 수 있게 된다.

가파른 절벽 위에서 현기증이 나로 하여금 넘어질 것 같은 위험을 느끼게 할 때, 그리고 떨면서 뒤로 물러서게 될 때, 그 현기증은 절대의식의 운동 안에서 작용하는 파괴의 의지와 비슷하다. 파괴에의 의지는 마치 유혹하는 음성이 '모든 것은 파괴되기 마련이다.'라고 말하는 것과 같다. 그 음성 안에서는 그 안으로 침몰하도록 끌어당기는 어둠의 매력이 작용하고 있고, 그 음성으로 향하는 의지 속에서는 충실된 감정이 아닌 절망에서 나오는 목적 없는 모험이 작용한다. 이와 같은 의지는 아무런 근거도 없고, 그 때문에 표면적인 생활의 규정 안에서 이루어지는 현존의 유한한 질서에 대립하는 것이고, 또한 신앙이 깊은 사랑의 순수한 열정과도 대립하는 것이다. 그러한 가능성들 사이에서 현기증 속에서 전율하는 절박함은 단지 표면적일 뿐인 기만에서 떠나서 참된 존재에로 움직여가거나 참된 무에로 나아간다. 그때 그는 갑자기 결단에 당면하게 된다. 첫 번째 경험에서 가능성이 보이게 된다면, 두 번째 경험에서는 알면서 선택하게 된다. 즉 실존이 자기 자신으로 돌아가 존재를 확신하게 되거나, 그렇지 않으면 단지 무 안에서 끝을 보는 증가하는 죄책 안으로의 도피를 시작하게 된다.

현기증에 의한 넘어짐 안에서 아직 존재에로의 전환이 가능하다. 아무것도 되돌릴 수 없다는 의식은 참으로 무의욕의 표현일 수 있다. 모든 것이 이미 결정되어 있다고 보는 숙명론은 자기를 스스로 해결하지 못하는 공허한 행동의 수동성이 될 것이다. 그러나 사실에 있어서 무엇을 되돌릴 수 없는 것이라고 보는 것은 그것이 영원한 결단을 의미하기 때문에, 그것은 시간 안에 있는 존재의 표준이 되는 것이고 이 표준을 통하여 시간 안의 존재는 그의 깊이에 돌입한다. 심연 앞에서의 가장 극단의 가능성은 자기에로 돌아옴이라는 이해불가능한 사건 안에 나타나는 현실적인 실존함의 근원이 된다.

3. 불안

현기증과 전율 속에서 놀라는 운동은 불안 안에서는 파멸가능성의 의식으로서 전환점이 된다. 불안은 선택 앞에 서 있는 자유의 현기증이고 전율이다. 오직 불안을 넘어서 그것을 극복하는 것을 통해서만 절대정신의 결단성이 성취된다.

현존의 관점에서 보면 모든 불안은 그 배후에 서 있는 죽음의 불안으로부터 발생한다. 죽음의 불안이 사라지면 모든 불안이 사라질 것이다. 현존에는 동물의 맹목적 불안과 사고하는 인간의 의식적 불안이 속해 있다. 왜냐하면 현존은 자기를 보전하기를 원하기 때문이다. 위협에 당면하여 현존은 본능적으로 또는 예견하면서, 그리고 위험의 감소를 헤아리면서 배려한다. 비록 작은 일일지라도 그것이 위협적인 성격의 예견가능한 현실을 지시하거나, 단지 그것을 기억하게 하는 것만으로도 불안의 대상이 된다. 그리고 불안은 모든 것을 관통하는 멸망해가는 유한성에 대한 의식으로서 대상이 없는 것이다.

내가 건강하면 건강할수록 나는 소박한 **불안 없음**의 상태에서 산다. 그러나 나는 전적으로 이러한 생명력에 의존한다. 이것은 불안의 극복이 아니라 불안의 망각이다. 이러한 불안은 병이나 위협의 가능성의 증가, 실업상태, 나의 삶의 습관의 장애 등에서 즉시 느껴지는 것이다. 불안이 없다면 현존의 조건으로서 필수적인 배려의 활동은 일어나지 않는다. 그리고 지나치게 격심한 불안 또한 그러한 활동을 방해한다. 예견하는 헤아림에 의한 생활의 배려는 현존의 불안을 감소시킨다. 인간은 객관적인 안정성을 원한다. 그러나 그러한 안정성을 추구하는 노력은 의미 있는 일이기는 하지만 그것을 성취하는 것은 불가능하다. 안전성을 배려하는 모든 노력은 그의 각각의 한계에서 안전치 못한 위험과 만난다는 인식과 결합되어 있을 때만 참된 것이다. 그와 반대로 가능한 안전성을 위해 적극적으로 노력하지 않는 것은 불성실한 소극성이다. 그러나 사전의 배려와 불확실성의 의식 사이에서의 부동은 단지 또 하나의 다른 근거로부터 불안이 극복되는 때에만 가능한 것이다.

다시 말하면 **현존의 불안**은 무의 가능성 앞에 선 **실존의 불안**과 본질적으로 다른 것이다. 나는 조만간 존재하지 않게 된다는 것뿐 아니라 또한 본래적인 의미에서 전혀 존재하지 않게 된다는 심연 앞에 선다. 나는 더 이상 나의 현존을 염려하지 않게 되고 죽음 앞에서의 감각적 불안을 더 이상 가지지 않고, 내가 나 자신을 상실한다는 죄책에 대한 절실한 불안을 가진다. 나는 존재의 공허함과 나의 존재의 공허함을 의식한다. 죽어야만 하는 상황에서의 생명의 절망은 자기존재의 확신의 결핍에서 일어나는 실존적 절망과 유사하다. 나는 내가 무엇을 원해야 하는지를 모른다. 왜냐하면 나는 모든 가능성을 붙들고 그중 어느 하나도 단념하기를 원치 않지만 그중 어느 것이 중요한지를 알지 못하기 때문이다. 나는 더 이상 선택할 수가 없고 소극적으로 단순히 결과의 추이에 나 자신을 맡길 뿐이다. 실존적인 비존재의 의식 안에서 나는 단순한 일들의 맹목적 수행으로 도피한다.

실존으로서의 **본래적 존재에 대한 불안**은 사전의 배려와 계산, 그리고 외적 위협 같은 것을 알지 못한다. 여기서는, 그것을 감소시키는 어떤 배려의 테크닉도 없이, 비존재의 가능성을 보지 않으면 안 된다. 단지 실존과 실존 사이의 역사적 교제를 통해서 자기가 됨 안에서만 절대의식은 분명해지고, 그로부터 유한한 현존 안에서의 부동도 안정된 자세를 취할 수 있게 된다.

어떤 **자동적인 과정**에 의해서도 불안에서 벗어날 수 없다.

현존의 **불안**은 객관적 안전성에 의해 극복될 수 없다. 염려는 결코 합리적, 강제적으로 반박될 수 없다. 모든 악이 항상 가능하다. 그리고 현존에게 가장 두려운 것은 마지막에 확실하다. 절망적인 우울이 불안의 가능성에 향해져 있다는 것은 합리적으로 항상 옳다. 이러한 우울은 실존적 불안에서 발생할 수 있는 존재확신에 근거하는 앎의 여러 양태들에 대하여 잘 알고 그들을 상대화하는 것을 통해서만 극복가능하다. 그렇게 되면 불안을 해소하는 것이 아니라 그것을 지배하는 평정이 가능해진다.

　실존적 불안이 객관적 안전성을 통해서 극복되는 일은 더 적다. 사람들은 어쩔 줄 모르고 이러한 객관적 안전성을 현세적 권위들의 객관적 보증 안에서 추구한다. 그러나 그러한 보증은 자유 안에서 자기 자신이 된 사람에게는 단지 일시적 확신을 줄 뿐이다. 절대의식은 오히려 항상 근원적으로 자신을 반복하지 않으면 안 되고, 그의 확신 안에서 항상 사실적 불안과 연결되어 있다. 그러므로 극복은 해소가 아니라고 하는 것이다. 나는 또다시 나 자신으로 돌아오기 위해서 공허한 무관심에서 벗어나 불안을 직접적으로 원할 수 있다. 불안과 그의 극복에 대한 용기는 본래적 존재에 대한 참된 물음을 위한, 그리고 무제약적인 것에 대한 충동을 위한 조건이다. 파멸일 수 있는 것이 또한 실존에 이르는 길이다. 가능한 절망의 위협이 없다면 자유도 없다.

　한계상황에서 불안은 **파괴적인 현기증**에 머무를 수 있다. 개인이 믿음 없이 절망을 고집할 때에는 어떤 합리적 근거도 그를 움직일 수 없다. 자신의 무신앙에 대해 죄책을 느낄지라도, 그의 소극적 신앙조차도 그를 신앙으로 강요할 수 없다. 자신을 근원으로부터 고립시켜버린 사람에게 성취는 없다. 그의 선한 의지는 아무런 효과도 내지 못하는 것처럼 보인다. 그러한 사람에게는 전환점을 통과하는 운동을 수행하는 대신에 엄청난 공허를 감내하는 일이 부과된다. 그리고 그 무서운 공허로부터의 해방은 그것이 그에게 **선물 되는** 것처럼 주어질 때까지는 불가능한 것처럼 보인다.

절대의식 안에서 일어나는 불안의 극복은 객관적인 것이 아니고, 내면의 가장 깊은 곳에서 체험되는 철학적 삶의 표준이다. 그 자신의 고유한 근원에 근거하는 절대의식에로의 길을 추구하는 사람은 불안에 대항하는 아무런 객관적 보증 없이 **철학적으로** 살아간다. 그리고 그에게 이 길에 대한 합리적 조명을 전달해주는 것은 철학이다. 객관적 보증을 확신하는 사람은 **종교적으로** 산다. 그리고 이 길에 대해 합리적으로 조명해주는 것은 신학이다. 이 두 가지 경우에 있어서 각각의 개인은 영적 존재로서 그의 절대의식을 반영하는 존재를 위해 노력한다. 그리고 그의 절대의식은 전환점을 통과하는 운동 안에서 그 스스로 획득하지 않으면 안 된다.

4. 양심

무지는 그로부터 모든 가능성의 근원이 작동되는 전환점이고, 현기증과 전율은 운동을 일으키고, 불안은 혼란스러운 자유 안에서 일어나는 파멸 가능성에 대한 의식으로서 그로부터 나 자신이 나에게 선물된 것으로 나타나게 한다. 그리고 양심은 전환점에서 들려오는 목소리로서 그것은 운동 안에서 **구별하고 결단하기**를 요구한다.

a) 양심을 통한 운동

양심 안에서 한 목소리가 나에게 말을 하는데 그 음성은 바로 나 자신인 것이다. 그 목소리는 단순히 어느 순간에나 존재하는 것이 아니다. 나는 그 목소리의 희미한 깨우침의 부름을 청취하기 위해 귀를 기울일 수 있지 않으면 안 된다. 그리고 나는 그 목소리가 침묵할 때는 불확정성 속에서 기다릴 수 있지 않으면 안 된다. 그러면 그의 요구는 또다시 불가피하게 나타날 것이다. 그 목소리는 매우 크게 들려서 내가 그에 대항하여 행동하고자 원할 때에는, 그 소리를 무시하기가 힘들 정도이다. 그것은 마치 나의 존재의 이중적 분열 속에서 내가 나 자신과 소통하는 것, 즉 나의 자기 존재의 근원으로부터 나의 경험적 현존에게 말을 거는 것과 같다. 나를 부르는 사람은 아무도 없다. 나 자신이 나에게 말을 하고 있는 것이다. 나는 나로부터 도망칠 수도 있고 나 자신으로 머무를 수도 있다. 내가 나 자신으로 있을 수 있기 때문에 내가 본래적으로 그것인바, 이 자기는 이미 거기에 있지 않고 나를 운동으로 이끌기 위해 근원으로부터 말한다. 내가 올바른 운동 안에 있을 때나 내가 나를 완전히 상실해버렸을 때면 그 목소리는 침묵한다.

양심 안에서 나는 나로부터 **거리**를 취한다. 나는 내가 단지 주어져 있고 조정되는 것뿐인 현존에 귀속하듯이 나에게 빠져 있지 않다. 나는 나 자신에게 개입하고 나의 힘이 미치는 한에서 나 자신인 바의 것을 현존 안에 산출한다. 나의 현존과 나에게 아직 나타나지 않은 나의 본래적 존재 사이에 양심이 현실성으로서 들어온다. 그리고 이 양심에 따라서 나에게 마땅히 존재해야 할 것이 승인되거나 또는 배척되거나 하지 않으면 안 된다.

양심은 **요구하는 자**로서 나로 하여금 비약 안에서 진리의 의식을 가지고 존재를 파악할 수 있게 한다. 양심은 **금지하는 자**로서 내가 존재를 상실할 수 있을 때에는 그것을 방해한다. 그러나 내가 행해서는 안 되는 모든 것도 단지 내가 적극적으로 행하는 바의 것을 통해서만 진리가 된다. 나에게 아니라고 말하는 양심에 따라서 나는 나 자신을 포기하게 되는데, 그것은 나의 적극적인 양심의 팔이다. 그러나 양심은 그의 금지하는 자리에서 더욱 강하게 느껴진다. 적극적인 양심은 나와 합치하게 되지만 소극적인 양심은 나와 합치하지 않기 때문이다. 그러므로 양심은 완고한 분열 안에서는 본질적으로 금지(das Nein)이다. 소크라테스의 다이모니아도 단지 말리는 일만을 할 수 있을 뿐이었다. 마치 밖에서 오는 것처럼 나에게 다가오는 양심의 요구를 따라 내가 행하는 적극적 행동들조차도 그 안에서 자기 자신과의 일치에 이른 절대의식이 실현되지 않는 한, 공허한 것으로 남는다. 즉 그 행동들은 부정성의 성격을 보전하게 된다. 그렇지만 양심의 소리가 현존 안에서 나와 일치하게 되고 내가 나 자신으로 있기 때문에 더 이상 말할 필요가 없어 침묵하는 때, 자유는 필연성이고 의욕은 당위이다.

b) 양심의 표준

양심은 선과 악을 **구별할 것을** 요구한다. 그러나 양심은 단지 법정일 뿐이며 발생시키는 근원은 아니다. 그러므로 양심의 표준은 단지 충실된 절대의식, 즉 사랑과 믿음에 근거할 때에만 풍부한 내실을 가지게 된다. 그러나 판별하는 법정으로서의 양심의 표준은 다음과 같이 형식적으로 표현될 수 있다.

내가 행하는 것은 **세계일반이** 그것이 보편적으로 행해져야 하는 그런 것이기를 내가 원할 수 있는 그런 것이어야 한다. 양심이 나에게 지시하는 존재는 보편적 존재자로서 내가 그것에 대해서 항상 '네.'라고 말할 수 있는 그러한 존재이다.

나는 양심 안에서 그와 같은 **세계일반을** 바라보면서 나 자신을 역사적 소여성으로부터 한순간 동안 그것을 의문에 부치면서 분리시킬 수 있다. 그러나 나는 세계일반이 아니라 단지 어떤 특정한 역사적 세계 안에서만 나의 존재를 창조해낼 수 있다. 그렇기 때문에 양심 그 자체의 문제는 어느 정도까지 시작이 없는 자유로부터, 그리고 어느 정도까지 **역사적으로 구속된 자유**로부터 자기를 실현하고자 하는가 하는 것이다. 인수된 역사적 근원의 내용이 양심의 결단의 표준이 된다.

시간적 역사성에 한정되고 특수화되는 무시간적 이상 안에서 양심의 표준은, 내가 이러한 표준을 영원회귀 안에서 반복할 용의가 되어 있음을 표현하든, 또는 그것이 내가 모든 결과에 대한 책임을 인수할 것을 의욕하고 있는 것이든, 또는 그것이 내가 현상으로서의 행동 안에서 그 속에 나타나고 있는 본래적 존재의 표현을 읽어내는 것이든 간에, 어느 경우에나 내가 나의 행동 안에서 나인바 나로서 영원히 존재하기를 원하는 것이다.

c) 양심에 근거하는 결단성

나는 나의 현존이나 행동의 직접성 안에 머무를 수가 없다. 양심이 나로 하여금 **구별**하도록 이끌었다면, 그것은 나로 하여금 **결단**하도록 요구하는 것이다. 즉 양심은 내가 현재에 있는 그대로 존재하는 것이 아니라 내가 원하는 바대로의 존재를 붙잡을 것을 요구한다. 나는 많은 가능성 중에서 결단하는 것에 의해 나 자신이 된다.

결단은 구별하는 사고의 밝음 안에서 **양심에게 대답하는 것**이다. 결단은 실천적으로 당혹스러운 특수한 문제에 대한 의식일반에서의 올바른 해결이 아니고 절대의식으로서의 실존적 결단인 것이다. 단순히 **유한한 결단**은 최선의 지식에 따르는 다방면적인 숙고에 기초하여 옳은 것으로 보이는 것을 결정한다. 그리고 그것이 옳은 것인지는 결과에 의해 입증된다. 그것은 조건적인 것이고 양심에 대한 자기존재의 대답은 아니다. **실존적 결단**은 그와 반대로 본래적인 양심의 대답으로서 어떤 희생이라도 무릅쓰는 각오 밑에서 무조건적으로 선택한다. 세계 안에서의 성공과 좌절, 결과적인 결말로서의 성과는 그런 결단에 대한 긍정적 입증도 아니고 부정적 입증도 아니다. 그러나 실존적 결단도 역시 감정이나 충동처럼 직접적인 것은 아니고 무한한 반성 안에서 확증되는 것이지만, 결국에는 그 실현을 위해 모든 지식, 경험, 사고가 제한 없이 이용되는 무근거한 직접성이다.

결단은 가능적인 것에서 결과하는 현실성으로서의 **성숙**이다. 그러나 이 성숙은 운동의 완성이 아니라, 그것이 시간 안에서 현상하는 운동의 시작이다. 성과를 증명하는 것은 행복한 상태의 결과가 아니라, 모든 상황 안에서 결의와 근원과 결단과의 연결 속에서 자기를 확증하는 성실성이다. 이 운동은 아직도 발견하고 있고, 또한 결단의 영원한 청춘과도 같은 열정이다. 이 운동은 또한 가능한 것을 실현하고 싶어 하는 열광이다.

나와 나의 결단은 두 개의 다른 것이 아니다. 결단되지 않은 존재로서는 나는 나의 절대의식 안에서 분열되어 있다. 그러나 나는 결단하였을 때 비로소 전체가 된다. 결단의 순간은 전체적 생명으로서, 자기를 전개시키는 씨앗으로서, 자기의 다양한 양태들 안에서 자기를 확인하면서 반복하는 전체로서의 자기존재이다.

결단 속에는 현상의 모든 변화 속에 있는 견고함으로서의 불멸성이 존재한다. 그러나 이와 같은 **결의성의 힘**은 결코 결단성 있는 남자들에 대해서 말하는 바와 같은 생명력이나 겁 없는 용기 같은 것이 아니다. 결의성의 힘은 남의 말과 조종에 휘둘리는 유약함 안에서도 지속적으로 유지되는 결단, 모든 것을 걸 수 있는 가장 깊은 자기존재의 결의성에 근거하는 것이다.

d) 양심의 단계들

양심을 역사적으로 인정하고 일반적 규칙에 따라서 결단하도록 허락하는 윤리적 진리의 여러 가지 도야 형태들은, 그럼에도 불구하고 각각의 경우에 그들의 원천과 검증가능성을 오직 근원적인 양심으로부터만 가져왔다. 그런데 그 근원적인 양심은 한계에 당면할 때, 그것 이상의 어떤 판단도 인정하지 않고 스스로 자신이 진리임을 주장하면서 역사적으로 결정한다. 양심은 파악불가능하다. 그렇지만 그것이 은폐됨 없이 순수하게 보전될 때 그릇됨이 없다.

양심은 그의 현상의 여러 단계들을 가진다. 양심은 그것이 한계에 서 있을 때에만 무제약적이고 근원적인 것이지만, 그의 시간적 존재에 있어서는 그의 고정화된 형태들을 필요로 한다. 그리고 양심은 그러한 형태들에게 —그들이 양심의 근원에 모순되지 않는 한에서—소속자의 규제에 이르기까지를 허용한다. 그러나 나는 어떤 형태들 안에도 안주할 수가 없다. 양심은 밖에서 오는 절대적 명령을 통해서도, 의식일반 안에서 통찰되는 일반적인 법칙을 통해서도 충족될 수 없다. 한순간 동안의 직접적 느낌이나, 내가 지금 한번 그렇게 의지하는바 자의를 통해서도 충족될 수 없다. 양심은 나의 경험적 존재의 전일적 의식을 통해서도, 현존의 어떤 목적들을 성취하기 위한 객관적 상황의 요구를 통해서도 충족될 수 없다. 이 모든 것은 양심이 현존으로서 자기를 표현하는 상대적 형식들로서 존재하는 것이다.

양심은 모든 객관적 형식에 의해서, 즉 관습, 도덕, 법칙, 제도, 단체들을 통해서 마비된다. 대중들은 이 사실을 인정하지 않을 것이다. 그리고 스스로를 절대화하는 객관적 질서는 이 사실을 거부할 것이다. 그러므로 스스로 자기 자신 위에 서는 양심은 그것이 타자에게 느껴지자마자 곧 증오의 대상이 된다. 양심은 대중에게는 단지 공통된 것으로밖에는 승인되지 않는다. 즉 양심은 전혀 승인되지 않는다. 그렇기 때문에 참으로 근원적인 양심은 이 세상에서는 자기를 나타내지 않고 오히려 그것이 유혹받기 쉬운 불성실한 요청들 앞에서 침묵하는 것에 의해 자기를 보전하지 않으면 안 된다. 왜냐하면 이 세상에서의 행동은 여기서 인정되는 근거를 통해서 자기를 정당화하지 않으면 안 되기 때문이다. 양심을 내세우는 것은 감정에 호소하는 것만큼이나 아무것도 아닐 것이다. 양심에 호소하는 자기정당화는 단지 타협적 이해를 구하는 협의를 깨뜨리는 것뿐이다. 여기서 자신의 양심을 내세우는 일은 무조건적인 투쟁의 표현으로서의 의미를 가진다. 양심이 공개적인, 그리고 그에 의해 객관적으로 고정되어 있지 않은 재판정이 될 수 있는 것은 단지 개인과 개인 사이의 실존적 소통 안에서뿐이다. 실존적 소통 안에서 양심은 타자와 함께 자신의 진리에 도달하기 위해서 자기를 표현하고 질문을 한다.

e) 좋은 양심

좋은 양심은 그때그때의 근원으로서, 순간으로서 가능하다. 그러나 그 것은 기만 없이는 지속적인 실체로서 존재할 수 없다. 왜냐하면 양심은 한계에서만 순수하게 파악될 수 있고, 그 때문에 죄에 대해서 속지 않을 수 있기 때문이다. 좋은 양심은 특수한 개인들에게 있어서는 그때그때 오성에 따라서 바른 것을 행했다고 하는 것으로 스스로를 만족시키는 합리주의적 자기기만이다. 그러한 자기기만에서는 모든 것이 모호해지고 현실적인 것이 무시된다. 전적으로 좋은 양심은 불가능하다. 전체는 절대로 순수하게 나타나지 않기 때문이다. 양심에서 나오는 행동은 죄책을 극복하지 못한다. 오히려 죄책은 항상 존재의 현상에서는 지속되는 불일치로서 끝나지 않는 양심의 가시인 것이다.

f) 양심의 음성과 신의 음성

비록 내가 양심 안에서 초월자 앞에 선다고 할지라도 나는 초월자의 말을 들을 수가 없고, 또한 그것을 어떤 피안으로부터의 음성인 것처럼 듣고 따를 수도 없다. 양심의 소리는 신의 음성이 아니다. 양심이 말하는 때야말로 신은 침묵한다. 다른 모든 곳에서와 마찬가지로 여기서도 신은 숨어 있다. 양심 안에서 나는 초월자를 향해 있는 나를 보게 되지만 나는 나 자신으로 머물러 있다. 신은 나에게 자기 자신을 보여주는 것을 통해 나에게서 자유와 책임을 빼앗지 않는다.

"양심의 소리"를 "신의 음성"과 동일시하는 것이 나에게 마치 신이 한 사람의 당신처럼 나에게 마주 서서 말을 거는 것처럼 생각하는 태도를 야기하는 때에는 나는 나 자신과 신성에 대해 혼란을 일으키게 된다. 그렇게 되면 양심의 자기전달은 이른바 신과의 직접적 소통으로 객관적 형태를 가지게 된다.

신과의 직접적인 소통은 결과적으로 무엇보다도 우선 실존과 실존 사이의 실제의 소통을 단절시키게 될 것이다. 신과 직접적으로 소통하는 자에게 어떻게 개개의 타자들이 절대적 의미를 가질 수 있겠는가? 내가 관계를 가지는 당신으로서의 신은 타자들의 양심에 대항하는 폐쇄적 비관용의 자기폐쇄의 수단이 된다. 신과의 모든 관계는 실존적 소통을 통해서만 비로소 참된 것이 될 수 있기 때문에, 실존적 소통으로서 자기를 실현하는 것이 아닌 신과의 관계는 모두가 그 자체로서 불확실한 것일 뿐만 아니라, 또한 실존에 대한 배반이기도 하다.

그러나 그렇다면 양심의 소리를 신의 음성과 동일시하는 것은 나에게서 양심 그 자체와 신이 사라지게 하는 것이 될 것이다. 신성은 양심의 좁은 공간에 갇혀 있게 되고 양심은 더 이상 운동 안에서 자기를 발견하는 자유로운 근원성이 아니게 될 것이다.

끝으로 양심은 그 역사적 형태에서는 항상 한 개인의 양심이다. 양심은 양심에 대립한다. 하나의 보편적 양심 같은 것은 존재하지 않는다. 그렇다면 한 양심의 진리가 다른 양심의 진리와 다투는 경우에는 신이 신에게 대항한다는 것인가? 신성을 요구할 권리가 자기에게만 있다고 주장하고 다른 사람에게는 그것을 인정하지 않는다는 것은 자기를 파괴하는 교만인 것이다.

비록 신이 이 세상 안에서는 어떤 객관적 실재로도 존재하지 않고, 자기를 드러내 보이지 않고, 또한 양심 안에서도 역시 스스로 말하지 않는다고 할지라도, 신은 양심 안에서 간접적으로 자기를 알릴 수 있을 것이다. 그리고 양심이 신과의 씨름이 되는 곳에서는 신은 가장 결정적으로 자기를 알릴 수 있게 될 것이다. 다시 말하면 나는 양심 안에서 나 자신으로서 항상 거듭하여 자기를 의문에 부치는 나의 무제약적 의지의 근원에 접촉한다. 그를 통해 한계상황 안에서 현존의 암흑 속에서 나는 나 자신에게로 돌아온다. 그리고 그러한 의지의 근원 안에서 나는 해답을 얻지 못하면서 신에 관해 질문한다. 그리고 나는 신을 신뢰하면서 아무런 통찰도 없이 그의 현실성에 굴복하거나 신에 대해서 질문을 계속 하면서 그의 현실성과의 합일에 도달하지 못하거나 한다. 그러므로 양심 안에서 신과 관계한다는 것은 또한 양심으로부터 신에 대항하여 반항하는 가능성을 의미한다. 양심 안에서 신을 탐구한다는 것은 동시에 최고의 반항 안에서 신을 배척하는 것이라고 말할 수 있다.

g) 양심과 종교적인 권위

이른바 신과의 직접적 소통으로부터 신에게서 들은 바를 모든 사람에게 타당한 것으로 옹호하려 하고, 신에 의해 말해진 바에 대해 복종할 것을 요구하는 주장이 일어나게 된다. 사실에 있어서, 신의 음성이 청취가능하다면 그 누구도 그 음성에 대해 반항할 수 없을 것이다. 그러나 이 세상에서 인간과 인간의 제도에 의해 제기된 요구는 그들 안에서 주장되는 바와 같은 신의 음성이 아니다. 이러한 요구는 자립적이고, 비록 가난하기는 하지만, 자유롭고 용감한 각 사람에 의해 거부되지 않으면 안 된다. 그의 권리는 숨어 있는 신에 의해 간접적으로 요구된 그의 자유에 따라서 신 자신을 청취할 수 있기를 요구하거나, 또는 직접적 음성이 들리지 않는 경우에는, 이 세상에서 단지 실존의 현존, 소통 안에서의 운동, 그리고 이 세상에서는 모방가능한 모범으로서 결코 완성될 수 없는 윤리적 현실성만을 그에게 타당한 것으로 인정하는 권리이다. 그러므로 참된 인간들은 대개 순종을 거절한 것이다. 그들은 그들 자신의 자유를 원했고 가능적 소통에로의 자유를 얻기 원했던 것이다. 예수로부터 전해진 말, 즉 "나는 길이요 진리요 생명이다."라는 말을 우리에게 한다면, 그 사람의 그러한 요구는 그런 말을 하는 사람을 자신의 양심 안에 절대의식을 지닌 사람으로부터 결정적으로 멀어지게 할 수밖에 없을 것이다.

예수처럼 말하는 사람은 만일 그가 진리를 말하고 있다면, 이미 인간이 아니고 인간으로부터 한없이 떨어져 있는 신인 것이다. 그의 음성은 신의 직접적인 음성일 것이다. 그러므로 그의 음성을 따르는 것은 불가피하리라. 그러나 우리의 양심은 예수가 판단과 선택을 요구하는 것을 통해 말걸어진다. 예수가 "내가 온 것은 평화를 주기 위해서가 아니라 칼을 주기 위해서였다."고 말할 때, 그리고 그가 자기 자신을 절대화하는 진리의 한 형태를 세상 안에 실현할 때, 남아 있는 것은 다만 단호히 그를 따르거나 (이것이 무엇을 의미하는지는 2000년간 그리스도의 모방을 성실하게 수행해온 사람들 안에서 감동적으로 발견하게 된다. 그것의 역설과 그 결과에 대해서는 키르케고르에게서 배울 수 있다.) 또는 단호하게 따르지 않거나 하는 두 길뿐이다. 그 중간 입장에 서는 사람은 모두가 사실에 있어서 그에 대해서 단호하게 적대적인 사람들보다 더 그에게 대립하는 것이리라. 철학적으로 사는 사람은 종교적 보장의 아무런 조건도 없이 평생 동안 이와 같은 가능성과 내면적으로 투쟁하지 않으면 안 된다.

양심은 그 안에서 신성이 직접적으로 말을 하는 **기도의 생활**에 몰입할 때 다른 힘에 굴복하게 된다. 크롬웰(Cromwell)은 그의 양심으로서는 허락할 수 없는 결단에 직면하여 밤새워 기도했다. 그는 기도 안에서 승인을 발견했고 그로부터 정치적으로 필요한 일을 행하는 것을 스스로에게 허락할 수 있는 확신을 얻었다. 그와 같이 기도 안에서 객관적 지시를 경험하는 사람들은 우리에게 의심을 일으킬 수밖에 없다. 그의 양심과 기도가 결과에서 일치하고 그로부터 여러 권리 요구들을 이끌어내는 성과를 거두는 사람들은 세계 안에서 제한 없는 소통을 통하여 양심의 근원에 이르려고 노력하고, 단지 그 한계에 서서 어떤 객관적인 요구도 없이 깊은 고독 속에서 그가 신이라고 칭하는 초월자 앞에 서고자 노력하는 자기 개시적 인간들과는 매우 거리가 멀다.

양심은 그러므로 그 자체가 근원인 것으로서 그 이상의 판관을 가지지 않거나, 그렇지 않으면 그것은 하나의 기만적인 말이 된다. 어떤 **권위**에 대한 신앙을 고백하면서 결단을 할 때, 그의 양심과 나란히 그 권위에게 물어보는 사람에게 다음과 같은 주의를 시킬 수 있다. 즉 그가 믿는 권위에게 우선권을 주는 때에는 그는 그 자신 안에 자유로운 양심을 인정하지 않은 것이라고. 이에 대해서 그는 대개 다음과 같이 답변할 것이다. 여기서는 어떤 선택의 여지도 없다고. 그리고 그에게도 역시 양심이 우선하고,

그의 영혼 안에서 신의 음성이 말할 때 그는 교회의 말이 아니라 신의 음성에 따를 수밖에 없다고. 이단자의 정의에 해당할 만한 이러한 주장도 또한 그 자체로서 기만적인 것이다. 양심의 음성이 그 자체로서 신의 음성이라 생각한다면 나에게는 신이 필요 없게 된다. 신의 음성이 기도에 대한 초자연적인 지시가 된다면 나는 양심을 버리게 된다. 그리고 객관적으로 주어지는 신적 지시의 진리에 관해서는 객관적인 제도인 교회가 결정하는 것이 의미 있는 것으로 된다. 신의 음성을 직접적으로 아는 사람은 동시에 어떤 의심할 여지없는 권위를 고백하는 것이 된다. 본래적인 모순은 가능하지 않지만 단지 두 개의 객관성들이 서로 충돌하는 불행이 가능할 수 있다. 이와 같은 상호충돌에서는 개인이 그의 주관성 안에서 청취한 음성은 천여 년 동안 교회가 자신 안에 간직해온 경험의 객관적 지시에 직면하여 상대화된다.

그러나 그 자체로서 압도적인 신의 음성의 직접적인 청취는 양심의 소리를 듣는 것은 아닐 것이다. 나는 되돌아보고 음미해본 후에 환각으로 보이는 경험의 진리를 복종을 요구하는 다른 음성을 위하여 포기할 수 있다. 그러나 양심의 소리의 진리를 단념할 수는 없다. 객관적이고 직접적인 지시의 내용 자체는 오히려 양심에 의한 검증을 받게 된다. 사람들은 그의 교회의 말에 반하여 신의 음성을 따르기를 원한다는 주장도 또한 자립적 실존의 표현으로 인정할 수 없다. 왜냐하면 신뢰할 만한 가치가 없는 그러한 주관적 경험보다는 객관적 교회가 훨씬 더 믿음직스럽기 때문이다. 만일 그러한 주장에서 권위에 대한 복종에 반하여 양심의 자유를 구제했다고 믿는다면 자기 자신을 기만하고 있는 것이다. 신의 음성이 아니라, 양심이 움직여지는, 그리고 움직이는 나의 존재의 진리의 근원인 것이다. 그 근원은 나를 나의 이웃과의 무제한의 소통으로 들어가게 할 수 있다. 그러나 그것은 단지 특수하고 상대적인 일들에서와 세계의 질서 안에서를 제외하고는 복종에로 이끄는 것은 아니다.

왜냐하면 자기의 양심은 기만적인 주관성에 속한 것이므로 양심에 의해서 자기 자신의 양심을 포기한다고 말하고자 한다면 그것은 단지 하나의 속임수에 지나지 않을 것이기 때문이다. 우리는 어린애로서, 그리고 우리의 평생 동안 광범위한 영역에 걸쳐서 우리들의 역사적 실체의 형태들인 권위들에 따른다는 것은 사실이다. 그러나 나에게 있어서 본질적인 것들에 관계된 갈등에서 자기존재에게 결정적인 요소는 양심이지 권위의 요구는 아니다. 권위를 인정하는 이러한 형태 안에서는 단적으로 타당한 권위는 이미 지양되어 있다.

충실된 절대의식

우리들의 사고는 특정한 개체적 대상들을 관찰하거나 그의 고유한 형식들에 대해 생각하는 때에는 자연스럽고 그 자신으로 존재한다. 그러나 모든 대상성으로부터 물러서서 근원으로 향해 나가는 경우에는, 다시 말하면 철학적으로 될 때는 사고는 거짓된 대상성 안에서 독단적인 오류에 빠지거나, 그렇지 않으면 내가 그에 근거하여 존재하면서도 그에 관하여 알지 못하는 그 근원으로 접근해갈수록 그만큼 더 긴장되고 간접적이 되고 실행불가능하게 된다. 여기서 모든 것은 단적으로 모호해지고 단순한 오성에 대해서는 공허한 이름들이 된다. 그 이름들은 단순한 오성에 대해서는 존재하지 않는 것을 지칭한다. 절대의식의 충실을 사고하면서 표현하는 것이 근원에로 가장 가까이 접근하는 것일 것이다. 그러므로 여기에서 어려움이 가장 커진다. 함께 수행하는 운동 대신에 직접적이고 누적되어가는 진술들이 등장하는 데서 이러한 어려움이 나타난다.

지금까지 논의되어온 운동, 즉 무지와 현기증과 불안 안에서 동요되고, 양심 안에서 분별과 결단을 통해 결정되는 운동은 그 시작이 근원으로부터 유래한 것이 아닐 때에는 결국 무 안에 귀착하게 되고, 양심도 공허 앞에서 정지될 것이다. 양심은 전환점에서 최고의 법정이긴 하지만 그 자체로서 충실한 것은 아니고 또 다른 근원에 의존하는 것이기 때문에, 그 자신만으로는 단적인 존재로서 자력적일 수 없기 때문이다.

사유의 운동을 통해서 일깨워지고 심판하는 법정 앞에 서 있는 근원적인 것을 반영하는 것이 **충실 된** 절대의식이다.

충실 된 절대의식은 자기 자신과 모든 대상성을 떠나서 자아가 초월자 안에 가라앉는 소통불가능한 신비적 합일에서는 **세계의 밖에** 있을 것이다. 실존에 대해서는 충실 된 절대의식은 **세계 속의** 현상이다. 그것은 세계 안에서 행동과 대상적 사고를 통하여 객관화된다.

절대의식은 **사랑**으로서 스스로를 드러낸다. 사랑은 그것이 활동적이 될 때 신앙이고 무제약적 행위에 이른다. 그리고 사랑은 명상적이 될 때 **상상력**으로 되고 형이상학적 주문이 된다. 사랑에 근원을 둔 이것들은 불가분하게 서로 연결되어 있다.

절대의식 그 자체 안에 구별을 두는 것은 그것으로 하여금 두 번의 전환을 하게 하는 것을 의미한다. 첫 번째는 대상성 없는 운동에로의 전환이고, 그다음은 부적합한 대상성에로의 전환이다. 그렇게 함으로써 우리는 그 안에서 중요한 것이 심리적 현상인 것처럼 절대의식에 대해서 말하게 된다. 그러므로 절대의식의 충실에 대해 언표하고자 하는 욕구는 가장 강력하게 억제되는 것이다. 실재와 언어 사이의 간격은 어떤 실존조명에서도 제거될 수 없다는 것이 여기서 장애와 같은 것이 된다. 그러나 그것의 불가능성을 인식하면서도 최대의 직접성을 원하는 철학은 구체적인 현실에서 사실적으로 요구되는 침묵의 압력에 대항하여 일반자를 매개로 해서 그의 진술을 관철한다.

1. 사랑

사랑은 절대의식의 현상으로서 근거가 없기 때문에 이해하기 어려운 것이면서 가장 자명하기도 한 것이다. 사랑 안에 모든 내실의 근원이 있고 거기에만 모든 탐구의 성취가 있다.

양심은 사랑이 없으면 무력하다. 다시 말해 사랑이 없다면 양심은 공허한 엄격성과 형식성에 빠진다. 한계상황의 절망은 사랑을 통해서 해소된다. 무지는 사랑의 도약을 통해서 성취된 현실성으로 된다. 사랑은 무지를 감내한다. 무지를 견디는 것이 사랑의 표현인 것이다. 사랑은 현기증과 전율로부터 나와서 존재의 확신에로 돌아간다.

현존 안에서의 존재의 깊은 만족은 사랑이 현전할 때만 가능하다. 그리고 내가 증오하지 않으면 안 된다는 것은 현존의 고통이고, 무미건조한 무관심상태에서 사랑하지도 미워하지도 않는 것은 비존재의 공허일 뿐이다. 사랑 안에서 나는 고양되고 미움과 사랑 없음 안에서 나는 몰락한다.

사랑을 하는 자는 감각적인 것의 피안에 존재하는 것이 아니라, 오히려 그의 사랑은 내재적인 것 안에 나타나는 의심할 여지없는 초월자의 현전인 것이며, 지금 여기서 경험되는 경이로움인 것이다. 그는 초감성적인 것을 보고 있는 것처럼 느낀다. 실존은 단지 사랑 안에서 밖에는 다른 어디에서도 초월자에 근거 지어진 그의 존재에 대한 확신을 경험하지 못한다. 참된 사랑의 행위는 결코 실패할 수 없다.

사랑은 **무한하다**. 사랑은 그가 무엇을 왜 사랑하는지 객관적으로 인식하지 못한다. 또한 사랑은 그 자신 안에서는 어떤 근거에도 접촉할 수가 없다. 본질적으로 중요한 것은 사랑에 근거한다. 그러나 사랑 그 자체에는 근거가 없다.

사랑은 **눈이 밝다**. 그의 앞에서는 존재하는 것의 진실이 분명하게 드러나게 된다. 사랑은 숨기지 않고, 가차 없이 알기를 원할 수 있다. 왜냐하면 사랑은 부정적인 것의 고통을 그의 본질적 계기로 감내하기 때문이다. 사랑은 모든 좋은 것을 맹목적으로 축적하지 않고 생기 없는 완전성을 위해 힘쓰지 않는다. 그러나 사랑하는 자는 타자의 존재를 보고, 그를 근원으로부터의 존재로서 이유 없이 무조건적으로 긍정한다. 즉 그는 타자가 존재하기를 원한다.

사랑 안에는 **고양**이 있고 **현존하는 만족**이 있다. 운동과 안정, 보다 더 좋아지는 것, 선함 등이 있다. 목적에 도달하는 일이 없어 보이는 열정적인 노력은 그 자체가 현재이다. 즉 그것은 이러한 형태 안에서 시간 안의 현상으로서는 항상 목적에 도달해 있는 현재인 것이다.

사랑은 충실 된 현재로서 단지 **절정**이며 순간일 뿐이다. 그것은 마치 다만 성취된 현재적 사랑에 의해서만 해소될 수 있는 향수에 둘러 싸여 있는 듯하다.

사랑은 성실로서의 **반복**이다. 그러나 객관적인 감성적 현재와 과거로서의 나 자신은 반복불가능하다. 반복이란 그때마다 현재적인 가능한 형태로 현상하는바 영원히 하나인 사랑의 근원의 반복인 것이다.

사랑은 **자기가 됨**이고 **자기 헌신**이다. 내가 나를 진실 되게 유보 없이 전적으로 헌신할 때 나는 나 자신을 발견한다. 내가 주저하면서 나 자신에게 집착할 때 나는 사랑 없이 되고 나 자신을 상실하게 된다.

사랑은 실존과 실존 사이의 관계 안에서 그의 심오한 깊이를 가진다. 그 때에 그에게 모든 존재는 **인격적인** 것으로 된다. 사랑하는 눈으로 자연을 바라볼 때 풍경의 영혼이, 원소들의 정신이, 각각의 장소의 정령이 나타 난다.

사랑 안에는 **유일회성**이 존재한다. 나는 일반자를 사랑하지 않고 대리불 가능하게 현존하는 것을 사랑한다. 모든 사랑하는 자와 사랑받는 자는 그 때마다 결합되어 있고 단지 그와 같은 유일자로서만 상실불가능한 것이다.

사랑 안에는 절대적인 **신뢰**가 있다. 충실 된 현재는 거짓일 수가 없다. 사랑의 신뢰는 계산이나 보증에 기초하는 것이 아니다. 내가 사랑한다는 것은 선물과도 같은 것이다. 그러나 그것은 나의 본질인 것이다. 나는 사 랑 안에서 잘못 생각할 수 없는 확신을 가진다. 그래서 내가 잘못 생각하 는 때에는 나의 존재의 근원 안에서 죄가 있는 것이다. 참된 사랑은 밝기 때문에 잘못을 저지를 수 없다. 그럼에도 불구하고 잘못 생각하지 않을 수 있음은 나에게 나의 공적이라고 할 수 없는 기적과도 같은 것이다. 단지 정직함과 나의 성실한 일상적 행동을 통해서만 적합한 순간에 사랑을 붙 잡는 가능성을 준비할 수 있다. 그런데 사랑 앞에서는 이 전제들은 마치 아무것도 아닌 것처럼 된다.

사랑은 투쟁하는 소통 안에 있다. 그러나 사랑은 투쟁 없는 소유의 공 동체 또는 사랑 없는 다툼으로 빗나갈 수 있다. 사랑은 존경하는 눈길 안 에 존재한다. 그러나 그것은 권위를 숭배하는 의존성으로 전락할 수도 있 다. 사랑은 도움을 제공하는 자선 안에 존재한다. 그러나 그것은 무차별 한 동정의 자기향락으로 일탈한다. 사랑은 아름다움을 바라보는 것 안에 존재한다. 그러나 그것은 심미적 방종으로 타락한다. 사랑은 대상이 없는 용의성의 무한한 가능성 안에 존재한다. 그러나 그것은 도취에로 타락한다. 사랑은 감성적인 열망이다. 그러나 향락적인 에로틱으로 타락한다. 사랑은 공명성을 추구하는 근원적인 앎에의 욕구 안에 있다. 그러나 그것은 공허한 사고 또는 호기심에로 타락한다. 사랑은 수없이 많은 형태 안에서 구체화된다. 신체에서 분리되면 사랑은 죽는다. 사랑은 어디에서나 나타날 수 있다. 그리고 사랑 없이는 모든 것이 허무로 돌아간다. 사랑은 매혹적인 힘을 가지고 있고, 박애나 자연 사랑 같은 것으로 약화되는 경우에도 참될 수가 있다. 그리고 그들의 기초 위에서 사랑의 불길이 새롭게 불붙는다.

2. 신앙

신앙은 분명하게 의식된 사랑의 **존재확신**이다. 자립적이 된 신앙은 그의 확실성에 근거하여 그것을 야기한 사랑 안에 생기를 불어넣는다.

신앙은 더 나아가서 무제약적 행위 안에서 **활동적**이 되는 존재확신이다. 지식은 그의 결과로 삶을 불가능하게 할 수 있는 데 반하여, 신앙은 지식 안에서 살아갈 수 있는 능력이다.

또한 신앙은 **근원**으로서 더 이상의 근거를 가지지 않는다. 신앙은 의욕될 수 없는 것이다. 그러나 나는 신앙에 기초하여 의욕한다. 신앙은 증명될 수 없다. 그러나 신앙은 그때마다 사고와 형상의 특수한 **대상성** 안에서 자신을 이해한다. 신앙은 자기를 조명하면서 일반자에 이르는 도상에 있다.

신앙을 말할 때 믿는다는 것은 **무엇인가**, **무엇에 관하여** 믿는가를 물어야 한다. 주관적인 면에서는 신앙은 충분한 개념 없이 그의 존재의 영혼, 근원과 목표를 확신하는 방식이다. 객관적으로는, 신앙은 그 자체로서는

이해불가능하고, 단순한 대상적인 것으로서는 다시 사라져버리는 내용을
표현한다.

a) 신앙되는 것

신앙은 그의 현상에 있어서는 무엇을 믿는 것이 아니고 무엇에 관하여
믿는 것이다. 신앙은 눈에는 보이지 않는 어떤 것이 존재한다고 생각하는
것처럼 어떤 대상에 대한 불확실한 앎을 지니는 것이 아니다. 오히려 신앙
은 그가 **실존**과 **이념**의 현상이라고 믿는 존재가 지금의 현존 안에 내재하
고 있음을 확신하는 것이다. 피안에 대한 불확실한 지식 안에서 이 세상을
떠나는 대신에, 신앙은 이 세상 안에 머물고 그 안에서 초월자와 관계하면
서 무엇을 믿을 수 있는지를 알게 된다. 그러므로 나는 인간을 믿고, 또한
내가 참여하는 이념의 현상으로서의 객체성을 믿는다. 즉 조국과 결혼과
학문과 직업 등을 믿는다. 나를 성취시키는 이념에 대한 신앙은 객관화된
공동의 사실과 나를 일치시키는 것이다. 그러나 실존으로서의 인간에 대한
신앙이 선결조건이며, 그것 없이는 이념에 대한 나의 신앙은 그 기반을 상
실하게 되고, 그것은 곧 강제적 질서 안에서 억지로 관습에 따라 수행되는
규칙들에 의한 단순한 객관적인 현존의 운영으로 된다. 이념이 실존으로
서의 인간들 안에서 현실화되어 있고 각각의 개체적 현실성 안에서 신앙되
고 있을 때에만 이념은 참되고 효과적일 수 있다. 실존들이 사라지고 개체
인간들만 남아 있게 될 때 이념은 끝이 난다. 그러나 모든 이념이 소멸되
는 때에도 실존에 대한 신앙은 그때그때의 개체들 안에 가능성으로서 남
아 있다. 몰락해가는 세계 안에서 실존들 사이의 사랑은 객관적 현존의 공
간이 없어서 가난하지만 아직도 항상 존재확신의 근원으로서 강력한 힘을
가진다. 우리에게 주어진, 행동과 지식에 의해 침투되고, 또한 이들 이념

으로부터 다시금 변화된 세계 안에서 이러한 실존으로부터 새로운 이념들이 탄생할 수 있다.

이념과 실존에 대한 신앙에 기초하여 **초월자**에 대한 신앙이 성장한다. 모든 대상화에 앞서서 가능적 실존은 초월자의 의식을 갖는다. 사고에 의해 규정된 초월자에 앞서서 가능적 실존은 초월자 안에서 보호되어 있거나 그와의 긴장 안에 있거나 한다. 보호됨과 그의 보호가 위태로워짐은 대상적 조명의 그때그때의 역사적 형태를 지닌다. 그리고 그것들에 대한 조직적 체계화가 형이상학과 신학이다.

대상적인 내용이 그 자체로서 고정화되면 신앙의 조명이 지속하는 대상으로 되는 허위가 나타나게 된다. 신앙의 자리에 **미신적인** 지식이 들어온다. 신앙은 경직화되고 이 경우 신앙은 존재확신으로부터가 아니라 지식으로부터, 사랑으로부터가 아니라 편협한 광신으로부터 영양분을 얻게 된다. 신앙은 사랑 안에 있는 그의 근원과 함께 그의 내실을 상실하게 된다.

신앙이 이 **세상**을 떠날 때 신앙은 끝난다. 신앙은 존재와의 **신비적 합일** 안에서는 자기를 상실한다. 내가 나 자신과 세계를 버리고 신과 하나가 되고 내가 신이 될 때 나는 이미 신앙하고 있는 것이 아니다. 신앙은 신비적 합일과는 거리가 멀다. 왜냐하면 신비적 합일은 신앙하는 것이 아니고 소유하는 것이기 때문이다. 신앙은 현상세계 안에서 일어나는 존재확신이고, 신앙은 완전히 감추어져 있는 신에 대한 신앙이므로, 지식이 발전하여도 신은 항상 더욱 불확실해질 수 있다. 신앙은 **거리**를 동시에 수반하는 존재확신이다

b) 신앙한다는 것

신앙은 합리적인 강제성을 가지고 확신될 때 나로부터 떠난다. 내가

근거를 알고 있다면, 나는 믿고 있는 것이 아니다. 객관적으로 타당한 것을 인식하는 데는 실존의 존재가 요구되지 않는다. 그러므로 자기 자신의 객관적 타당성을 제시하는 신앙은 참된 신앙이 아니다. 신앙은 모험이다. 완전한 객관적 불확실성은 참된 신앙의 토대이다. 신성이 가시적이고 증명가능한 것이라면 나는 그것을 믿을 필요가 없다. 오히려 신앙의 모든 객관적 원천이 말라버리는 것을 보는 경험에서 실존의 자유가 초월자와의 관계 안에서 그의 근원을 의식하게 되는 것이다.

지식은 이 세계 안에 존재하는 유한한 것과 관계한다. 신앙은 본래적 존재와 관계한다. 인식은 그의 모든 확실성을 위해서, 비판적 회의의 무한한 과정에 복종한다. 그러나 신앙은 실존의 힘으로서 자기를 입증하는 것에 의해 자기를 성취한다.

나는 대상적인 것 안에서 나에게 말해지는 것을 믿는다. 그러나 나는 나의 **자기존재를 통한** 나 자신이고, 이때의 나는 수동적도 아니고, 대상적도 아니고, 단순한 수납자로서가 아니라, 나의 본질로서의 나이다. 나는 의지와 오성에 의해 신앙을 강제할 수는 없다고 할지라도, 나는 내가 그것에 대해서 책임이 있음을 안다.

나의 양심은 **객관화된** 나의 신앙의 진리를 역사적 상황의 관점에서 음미한다. 그에 반하여 모든 합리적인 음미는 단지 근거 지어질 수 없는 근원으로서의 신앙을 드러낼 뿐이다.

신앙은 파괴될 수 없는 희망으로서의 **신뢰**이다. 신앙 안에서 현상 안의 모든 것에 대한 불확실성의 의식은 존재의 근거에 대한 신뢰에 의해서 해소된다. 신앙 안에서 성취된 존재확신은 스스로가 초월자 앞에 직면하고 있음을 안다. 그러나 이때 그는 초월자와의 감각적, 현실적 관계에게 자기기만적으로 진리를 제공할 수는 없다.

c) 활동적인 신앙

활동적인 신앙은 존재확신으로서 무제약적 행동의 근원이다. 활동적 신앙은 역사성으로서 존재한다.

신앙은 활동들에 있어서 그 활동들이 우연하게 단순히 순간적인 목적들을 위하여 일어나는 것이 아니라, 근원의 깊이에 기초하여 목적 없이 구속하고 행해지는 것일 때에는, 모든 것을 감내하려는 용의가 되어 있다. 신앙 안에서는 목적지향적 활동은 **모든 것이 좌초되더라도** 참된 것을 행하려는 확신과 일치될 수 있다. 신의 탐구불가능성은 안정과 동시에 가능한 한도에서 내가 할 수 있는 것을 하려는 충동을 일으킨다.

현존 안에서는 어떤 확실한 예측도 존재하지 **않는다.** 모든 것이 가장 큰 개연성과 비개연성의 한계들 사이에 놓여 있다. 우리는 현존적 삶에서 **안전**을 추구한다. 우리는 불가능성에 직면하여 절망한다. 그러나 신앙은 현상 안에서의 안전을 단념할 수가 있다. 신앙은 모든 위험 속에서 가능성을 고집한다. 신앙은 이 세상 안에서는 안전성도 불가능성도 알지 못한다.

이러한 활동적인 신앙은 그 역사적 유일회성의 **행동적 실천**이 그와 모순되어 보이는 의식, 즉 나의 이웃, 나 자신, 나의 민족, 모든 객관화와 성취 등, **모든 것이 종국적으로는 몰락한다**는 의식과 합쳐지는 때 최고의 확증을 가진다. 이러한 의식이 피안에서의 고정화(현존하는 나라로서)나, 차안적 고정화(자기민족의 지속적 생존, 이념적 실현의 무한한 진보로서)에 고착되지 않고 그의 순수성을 보전할 때, 어떤 이익에 의해서도 더럽혀지지 않는 신성과의 결합 안에서 초월하는 존재확신의 신앙이 가능해질 것이다.

3. 상상력

절대의식으로서의 상상력은 사물의 관조, 이미지들, 사상들 안에서 존재확신을 조명하는 사랑이다.

경험적 개체로서의 나를 사물에 얽매이게 하거나 그들로부터 떨어지게 하는 관심들에서 벗어날 때 나는 현존으로서 살면서 그와 동시에 존재의 현실 안에 산다. 그것은 마치 현존에 빛이 뚫고 **들어오는** 것과 같다. 상상력을 통해서 나는 존재를 모든 대상적인 것의 암호 안에서 직접적으로 현전하고 있지만 대상적인 것으로는 될 수 없는 어떤 것으로서 파악한다.

상상력은 **실존의 실현을 위한 적극적인 조건이다.** 가능적인 것의 공간으로서의 상상력이 없으면 실존은 단순한 현존적 현실의 속박에 얽매이게 되고 주객의 분열 안에서 사물의 암호화를 통해서만 느껴질 수 있는 존재의 현실성을 결여하게 된다. 상상력을 통해서 존재를 보는 눈이 열린다. 상상력이 없으면 무한한 실재들의 현존은 음침한 죽음의 나라일 뿐이다. 그러나 상상력은 경험적 현실에 대한 모든 단순한 인식을 넘어서 보다 심오한 진리를 파악한다.

상상의 내용이 되는 것은 그의 기준을 스스로의 안에 지니는 **근원적 확신** 안에서 눈앞에 나타난다. 근거나 목적으로부터의 어떤 검증도 존재하지 않는다. 수단으로 사용되면 상상력은 그의 본질을 잃게 된다. 상상력 안에 나의 현존을 정당화해주는 존재가 있다. 그러나 그 반대는 아니다.

상상력 안에서 나는 그 내용이 역사적으로 규정된 이 세상 안에서의 사랑과 활동과의 **연계** 속에서 나에게 현실적으로 되는 한에서 나의 현존의 초감성적 근원을 확인한다. 내가 항상 결단의 순간에, 행위의 꾸준함 안에서, 삶의 수행 안에서, 세계현존 안에서 **참으로 존재할 때** 절대의식은 상상력으로서 존재의 근원 안으로 진입한다. 상상력은 기억과 명상의 고요 속에 존재한다.

상상력은 나로 하여금 **완전한 것, 스스로** 자족하는 것을 경험하게 한다. 한계상황 안에서 나는 모든 것을 찢겨지고 불가능하거나 불순한 것으로 경험한다. 상상력 안에서 나는 존재의 완전성을 아름다움으로서 경험한다. 대담한 모험 안에서 공포스러운 것, 파괴된 것에서도 아름다움을 경험한다. 현존의 의미에서는 이러한 아름다움이 비현실적이다. 그러나 절대의식의 사랑에서 볼 때에는 거짓이 아니다. 이념으로서, 실존으로서, 그리고 초월자로서 현실적인 것은 상상력에 대해서는 말하자면 아름다움으로 인지될 수 있는 것이다.

상상력은 **직관적으로**(형상화하면서) 작용하기도 하고, **사유적**(사변적)으로 작용하기도 한다. 이 두 경우에 객관적 형상은 이미 완성된 상상력의 내용이 아니고, 단지 그의 언어일 뿐이다. 나는 직관만으로는 예술의 양태들을 경험하지 못한다. 나는 그 안에서 나 자신을 변화시켜야 한다. 직관 안에서 직관을 넘어서야 한다. 그러나 현전시키는 직관 없이는 아무것도 존재하지 않는다. 단지 사고만을 통해서는 나는 어떤 철학에도 통달할 수 없고, 그것은 사고가 사고될 수 없는 것의 전달 수단으로 되는 체득에서만 가능하다. 그러나 사고불가능한 것은 각각의 계기에 있어서 사고된 것에 의해 표현된다. 형상화하는 상상력은 존재의 상징으로서의 형상들 안에서 살고, 사변적 상상력은 존재확인으로서의 사상 안에서 산다.

구속력 없는 고립화의 위험으로 인해서 절대의식으로서의 상상력은 **모호하다**. 상상력은 가장 심오한 계시가 될 수도 있고 파괴적인 기만이 될 수도 있다.

상상력은 실존의 역사적인 현실과 관계되어 있지 않는 한 단지 **가능적이**

고 **일반적인 것**만을 볼 뿐이다. 이와 같은 연관이 없으면 상상력은 단지 실존의 가능적인 공간만을 볼 뿐이다. 그때에는 상상력은 아직 그 본래적 존재를 현존의 현실 안에 각인함이 없이 대상적 현존 안에서 존재를 탐색하는 유희에 머무를 뿐이다. 그러므로 가능적인 것 안에서의 명상적 수행으로서의 상상은 기분전환적 유희의 위험이 있고 현존의 험악한 현실을 은폐하는 위험이 있다. 상상력은 자기만족적 존재로서의 형상이나 사상의 세계 안에서의 삶에로 유혹한다.

왜냐하면 구속력이 없는 **가능성의 세계**와 **실존적 현실성** 안으로의 몰입 사이에는 차이가 있기 때문이다. 위인들의 역사 안에 존재하는 시, 예술, 철학의 상상적 형태들과의 열광적인 공감은 현실적으로 결단하는 실존에 있어서의 초월함의 자기수행과는 다른 어떤 것이다. 전자의 경우에는 나는 나 자신을 잊을 수 있다. 그러나 후자의 경우에는 자기의 현실이 존재한다. 내가 유혹에 굴복한다면 나에게 나란히 존재하는 두 개의 세계가 고정화될 수 있다. 그들은 내가 그 안에서 나를 비상시키는 가상의 세계와 그 안에서 내가 나를 경멸하는 현실세계이다. 그렇게 되면 나는 현실적인 것을 실현하고 그 현실 안에서 위대함을 보는 대신에 추상적, 절대적인 것에 맞추어 사물을 측량하고 상상된 가능성을 위하여 현실적인 것을 파괴한다.

신앙과 상상력 중 하나를 선택할 수는 없다. 상상력 없는 신앙은 침체상태에 머무르고, 신앙이 없는 상상은 비현실적으로 된다. 그런데 이 둘은 사랑 없이는 진실한 것이 아니다. 절대의식은 설명에 의해서는 단지 부적합하게 분해될 뿐이다. 절대의식의 여러 계기들은 고립시키거나 상호대립시키거나 할 수가 없는 것이다.

현존에서의 절대의식의 보호

충실 된 절대의식으로서의 사랑, 신앙과 상상력은 절대의식의 순수한 현실이다. 그러나 경험적 현실 안에서는 그들 안에서 사고되고 형성된 모든 것은 유한하고, 절대의식의 현상은 교란된다.

사고된 것, 형성된 것은 유한한 것임에도 불구하고 마치 절대적 진리인 것처럼 그것에 집착하는 것은 위험하다. 그것은 그의 객관성 속에서 자기를 재인식하는 실존에 대해서만 진리인 것임에도 불구하고, **그것은 객관적으로 고정화된다.** 절대의식 안에서 실존의 신체에 불과한 경험적인 것은 **절대적인 현존**으로 간주될 때 그의 깊이를 상실한다. 그리고 그것은 배후의 근거를 결여한 단순한 현존으로 머물게 된다.

또 하나의 위험은 현존 안에서 모든 것을 유한하고 소멸하는 것으로 보고, **주관적인 불안의 무근거성** 안에 자기를 상실하는 것이다.

아이러니와 유희는 고정화에 대항해서 단순히 객관적인 모든 것을 부동하게 하는 것이다. **수치**는 객관성과 실존을 혼동하는 것을 방지한다. 시간 안에서는 성취된 것으로서 자기를 도약시키지 못하는 절대의식의 근원에 기초하여 **평정심**은 그의 가능성에 대한 확신을 통해 불안에 대항하여 작용한다.

1. 아이러니

보편적인 생성과 소멸, 시간 안에서 그때마다 개체적인 것으로서의 경험적인 것의 소멸은 말하자면, 실재성의 아이러니이다. 현존하는 것은 스스로 존재하는 것 같으면서도 가상의 존재이다. 현존하는 모든 것은 소멸한다.

그때마다의 특수한 입장들에 대한 모든 객관적 평가들은 상대적인 것이므로 단순한 객관성을 절대적인 것으로 생각하는 것은 불가능하다. 행동, 가지적인 것, 언표가능한 것, 형상화 가능한 것의 단순한 객관성 안에서 전적인 자기로 존재하는 일은 실존에 대해서는 각각의 객관성이 일반적인 것이 되기에 부적합하다는 사실에 부딪쳐 좌절된다. 객관성은 실존에 대해서 존재를 현전시키는 기능을 한다. 그러나 그것은 그 자체로서는 항상 한정되고 고정되어 있다. 충실 된 실존의 절정들에서 실존의 존재의식은 모든 객관성을 포괄한다. 그 모든 객관성은 그의 가장 큰 확장에서도 그것을 포괄하는 것 속에 용해되어 있는 것처럼 파악된다. 현존이 더 이상 실존에 의해 관통되지 않고 그 자체로서 나타날 때, 그리고 객체성들이 독립적인 것으로 나타날 때에는 아이러니는 그에 대항해서 절대의식을 보호하는 형식이 된다. 비록 그것이 자기를 가능성 안에 보전하기에는 너무 연약한 상태의 것일지라도, 그리고 또한 그것이 장차 활동할 실존을 위해 공간을 열어놓기에는 아직 불분명한 씨앗의 상태에 있는 것이라 할지라도 그렇다.

현존의 세계 안에서 객관적으로 되는 모든 것은 그 자체로서 **유한성**을 지니는 것이므로 유한성을 지적하는 일 그 자체가 그것이 문제 삼는 바를 가장 최고도로 제시한다. 아이러니는 가능적 실존에 근거하는 사고 안에 있는 전면적 파괴의 눈길로서 그 앞에서는 자신을 타당한 것으로 고정시키려는 어떤 것도 자기를 지킬 수 없다.

아이러니는 경멸하는 조소일 수 있다. 이때 아이러니는 **논쟁적으로** 오직 파괴를 원할 뿐이며, 그것은 자기 자신의 약점을 감추기 위한 경멸의 작위적 표현이 된다. 조소 안에는 웃음이 존재하고 그의 배후에는 그러한 파괴의 의지가 있다. 그러나 풍부한 내실이 있는 아이러니에서는 웃음은 목격된 존재의 확신에 근거하는 **사랑**의 고통을 표현한다. 절대의식은 단지 모든 것을 사라져버리게 하는 공허하고 자의적인 아이러니 안에 있는 것이 아니고 사라짐 안에서 드러나는 것을 통하여 성취되는 후자의 아이러니 안에 있다. 모든 것이 의문에 부쳐지는 것을 통해 본래적인 것의 확실성이 확인된다.

논쟁적 아이러니는 조롱으로 죽일 수 있음을 안다. 그러나 사랑하는 아이러니는 그가 해칠 수 없음을 안다. 아이러니에서 나는 한계성을 알게 되면 그만큼 더 단호히 사랑한다. 논쟁이 파괴의 수단으로서 아이러니를 요구하는 것처럼 사랑은 그 안에서 자기를 단적으로 확실하게 보전하고자 아이러니를 요구한다.

아이러니는 자신의 상대화를 수행하기 위한 어떤 고정된 지점도 가지지 않는다. 그는 자기 자신도 함께 포함하는 전체성 안에 존재한다. 단지 논쟁적인 아이러니만이 특수하며, 자기 자신을 함께 포함하지 않는다. 그러나 사랑하는 아이러니는 자기 자신을 동일한 차원에 함께 놓고 모든 타자들과 마찬가지로 자기 자신을 의문에 부친다. 모든 객체성의 완전한 부동 상태 속에서 모든 것과 자기 자신을 사라지게 하는 존재 앞에서도 그에게 존재는 확실하다.

아이러니 안에는 **현실성에 대한** 감각이 존재한다. 그러나 논쟁적 아이러니는 현실성을 말하자면 부분적으로만 본다. 따라서 편파적이고 진실하지 못하다. 사랑하는 아이러니는 전체적으로 본다. 그러나 현실의 참된 파악과 모든 것을 관통하는 사랑의 통일은 오직 실존의 충만 안에서만 존재한다. 이에 반하여 일상적인 갈등은 자기기만 없이 사랑하면서 아직은 통일성에의 고양을 경험하지 못하는 아이러니를 필요로 한다.

아이러니는 실존의 전체성에 기초하는 마음의 태도로서는 **유머**이다. 이 태도는 불충분한 것에 내재하는 절대적인 것을 보호한다. 현실성이 결여된 관념론은 그 효과 없는 교화의 발산 속에서 유머를 필요로 하지 않는다. 도덕주의자와 합리주의자는 유머 없이 그의 현존을 강제적인 구조 안에 설립할 수 있다. 그러나 한계상황 안에서 자신들의 부자유한 신중함을 돌파하는 데 이르지 못하는 한에서 그의 현존은 실존 없이 분열되어버리게 될 것이다.

아이러니는 익살로 나타나지만 동시에 진지하다. 아이러니는 익살에 굴하지 않는 진지성을 허락하지 않는다. 아이러니는 조롱 안에서 무책임한 파괴로 탈선하는 위험이 있다. 그러나 그것은 진실성이 없는 객체성의 숭배로 탈선하는 것을 방지한다.

2. 유희

유희는 현실의 부담에서 떠난 생명력의 천진한 즐김이다. 그것은 현실적 강제로부터의 해방으로서 구속 없음에로 이르는 길이다. 유희의 즐거움은 아이러니와 마찬가지로 웃음을 수반한다.

유희 안에는 절대의식의 한 요소로서의 밝힘이 있다. 진실성의 기초 위에서 가능성의 공간 속에 던져진다. 거기에서 유희는 내용을 얻게 된다. 그것은 단순한 놀이 이상의 것이 된다.

언표하는 사고로서의 철학함은 이러한 의미에서 일종의 유희이다. 철학함 안에서 유희를 의식하는 것은 의심할 여지없는 것으로 간주된 진리로서 객관적으로 고정화하는 것을 방지하는 보호장치가 된다. 언표된 것은 어떤 것이든지 불가침의 무게를 가진 객관적 규정으로서 받아들여지지 않는다. 모든 철학적 사상은 또다시 상대화되지 않으면 안 된다. 객관적으로 언명된 진리의 소유를 기뻐할 때 유희는 망각된다. 그러한 태도는 아이러니의 눈에는 어리석게 보인다. 나는 객관적 주장들에 매여 있는 것이 아니라 그런 것을 만든 것에 대한 책임에 매여 있는 것이다. 나는 그것을 가볍게 폐기하지는 않지만 그것에 지배되는 대신에 그의 주인으로 남는다. 철학적 객관성 안에 존재하는 유희의 요소를 망각하는 불성실한 진지함은 그 근저에서 음미를 배제한다. 그는 더 이상 들을 수도 이해할 수도 없기 때문에 자유롭지 못하다. 오직 유희를 매개로 해서만 또한 참된 진지성이 가능하다. 그러므로 철학함의 긴장을 유지하는 것은 또한 궁극적인 진지성의 언어이다. 그러나 언어가 이 진지성 자체가 될 수는 없다. 참된 철학함은 자의적인 사고의 무책임성과 결정적인 객관성으로의 고정화 사이에서 이와 같은 책임적인 유희를 수행하는 자유로서 활동한다. 역사적 현실성의 진지함이 철학적 사고 안에서의 유희의 의식을 통하여 활성화되는 곳에 진리가 존재한다. 나는 철학함 안에서 기반과 근원에 대한 호소를 기대한다. 그러므로 절대자에 대한 소위 객관적 정확성이 말해지고, 나는 단순히 그것을 받아들여야만 할 때, 나는 실망하게 된다. 그러나 내가 그 안에서 가능성을 보는 것을 배우게 되는 유희로서의 철학함은 참된 것이다.

3. 수치

a) 심리학적인 수치와 실존적인 수치

나의 부족함이 주의를 끌게 될 때, 나는 수치를 느낀다. 또는 내가 남의 눈에 띄게 될 때 나타날 수 있는 부족함 때문에 수치를 느낀다. 나체가 있는 그대로 드러날 때 수치심을 일으킨다. 그러나 벌거벗은 사람은 벌거벗은 사람들 사이에서는 수치를 느끼지 않게 된다. 모든 사람이 행하는 바에 대해서 사람은 수치를 느끼지 않는다.

일반적인 것 안에 자기를 해소시키고 더 이상 자기로서 느끼지도 생각하지도 않는 사람은 수치감을 상실하고 있는 데 반하여, 자기를 가능적 실존으로서의 자신과 연결하고 있는 사람에게는 자기존재 안에 해소될 수 없는 수치감의 뿌리가 남아 있다. 그러나 이러한 **실존적 수치감**은 전자의 **심리학적 수치감**과는 다르다. 이 두 가지의 수치감은 자기의식에서 발생하는 것이다. 그러나 심리학적 수치는 타자의 거울에 반영된 개체적 현존의 가치의식에서 나오는 것이다. 실존적 수치는 다른 실존 앞에서 불성실하게 보이거나 오해받을 가능성에 대한 근심에 근거하는 것이다. 심리학적 수치는 유한한 동기를 가진 것이고, 경험적인 개인의 관심에 의해 이해될 수 있는 것이다. 실존적 수치는 무제약적인 것이고 일반적인 것 안에서 설명될 수 없는 것으로서 본래적 자기로부터 나오는 자기방어적 태도의 기능인 것이다. 예를 들어 내가 타자 측으로부터 경멸을 당할 가능성에 직면하여 얼굴을 붉히거나, 또는 발견될까봐 또는 내가 어떤 일에 책임이 있는 것으로 오인될까봐 겁이 나서 얼굴을 붉힐 때 이 모든 것은 주목되거나 주장되거나 질문당하거나 할 가능성 앞에서의 비밀스런 자기존재의 얼굴 붉힘과는 전혀 다른 것이다. 전자는 자기의식의 내면적 취약성과 연결되어 있고, 후자는 일반적인 것만이 정당화되는 객관성의 세계 안에서 자기가 부적절하게 취급되는 곳에서 내면적 강함이 드러내는 공포이다. 이와 같은 방어적인 수치는 자기가 타자의 잘못된 파악에 의해 일반적인 것의 영역 안에서 자기 자신의 불합리한 요구를 제기하고 있는 것처럼 보일 수도 있는 혼란으로부터 자기를 보호한다.

실존은 심리적 수치 안에 나타나는 부족함의 의식과 유사한 수치를 느낀다. 왜냐하면 실존도 역시 **그의 객관성 자체** 안에서 항상 **연약함**의 의식을 지니기 때문이다. 왜냐하면 실존은 그의 객관화된 모습이 실존 자체로서 받아들여지고, 단순한 객관성 안에서는 역시 의심의 여지가 있는 그의 현상으로 받아들여지지 않을 때 참되지 못한 것이 되기 때문이다. 실존은 하나의 주장으로 그의 실존적 존재를 드러낼 수 없고, 실존으로서 인정하라는 요구를 할 수도 없고, 또한 실존을 의지함에 의해 실존을 하나의 목적처럼 취급할 수도 없다. 실존이 말하고 다만 그러한 설명의 가능성밖에 드러나지 않는 곳에서는 언제나 실존은 그의 약함을 부끄러워하게 된다. 그는 단지 간접적으로만 객관적으로 될 수 있다. 그러므로 자기 자신과 타자 앞에서의 실존의 **침묵**은 그의 활동적인 현상의 가장 깊은 핵심이며, 실존의 수치감은 그의 침묵의 때 아닌 돌파를 방지한다.

실존적 수치심은 사회적, 객관적 공동존재의 영역 안에서 개인이 실존으로서의 자기 자신에로 향하게 될 때에 나타난다. 동등한 차원에서 서로 간에 거리낌 없이 실존에서 실존에로의 소통이 이루어지고 있지 않은 상황에서 나 자신이 접촉될 때에는 나는 수치를 느끼지 않을 수 없다.

실존적 수치는 **거리 둠**을 실행한다. 거리 둠 그 자체만으로는 어떤 근원도 실현되지 않는다. 그러나 그것은 가능성의 소진을 방지한다.

b) 철학함의 특수한 위험에 대한 보호로서의 수치심

실존적 수치심 안에서 뜻하는 바대로 표현될 수 없는 비밀이 지켜진다. 모든 말은 단지 혼란시킬 뿐이다. 그러므로 말은 철학으로서의 실존조명 안에서는 **일반자**의 영역 안에서 자기조명의 길을 발견하고자 하는 시도이다. 그러나 이러한 자기조명은 언표가능한 것 안에서는 성취될 수 없고 여기서 언표가능한 것은 단지 수단에 불과한 것이다.

그러므로 사고의 구성체로서 실존함 뒤에 조명으로서 따라오거나, 가능성들에 대한 호소의 양태들로서 앞서서 파악되는 **철학함** 자체로부터 특수한 위험이 생긴다. 철학함은 그 자체 안에 근거하는 것이 아니고, 실존함의 현실 안에서 비로소 그의 의미와 보증을 가지게 되는 것인데, 그것이 실존함의 현실성으로 **혼동**된다. 나는 언표하는 철학함을 실존으로 여기는 잘못에 떨어질 수 있다. 만일 철학이 실존으로부터, 그리고 실존을 위해 사고하는 실존의 기능으로 있는 대신에 그 자신으로 만족하게 되면 그것은 그의 본래적 내실을 잃게 된다. 명백성으로 존재하는 대신에 그것은 광신의 대상이 되고, 그의 가상이 참된 실존인 것처럼 기만한다. 근원의 사상으로서 자기를 구성하는 일에 집착함으로써 바로 근원 그 자체를 상실한다. 왜냐하면 근원은 그로부터 나오는 것 안에서 비로소 자신을 드러내기 때문이다. 그러므로 실존조명의 길은 거기에 머무르기 위한 통찰에로의 길이 아니고, 전회를 요구하는 한 지점에로의 길이다. 그 전회의 지점에서 우리는 보다 더 확신하면서, 보다 더 밝게 보면서, 다시금 현존으로 돌아갈 수 있는 것이다.

철학함 안에서 수치심은 오해받을 위험, 스스로를 오해하는 위험, 불성실한 멈춤 등의 위험에 대항하여 작용한다. 철학함은 그때마다 그를 통해 단지 가능한 것의 직접성으로서의 객관성의 가장 결정적인 형식들 안으로 **강제적으로** 돌아가기 위해서 이러한 수치심의 **돌파**를 감행하지 않으면 안 된다. 이 수치심은 표현방식의 계열 안에서 논리적인 수치심에서 심리적 수치심에로, 그리고 형이상학적 수치심에로 상승한다. 수치심은 단지 **오해됨** 그 자체만으로 드러나고 있는 **사유된 것의 약점들**에 붙어 있는 것이다. 실존조명의 **논리적** 표현들에서는 순환, 역설, 단순한 부정의 오성적 무의미성이 수치의 근거가 된다. 요해 **심리학적** 전개에서는 표현하고자 하는 것과는 다른 경험적 현실성에로의 강제적 접근이 수치심을 일으킨다. **형이상학적** 사고나 이미지들에서는 그것들을 손에 잡히는 독단적 신앙의 내용으로 받아들이거나 그들의 깊이를 단순한 비유들에로 끌어내리는 가능성이 수치심을 일으키는 것이다. 말하는 사람의 이해가 확실하여 혼란이 배제되고 논리적 부정에의 집착, 심리학적으로 구체적인 것, 형이상학적 대상에의 집착이 불가능해지는 이상적인 경우에는 어디서나 수치심은 끝날 수 있을 것이다. 그러나 그때에도 사고와 표현이 오직 철학적 양심만을 척도로 삼는 그러한 **순수성**을 지니는 한에서 수치심은 사라질 것이다. 철학하는 자는 누구나 항상 일탈에 **빠질** 수 있고 불순한 표현형식, 과도한 직접성, 합리적인 도식화 등의 잘못을 저지를 수 있다. 그는 항상 그의 수치심에 의해 인도되면서 최고의 것에 이르려는 목적, 주저 없이 모든 한계를 넘어서 질문하고 형성하지만 최대한의 인격적 신중성을 보전하고자 하는 목적을 위해 노력하지 않으면 안 된다. 이것은 오직 어디에도 집착하지 않고 집착에로 유혹됨이 없이 조명하면서 일깨울 수 있는 표현이나 사상의 부동을 통해서만 가능할 수 있다. 학문적 연구에서 논리적 양심이 이념의 내용에서 발생하는 비약을 규제하게 되는 것과 마찬가지로 철학적 실존조명에서는 수치심이 실존의식의 열정으로부터 형성되는 사상과 형상을 규제하게 된다.

c) 보호하는 수치심과 파괴하는 수치심

가장 심오한 수치심은 자기를 확신하지만 알 수는 없는 실존에 기초한 무한한 침묵으로서 존재한다. 실존은 자기에게 주의를 돌리는 것을 원하지 않는다. 왜냐하면 실존은 자기를 보호하기를 원하고 참되지 못한 이해의 무한한 소용돌이 속에서 스스로 자기를 상실하는 것을 원하지 않기 때문이다. 모든 것은 자명하고 자연스럽고 눈에 띄지 않게 단순하게 진행되어야 한다. 이 세상 안에서 과제들은 침묵하는 실존의 요구 없이 그냥 단순하게 성취되어야 한다. 그러나 그것은 실존이 존재하지 않기 때문이 아니라 그렇게 함으로써 실존이 사라져가는 현실성의 순간 안에서 순수하게 보전되고 이웃의 실존에게 참되게 드러나게 되기 때문이다. 실존이 세계 안에서 자기가 할 수 있는 것을 성취하고자 끊임없이 수고할 때 그것은 그렇게 함으로써 그를 위한 내실을 획득할 것이기 때문이다. 그러나 그는 언표된 요구 없이 그렇게 한다. 왜냐하면 표현된 요구는 목적으로서 직접적으로 원하게 되면 상실되어버리는 것을 목적으로 삼는 것이 될 것이기 때문이다.

그러므로 보호하는 수치심은 아마도 물을 것이다. 만일 적합하게 말할 수 없다면 도대체 왜 말을 할까? 왜 그냥 침묵하지 않는가? 왜 수치를 돌파하고 직접적이 될까? 만일 단지 망각된 순간에 있어서뿐만 아니라 일평생을 계속하여 근원에 기초하여 확실하고 신실하게 살고 행동하고 활동한다면, 사실에 있어서 사상과 언어는 필요하지 않을 것이다. 그러나 **언어의 오해뿐만 아니라 현존 자신이 혼란 속에 처해 있기** 때문에 가능적 실존은 상기하는 사고를 필요로 한다.

그러므로 사고에 대한 수치심의 저항은 **양의적인** 것이다. 순수한 수치심으로서 그것은 잘못된 장소에서 잘못된 시간에 잘못된 의미의 언명이 행해질 때, 언명이 순수하지 못하고 지식처럼 취급될 때, **탈선하는** 철학함의 위험에 대항하여 보호한다.

이와 반대로 수치심으로서 자신을 드러내는 저항은 사람이 그것을 그의 가능성으로서 기억하는 것을 원하지 않을 때, 자유의 요구에 대항하듯이 **근원에 대항하여 자기를 보호하고자** 할 수도 있다. 이러한 거부는 언어를 거부하는 것에 의해 그의 저항을 더 용이하게 만들고자 한다. 그것에 관해 전혀 언급되지 않는다면 가능성 자체가 사라질 수 있다. 실존에 대한 현존의 이러한 참되지 못한 저항은 **철학하지 않음**이 가지는 위험이다.

저항이 순수한 수치심일 때, 그것은 조용하고 침묵한다. 그것은 반응의 가능성으로서의 무반응이다. 그것은 불순한 언설이 밀려오는 곳에서의 조용한 숨김(verdecken)이다.

저항이 자기실현에 대항하는 방어일 때 그것은 그의 격정과 시끄러운 논쟁을 통하여 의심스러운 것이 되는 경향이 있다. 이와 같은 저항은 강조된 수치에 의해 모든 수치심의 상실과 일치하게 된다.

4. 평정심

신경의 안정상태로서, 아직 아무것도 알지 못하는 어린애 같은 마음의 평온으로서, 그리고 행복한 상황 안에서의 삶으로서의 평정심이 존재한다. 절대의식의 한 요소로서의 평정심은 한계상황 안에 있다. 그것은 획득된 배경으로서, 그리고 미래적 가능성으로서 존재확신의 안정이다. 또한 평정심은 현존 안에서의 존재의 절정으로서 성취되는 것이 아니라, 현재적 결단이 없는 확신의 조용함이다. 이와 같은 안정된 의식은 일상성에서 가능한 태도이고, 기준이 아니라 보호장치인 것이다. 그러한 의식은 그가 겪게 되는 유한성의 타격에 의해서가 아니라 결단들에 있어서의 실존의 열정에 의해 돌파된다. 침묵하는 고요함은 한계상황 안에서의 존재의 계시 안에서 끝이 난다. 그리고 그것은 최종적으로 평정심 안에서 또다시 안정을 얻는다.

평정심은 훈련된 스토아주의의 무감동상태, 즉 모든 상황이 자기에게 접근하지 못하게 하는 편안한 무감동상태가 아니라, 높은 곳으로부터 거리를 두는 보호이다. 그것은 존재가 빛을 잃고 내가 나로부터 멀어질 때 나로 하여금 나를 받아들일 수 있게 한다. 그러나 그것은 그 자신으로서 만족하는 것이 아니고 항상 준비상태에 있으며 자기 자신으로부터 나와서 운동과 성취에로 돌진한다.

제9장

무제약적 행위

1. 제약적 행위와 무제약적 행위

별자리의 변화로부터 지구표면의 변동에 이르는 모든 현상은 단지 일어날 뿐이다. 식물과 동물은 그들의 자기완결적 현존의 무의식적 목적과 관계하면서 산다. 단지 인간만이 행위한다. 행위하면서 그는 자기가 의욕하는 바를 안다. 행위는 알고 스스로 결정하는 활동이다.

아직 참다운 반성이 없는 **충동적 행위**는 본능적 확신에 근거하여 존재한다. 그리고 단지 움켜쥐는 의지의 소박한 확실함에서 행해진다. 의문 없는 충동이 그의 목적을 의식하게 되고 또한 충동과 그 만족 사이에 목적, 수단의 관계의 계열로서의 계산적 대책이 끼어들게 될 때에는 이러한 충동적 행위로부터 **합목적적 행위**가 일어난다. 충동의 만족이 저지되거나 연기될 뿐만 아니라 결국에는 망각될 때에 합목적적인 것의 무한성이 나타난다. 왜냐하면 각각의 목적은 '무엇을 위한 것인가?'라는 질문에 부쳐지기 때문이다. 그것은 상대화되고 더 계속하여 질문된다. 최후의 목적은 계산하는 반성에 의해 발견될 수 없다. 그것은 주어져야만 한다. 그것이 질문 없는 소박한 만족으로서 충동성에 의해 존립하는 것에 머무른다면, 충동과 반성의 전체는 관심들과 목적들에 기초하여 우리의 의식적 현존을 성취하고 작동시키는 **생명력의 활동**이 된다.

직접적, 충동적 행위이거나 자기로부터의 거리를 취하는 합목적적 행위이거나 충동에 기초하는 반성 안에서 성취되는 생명력의 행위이거나 간에, 행위는 그 본질에 있어서 현존의 **제약된** 행위인 것이다. 고대로부터 철학자들은 현존의 확장, 감각적 향락, 가치와 영향력에 대한 욕망 등, 이 모든 것을 쾌락과 부, 권력 등으로 총괄하는데, 이 모든 것은 그의 충족을 위한 행위들을 제약한다. 욕망은 충족을 예견한다. 불안은 실패를 예상한다. 이 두 가지는 마비시킨다. 희망과 근심은 활동을 촉진시킨다.

그러나 이러한 행위가 나에게 안식을 주는 것같이 보이는 것은 단지 한 순간에 불과하다. 충족과 권태, 지루함과 새로운 것에 대한 의욕 등은 최종목적에 도달할 가능성이 없이 행위를 촉진시킨다. 최종적 목적 없이 무의미하게 행위로 내몰리게 하는 것은 인간의 착각과 같은 것이다. 그러한 착각 안에서 생명충동은 인간에게 그가 결코 발견할 수 없는 허상을 보여준다. 그것은 생명이 끝날 때까지 자기 자신을 맹목적으로 반복하여 생산하는 생명욕의 고뇌이다.

그러나 인간의 행위 속에 이와는 **다른 것**이 나타날 수 있다. 그리고 그것을 통해서 인간의 행위는 시간적 유한성으로부터 벗어나서 행위하면서 자기를 확신하게 되는 자기존재에로 돌아가게 된다. 그 다른 것은 적극적으로는 난파에 있어서조차 존재의식으로서 현전하고, 소극적으로는 가장 풍요로운 현존에 있어서조차 자기상실의 불안으로서 현전한다. 우리는 그것을 **무제약적 행위**라고 부른다. 행위가 충동만족의 욕망에 의해서, 목적에 의해서, 그리고 현존적 관심에 의해서 제약된다면, 무제약적 행위는 참으로 생명의지의 이러한 현존적 신체 없이는 현실적일 수 없지만, 그것은 제약된 행위 안에서 그것 안에 존재할 뿐 아니라 또한 그와 동시에 그것을 넘어서 존재한다.

충동적 행위는 인간의 의식 안에서 파악되는 우리의 동물적 본성이다. 현존의 현실로서 그것은 초월자 없이 존재한다. 이와 반대로 무제약적 행위는 자기를 의식하는 실존의 표현이다. 실존은 현존의 현상 안에서 초월자와 관계하면서 그에게 영원히 본질적인 것을 행한다. **합목적적 행위**는 지시가능한 목적에 의해 제약된다. 그리고 그 자신 단지 수단에 지나지 않는다. 이에 반하여 무제약적 행위는 그 자신 안에서 그 자체로서 의지된다. 세계 내적 행위인 한에서 그것은 목적을 가진다. 그러나 그것은 이러한 목적들에 의해서 충분히 근거 지어지는 것은 아니다. 합목적적 행위는 최종목적을 알고 싶어 하지만 결코 그것을 발견할 수 없다. 이에 반하여 무제약적 행위는 최종목표를 필요로 하지 않는다. 왜냐하면 그 행위 자체가 존재의 표현으로 존재하기 때문이다. 충동 및 계산하는 목적성의 총체로서의 **생명유지 행위**는 그의 특수한 명석성에도 불구하고 그의 현존의 자의에 있어서는 맹목적이다. 이에 반하여 무제약적 행위는 존재확신을 가지고 충동과 반성을 투명하게 밝힌다. 그리고 그의 존재확신은 그 자체로서는 충동과 그의 만족 안에 놓여 있는 것도 아니고 계산된 목적 안에 놓여 있는 것도 아니다. 오히려 그것은 이 두 가지가 난파되어도 그대로 남는다. 왜냐하면 그 행위는 자의를 상대화하는 실존에서 나오는 것이기 때문이다.

2. 현존과 무제약성

행위는 세계 내적 상황에 묶여 있다. 그것은 무제약적 행위로서는 또한 **한계상황** 안에서 실현된다. 한계상황 안에 있는 실존으로서의 무제약성은 객관적으로 나타나는 것이 아니다. 심리학적인 연구에서 무제약성은 그가 참으로 원하는 것이 무엇인가를 묻지 않는 근심 없는 생명력으로부터 구별되지 않는다.

그러므로 사람은 무제약적 행위를 충분히 정의할 수가 없다. 사고에 대해서는 그들은 단지 자기의 고유한 본질로 번역되지 않으면 파악될 수 없는 **호소적 신호들**로 존재할 뿐이다.

그에 대한 사유는 현존을 절대화하는 행위들과 대조시키면서 그들을 가능성으로 생각한다. 단순한 현존에 기초하는 행위들은 이 세상 안에서 집 없이 방황하는 것과 같은 것으로서, 그들에게는 더 이상 특수한 것을 넘어서는 목적도 없고 의미도 없는 것처럼 보인다. 왜냐하면 그들은 이미 단순한 자연의 사건이 아니고 생물학적 현존의 무의식적 목적 관련성에서도 벗어나 있기 때문이다.

그리고 무제약적 행위의 표지는 실존의 역사성에 기초한 행위와 **동일화될 때** 현존과 무제약성의 상호침투를 나타낸다. 즉 무제약성은 모든 현존과 연결되어 있으면서 현존과 구별된다. 무제약성은 그의 역사성 안에서 그와의 완전한 통일에 이르기까지 현존을 다시 자기의 것으로서 동화한다. 그러므로 무제약적 행위는 전적으로 **실현에 헌신**하거나 그와 반대로 현존을 철저히 부정한다. 무제약적 행위는 현존을 실현하기 위해서 끊임없이 계획하고 헤아리는 부단한 운동 속에 전력을 기울이면서 시간 안에서의 자신의 상황의 구체성 속에 뿌리를 뻗는다.

사람이 **세상 속에 자기를 상실할 때** 행위는 무제약적이기를 그친다. 세계 내의 모든 목적은 반성에 대해서 그 이상의 목적들의 무한성으로 귀착하고 최종목적은 보이지 않게 되므로, 세계 내의 목적들 자체를 절대화하는 것은 무제약성의 상실을 의미한다. 세계 내적인 것을 절대화함으로써 나는 모든 목적의 미완결성, 모든 현존의 확실한 종말과 몰락, 자기의 삶의 종국적인 상실 등과 함께 무 속에 떨어진다. 모든 것이 단순한 현존에 불과한 것이라면 사라지는 실현들의 무한성이 계속될 뿐이다. 이것이나 저것이나 모두가 사라지는 것이므로 똑같이 허망한 것이다. 세계 안에서 무제약적인 것으로 보이는 것은 단지 어떤 대가를 치르고서라도 생명에 집착하는 것일 뿐이다.

그러므로 세계 안에서의 행위의 무제약성은 단지 내가 세계를 **떠났다가** 이제 다시 세계로 **돌아올** 때 비로소 가능하다. 그때에는 세계 안에서의 행위와 함께 현존 전체가 상징적 성격을 얻게 되는데, 그것은 세계를 비현실적인 것으로 만드는 것이 아니라, 세계를 그 깊이로부터 빛나게 하는 것이다. 그때 비로소 단순히 현실적인 것은 상대화되었지만 끊임없는 전적인 개입을 통해 그때그때 대처된다. 즉 상대화는 현실을 아무래도 좋은 것으로 만드는 것이 아니라 현실을 중요하게 여기는 것이다. 내가 마치 현존하는 현실성 그 자체가 절대적인 것처럼 행위하면서, 그와 동시에 단순히 현실적인 것에 불과한 모든 것은 무와 같다는 의식을 가지는 현존 속의 긴장, 이 긴장은 세계 안에서의 무제약적 행위의 진실인 것이다.

무제약성은 세계 내의 **목적들로부터 이해될 수 없는** 것이지만 사람들은 그것을 목적들로부터 도출되는 오성의 형식 안에서 이해하고자 한다. 그때 무제약성은 **초월적 목적**에 기초하여 형이상학적으로 해석된다. 즉 무제약적 행위를 통해 피안적 영역 안에서 보물이 획득되는 것이다. 이 세상 안에서의 행위는 피안에서의 삶의 한 수단인 것처럼 된다. 그렇지 않으면 무제약성은 이 세상 안에서 신을 찬양하는 목적을 통하여 표현된다. 초월자의 감성화 및 대상화로서의 이와 같은 형이상학적 형식화는 무제약성 안에서 함께 표현되지만 결코 인식되지 않는 초월자와의 관계에 대한 오성의 무력한 표현들이다.

오직 이러한 무제약성만이 **생명을 거는 모험을 이해할 수 있게 한다**. 이 모험에서는 세계 내의 한 목적이 절대적으로 중요한 것으로 간주되지만, 그러나 세계 내적 존재의 외견상의 절대화에 모순됨 없이, 그 자신 구제의 가망 없이 소멸할 수밖에 없는 것을 위해 그의 삶을 희생하고자 하는 의지가 실현한다. 이 두 가지가 동시에 가능할 수 있는 것은 오직 이 현존이 상대화되고 또한 그가 존재의 현상으로 존재한다는 의미로 관통되는 것을 통해서뿐이다. 모든 것이 현존에 불과한 것이라면 무엇을 위해 죽는다는 것은 무의미한 것이 될 것이다. 왜냐하면 그렇게 되면 생명이 모든 현존의 전제조건이 될 뿐만 아니라, 또한 현존 이상의 아무것도 존재할 수 없기 때문이다.

더 나아가서 이러한 무제약성만이 **세계 안에서의 삶의 개체적 가능성들의 철저한 포기**의 가능성의 근원이 된다. 현존의 절대화 그 자체는 모든 가능성을 붙잡으려 하고, 아무것도 놓치지 않으려 하고, 다양성 그 자체를 의지하고자 한다. 무제약성은 일자로서의 존재를 추구한다.

3. 현존의 돌파로서의 무제약적 행위

행위는 무제약성 없이는 기반이 없어진다. 행위는 무제약적일 수 있는 가능성에 근거하여 자연법칙의 지배 밑에 있는 사건의 절대성을 의문에 부친다. 자연법칙의 인식에 있어서는 의식일반만이 그의 내재적 의미를 충분히 증명한다. 무제약적 행위는 그 실현의 순간에 현존의 현상을 지배하는 자연법칙의 불가피성을 돌파하는 것은 아니다―이것은 불가능하다. 그러나 그것은 자연법칙의 불투명성을 밝혀 드러나게 할 뿐만 아니라, 또한 행위를 통한 돌파 안에서 단지 법칙으로 보였던 것이 법칙이 아니었다는 것을 증명한다. 무제약적 행위는 현실을 통해서 무엇이 가능한가를 제시해준다. 무제약성은 현존에 대해서 안정된 관계를 가지는 것이 아니라 오히려 현존의 돌파 안에서 비로소 그를 실현하는 운동을 한다.

행위를 하는 유일한 존재인 인간은 사실에 있어서 그의 현존과의 **결렬** 안에 서 있다. 생물학적 존재의 무의식적 목적들은 그때마다의 의문 없는 자기충족적 삶의 전체에로 지양되는 데 반해서, 인간의 현존적 목적은 모두가 그들이 그 안에서 결정적으로 보호되어 있는 전체를 가지고 있지 않다. 인간은 그의 행위들을 통하여 하나의 전체성 안에 흡수되어 들어가는 적이 없다. 전체는 단편적으로 현존에 나타날 뿐이다. 인간은 결코 전체적인 것으로 되지 않는다. 인간은 끊임없이 전체성을 추구하지 않으면 안 된다. 인간은 자신을 특수한 수행능력들로 변형시킬 수 있다. 그는 그의 신체를 훈련하여 스포츠 전문가로 만들 수 있다. 그는 자신의 삶의 정신적 가능성을 일관되게 향상시킴으로써 그 능력을 분리시킬 수 있다. 그러나 그는 결코 전체로는 되지 않는다. 인간은 신체와 정신을 정확한 조화 속에서 양성함으로써 동물처럼 자연적이지 않고, 자기의 가능성들 중의 하나로서 스스로 창조한 제2의 자연으로 존재한다. 그러나 그때에도 여전히 그는 전체는 아니다.

그러므로 현존과의 그의 결렬은 인간으로 하여금 현존을 순수하게 **받아들일 수도 없고** 현존으로부터 **떠나버릴 수도 없게** 한다. 만일 인간이 단지 충동적으로, 그리고 목적에 따라서 행위한다면, 그는 가능적 자기존재로서는 **타락**하게 되고 비존재의 의식에 시달리게 된다. 그러나 인간이 비록 무제약적인 것에로 비상한다고 할지라도 그는 여전히 무제약적인 것의 실현을 위한 유일한 신체인 감각적 현존의 현실성 안에 묶여 있게 된다.

동물 존재의 분열 없는 현존과 비교할 때 인간은 언뜻 결핍된 존재로 보일 수 있다. 동물에 있어서는 자연으로서의 신체와 영혼은 긴장 없이 그 자신 안에서 생물학적 통일성 안에 안주하고 있다. 이에 반하여 인간은 더 이상 그렇지가 않다. 동물은 미리 지정된 삶의 공간을 가지고 있어서 그것을 잘 채우는 데 성공하든가, 그렇지 않으면 그에 직면하여 실패함으로써 즉시 파멸하거나 한다. 인간은 예측불가능한 가능성들을 가진다. 그러나 그를 통하여 실현될 수 있는 것은 그의 자연적 삶의 법칙 안에서 결정되지 않는다. 인간은 심리학, 사회학, 그리고 역사학의 대상으로서 현실적으로 존재하지만, 그는 그러한 영역들의 대상으로서 완전히 밝혀질 수가 없다. 대상화하는 인식의 이와 같은 영역들 안에서는 인간은 아마도 인식을 단념하면서 심리학적으로 이렇게 말할 수 있을 것이다. "불가능을 의지하는 자만이 가능성을 성취할 수 있다." 그러나 인간 자신에게는 불가능한 것은 불가능하지 않다. 폭력적인, 그 자신에 의해, 그리고 자기를 위해 창조한, 자동적이 아니라 역사적으로 변화하는 장애들을 가지고 인간은 그의 현존의 무대에 등장한다. 인간은 자연과 결렬한다. 그것은 자유로부터 또다시 자연과 하나가 되거나, 그렇지 않으면 야만적 상태를 통해서 자연에로 전락하기 위해서이다. 그러나 그것은 자연에로의 귀환이 아니라 인간이기를 그칠 수 없는 인간의 타락이다.

그러므로 하나의 규범과 충돌하는 인간의 어떤 양태도 동물로는 되지 않는다. 자기 자신의 결의로부터 현재의 그로 된 악명 높은 범죄자도, 낯선 힘에 의해 제압되어버린 정신병자도 동물로 되는 것이 아니다. 규범은 확정된 것이거나 일의적인 것이 아니라 오히려 그 자체가 의심할 여지가 있는 것이다. 일탈은 어떤 의미에서나 무가치한 것이 아니다.

다시 말하면 범죄자는 맹수처럼 현존의 폐쇄성 안에 갇혀 있는 것이 아니다. 그것에 대해서는 그는 먼 거리에서 하는 고찰에서만 회상할 수 있을 뿐이다. 공공의 권력에 굴복하고 있지만 그는 그와 동시에 인간적 현존의 질서에 대한 질문으로서, 그리고 자기의 고유한 인간적 가능성을 지닌 존재로서 남는다.

정신병자는 동물과 같이 되는 것이 아니라 가능성들의 전도가 일어나는 것이다. 그를 이해할 수 없음은 자연적 사건의 이해불가능성과 같은 것이 아닐 뿐만 아니라 다른 종류의 가능성과도 같은 것이다. 미친 짐승은 단지 기대에 어긋나는 행위를 하고 붕괴되지만 정신병적 인간은 건강한 인간현존 앞에 하나의 거대한 의문부호처럼 마주 서는 그 자신의 세계를 창조한다. 더 나아가서 인간은 병중에 그 병이 야기하는 것을 통해서 자기 자신과 타자에게 중요한 문제가 될 수 있다.

동물적 현존의 폐쇄성의 상실, 범죄, 정신병, 그리고 일방적, 폭력적 형성과 본질적 실현을 분리할 수 없음 등은 그 자체로서는 무제약성의 현상을 의미하지 않는다. 그러나 그런 현상들은 파괴된 인간적 현존의 특징을 나타내는 것으로서 그들로부터 무제약성이 가능해진다. 왜냐하면 현존은 이미 확실하고 일의적인 필연성 안에서 일어나지 않고 그러한 파괴에서 무제약성이 요구되기 때문이다. 왜냐하면 완결성의 상실 안에서는 무제약성을 통해서만 불확실한 존재 안에서의 존재의 돌파가 일어날 수 있기 때문이다.

현존의 질서들(자연, 생명, 영혼으로서, 사회와 국가로서의)의 표준에서 보면, 그보다 높은 법칙에 기초하는 무제약적인 것은 무절제하고 사리에 어긋나고 파괴적일 수 있다. 그것은 그 자신의 근원으로부터 새로운 실현을 창조하기 위한 것이다. 그러나 생명을 거는 모험도, 객관적으로 증명불가능하고 흔들림 없는 충성도, 자살도, 외적인 사실로서는 그 무제약성을 증명하지 못한다.

현존재와의 결렬에 의해서 인간은, 그의 현상에 있어서 이미 하나의 자연적 현실성이 아니다. 다시 말하면 동경만이 인간에게 마법을 걸어서 기만적으로 그러한 인간의 모습을 그려서 보여준다. 인간은 그의 의식 안에서 자기 자신과 분열되어 있다. 왜냐하면 그는 자연의 안정성을 상실하였기 때문이다. 자연스러움의 척도가 최고의 것이라고 하면 인간은 현존의 질병이라고 볼 수밖에 없다. 모든 자연적 현존의 의심할 여지없는 힘으로부터 인간을 분리시키는 것, 즉 인간의 근원적인 상처는 그의 최고의 가능성의 근원인 것이다. 인간이 무제약적이 될 수 있는 것은 그가 단순히 살아 있음에 불과한 것의 순환궤도에서 벗어나는 것을 전제조건으로 한다. 그럼으로써 인간은 어떤 존재를 깨닫게 되고, 또 어떤 비존재의 가능성을 깨닫게 된다. 그리고 이 두 가지는 생명 그 자체 안에서는 의식될 수 없는 것이다. 인간의 현존은 그를 속박한다. 그러나 현존만이 그에게 존재에로의 가능성을 부여한다. 인간은 자기를 확신하기 위해서, 현존의 표준에서 보면, 그가 실현할 수 있는 것 이상의 것을 자기에게 요구하지 않으면 안된다. 인간은 자기를 벗어나 있는 것에 의해서 중간존재이다. 그리고 그것은 무제약적인 것 안에서 획득되지 않으면 상실된다. 자신을 초월하는 것에 의해서 인간은 중간존재가 된다. 그리고 그러한 중간존재는 무제약적인 것 안에서 자기를 획득하지 못하면 상실된다.

4. 무제약적 행위의 여러 방향들

무제약적 행위의 조명은 무제약적 행위를 현존의 분열 안에서 세 개의 차원에 따라서 밝힐 것이다. 이 세 차원은 고정된 한 점에서 만나는 것이 아니라 서로를 상쇄하는 것처럼 보이면서 하나로 된다.

무제약적 행위는 **이념적인 것으로서는** 상실된 현존적 전체성 대신에 인간적 질서들의 객관성 안에서 정신적 전체성을 실현하고자 한다. 그리고 그것은 인간적 질서들의 객관성을 통하여 변형된 현존과 일치하게 된다. 이념의 실체에 기초하여 인간적 공동체의 세계 안에서의 삶의 적극적 내용이 실현된다. 예를 들면 정의는 그러한 이념들 중 하나이다. 정의는 실용적 목적 행위의 규칙들이나 척도로서의 법률적 질서와 달리 합리적으로는 충분히 통찰가능하지 않다. 정의는 그때그때의 합리적 객관화 속에서 작용하고, 항상 후자 속에서 논의된다. 그러나 정의는 하나의 포월하는 전체로서, 합리적 형식을 인도하고 그에게 비로소 무게를 부여하는, 근원들에 기초하여서 산다.

　실존적 행위로서는 무제약성은 그것이 미칠 수 있는 범위 안에서 이념적인 것과 동일하다. 그러나 무제약성은 이념을 돌파할 수 있다. 가령 정의는 의문에 부쳐진다. 그러나 그것은 생명적 에고이즘에 기초하지 않고, 심연에 직면하여 낮의 법칙을 더 이상 유일한 것으로 보지 않는 영혼이 요구하는 바에 대한 보다 깊은 파악에 기초한다.

　초월적 행위로서는 무제약성은 그를 현실 속으로 끌어들이고자 하는 그의 타자와 직접적으로 관계한다. 목적에 반대되는 행위, 파괴적인 행위, 또는 그 결과에 있어서 소멸하기 때문에 세계에 대해 무관심한 행위는 현상 속에 나타나는 실존과 이념을 파괴하는 이러한 의미를 가질 수 있다.

　이념은 현존 안에서 세계실현으로 이끌고 영혼은 세계 안과 밖에서 그의 초월자 앞에 실존한다. 초월자는 알 수도 없고 현존하지도 않는 자로서의 그의 존재의 심연으로 이념과 영혼을 끌어들인다.

　세 가지 차원은 각각의 무제약적 행위 안에서 가능성들로서 현존한다. 무제약적 행위는 이념들에 참여하고 실존에 의해 지탱되고 초월자와 관계한다. 그러나 이 삼차원은 무제약성이 일의적인 형식 안에서 파악되는 것을 불가능하게 만든다. 무제약성은 실존이 이념을 책임지고 하나의 근원적 존재에 근거하여 세계현존을 실현하면서 그 이념 안에서 초월자를 향할 때 하나로 통일될 수 있는 것처럼 보인다. 그러나 그때 실존은 자기 안에서 분열하고 투쟁하는 것처럼 보인다. 그리고 현실로서의 세계현존 안에서는 자기를 포기하는 일 없이는 자기를 현실적으로 실현할 수가 없는 것처럼 보인다. 그러한 실존의 자기 포기는 전체로 되어버린 인간의 현존 질서의 경직화 안에서, 또는 고립된 개인의 과도한 실존 안에서, 그렇지 않으면 생명 없는 초월자에 의한 현존 파괴 안에서 일어날 수 있다.

무제약적 행위는 그것이 한순간도 면할 수 없는 현존을 돌파한다. 무제약적 행위 그 자체는 세계 안에서 세계를 넘어서 존재하지만 세계를 전적으로 포기할 때에는 그것이 우리에게서 상실되는 것처럼 보인다.

그러나 단지 스스로 자기가 직접 행위하는 것을 통해서만 알려질 수 있는 것을 인식에 의해서 심판하는 것은 불가능한 것이다. 세계로부터 떠나는 것은 가능성으로서 세계 안에서의 모든 실현에 대한 영속하는 거대한 의문부호가 된다.

제1절
현존을 넘어서는 무제약적 행위들

나는 한계상황을 일시적인 것으로 유한화하거나 망각함에 의해 나로부터 숨길 수 있다. 나는 세계 안에서 한계상황에 직면하여 가능한 것을 무제약적으로 행할 때 그것을 견디어낼 수 있다. 나는 절대적 발걸음, 즉 **자살**에 의해 현존을 떠나는 것을 통해서, 또는 신과의 **직접적인 관계** 안에서 현존을 떠나는 것을 통해서 한계상황들을 넘어설 수 있다.

종교는 내가 목숨을 끊는 대신에 이 세상에 머무를 수 있게 해준다. 그러나 그 결과에 있어서, 다시 말하면 종교 그 자신이 한계상황을 은폐하는 데 잘못 사용되지 않는다면, 세계 **안**에서 세계를 떠나는 일, 즉 금욕주의, 세계도피, 현존의 고통 안에서 또는 현존의 기쁨이 없는 행위 안에서 세계의 밖에 거하는 삶을 강요한다.

자살

정신과 의사는 자살을 'Suicid'라고 칭한다. 그리고 그러한 이름으로 지칭하면서 그 행위를 심연을 은폐하는 순수한 객관성의 영역 안에 분류해 넣는다. 문학자는 자살을 자유로운 죽음 'Freitod'라고 칭한다. 그리고 자살을 가장 높은 인간의 가능성으로 보는 소박한 전제를 통해 어느 경우에나 역시 은폐하는 또 하나의 창백한 장밋빛 색깔로 그 행위를 덮는다. 오직 자기 살해 'Selbstmord'라는 말만이 불가피하게 이 문제의 공포스러움을 이 사실의 객관성과 함께 현실적으로 견딜 것을 요구한다. 여기서 "자기 (Selbst)"란 자유를 표현하며 이 자유에 기초하여 현존은 이 자유를 파괴하는 것이다.("자유롭다"라는 말은 자기관계가 그 안에서 극복된 것을 의미한다면 너무도 적은 것을 말하는 데 반하여) 그리고 여기서 "살해"는 자기관계 안에서 해결불가능한 것으로 결정된 것에 대한 폭력적인 행위를 의미한다.(이에 반해

"주검"은 수동적인 소멸과 유사할 것이다.)

인간은 수동적으로 살거나 수동적으로 죽는 것을 원할 수 없다. 그는 행위를 통해서 살고, 오직 행위를 통해서만 자신에게서 생명을 **빼앗을** 수 있다. 우리의 현존은 우리가 원한다면 수동적 파멸을 불가능하게 만드는 그러한 존재이다. 순수한 수동성은 단지 질병이나 외적 폭력에 의한 자연사 안에만 존재한다. 그것이 우리의 상황이다.

자살은 더 이상의 행위로부터 자유로워지는 유일한 행위이다. 실존에 대한 결정적 한계상황으로서의 죽음은 닥쳐오는 것이고 초래되는 것이 아닌 그런 사건이다. 오직 인간만이 죽음에 대해서 안 다음에 자살의 가능성 앞에 선다. 그는 의식을 가지고 자기의 생명을 걸 수 있을 뿐만 아니라 그 자신이 살 것인지 아닌지를 결정할 수가 있다. 죽음은 그의 자유의 영역에 속한다.

1. 사실로서의 자살

행위는 그 자체로서는 필연적인 것도 아니고, 무제약적인 것도 아니다. 행위는 심리학적 관점에서의 통계적, 인과론적 연구의 대상으로서는 결코 무제약적인 것으로서 인식될 수 없다. 경험적으로 탐구하는 대상적 인식의 한계에서 비로소 자살이 철학적 문제로서 등장하게 된다.

통계는 자살의 빈도를 말해준다. 즉 유럽에서는 게르만족이 자살에 대해 더 큰 경향성을 가지고 있다는 것, 덴마크는 자살이 가장 많은 나라라는 것, 독일 안에서도 북쪽 지방이 남쪽 지방보다 더 자살이 많다는 것, 그리고 나이와 더불어 자살이 더욱 잦아지고, 60세에서 70세 사이에 자살의 빈도가 가장 높아졌다가 다시 줄어든다는 것, 그리고 일 년의 계절 중에서 자살의 빈도가 절정을 이루는 것은 5월과 6월이라는 것, 가톨릭 국가들에서보다 개신교 국가들에서 자살이 더 자주 일어난다는 것을 알려준다.

그와 같은 통계들 또는 다른 빈도 통계들은 그의 정확한 수치들을 도덕 통계학의 저작들 안에서 알아낼 수는 있으나, 개인의 영혼에 대한 통찰은 제공하지 못한다.

통계는 개인들을 지배하는 법칙을 알려주지는 못한다. 통계는 개별적 경우에 대해서는 결정함이 없이, 단지 다수에 있어서의 수량적, 규칙적 상태, 가령 민족, 연령, 성의 전체적 양상에 관해서, 그리고 그와 함께 작용하는 인과적 요소들에 관해서 암시를 제공한다.

소위 **동기를 밝히는** 통계학은 단지 외관적으로만 심리학적으로 보다 더 깊이 들어가는 것처럼 보인다. 그것은 삶에 대한 권태, 신체적 고통, 정열, 약물(마약중독, 알코올 중독), 슬픔과 근심, 징벌 앞에서의 후회와 공포, 그리고 분노와 다툼 등에 근거한 자살 비율의 어느 정도 정확한 규칙성을 제시한다. 그러나 이러한 규칙성 안에서는 자살의 심리학적 현실성보다는 유족이나 경찰기관 측에서의 전형적 판단이 더 많이 표현되고 있다. 가까이에서 자살을 한 번 본 사람은, 만일 그가 인간을 사랑하고 심리학적 통찰력을 조금이라도 지니고 있다면, 단지 하나의 동기에 의해서는 그 사건을 이해할 수 없다는 것을 경험하게 된다. 언제나 마지막으로 남는 것은 비밀이다. 그러나 그렇다고 해서 경험적으로 확정가능하고 인식가능한 것을 파악하려는 노력에 한계를 설정할 필요는 없다.

정신병을 알아보는 일은 아주 간단한 것처럼 보인다. 어떤 사람들은 모든 자살을 정신병이라고 설명하기까지 한다. 그렇게 되면 (자살의) 동기를 묻는 일은 끝난다. 그리고 자살의 문제는 건강한 세계의 밖에 놓여 있는 것으로 처리된다. 그러나 그것은 그렇지가 않다.

본래적 의미의 정신병들이 존재한다. 그들은 일정한 시간에 시작되고 더 이상 진전되거나 또는 치유에 이르는 규칙적인 과정을 갖는다. 이와 같은 정신병은 건강한 인격에 대해서는 어떤 낯선 것이고, 관찰자에 대해서, 그리고 치유과정에서 병을 앓고 있는 환자들에게도 기이한 것이다. 그와 같은 특수한 증상들을 통해 알아볼 수 있는 정신병들은 비판적 전문가들이 상당한 확실성을 가지고 확인할 수 있다. 우리는 통계적 데이터에 근거해서 우리 시대에 독일 자살자들 가운데 3분의 1 정도만이 정신병임을 인정할 수 있다. 그러나 그렇다고 해서 그 3분의 1에서의 이해가능한 동기에 대한 물음이 끝나는 것은 아니다. 열병이 전염의 결과인 것처럼 자살이 정신병의 결과인 것은 아니다. 아마도 완전하게 이해할 수 없는 병의 생물학적 요소가 생명 속에 침입했을 것이다. 그러나 병에 기초하여 발생한 정신적 연관들로부터 비로소 개별적 병자들에게 자살이 일어나는 것이지, 병자들 모두에게 일어나는 것은 아니다.

흔히 우울증에 기본적으로 수반되는 견딜 수 없는 불안상태는 자살을 촉발한다. 그리고 이 경우 자살은 신중하게 준비된 것일 수도 있고 심신쇠약의 과정에서 충동적인 자살충동이, 특히 기괴한 수단의 사용을 통하여 갑자기 일어날 수도 있다. 여기서 한편으로는 심리학적 인과관계가 충분히 나타나는 것처럼 보일 수 있지만, 또 다른 한편으로 정신병자는 자살에서 자기를 보전하는 본래적 자기존재로서 자기의 발병에 대하여 반응할 수도 있다.

정신병자가 아닌 3분의 2의 자살자들 중에도 정상이 아닌 이상한 사람들이 포함되어 있다. 그러나 이것은 자살이 직접적으로 비정상성으로부터 파악될 수 있다는 것을 의미하지는 않는다. 오히려 신경증적, 심리적 비정상성이 너무나도 흔히 확인되기 때문에 그들과 정상적인 개인들의 편차 사이에 어떠한 경계도 존재하지 않는다. 합리적으로 이해가능한 동기의 분석이 방해를 받는 것은 정신병에 의한 경우보다 비정상성에 의한 경우가 더 적다.

정신병도 정신이상도 감각이 없어지는 것을 의미하지 않는다. 그들은 다만 현실적 현존 안에 있는 실존의 특별한 인과적 조건들로서 그것은 우리가 매 순간 정상적이기는 하지만 그와 동시에 이해불가능한 종류의 조건들(생명적 신체, 공기, 영양수단)을 통해서만 현존을 영위하는 것과 같다. 정신병리학적 확인들은 특히 대부분 규정불가능하게 작용하는 인과적 요인들에 관해 참으로 경험적인 지식들을 우리에게 제공한다. 그러나 그러한 지식들은 특수한 경우들에 대한 분석으로서 실존으로서의 인간을 완전히 밝혀내지는 못한다. 실존은 오히려 그가 현존 안에 현상하는 한에서 이러한 현상 안에서 규정되는 것이지만, 단지 현실적 요인들에 의해서만 결정되는 것은 아니다. 인간에 관한 모든 지식은 실존을 가능적 또는 현실적 소통 안에서 물을 것을 요구한다.

2. 무제약적인 것에 관한 물음

·

우리는 인과적인 것에 대한 고려 없이 이해가능한 동기들을 물을 때 이미 다른 영역 안으로 진입한다. '이해가능한' 것은 사유된 것으로서 단지 가능성의 기투일 뿐이고, 결코 전체적 현실성은 아닌 것이다. 그것은 각 순간에 참으로 단지 이해불가능한 것과 함께하여서만 존재한다: 이해불가능한 것은 정신적 현존의 **인과적** 조건들일 뿐만 아니라, 또한 이해가능한 것 안에서 자기를 표현하지만, 그 자체로서는 모든 이해에 대해서 비밀에 머무르는 자유로운 근원으로서의 실존의 **무제약성**이다. 무제약적 행위로서의 개별적인 자살은 하나의 일반적, 인과적 법칙에 따라서 또는 하나의 이해가능한 전형에 의해 충분히 파악되는 것이 아니라, 오히려 그 안에서 자기를 실현하는 **실존의 절대적 유일회성**일 수 있는 것이다.

자살의 행위는 그러므로 무제약적인 것**으로서**가 아니라, 단지 그의 제약성 안에 근거들을 가진 것으로 인식될 수 있다. 그러나 그것이 한계상황 안에서의 실존의 자유로운 행위일 수 있는 한에서, 그 행위는 가능적 실존, 그의 질문, 그의 사랑, 그의 충격과 관련이 있을 수 있다. 그러므로 자살은 윤리적, 종교적 비판의 대상이고, 그것은 배척되기도 하고, 허용되기도 하고, 심지어 요청되기까지도 한다.

자살의 무제약적 근원은 고독한 개인의 소통불가능한 비밀로 남는다. 자살자가 자살에 관한 고백을 남겼다고 하더라도 자살자가 자기 자신을 이해하고 있었는가 하는 문제가 남는다. 우리는 그 어디에서도 그 결단의 무제약성을 청취할 수가 없다. 우리는 모든 통찰가능성을 넘어서, 무제약성의 근원을 파악하는 것이 아니라 조명하고자 하는 목적을 가지고 자살의 가능성들을 구성해보는 시도를 할 수 있을 뿐이다.

이러한 구성은 한순간은 자살을 이해가능하게 만드는 것처럼 보인다. 그러나 결국은 보다 더 결정적으로 파악불가능성에 부딪치게 될 뿐이다. 실존은 한계상황 안에서 그 자신의 현존과 모든 현존의 의미 및 내용에 대해서 절망한다. 그는 틀림없이 스스로에게 다음과 같이 말할 것이다. 모든 것은 사라진다. 모든 것이 소멸한다면 산다는 것이 무엇이 기쁜가! 죄책은 피할 수 없다. 현존은 그 종말에서 본다면 어디서나 비참이고 불행이다. 모든 조화는 기만이다. 본질적인 것은 알 수가 없고, 내가 살 수 있기 위해서 내가 무엇을 알아야 하는지에 관해서 세계로부터 답이 나오지 않는다. 내가 이 삶을 원한다고 동의하지 않았고, 또한 나로 하여금 그러한 긍정을 하게 할 수 있는 것을 나는 발견할 수가 없다. 나는 단지 대부분의 사람들이 기만에 사로잡힌 채 내일이면 도살될 정원의 닭들과도 같이 행복하게 살아가는 것을 기이하게 생각할 뿐이다. 그렇게 말하는 사람들에게 남아 있는 유일한 의미는 순간적 또는 감정적 우연에 의해서가 아니라 충분한 냉철함을 가지고 삶에 대한 이와 같은 부정적인 생각을 행위에로 옮기는 것이다. 하나의 특정한 유한한 상황은 단지 결단의 계기가 될 뿐이며, 그의 근원이 되는 것은 아니다. 그러한 부정의 자유는 이 세상 안에서 무엇을 건설하는 것이 아니다; 그것은 그 자신을 파멸시키는 일에 의해서 그의 실체의 점과도 같은 잔여를 성취한다. 그 자유는 그에게 현존의 허무함보다 그 이상의 것이다. 부정의 자유는 그의 부정 안에서 그의 실존적 자기의식을 위해 그의 주권을 구제한다.

그러나 여기서 구성은 전복된다. 다시 말하면 무실체성이 자살의 근거였다. 그러나 자유의 행위가 최고로 명석하게 파악되는 경우에는 그 행위가 수행되기 시작되는 순간에 틀림없이 실체의 의식에 도달할 것이다. 심연의 가장자리가 접촉되고 지금 막 시작된 경험의 실현 공간으로서 현존이 갑자기 다시 긍정된다. 무제약성의 비밀 안에서 결단한 사람은 참으로 되돌아갈 수 없다. 그때 그는 틀림없이 다음과 같이 말해야 할 것이다. 나는 결단하였으므로 반드시 지킨다. 왜냐하면 결단은 살아가는 의미이기 때문이다. 그러나 내가 이러한 결단의 한계를 가능성으로서 경험하고 그것이 나의 생명을 빼앗는 것을 가능하게 할 수 있음을 의심하지 않았다는 것은 나로 하여금 실체를 확신하게 하는 것이다. 우리들에게 있어서 세계만이 실존의 실현의 장소이므로 실체는 자기를 깨닫는 순간에 자기를 세계 안에서 실현하고자 하지 않을 수 없다. 그러므로 구성을 끝까지 밀고 나가면 자살을 실현할 수 없게 된다. 그럼에도 불구하고 자살이 이루어진다면 이러한 구성의 방법을 통한 이해는 끝이 난다. 만일 내가 이와 같은 방법에 머무른다면, 사실적 자살의 이해에 있어서 그 자살을 무제약적 행위로 머무르게 함이 없이 자살에로 이끌어간 혼란의 모호성을 인정하지 않을 수 없게 될 것이다. 그렇지 않으면 나는 이 구성의 길을 떠나지 않으면 안 될 것이다. 무제약성의 근원으로서 그의 초월적인 성취 안에 있는 무(Nichts)에 적극적으로 접근하는 길은 이해가 아니고 인정일 것이다. 동정과 함께 가능한 해결을 놓쳤는지도 모른다는 아픔이 혼란의 운명과 나를 연결시킨다. 그러나 나는 무 안에서의 초월적 성취에 직면하여 전율에 사로잡힌다. 이 성취는 참된 것인가 하는 질문은 질서 잡힌 세계 안에서 어떤 안식도 허락하지 않는다.

아무도 이 구성을 증명하는 사례를 인용할 수 없다. 왜냐하면 경험적으로 현실적인 것은 항상 그 자신의 밖에 다시 하나의 근거를 가지지 않으면 안 되는 단지 외면적인 것에 불과하기 때문이다. 실존은 단지 가능적 실존에 의해서만 인지되는 것이므로 부정성으로서의 자유의 구성과 무 안에서의 초월적 성취는 단지 오해에 의해서만 지식으로 받아들여지는 것이다. 그와 같은 것으로서의 지식은 사실적인 혼란을 일으킬 위험이 있다. 그리고 그와 같은 혼란 속에서 그러한 철학은 전혀 다른 동기를 위해서 모호한 자살자에게 자기 자신 앞에서의 기만적인 의식의 가면으로서 봉사할 수 있을 것이다.

부정성의 자유는 구성에 있어서 **가능성으로서 많은 형태들**을 취한다. 자기존재의 실체는 빈약하면서 특수한 천재를 타고난 사람은 매우 풍부한 체험과 이해와 경험을 할 수 있지만, 풍부한 경험의 다의성으로 인해 자기 자신으로서의 자기를 무처럼 느낀다. 그 사람에게는 모든 것이 의심스러운 핵을 둘러싼 겹겹의 껍질이다. 그가 자기 자신에 관하여 물을 때 그는 해체되어버리는 것처럼 보인다. 그때 그는 자기 자신을 추구하기 위한 두 가지 길 중 하나를 택한다. 첫 번째 길은 순간적으로 그를 매혹하는 새로운 경험들의 부단한 변화를 통해서 자기 자신을 추구하는 것이다. 그러나 각각의 경험들은 그를 혼란시키면서 그 자신의 본래적 존재로서는 사라져버리기 때문에 아무것도 붙잡을 수가 없다. 또 하나의 다른 길은 체념을 통해서 자기를 추구하고자 하는 일련의 부정적인 행위들을 통해서, 즉 금욕 안에서, 그리고 주어진 또는 스스로 만든 법칙에의 형식적 추종 안에서, 이와 같은 부정 안에 있는 자기의식 이외의 것에는 관여하지 않으면서, 자기를 추구하는 것이다. 자살은 이러한 부정의 최후의 행위 또는 절정으로서 파악되고, 그는 그 안에서 결정적으로 자기의 실체를 확신하게 되는 것이라고 생각한다. 이 순간에 전환점에 접근하는 것처럼 보인다. 그러므로 행해진 자살은 다시금 다른 근원으로부터 그의 무제약성을 가지지 않으면 안 될 것이다. 즉 밤에의 정열 안에서 죽음이 이미 익숙해지고 그 자체가 적극적인 것으로 되어 있다면, 삶에로의 되돌림은 소통불가능한 초월자에의 헌신 때문에 방해받게 될 것이다.

또 하나의 다른 구성에 의하면, 일상생활 안에서 규칙적인 의무들의 부담을 그러한 의무들이 무의미한 것도 아니고, 본질적으로 중요한 것도 아니라는 것을 아는 내면적인 승인의 의식을 가지고 감당하는 것이 아니라, 일상적 질서에 관한 염려를 과도하게 하거나 만들어내는 때에는 자살이 가능해질 수 있다. 그때에는 이 현존에 대해 보다 더 참다운 삶에 대한 막연한 생각이 대립하게 되고, 그렇게 되면 아무런 유익도 없는 갈등들이 일어나게 된다. 자기의식은 지속적인 행위의 역사성 안에서 성장하는 대신에 항상 계속해서 파괴될 뿐이다. 사람은 자기를 쓸모없는 사람으로 느끼고 자기가 다른 사람들에게 방해가 될 뿐이라고 생각한다. 그리고 쓸데없이 괴로워한다. 그는 이미 자기가 이전에 있었던 황야의 황량함 속으로 전락하는 것을 보는 동안에, 아마도 어떤 비약이 열정적으로 그를 사로잡고, 그는 그 높이에로 자신의 삶을 던져버린다. 그는 슬픔 속에서가 아니라 환희 속에서 포기하기를 원한다. 삶은 풍요롭고 근원적이거나, 그렇지 못하면 아주 존재하지 않아야 한다. 명랑하게 준비의 나날을 보낸 후에, 마지막으로 그에게 일어난 이상한 평화에 관해서만 말하면서. 그는 한마디 말도 없이 하나의 불행한 참사로 가장하여 현존으로부터 떠난다. 그것은 밝은 도취경 안에서의 자살일 것이다. 그러나 그 자살은 자기 자신과의 일치, 무의 초월자와 일치하는 것이지만, 세상 안에서는 모든 소통을 끊고 누구에게도 신호 하나 남기지 않는 신중함 안에서 이루어진다. 대부분의 자살이 일어나는 시기가 봄인 것처럼, 자연이 끊임없이 창조하고 파괴하는 것처럼, 이 경우에도 생명의 긍정에 기초한 모든 것의 파괴 안에 하나의 합의가 존재하는 것일지도 모른다.

우리의 설명 안에서 (그러나 이것은 무제약성 안에서는 이미 더 이상 일어나지 않는다.) 자살자가 입증하는 바는 근원적인 불신앙의 표현으로 보인다. 불신앙은 그가 절대의식 안에서 자기 자신을 확신하지 못하는 것일 수도 있고, 그가 한계상황 안에서 모든 현존이 무의미하다고 설명하는 것일 수도 있고, 현존의 단순한 부정을 자신의 유일한 자유로 경험하는 것일 수도 있고, 삶의 환희 속에서 죽음을 삶의 진리로 파악하고 있는 것일 수도 있다. 그와 같이 자살자가 불가피한 사실에 근거하여 그렇게 생각하고 실현에 옮기게 되는 것은 반박할 수가 없다. 그러한 생각들을 따르는 것은 오히려 자살을 가장 분명한 목적으로 만들 것이다. 특히 준비된 순간에 그 안에서 일어나는 실체의 의식 그 자체에 기초한 삶에로의 전환은 아무런 논리적 설득력도 가지지 않으며, 그 생각 자체는 단지 가능한 하나의 신앙의 표현일 뿐이다. 그러므로 '왜 자살을 하는가?'라는 질문은 다음과 같은 질문으로 바뀐다.

3. 우리는 왜 삶에 머물러 있는가?

우선 우리는 의심 없는 생명욕 때문에 살아가고 있는 것이다. 우리가 질문을 하고 있을 때조차도, 모든 초월자가 우리에게서 사라지고 객관적으로 모든 것이 무의미하게 될 때조차도, 우리는 우리의 생명력 덕택으로 계속해서 살아간다. 아마도 우리 자신을 경멸하면서 무감각한 모호성 속에서 그날 그날을 살아간다. 삶의 긴 기간 동안에 우리는 실제로 단지 이러한 생명적 현존을 살고 있기 때문에, 자유로부터 생명적 현존에 대항하여 저항하는 자살자 앞에서 존경을 가지는 것이다. 우리의 생명력에 근거하여 우리는 자살자 앞에서 염오를 느끼고 아마도 "그러한 정신적 운동과 생각을 따르는 것은 위험하다."든가, "사람은 정상적이고 건전한 태도를 지녀야 한다."는 등의 말을 할 것이다. 그러나 이와 같은 기피는 우리가 그것을 통해 우리의 맹목적 생명력을 의문에 부치는 일을 방해할 때에는 일종의 은폐가 된다. 우리는 한계상황을 피하려고 하지만 편안하지 않다. 왜냐하면 어느 날엔가 우리를 떠나갈 생명력에 우리의 삶이 맡겨져 있기 때문이다.

그와는 달리 우리는 단지 생명력에 근거하여 사는 것이 아니라, 또한 **실존하면서 산다**. 현존은 우리의 자유로운 활동에 대한 자기확신에 의해서 상징적 성격을 가진다. 우리를 살아가도록 지켜주는 것은 세계 안에서 궁극목적으로서 의식된 의미가 아니라 우리를 성취시키는 삶의 목적 안에 존재하는 초월자의 현전이다. 이러한 삶의 의지는 그때그때의 현실적인 것에 대한 집중으로서 존재한다. 가능적인 것의 무한성이나 일반적 성격의 절대적 척도들은 그것들이 역사성의 의식을 파괴할 때에는 현존의 부정으로 이끌어갈 것이다. 그러므로 위기로부터 생기는 상황의 심각함 안에서 자살의 가능성에 직면하여 단지 생명욕에 의해서뿐만 아니라 또한 실존적으로 생명을 붙잡는다면, 이러한 삶의 선택은 동시에 그 **자체에 있어서 한정**인 것이다. 이 한정이 모든 가능성의 배제를 의미하는 한에서, **부정**은 현존 전체에로 자기를 확장하는 대신에 **현존 안에 받아들여지게 된다**. 무엇인가를 단념한다는 것, 가능성의 상실에 동의하게 된다는 것, 좌절을 견디어내는 것, 파괴하는 한계상황들을 보며 버티어내는 것 등은 현존을 다르게 변화시킨다. 그는 생명력에 대해서 가졌던 절대성을 상실한 것이다. 세계가 전부이고 모든 것이라면 실존에게는 오직 자살만이 남을 것이다. 현존의 상징적 성격만이 조화를 통해 기만 없이 상대성 속에서 다음과 같이 말할 수 있게 허락한다. "그것이 어떠하건 간에 산다는 것은 좋은 것이다."라고. 이 말은 참으로 상기하는 회고 안에서만 본래적으로 참일 수 있는 것이다. 그러나 그의 가능성만으로도 삶을 붙들기에 충분한 것이다.

"왜 우리는 삶에 머물러 있는가?"라는 물음에 대해 최후로 다음과 같이 대답할 수 있을 것이다. 살려고 하는 결의는 자기를 죽이려는 결의와 본질적으로 다른 것이다. 적극적인 행위로서의 자살은 생명 전체와 관련되는 데 반하여 살아 있는 동안의 모든 활동은 특수한 것이다. 그리고 자살의 가능성에 직면하여 살아 있는 동안의 모든 활동은 특수한 것이다. 그리고 자살의 가능성에 직면하여 살아남아 있는 것은 하나의 **중단**이다. 내가 나에게 **생명을 스스로 부여한 것이 아니기** 때문에 나는 단지 이미 존재하는 것을 존속시키기로 결단하는 것뿐이다. 내가 나에게서 생명을 빼앗는 행위에 있어서와 동일한 의미에서 내가 나에게 생명을 주는 전체적인 행위는 존재하지 않는다. 그러므로 어떤 지식도 넘을 수 없는 한계를 넘는 자살 앞에서 느끼는 두려움은 특별한 것이다.

4. 삶의 견디기 어려움

"사는 것은 좋은 것이다."라는 명제는 단적으로 타당한 것이 아니거나, 또는 그 명제는 자살을 좋은 것으로 포함하지 않으면 안 될 것이다. 삶은 상황에 따라서, 자기에게 고유한 생명력의 변화에 따라서 실존에게 견디기 어렵게 될 수 있다. 자살은 이러한 조건들하에서는 무제약적 행위일 수 있을 것이다. 현존일반에 대한 절대적 신념 안에서가 아니라, 특수한 상황 안에서 당면하게 되는 개인적 운명으로서. 이것을 다음과 같이 더 구성해 볼 수 있을 것이다:

완전한 고독 속에서, 허무 속에서 사는 외로운 사람에게 자유의지에 의한 몰락은 자기 자신에게로의 귀향과 같은 것이다. 세상에서 고통을 당하고, 자기 자신과 세계와의 투쟁을 더 이상 이어갈 수 없게 되고, 질병 또는 노년에 처하여 비참 속에 빠지게 되고, 자기존재의 수준 이하로 추락할 위험에 처하게 될 때, 자신의 삶을 버릴 수 있다는 것은 위안을 주는 생각이 된다. 왜냐하면 죽음은 일종의 구원처럼 보이기 때문이다. 불치의 신체적인 병과 모든 생활방편의 결핍, 그리고 세계 안에서의 완전한 고립 등이 함께 닥쳐올 때, 허무주의가 아니라 최고도의 밝은 의식 속에서 자기의 현존일반이 아니라, 지금 아직도 남아 있는 것이 부정될 수 있는 것이다. 더 이상 산다는 것이 의무가 될 수 없는 한계가 존재한다. 그것은 자기실현의 과정이 더 이상 가능하지 않고, 육체적 고통과 세상의 요청이 너무나도 절망적이므로 내가 더 이상 나로서 존재할 수 없을 때, 용기는 없어지지 않았지만 힘과 함께 신체적 가능성이 사라질 때, 그리고 사랑을 가지고 나의 현존을 붙잡아줄 사람이 이 세상 안에 아무도 없을 때 등이다. 삶과 소통에 대한 용의가 가장 완전할지라도, 아니 그런 까닭으로, 나는 가장 깊은 고뇌에 종말을 부여하는 것이다.

아주 외로운 사람에게 현존 안에서 그와 아주 가까이에 있는 사람들이 그가 보기에 분명히 그와는 다른 세계에 살고 있는 것으로 보일 때, 그에게 모든 실현이 막혀 있을 때, 스스로의 안에 존재의식의 순수함을 더 이상 획득할 수가 없고 자기가 침몰하는 것을 볼 때, 그때 그가 자기의 용무를 처리한 후에 반항 없이 조용하고 성숙하게 자기의 목숨을 끊는다면, 아마도 그는 이런 행위를 자기를 제물로 바치는 것처럼 행할 수 있을 것이다. 즉 자살은 그의 생애에 남은 마지막 자유가 될 것이다. 그의 안에는, 순수성과 신앙이 구제되고 살아 있는 인간은 한 사람도 상처받지 않고 어떤 교제도 단절되지 않았고, 어떤 배신도 행해지지 않았다는 등의 확신이 있다. 그는 실현불가능성의 한계에 서 있고, 그의 자살로 인해 무엇을 잃을 사람은 아무도 없다.

견디기 어렵게 된 상황 속에서의 자살의 경우에 대한 이러한 구성 역시 참된 통찰을 의미하는 것은 아니다. 이러한 구성을 기초로 해서 비로소 가장 심각한 고통 속에 처해 있으면서도 삶을—그리고 아직도 가능한 더 많은 생의 경험들을—요구하는 초월자의 측량불가능성에 근거하여 견디는 것이 가능함을 밝힐 수 있다.

글로스터 : 나는 이제부터

나의 불행을 견딜 것이다.

그 불행이 스스로 부르짖을 때까지.

충분해 충분해 그러니 죽어 … 라고.

자비로운 신들이시여 나의 생명을 가져가주시오.

당신들이 그것을 원하기 전에

나의 악한 영혼이 나를 또다시 죽음으로

밀어붙이지 않도록.

에드가 :   인간은 견뎌야 한다.

그의 출생과 마찬가지로 세상과의 이별도.

모든 것에는 그에게 알맞은 때가 있으니.

5. 혼란

마지막으로 한계상황으로부터 일어나는 무제약적인 행위가 아니라 혼란 속에서 일어나는 자살의 가능성을 구성해볼 수 있다. 실존적 의식 없이 반항, 불안, 복수심 등의 일시적인 동기에 기초한 불확정하고 분명치 않은 도피 안에서 목숨을 던져버리게 된다. 그것은 경제적 파산의 경우, 저질러진 범죄가 드러나게 되는 경우, 무례함 앞에서의 무력함에 대해 모욕감을 느끼는 경우, 사소하게 여김에 의해 상처를 받는 경우 등이다. 자살은 자기의식에게 명확하지도 않고 해결가능하지도 않은 혼란을 전제할 때 심리학적으로 이해가능하다. 사람은 실제로는 자기가 무엇을 하고 있는지를 알지 못한다. 여기서 심리학적인 이해는 동시에 일종의 판단을 의미한다. 왜냐하면 그것은 혼란의 경로를 보기 때문이다.

예를 들면 자살은 자기 자신과 타인에 대한 증오에서 생기는 허무의식으로서의 절망에 있어서 하나의 유혹이다. 신체적으로 상처를 입을 때 원초적으로 분노가 일어나는 것처럼, 타인들에 의해 요구가 거부당할 때 원초적 반항이 일어난다. 나의 자존심은 다른 때에는 타인을 비난하도록 하는 경향이 있지만, 즉시 극단적으로 높아져서 모든 잘못을 자신 안에서 찾게 되고, 혼란 속에서 우선 소통을 단절하는 길을 취하게 된다. 그러나 그다음에는 실존이 없는 자살 속에서 자기를 낭비하고, 또한 현존 안에서도 결단할 수 있었을 것을 그 안에서 결단하는 위험에 처하게 된다. 그렇지 않으면 자살에 관해 이야기하게 되고 그 생각이 그의 가능성에 익숙해지게 된다. 자살은 싸움에서 협박으로 연출되기도 하고 자기에 대해서는 허무의 감정 안에서 위로의 역할을 하기도 한다. 준비들을 하지만 그들은 아직 구속력이 없다. 상황은 더 이상 되돌릴 수 없는 것처럼 보일 만큼 진전된다. 그리고 자살에의 의지는 전혀 더 이상 현실적이 아님에도 불구하고 수치심으로부터, 그리고 모호한 불가피성의 의식으로부터 자살이 절망적으로 수행된다.

6. 자살에 대한 도움과 판단에 있어서의 실존적 태도

어떤 사람이 자살의 위험 속에 있는 것처럼 보인다면 다음과 같은 방법으로 믿을 만한 구조가 가능하다. 정신병의 경우에는 위험의 순간을 감시하는 것이 유일의 방법이다. 이해가능한 일시적 혼란에 빠져 있는 경우에도 그 혼란을 해결하는 것이 과제이다. 치유의 희망이 없는 질병 또는 다른 위협을 추정하여 알고 있는 경우에는 유효한 가능성들에 대해 설득력 있게 열어 보여주는 것이 위험을 연기하는 길이다. 이러한 도움들은 인과적이고 이해가능한 조건적인 행위로서의 자살에는 적합하다.

그러나 무제약성에 기반을 둔 행위에는 어떤 도움도 줄 수가 없다. 어떤 격정보다 더 크고 그 자체로서 이미 현존을 넘어선 결단은 완전한 침묵이다.

존재의식이 모호한 경우 한계상황에 대한 명확한 의식을 발전시키도록 돕는 것은 참으로 삶을 일깨워주지만 위험하기도 한 길이다. 삶을 일깨워주는 방법으로서 그러한 도움은 유한한 혼란으로부터 풀어주지만, 그 방법이 위험한 것은 그것이 자살자의 의지 안에 있는 허무의 무제약성을 분명하게 만든다는 점이다. 그러면 절대적 부정으로서의 불가해한 무제약성이 현실적이 되고, 그때에는 어떤 구제도 불가능한 듯이 보인다. 무제약성에 기반을 둔 자살자는 누구에게도 미리 말하지 않고 생존자들에게 자신의 목표를 은폐한다. 그것은 절대적 고독으로서 그 안에서는 아무도 그를 도와줄 수가 없는 것이다.

한계상황 안에서의 모든 행위는 그 의미상 직접적으로 자기 자신에 관계되는 것이므로 결단에 있어서 그 어떤 타인도 함께할 수가 없다. ― 연인 동지의 동반 자살의 경우처럼, 동일한 한계상황 안에서 두 사람이 함께 서로 소통하면서 동일한 운동을 하고 있으면서도, 자기 자신을 항상 불충분하게 표현할 수밖에 없음을 발견하는 경우를 제외하고는, 그 누구에게도 무제약적으로 행위하도록 충고하거나 설득할 수 없다. 그 누구도 무제약적 행위들에 대하여 자기가 그것을 행해야 할 것인지에 대하여 타인에게 물을 수 없다. 의식일반을 통한 숙고의 매개 안에서는 모든 무제약성이 끝난다.

절대적 고독에 대해서는 도움을 줄 수가 없다. 자살의 근거로서의 무제약적 부정은 고립화를 의미한다. 그러므로 소통이 이루어질 때 구원이 가능하다. 자살을 계획하는 자가 자신의 계획을 표현한다면, 만일 그것이 그에게 영향력을 가진 사람에 대한 사랑의 표현이라면, 그것으로 그는 이미 구원을 찾고 있는 것이다. 그것은 기회가 된다. 왜냐하면 비밀이 드러났기 때문이다. 그러므로 결정적인 것은 한계상황 안에 서 있는 사람에게 한 사람의 실존이 응답을 하느냐 하는 것이다. 그의 응답은 이전에 '나와 현존이 아무런 가치도 없다.'는 의식이 파고들었던 것처럼 그의 영혼에 깊이 파고들 것임에 틀림없다. 그러나 결정적인 것은 논증적으로 이유들을 내놓고 주장되는 것이나 친절과 설득 같은 것이 아니고, 그 대답 안에 있는 사랑뿐인데 그러한 태도는 숙고된 것도 아니고 어떤 계획에 따른 인도도 아니다. 비록 그 사랑은 항상 무조건적으로 명석성을 추구하여 나아가는 것이기는 하지만, 이러한 사랑은 최대의 해결책과 통찰력을 가지고 모든 것을 허락하면서 또한 모든 것을 요구하는 것처럼 보인다. 그러나 열정적인 사랑은 누구에 대해서나 가능한 것도 아니고 모든 이웃사람에게 가능하지도 않다. 그것은 뜻대로 되는 것이 아니다. 그것은 고해신부나 정신병 의사의 친절도 아니고 철학자의 지혜도 아니다. 그것은 그때마다의 유일회적인 사랑으로서, 그 안에서 사람은 스스로 자기의 실존을 모험하고, 어떤 유보나 저의를 가지고 거리를 취하지 않는다. 그러므로 오직 그러한 사람만이 위험에 처한 사랑하는 사람과 함께 한계상황 안에 들어갈 수가 있는 것이다. 그러한 사람에게만 결국 도움이 있는 것인데 그는 사랑을 받고 있기 때문이다. 이러한 도움은 반복할 수도 없고, 모방할 수도 없고, 어떤 규칙을 정할 수도 없다.

위험에 처한 사람이 자살에 대해서 말한다면 그는 곧 도움을 구할 수 있다. 이 사실은 객관적으로는 구별할 수 없는 유사한 경우와 혼동되어서는 안 되는데, 그것은 타인에게 **영향을 주기 위해** 또는 스스로의 가치인정을 획득하기 위해 **자살의 의도를 말하는** 경우이다. 무제약적 행위에 대해 의도적으로 언급하는 것은 무제약적 행위로부터 그 무제약성을 박탈한다. 그것은 찬성과 반대의 대상이 되고 또 하나의 다른 수단을 위한 수단이 된다. 무제약적 정신상태에서는 나는 '나는 자살을 할 것이다.'라고 말할 수가 없다. 이 말은 판단을 "모든 것"에로 확대하는 것과 마찬가지로 참되지 못한 것이다. 그것은 가령 "모든 것은 속임수이다."라든가 "나는 모든 것을 단지 나에게 속였을 뿐이다.", "나에게는 모든 것이 아무래도 좋다."라고 말하는 것과 같이 참되지 못한 것이다. 그런 말을 함에 의해 나는 다른 사람들을 속이면서 자기기만에 빠진다. 이러한 말들 안에서는 제약된 감정에 기초하여 무제약적인 것이 언표된다. 이러한 진술은 내용이 채워질 수 없기 때문에 공허하다. 왜냐하면 그와 같은 맥락 안에서 사실적인 자살을 통해서 자기기만이 단지 강화될 뿐이기 때문이다. 이 경우 자살은 이미 무제약적 행위가 아니고 모호한 혼란(얽힘) 속에서 생긴 제약된 행위이다. 실행된 행위는 현실적인 것이긴 해도 아직 실존적 행위는 아니다. 절망이나 분노와 같은 기분의 운동은 맹목적이다. 그러한 말들은 그의 애매한 변화들 속에서 불분명하게 표현되고 있음에도 불구하고 어떤 하나의 진리의 표현일 수 있다. 즉 도움을 찾고 자기 자신에게로 돌아가고자 하는 본능적인 희망의 모호한 표현일 수가 있다. 그러나 이해심리학은 그의 한계를 알아야 한다. 어떤 개인에게 참된 것이 무엇인가는 오직 사랑하는 사람만이 볼 수 있는 것이다.

이미 **죽은 자살자**에 대해서는 갑자기 입장이 달라진다. 가능적 실존은 자살자 앞에서 전율한다. 즉 그의 불신앙, 모든 소통의 단절, 고독 앞에서 전율한다. 한계로서만 가능해 보이던 것이 여기서는 현실이 된 것이다. 그러나 자유의 최고의 독립은 단지 존경만을 강요하는 것이 아니다. 그가 한계상황 안에서 자기부정을 통해 표현한 불신앙의 심연을 넘어서, 자기를 분열시키는 초월자 안에서 초월자 자신이 그와 사랑하는 사람들을 연결시켜

준다. 그의 행위 안에서 무제약적 부정을 통해서 한 존재가 말한다. 허무주의적인 자살자에 대한 비난이 정당한 것같이 보일 때 그는 그의 행위와 그의 실존을 통해서 그 안에서 그와 반대되는 증명을 전달한다.

죽은 자에 대해서 판단이 너무 성급하게 내려졌다. 사람들은 그를 겁쟁이라고 칭하면서, 심연을 그와 같이 은폐하는 것에 의해 자기 자신을 방어했다. 그렇게 해서는 그에게 이를 수 있는 길이 없다.

만일 사람들이 그가 신을 모독했다고 말한다면, 그에 대한 대답은 그것은 단지 자살자와 신 사이의 일일 뿐이고, 우리가 심판할 일이 아니라는 것이다.

사람들이 만일 그가 살아 있는 자들에 대한 의무를 위반했다고 말한다면, 그에 대해 대답할 말은 그것이 단지 당사자들의 문제일 뿐이라는 것이다. 자살은 아마도 소통의 단절을 의미할지도 모른다. 현실적인 소통은 단지 내가 타자에 대해서 그가 나의 신뢰를 배반하지 않을 것이라는 믿음을 가지고 있는 한에서 존재한다. 만일 그가 자살을 하겠다고 **위협**한다면 그는 그러한 행위에 의해서 소통을 조건들에 한정시키는 것이다. 다시 말하면, 그는 소통을 그 뿌리에서부터 파괴시키려는 것이다. 타자와의 운명적인 결합 안에서만 소통 안에서의 연대적인 삶이 참될 수 있는 것이므로, 그의 자살은 그러한 타자에 대한 엄청난 기만이 된다. 즉 나는 타자와 함께 살고 소통하면서, 그와 동시에 달아나려고 하는 태도를 취하고 있는 것이다. 그러므로 성취된 소통 안에서는 자살이 배신과 같은 것이다. 그럼에도 불구하고 만일 당사자들이 배신을 의식하게 되고 그들 자신이 버림받았다고 느낀다면, 그들은 그들 자신이 얼마나 소통부재와 사랑의 부족을 통하여 함께 잘못을 범하였는가를 스스로에게 질문해야 할 것이다. 그러나 그들이 사랑한다면 그들은 아마도 그의 소통불가능성 안에서 모든 판단이 끝나는 초월자의 심연을 들여다보게 될 것이다.

끝으로 만일 사람들이 자살자가 현존 안에서 스스로를 실현하도록 그에게 부과된 자신에 대한 의무를 저버렸다고 말한다면, 또다시 대답할 말은 어떻게, 그리고 어떤 의미에서 그가 진리 안에 "존재"하는 것인지는 개인과 그 자신 사이의 비밀이라는 것이다.

사람은 자기의 목숨을 끊어도 좋은가? 이 질문에 대한 일반적 대답은 여러 가지 혼란들과 무관하지 않을 것이다. 혼란에 빠져서 자기가 참으로 무엇을 하고 있는지 알지 못하는 사람은 자살이 저주되는 경우에는 자살을 그만두게 될 것이다. 그러나 그는 자살에 대한 찬양이나 사후의 명성에 대한 전망에 의해서 더욱더 큰 혼란에 빠질 것이다. 그러나 그러한 대답은 완전한 고립화 속에서 부정적 자유를 가지고 무제약성으로부터 자기의 행위를 수행하는 사람에게는 전혀 아무 상관도 없을 것이다.

자살과 자살 평가의 역사는 그에 대한 열렬한 찬반을 제시한다. 자살에 대한 찬미와 마찬가지로 비난 역시 판단하는 사람의 실존의 특징을 나타낸다. 자살은 완전한 독립존재의 고도의 자주적 행위일 수 있다. 세계 안에서 타자를 지배하려는 의지가 있는 곳에서의 자살은 그것을 통해서 그러한 지배에서 도망칠 수 있는 행위이다. 자살은 피정복자가 정복자에 대항해서 자기가 정복당하지 않았다는 것을 주장하는 유일하게 아직 남아 있는 무기이다. 카토는 케사르에 대해서 그렇게 대했다. 그러므로 사람을 내적 영혼으로부터 지배하고자 하는 자는 자살을 비난한다. 그에게서 정신적 의지와 도움을 경험하게 하는 것을 통해서 사람을 지배하는 사람은 개인이 그의 독립적인 자유 안에서 아무도 필요로 하지 않을 때에는 그의 지배력을 상실하게 된다.

자살은 우월한 권력에 대항하는 고발과 공격으로서, 그리고 파괴적인 상황으로부터의 도피의 길로서 가장 결정적인 독립성의 표현일 수가 있다. 그러므로 자유로운 자기책임의 의식이 지배적인 곳에서는 철학자의 자살이 허락되었을 뿐만 아니라 어떤 조건들하에서는 찬양되기도 했다. 우리가 부인할 수 없는 것은 명석한 의식을 가지고 자기의 생명을 끊는 사람은 우리의 눈에는 완전한 독립자, 완전한 자립자로 보이고, 세계현존을 절대시하거나 절대자의 전달자로 자처하는 한에서 모든 세계현존에 대항하고 적과 정복자의 승리를 헛되게 만드는 자로 보인다는 것이다. 그러나 우리의 실존적 전율은 그대로 남는다.

종교적 행위들

1. 신과의 현실적 관계의 가능성

세계 안에서 나는 사물들과 인간에 대한 현실적 관계를 가진다. 신은 숨어 있다. 신에 대해서 숙고하고 그러한 생각들을 신에 관한 지식으로 독단적으로 전개하는 것에 의해 신에게 도달할 수는 없다. 신에 대해서 깊이 생각할수록 신의 존재는 단지 항상 더 의심스러운 것이 될 뿐이다.

오직 신에 대한 인간의 현실적인 관계로부터 신에 관한 지식으로서의 가르침이 이루어질 수 있다. 그러나 어떤 가르침도 신에 대한 현실적인 관계를 실현시킬 수는 없다. 이러한 현실적 관계 안에서 행위의 무제약성이 생길 수 있는데, 그것은 심리적 경험으로서 충분히 기술될 수 없고 그 자체로서 보편타당한 것도 아닐 것이다. 종교적 행위는 세계 내적 목적들에 기초 지을 수 있는 것도 아니고 자생적 자기존재도 아닐 것이다.

우리는 철학하면서 종교적 행위에 관해서 단지 가능성으로서 말할 수 있을 뿐 사실적 체험에 기초해서 말할 수는 없는 것이다.

다시 말하면, 하나의 행위로서 종교적 행위 역시 세계 **내적** 현실성이지만, 그것은 **목적 없이** 세계 안에서 그 자신 안에 초월자를 현존시킨다. 종교적 행위는 그 자체로 만족하고 자신 이외의 아무것도 원하지 않는다. 그 앞에 지금 현존하는 신 이외의 아무것도 원하지 않는다. 종교적인 행위는 세계 내적 효과에 대한 고려 없이 수행된다. 즉 의도됨이 없이 그러한 효과를 가질 수 있지만, 꼭 그래야 하는 것은 아니다. 그러므로 그의 활동은 목적을 가지는 세속적 정신에는 아무런 효과가 없다. 그렇지 않으면 그것은 현존 안에서의 신의 현실성으로서의 공동체들을 건설한다. 그런데 이러한 공동체들은 세계 안에서 참으로 큰 영향력을 가지고 있다. 그러나 그것은 그런 영향력을 위하여 계획되었던 것은 아니다. 그러한 영향력은 오히려 대개의 경우, 이러한 현실성을 창조하는 인간들이 근원적인 신 관계를 상실할 때 일어난다.

2. 특수하게 종교적인 행위들

종교적인 행위들은 세계 안에서 가능한 목적들의 표준에서 보면 무해한 것이고, 그러므로 세속적인 실존의 자유로운 무제약성과의 충돌이 없다. 기도, 예배, 의식 등의 경우가 그러하다. 그러나 종교적 행위들은 다른 것으로 전환될 때 윤리적 중요성을 띠게 된다: 예를 들면 그들이 신의 현존에 의해 얻어진 자기확신 속에서 세계 내적 목적성이나 세속적 행위의 모든 무제약성을 파괴하는 유해한 행위로서의 열광적인 파괴로 전환될 때, 세계정복의 전쟁주의로 전환될 때, 사회적 현존의 규칙으로 전환될 때, 즉 종교적 행위의 무제약성이 세계를 독점적으로 자기 자신만에 의하여 규정할 것을 요구할 때에는 어디서나 그러하다.

첫 번째 그룹의 종교적 행위들은 이와 반대로 단지 세속적인 행위들의 곁에서 행해진다. 그들은 세속적 행위와 분리되어 존재하는 하나의 별개의 영역(Enklave)이다.

기도는 개체 영혼이 신과 교제하는 것이다. 기도는 초월자를 향해 있는 적극적인 철학적 명상과 혼동되어서는 안 된다. 기도의 특징은 인격적으로 경청하고 작용하면서 현존하는 것으로 표상되는 신과 현실적으로 관계한다는 것이다. 감사와 찬양으로서의 그의 가장 순수한 양태에 있어서조차도, 신이 나를 경청하고 받아들인다는 의식을 통해서만 그것은 기도인 것이다. 기도할 때는 항상 내면성 안에서이기는 하지만, 신의 응답이 체험된다. 기도는 일종의 행위이다. 그것은 초월자로부터의 작용을 경험하기 위해 초월자에게 작용하는 역설이다. 기도는 신의 마음에 들기 위해 신의 작용을 통한 영혼의 구원을 추구한다. 객관성은 최소한으로 감소된다. 신은 영혼의 내면성 안에 나타난다. 그러나 예측가능한 방식으로는 아니다. 신은 나타나지 않거나 또는 자기를 나타낸다. 숨은 신과 관계하는 실존의 적극적 명상과 기도 사이의 경계는 거의 눈에 띄지 않지만 명백하다.

순수한 기도는 인간의 역사적인 자기실현의 늦은, 그리고 희귀한 결과이다. 기도는 거의 언제나 순수하지 못하다. 세간적 목표를 기원할 때 그것은 마술과 연결되어 있는데 그 마법은 기도의 의미를 파괴한다. 왜냐하면 기도는 아무 목적 없이 어떤 인격적 신을 향한 복종의 태도 안에서 행해지는 것인데, 마술은 인간이 그가 소원하는 결과들을 세상 안에서 초래하려고 언어, 주문, 의식 등을 수단으로 하여 신에게 비인격적으로 강요하는 것이기 때문이다. 마술은 비경험적인 수단으로 마술사의 힘을 통해 공간과 시간을 초월하면서 갑자기 공간과 시간 안에서 원하는 바의 것을 초래하는 소위 기술인 것이다. 마술의 전파는 보편적인 것으로 위대한 세계종교들 안에도 은밀하게 남아 있다. 그것은 역사적으로 단 한 번 고대 유대교의 예언자들 안에서, 그리고 그 기반 위에 선 개신교의 분파들 안에서 전적으로 배제되었다. 그와 같은 배제는 종교적 신앙의 무제약성에서 결과했다. 이에 반하여 마술 자체는 더 이상 그의 안에 어떤 무제약성도 지니고 있지 않다.

그의 신을 향한 개인의 기도는 역사적, 현실적으로 종교적 공동체와 그의 예배 안에 존재하고 있는 특수한 현상이다. 종교적 공동체들의 다양성이 아무리 역사적으로 크다고 하더라도, 우애적 단체로부터 성례의 교회에 이르기까지, 그리고 종교적 국가 형태에서부터 이 세계 안에서 모든 세속적인 것에 대하여 경계를 긋는 천상의 왕국에 이르기까지, 그 각각의 경우에 있어서 종교적 행위의 무제약성은 예배 안에서 현존하는 초월자의 객체성과 결합되어 있는 공동체 안에 뿌리를 내리고 있다.

여기서 인간은 그 자신의 가능적 자유로부터 면제되어 더 이상 자기 자신에게 의지하지 않고 객체성 안에서 그의 존재의 확인을 얻는다. 왜냐하면 그 객관성은 믿음직스럽게 시대를 통하여 지속하고 각각의 순간에 그의 손이 미칠 수 있는 곳에 있기 때문이다. 오직 종교적 단체를 통해 전통 안에서 존속할 수 있는 예배는 고유한 자기존재가 **없는** 무제약적 행위를 허용한다. 현실적인 신의 임재가 대체불가능한 충실감과 안식을 준다. 그러한 무제약성은 모든 근거 지움이나 정당화를 배제한다. 그러나 그러한 전통 안에 서 있지 않은 사람은 예배에 관하여 아래와 같이 말할 수도 있을 것이다.

즉 인간은 순수하게 정신적인 존재는 아니다. 그에게 현실적인 모든 것은 그에게 대상이 되고 지각할 수 있어야 한다. 신체성에 대한 그의 욕망은 초월자와 관계하는 예배 안에서 정당화된 만족을 얻는다. 예배가 없다면 초월자는 인간에게 전혀 존재하지 않을 것이다. 절대의식은 각각의 개체인간에 대한 현실적 사랑 안에서, 무제약적 행위 안에서, 그리고 오직 적극적인 명상 안에서만 획득되어야 한다는 필요성 때문에 초월자의 현실성으로부터 차단된다. 그의 환상 안에서, 그의 구속 없는 사변의 유희 안에서 그렇게 만나게 되는 초월자의 빈곤함, 창백함, 신뢰할 수 없음만이 남을 것이다. 그는 행운의 시간에 의지가 되지만, 최선의 시간에 있어서조차도 신과의 현실적인 관계가 없는 상태에 버려져 있게 될 것이다. 그러나 예배는 신성한 계시와 전통에 의해 보증되는 감각적인 신의 현존을 통해 유희 없이, 사실적으로 초월자 자신을 통하여 신과의 순수한 관계의 가장 심오한 만족을 준다. 이러한 현실성의 심오함은 역사적으로 거의 모든 예술이, 즉 건축, 조각, 회화, 연극, 음악, 그리고 춤이 여기 예배 안에 뿌리를 내리고 있다는 사실에서, 그리고 예배에 봉사하기 위해 비범한 걸작들이 창작되었다는 사실에서 드러난다. 여기에서 참된 형이상학적 삶의 핵심이 드러나고 있다고 하겠다. 자유로운 예술창조의 실체조차도 분명히 동일한 근원에서 나온다고 말할 수 있을 것이다. 즉 예술은 제사로부터 자기를 분리시키고 일시적으로 세속적인 양태 속에서 스스로를 유지하지만 예배의 실체를 지니고 있다. 그러나 만일 인간이 자칭의 자유 안에서 예배를 포기하고 자신의 기반을 상실한다면 그는 상실된 것에 대한 허위의 대용품을 마련하게 된다. 우리는 현대의 정신분석에 의해 자극된 환상적 수법들이 어떻게 상징이라는 이름 밑에서 거짓된 초월자의 감각적, 현존의 체험 이외의 다른 아무것도 제시하지 못했음을 볼 수 있다. 이와 같은 과학적 미신의 실증주의는 오직 성욕과 권력만을 현존의 본질적인 기질로서 인정한다.

그러므로 그러한 세력들이 초월자의 참된 임재 안에서처럼, 초감성적인 것의 가능한 상징으로서 세계 안에서 실현되고 그에 의해 변화되지 않고, 순수한 초월자 대신에 어두운 현존적 세력들의 신화적 강화가 대용품으로서 체험된다.

그러나 이와 같은 논의에 근거하여 예배에로 돌아가야 한다고 하는 결론에 도달한다면, 그에 대항하여 자유는 철학적 엄격성 안에서 다음과 같이 대응할 것이다.

지금까지 말해진 것은 충분하지 않다. 예배는 자유의 어려움을 피하기 위한 길일 것이다. 사람이 자기 자신을 발견하는 그만큼 그때마다 초월자는 자기를 드러냄이 없이 그 사람에게 보다 더 가까이 접근해온다. 자유가 자기에 대해서 성실성, 신뢰, 공명성의 태도를 가지고 사랑하면서의 투쟁 안에서 현존의 투명성을 인지하면서, 스스로 예배 없는 신에의 봉사를 요구한다는 것이 정당함은 종교적 신앙 자체가 항상 거듭하여 이러한 의미의 방향에서 예배를 정화해왔다는 사실을 통해 증명된다. 마법과 제사에 대항하는 예언자들의 투쟁, 제사의 이방종교적 풍요로움을 정화하여 미사에로 한정한 것, 개신교에서 이러한 수정된 이방종교를 거부하고 단순한 말씀의 선포에 한정한 것 등은 그 안에서 제사가 점점 더 약화되고 신성의 객관성이 점점 더 빈약해지는 과정이라 할 수 있다. 물론 객체성이 최소한도로 남아 있어서 세계 안에서 신의 현실성에 접촉하듯이 이 객체성에서 개체적, 종교적 의식이 불붙여진다. 그렇지만 중요한 사실은 순화된 예배조차도 숨은 초월자와 관계하는 철학적이고 적극적인 개인의 명상으로부터는 아직도 넓은 도랑을 통해서처럼 멀리 떨어져 있다는 것이다.

예배는 신앙의 **일상적 형태**가 된다. 예배의 객관성에 의해서 자기성찰이 쉬워진다. 왜냐하면 그것이 하나의 형식을 가지게 되기 때문이다. 예배는 철학적 성찰과 유사하다. 즉 그것은 초월자 안에서 세계의 밖으로 나갔다가 자기에로 돌아오고, 그로부터 어떤 힘을 일상 안에 가져오고, 위엄과 내실이 나타나게 된다는 점에서 그러하다. 예배와 반대로 철학적 성찰은 규칙이 없기 때문에 위험하다. 그 형태는 각각의 개인에 있어서 역사적으로 변화하고 항상 새롭게 획득되어야 하고, 개인이 약해지고 공허해지는 시간에 의지할 수 있는 가시적인 객체성을 가지고 있지 않다. 그러나 이러한 성찰, 이러한 능동적 출세간이 없는 경우에는 예배의 일상적 경건 역시 자유의 철학에서 볼 때 그때그때의 초월자의 결여보다는 더 진실한 것으로 보인다.

기도와 예배는 그것이 무제약적이 되건 관습이 되건 간에 특수한 행위를 위한 선별되고 분리된 영역으로서 충돌을 야기할 필요가 없다. 그것의 수행이 모든 사람에게 요구되지 않는 한에서, 또는 타인들의 무제약적 행위를 금지하고 압박하지 않는 한에서, 즉 권위적으로 강요된 내적 태도로부터 세계를 지배하고자 하지 않는 한에서 그렇다. 자기의 고유한 진리를 존재의 역사적 형태로서 확신하면서, 자기에 대해서는 그것과 다른 여러 형태를 배제하지만, 타자에 대해서는 그들을 배제하지 않는 한에서. 예배, 기도, 의식 안에서의 종교적 행위의 무제약성도 관용을 이해할 수 있는 것이다.

3. 종교적 세계부정

종교들은 사실적으로 인간의 세계 안에 질서를 세우고, 인간을 세속적으로 경건하게 만드는 것같이 보이지만, 그럼에도 불구하고 무제약적, 종교적 행위의 결과는 오직 종교적 행위 안에서만 참된 존재가 파악되도록 한다는 것이다. 종교적 행위가 절대적으로 되면 그 밖에 다른 것은 존립할 수 없다. 그 외의 다른 어떤 것도 중요하지 않게 된다. 만일 그것이 권외적 영역(Enklave)으로 존재하지 않는다면, 즉 그 외의 다른 존재들 곁에, 즉 그에 의해 관통되지 않은 현존과 나란히 제2의 존재로 머물지 않는다면, 그것은 그것 자신이 아닌 모든 것은 무와 같은 것으로 여기지 않을 수 없게 될 것이다.

만일 마술, 미신, 민속적 종교를 우리가 종교로 인정하지 않는다면 우리는 종교와 세계부정 사이의 밀접한 관련을 주장할 수 있게 된다. 거기에서 희생과 고행적 행위들이 세계 내적 목적들을 요구하기 위해 신에게 강요하는 개개의 수행들을 의미했다면 종교 안에서 비로소 전적인 고행, 출가의 현상이 현실적으로 나타나게 된다. 이러한 출가 안에서 실현된 종교적 지복상태는 인도, 중국, 그리고 서양 세계의 수백 년의 역사에서 감동적인 언어로 전해지고 있다.

우회적으로 다시 들어오는 세속적 경건의 모든 가면을 제거하고, 신비적 의식상태의 육성이 거절된 후에, 결정적인 지점에 도달한 거부는 **부정적 결의**이다. 나는 세계현존의 어떤 객체성과도 나 자신을 동일시하지 않고 나 자신의 단순한 현존의 어떤 주체성과도 나 자신을 동일시하지 않는다. 그리고 나는 어떤 무제약적 소통에도 들어가지 않는다. 세계 없이, 소통 없이 나는 오직 초월자와 관계하고 **초월자를 위해서 모든 것을 부정**하려고 한다. 비록 신과의 현실적 관계를 통한 임재적 충만으로서의 종교적 행위의 특수한 무제약성이 없기 때문에, 세계 안에서는 그러한 태도는 나와 타자에게 항상 모호하고 결코 확실하지 않은 의미를 가지는 것일지라도. 왜냐하면 세계 안에서 세계를 떠난다는 것, 그것을 객관적으로 실현한다는 것은 불가능하기 때문이다. 자기소모적인 실존의 **부정적 현존**은 길 잃은 고독자로서 그에게 직접적으로는 말하지 않는 신과 함께 그가 그 안에 머물러 있지 않으면 안 되는 세계의 곁에서 자기 자신을 성취한다. 이러한 현존은 비록 또한 항상 다른 그 무엇보다 더 기만적일 수 있지만, 모든 현존의 의문스러움에 대한 안목을 일깨운다. 그것 자신이 진리로서 객관화되면 그것은 미혹이 될 수 있다. 그러나 그것이 마치 완전하게 잘 되어가고 있는 듯이 보이는 세계존재 일반의 평온한 조화를 교란시킨다면, 그것은 진리가 된다. 모든 시대에 인간은 언제나 세계를 떠나는 것을 추구했고, 그것을 성취한 것처럼 보이는 것은 세계 안에서 가능적 실존의 현존이 그의 요행 안에서 스스로를 정당화하기를 원하는 때 그에게 말해지는 결코 끊이지 않는 일종의 경고인 것이다.

실존의 정위에 있어서 가장 불안스러운 것은 인간은 일부러 세계 안에서의 실현을 행하지 **않을 수 있다**는 것, 그의 **부정적 결단**은 인간이 그것에 근거하여 그냥 살지 않고 **실존적으로 사는** 불가사의한 무제약성으로부터 일어난다는 것이다. 그런 것이 존재한다면, 그것은 결코 모범으로 될 수는 없는 것이다. 그리고 그것은 일탈하는 혼란에로 이끄는 유혹으로 남는다. **키르케고르**는 그것을 엄격하게 다음과 같이 표현했다. 적극적 결의는 현존 안으로 들어가고 그의 세계를 획득하지만, 부정적 결의는 끊임없이 항상 부동(Schweben)을 계속한다. 적극적 결의는 만족 안에서의 행복이나 실현에 대한 실망의 과정 속에서 삶에 확신을 준다. 그래서 사람은 역사적 발전의 지속 속에서 나날이 더 멀리, 성취된 것의 근원적 근거 안으로 깊이 진입해 들어갈 수가 있다. 그런데 부정적 결의는 발전 없이 동요하고, 그의 무대가 참으로 현존이 아니므로 현존과의 투쟁에서 확신이 없는 모호성을 나타낸다. 그에게는 발전이 없고 아무것도 이루는 것이 없다. 적극적 결의는 의지할 것을 제공한다. 부정적 결의는 세계현존의 내용 없이 지탱하지 않으면 안 된다. 적극적 결의에 대해서 위험이 되는 것은 다만 그것이 자신에게 불성실하게 될 수 있다는 것이다. 부정적 결의에게 위험이 되는 것은 그 자신의 부정성을 고수하는 그의 성실성 때문에 아무런 적극적 성취도 이루지 못한다는 것이다. 부정적 결의를 고집하는 사람은 그의 주의의 세계를 황야와 같은 것으로 본다. 그는 영원한 것만을 원한다. 그러나 그것을 그의 은둔으로부터 이끌어낼 수는 없다. 그는 세계 안에 어떤 확고한 발판을 소유할 수가 없고, 그렇다고 해서 다른 세계 안에 거주할 수도 없다.

부정적 결의는 자살과 유사한 것이다. 어떤 가능적 실존도 감히 이 두 가지를 단적으로 참되지 못한 것이라고 말할 수 없으리라. 그것은 마치 그의 행복의 적극적 현실에 근거하여, 행복을 의문에 부치는 부정성을 심판하는 것과 같을 것이다. 이러한 부정성의 영웅들은 인간에게 가능한 것의 한계에 서서 자기 자신을 희생물로 제공한다. 그들의 가공할 만한 고독 속에서 그들은 한 번 나타난 다음에는 더 이상 세계 안에서 없어질 수 없는 현실성을 의미하는 것, 즉 모든 자족적인 평안을 그 싹에서부터 잘라버리는 현실성을 우리에게 제시해준다.

제2절
현존 안에서의 무제약적 행위

현존을 떠나는 것에 의해 현존을 초월하는 행위들이 그 특수한 사실성 안에서 참으로 무제약적 행위들이라 불릴 수 있는 것이라면, 오직 현존을 파악하고 성취시키는 것을 통해서만 현존을 초월하는 행위들에 있어서 무제약성은 더 이상 특수하게 파악되지 않는 현상양태 안에서만 조명될 수 있다. 무제약성이 세간적 목적들과 현존적 가능성들의 충실성 안에서 어떻게 드러나는지에 대해서는 조망불가능하다.

무제약성은 절대의식의 내적 행위로서 존재하고, 그것은 자유이고 자기성찰을 매개로 한다. 세계 안에서의 행위로서 그것은 주관성과 객관성의 양극성 안에 존재하는 실존이다.

우리가 이 같은 무제약적 행위를 윤리적 행위라고 부른다면 그 안에 종교적 행위와 유사한 점이 나타난다. 세계도피의 철저한 부정과 무관심은 세계 안에서 자기를 실현하는 무제약성 안에 수용된다. 그것 없이는 참된 의욕도 존재하지 않는 무-의욕으로서뿐만 아니라 다른 가능성을 통한 의문제기로서 기도는 철학의 적극적 명상과 유사하다. 윤리적 행위는 종교적인 것과의 긴장 안에서 이루어진다.

단적으로 무목적적인 것의 위대함은 종교적 행위에 속하는 무제약성이다. 이에 반하여 초월자와 관계하는 세계 내적 행위와 내적 행위는 오직 현존적 현실성의 목적들을 매개로 해서만 현실적이 된다.

그러나 종교적 행위의 무제약성은 순수함을 보존할 수가 없다. 세계 안에서 신과의 현실적 관계를 감성화(Versinnlichung)하는 각각의 과정과 함께 시간 안에서의 목적에 의한 행위는 경험적으로 규정된다. 또한 공개적인, 그리고 감추어진 마법 안에서 종교적 행위는 평범한 세속적 소원 목적들을 이루기 위한 수단이 되고 모든 무제약성을 상실하게 된다. 또 다른 한편으로는 세간적 행위들과 내적 행위의 무제약성은 초월자 없이 유지될 수 없다. 그것은 숨은 신을 향해 나아간다.

두 개의 무제약성은 서로를 통일시키고자 한다. 그러나 그 통일은 한쪽이 상대화되는 때에만 가능할 수 있다. 특수하게 **종교적인 윤리**는 그의 행위의 규칙을 신으로부터 직접적으로 제공받는다. 그의 복종은 세계 안에서 감성적으로 현존하는 권위의 양태 안에서조차 신의 현존을 통하여 조정된다. 세계 내의 행위와 내적 행위의 윤리적 무제약성은 끝이 난다. 다시 말하면, 그것은 낯선 법칙성으로서 남게 되고, 따라서 그 자신 안에 기반을 결여하게 된다. 이와는 반대로 **윤리적 행위**의 무제약성은 종교적 행위를 불필요한 것이지만 허락된 것으로 여긴다. 즉 윤리적 기반에 의존하지만 그 자신의 힘을 가진 것이 아니라 부가적인 성화에 불과한 첨가물로서 그것을 허용한다. 이러한 종교적 행위는 그의 무제약성을 상실하고 단지 자유의 현실성에 의해 산다. 그러나 그의 자유는 역으로 어떤 법칙도 어떤 충동도 제공하지 못하고, 잘해야 보증을 제공할 뿐이다.

시간적 현존 안에서는 어떤 목적도 최종적인 것으로 타당할 수 없다는 것, 그리고 바로 그 때문에 각각의 행위는 그 자체로서 초월자와의 관계 안에서 자기 목적적일 수 있다는 것은 두 경우의 무제약성에서 **공통적**이다. 두 경우 모두 초월자 안에서 그들의 근원을 발견하며 그들의 신과 관계한다. 그러나 차이점은, 그 한쪽의 경우에는 신은 숨어 있고, 바로 그와 같은 신의 은폐성 때문에 시간 안에서의 모든 진리의 조건으로서 실존의 자유가 요청된다. 실존은 초월자의 어둠 속에서 객관적으로 확실한 요구나 대답 없이 자기 자신을 실현한다.

무제약적, 종교적 행위는 신과의 현실적 관계를 실행한다. 그리고 그러한 관계에서 신이 계시하는 요청들을 수행한다. 그러한 관계 안에서 실존은 신의 위력 앞에 던져져서 그의 인격적인 자유를 포기한다. 우세한 힘의 현전에 의해 충만되어 있어서 고유한 존재를 위한 공간은 더 이상 허락되지 않는다. 나는 곤경에 처할 때마다 도움을 얻는다. 왜냐하면 나는 온전히 신 안에 용해되어 사라지고, 나는 단지 그의 도구일 뿐이며, 그의 피조물로서 그에 의해 인도되기 때문이다. 나는 전적인 복종 안에서 신에게 굴복한다.

그것은 오직 내가 어떤 감각적 현실성을 초월자로 받아들이는 것을 통해서 가능하다. 비록 아무리 정신적인 것으로 그것을 희석화한다고 하더라도, 나는 어떤 형상 안에서 초월자를 어떤 세계 내적 객관적 존재로서 물체화한다. 그것이 그 안에서 신이 나에게 나타나거나, 또는 나에게 말을 걸어오는 나의 내면적 환상이건, 또는 그것이 예언자, 교회, 사제들의 권리이건, 기록된 율법이거나 성서의 구속력이건 간에.

역사적으로 종교적 현실에 선행하는 기반 위에서 행위의 무제약성이 독립적으로 윤리적 행위로서 실현된다면, 그것은 **내면적 행위로서**, 그리고 **세계 안에서의 행위로서** 실현된다. 내면적 행위는 그를 통해 조명되는 자기존재의 무제약성을 통해서 세계 내적 행위의 무제약성을 발생시킨다. 세계 안에서의 행위는 그 내용에 있어서는 목적에 기초하여 이해가능하지만, 그의 무제약성은 목적들로부터는 결코 이해될 수 없다. 내면적 행위는 외적인 행위에 앞서는 것이고 그것을 규정한다.

내면적 행위들

나는 나 자신에게 작용함이 없이 행위하지 않는다. 나는 내면적 시도와 계획을 가지고 세계 내적 행위의 가능성들을 기투할 뿐 아니라, 그것들을 살피면서 나의 충동들에 주목하고, 그것을 긍정하거나 촉진하면서, 또는 거부하거나 억제하면서 그들에 대한 나의 입장을 세운다. 본래적인 나의 존재는 무엇이며, 나는 무엇을 해야 하는가를 지시해주는 표준들을 가지고 나는 나의 감정들, 관점들, 가치평가의 최초의 단초에 영향을 준다. 나는 나의 내면적 현존에 개입한다. 그리고 내가 나 자신을 통해 지속적으로 형성되는 모습을 바라본다. 또한 나는 폭력적인 순간들에 개입하고, 기분과 의지적 충동의 혼란상태를 저지하고자 하지만 성과 없이 그것을 야기하기도 한다.

이와 같은 행위에서 나는 나를 위한 본래적인 근원을 의식하게 되고, 내가 지금 어떻게 존재하고 있는지를 의식하게 된다. 단순한 관찰에 머물러 있는 것은 죄일 것이다. 내가 무엇이 될 것인가에 대한 근거는 각각의 순간에, 나의 행위를 통해서 나의 안에 놓여 있다. 나의 내면적 태도 안에서 나의 존재는 나 자신에게 달려 있고, 그래서 나는 내면적 행위의 결과로서의 나의 존재에 대해서 책임이 있다.

내면적 행위는 **기술적인** 면에서는 다양하지만, 그의 **무제약성**에 있어서는 단일하다. 그것은 **철학함** 안에서는 자각되어 있고, 그것은 **무의욕**의 작용이 없으면 현실적으로 될 수 없다.

1. 정신공학과 무제약성

내면적 행위의 테크닉은 역사를 통하여 다양한 형태 안에서 진행된다. 처방전에 제시되어 있는 사용방법들을 통해서 사람은 개인적으로 자기를 다룬다. 그는 자기의 의식상태, 습관들, 반응방식들을 다룬다. 그 예로서 치료, 신비적 침잠의 기술들, 금욕적 수련들, 일기장 기록을 통한 매일의 자기음미 등이 있다. 그리고 역사적 예로서는 요가수행, 익나시우스의 훈련들, 금욕주의적 생활규제, 그리고 현대의 정신과 의사들의 처방 등이 있다.

이와 같은 기술들과 그들의 효과는 경험적 연구의 대상이 된다. 그들 중 어떤 것들은 특출한 사람들의 모습에서 볼 수 있는 바와 같이 특별한 효과를 나타낸다. 다른 것들은 마치 단지 현존의 상태들이 다르게 변화되고 있을 뿐 본질적으로는 변하지 않은 채 머무는 것처럼 효과가 없는 것으로 나타난다. 결정적 차이는 자기처리가 단지 현존의 현실성을 대상으로 다루는 세계 안에서의 행위에 불과한가, 아니면 내면적 행위가 형성하면서 동시에 형성되는 신앙하는 자기존재의 무제약성을 드러내는가에 있는 것이다.

내면적 행위가 지시사항에 따라서 의도되는 곳에서는, 즉 의지가 자기존재에 의지함이 없이 어떤 **조정가능한 것**을 행할 수 있는 곳에서는 그 행위는 외적이고 기계적인 것에 머물 수 있다. 오직 자기존재에 의해 수행된 세계 안에서의 행위만이 무제약적인 것처럼, 세계의 일부로서의 자기의 고유한 현존과 관계된 행위만이 무제약적이다. 가령 단순한 건강관리나 실용적 훈련 등과 같이 내면적 행위의 테크닉에 의해 수행되는 행위는 **조건적**이 된다.

의지 자체가 그의 무제약성 안에서 의지하고, 의지가 그의 행위와 일치되어 있을 때에는 기술적 조작과 그러한 조작을 수행하는 자기 사이에는 분리가 있을 수 없다. 바로 이와 같은 **불가분성**이 내면적 행위의 근원이다. 그것은 자기창조로서 그로부터 나에 대한 참된 질문이 발생한다. 그리고 질문 앞에서 무제약성이 확인된다. 그러나 질문 자체가 밝혀지는 것은 아니다. 무제약성은 상대성으로부터 나와서 뿌리로 돌아가는 길을 발견하는 결단이다. 즉 그것은 내가 전적인 헌신을 통해서 **쟁취**하는 **절대의식**, 즉 실존이며, 그 안에서 나는 나 자신과 만나게 된다.

무제약성은 원 안에서처럼 **자기 자신을 통해서** 존재한다. 그의 순환운동은 자기를 상실할 수도 있고, 자기를 확장할 수도 있다. **최초의 단초가 나**

타나자마자 무제약성은 그 자신의 고유한 실현을 위한 운동에 착수한다.

오직 이미 내면적으로, 무제약적으로 행위하는 자만이 외적인 행위에 있어서, 즉 자기존재에 의해서가 아니라, 이질적인 세력들의 기능으로서의 그의 현존적 개체성의 느낌에 따르는 충동으로부터 참여하는 일들 안에서, 영향들의 장난감이 되어 우연적으로 결단하지 않을 수 있는 준비와 가능성을 가진다. 가능성의 공간 안에서의 시도로서의 내면적 행위가 외적 행위의 방식을 준비하는 것처럼, **무제약적** 내면적 행위는 외적 행위에 있어서의 모든 순수한 결단의 근거가 된다.

의식상태들의 훈련은 자기존재가 상실되고 없을 때는 그의 근원과 목표가 모호한 정신공학(Psychagogik)이 된다. 이에 반하여, 내면적 행위의 무제약성은 기술에 **능통**하면서도 그것에 **지배당하지** 않을 것이다. 오직 무제약성이 상실될 때만 행위는 세계 안에서의 현존의 유한한 일들에 있어서처럼 자기훈련의 유한한 수단들에 사로잡히게 된다. 기술은 그 자체로서 진리인 것이 아니라 수단으로서 활용가능한 것이다. 그리고 기술이 자기존재를 창조하는 것이 아니라, 수시의 가능성들 안에서 자기존재에 의해 이용될 수 있는 것이다. 그러므로 여러 기술들은 삶의 수행에 있어서, 자기 자신과의 관계에 있어서나, 일상의 질서들 안에서 거부되어서는 안 된다. 자기존재는 그들의 주인이고, 그들에게 예속되어 있는 것이 아니다. 그러므로 내면적 행위의 무제약성을 실현시킬 수 있는 수단들은 존재하지 않고, 오히려 이러한 내면적 행위의 무제약성에 기초하여 그들이 결정되는 것이라면, 규칙에 따르는 장치들은 무제약적인 것의 결단성을 일으키기 위한 유인들, 깨어 있음과 상기로 이해될 수 있다. 물론 매일의 반성에서의 **자기조정의 규칙**(피타고라스주의 이후의 그의 형식들 안에서) 및 내면적 태도의 **연습**은 이미 자기중심적인 자기만족과 자기학대 안에서 공허한 경직성의 위험한 한계에 빠져 있다. 그러나 훈련된 매일의 질서와 **작업의 규칙들**은 그 자체로서는 무제약적인 것은 아니지만, 그들이 무제약성으로부터 발생할 때에는 무제약적인 것에로 향해 있는 장치들인 것이다. 우리의 존재의식을 근거 짓는 철학 서적들의 규칙적인 **독서**, 반복에 의한 그의 심화, 예술 **감상**과 시는 상기시키는 작용에 의해 나를 일상생활 속에서도 본질적인 것과 연결되도록 하는 수단이 된다. 그것은 내가 무엇을 하든 내가 그것에 의해 지탱될 수 있도록 하는 것이다. 휴식의 순간에 행하는 매일의 **반성**은 현존 안에서 그것 없이는 자기존재가 분산되고 방향이 흔들리게 되는 현상이다.

이러한 반성은 내면적 행위의 무제약성으로서의 철학함이다.

2. 철학함

실존철학은 습득된 전통의 기반 위에서 그때그때 현실적으로 초월자와 관계하는 인간존재의 가능성들에 대해 고찰한다. 그러나 모든 철학적 사고의 궁극적 의미는 개인으로 하여금 자기 자신으로 되게 하는 내면적 행위 안에서의 개인의 **철학적 삶**이다. 언표된 것, 저술들 안에서 여러 이론으로 확립된 사상들은 이러한 내면적 행위의 결과인 동시에 그것을 일깨우는 것이기도 하다. 그렇기 때문에 본래적인 철학적 사유는 생활에 가장 친근하고, 근원 안에서 자기존재 안에 존재를 산출하는 활동인 것이다. 그러므로 그것은 가장 큰 기만이 될 가능성이 있고, 또한 삶에서 가장 동떨어진, 그리고 가장 불성실한 사고활동이 될 수도 있다.

내가 나 자신에 도달하고자 할 때, 나는 나에 관해서 대상적으로 알려고 하는 목적을 가지고 **나에 관해 숙고하는 것**을 통해서도, 또한 나 자신 안에 고립되어 있는 의식상태를 훈련하는 **테크닉을 통해서도**, 그것을 할 수 없다.

나는 다만 내가 실재하는 존재로서 관찰하고 다루는 대상으로서의 현존에 지나지 않게 될 것이다. 또한 나는 철학자들에 의해 만들어진 개념을 **다시 숙고**하는 것에 의해서도 나에게 도달할 수 없다. 단순한 사고나 사고된 것에 따르는 사고로서의 철학함은 아직 참된 철학적 사고가 아니다. 중요한 것은 철학적 사고가 하나의 **무제약적 행위로 되는** 것이다. 사고의 수행, 그의 진리, 그리고 통찰은 오직 자기를 산출하는 이와 같은 내면적인 활동과의 일체화에 의해서만 성취될 수 있다.

나에 관한 사고, 즉 심리학, 삶의 운영에 질서를 주는 기술, 철학적으로 사고된 것에 대한 사고 등은 순수한 철학함을 위한 준비인 동시에 그의 결과들이다. 철학함은 **절대의식**의 파악과 인식이 함께 일어나는 자기조명 안에서 비로소 무제약적인 것이 된다. 즉 철학함은 더 이상 수단이 아니고 존재의식을 성취시키는 근원이다.

자기조명은 위대한 철학자들에 의해 **모범적으로** 수행되었다. 그들의 조명에서, 횃불이 손에서 손으로 전달될 때 우리의 자기조명이 불붙는다. 그러나 철학자들의 실존과의 접촉은 사고된 의미와 자기존재가 하나가 되는 순간에, 또는 현존하는 현실로 전환되는 때 비로소 구체적으로 이루어진다.

철학함은 매일매일의 자기 음미로서 존재한다. 사고는 자극하는 가시이다. 철학함은 그의 개시성 안에서 호소로서 작용한다. 그것은 탈선을 막는 버팀목이 된다. 그것은 초월자를 불러내면서 현재에로 가져온다. 그러나 모든 것은 오직 사상이 참되게 사유되기 위해 존재하지 않으면 안 되는 자기존재의 현실성 안에서만 가능하다. 이 사고는 지각이나 소여를 통해서가 아니라, 내가 지금 **사고하면서 형성되는** 바와 같은 나의 존재를 통해서 성취될 수 있는 것이다.

큰 고통, 운명, 결정적인 것을 한 번 경험하는 것은 현존의 지속 안에서의 확증보다는 쉬운 것으로 보인다. 그러한 경험은 일상생활에서 벗어나는 것이므로, 파괴하면서 동시에 고양시킨다. 그러나 일상성 안에서 비로소 지속적인 존재의 확증이 존재하게 된다. 일회적인 충격은 모든 미래를 위해 기초를 놓는 극단적인 가능성을 창조한다. 그러나 이와 같이 창조된 것은 단지 수년 동안에 걸쳐 기억의 반복 안에서, 피할 수 없는 결과들 안에서 동일한 것이 파악되는 경우에만 참으로 현실적일 수 있다.

그러한 이유 때문에 철학함은 심각한 충격과 함께 일상생활을 다루는 것이다. 한쪽의 무제약성은 다른 쪽의 반영이고, 다른 쪽 없이는 한쪽도 의심스러워지는 것이다.

결국 철학함은 현존 안에서, **스토아주의자들**이 가르친 바대로 그것을 견뎌야 할 때, **극복할 수 없는** 것에 부딪혀 좌절하게 된다. 예를 들어 그것들은 그들과 어떤 참된 지속적인 관계도 이루어질 수 없는, 그러나 그럼에도 불구하고 도처에서 사람이 그들에게 의존하고 있는 사람들과의 알력, 대중들의 인상학적 실재 앞에서의 충격, 적은 일상의 고역들, 반성의 여유를 주지 않는 서두름, 불쾌함, 고통, 의기소침 등의 신체적 상태들, 자기 자신의 포기 등이다. 여기서 무관심하지 않은 침착과, 본질적인 것에 대한 분별을 보전하는 일은 오직 온전한 철학함을 배경으로 해서만 성취가능하다. 그러나 그 일의 완전한 성취는 절대로 불가능하다.

인내를 **포기함**은 **결핍**임을 안다. 철학함의 내면적 행위가 세계 안에서의 행위의 근원이 되지 않고, 소통의 상호성 안에서의 창조가 되지 못할 때, 만일 이러한 양상을 결정적인 것으로 파악하고, 그것을 다만 압도적인 상황들 안에서 새로운 적극성을 향해 준비를 갖추게 하는 것으로 보지 않는다면, 그것은 본래적 현존을 고립 안으로 이끌어가고, 여기서 공허한 어느 순간에 파괴될 수밖에 없다.

철학함 안에서 가능한 특별한 성취는 초월자의 사고를 통한 내면적 행위로서의 **적극적 명상**이다. 그것은 세계 안에서 합목적적 효과가 없다는 점에서 종교적 행위와 유사하다. 명상은 무제약적 행위로서 무책임한 관상, 반성이나, 대상적 연구로부터 구별된다. 즉 그 안에서 초월자의 의식을 통한 자기존재의 명료함과 정화가 일어난다. 비록 명상 안에서는 신과의 현실적인 관계가 없고 감각적, 현실적으로 신의 말을 들을 수 없다고 할지라도, 자유에 기초하여 숨은 신과 관계하는 이와 같은 소통 안에서 하나의 길이 발견된다. 실존은 단지 자기의 자유에 기초하여 간접적으로 그에게 현실화되는 만큼만 신에 관하여 경험한다. 명상은 형식적인 초월함의 사고 안에서, 초월자와의 실존적 관계들의 경험 안에서, 그리고 규정불가능한 현존의 암호해독 안에서 수행된다. 철학함의 절정으로서의 명상은 초월자 안에서 자기를 발견하는 절대의식의 확인이다. 종교적 객체성을 통해 획득되는 신의 감성적 현전 안에서 주어지는 힘은 여기서는 인격적 실존의 자유 안에 근거하지 않으면 안 된다. 자기 자신에게만 의지함으로 인해 실존의 현상은 객관적 관련 안에서 보호되고, 인정된 실존의 현상보다 더 흔들리고, 더 모호하고, 더 무력하다. 왜냐하면 우리의 인간존재의 본질적 연약함 때문에 자유 안에는 의문과 절망에 의한 더 큰 위험이 존재하기 때문이다. 자유는 하나의 모험으로 남는다. 자유는 가차 없는 눈을 가지고 있다. 이에 반하여 실재적으로 현존하는 초월자에 대한 헌신은 더 이상 자기가 아닌 존재의 공허한 눈을 가진다. 근원적인 존재의 자유, 그리고 그와 함께 초월자와의 관계는 항상 새롭게 획득되어야 하고, 그것은 개인의 소유도 아니고 객관적으로 전달될 수 있는 것도 아니다. 나의 연약함 안에서 나는 자유에 근거하여 상대적인, 그리고 단지 깨우쳐주는 객관성 이외의 어떤 실재적 객관성에도 의지할 수 없다.

신과의 현실적인 관계가 철학적으로는 접근불가능한 종교적 행위의 무제약성이라면, 적극적 명상은 내면적 행위 및 세간적 행위의 무제약성 안에 있는 내실이다. 존재의 현실성은 단지 명상의 충실한 수행을 통해 현존의 암호적 성격을 확신하는 그만큼만 내면성과 목적 안에서 자기의식에 대해서 현전한다. 그러므로 윤리적 무제약성도 또한 무엇을 인식하거나 밝혀냄이 없는 암호의 해독 안에서 초월자의 숨어 있음에 접근하는 가운데 목적에서 자유로운 행위를 알게 되는 것이다. 배리적이고 무의미한 것 안에서와 마찬가지로 의미 있는 나의 행위에 있어서도 초월적 현실성은 도대체 아무것도 말하는 바가 없이 말한다. 그러므로 초월자는 그의 변함없는 은폐성 안에서 모든 것을 그때그때의 실존자에게 부담시킨다. 비록 이 실존자는 말로 표현할 수 있을 만큼 알지는 못하면서도, 순간적으로 자신이 초월자에 의해 인도되고 있음을 믿을지라도 그렇다.

3. 무의욕 안에 있는 무제약성

시간적 현존 안에서의 무제약적 의욕은 무의욕과 연결되어 있다. 억제와 배제의 도상에서만 현 존재의 현상은 실존적으로 가능할 수 있다. 결국에 있어서 파괴적 의지로서의 무의욕을 가능하게 하는 것은 현존의 붕괴이다.

객관적으로 **생물학적인 것** 안에 있는 반사작용의 구조는 단지 삽입된 장애를 통해서만 전체의 상호적, 연쇄적 반응에 의해서 가능해진다. **심리학적으로** 충동은 충동을 통해 제약된다. 가령 공포는 단념을 야기하고, 장애는 영혼을 상호적으로 제약하는 내재적 힘의 작용 안에 포함된 하나의 기능이다. 인간의 현존 안에 내재하는 여러 가지 금지들은 처음부터 본질적인 것이다. 그러한 금지들의 근원들이 생물학적, 경험적 제 연관 안에서 어떤 관찰가능한 작용과 용도를 가지는가에 관하여 심리학적 사회학으로 연구되고 있다. 터부들, 사고가능한 또는 경험가능한 비감성적인 것에 대한 공포, 기피와 금욕 등은 참된 현존에 대립하는 활동들이다. 부분적으로 제약된 것으로 이해된 것의 희생이 행해진다. 그러한 희생은 신들을 강요하기 위한 마술적 수단으로서, 악의 제거를 위한 방도들로서, 사회학적 기능으로서 행해진다. 그러나 이러한 희생들은 그러한 조건들에 의해서 충분히 이해되는 것은 아니다.

무의욕 안에 존재하는 **무제약성**은 결국은 근거 지을 수가 없는 것이다. 그것은 형식적인 **자유에의 의지**로서 현존의 전면적 부정이다. 그것은 현존 외부의 지점을 획득하기 위한 방편이며, 그 자체로서는 공허하게 된다. 그것은 질서에의 의지, 표준과 제한에의 의지로서, 현존의 배제를 위한 의지가 아니라, 현존을 하나의 전체적 통일 안에 세우려는 의지이며, 훈련과 형성에의 의지이다. 그러므로 그것은 그 자체로서는 곧 어떤 신앙된 보편적 전체 안에서 전면적 제약관계를 위해서 무제약적이기를 그치게 된다. 그것은 일자와의 연결 안에 있는 **배제**로서 역사성 안에서 나타나는 실존의 현상이다. 그것은 **파괴의 의지**로서 초월자를 지향한다. 이미 몰락하고 있는 세계현존 안에는 어떤 오류가 존재한다. 그것은 절대로 존재해서는 안 되는 어떤 것이다. 제한 없는 고행, 보편적 부정은 세계 없는 초월자를 향해 열려 있다.

부정의 무제약성은 현재에서 떠나 초월자를 향한다. 그에게 종속된 자로서의 현존을 통해서—즉 가능성들의 배제 안에서, 또는 현존 없이—즉 절대적 부정 안에서 그렇게 한다. 무제약적 무의욕 안에는 부정의 깊이가 존재한다. 그리고 현존의 탐구는 역시 그에게 접근불가능한 근거에 기초하여서 비로소 그의 초월자와 관계하는 실존의 현상, 즉 본래적으로 존재하는 것이 감각적인 또는 의식일반에 의해 사고가능한 확실성에로 가져와지는 일이 절대로 없는 그곳에서 그의 의지처를 발견하는 부동하는 존재에 이르게 된다.

세계 안에서의 행위

인간에 의해 창조된 세계는 개체인간들이 혼잡하게 뒤섞이는 혼돈이면서 동시에, 인간적 질서의 조직이다. 그리고 그 안에서 오직 한 사람의 영웅만이 스스로의 힘으로 자기와 자기의 민족을 위해서 하나의 자율적인 질서를 창조할 수 있는 완전한 파괴의 세계현존은 그의 한계적 표상이다. 개체인간에게는 초인간적인 위대성이 없다. 그러므로 자기 혼자만의 힘으로는 그는 세계에 대해서 단지 씨앗에 불과한 상태 안에 있게 될 것이다.

그 안에서 현존이 협동하는 질서 지어진 현존으로서의 세계는 인간을 만족시킬 수 없다. 그리고 바라는 것과 목표들의 제약성 및 상대성 안에서의 그의 행위는 현존을 보전하고 확장시킬 수 있을 것이지만, 현존 안에서 가능적 실존을 실현시킬 수는 없을 것이다. 세계 안에서의 그의 무제약적 행위들을 통해서 비로소 그는 세계 내적 목표들을 지향하면서, 그 안에서 그들을 넘어서는 의미를 깨닫게 될 것이다.

이와 같은 무제약성의 조명은 이율배반들로 이끌어가고, 그들의 긴장 안에서 무제약성이 실현된다.

다시 말하면, 무제약성은 일반적인 법칙에 따르는 행위로서 파악되지만, 그것을 넘어서는 도상에서만 **역사적 구체성** 안에서 참된 것이 된다.

무제약성은 세계 안에서 다자에로 **분산되고**, 그것을 넘어서는 도상에서 역사적 일자를 파악한다.

1. 법칙과 역사적 한정성

세계 안에서 할 수 있는 모든 행위에는 목적의 자의성이 수반된다. 기술적 도구를 가지고 나는 파괴할 수도 있고 건설할 수도 있다. 그러나 나는 무엇을 하는 것이 옳은가를 묻는다. 왜냐하면 나는 단순한 우연에 저항하는 본성을 가지고 있기 때문이다. 나의 행위는 나에게는 마땅히 행해져야할 어떤 것이다. 그것은 반성에 의해 마땅히 행해져야 할 것으로 파악되는 것이다.

그러나 존재일반이 이미 어김없이 작용하는 자연법칙의 지배 밑에 있는 현존으로서 이해될 수 없는 것과 마찬가지로, 행위가능성으로서의 존재 역시 보편타당한 당위성 밑에 있는 것으로 이해될 수 없는 것이다. 당위의 존재는 오히려 당위성 안에서 **자기 자신**을 발견하는 존재이다. 합리적으로 도출가능한 당위는—그것이 항상 옳은 것임이 의식일반의 이성적인 사고에 대해 분명하기 때문에 복종을 요구하는 보편타당한 요청으로서—의심의 여지없이 전제된 목적의 기술적 수단으로서 항상 상대적 의미를 가질 뿐이다. 이와 반대로, 그 자체로서 당위인 존재는 실존이며, 실존은 그가 **무제약적으로** 행하는 바를 마땅히 행해야 할 당위로서 **파악**한다. 나 자신이 진리를 확신하고, 나의 고유한 의지로서 그것을 원치 않기에 법칙적으로 고정된 종류의 당위에 따를 수 없는 상황들 안에서 나 자신을 발견한다는 것은 어떤 방식으로도 객관화할 수 없고, 객관성의 입장에서 볼 때에는 단지 좋지 못한 자의에 불과한 것일 뿐이다. 그러나 그때그때의 자기가 현존하는 역사성의 공동체 안에서 일반자의 한 예, 또는 전체 안에서 대체 가능한 기능보다 그 이상의 것이라면, 보다 더 깊은 당위가 일반적 형식으로 고정화된 당위에 대항할 수 있다. 이와 같은 근원으로부터 비로소 이성적으로 통찰가능하고, 그런 것으로서 단지 상대적 당위에 불과한 것의 근저에 놓여 있는 **무제약성**이 발생한다.

당위는 무제약적인 것이 확신되는 형식이다. 당위에 기초하는 행위는 실존의 참된 고양을 일으킨다. 만일 내가 스스로 깨달은 당위 안에서 나 자신을 극복한다면, 그것은 혼돈과 허망한 우연으로부터의 구원과 같은 것이 된다. 그 안에서 비로소 나는 나의 자기존재를 참되게 확증하게 되는데, 나는 그것을 아무런 모순 없이 포괄적인 질서에 대한 봉사로서 경험한다. 나 **자신**에 대한 복종과 **포괄자**에 대한 복종은 동일한 것이다. 그러나 나는 자기 자신을 통해서 경험하는 것 외에 어떤 다른 길에서도 세계 안에서의 무제약적 행위의 근원으로서의 포괄자를 경험할 수가 없다.

무제약적인 것의 진리는 다음과 같은 **긴장** 속에서 실현된다. 즉 내용적으로 규정된 행위의 이미 명백한 기존의 법칙을 현실적 **구속력이 있는** 것으로 받아들이지만 그럼에도 그것을 의식적으로 **상대화 가능한** 것으로 보면서, 그와 동시에 새롭게 행해진 무제약적 행위가 법칙의 형태 안에서 이해되었을 때 비로소 그것을 타당한 것으로 인정하려는 의지를 가지는 것이다. 그러나 합리적으로 객관화하는 오성이 그의 가능한 종말에 이를 수 있기 **전**에 지금 행위하지 않으면 안 된다. 무제약성 안에는 어두운 깊이가 들어 있다. 비록 이 어두움은 밝은 법칙성의 근거로서만 참된 것일 수 있는 것이지만. 그때그때의 무제약성을 법칙 안에서 이해하려는 요구로서의 **법칙성 일반의 법칙**만이 일반적인 것이다.

실존적 가능성은 그것이 실현되었을 때에는 의무수행 이상의 것이 된다.

자의는 그 이하이다. 그러나 이 두 가지는 객관적으로는 구별불가능하다. 실존에게는 법칙에 따르는 의무수행이, 비록 상대화 가능한 것이기는 하나, 현존의 한 계기가 된다. 그러나 **기분대로의 생명충동**은 의무수행을 속박으로서 근본적으로 거부하고 단지 강제에 의해서만 복종한다. 그런데 밖에서 보면 이 둘은 모두 합리적으로 고정된 법칙에 대해서 부정적인 것이다. 생명충동에 대해서는 법칙은 그것을 거부하면서, 즉시 그의 밑에 굴복하는 저항물이다. 실존에 대해서는 법칙은 그를 둘러싸고 있는 질서 안에서 자기 자신을 무제약성으로서 발견하기 위해 그가 극복하는바 저항물이다. 왜냐하면 오직 이러한 저항에서만 실존은 그의 역사적 순간의 깊이 안에 진입하게 되기 때문이다. 무제약적 행위는, 마치 무시간적 법칙이 단지 우연적으로 이 순간에 모든 사람에게 어느 때나 받아들여질 수 있는 균등한 소재 안에서 실현될 수 있는 것처럼, 허공 안에서는 행해질 수 없는 것이다. 현상으로서의 무제약적 행위는 시간적으로 규정되고, 그 때문에 일반적 원칙들로부터는 충분히 규정될 수 없는 방식으로 역사적이고 구체적이다.

법칙은 내가 그것을 통해 나를 확증하는 자극과 같다. 그것은 그것이 법칙이라는 이유만으로 그것을 위반하려는 유혹을 통해 자극한다. 그리고 그것은 나로 하여금 맹목적 복종 안에서 나의 자유를 포기하게 하는 유혹을 통해서 자극한다. 법칙파괴는 성장하는 실존의 적극성으로부터 일어날 수 있다. 그러나 법칙파괴는 대개 부정성 안으로의 상실에 의해 발생하는데, 그때 동일한 것이 자기에게 굴복하는 비자유를 의미하면서, 그와 동시에 동일한 차원에 있는 정반대의 것을 의미한다. 오직 법칙의 이 두 가지 자극에 대한 대항을 통해서만, 비로소 나는 자기존재 안에 있는 무제약성의 결정적 확신을 획득하게 된다. 그때 이 확신은 더 이상 자의의 쾌락이

나 존경을 추구하는 도덕적 행위의 강제성과 혼동되지 않게 된다.

　법칙과 역사적 규정성 사이의 긴장 안에서는 나는 단지 일반자, 즉 법칙에 기초하여서만 논쟁한다. 나는 법칙에 대항해서 단지 새로운 법칙들을 가지고 논쟁할 수 있다. 즉 쓸모없게 된 법칙에 대항하여 나는 역사적 현실로부터 획득된 참된 법칙들을 가지고 논쟁할 수 있다. 법칙성의 일반성에 기초한 이러한 논쟁들은 그 자체가 임의의 것이다. 그러한 논쟁들은 현존하는 실존에 기초하여서만 비로소 방향과 내실을 얻게 된다. 그러나 실존은 역사성 일반에 기초해서 주장된 무제약성을 가지고 법칙성 일반에 대항하여 논쟁할 수가 없다. 오직 법칙을 매개로 해서만 참된 것은 쓸모없게 된 것에 대항하여 투쟁할 수 있다. 이러한 논쟁은 끝없는 논쟁들에 빠지지 않도록 실존적으로 통제하는 것을 통해서 투쟁을 수행한다. 만일 의식일반에 의해서 옳은 것에 대한 강제적 지식이 요구된다면, 이 투쟁은 좌절될 수밖에 없다. 법칙성의 매개를 통해 역사적 실존만이 또 하나의 다른 역사적 실존과 의미 있게 대면할 수 있고, 그 안에서 자신을 이해하고, 자신을 일깨우고, 자신에게 충격을 주고, 자신을 근원적으로 조명할 수가 있다. 그러나 역사성이 초월되고, 행위의 영원히 타당한 법칙성에 대한 객관적 지식의 명확한 포착이 가능하게 되는 것을 통해 무제약적 행위 안에서 긴장이 해소되는 일은 결코 없다.

　비역사적으로 자명한 것은 원칙들에 기초한 논리적 결과들뿐이다. 이러한 원칙들에게는 그들의 적용에 있어서 명확한, 즉 행위의 상황과 사실에 대한 비역사적이고 단순한 파악이 필수적으로 전제된다. 대개의 경우 항상 확실성의 외관을 지니는 원칙들에 기초하여 모든 행위가 정당화되거나 비난된다. 그리고 이때 사람들은 그 행위의 어떤 부분을 자신에게 유리하게 뽑아내서, 능란하게 그것이 본질적인 것처럼 그것에 주목하게 한다.

이 같은 궤변은 우리가 다음과 같은 사실을 절대로 잊지 않을 때 한해서만 극복된다. 잊어서는 안 될 사실은 모든 정당화는 승인된 원리들의 기초 위에서 특수한 것에 한해서만 가능하다는 것, 그러나 모든 **무제약적** 행위 안에는 그 이상의 것, 즉 현재의 깊이 안에 그의 근원이 놓여 있다는 것이다. 그리고 또 한 가지 잊어서는 안 될 것은 모든 일반적인 것의 한계에서 이 같은 역사적 무제약성 안에는 양심이 책임을 지려는 의지와 영원히, 그리고 전적으로 내 안에서 청취된 포괄자에 복종하고자 하는 밝은 의식을 가지고 서 있다는 것이다. 타당한 법칙들을 돌파하면서 자기를 정당화하고자 하는 사람은 자기의 무제약성의 법칙을 새로운 타당성으로서 언표할 수 없을 때에는, 그가 무엇을 하고 있는지를 모른다. 여기에서 변명의 자리에 소통이 들어오지 않으면 안 된다. 소통 안에서 무제약성이 밝혀진다. 그리고 그것은 모든 단순한 이익공동체와 기만적인 성격 유사성을 넘어서, 사람들이 그들의 역사성 안에서 그때그때의 법칙이 항상 모호한 법칙들 일반의 현상임을 유보 없이 진실하게 발견하는 것을 통해서 가능하다.

가능적 실존 안에서는 의식일반으로서의 그에 의해 객관적으로 사고된 것은 대가 없이는 고정될 수 없다는 것이 미리부터 예견된다. 모든 사람에게 유일하게 정당한 것은 존재하지 않으므로, 나는 자기 자신이 되기 위한 행위의 모험에서 스스로 죄책을 짊어져야 한다. 즉 법칙성 일반의 법칙으로서의 현재의 법칙을 돌파하는 공포 안에 무제약적인 것의 힘이 존재할 수 있다. 어떤 법칙에 대해서도 나는 내가 전적으로 옳은 것을 행하기 때문에 모험 없이 그것에 따를 수 있다거나, 그것에 따라 타인을 실존으로서 판단할 수 있다는 것을 확인할 수 없다. 절대적인 결단은 오직 자기 자신과의 실존적 소통을 통해서만 무제약적인 것이 될 수 있다.

2. 분산상태와 일자

현존 안에 무한한 가능성이 존재한다. 나에게 날마다 **수없이 많이** 일어나는 일들은 나로 하여금 그날그날 이것저것에 몰두하게 한다. 수많은 일들 안에서의 행위는 현존의 조건이다. 왜냐하면 나는 오직 그러한 활동들을 통해서만 나를 위한 공간과 사물을 처리하는 힘을 얻을 수 있기 때문이다.

이와 같은 수많은 일들은 **어디에서도 나와 일치되는 일이 없다.** 그것들 중 어떤 행위도 나에게 무제약적이지 않다. 나는 거리를 두고 서 있고, 단지 도구를 통해서만 세계 안의 사물들에 접촉하고 있는 것처럼 나는 다른 곳에 있다. 참으로 나는 경험적 개체로서는 생명유지에 종사한다. 그러나 이와 같은 수없이 많고 다종다양한 가능성들 안에서 세계현존 안에 전적으로 몰입한다면, 나는 산만해져서 나 자신을 의식하지 못한 채 단지 객관적인 것의 무대로서 존재할 뿐이다. 나는 그때그때의 일들 속에서 소진되는 가짜의 동일성으로 남게 된다.

나는 이와 같은 산만함으로부터 벗어나서 오직 일자를 통해서만 행위함으로써 **무제약적**이 된다. 일자를 붙잡는다고 하는 것은 유보 없이 스스로 **전적으로 그 안에 존재하는** 것을 말한다. 즉 현존 안에서 자기 자신으로서 하나의 현상과 일치하게 되는 것이다. 일자는 그의 드러남 안에서 실존이 자기를 발견하게 되는 그때그때의 현실성이다. 왜냐하면 현존의 현상 안에서는 단지 다수 중의 하나로서 분열되어 있을 뿐인 것이 일자의 현실성 안에서는 자기와 일치하게 되기 때문이다. 이 자기는 이제 동시에 현실성 안에 뿌리박게 된다. 자기는 이제 비로소 구속되고 한정된 자로서 현존 안에서 자기 자신을 확신하게 된다.

일자 안에서 자기를 발견하는 특별한 행운은 그렇게 해서 가능하게 되는 현존과 세계 안에서의 행위의 대치불가능성으로부터 일어난다. 산만한 분산상태에서는 **가능적** 실존에 불과했던 것이 **현실적인** 자기존재가 된다. 그러므로 각각의 가능적 실존에게 그의 고유한 존재의 문제는 어디에서 그의 일자가 나타나느냐 하는 것이다. 그의 질문은 숙고를 통해서, 타자의 전달, 통지, 보고나 권위자의 교훈을 통해서 해결될 수 있는 것이 아니다. 그에 대한 대답은 단지 그 질문에 의해 현존의 근원이 환기되고, 지침을 주는 앎을 통해 그의 가능한 전개의 공간이 확장되고, 의식이 철학적으로 조명될 때, 구체적인 현존의 현실 안에서 자유의 무제약적 근원으로부터 발견된다

각각의 일자가 다른 일자와 다르고 실존 안에 있는 무제약적인 것인 한에서—그 안에서 내가 산란한 방만상태에서 벗어나서 나 자신에게로 오게 되는 그 일자는 **또다시 다수적 일자이다.** 직업 안에서의 일자의 이념, 한 사람의 아내, 하나의 조국, 한 사람의 친구 등과 같은 각각의 경우 일자는 다른 의미를 가지고 있고 또한 현상으로서의 그에게 속하는 상대성을 가진다. 각각의 본질적인 상황 안에서 사람은 필요한 일자에 관해서 말할 수 있다. 그러나 그 일자는 보편타당한 인식이 가능한 것으로서의 일자, 그리고 현재적인 일자가 그의 한 실례인 그러한 일자가 아니라, 그 안에서 이 실존이 자기를 실현하게 되는 일자이다.

우리는 사고의 전달에 있어서는 사고가능한 형식들에 의존한다. 가령 우리는 일부일처제, 즉 "오직 하나의 주인을 섬기는 것"에 관하여 말한다. 그러나 내가 일자를 그의 현상적 의미에서 말할 때 그것은 경험적으로 **단순한 수적인 일자,** 즉 다수 중의 하나로서 존재한다. 참으로 일자는 배타적이다. 그러나 그것은 언표가능한 법칙들에 따르는 것은 아니다. 만일 그의 현상의 실존적 역사성을 떠나서 그의 외면화 안에 있는 일자가 타당한 것

으로 고정된다면, 단지 수적인 일자의 개념만이 남는다. 결과는 광신적 배타성이고, 하나의 사유된 일자의 압력 밑에 있는 추상적 수평화는 모든 사람에게 파괴적 결과를 가져온다. 다수로부터의 유래가 망각되고 지평으로서의 다수성의 공간이 사라진다. 그리고 가능성으로서의 다수성의 현상이 소멸된다. 물론 그때마다 일자가 외적으로 볼 수 있는 객관성으로서, 그리고 수적 일자로서 나타난다. 그러나 외면적인 것은 실존 안에 있는 일자의 진리에 대한 표준이 아니다. 실존적 일자는 개념에 의해서 인식되는 것이 아니라, 무제약성 안에서 실현되고, 철학함 안에서 조명되는 것이다. 개념 안에서는 언제나 실존적 일자의 자리에 객관적 고정화가 세워지거나(예를 들면 도덕적 원리로서의 일부일처제가 성적 사랑 안에서 초월자와 관계하는 자기 존재의 실체로서의 일자의 자리에 들어온다.) 그렇지 않으면 개념 안에서 모든 것은 임의로 정당화될 수 있을 것이다. 예를 들면 하나의 사랑에서 또 하나의 사랑으로 가는 성욕의 무한성 안에서 하나의 아름다움의 이념이 추구될 것이다. 돈 후안은 무한한 양태들을 통해서 일자에의 참된 길을 간 것이라고 말한다. 하나의 사실적인 일부일처제로부터 당사자들 안에 있는 실존적 일자가 추론될 수 있을 것이다. 이에 반하여 결혼은 단지 객관적으로는 아무것도 증명이 안 되는 것으로서, 하나의 현상적 실존함의 가능적, 객관적 표현에 지나지 않는 것이다.

일자는 무제약적인 근원으로서, 그것은 다수 안에 있고, 일반으로 다수를 배제하는 것이 아니라, 그때마다의 타자를 제외한다. 실존 자신은 **다수의 진리**를 간파하고, 그의 **가능성의 단계들** 안에서, 숙고와 공간 창조 안에서 다음의 사상들을 파악한다. 그것은, 즉 우리의 현존 안에서는 어떤 식으로든 간에 다수를 섬기는 것과 그때마다의 상황 안에서 힘이 닿는 한에서 이것 또는 저것에게 그의 권리를 허용하는 것이 운명이고 요청이라는 것이다. 이런 생각을 세계정위 안에서 철저하게 숙고하는 것을 통해서, 그리고 또한 정신의 영역들 및 그들의 갈등에 관한 이론들 안에서, 비로소 어떤 인식에 의해서도 파악할 수 없는 실존의 그때그때의 일자가 더욱더 분명하게 조명된다. 갈등의 상황에서 "다른 신"이 모욕되고, 배제의 죄책을 실존의 실현의 조건으로서 스스로 짊어질 때 이러한 실존적 일자를 붙잡게 된다. 정신적 가능성들의 영역들 사이의 투쟁은 상황의 제약성을 의미한다. 그러나 그 안에서 일자가 실현된다. 그런데 그 일자는, 그것을 설명한다면, 다수로 존재하는 영역들을 더 이상 절대적으로 타당한 것으로 존속할 수 없게 하고, 상대화하며, 자기 자신 역시 하나의 타당한 가치로서 존립할 수 없게 하는 일자이다. 이 일자는 처음부터 일자였던 것이 아니라, 분산으로부터 자기에로 온 것이고, 현존의 현상 안에서는 본래적 존재로서 쟁취된 것이다. 실존의 현상으로서의 삶은 가능성으로부터 무제약적 현실성으로 나아가는 길이다. 거기서 다자는 가능성, 유희, 추구 등이다. 그러나 현실성은 결단, 한정, 즉 일자이다.

제4부

주체성과 객체성에서의 실존

제10장

주체성과 객체성의 양극성

모든 실존조명이 일으킬 수 있는 오해의 결과로서 (실존을 개별적 현존의 경험적 개체성과 혼동하고 실존적 내면성을 단순한 주체성과 혼동하는 것) 이 철학에서는 객체성이 주체성 안에 해소되어버리고, 현존하는 풍요로운 세계가 상실되고 당위가 훼손되고 기준의 속박하는 힘이 파괴되는 것이 아닌가 하는 두려움이 생긴다. 그러므로 철학적 실존조명은 객체성의 의미를 분명하게 이해함으로써 그 자신의 진리를 보전하지 않으면 안 된다.

사람은 철학을 하기 **이전에는 현존하는** 객체성의 확실성에 의심 없이, 몰아적으로 의존한다. 그런데 철학을 하게 되면서 객체성에 대해서 **의문을 제기하게 된다.** 이와 같은 반성의 위험성은 모든 내실을 해소시키는 데 있다. 왜냐하면 질문하고 근거를 제시하고 거부하는 반성은 허무주의로서가 아니면, 궤변 안에서 자의적으로 질문하는 자로서 그 힘과 심연을 경험하기 때문이다. 이에 반하여 철학하는 일의 목표는 **부동하는,** 그리고 실존에 의해 포섭된 **새로운** 객체성의 소유이다. 객체성은 이제 더 이상 소박하지 않은, 파괴적인 힘들을 파악하여 자기 안에 포함하는 실존을 나타내는 매체가 된다.

실존은 항상 주체성과 객체성 안에 존재한다. 실존은 주체와 객체로 분열되어 있는, 즉 그 양자의 관계 안에 존재하는 세계 안에서만 자기 자신에게 나타난다. 이와 같은 실존적인 문제성은—그 의미에 따르면 변증법적이고 해결불가능한—철학함의 근원이며 목표이고, 철학적 시발점이며 철학함의 종결불가능성이다.

실존은 현상 안에서 두 가지 방향으로 움직인다. 다시 말하면, 실존은 삶의 형식과 양태로서 **객체적인 것을 추구**한다. 그리고 실존이 그 성원인 하나의 객체적 전체 안에서 지양되기를 바란다. 실존은 그에게 대립하는 타당한 기준을 원한다. 끝없이 사라져가는 단순한 느낌과 경험은 실존에게 견디기 어려운 것이다. 그런 것들은 실존적 의미를 가지는 한에서, 그러나 오직 객체적인 것 안에서만 분명해지는 것이다. 가능실존의 현존은 활동하면서 작업 안에서 자기를 다시 확인하기를 원한다. 그리고 세계의 풍요로움과 그의 반영을 실존적 정신의 창조작업에서 사상과 미로서 바라보고자 한다. 실존은 협소한 주체성 안에서는 활동도 없고 성취도 없이 질식해버릴 수밖에 없을 것이다.

이와 마찬가지로 실존은 **주체성을 추구**한다. 객체성은 그 자체만으로는 그에게 공허하고 낯선 타자로 남을 뿐이다. 오직 각각의 개별적인 현존의 인격적 수행을 통해서 객체성이 주체성 안에 현전하게 되는 곳에서만 실존은 객체성과 주체성의 **그때그때의 전체성**으로서 자신을 **드러낸다.**

현존 안에서 가능성으로서 자기를 드러내는 실존은 그의 존재가 아직 결정되어 있지 않고, 그 자신이 단순한 객체성 또는 단순한 주체성 안으로 일탈할 위험성 안에 있음을 안다. 그러나 실존은 단지 함께 있을 뿐인 요소들로서의 객체성과 주체성으로 자기를 구성하지 않는다. 실존은 존속하는 전체성으로서 존재하는 적이 없다. 그러므로 실존의 현상 안에는 항상 새롭게 일어나는 **긴장**이 존재한다. 가능실존은 잘못된 해결로부터 자기를 방어하면서 자신을 그 자체로서 고정화하는 객체성 안에서, 그리고 다음으로는 단호한 주체성 안에서 번갈아가며 그의 길을 추구한다. 그러나 그 어떤 길도 결국은 그의 고립화 안에서 일탈에 이르기 때문에 실존은 돌아서서 돌아가는 길 위에서 근원을 추구한다. 두 가지 길은 그 자신 안에서 완성되는 원으로 조망될 수 없다. 근원과 목표는 알 수 없다. 그의 가는 길(Hin)과 오는 길(Her)은 그 자체만으로는 결코 모든 것이 아니다. 그 길의 도상에서 **실존들은 서로에게 자기를 열게 된다.** 모든 주체성과 객체성의 현존하는 전체성의 경험이나 역사철학적인 형태로 제시되는 전체의 어떤 의미도 긴장을 해소시키지는 못한다. 그 긴장은 실존들의 상호존재 안에서 일어나는 **초월자에로의 도약**에서 해소된다.

　실존의 존재는 만일 그가 본래적이라면 그가 그 현상의 한 측면을 절대적인 것으로서 직접적으로 파악할 때에는 그로부터 사라져버린다. 직접적이고, 따라서 따로 분리되어 있는 한 **객체적인 것**은 경직된 외면성으로 된다. 그것은 지식으로서는 스콜라적 전통으로 되고 자기-형성으로서는 형식적 훈련과 길들임으로 되고, 세계로서는 무한한 질료로 된다. 직접적인, 따라서 따로 분리된 것으로서는 **주체적인 것**은 자의적인 것과 우연적인 것의 다양성으로 된다. 그것은 감정으로서는 맹목적이고 멈추지 않는 현존이 된다. 의지로서는 제멋대로의 자의로 되고 영혼으로서는 혼란스러운 경험으로 된다. 실존은 마치 그가 대상으로 되는 때마다 불가피한, 그리고 단지 고정된 대상존재로 되는 황폐화 안에서 끝날 뿐인 타락을 시작하는 것처럼 보인다. 자기실현에 있어서 불가피한 주체화에서도 실존은 이와 똑같은 타락을 시작한다. 그러나 그는 우연적인 개별존재의 자의적인 아집 안에서 비로소 그 타락을 끝내리라. 실존하면서 나는 반드시 항상 반복하여 나 자신을 타락으로부터 다시 회복하지 않으면 안 된다. 가능실존은 시간 안에서는 불가피하게 객체성 안으로 전락하거나 주체성 안으로 전락하는 한계선에서 살지 않으면 안 된다. 그리고 단지 그 안에서만 그의 존재를 획득할 수 있다. 비록 객체적인 것과 주체적인 것과의 관련 안에서 순간적인 통일이 행복한 현재로서 나에게 일어난다고 하더라도 그것은 지속되는 것이 아니다. 그것은 시간 안에서는 불가피하게 새로운 긴장에 자리를 양보하지 않으면 안 된다.

주객분열의 구조

객체성과 주체성은 각각 방향들과 형식들을 지닌 하나의 세계를 포함한다. 객체성은 주체성과 마찬가지로 모호하다. 따라서 이 둘의 도식적 양극성은 불확정한 것으로 남는다.

1. 객체성

객체적인 것은 첫째로, 주체로서의 자아에 대립하는 대상적인 것이다. 그리고 대상적인 것은 주체의 **내면성**과 구별되는 **외부적인** 것이다. 외부적인 것은 타자적이고 낯선 것이다. 그러나 또한 확정적인 것이고 분명한 것이다. 내면적인 것은 불확정적인 것이고 어두운 것이며 대상적인 것 안에서 분명하게 제시되지 않으면 의식되지 않는다.

둘째로, 주체는 대상적인 것 안에서 자기 자신을 의식하게 될 뿐 아니라 또한 거기에서부터 그의 요구, 즉 객체적인 것은 **타당한 것**이라는 요구를 경험한다. 객체적인 것은 현존의 맹목적 느낌 안에 있는 사고되지 않은 것으로 존재하는 것이 아니다. 주체와 대상적인 것의 구분, 그리고 대상적인 것 자신 안에서의 구분을 통하여 대상존재는 사고된 존재와 동일한 것이다. 사고된 존재로서 대상적인 것은 보편타당적인 것이다. 그것은 현존재에 의해 인정된 인식의 정확성으로서뿐만 아니라 또한 주체의 행위를 명령하면서 규정하는 당위의 **올바름**으로서도 보편타당한 것이다. 자연법칙은 객체적인 것으로서 그것을 통해서 모든 현상의 인과적 필연성이 인식되는 것이고, 실제로 그것에 따라서 그와 같이 파악된 것이 일어나는 것이다. 그리고 무엇이 행해져야 하는가를—그것이 행해지지 않는다고 하더라도—일반적으로 언표하는 당위의 법칙도 객체적인 것이다. 그러나 타당적인 것은 현존하는 것으로서는 그 자신으로 독립하여 존재하지 않고 주체에 대해서 존재하는 타자인 것이다. 주체는 그 자신과 관계하면서 자기의식 안에서 자기에 대해서 존재하는 보편타당한 것에 자신을 대립시킨다.

보편자로서의 타당성은 무한하고 미완결적이다. 자기를 의식하는 주체는 비록 그가 바위에 부딪치듯이 극복불가능한 타당성에 부딪친다 하더라도 그 안에서 단적으로 진실을 보는 것을 거부한다. 셋째로, 참된 것으로서의 객체적인 것은 **전체**로서 올바름은 그의 하나의 계기가 된다. 대상으로서의, 그리고 그의 타당성으로서의 사실(Sache)은 죽은 존속이다. 그러나 살아 있는 전체로서의 사실은 이념이다. 끝으로, 주체는 대상들과 대립하여 존재하는 것이 아니라 하나의 세계 안에서 살아간다. 참으로 세계는 그에 대해서 분열되어 있고 그 안에서 대상들은 무한한 다양성 안에서 그에게 나타난다. 그러나 그의 현존과의 관계에서 세계는 하나의 전체이고 대상적인 것은 이념에 의해 관통된 현실의 실체이다.

이 세 가지 단계들: 대상성(외면성), 타당성(보편성)과 이념(전체성)에서 뒤의 것은 앞의 것을 전제로 한다. 그러나 각각의 단계에서 객체적인 것은 주체에 대한 **상관자**로서 존재한다.

2. 주체성

주체는 우선 첫째로 **의식일반**으로서 객체화되지 않은, 추상적으로 생각된 자아 존재(Ichsein)로서 외적인 대상적 존재에로 향해져 있는 사고의 주체이고, 포괄적인 매체로서 우리에게 나타나는 모든 것을 포함한다.

두 번째로 주체는 **개체적 의식으로서** 경험적으로 규정된 개별적 현존이며 자의로서의 자기고집과 그의 불투명한 생명적 현존의 충동을 지니고 있다.

세 번째로 주체는 **타당성의 의식**이다. 그는 이성적 존재로서 강제적 통찰에 굴복하며 또한 인격성으로서 그의 안에서 이념이 현실화된다.

세 가지 단계들: 즉 의식일반(내면성), 개체적 현존(우연성, 자의, 고집)과 타당성의 의식(이성적 존재, 인격성)에서도 또한 뒤의 것은 앞의 것을 전제로 한다. 각각의 단계에 대해서 객체적인 것은 특수한 양태를 가진다. 즉 객체적인 것은 의식일반에 대해서는 무한한 다양성의 양태를, 이성존재에 대해서는 타당성의 양태를, 인격성에 대해서는 이념의 양태를 가진다.

3. 주체성과 객체성의 불가분성

세계정위 안에서는 모든 객체적 대상성이 주체에 의해 **제약된다**는 것을 인정하지 않으면 안 된다. 감성적인 세계에서 지각되는 성질들은 유기체의 심리생리학적 특성에 의해 제약되고 **인식의 대상들**은 그들을 대하는 의식일반에 의해서 제약된다. 칸트와 함께 주관성을 형식적 원리로 생각한다면 모든 형식은 그의 질료 또는 소재에 의한 한계를 지닌다. 세계는 단순하게 형식으로부터, 그리고 형식의 형식으로부터 논리적으로 파악할 수 있는 것이 아니라 근원적으로 이원적이다. 객체성은 주체에서 오는 형식과 투시불가능한 질료로 이루어진 전체이다. 그러나 이 주관은 개체적 의식이 아니라 의식일반이다.

　여기에서 이미 사고가 **단적인 주관주의**에로 타락할 가능성이 있다. 만일 주관주의가 다음과 같이 주장한다면, 즉 모든 객체성은 주체에 의해 창조된 것이고 단지 자신의 현존만이 확실하고 모든 외부세계와 타인의 존재까지도 그들의 현실적 존재가 나에게 의심스러운 것이라고 말한다면 다음과 같이 말해야 한다. 즉 실재하는 외부 세계에로의 길을 찾아서 돌아오지 않는 그러한 나는 하나의 참되지 못한 추상이라는 것, 그러한 나는 존재하지 않는다는 것을 주목해야 한다. 왜냐하면 하나의 "나(ein Ich)"가 존재하는 곳에서는 항상 그에 대해서 대상들이 존재한다. 그리고 더욱이 대상들은 그때 비로소 개시되는 것이 아니라, 자아가 스스로에 대해서 존재한다고 생각하듯이 직접적으로 확실한 것이기 때문이다. 자기가 현실로서 존재함을 확신하는 자아와 실재하는 대상들은 하나로서 존재한다. 그중 어느 하나도 타자 없이는 존재할 수 없다. 그중 어느 하나도 타자보다 더 실재적이지 않다. 물론 객체성에 대한 지각은 주체적 조건들에 의존한다. 사물들 그 자체는 그들이 주체에 나타나는 바와 같이 존재하지 않는다. 그러나 주체에 의한 사물의 형성 및 주체에 대한 그들의 현상은 주어진 것, 형성가능한 것, 대상과 현존하는 주체 안에서 현상으로 되는 것에 근거한다.

　정신적 형성물(Gebilde)의 **창조자**로서의 인간에 대한 역사적, 심리학적 고찰에서 행해지는 주체성의 분석은 객체성의 조건으로서의 주관에 대한 칸트의 선험적 구성과는 전혀 다른 것이다. 정신적인 작품에서, 신화와 형이상학적 내용에서 역사적으로 나타난 것은 그의 유래가 탐구되고 힘들과 조건들과 상황들로부터 추론된다. 객관적으로 확인가능한 기원에 관한 질문은 특정한 경험적 결과가 달성되는 한에서, 세계정위의 안에서 그의 의미를 지닌다. 이러한 창조적 주체 없이는 어떤 객체성도 현존 안에 나타나지 않는다.

그러나 만일 창조적으로 생산하는 주체성이 이 같은 **관련들** 안으로 남김 없이 용해되어버린다고 주장된다면 그 주장은 옳지 않다. 확증된 사실의 경우에 있어서조차도 그것은 항상 연구의 대상으로서의 한 측면일 뿐이다. 형상 안에서 진리와 의미를 가지는 것, 그 안에서 객체성에 관해 파악된 것은 기원에 대한 통찰에 의해서는 투시될 수 없다. 필연적으로 이러한 정신적 성과로 이끄는 사건에 대한 고찰과 마찬가지로 또한 주체에 의한 창조에 대한 고찰 역시 그 보편성을 유지할 수 없다. 오히려 모든 창조 안에는 그 안에서 알려지는 어떤 다른 것에 대한 청취가 있다. 이러한 청취는 항상 현전하는 감성적 지각의 자명성을 통해서 일어나는 것이 아니라 인격성이 이념을 통해서 영향받는 것을 전제로서 요구한다. 그리고 이 사실이 그 청취된 것을 모든 의식일반의 지각에게는 접근불가능한 다른 차원으로 끌어올리는 것이다.

세계정위적 연구에서 현존인 것, 즉 **경험적 개체**로서 심리학적인, 그리고 다른 원인들로부터 어떤 형상들을 산출하는 현존과 이념에 의해 영향받은 **인격성**에 의한 창조물로서 나타나는 것은 근원에 있어서 주체성과 객체성으로 이루어진 이러한 전체 안에서 자기를 나타내는 **실존**과 결합되어 있다. 더 나아가서 실존이 형이상학적 현상이 그에 대해서 존재하는 주체로 생각되는 때에는, 실존은 의식일반을 매개로 하여 그러한 현상들을 나타나게 하는 근원이며 조건이다. 그러나 실존은 직접 창조하지 않는다. 즉 무로부터 어떤 것을 내어놓는 것이 아니고 창조된 것으로서 나타난 것 안에서 그에게 대상이 되는 것을 붙잡고 그것을 통해서 자기 자신을 깨닫는 것이다. 이러한 **형이상학적** 대상성은 경험적인 유한한 현실성(그러나 암호로서만 현실적임)도 아니고 강제력을 가진 인식의 현실성도 아니다. 그것은 역사적인 것으로 변화하고 소멸하는 것이지만 오직 실존에 대해서만 대상이 된다. 이러한 **형이상학적** 대상성 안에서 실존은 그의 **초월자**를 청취한다. 실존이 그들을 창조하는 것은 아니고 오히려 그는 이 대상성 안에서 절대적인 것을 확신하게 된다.

그러므로 주체는 **의식일반**으로서는 일반적으로 대상적 매체가 존재하기 위한 조건이고, **인격성**으로는 그의 형상들의 창조자이고, **실존**으로서는 대상적 매체와 형상들 안에서 초월자를 청취하는 근원이다. 이 형상들은 외부에서 보면 신비스러운 수수께끼처럼 보이기 때문에 창작품이라고 부르지만 고유한 존재에 의해 청취된 존재의 실존적 전달이다. 그러나 주체는 항상 그 자신의 고유한 존재를 통해서 자기 것으로 획득하게 된 객체성과 함께 존재한다. 의식일반이 내용 없이는 존재하지 않고, 오히려 이 의식의 분석이 객체성 그 자체의 해석으로 되는 것처럼, 더 나아가서는 창조적 인격성이 그를 위해서, 그리고 그를 통해서 전달되는 객체적 이념 없이 존재하지 않듯이, 실존은 그의 고유한 조명에 의해서 개시되는 초월자 없이 존재하지 않는다.

주체성이 객체성에 대해서 가지는 **관계**의 세 단계에 있어서—의식일반, 인격성, 실존에서—뒤의 것은 그의 고유한 가능성을 위해서 앞의 것을 전제한다. 이 단계들 안에서 양극의 관계는 타자존재의 낯설음에서부터 동일화됨의 일치에까지 간다.

4. 주체성과 객체성의 통일

주체성과 객체성의 통일은 객체성이 이념으로 마무름되거나 주체성이 인격성으로 마무름되는 것과 같은 **전체에로의 마무름**(Rundung) 안에서만 이루어진다. 전체는 혼자서는 객체적인 대상으로 될 수 없다. 그것은 주체 안에서만 존재하는데 이때의 주체는 이미 단순한 주체적 상관자로서의 장소에 불과한 것이 아닌 인격성의 전체이다. 이러한 주체적 전체로서의 개체적 이념은 일반적 이념들의 객체성을 지닌다. 하나의 세계로서의 이 객체성 안에서 다수의 인격들이 살고 있고, 각각의 인격은 전체의 성원이면서 그 자신이 전체이다. 인격성은 전체의 세계존재 안에서 그의 과제(Sache)로서의 실체적 이념의 보편자를 실현시키는 바로 거기에 자기가 현실적으로 존재함을 안다.

그와 같은 통일은 어디에서도 **기만 없이는 소유된** 것으로서 파악할 수 없다. 참된 것은 오직 주체성으로부터 객체성에로 나아감과 그 반대뿐이다. 숨겨져 있는 내면성은 그 자신을 외적인 것 안에서 객체화할 때 비로소 자기에게 현실적으로 된다. 자의로서의 의지는 보편타당한 당위의 기준에서 비로소 결정된다. 현존 안에서 대상에 대한 주체의 통찰은 단지 그의 판단의 정확성을 통해서 비로소 존재한다. 현존은 그가 창조하는 작품 안에서 성취하는 업적과 그가 창조하는 작품에 의해서 그의 세계 안에서 현실적이 된다. 이와 반대로, 단순히 객체적으로 존재하는 것에 불과한 모든 것은 주체적 현실성 안에서의 번역을 통한 터득에서 주체에 의해 인정될 뿐이다. 다시 말하면, 진리는 내가 그것을 파악하는 한에서만 나에게 존재한다. 세계는 내가 그 안에서 행동하거나 명상하며 지내는 나에게 대해서 존재한다. 이념은 나의 안에서 작용하는 힘이 될 때 나에게 존재한다.

그러나 인격성은 세계 안에서 **최종적** 완성에 도달한 주체성과 객체성의 통일이 **아니다**. 그것은 스스로 객체적이 되는 형태로서 그의 주체적 세계 및 객체적 세계의 풍부함을 통해서 **실존**의 존재가 청취될 수 있다. 그리고 실존의 운동은 주객의 통일을 고무시킨다. 그러나 그것을 종결시키지는 않는다. 그와 같은 이유 때문에 나는 인격성으로서는 내가 내 안에서 현실화되는 이념의 **도구**이고 이념을 지탱하는 근원인 실존의 도구라는 독특한 의식을 가지고 살아간다. 실존은 아직 단지 한쪽에만 있지 않고 양극성의 **전체** 안에 존재한다. 주체성과 객체성의 양극성은 그의 한계에로 이미 초월하고 있으면서 세계정위에서는 세계존재의 이념의 객체성과 각각의 개체적 인격성의 주체성 안에서 그의 최고 절정에 도달한다. 실존은 정신으로서 현실성을 가지는 이념들에 참여함을 통해서 객체성 안으로 들어간다. 실존은 개인들 안에서 그의 인격성의 이념으로서 현상하는 것을 통하여 주체성 안에 들어간다. 그러나 이념과 동일화되지는 않는다. 나는 나의 이념이 아니고, 나는 이념 안에서 나를 실현한다. 실존조명은 행위적 실현에서는 단순한 개인의 대상 없는 소통 안에서도 아니고, 또한 관찰되고 창출된 전체로서의 세계존재의 객체성 안에서도 아니고, 양측에의 참여 안에서 수행된다. 즉 다른 개인들과의 소통 안에 있는 나의 현존의 절대적 개별성과 그 안에서 내가 다른 개인들을 만나는 세계의 객체성에 참여하는 것을 통해서 수행되는 것이다.

5. 객체성의 실존적 중요성

객체성과 주체성은 여러 가지 관점에서 **구성**할 수 있다고 해도 그들을 하나의 유일한 원리에로 요약하거나 그들을 그들 자체 안에서 전체로서 마무르는 것이 아니다. 그들은 단지 관계 안에서만 존재한다는 것이 드러났다. 다시 말하면 객체성은 주체성에 대해서 존재하는 것이고 주체성은 그 자신만으로는 결코 분명하지 않고 또다시 객체성에 대한 그의 관계 방식 안에서 존재한다.

객체성은 그것이 실존적 타당성을 가지게 될 때에는 변화를 겪게 된다.

즉 객체성은 대상적인 것으로서는 실존적 가능성이다. 다시 말하면, 이 세계 안에서 경험적 현실로서, 합리적 타당성으로서, 자연 및 역사로서, 전승된 암호로서 대상이 되는 것은 자기화의 가능성으로서 존재한다. 객체성은 실존적 자기존재와의 동일화 안에서 그의 단순한 가능성이 지양될 때 실존의 기반 위에서 비로소 현재하는 현실이 된다.

객체성은 타당한 것으로서는 당위이다. 당위는 상대적인 것으로서는 아직 단순한 대상성의 성격을 가진다. 그러나 객체성은 무제약적 당위로서는 자기가 하고 있는 행동을 알고 있는 자기 자신에 대해서는 실존의 현상의 객체성이 된다. 그것은 더 이상 가능성이 아닌, 배타적이고 절대적인 타당성으로서 무제약성의 객체화된 형태이다.

객체성은 전체로서는 자신을 실체적 이념으로 마무름하는 하나의 세계의 현존이다. 이 특정한 장소에 한정되어 있는 역사적 존재로서 세계는 실존적으로는 그 자체 안에 가능성과 무제약성을 내포하고 있는 현실성의 성격을 지닌다. 즉 모험과 책임 안에는 아직 결정되지 않은 것으로서의 가능성과 그의 세계로서의 이 세계 안에서 열심히 일하고 행위하는 인간의 참여로서의 무제약성이 존재한다.

주체성을 객체성에로,
객체성을 주체성에로 해소시키는 운동으로서의 실존

단지 객체적인 것에 불과한 것은, 단지 주체적인 것에 불과한 것만큼이나 실존적이 아니다.

단지 객체적인 것일 뿐인 것은 주체에 대해서 견고하고 피할 수 없는 타자이다. 다시 말하면 현실에 맞지 않는 것은 멸망하고, 올바름에 따르지 않는 것은 모순 때문에 부정된다. 이 객체적인 것은 인정됨을 통해서 주체적인 것이 된다. 존재하는 것에 대한 인정은 의식일반 안에서 이루어지는 첫 번째의, 그리고 가장 공허한 주체화이다. 이 기반 위에서 비로소 두 번째의, 그리고 가장 본래적인 주체화가 이루어진다. 다시 말하면 정확한 것이 나에게 중요하게 되고, 현실적인 것이 나에게 중요하게 된다. 참된 것의 객체성은 정확성의 **본질**이고 더 이상 그의 단순한 타당성이 아니다. 현실적인 것의 객체성은 경험적 현존이 아니다. 오히려 바라보는 시선은 몰락을 참된 존재로서 경험할 수 있다. 그리고 경험적 현실성은 존재로서 현존 안에 나타나기 위해 아직 자신을 증명하지 않으면 안 된다.

단지 주체적일 뿐인 것은 전혀 소통불가능한 것, 즉 내용과 대상이 없는 느낌과 체험 그 자체이다. 그것은 무한한 임의성 안에 있는 우연한 개체성이고, 의식의 어두움과 불명료함, 결코 언어화되지 않는 것, 단지 가능한 것에 불과한 것이다. 주체적인 것은 그것이 객체화될 때 비로소 자기 자신이다.

세계정위는 객체적인 것 자체를 탐구한다. 그리고 그것을 하나의 대상으로 만들면서 주체적인 것을 탐구한다. 과학적 행위로서의 **이론적** 세계정위는 가능실존에 근거한다. **과학의 의미**는 무제약적인 것으로서 실존적이다.

세계현존 안에서 과제들이 목적을 위해 존재한다는 것은 **실천적** 세계정위에서 분명해진다. 그러나 자기존재를 위해 과제를 **떠맡는다는 것**은 실존적이다. 세계정위에서는 개인적인 것과 일반적인 것의 **상호공속성**은 단지 상대적으로만 연구될 수 있다. 이러한 상호공속성은 **실존적으로 무제약적인 것**으로서 문제의 해결로서가 아니라, 현실적 행위로서 존재하며, 그 결과는 시간적 현존으로서 다시금 질문에 부쳐지게 된다. 실존이 자기실현을 통해서 그 형태들 안에서 나타날 때 세계는 그 각각의 객체적 형태들 안에서 실존적으로 된다.

그럼에도 불구하고 어떠한 세계정위도 그 자체로서는 실존에 접촉하지 못한다. 세계정위 안에서 객체성을 사고하는 방법들과 객체성에 대한 실존적 사고 사이에는 하나의 **비약**이 존재한다. 세계정위는 사고하는 주체를 무시할 수가 있고 세계정위가 순수하면 할수록 더욱더 결정적으로 그러하다. 그러나 객체성 안에서의 실존조명은 그와 동시에 주체적인 것 안에서의 그것이다. 주체성과 객체성은 여기서는 그렇게 **서로 바뀌기 때문에** 어떤 **확고한** 결과도 얻을 수 없다.

주체성으로부터 객체성이 추구된다. 분열 안에 있는 현존의 명백성으로서의 대상적인 것, 그리고 내용으로 채워져 있는 대상적인 것에 대한 만족은 단순한 느낌의 모호함으로부터 해방시킨다. 객체적으로 확실하고 나로부터 완전히 독립된 것으로서의 **타당한 것**에 대한 만족은 마치 **현존의 토대가** 드러난 듯이 혼란한 불안정성으로부터 벗어나게 한다. 이념의 실체성에 대한 만족은 원자적 현존의 고립 속으로의 침몰에서 벗어나게 한다. 다시 말하면 현존은 전체로서 의식되고, 개인으로서의 나는 그 전체의 성원과 동참자가 된다. 객체적 사실은 대상으로서, 가치로서, 그리고 이념으로서 나에게 의식, 견고함, 그리고 내실을 부여한다.

이와 마찬가지로 이러한 객체성으로부터 주체가 추구된다. 나의 의식의 참된 현재에 대한 만족은 단지 표상된 것뿐인 존재의 비현실성으로부터 해방시킨다. 정확성과 당위성을 승인하는 수행에 대한 만족은 단순한 존속의 공허함에서 활동의 자유에로 해방되게 한다. 함께 실현하는 이념의 내용에 대한 만족은 관찰가능한 객체적 전체로서의 형상들의 산만함으로부터 하나의 세계 안에서의 실체적 현존에로 해방시킨다.

현존하는 실존의 위험은 단순한 주체성 안에서의 고립이거나, 그렇지 않으면 단순한 사실 안에서의 완성이거나 둘 중에 하나이다.

1. 주체성에로의 실존의 배반(자기를 고립시키는 아집)

개체현존으로서의 주체는 세계현실의 객체성, 그가 만나게 되는 사람들, 그리고 그가 세계에 들어가고자 할 때 그가 참여해야 하는 목적들 등에 대해 불만을 느낄 때 피하고 싶은 충동을 느낀다. 그는 주체로서의 자기를 자기 안에 폐쇄시키려고 한다. 그러나 제약이 없는 자립존재는 불가능하다. 그의 고립 속에서 그는 불안정해질 것이다. 그에게 모든 것이 달라질 것이다. 그는 사물들에 대해서 사실적이 될 수 없고, 자기 자신에 대해서도 진실할 수 없을 것이다. 감각적인 현존의 고집은 사실적으로 자기 자신을 배반하고 현실존재도 자유도 없는 허무의 소용돌이 속에 머무르게 될 수밖에 없을 것이다. 무실존에 대한 의식으로서의 불안은 생명적인 현존뿐인 무긴장상태로 넘어가기 전의 실존의 최후의 부정적인 잔여분일 것이다.

현존의 아집은 그의 부정성 안에 있는 나쁜 의지로서 의식될 수 있다. 그때 사물들은 자기의 현존의 성취를 위한 공허한 목적과의 관련 안에서 또다시 바르게 보인다. 이념과 고유한 가능실존에서 도피하는 자기중심적인 모든 의욕의 이와 같은 부정성은 그것이 의식되는 때 외적으로는 사실적이고 성공적일 수 있다. 그러나 사물과 사람들과의 친근성은 회복되지 않는다. 의식적인 아집은 원칙적으로 자기를 자기 안에 가두는 자기중심적 현존의 근원으로부터 그에게 주어진 맹목성 때문에 결정적인 점에서 제거 불가능한 무능력에 떨어진다. 그와 같은 가능성은 셰익스피어의 『리처드 III세』에 명백하게 표현되어 있는 대로, "나는 나 혼자일 뿐이다."라는 그의 의식은 극복될 수 없는 것이다.

저항적인 위엄을 가지고 항상 불완전한 객체성으로부터 떠나는 가능실존의 자기의지는 자기를 대상성으로부터 분리시키는 현존의 주체성의 자기의지와는 본질적으로 다르다. 그는 모든 실재하는 객체성 안에서 결함을 보기 때문에 그에게 유일하게 참인 것을 위한 투쟁을 감행한다. 그리고 그의 무제약성 안에서 양보 없이 절대적인 기준을 고수한다. 그러나 그 절대적 기준은 그의 고유한 본질이 초인간적인 것에까지 성장하는 것같이 보이는 경우에도 자기 혼자서는 절대로 실현할 수 없는 것이다. 이러한 사정 때문에 주체적 이념의 실존적 정열에 기초하여 행해지는 객체성으로부터의 분리는 실존의 내실이 점에로까지 사라지는 경직된 주체성에로 배반되는 위험 안에서 이루어진다. 이것은 자기를 객체성이 없는 절대성 안으로 무화시키는 개인들의 영웅적 위대함이다. 그러한 영웅적 위대성은 코리올란(Coriolan)의 말, "나는 인간이 자기 자신을 창조한 것처럼 서 있다."는 말 속에서 분명하게 의식된다.

2. 객체성에로의 실존의 배반(자신을 고립시키는 사물)

실존은 그의 현존 안에서 자기 자신이 주체로서 독립해 있는 객체성들(현존하는 자연, 필연적으로 타당한 진리, 국가와 교회 안에서 발견하는 제도들)에 대면하고 있는 것을 본다. 실존은 그러한 객체성에 대한 개방성 안에 존재하고 초월자와의 관계 안에 존재한다. 그러나 실존이 객체성에 헌신하면서 경험하는 특수한 만족은 그의 실존 자신 안에 그 한계를 가진다. 왜냐하면 실존은 그로부터 객체성이 파악되고 그와 동시에 운동과 변화 속에 유지되는 근원이기 때문이다. 강제적 대상성에로의 일탈이 자기 자신을 맹목적 복종에 굴복시키는 반면에 실존은 사람이 복종 그 자체에 의해 거의 기계적으로 끌려가서 자신을 포기하는 곳에서 전율한다. 객체성의 경직화는 실존을 파괴한다.

객체성에로의 실존의 배반은 일반적인 것을 절대화하는 형식들 안에서 나타난다. 보편타당한 것으로서의 객체적인 것은 그 자체로서 보편적인 의식일반에 대해서 존재한다. 그러나 이념은 개인적 성취의 다양성 안에 그의 현존의 원리를 가진다. 그러므로 이념은 그를 담당하는 실존을 요청한다. 그러나 역사적 객체성이 이념을 상실하고 "일반의 이익"으로 타락한다면, 인간의 평등성에 대한 요구는 의심의 여지없는 자명성으로 타락한다. 위대한 인간은 공공의 불행이라는 명제가 타당한 것이 된다.

객체성에로의 자기존재의 배반은 객체성 그 자체를 전도시킨다. 예를 들면 과학에서 보편타당적인 것은 수단으로서 일반 대중의 요구에 봉사하는 경향을 짊어지고 있다. 그때 과학은 대중이 각자 그 자신의 통찰을 통하여 파악할 수 없으면서 믿는 가치 있는 것을 제시한다. 과학은 여러 가지 이익들의 현관으로 된다. 이러한 이익들이 문제가 되는 곳에서는 어디서나 사람들은 일반 대중을 위한 과학의 유용성의 모호성을 경험했다. 다시 말하면, 과학은 사람들이 과학에 대해서 무엇을 어떻게 원하는지를 인정하고 안다. 과학은 모든 사람에게 봉사하기 위하여 그의 필연적 보편타당성의 양태를 포기해야만 한다. 과학은 그가 귀족적 자기훈련 안에서 그의 그때그때의 방법들을 지식의 의미에서 확고히 지키지 않을 때 모든 것을 증명하는 것처럼 보인다. 그러므로 과학은 대중의 현상으로서는 실존적 성실성이 그를 한계 짓는 곳에 본래적인 그 자신으로 머무를 수 없다. 실존이 객체적으로 타당한 것으로 여겨진 것의 절대성으로 자신을 배반할 때에는 더 이상 과학적으로 참되게 타당한 것이 순수하게 파악될 수 없게 된다. 그렇게 되면 구별함에 의해 분명한 지식이 될 수 있는 것들, 즉 의식 일반에 대해 참으로 필연적인 것, 이념에 기초한 확신, 신앙 등이 뒤섞여 버릴 것이다. 그리고 이 모든 것은 세상 의견에 대한 집단적 의존성에 의한 것이다.

개인적 인격 안에서는 객체적 보편타당성의 고정화가 어떻게 실존의 배신으로 되는 것인지에 대해서는 **심리학적으로** 이해될 수 있다. **객체적인 것에 대한 강조**는 사실적으로 유아론적인 아집과 상관관계 안에 있다. 나는 접촉을 받지 않으면서 현존으로서 인정되기 위해 "사실"의 대변자로서 나타나고, 나의 주위환경을 그 안으로 억지로 끌어들인다. 유아주의는 객체성의 배후에로의 폭력적 도약을 통해서가 아니라 실존과 실존 사이의 소통을 통해서 극복되는 것이다. 사실성을 통해 자기를 고립시키려는 동기는 영구히 유지될 수 없다. 그가 소통에의 의지에 의해 지탱되지 않을 때에는 그러한 동기는 이미 시초부터 궤변적이기 때문이다. 거짓된 사실성은 자기중심적 현존의 자기보호에 지나지 않고 그의 외견적 객체성은 과격한 주체성으로 변한다.

실존의 현존의 완성불가능성

실존은 자기를 확신하고 있기는 하지만 깨어진 상태에 있는 시간적 현존으로서 자기를 발견한다. 그 자기는 마치 이전에 있었던 완전함이 상실되었고 그것을 다시 찾아야 하는데 결코 그것을 성취할 수 없는 것과 같다.

실존은 현존으로서는 주체성과 객체성의 분열에 머무르기 때문에, 그리고 이 분열 안에서 부분적인 일치에도 불구하고 **주체성과 객체성 사이의 부적합성**은 극복불가능하기 때문에 그는 어떤 형태로도 자기를 완성할 수가 없다. 그러한 이유 때문에 모든 실존 안에는 불가피하게 현존의 불가능성이 존재한다. 즉 실존의 자립적 근원은 자기의 것이면서 동시에 자기의 것이 아닌 객체적으로 역사적인 상황 안에서 발견된다. 거인적인 자력과 세속적인 자기상실의 양극단은 모두가—시간 안에서 전체를 볼 때—난파하는 현실적 실존의 현상들을 극한의 가능성으로서 포함하고 있다. 현존 안에서는 실존의 **긴장 없는 침잠**인가, 아니면 **긴장으로 가득한, 결코 완결되지 않는** 주체성과 객체성 안에서의 실존의 **실현**인가의 사이의 선택이 있을 뿐이다.

그러므로 실존적 현실은 그의 궁극적 내실에서 보면 세계 안에서의 영향과 성과 또는 획득된 것의 궁극적 현존으로부터는 충분히 이해될 수 없고, 다만 **그의 초월자와의 관계에서만** 이해될 수 있다.

그러므로 실존은 주체성과 객체성 안에서 그 양자를 관통하면서 그의 실현을 추구하지 않으면 안 된다. 따라서 실존은 변증법적, 비완결적 전체 안에서 주체성과 객체성의 그때그때의 일치를 파악하고 그 안에서 자기 자신을 발견한다. 그래서 그는 미완성인 시간적 현존으로서 오직 순간의 충실로만 완성을 이해한다. 그렇지 않으면 그는 자신 안에 있는 주체성과 객체성의 상호적 소속이 현존의 운동의 동력이 되도록 하지 못하고 한쪽에서 다른 쪽으로 비틀거린다. 그리고 자기 자신을 상실하게 된다.

실존조명적 논의는 우선 객체의 여러 양태들을 향해 갈 것이다. **객체의 양태들**은 실존을 규정하고 자극하고 그에 대해 반응하는 실존 자신으로부터 발생할 수 있는 것을 그에게 전달한다. 주체성은 그편에서 객체성의 양태를 받아들인다. 객체성의 양태 안에서 그는 더 이상 모든 전달가능성을 상실한 단순한 주체성이 아니다.

그러나 객체의 어떠한 양태도 존재 자체로 되지 않는다. 그것은 객체성으로부터 주체성에로의 전환, 그리고 그와 반대되는 전환의 운동으로 남는다. 그리고 **해결가능성**은 **실존과 다른 실존들 사이의 근원적 존재**—그의 밖으로 나가서 그것을 조망할 수 있는 사람은 아무도 없다—의 조명을 통하여 주체성과 객체성의 문제가 극복될 때 철학함에서 적극적으로 실현된다.

제11장

객체의 형태들

객체의 형태들은 다양한 특수과학에서 세계정위의 무한한 대상 자체이다. 철학적 물음은 이러한 형태들에 대한 **실존적인 본질적 특성**으로 향해진다.

주체에 대한 현존이 명료하게 알려진 객체로서 존재하고 전체로 존재한다면, 그것은 **정신**으로 **불린다.** 정신은 주체와 객체의 **하나됨(Einswerden)**이지만, **객체의 형태**로 존재한다. 정신은 완전한 혹은 완전할 수 있는 통일체가 아니다. 그렇기 때문에 그것은 **분리(Bruch)**되어 있다.

정신의 자의식을 통해 현존의 다양한 영역에서 세계정위에 대한 정신이 지식으로 접근한다면, 혹시 실존을 위한 **결단들**이 객체로 존재하는 경우에 실존적인 본질적 특성에 대한 물음은 다양한 근원들로 향해진다. 그렇다면 수많은 정신영역 대신에 야코브 부르크하르트(Jakob Burckhardt)가 말하는 세 개의 힘은 국가, 종교, 그리고 문화이다.

첫 번째 객체는 시간에서 현존구성의 객체(국가)이며, 두 번째 객체는 영원에서 본래적 존재에 대한 시간적 참여의 객체(종교)이며, 세 번째 객체는 세계와 영원에서 자기이해의 언어에 대한 객체(문화)이다.

(a) 시간에서의 현존은 인간사회의 형태로서 존재한다. 존속과 영속에로의 의지는 시간에서 현존을 위한 배려로부터 나오며, 현존을 보호하고,

삶의 공간과 삶의 가능성을 확장하는 모든 질서를 추구한다. 또한 어떤 형태가 안전장치와 가능성, 구속과 자유를 갖는지, 모든 현존의 배려에서 **국가는** 주권을 가진 최고의 심급이다. 즉 국가는 전체에 대해 결정을 내리는 행위의 가능성을 산출하는 사회의 응축된 권력이다. 이러한 국가권력을 통해 인간은 인간존재의 미래를 굳건하게 확립시키고자 견고하고 올바른 제도를 현실화하려 한다.

국가는 객체이다. 이 객체를 통해 나는 인류의 현실적 운명에 참여한다. 국가의 실존적 의미는 다음과 같다. 인간현존 모두가 결국에는 직간접적으로 의존하는 형태로 활동하길 원하기 때문에, 내가 이러한 현실을 승인함으로써 국가의 실존적 의미를 나의 책임으로서 받아들이든지, 아니면 옆으로 비켜서서 자신과 미래의 모든 것이 나와는 전혀 상관이 없다고 여기는 실질적인 권력들이 나에게 허락해준 우연적인 활동영역 안에서 살아가든지 둘 중의 하나이다.

(b) 초월과 연관된 인간은 단순한 현존의 배려와 영속을 향한 의지를 극복하면서 존재의 시간적 소멸을 확신하는 가능성을 파악한다. 현존에서의 실존은 불안정과 무기력에도 불구하고 자신의 초월을 통해 자기 자신 안에 존재한다. 인간에게 유한한 것으로서의 미래적인 것은 상대적으로 유한한 것으로부터 분리된다. 현존에로의 길을 가로질러 근거의 깊이로 이끄는 영원에로의 길은 인간 전체의 존재를 근원적으로 규정하는 내·외적인 행위들로 접어들게 되는 것이다. 세계정위에 대한 현실로서 오직 환상의 효력으로서만 취급되고, 천 년을 걸쳐 전해져 온 객체 안에서 **종교는** 불가해하다.

종교는 제사와 전승된 지식을 통해 교회의 제도와 권위에 구속되어 있는 초월자와 연관된 객체이다. 종교의 실존적 의미는 개별적 실존으로의 변형가능성이거나, 혹은 안정되지만 실존이 없는 현존의 규정가능성이거나, 비록 낯설기는 하지만 근원적 현실로서 승인된 것에 대항하는 투쟁과 긍정의 가능성이다.

(c) 세계와 영원을 통해 현존과 가능실존은 무엇이 존재하며, 그들이 무엇을 행하는지에 대해 이해하고자 한다. 욕구만족을 위한 합목적적인 도구의 생산과 이용으로부터 신화와 교의에서 초월적 현실의 표현에 이르기까지 예술, 신학, 그리고 철학에서 제2의 세계가 산출된다. **문화**는 행위, 지식, 작품, 그리고 보편적 이해를 만들어내는 자체로서의 언어 등을 통한 이해의 창조물이다.

문화는 사물의 실천적 정비로부터 창조물에 이르기까지, 개별자의 성과들로부터 사회의 제도들과 기구들에 이르기까지 이해하고 산출하는 행위처럼 그렇게 다종다양하다. 문화의 실존적 의미는, 예를 들어 세계정위의 순수한 객체에 대한 다양한 과학들 안에 존재한다. 과학이 일반적으로 파악되어야만 하는지(과학의 의미의 문제), 필연적인 것과 사실적인 것 자체가 무조건적으로 인정되어야 하는지, 아니면 밀쳐내야 하는지[지성의 희생(sacrificium intellectus)]의 문제에 있다. **공통으로 이해되는 것**에 대한 매개로서 객체의 한 부분에 지나지 않는 과학의 강제적 타당성은 그 외에도 보편적으로만 승인된 것으로서 타당한 것, 공통의 표상으로서 대상적인 것, 비록 불확실하다고 하더라도 공통적 삶의 실체로서의 전체 등이 덧붙여진다. 공통적인 것의 매개는 다음과 같은 실존적 의미이다. 내가 공통적인 것의 참여를 통해 내가 속할 수 있는 세계로 들어가든, 아니면 내용 없는 세계상실의 고독을 향해 세계를 버리든 둘 중 하나이다. 아니면 내가 사회를 통해 공통적인 것의 매개를 나의 현존의 조건으로 수용하고 이것을 각각의 특수성에서 상대화시킬 준비를 하든, 아니면 실제로 사회에 예속되어 내가 나 자신이기도 전에, 공적인 것과 동일시하는 한에서만, 나의 존재를 소유하든 둘 중 하나이다.

국가, 종교 및 문화는 **오로지 함께할 뿐**이다. 사회학으로서 세계정위에 대해 그 객관적 규정성들은 끝없이 서로 관계하며 서로 얽혀 있는 것처럼 보인다. 그러나 국가, 종교 및 문화의 본래적 함께(Zusammen)는 이 본래적 함께함에 구속되어 있는 개별적 실존에 의해서만 파악되기 때문에, 개별적 실존은 유일하게 접근하기 어려운 근거의 작용을 의미한다. 실존은 객체로 실현된다. 그러나 국가, 종교 및 문화의 객체들이 서로로부터 분리된다면, 그 객체들은 **붕괴된다**. 국가는 영혼 없는 기구들이 될 것이며, 종교는 불안에 가득 찬 현존의 미신이 될 것이며, 문화는 무력한 실존망각이라는 외형의 향유(Bildungsgenuß)가 될 것이다. 왜냐하면 자기충족적인 존재로서 자기 스스로에 근거를 둔 객체들은 결코 존재하지 않기 때문이다. 국가는 신뢰가 없으면 무력하게 된다. 즉 가능실존으로서 인간이 자기를 국가와 동일시하지 않을 때 국가는 무력해진다는 말이다. 종교는 현존의 소멸로 인해 존재에게 간다고 해도, 그리고 오직 생성으로만 현실이 된다고 해도, 종교의 객체를 통해 역사에서의 유산이 된다. 그러나 종교는 객체가 된 언어와 제도와 더불어 국가의 세계와 문화의 세계와 결부되어 있다. 문화는 자발적으로 살아 있지 않으며, 결국 형성물로는 무가치한 것이 된다. 실존이 받치고 있는 문화는 국가현실과 종교적 실체의 피를 받아 살아가는 것이다. 이 세 가지 객체들은 스스로 고립되거나 고정되는 대신, 새로운 습득을 통해 또다시 고유한 삶을 생성하지 않는다면, 그 근원을 상실해버리고 만다. 존속이 본래적 존재의 표시가 되지 못하고, 객체로서 존속하는 것은 국가, 종교 및 문화에서는 불충분할 수 있다.

그렇기 때문에 국가, 종교 및 문화는 그 각각의 순수한 객체로 **상대화되**

어야 한다. 무제약적인 것은 역사적 현실에서 국가, 종교 및 문화 그 자체와 구체적 현존현상과의 동일화를 파악하는 실존 안에 존재한다. 우위를 가지는 것이 무엇인지는 일반적이지 않고, 오히려 현재의 가능성을 통해서만 역사적으로 알려질 수 있을 뿐이다. 왜냐하면 이것은 통찰에 의해 주어지는 것이 아니라, 근원에 있어서 결단을 통해 주어지는 것이다.

그러나 객체를 갖는다는 것은 보편적이다. 그 자체로서 객체를 갖지 않는 **자기존재**는 보편적인 것의 출현을 통해 비로소 존재하고, 거기서 보편적인 것을 옹호하는 긴장을 통해 명확한 의식을 획득한다. 여러 객체들 안에서 점차 성장하여 익숙해지는 것이야말로 존재의 고유한 생성이다. 자기존재의 힘은 파괴되지 않고, 하나의 객체 안에 자기존재를 편입시키는 것에 따라, 절대적인 것에서 자율적 결단의 자유를 포기하지 않고, 유한한 목적과 관련하여 의식적인 복종으로까지 굴복시킬 수 있다.

어떠한 자기존재도 자신을 차단하는 것이 아니다. 실존은 각각 보편적인 것의 견고함에서 법칙적인 것으로 인도될 수 있고, 잘 돌파할 수 있으며 극복할 수 있다. 그러나 무시할 수 없는 이념의 실체로부터 살아가기 때문에, 실존은 자신에게 타당한 객체들로서 자신의 실제적 상황 안에서 기대될 수 있는 전제들과 발판을 잃어버릴 만큼 자기 자신이 점차 의심스러운 존재가 된다.

종교,[1] 국가, 그리고 문화의 무한한 세계를 횡단하는 대신에, 우리는 실존의 의미를 찾아간다.

첫째, 윤리적 당위의 형태에서 객체의 **이상적 요구**

둘째, **국가와 사회**의 형태에서 현존의 현실로서의 **실제적 요구**

---

1) 종교의 객관성에 대해서는 "철학과 종교", 제1권 294쪽의 절을 참조할 것.

셋째, 알 수 있음(Wißbarkeit)의 형태에서 전승된 내용의 인수(Übernehmen)를 요구하고, 그것을 통해 **구성하는** 요구. 인간의 객체는 **역사**로 확장된다. 역사를 통해 시작과 종말 사이에서 인간현존의 전체가 접근할 수 있는 한에서 탐구되고, 접근할 수 없는 한에서 꾸며내며, 인간의 객체는 형상화로 응집된다. 인간적 형상으로서의 **인격적 위대함**은 국가, 문화 및 종교가 접근할 수 없는 그 근거 안에 존재하는 것을 가시화시키는 데 있다. 두 경우를 통해 인간존재에 의해 인지된 내용은 그것을 인지하고 있는 실존에 대한 가능성으로 변한다.

당위에의 요구

맹목적이고 우연적으로 행위한다면, 나는 이성적으로 행위하는 것이 아니다. 내가 무엇을 원하고, 내가 어떤 길을 목표로 선택할지에 대해 분명히 함으로써, 즉 의심의 여지없이 목적에 적합한 수단의 선택 및 목적 그 자체의 물음으로 나는 나의 행위를 연결시킨다. 나는 나의 행위에 대해 **당위로서** 부여된 객체의 방향성을 구한다. 그러나 나는 이러한 물음에서는 무한에 빠진다. 왜냐하면 어떠한 목적도 세계에서의 지식에 대한 최종 목적이 아니며, 누구나 새롭게 무엇을 위해?라는 질문에 종속되어 있기 때문이다.

행위를 할 때, 나의 현존에 대한 보편적 계산이 가능할 때, 그리고 보편법칙을 통해서 올바른 것으로서 확실하게 이해할 때, 나는 올바르게 행위한다는 것을 의식한다. 어떤 목적이 전제될 때, 어떤 수단은 올바르고, 다른 수단은 잘못되어 있다. 당위는 목적과 관계한다. 그러나 더 이상 수단이 아닌 목적 자체가 문제가 될 때, 목적은 단지 무로 가라앉든, 절대적으로 존재하든 둘 중 하나에 불과하다.

나에게 무제약적 당위는 이러한 목적과 연결된다. 나는 이 무제약적 당위에 영원히 구속되어 있다는 것을 자각한다. 내가 본래적 나 자신으로서 행위한다는 것은 그렇게 하는 것이 마음에 들기 때문이 아니라, 언제나 올바르게 행동해야 한다는 의식을 가지고 있기 때문이다. 자의에 따른 행위는 나의 양심을 어지럽히고, 존재의 힘을 뿌리째 뽑는다. 즉 나는 폭력적이게 되거나 동요되거나 불확실하게 된다. 그렇게 하는 것이 옳다는 이유로 하는 행위는 나에게 그렇게 행위하지 않으면 안 된다는 의식을 부여한다. 왜냐하면 나는 그렇게 행위해야만 하기 때문이다. 양심의 내용이 객관적 표출을 획득한다면, 실존으로부터 나온 ~하지 않으면 안 된다는 것(Müssen)은 당위로서의 양심을 통해 말하는 것이다.

1. 객체적 당위와 실존적 당위

만일 당위가 내가 따라야만 하는, 윤리적으로 타당한 행위법칙의 세계로 존재한다면, 그 당위는 순수한 객체이다. 실존적 당위는 객관적으로 대립되어 있는 주체를 통해 자기 것으로 삼는 형태로 존재하며, 이를 통해 주체는 규정된다. 객체적 당위가 인정되는지 여부는 여전히 실존의 결단이며, 이 결단에 기초한 당위의 법칙은 역사적 상황에서 실존의지의 표현으로 파악될 때, 주체는 하지 않으면 안 된다는 근원으로부터 당위를 통해 스스로 규정된다는 것을 자각한다. 가능실존으로서의 나는 당위를 통해 나의 주체에서 명료함과 결단을 얻는다. 왜냐하면 내가 당위에 호소하는 소리를 들을 때, 나는 본질적인 것을 접하고 있기 때문이다. 나는 주체로서 복종할 때 안정적이며, 반항할 때 불안정하며, 내가 당위와 실제로 일치할 때 감격한다. 그러나 가능실존으로서의 나는 객관적으로 고정된 모든 것을 진술된 당위의 법칙으로서 저항하는 반대의 힘을 가지고 있다. 실존한다는 것의 의미는 객체를 요구하고 인정한다는 것이다. 그러나 객체가 주체를 위한 실존적 길의 진정한 표현이 아니라면, 객체로 있는 것을 허용하지 않는다.

타자에 의한 강제가 아니라, **타당한 당위**에 대한 냉엄한 **자기의지의 통일**이라는 자유로운 행위 안에 실존적 진리가 있다면, 이 실존적 진리가 더 이상 진리로서 보편적으로는 이해되지 않는 것은 우선 사유를 통해서 획득해서는 안 된다는 것이다. 분별하는 오성에 따라 이러한 통일을 파악할 때, 마치 진리가 존재하지 않는 것처럼 해소될 수밖에 없다. 그때 당위는 보편타당한 **법칙**에 따라 자의로서의 의지로부터 분리되며, 이러한 통일은 오직 타자에 반한 한 사람의 **반항적 순종**(widerstrebendes Gehorsam)으로 변하게 될 뿐이다. 고정된 법칙, 자의와 반항에서의 순종이라는 세 가지 분리된 현존 방식은 그 자체가 이미 실존의 일탈이다.

법칙은 순수한 객체로서 죽은 기계론(Mechanismus)이 된다. 법칙은 명령의 외적인 강제로서 맹목적 복종을 요구한다. 본래적 자기존재로서 가능실존에 속하고, 당위 안에 객관화되는 필연성은 경직된 외형(Äußerlichkeit)이 된다. 자기존재에의 비약은 질서와 형식의 공허한 필연성을 목표로 하는 강력한 의지가 된다.

자의(Willkür)는 객체로 향해 돌진하는 실존함의 필연성에 의해서가 아니라, 단순한 현존의 생명력에 의해 나오는 아집이다. 아집은 당위의 객관성을 다루며, 언제라도 자신의 임의적 목적을 위해 궤변적인 이유들을 들어 당위의 객관성을 똑같이 배척한다.

반항 속 순종은 생소한 것으로서의 당위를 따른다. 현존은 자신을 구하기 위해 복종을 추구한다. 이러한 현존에서의 가능실존은 듣지 못하고, 길도 발견하지 못하며, 불확실하게 느낀다.

결코 고정되지 않는 가능성에서 실존은 죽은 법칙에 대해 반항한다. 법칙의 정열은 혼돈스러운 자의의 곤경에 반항하고, 자기존재의 자각은 순종에 반항한다.

그러나 자의와 순종은 대립관계에서 서로 유사하다는 사실을 발견한다. 자의와 순종은 당위의 객체를 자신의 것으로서가 아니라, 생소한 것으로서 인식한다는 것이다. 자의는 단순히 궤변적이지는 않다. 또한 순종은 객체를 매개로 객관적인 것을 찾는다. 객관적인 것은 스스로를 굽히며, 정돈된 것에 복종하는 것이다. 왜냐하면 객관적인 것에서만이 모든 것이 의심스러운 무한한 성찰이 가능하기 때문이다. 어떠한 객체도 고정된 것으로서 절대적이지 않으며, 영원히 타당하지도 않으며, 각각이 개별화되어 있지 않기 때문이다. 오히려 대개는 고립된 객체 안에 금지로 존재하는 윤리적 명령이 모호하게 서 있다.

2. 일례: 너는 거짓말을 해서는 안 된다

누구나 '너는 거짓말을 해서는 안 된다.'라는 문장에 동의할 뿐만 아니라, 마음속으로 진실에 호소하는 것으로 느낀다. 그러나 곧바로 객관적 논거들을 제시함으로써 제한을 가한다. 임시방편으로서의 거짓말이 불가피하게 타인을 위해, 예를 들어 생명을 구하기 위해 하는 것이라면, 그 거짓말은 용납될 수 있어야 한다. 조국을 위한 거짓말은 허용될 뿐만 아니라, 특별한 경우에서는 요구되기까지 한다. 언제나 진실만을 말하는 것은 윤리적이지 않다. 침묵이 허용될 뿐만 아니라, 침묵이 어떤 의사표현일 경우에는 침묵해야 하며 더 중요한 이유로 거짓이 요구될 때에는 거짓을 말해야 하는 경우도 있다.

거짓말의 금지와 변명의 그와 같은 객관적 제한들을 위해서는 그에 대한 근거가 진정으로 믿을 만하지 않다는 것이 말해져야 한다. 오직 진실만을 말한다는 가능성에 한번이라도 사로잡혀 봤던 사람은 언제나 현실에 순응하고, 당위의 근원을 잘못 생각하는 그 근거들을 꺼리게 된다. 누가 조국의 번영을 위해 거짓말을 할 것이며, 타인의 생명을 구하기 위해 거짓말을 할 것인지를 결정하는가? 조국과 타인의 생명이 실존방식으로 존재하는지, 그것에 대한 진정한 책무가 요구되는지를 누가 결정하는가? 내가 거짓말을 해도 되는 경우들이 있다고 말할 때, 더 이상 아무도 내가 그러한 경우를 실제로 그렇게 생각하는지 않는지에 대해 확실하게 알지 못한다. 그렇게 되면 진실을 기대하는 신뢰는 끝나버린다. 내가 거짓말을 하는 순간, 나 자신의 권위는 상실되고 만다. 이 권위는 내가 진실이라고 믿는 것만을 말할 때, 소유하는 것이다. 나는 자신에게 거짓말을 할 것을 강요할 수 있는 어떤 힘에 굴복한 것이다. 그렇기 때문에 철학자들은 절대적 급진주의로 모든 거짓말을 금지했다. 그들은 거짓말이야말로 행위로서 그 자체 모순된 것이며 인륜성(Sittlichkeit)의 모든 것을 없앤다고 여겼다.

내가 거짓말을 한다면, 나는 그것을 정당화할 수 없다. 내가 거짓말로 행위한 것을 객관화하려는 시도는 실제로 있었던 것을 보다 잘 설명할 수 있고 심화시킬 수 있을지는 모르나, 거기서부터 어떠한 법칙도 이끌어낼 수 없다. 반대로 "거짓말하지 말라."는 법칙은 보편적인 것으로서 불가피하다. 여기서는 어떠한 모범도 되지 않는, 진실한 것으로서 보편적 법칙에 의해 파악되지 **않는** 참된 실존적 행위가 있을 수 있는가에 대한 문제만이 있을 뿐이며, 그렇기 때문에 그 문제는 자신의 본래성으로는 진술될 수 없다. 이 문제는 해결되지 않은 채로 남아 있다. 이 문제는 객관적으로 부정될 뿐이다. 그러나 이 문제는 객관적으로 알고자 하는 것이 아니라, 실존하는 것으로 보는 것이다. 실존한다는 것은 주체와 객체, 즉 둘 안에서 서로 활동하는 것이며, 어떤 것을 통해서도 적합한 현상으로 드러날 수 없는 것이다. 그럼에도 불구하고 그 자체 당위의 확신을 통해 수행됨으로써 실존한다는 것은 결코 보편화의 방식으로는 포착되지 않는다. 이 방식은 규정하지 않고 오직 상론할 수 있을 뿐이다.

절대적으로 개방되고, 언제나 진실한 인간은 호의적이며 일시적인 삶의 조건들 외에 물질적으로 안정된 상태에서 타인들에 의해 어김없이 파멸될 것이다. 인간은 동일한 방식으로 자신과 만나는 것을 기대할 수 없다. 그렇기 때문에 내가 진실하게 의지하는 타인이 소통 안에서 똑같은 수준으로, 똑같은 생각으로 응답하는가, 아니면 타인을 "자연(Natur)"처럼 결정적으로 낯선 자로서 나와 맞서 있는가 하는 것이 본질적인 차이이다. 가장 진실한 사람 또한 위험한 동물들에 대항해 속임수와 책략을 사용하기를 아마 두려워하지 않을 것이다. '인간이 인간에게 늑대이다.(homo homini lupus.)'라는 함축적인 반(半)무의식적 태도로 나를 만나 내가 이 싸움을 부주의하게 받아들이면, 동물과 대립하는 것처럼 사람과 대립하여 나는 사라지게 된다. 그러나 인간이 그 자신으로서 나 자신에게 의지하는 가능실존으로서의 나를 만나게 되면, 커다란 결함과 끊이지 않는 일탈이 있다고 해도 상황은 원칙적으로 달라진다. 즉 타산적 의미에서가 아니라 진실한 마음가짐에 기초하여 서로가 서로를 바로잡을 수 있다는 의미에서 나는 나자신의 이성과 가능실존을 개입시키는 정도에 따라 타인의 이성과 가능실존을 무제약적으로 신뢰할 수 있다.

어떠한 타협도 이루어지지 않을 때, 언제나 변함없이 오직 파멸할 수밖에 없는 가능한 존엄성의 현존이 도처에 존재하는 것처럼, 파멸의 위험이나 그 확실성을 동반하는 절대적 진리의 현존이 존재할 수 있다. 폐기할 수 없는 죄의식(Schuldbewußtsein)은 자기를 보호하는 현존과 연결되어 있다. 그 안에 '거짓말하지 말라.'는 정당한 명제를 절대적인 요구로서 진술하는 것에 대한 두려움만이 확실하게 존재한다. 이러한 명제를 쉽게 말하는 자, 세간의 주목을 받기 위해 뻔뻔스럽게 행위하는 자, 그러한 자야말로 지속적인 비진리에 대한 방관자의 태도와 불필요한 노골적 태도가 반대로 말하는 것처럼 보일 때, 가장 심하게 비진리에 빠지게 되며 더욱 눈에 뜨인다.

실존의 절대적 진리는 정확히 객관적으로, 즉 단순히 외적인 행위들을 통해 특징지을 수 없다. **객관적으로** 결코 거짓말을 하고 싶어 하지 않는 자는 한없는 궤변과 변명을 통해, 해명과 망각을 통해, 그리고 자신의 현존의 전체를 안개처럼 덮고 있는 침묵을 통해 자기방어를 한다. 그와는 반대로 **본래적으로** 결코 거짓말을 하고 싶어 하지 않는 자는 속임수를 기피한다. 그는 자신의 현존에서 철저하고 가차 없이 자기 자신도, 친구도 결코 속여서는 안 된다는 처음과 마지막 책무에 몰입한다. 여기에 모든 진리의 근거와 이유가 있으며, **그것의** 실현이 절대적으로 요구된다. 그러나 그 자체의 기준으로 볼 때, 이러한 진리에 대한 요구가 소통으로 실현되지 않는다면 쇠퇴하고 만다. 완전하게 적의를 나타내는 현존에 대해 나는 책략을 사용하며, 단순히 아는 사람이라든지 표면적으로 교제해온 사람에게는 침묵으로 대하며, 그 외에 다수에 대해서는 상호 간에 반 정도는 상투적인 거짓말로 응대한다. 진리는 도처에서 거짓말이 행해지는 것을 사실로서 인정할 것을 요구한다. 거짓말이 상황에 따라 진실한 행위일 수 있지만, 객관적으로 타당한 법칙으로서의 진리는 될 수 없다.

그러나 내 편인 사람들과 나약함, 충동, 불신 속의 대중을 구분하는 것은 일시적 도움에 불과하다. 외부도덕(Außenmoral)으로부터 구분되는 내부도덕(Binnenmoral)은 경험적, 사회학적 현실이다. 이러한 구분은 실존적으로 연결된 집단의 파멸을 원치 않을 경우와, 그렇기 때문에 세계가 없는 부정성으로서 모든 보상을 위한 진리를 비진리로 나타나게 할 경우에는 하나의 임시 미봉책일 뿐이다. 모든 인간현존이 이성존재로서, 그리고 가능실존으로서 변화되는 요구, 나에게서 다른 관계로 들어서는 요구, 친구가 될 수 있는 요구는 언제나 남아 있게 된다. 인간은 상호 간에 지양할 수 없는 요구로 서로 대립되어 있다. 어떤 사람이 내 앞에서는 친한 척 아첨하는 말을 하면서 다른 사람한테 가서는 나를 부정하고, 게다가 어디서나 나를 방해하는 일을 하고 겉으로는 우연인 듯 질문을 던지면서 자기가 알고 싶은 것을 나로부터 끌어내면서도 자신의 행동과 의도에 대해서는 전체적으로 내가 알지 못하게 한다. 그럼에도 불구하고 나는 원래 그런 거라며 그 사람과 끝낼 수 없을 것이다. 오히려 사람들이 존재하는 곳에 모든 것이 가능하며, 구체적인 행위는 오직 이러한 상황에서만 필연적이 된다. 이러한 구체적인 행위는 죄책으로 변하고, 그럼에도 불구하고 진리는 세계 안에서 시간현존을 위해 존재한다.

3. 윤리적 명제와 법적 명제

'거짓말을 하지 말라.'는 명제와 같이 객관적으로 진술할 수 있는, 보편적으로 타당한 당위의 법칙들은 객관적 고립을 통해 더 이상 순수하게 윤리적 법칙이 아니다. 당위의 법칙들은 그 자체 법적 명제의 특성을 함유한다. 법적 명제와 마찬가지로 당위의 법칙들 역시 이른바 기계적이며 죽어 있다. 그리고 그 법칙들을 지키게 될 때, 당위의 법칙은 언제나 똑같이 행위가 계산가능하다는 것을 의미한다. 당위의 법칙들은 절대적으로 타당한 것처럼 보인다. 당위의 법칙에는 법적 명제들이 실질적인 법이라면, 그것을 적용하는 데 있어 법적 명제들에게 적합한 강제력만이 부족할 뿐이다. 그렇기 때문에 윤리적 명제들은 결코 일의적이지 않다. 즉 윤리적 명제들은 올바름에 있어서 단순하게 이성적으로 포섭될 수 없다는 것이다. 윤리적 명제들은 법적 명제처럼 객관적 숙고를 통한 의미를 필요로 할 뿐만 아니라, 자유에 의해 바뀌는 주체의 반응을 통한 의미를 필요로 한다. 그러므로 합법적이지도 불법적이지도 않고, 오히려 계산할 수 없는 윤리적 명제들은 그럼에도 불구하고 호소를 통해 자각될 수밖에 없는 내용을 통해 확신하게 되는 것이다.

그러나 만일 윤리적 명제들의 분석에서 인간의 좁은 영역을 다른 영역으로부터 두드러지게 강조하는 도덕의 이중화로 이끌어진다면, 겉만 보고는 믿을 수 없다. 윤리적 명제들은 법적 명제와 마찬가지로 제한되거나 요구조건을 제시하는 것이 아니라—윤리적 명제들은 법적 명제들처럼 그 자체 취급될 것이다—, 오히려 의미 있는 무제약성을 통해 실존적으로 느낄 수 있도록 만들기 위해 객관적 변증법 안에서 움직이게 한다.

거짓말하지 말라, 살인하지 말라, 도둑질하지 말라, 간음하지 말라 등등 보편적인 규칙에 따라 **모든** 인간이 비슷하게 인정하는 진정한 도덕적 행위는 **객관적**이다. 임의로 변경되어 역사 안에 나타나는 것이 아니라, 역사의 수정으로 제한을 받기는 해도, 보편적으로 인간적인 것을 타당한 것으로서 나타내는, 외면적으로 이해될 수 있는 명제들이 존재한다. 이러한 명제들은 자주 부인되었지만, 자연스럽게 당연한 것처럼 다시 나타났다. 그럼에도 불구하고 첫째, 이러한 명제들은 **절대적이지 않다.** 왜냐하면 객관적인 보편적 당위에 따르는 삶이 실존하는 것의 유일한 방식일지도 모르기 때문이다. 둘째, 이러한 명제들이 역사적 전유 안에서 자유를 필요로 하기 때문에 **충분하지 않다.** 보편적 원칙에서 오직 타당한 것으로서의 유일한 도덕만이 객관적으로 존재한다. 그러나 당위의 의식에서 객관적으로 타당한 것이 실존적 행위의 진리로 존재한다는 것을 충분히 다루고 있지 않다. 객체는 외적이며, 합리적으로 일관되게 진실하지 않은 무제약성을 초래하며, 마치 영원히 존재하는 것처럼 외관상 현존하고 있는 정당한 것들을 전해준다. 그러나 이러한 정당함은 먼저 투쟁의 긴장 안에 존재한다. ―충동적인 것과 타당한 것과의 긴장에서뿐만 아니라, 본질적으로 주체적인 것과 객체적인 것과의 긴장, 그리고 객체적인 것 그 자체와의 긴장 안에 존재한다. 오직 객체적인 것에 지나지 않은 것이 보편타당성에 대한 권리를 요구한다. 주체와 객체 안에 있는 실존은 진리를 원한다. 만일 오로지 하나의 도덕만이 존재한다고 해도, 객관적으로 보편적인 것에 반하는 **예외도** 있다. 예외는 그 본질에 따라 근거 지을 수 없는 것이다. 그렇기 때문에 예외는 객관적으로 불확실할 뿐만 아니라, 객체에 반하기 때문에 절대적으로 의심스러운 것이다. 예외는 감행될 수밖에 없다. 예외는 두 가지, 즉 진리로서의 본래적인 자기존재와 객관적으로 변명할 수 없는 죄책으로서의 본래적 자기존재를 경험한다. 예외는 누군가에게 고의적으로 통지하지 않고, 모방을 바라지도 않는다. 예외는 그와 같은 경우들에서 이것이 옳으냐 저것이 옳으냐는 식의 보편적 명제로 객관화될 수 없다. 왜냐하면 어떠한 경계도 그을 수 없기 때문이다. 예외적 행위는 자신의 책임과, 본보기가 없다는 위험, 그리고 보편성에 맞선다. 외부적으로 알려진 경우, 예외적 행위가 널리 유포된 건전한 인간오성에 반한 행동이라든지, 사회적 규율이라든지, 법률에 반하게 된다면, 사회 안에서 인간에게 완전히 금지된 결단의 독단으로 인해 조소, 배척 혹은 처벌 등을 통해 비난받게 될 것이다. 객관적 법칙과의 직접적 갈등은 나타나지 않기 때문에 가장 진실한 행위, 즉 본래적인 실존적 행위들은 감지될 수밖에 없는 비객관적 특징을 가질 수 있을 것이다.

4. 당위와 초월

객체의 당위는 실존적인 것으로서 나에 대한 나의 자기존재의 요구의 불가항력이다. 그러나 내가 본래적으로 나 자신으로 존재하는 곳 어디에서나 나는 나 홀로 존재하는 것만은 아니다. 그렇기 때문에 나는 나에 대한 **당위의 무제약성**에서 **초월자**를 감지한다. 당위를 유일무이한 암호로 받아들이는 대신, 직접 신의 명령으로서 나타나게 하는 것은 진정한 당위에서의 무제약성이다. 당위의 정언명령은 신의 언어가 아니다. 신은 그 자신을 숨기고 있다. 소박한 믿음과 불손함은 그 스스로를 정당화하기 위해 신을 찬탈한다. 무제약적 당위는 자기 자신에게 귀를 기울이고, 그 안에서 자신의 초월자와 관계하는 실존에 대한 자유의 자율성이다. 실존이 올바른 것으로서 듣는 것이 자기존재이다. 실존이 가장 깊은 자신의 근거에 충실할 때, '이것은 신의 뜻이야.'라는 말은 실존의 형이상학적 보호에 대한 위험하고 의심스러운 표현이다.

5. 요구의 의미

요구는 당위와 연결되어 있다. 법적 명제의 형태를 갖는 보편타당성은 누구에게나 개인적인 감정을 개입시키지 않기를 기대하는 것이다. **본래적** 요구는 내가 나 스스로에게 요구하는 특징을 가지고 있다. 이 요구는 내가 가능실존으로서 함께 소통하는 사람들과 관계한다. 내가 가능실존에 의해 요구하는 것은 다른 사람들로부터 동일한 요구를 동일한 수준으로 경험하거나 기대하는 경우이다. 보편적으로 공식화된 것은 객체에서 요구되는 것이 아닌, 그 과정에서의 자기화와 자기존재가 요구되는 것이며, 복종의 외면성이 요구되는 것이 아닌 실존함의 내면성이 요구된다. 그것은 거리를 둔 요구도, 아는 체하는 요구도, 지도하는 요구도 아닌, 양심 자체와 나누는 독백 같은 요구이다. 그것은 규정된 것을 선취하는 요구와 같은 것이 아닌, 비록 요구 그 자체가 서로 소통할 수 없다고 하더라도 소통 안에서 절대적 의식과 절대적 의식이 서로 접촉하는 것이다.

그러한 요구의 가능성에 대한 **조건들**은 객관적으로 공식화할 수 없고, 단지 호소하면서 그것을 진술할 수밖에 없다. 그 조건들은 개방적이다. 즉 말하는 모든 것에서 정정이 가능할 수 있도록 유보할 것, 진지하게 숙고하고 말해진 것에 대해 책임질 것, 권세욕이나 독선에 대해 즉시 거리를 두면서 아집을 꺾을 것, 너무 가까이 오지 말라는 것처럼 진실하지 않은 것을 요구하는 등의 모든 예방조치를 중단할 것, 침묵에 의한 배신의 불가능성, 제3자와의 빗나간 대화, 관계의 능수능란한 준비, 인간은 타자의 존재 없이는 결코 존재할 수 없다는 의식—나아가 상황과 시간에 대한 의식, 형식에 대한 의식, 우리들 현존의 영적인 불가피성에 대한 의식, 언제라도 모든 것을 현존하는 것으로 요구하지 않을 것, 그러나 있는 그대로의 전제로서의 본래적인 것은 결코 잊지 않을 것, 그러나 언제라도 다시 반복하여 자기 자신과 타자 자신 안에서 그것을 각성시킬 것 등이다.

6. 철학적 윤리학의 가능성

법적 명제와 같이 합리적으로 생각할 수 있고 적용할 수 있는 견고한 명령과 금지가 자신의 절대성을 잃어버린다면, 가능실존의 철학함에 의해 진리를 알릴 수 있는 어떠한 윤리학도 가능하지 않다. 그러나 그만큼 더욱더 결정적으로 자기존재 안에 변증법적 논구를 통해 자각할 수 있는 그와 같은 윤리학은 가능하다. 이 윤리학은 추상적으로 기획될 수 있는 것이 아니라, 오히려 당위를 가족, 사회, 국가 공동체의 현존의 현실성에서 종교의 요구에 기초하여 파악해야만 할 것이고, 그런 다음 문화에서 산출되고 이해된 것으로부터 인간을 서로 연결하는 전달가능성의 공간을 통해 파악해야만 할 것이다. 윤리학은 사방에서 역사적 세계로 행위의 가능성을 횡단함으로써 현실적 내용의 구체성을 통해 인간의 자기존재에서 그 근원에 호소하게 될 것이다. 윤리학은 그 사유의 전제로서 현존의 현실을 규준과 원천으로서 절대화하지 않고, 현실적인 것을 인정하고 고백할 준비가 되어 있어야 할 것이다. 나아가 물음과 생각에 어떠한 한계도 인정하지 않는 무한한 반성 안에 단절된 폭력성과 창조된 무제약성을 확실하게 구별하지 않으면 안 될 것이다. 마침내 듣고 말하는 데 있어서 자기존재의 근거를 받아들이는 것, 윤리학에 상응하는 것이 그 자체 존재하며, 그 자체를 보증한다. 그렇기 때문에 이러한 윤리학은 보편적인 것의 유일한 차원에서 움직이는 것이 불가능할지도 모른다. 모든 활동적인 현실을 조명하며 논하는 윤리학은 인간의 평균적인 가능성을 초월해 나가는 고귀함과 각성하는 자기존재의 가장 소박한 맹아(Keime), 점점 명확하게 되는 비약, 자기 안에 빠져서 결단 내리지 못함, 객관적으로 고정할 수는 없지만, 모든 인간 삶에 스며들어 여러 층으로 나누어진 다채로운 양상을 포괄하지 않으면 안 될 것이다.

국가와 사회에서 현존의 현실에 대한 요구

인간현존은 단지 사회 안에서만 존재한다. 사회는 모든 개인에게 그 생성의 물적인 전제조건이었다. 사회는 개인에게 삶의 조건들과 전통을 부여했다. 전통을 통해 개인은 정신적으로 각성되었고 있는 그대로의 자신이 되었다. 사회는 개인 현존의 전제조건이다. 개인이 어떤 섬에 고립되는 것이 가능하다고 해도, 그는 마음속에 사회를 가지고 갈 것이다.

사회는 객체적으로 그때마다 주어진 제도들, 직업과 기능들, 국가 안에 존재한다. 또한 사회는 자기의무에 대해 두말할 것도 없이 합법적인 요구들 안에 존재한다. 그러나 이러한 객체들은 오직 현실적으로 그 안에 살고 있는 인간들의 욕구와 행위를 통해서만 존재하며, 주체를 지반으로 삼는 실현을 통해서만 존재한다. 사회는 주체성을 소멸시키거나, 아니면 객체성을 추구하고, 그 속에서 펼쳐지는 선택권을 가진 개인과 대립되는 현존의 전체이다.

사회의 객체성은 인간의 세계로서 모든 것을 포괄하는 현존의 현실이다. 나는 가능성에 따라 사회로부터 벗어날 수 있기 때문에, 내가 사회를 대상으로 만들고 탐구하고자 할 때, 사회는 객체 이외에 어떠한 것도 아니다. 그러나 내가 사회 속에서 살아간다면, 사회는 그 이상으로—즉 객체적인 동시에 주체적으로—존재한다. 왜냐하면 내가 본래적으로 사회 속에 현실적으로 존재하는 경우에 사회는 가능한 실존함의 무대이며 초월자의 현상이 되기 때문이다.

A. 국가와 사회의 실존적 중요성

1. 현존의 관심 요소들(지배, 재산, 질서)

만일 완전한 실존만이 그 사회의 무한한 투명함 안에 존재한다면, 현존은 존재하지 않을 것이다. 그러나 현존 안에 실존상실의 저항이 있고 동시에 모든 실존의 미완성 또한 있다. **실존을 위한 공간**은 어떻게든 창조되지 않으면 안 된다. 실존적 소통 안에서 사랑할 수 없는 경우에 나는 **지배하고자** 한다. 왜냐하면 지배는 현존의 확장을 위해 필연적으로 실존에서 실현되어야 하기 때문이다.

이러한 **지배의지**는 자연에 대해 무관심하다. 자연에 대한 다른 관계는 불가능하다.(왜냐하면 관조적 관계는 그 자체가 지배의 한 방식이기 때문이다.) 그러나 인간에 대한 지배욕구는 자기 자신의 거부와 타인의 거부의 결과이다. 이 지배욕구는 피할 수 없는 것이며, 이것 없이는 인간의 현존은 사실 불가능하다. 왜냐하면 인간적인 현존은 이러한 지배욕구 없이는 만인의 만인에 대한 현존투쟁의 무정부상태로 사멸될지도 모르기 때문이다. 지배는 전체의 질서가 개인 모두에게 처음으로 그의 현실적 공간을 제공하는 객관적 구성물로 몰아간다.

자기존재는 현존의 공간을 필요로 하며 원한다. 현존의 공간에서 인간이 아닌 사물에 대한 **처분권**이 자기존재에게 귀속된다. 이러한 처분권이 타인의 처분권에 반하여 제한될 때, 이 처분권은 **소유권**이 된다. 자기존재의 현존적 현실을 가능하게 하는 것이 소유권에의 열정(Pathos)이다. 즉 그것은 나의 권한에 속한 사물들을 다루는 방식이며, 사물을 재료로 하여 산출된 것에 객체로 부여하는 나의 행위이고, 마치 객체가 나의 삶의 연속성에 역사적으로 침투한 것과 마찬가지로 나 자신의 세계를 생성하는 것이다. 그것을 통해 제한된 기간 동안 삶의 의미 있는 계획을 세우는 것이 가능하게 된다. 조상이 한 일을 토대로 자신의 가능성을 발휘할 의무가 상속자에게 있으며, 동시에 상속자는 자손에게 그 기초를 부여해줄 책임이 있다. 그렇기 때문에 처음에는 단지 처분권의 향유에 지나지 않는 소유권의 기쁨 안에 소유권에 기초하는 권리요구와 기회로 인해 한층 높은 자부심이 포함된다. 소유권의 상속자와 인수자(Erwerbende)는 매일이 아니라, 전승된 기초로부터 미래의 가능성인 역사적 전망 안에 살아가는 것이다. 그렇기 때문에 또한 사적 소유를 위해 원칙적 투쟁을 한다고 하더라도 소유자는 실제로 어디에서나 존경받으며, 자신과 자손의 가능성을 경솔하게 낭비하는 자는 어디에서나 경멸의 대상이 된다.

인간의 세계현존은 소유권과 관련되어 있기 때문에, 문제는 소유권이 어떻게 획득되고, 제한되고, 분배되는지, 개인, 가족, 그 이상의 단체, 국가, 어디에 소유권이 속하는지에 있다. 소유권의 폐지는 새로운 형태로 소유권을 복구한다는 것을 의미한다. 처분권이 모든 사람이 아닌 제한된 수의 특정한 개인에게 부과되는 경우라면, 언제든지 소유권은 존재한다. 국가가 소유하고 있는 것은 특정한 조건에 따라 국가 관리들의 처분에 따른다. 아무리 많은 것이 포괄적인 공동체의 재산이 된다고 하더라도, 이 재산이 아무리 제한적이라 하더라도 사적인 현존의 영역은 남겨져 있다. 그렇지 않으면 인간은 자기 자신으로 존재할 가능성을 포기하는 것이며, 공공의 이름으로 전체의 재산을 마음대로 처리하는 자들의 노예가 될 것이다.

왜냐하면 소유권의 일부는 행운이나 우연에 의해, 일부는 술책이나 권력에 의해, 또 일부는 계획적인 작업의 공로에 의해 등급이 매겨지기 때문이다. 이러한 등급은 현존의 공간뿐만 아니라 다른 개별적 실존의 공간에서도 자신이 알차게 실현한 것을 따로 구분하는 방식을 처음으로 가능하게 한다. 그렇기 때문에 소유권은 증오, 질투, 자신의 안전에 대한 불안, 다른 사람들에 대한 교만과 무력 등과 연결되며, 누구도 완전히 독립적으로 살아가는 자는 없으며, 오히려 세대의 연관성 혹은 어떠한 정당함도 주어지지 않는, 우연히 순간적으로 획득되지만, 또 순간적으로 소실되어버리는 소유권의 혼돈 상태로 살아간다.

소유권의 형태로 맺어진 인간현존 전체의 상황에서 세계를 단념하기 위해 소유권을 희생하려는 신념으로 인해 무세계(weltlos)인 신성함을 파멸시킬 수 있다. 또한 무산자(Besitzlose)는 '누구도 소유권을 가지지 못하며, 다른 자보다 많이 가지는 자가 없도록 하기 위해 소유권을 박탈하라.'라고 말할 수 있다. "올바른" 분배를 원하는 정의는 이러한 분배가 실제로 조정될 수 있을 거라고 생각할 때, 즉시 부당하게 된다. 왜냐하면 전체의 질서에서의 부정의가 설령 싸운다고 하더라도 언제나 다시 나타나기 때문에, 문제는 오직 어떤 형태로 부정의를 감수하고 받아들일 수 있는가에 있다. 그렇기 때문에 소유권은 현존에서 실존조명의 한계상황 안에 피하기 어려운 죄책과 연결된다.

그러나 소유권이라는 객체의 요구는 단지 자기현존의 근원적 의식을 통해서만 소유권과 관계한다는 것이 아니라, 실존에게 유일한 의미, 즉 인간의 최고 가능성을 끄집어낼 수 있는 유일한 의미를 다루게 한다는 것이다.

소유권은 항상 사회질서의 **전체**와 연결되어 있다.

내가 질서를 바란다는 것은 세계 속에서 자신의 실현을 위한 실존의 의지에 대한 표현이다. 지배는 질서의 조건이다. 그 질서 안에 있는 소유권은 개인의 현존공간에 대한 전제조건으로 존재한다. 그렇기 때문에 제도의 원래의 의미로 살아가는 자에게 사회제도의 형식과 법칙의 효력은 외부적인 문제, 즉 형식주의를 준수하는 것이 아니다. 오히려 사태 그 자체의 엄격함을 요구한다. 인간의 실현을 위해 전체의 합의를 뜻하는 범할 수 없는 신뢰가 침해되어서는 안 된다는 것을 제도를 통해 요구하는 것이다.

그때마다의 현존공간을 자유롭게 지배하는 것으로서의 소유권의 요구가 고유한 실존의 전개를 가능하게 하는 질서를 내가 **어떤 방식**으로 원하는가 하는 것은 내가 인간적인 일들의 제도와 관리를 전체적으로 어떤 방식으로 원하는지를 의미한다. 그와 동시에 내가 개인으로서의 인간이 어떤 방식으로 존재하기를 원하는가를 의미한다. 나에게 자명한 인간의 존엄성이 될 수 있는 한 무제한적으로 가능할 수 있는 질서의 형식들을 나는 바란다. 하지만 나는 이것을 영구적인 만인의 것으로서 보편적인 계획에 따라 아는 것이 아니라, 오히려 그때마다 세계정위된 지식에 기초하여, 오직 역사적 상황 속에서만 아는 것이며, 결정적 결론을 가지고 지금 행위하고, 요구하며, 기원하는 것을 순간적으로만 아는 것이다.

현존현실의 객체에 대한 요구는 구체적 행동을 추론하지 않고서도 보편적인 측면에 따라 철학적으로 조명하는 것이다.

2. 세계 복지국가의 이상

세계현존의 객체인 사회가 **현존의 관심과 보호**에 대한 전체일 경우, 보편적 욕구만족을 통해 모든 개인의 건강과 행복으로서 현존의 유지와 그 확대를 목적으로 하고, 수단이 그 유용성을 판단하게 되고, 항상 구체적으로 정해진 목적을 수반하는 어떤 구성이 기획된다. 삶과 시야를 영속, 확대하는 것이 궁극적인 목적이다. 물적 재화를 지배하는 권력과 그 처리가 수단이다. 이것이 세계 복지국가의 이상이다.

보편적으로 세계 어디에서나 동등한, 오직 양적으로 향상된 삶만을 의미하는 이러한 목표들은 실제로 모든 현존에게 있어 하나의 전제조건이다. 모든 현존은 그 목표를 원할 수밖에 없다. 만일 현존이 이러한 목표들을 완전히 부정한다면, 현존은 파멸될 수밖에 없다. 그러나 그러한 목표들이 궁극적인 목표일 수는 없다. 단지 보편적 목적만을 완전히 실현하는 세계는 그 자체 근거가 없는 것으로 증명될 것이다.

(a) 그런 세계는 **구체적으로 상상할 수 없다.** 모든 사람의 보장된 삶의 향유라는 목표는 분명해 보인다. 이러한 삶의 향유는 필요의 만족을 전제로 한다. 이것을 위한 필수품은 노동 없이 얻을 수 없다. 그렇기 때문에 여기서 중요한 점은 **최소한의 노동시간으로 최대량의 생산물을 획득하는 것이다.** 목적을 위한 수단은 발명에 의한 노동의 기술화, 노동과정을 최대한 단순화하여 효율성 증가, 모든 불필요한 중간요소의 제거, 유형에 따른 대량생산 등이다. 게다가 **노동의 기쁨을** 배려해야 한다. 다시 말해 노동에서는 최소한의 저항력으로 고통 없이 수행하고, 의식에서는—대략 자신의 부서에서 근무하는 것으로부터—최소한 막연한 의미실현이라도 가져오는 심적인 상태를 배려하지 않으면 안 된다. 모든 사람을 위한 적절한 자리는 인간의 **적성검사에** 의해 결정된다. 자녀의 수가 너무 적거나 많지 않고 충분하도록 산아제한을 통해 배려된다.

그러나 이러한 이상은 아무리 고안해내고, 부분적으로 실현한다고 하더라도, **결코 존속하는 현존이** 아니라 언제나 다시 깨어지게 될 것이다. 현존의 존립을 위해 불가결한 동일한 조건들은 무수한 변화에 기초가 된다. 여러 집단들의 차이가 나는 인구증가, 자연재해와 질병으로 인한 인간의 대량손실, 가능한 식량공급의 범위를 넘어선 인구증가, 출산감퇴에 의한 인구감소 등이 더 이상 합리적으로 통제할 수 없는 상황들을 만든다. 천연자원들이 고갈되는 경우도 있다. 새로운 기술발명품들은 존속하는 현존을 파멸시킬 것이다. 항상 존재하며 또 다른 형태로 반복하여 발생하는 모든 현존을 위한 불가피한 노동은 노동자들의 생활을 위태롭게 하며, 많든 적든 현존을 빈곤하게 만들지만, 그러한 노동이 행해지지 않으면 안 된다. 합리화는 인간의 개인적 특질이나 대다수의 자질과 출현하는 지도자의 능력 등에 따라 설정된 한계에 부딪힌다. 중앙집권적으로 조정되든 어정쩡한 협력을 통해 실제로 산출되든 전체의 각 조직은 예견하기 힘든 혼란들, 즉 잘못된 분배, 실업, 그로부터 발생하는 궁핍 등을 노출시킨다. 상황은 다른 종류의 새로운 지식과 새로운 세대의 의식과 함께 변화한다. 인간의 인종 특질 안에서 인간도 변하고, 세대에서 세대로 이어지는 전통의 내용도 변한다. 인간이 즐기는 것에도 변화가 있다. 또한 이러한 질서가 항상 성공할지라도, 모든 개인에게 질병이나 죽음이 행복의 한계이며, 모든 사람에게 선택의 불가피성, 항상 필요하게 될 강압에 의한 유린, 그리고 마지막으로 전쟁의 폭력 등이 행복의 한계이다. 항상 존속의 상태를 수없이 상상한다 할지라도, 완벽한 인식을 전제로 하여 그것을 상상한다 할지라도, 부단히 변화하는 모든 조건의 무한성 때문에 항상 불일치한 무언가가 있을 것이다.

(b) 인류의 세계현존의 **안정된 상태**에서 보편적 욕구만족의 실현이 **성취되었다고 생각하더라도**, 인간은 여전히 **만족하지 않을 것이다.** 심리학적으로도 단순한 삶의 향유를 통한 만족은 불가능하다. 포만과 규칙은 권태로

이어지며, 변화의 필요성은 근본적이다. 위기 속에서 인간은 안정된 상태의 이념에 매혹될 수 있다. 그러나 완전한 행복 안에서도 인간의 현존은 황량하게 느껴질지도 모른다. 이러한 생각이 진지하게 믿어지거나 불가피한 것으로서 진리라고 파악되거나 한다면, 의식은 견뎌낼 수 없게 될 것이며, 사물은 바야흐로 지속적으로 존속하게 될 것이다. 우리의 궁핍한 세계의 규칙성에 둘러싸여 모험, 삶의 위험, 뜻하지 않은 것이나 예측하기 어려운 것에 대한 욕망이 견고해지길 바라는 질서를 범하게 된다. 평균적 현존의 안전은 경멸되고, 상궤를 벗어난 것 자체가 애호된다. 그러므로 전체에 대해 맹목적 주체로서의 개인이 자신의 무료함에서 벗어나 세계의 질서에 거슬러 공허하게 끝날 뿐인 것을 실현한다는 것은 객체 전체에 주의를 기울이고, 그 안에서 살아가는 주체에게는 실제로 충만한 현재가 된다. 유래도 목표도 불투명한 전체는 끊임없는 동요 속에 있다. 그것은 유일하고 거대한 인류의 모험인 것 같은 느낌을 준다. 그러나 주체로 가는 방식과 질서는 실제로 가능한 한계로까지 추구하는 것에 의해 행해진다. 영속이나 존속을 구한다는 것은 본래적이고 불가피한 난파를 경험한다는 뜻이다. 개별화된 주체의 모험은 필연성이 없이 예측된, 그렇기 때문에 진실하지 못한 난파이기는 하다. 그러나 사물의 진행 중에 있는 인간의 **운명의식**은 복지국가의 모든 합리성을 포괄하는 진리이다. 이 진리는 자기로 존재하는 인간의 온전한 객체로의 철저한 진입을 통해 실현된다.

(c) 내재적인 세계현존의 완성에서 인간은 **품위 없이** 존재할지도 모른다. 만일 유한성이 최종목적이 된다면, 내재적 행복으로서의 유한성은 품위를 떨어뜨린다. 인간은 초월을 상실한다. 이러한 내재적 행복은 본래적 존재의 빛나는 광체로서, 제한된 조건하에 현재세계의 성취로서, 그저 덧없이 자초하는 시간현존의 의식에 근거한 평온함으로서만 인간에게 속한다.

3. 실존에 제한되는 세계복지

그러므로 인간사회의 세계는 사실상 종결할 수 있는 국가도 아니며, 실존적으로 가능한 최종목적도 아니다. 오히려 사회 안에서 세계는 목적이될 수 없는 현상이다. 우리가 살기 위해 우리의 행복론적인 이상상태를 얻으려고 노력하기는 하지만, 이러한 노력과 상대적 실현은 시간현존으로 난파하면서 확신할 수 있는 실존의 기능이다. 그러나 절대적이며 제한 없는 이 실현은 오직 객체적 현존을 전제하는 난파를 통한 실존을 전제로 할뿐이다. 궁극적으로 올바른 세계현존의 모든 내재적인 유토피아는 실존을배신하는 것이다. 그러나 모험적인 놀이에서 고유한 현존의 주체적 탕진또한 마찬가지로 실존에 대한 배신이다.

현존의 공통된 안전장치로서 사회의 객체에 대한 표상은 가장 먼저 **경제**로 집중된다. 경제는 물적 수단으로 생명에 필요한 모든 물품을 조달한다. 경제적인 것이 제한되고, 사회에서 현존과 만족 이외의 것도 중요하다는 사실이 지적되면, 목적은 확장된다. 즉 사회 기관에는 "**문화적 과업**"을 위한 공간도 있다. 전통적인 의사소통으로서의 교육, 전반적인 서비스에서의 수행능력을 훈련시키는 교육, 더 나아가 박물관, 도서관, 극장, 전람회 등에서 정신적 향유를 위한 배려, 마지막으로 신문을 통한 정보와 오락 등은 모두 계획에 따라 수행되는 활동이 된다. 게다가 일정한 한도 내에서 소유권의 방식으로 현존이 보호될 뿐만 아니라, 결혼과 가족, 그 외의 인간 사이의 수많은 관계에 대한 공동의 삶의 형식에서도 보호된다. 심지어 종교상의 예식도 사회가 장려하고 있거나 지장을 주지 않도록 모든 것이 보호된다. 전투와 전쟁은 존재할 필요가 없기 때문에 제거되어야 할 대상으로 간주된다.

결국 인간의 세계현존에서 일어나는 모든 것이 객체의 표상에 포함된다면, 그것은 단지 사건으로서, 즉 외적인 것에 국한될 뿐이다. 그것은 수단으로서, 상대적 목적으로서 편입되고, 오직 필요의 **충족으로서만 이해된다.** 사회는 특수하지만, 대체할 수 있는 작업능력 안에, 장악할 수 있는 일반적 역할 안에, 그리고 어떤 의식일반 안에 결합된 다수의 세계이다. 자기존재와 초월은 그 세계에는 나타나지 않는다. 모든 개인은 접촉할 수 없는 어두운 유보의 지점으로서 객관적 현실의 베일 뒤에 숨어 있다. 이 지점은 누구와도 관계하지 않고, 누구에게도 접근을 허용하지 않는, 단 사제 혹은 정신과 의사를 통해서 그 필요를 만족시키는 경우를 제외하고, 반드시 전체의 근거가 되어야 하며, 동시에 그 근거를 승인하지 않으면 안 될 것처럼 보인다. 즉 현존은 의식일반과 인간존재의 평균성을 통해서만 성취되는 한정된 범위의 객관적 현실로 존재한다. 현존은 개인의 이해할 수 없는 것에 대해 다른 사람을 방해하지 않는 범위 내에서, 서로 존중은 하지만 무관심한 경원을 생성시킨다.

그러나 사회의 순수한 객체의 표상이 실현된다면, 그것은 **세계를 균열시킬 것이다.** 한편으로는 합목적적으로 이해될 수 있는 모든 것과 모든 사람의 협력을 통해 욕구의 충족이 존재할 것이며, 다른 한편으로는 어떠한 존재도 욕구의 충족을 위해 일반적 형태 이외에는 자기에게도 타인에게도 나타나지 않는 어두운 주체의 혼돈이 존재할 것이다. 하지만 이 균열이 나타난다고 해도, 그것은 곧바로 **추상으로서 인식되기** 위한 것이다. 왜냐하면 한 **측면은** 세계정위에 대해 나타날 수 있는 사회이며, 이 사회로부터 나는 순수하게 내재적 형성물로서 탐구될 수 있는 지식이나 인식을 얻는 것이 가능하고, 종교적 표상에서는 확실하게 이해할 수 있고, 인과적 결과를 가지는 오직 외면적 사실로서만 나타나는 것에 불과하기 때문이다. 또 다른 측면은 실존들이 서로 관계하며, 초월자와의 관계에서 나타나는 단순히 외적으로 역사학적 형태만이 아닌, 그때 당시의 역사적 현존 전체로서의 사회이다. 나는 이 사회를 인식하는 것이 불가능하다. 한편에 대해, 다른 한편에 대해 말하는 것은 중간항을 매개로 한 이행을 의미하는 것이 아니라, 항상 어떤 비약을 의미한다. 현존의 이러한 **현실**에서 한편은 다른 편을 통해서 존재한다. 하지만 이런 현실이 항상 그런 것은 아니며, 물론 당연한 것도 아니다. 오히려 분리(Auseinandertrten)가 가능하다. 즉 추상적 개념이 실현된다는 것이다. 내가 나임을 발견하는 사회의 세계는 추상적 개념의 공허로 나타난다. 개인은 기술적으로 사회에 의존하기 때문에 외적으로만 큼은 또한 생물로서 사회 안에 존재하기 위해서 이러한 사회로부터 떨어져 나가게 될 것이다. 바야흐로 세계에 반하는 부정적인 태도에게서만 자신의 내용을 가지는 존재는 세간에 대해 무관심하며, 그것에는 눈길도 주지 않으며, 그것으로부터 아무것도 바라지 않는 개인으로 실현된다. 즉 자신의 죽음과 긍정적 성취가 점점 희박해져 갈 뿐인 자신의 불확실한 초월과 함께 자기의 엄격함(Punktualität)으로부터 그 내용을 얻는다. 세계가 단순한 현실로 환원되지 않고, 그 실체가 단순한 개인의 가능성으로 환원되지 않는 현실적 분리는 마지막까지 실현될 수 없다. 분리가 완전히 실행된다면, 현존과 실존의 마지막이 될 것이다. 그 방향이 거기까지 다다르는 것을 본다는 것은 개인에게로 **되돌아가려는 원동력**을 생기게 한다는 것이다.

　왜냐하면 사회는 세계정위된 지식으로서의 대상으로 탐구되고, 조직으로서 설립될 때, 그 사회는 사실상 **현실로서는 결코 소진될 수 없기** 때문이다. 단지 계획된 세계정위만이 언제나 주어진 종류의 인과적 요인으로서 객관화되기는 하지만, 그 자체로 본다면 결코 인식되지 않는 본래적 자기존재인 요소들에 계속 부딪힌다. 물론 잘 계획되고 만들어진, 기구를 기획하고, 기관을 작동시키게 된다. 그러나 동시에 인간에게 모든 것은 계획된 것과 완성된 것 그 이상을 의미한다. 사회 안에 인간존재는 두 극 사이에서 긴장한다. 즉 한쪽 극이 조작되면 작용하기 시작하는 장치이지만, 그것은 존재현상의 성격을 가지고 있지 않기 때문에 그 자체 실체가 없는 기관이며, 다른 극은 자신의 장치를 만드는 것에 의해 처음으로 자신의 고유한 존재를 통해 초월로서 나타나는 다른 것이다. 이 양극성의 의식은 가능실존의 조명적 의식에 대해 다음과 같은 호소를 이끌어낸다. 현존의 모든 객체는 단지 주체화된 것으로서만 본래적으로 현실적이며, 그 결과 **실존**은 객체적인 것과 주체적인 것의 **전체를 통해 처음으로** 시간현존으로서 **예측하기 불가능한** 자기를 실현하며 이해하는 것이다. 그렇기 때문에 단순하게 이해되는 모든 계획이나 배치에 있어서 실존적으로 본질적인 것은 뜨개질의 코를 빠뜨리는 것이며, 내용이 풍부한 현존으로서 사회는 오직 실체적인 공동체에 기초해서 항상 그와 같은 특수한 계획을 매개로 실현된다는 것이다. 복지에 대한 관심은 사회적 행위에 대한 의지의 목표이지만, 그것이 이 행위와 사회에 대한 궁극적 의미는 아니다. 일반적으로 알 수 없는 의미의 역사적 현재만이 행위에게 가치를 부여한다.

4. 사회와 국가

세계현존의 비완결성과 난파의 지각은 다음과 같은 상황으로 되돌려진다. 현존은 단지 **투쟁에서만**, 투쟁의 가능성으로만 현실에 이른다.

어떤 사회도 그 자체로서 존재하지 않는다. 사회는 **국가**로서 존재하며 그 자체 다른 국가들과 마찬가지로 국가 안에서 결정하는 의지의 형성을 위해 그 자체 투쟁하는 국가로서 존재한다.

완전한 필요의 만족을 지속상태로서 실현한 사회는 더 이상 국가가 될 수 없을 것이다. 왜냐하면 그러한 사회에서는 투쟁이 중단되었기 때문이다. 따라서 그렇게 표상된 **사회**는 그 자체 기능하며, 규칙에 따라 자동적으로 작동하는 투쟁 없는 안정된 현존일 것이다. **국가**는 인류 전체가 아니며, 심지어 세계국가에서조차 수많은 가능성을 없앰으로써 강압적이고 단편적 전체가 될 수 있는 상황의 필연성으로부터 비롯된다. 국가는 계획할 수 있는 모든 기구의 상위에 위치하는 기관으로서 그 위치에서의 역사적 상황을 통해 실존의 정치적 의지에 의해 일어날 것을 결정하고, 그 결정을 집행하는 수단에 의해 강제적으로 관철할 수 있는 조직체이다. 국가는 다른 국가와 투쟁하고 내부와 투쟁하는 권력으로서 끊임없는 불안과 위험에 노출되어 있는 역사적 공동체의 실질적인 의지의 객체이다.

궁핍으로부터 나오는 우리의 꿈은 자기 외부에 더 이상 어떠한 권력도 인정하지 않으며, 영구평화를 의미하는 인간사회 전반의 세계국가를 고안하게 된다. 세계국가는 자신의 성향이나 능력, 그리고 필요에 따라 자신에게 걸맞은 장소를 전체의 기능 안에서 모든 사람에게 배분되는 국가조직과 같은 것이다. 그와 같은 표상은 점점 더 나은 세계조직을 탐구하고 이끄는 기준이 될 것이다. 그러나 이러한 과제는 끝이 없을 뿐만 아니라, 인간의 현존에는 원칙적으로 완성을 배제하는 현실들이 놓여 있다. 이러한 완성은 **인간존재 자체를 포기**하지 않고는 불가능하다. 무엇보다도 현존 안에 나타나는 인간이 갖는 이 근원성은 소질에서의 양적인 불평등만이 아니라 존재의식과 의지에서의 화해할 수 없는 타재(他在)를 분리할 정도로 본질적으로 다르다. 모든 현존은 자신의 현존 의지를 투쟁으로 유지하고, 자신의 삶의 공간을 확장하지 않으면 안 된다.

자신의 가치에 대한 의식은 인간의 차이를 중요하게 만든다. 어떤 **종류**의 인간이 미래에 살아가게 될 것인가라는 점이 **중요하다**. 의식일반의 공통된 범위가 현존의 상호구축으로 인간 자체의 연대를 결속하고 있는 한, 물적인 생활조건의 충돌로 인해 모든 사람에게 가시화되는 일은 발생하지 않는다. 인간이 자기의식의 근원 안에 역사적으로 서로에게 속해 있다고 자각하는 더 깊은 연대감을 갖게 되면, 그는 타인에 대한 생사를 건 투쟁을 시작할 것이다. 전쟁이냐 평화이냐의 선택이 문제가 아니라, 인간이 어떤 본성으로 살아야 하는가가 문제이다. 내재적 행복론상의(eudämonistisch) 목표들은 보편적 이해 안에서, 대체로 강압적 과학 안에서 단지 의식일반을 서로 연결하는 것에 지나지 않는다. 그렇기 때문에 세계정위에 있어서 본래적 인간의 이러한 선택은 완전히 이해되지 않거나 혹은 본래적 인간존재의 진리를 역사적으로 확립한 권위로 없애버리는 인종이론에서 주어진 본성 사이의 선택을 잔인하게 활성화하게 된다. 그러나 세계정위에서 투쟁과 전쟁, 난파와 승리 등 장애였던 것이 가능실존을 확인하는 주체에게 의미와 본질을 획득한다. 물론 객체적 난파도, 사실적 승리도 현존의 진리를 위한 증명은 아니다. 오직 **의심할 여지없는 내재**만이 성과를 판단하고, 거기서부터 또다시 모든 실존과 초월을 지양한다. 오직 **세상으로부터의 도피**만이 난파 자체마저도 좋은 것으로 간주할 수 있을지도 모른다. 하지만 진실한 것은 영속될 수 있는가, 또한 그것이 어떤 의미, 어떤 정도에 따라 영속될 수 있는가라는 해결될 수 없는 이 질문은 인류의 커다란 모험이다. 왜냐하면 무한한 존속으로서의 절대적 영속을 갖는다는 것은 현존 안에 있는 실존에게는 불가능하기 때문이다.

국가들 간의 전쟁은 국가 안에서 그 의지와 세력을 관철시키기 위한 **인간들 사이의 국가 내부의 투쟁**이기도 하다. 누구나 자신의 본래적 삶의 실현을 찾게 된다면, 누구나 자신의 본질의 가치를 자신들이 함께 만들어낸 객체 안에서 각자의 장소를 얻는다면, 어떠한 투쟁도 일어나지 않을 것이다. 인간의 궁극적 뿌리를 절대적으로 공정하게 인식하면서 모든 사람을 전체를 고려하여 적절한 장소에 선발하고 배치한다는 것은 유토피아적 표상이다. 가장 철저한 심리학적 인식조차도 업무와 만족의 공정한 배분을 제공할 수는 없다. 왜냐하면 인간은 언제나 그런 인식으로부터 알 수 있는 것 이상일 뿐만 아니라, 전체의 상황이 인간이 가용할 수 있는 업무와 수단, 그리고 숫자와 종류 사이의 시간적 일치를 결코 가능하게 하지 않을 것이기 때문이다. 그러나 이것은 마치 선천적으로 궁극적인 인간본성이 있고, 전체를 움직이는 인간에게 장소를 차지할 수 있도록 올바르게 구성될 수 있는 전체가 있는 것처럼 생각하는 것과는 별개의 문제이다. 이러한 두 가지 사실은 있을 수 없는 일이며, 오히려 그 둘은 계속 변화하며, 끊임없이 해체하고, 항상 새롭게 달리 만들어지면서 시간에 따라 나타나는 것이기 때문에, 이러한 불안한 과정에 있는 투쟁 그 자체는 인간에게 처음으로 만들어지고 주조된, 공동으로 창조된 요인이다. 세계정위에서의 투쟁 그 자체는 연구될 수 있으며, 탐구될 수 있다. 비록 의지와 계획이 내재적 지식으로서 응당 그쪽으로 치우친다고 하더라도, 그 투쟁을 가능한 한 배제시키지 않으면 안 된다고 생각한다.

투쟁과 전쟁은 형식이 무엇이든 상관없이 몰락이 즉각적인 폭력을 통해서 가시화될 수 있는 상황이든, 혹은 확립되고 유지되어 강요로 인한 조용한 상황이든 간에 똑같이 두려운 결과를 가져올 수 있다. 내재적 세계 안에서 장애로서, 일시적인 것으로서, 그리고 마지막으로 제거될 수 있는 것으로서 간주되는 이러한 사건들은 위험과 난파로 드러나는 실존에 대한 초월적 존재의 가능 현상이다. 하지만 이러한 사건들 자체는 세계 안에서 고의적으로 일어날 수 없다. 이것을 통해서 투쟁과 전쟁은 실존에 대한 초월의 가능 현상으로서 자신의 본질을 빼앗기게 될 것이다. 모든 계획과 의지는 투쟁과 전쟁의 제거를 목표로 하지 않으면 안 된다. 투쟁과 전쟁이 일어난다면, 현실적으로 언제나 위협적인 것은 피할 수 없다. 그것을 피할 수 없다면, 결국 받아들일 수밖에 없는 것이 되고, 그것의 역사적 필연성은 결코 객관적으로 완전히 확신할 수 없게 된다. 모든 작업은 평화, 건설, 조정, 타협, 행복한 세계공동체의 기구 등을 목표로 하고 있다. 내재적으로 계획된 인류사회의 전체에서 이러한 장애들은 어떠한 긍정적 의미를 갖지 못한다.

국가는 인간을 위해 현재 이루어지고 미래에 살게 될, 확정되지 않은 불안정한 세계에서 본래적 의지를 결정하게 될 중심으로서 그 중요성을 가진다. 궁핍과 역사적 의식은 인간이 자신의 과제를 잘 완수하도록 강요한다. 완결될 수 없는 세계는 내가 뜻한 대로 존재할 뿐만 아니라, **그때마다의 상황**으로 존재하고 있다는 것을 나는 경험한다. 가령 승리나 패배의 경우, 나중에야 밝혀질 결과에 대해 알지도, 인식하지도 못한 채, 나는 **현존을 위해 투쟁하지 않으면 안 되는** 상황 속에 있다. 그러나 소원했던 일이 일어날 가능성으로 인해 해악이 초래되지 않길 바라기 때문에, 나는 투쟁 그 자체를 추구하지는 않는다. 왜냐하면 투쟁이 어느 때 해악이고, 또 어느 때 실존을 실현하는 원천인지를 예언하기가 불가능하기 때문이다. 실존적인 것이 객관적으로 보편타당한 성격을 갖지 않으며, 오히려 계획될 수 있는 범위 밖에 놓여 있기 때문에 따라야 할 기준도, 평가의 가능성도 없다. 나는 투쟁하고 있을 때에만 투쟁을 계획할 수 있다. 인간에 의해 주어지는 것은 지식의 근거에 따라 기계적으로 숙고된 어떠한 행위에 주목하는 것이 아니라, 알 수 있는 모든 것을 매개로 하여 초월적으로 연관된 운명의 의식에만 주목할 뿐이다.

5. 직무, 조직, 행위

사회의 객체로 들어서는 일은 자기존재를 위한 조건이다. 객체로부터 완전히 밖으로 나가버리는 것은 무(Nichts)로 떨어지는 경우와 같은 것이다. 객체에 맞서 싸우거나 그것에 관심을 돌리거나 등을 돌리는 것은 지양할 수 없는 현존의 고통이며, 사회의 현재적 객체를 재편성하고자 하는 의지를 암시한다.

사회의 객체로 발을 들여놓는 것은 **직무(Dienst)**로서 수행된다. 즉 노동을 통해 전체의 존립에 관여한다. 전체가 지속되고, 자신의 성과를 통해 내가 필요로 하는 다른 성과들을 또다시 가능하게 한다. 사회의 객체로 발을 들여놓는 것은 **건설(Bauen)**로서 수행된다. 즉 조직적 형태로서 자신의 직무와 다른 사람들의 직무를 통해 더 잘 작업할 수 있도록 설계하거나 재편성하게 된다. 사회의 객체로 발을 들여놓는 것은 **행위**로서 수행된다. 즉 타자의 가능성에 맞서 자신의 가능성을 위해 투쟁하며, 결단하거나 감행하게 된다. 직무, 조직, 행위는 상호의존적이다. **직무**는 어떤 상태를 비교적 궁극적인 것으로 취급하며, 조직은 정확히 계획되는 것으로서, 그러나 여전히 완성되어야만 하는 것으로 취급하며, 행위는 수많은 가능성들의 근거로서 취급한다. 이러한 각각의 기능들에서 객체가 낯선 것으로서 현존하는 것이 아니라, 나의 주체에 기초하여 자신의 것일 때 나는 객체로 활동하며, 나의 세계를 갖고 그 안에서 만족한다. 내가 **직무**를 통한 노동을 강제로만 경험한다면, 그것은 참기 힘든 것이 된다. 나는 노동이 그렇게 단조롭고 부차적이라 하더라도, 그것을 될 수 있는 한 나의 세계와 통합한다. 만일 이러한 통합이 완전히 불가능하다면, 그곳은 전체의 변혁을 요구하는 지속적인 불안의 한 지점이 된다. **조직**에 있어서 고안하거나 시험하지 않고, 기계적 정비를 고정된 모델에 따라 변환하는 경우에 노동은 단순한 근면이 된다. 자신의 일을 조직적으로 수행하기 위해 어떤 세계를 산출하는 요소로서 반드시 요구되는 것은 전문성(Sachnähe), 지속성, 그리고 장기적 관점 등이다. 행위를 통한 결과가 모든 경우에 있어서 무의미한 것으로서 생각되고, 전체가 희망이 없는 것으로 보인다면, 추진력은 마비된다. 그때 사람들은 결단을 회피하고자 하며 행동하지 않으려고 한다. 그리고 세상을 적당히 살아가려 한다든지 즉흥적으로 행동한다. 왜냐하면 거기에는 자기가 전혀 존재하지 않기 때문이다.

직업의 세계와 인간적으로 친밀한 작용을 통해 자신의 세계를 채울 뿐만 아니라, **국가의 생존** 속에 함께 활동하며, 적어도 함께 인식하며 살아가는 것에 인간의 **특별한 존엄**이 있다. 단지 이것만으로도 인간은 그의 본질 자체에서든, 그의 실현의 활동영역과 관련되어 있든, 어떤 형태로든 모든 현존이 의존하는 권력과 접촉하게 된다. 모든 인간은 알게 모르게 인간현존에서의 자연적 힘들에 의해 길들여지는 것처럼 정치 경제적 사건들에 의해서도 길들여진다. 인간들은 자신들의 의지에 의해 발생하는 일을 결정하거나 실제로 기어이 그것을 실현시키기 때문에, 이러한 사건은 항상 단순한 자연의 필연성 그 이상이라는 점에서 개인은 자신의 수동적 위치로부터 나와 다른 사람의 의지에 대한 영향과 결정권을 갖는 지배적 지위를 통해서 상호협력할 수 있다. 여기서 인간은 오성의 단순한 숙고에 의해서도, 자의에 의해서도, 명령하는 지배에 의해서도 그 어떤 것도 달성할 수 없다. 이때 인간이 할 수 있는 것은 오로지 다른 사람들과 함께 행동할 때뿐이며, 그의 의지가 어느 정도까지는 많은 사람들의 의지가 될 수 있을 때뿐이다. 다양한 저항들과의 사실적 마찰, 모든 종류의 인간들과의 교제, 그 인간들의 현실이나 가능성과의 접촉, 장기간에 걸친 끈질긴 노동, 무기력과 요행의 경험, 이러한 것들로 인한 사건들과의 밀접한 관련은 자신의 에너지와 그 한계의식을 부여한다. 공적 행위의 깊이는 자신의 냉철함 속에 놓여 있다.

일상적 현존을 가능하게 하고 보호하는 **사무적 노동**(geschäftliche Arbeit)은 정치적 지도(Führung)의 권위이기보다는 신뢰할 수 있는 행위에 대한 또 다른 존엄을 가지고 있다. 즉 인간은 일상에 대한 사무적 노동을 통해 지금 이 시간 끊임없이 노련한 행위의 개별적 정확성을 요구하는 하나의 객체로 산다. 세계정위의 지식에서처럼 세계규정적 행위에서도 인간은 자신의 성과를 하찮은 것으로 한계 짓지만(모든 것은 나 없이도 그 자체 진행되는 것처럼 보이며, 누구나 대체가능한 것처럼 보인다.) 그럼에도 불구하고 나의 운명과 동일시되는 전체 운명의 현실에 적극적으로 참여함으로써 그 한계를 넘어서는 비약을 행한다.

6. 국가철학과 법철학의 근원

사회의 객체에 편입한다는 것은 내가 무엇인가를 행해야 한다는 것을 의미하며, 내가 요구할 권리가 있다는 것을 의미한다. 무엇인가를 행해야 하고, 요구할 권리가 있다는 것이 어떤 의미를 갖느냐 하는 것은 참될 뿐만 아니라 보편타당한 것으로 알려진 닫힌 세계관에서도 **자명**할 것이다. 이 세계관은 어떤 방식으로 존재해야만 하는지, 그 방식을 알고 있다고 생각하는 전체이다. 교회만이 진정한 종교기관으로 간주했던 곳에서, 그리고 신권정치로 사회의 세계현존을 신의 대리자로 만든 곳에서 모든 것은 결정되어 있을 것이다. 또한 체계로서의 자율철학이 스스로를 보편타당한 철학이라고 선전하는 곳에서 오로지 자신의 철학만이 참이며 타당하다고 믿기 때문에, 이러한 철학이 현존의 영역들을 유일한 의미로 관철시키며, 이러한 경향성을 가지고 교회나 다른 철학에 대항할 것이다. 왜냐하면 이미 알려진 종말을 발견하게 되는 초감각적 역사과정의 덧없는 기관이든, 전체의 이념을 목표로 하는 무한한 접근방식이든, 그것과 상관없이 교회와 이러한 철학은 현존의 객체를 완결적인 것으로 보기 때문이다. 그러나 철학이 세계정위에서, 실존조명에서, 그리고 형이상학에서 초월하는 기능을 할 때에는, 명료성의 요구는 의심스럽게 된다. 왜냐하면 전체를 유일한 타당성 아래에 두는 것이 불가능하기 때문에, 이러한 철학은 모든 것을 있는 그대로 인정해야 하는 것처럼 보인다. 이러한 철학은 각기 개별화로 고립되고, 그 이상을 바라지 않는 것이 불가피해 보인다.

이러한 물음에 대한 답을 찾기 위해서는 먼저 다음과 같은 **요구의 방식**을 구별하지 않으면 안 된다. **필연적** 진실과 경험적 **사실**에 대한 인정은 요구될 수 없다. 이것을 이해하는 자는 이러한 인정을 결코 회피할 수 없다. 그럼에도 불구하고 이것을 이해할 때, 진실을 부인하거나 배제하는 태도를 취하는 것은 불성실을 의미하는 것이다. 이러한 불성실로 인해 나는 합리적 존재로서의 소통을 단절하게 된다. 이때 요구한다는 것은 다음을 말하는 것이다. 타자가 강제적 진실과 사실에 대한 존립뿐만 아니라 그 한계를 인정한다는 전제하에서 타자를 토론과 공동의 행위를 통해 오직 진지하게 받아들일 수 있을 뿐이다. 나는 이러한 요구를 관철시키기 위해 투쟁으로 시작할 수는 없다. 왜냐하면 이러한 요구의 실현은 사태의 본질상 강요될 수 없으며, 오직 의식일반의 자유에 기초해서만 수행될 수 있기 때문이다. 이해되지 않는 것을 전문가의 권위에 따라서 인정한다는 것은 이 경우에는 결코 요구되어서는 안 된다.

나는 또한 **무제약적인 것**이라든지 **절대적인 것**의 인정 등을 요구할 수 없다. 가능실존은 무제약성을 통해 현실적 실존이 된다. 무제약성이 있을 때에만 나는 본래적으로 존재한다. 나는 상대적으로 행위하고, 나에게 어떤 것도 절대적이지 않을 때 방심하게 된다. 실존들의 교제는 무제약성으로부터 무제약성을 향할 때만이 수행되며, 자기와 무제약성의 일치를 이룸으로써 수행된다. 그러나 이 경우, 무제약성이 적절하게 말로 표현되거나 객관적 기준의 토대가 되는 것은 불가능할 것이다. 실존소통에서 무제약성의 요구는 자명한 것이기는 하지만, 무제약성 없이 소통으로 들어서는 일은 결코 없기 때문에 무제약성의 요구는 불필요하다. 무제약성은 어떠한 투쟁을 통해서도 강요될 수 없는 것이며, 오히려 실존적 소통이 소멸될 우려가 있을 때, 투쟁으로 무제약성에 호소함으로써 실존적 소통은 다시 각성될 수 있다.

사회 객체 내부에서의 요구는 이와는 다르다. 직무에 있어서 그때그때의 규칙에 따라 정해진 임무의 실행은 인간들 상호 간에 요구된다. 자신의 의무를 실행하지 않는 자는 불이익을 당하거나 배제된다. 건설적 조직에서 제안자(Hervorbringende)는 동의와 참여를 요구한다. 그는 설득하고자 하며, 근거들에 기초하여 기획하고자 하며, 가능한 성공들을 입증하고자 한다. 그는 자신과 함께 일을 하거나 자신을 마음대로 할 수 있게 하는 다른 사람들과 관계를 맺고 있다. 그는 타인의 말을 듣고, 그것을 자신의 것으로 삼고, 보다 나은 제안에 의해 자신의 기획을 수정한다. 이때 이미 투쟁의 가능성이 징후로 감지된다. 투쟁은 적대자들의 저항에 의해 분명해지고, 행위를 통해 비로소 파악된다. 사람들은 적대자에게 자신의 올바름 혹은 타협의 인정을 요구하거나, 아니면 어떤 형태로든 결정을 내릴 때까지 소통을 중단시키는 현실투쟁에 의지하게 된다. 그러나 사회의 객체 안에서 쟁점에 대한 적대관계는 사정에 따라 바뀐다. 많은 사람들은 일치단결하여 습관적으로 하나의 정당, 하나의 명칭, 하나의 슬로건을 내건다. 본래 소수의 사람들만이 무엇이 문제인지를 안다. 자신의 직관으로 현실적 결단을 내린다는 것은 모든 본질적인 것에서 전체의 구조와 타자의 정신세계를 만들기를 요구하며, 그 안에서, 그것에 의해 사물이 관찰된다. 그러나 이 모든 귀결을 조망할 수 있는 자는 그 어디에도 존재하지 않는다.

필연적 진실에 대한 인정도, 무제약적인 것에 대한 인정도 요구되지 않고 오직 전제될 뿐이기 때문에, 소통에서 두 가지 전제를 기초로 하여 공동의 이해를 형성하는 어떤 요구가 가능한지, 아니면 이러한 전제 없이 실제의 소통이 상실된 상태에서 암시, 설득, 권력의 수단으로 강요될 수 있는 어떤 요구가 가능한지, 둘 중 하나이다.

유일한 진리의 표현으로서가 아니라, 무제약적으로 진실한 것으로서 자각하는 철학함(Philosophieren)에 기초하여 사회의 객체에서 어떤 요구를 해명하는 것이 가능한지의 물음에 대해 지금까지 획득된 구분에 따라서 답하지 않으면 안 된다.

사회 전체를 고려하여 전체의 지식과 그로부터 발생하는 제작과 성취의 기술만이 권위 있는 것이 아니라, 그때마다 무제약성의 직무를 통해서 역사적으로 현존하는 방식을 조명할 때에야 비로소 권위 있는 것이 된다.

아주 중요한 권력의 관심 안에 있는, 단순한 현존의 무제약적인 것은 비록 그 자체 철두철미 자신을 감추려고 노력한다고 하더라도, 외부에서 보일 수 있고 객관적으로 진술될 수 있다. 그러나 이념으로서 의식되는 실존적 무제약성은 적절한 객관적 진술이 불가능하다. 그러나 단순한 현존의 무제약적인 것이 냉소적 실증주의를 고집하지 않을 때에는 궤변의 근원이 되지만, 이와는 반대로 실존적 무제약성은 국가철학 및 법철학의 근원이 된다. 물론 이러한 무제약성은 명백하게 조망된 전체로부터 사회에서의 요구일체를 포괄하는 연관성을 통해 체계적으로 설명할 수는 없다. 여기서도 철학은 여전히 실존의 역사적 현상인 현존의 조명으로 남는다.

첫째, 철학함은 사회일반으로서의 **전체**가 어떤 방식으로 존재해야 하는 지 **접근하지 못한다**. 철학함은 특정한 사회 안에서 스스로를 발견하며, 세계정위에서 역사적이고 사회적인 인식이 어느 정도까지 미칠 수 있는지, 그것은 엄청난 가능성으로 남아 있다. 그렇기 때문에 이러한 철학함은 그 현상 안에서 **보충되고 정정될 수 있는 타자를 기다리며**, 그의 **절대적 반대자인 타자를 기다린다**. 그리고 이러한 반대자는 항상 전체만이 참된 것으로서 보편타당한 것으로 간주하는 사람이다. 교회는 배타적으로 자기 자신만이 진리라고 믿기 때문에, 그 자신 외에는 어떠한 구원도 없다고 간주하는 교회일 수도 있으며, 사회과학의 외피를 입고 정도(正道)만을 인식하고, 그것을 모든 인간에게 폭력으로 성취하려는 마르크스주의일 수도 있고, 또 다른 권위적인 요구들일 수도 있다.

둘째, **역사적 정세 안에서 의지되어야 할 것을 요구로서 기획하는 것**은 일반적으로 의미 있게 행위하기 위한 조건이다. 이러한 요구를 **체계적으로** 해명하는 것이 결코 끝나지 않는다고 해도, 그 자체 안에서 필연적으로 해소될 수 없는 어려움과 파탄이 남아 있기 때문에 철학함에 있어서 언제나 하나의 과제가 된다.

셋째, 이러한 철학함은 계획들과 기능들(Techniken)을 고안하는 것— 이것은 오히려 특수한 전문지식의 과제이다—에 있는 것이 아니라, **이념을 조명하는 것**에 있다. 이러한 이념으로부터 사회의 객체와 그 실현에서의 실질적 내용은 주체를 통해 의식되며, 이러한 내용이 없다면 모든 기능은 무의미할 것이다.

이러한 이념들은 구체적인 직업, 제도, 국민공동체, 세계상태의 자연적이며, 역사적 여건을 가진 특정한 국가의 이념이다. 모든 이념은 세계의 자기실현을 밝히는 것으로 작용한다.

의사의 이념이 상실된 사회에서 단순한 기능으로 변한 직업의 조건은 자신의 실체를 완전히 파괴하는 이질적인 관심에 의해 우연하게 결정된다. 이러한 일들은 모든 직업 안에서 똑같이 일어난다. 현존 전체로서의 사기 목적은 직무의 기능으로서 자기가 된다. 왜냐하면 업적들은 작업지시를 통해서 산정되거나 강요될 수 없다. 오히려 직업이념을 가진 개인(교사, 판사, 공무원, 목사, 기업가 등)이 자신 스스로에게 책임 지우는 추진력에서 비롯된다. 이러한 직업만이 **전체**의 인간들을 사로잡기 때문에 본래적으로 인간의 품위에 걸맞다. 단순한 일정량을 완수함으로써 녹초가 될 때까지 특수한 활동을 요구할 뿐인 그 외의 다른 직업들은 자기 자신의 피할 수 없는 인간현존의 죄책이 지속된다. 이념은 실체이며, 대학, 학교, 생산적 기업체 등과 같은 기관에서 모든 합리적 계산을 주도하는 지침(Führung)이다. 이러한 이념 없이 모든 것은 희망 없는 단조로움과 의미 없는 위험을 촉진시키게 된다. 이념은 한 국가의 역사적 실체이며, 그것에 의해 국가는 의지의 지속성과 운명을 획득한다.

그러나 이념은 순수하게 객관적인 것이 아니다. 오히려 이념은 현실현존의 주체적 **힘** 혹은 행위의 기획을 통한 **조명**으로, 간접적 전달을 통한 호소로 객관적인 것이 된다. **이념에 참여한다는** 것은 사회적 객체에서 실현된 현존으로 존재한다는 것이다. 사회적 위치와 직업을 통해 무제약적임과 동시에 참된 의미 있는 요구들은 이 이념에 기초하여 비로소 나오게 된다. 그러나 이러한 이념은 결코 결정적으로 소유될 수 있는 대상이 아니다. 더욱이 사회 안에 존재하는 수많은 이념들이 현실이기 때문에, 요구함 자체가 그 자체로의 운동이며, 시공간 안에 물질적 현존의 조건들과 충돌하는 다른 이념들과의 투쟁을 통한 운동이다.

모든 요구는 어떤 것을 하나로 만드는 힘을 가지고 있다. 이러한 요구는 공동의 계획과 **기술적**으로 결합하고, 이념의 실체에서는 **이념적**으로 결합하고, 개인의 소통에서는 **실존적**으로 결합한다. **기술적** 결합은 공동의 의지를 전제로 할 때 명료하게 되며, 의식일반에 기초한 객관적 이해의 도움으로 명료하게 된다. **이념적** 결합은 그 자체 이미 시간 안에서 움직이는 전체로서의 공동체이다. **실존적** 결합은 각각의 다른 결합을 지지해야 하기 때문에, 근본적으로 참되고 현실적이지 않으면 안 된다.

모든 요구는 다른 요구와 투쟁한다. 왜냐하면 모든 세계현존에 대한 이러한 **투쟁**은 모든 요구를 의심스럽게 만드는 한계이기 때문이다. 난파는 진리와 근원에 대해 아무것도 증명하지 못하고, 승리는 그 의미 안에서 내가 알지 못한다는 이유로 여전히 의심스럽기 때문에, 모든 역사적 경험에 따라 절망하고, 성공이 항상 진리인지, 더 나은 것인지에 대해 오히려 부정하기 때문에, 이러한 투쟁은 속세(Weltlichkeit)로서의 세계와 모든 올바름의 원천으로서의 초월자를 구별하도록 일깨운다. 그렇기 때문에 **요구한다**는 것은 인간이 현존을 위해 투쟁할 때, 모든 특별한 사회적 가능성에서 인간의 품위에 가장 어울리는 현존의 형태를 획득하기 위해서는 반드시 세계 안에서 언표되어야 한다는 것을 **뜻한다**. 왜냐하면 그는 세계 안에서 자신의 고유한 본질이 자신의 초월과 관련이 있다는 것을 깨달을 수 있기 때문이다. 최고의 고귀함을 실현하는 인간들이 살아가도록 요구되어야 하며, 모든 인간현존의 상황이 인간적 고귀함의 가능성을 마련해주는 모든 것이 행해지도록 요구되어야 한다.

이러한 현실을 원한다는 것은 역사적 상황에서 난파를 감행해야만 하는 투쟁을 회피해서는 안 된다는 것을 의미하지만, 바로 그렇기 때문에 현실

(Wirklichkeit)과 난파하지 않음(Nichtscheitern)을 원하지 않으면 안 된다는 것이다. 난파에 대한 모든 책임은 감행하는 자에게 있다. 말할 필요도 없이 이 모든 책임이 진실할 때에만, 결국 그로 하여금 난파의 가능성과 현실 안에서 어떤 타자를 초월적으로 드러나게 한다.

내재된 **최종목적**에 의해 유일하게 옳은 것을 확립한다는 것은 불가능하다. 그러한 목적이 명료한 합리성을 바탕으로 궁극적인 것으로 진술되는 곳에서, 인간이 그것을 위해 전력투구하는 곳에서 여전히 가려진, 이해되지 않는 또 다른 초월자가 작용하게 된다. 세계에서 가치가 있어야만 하는 것은 무제약적인 것으로서 세속 세계 외부에 그 근원을 갖지 않으면 안 된다.

그렇기 때문에 국가와 사회에서 요구의 현실적 확립은 **초월자**와 관계될 때만 가능하다. 순수하게 내재적으로 남을 수 있는 것은 사실파악을 통해 법적 사유에 대한 기술상의 사실적 함축성과, 안전과 보호를 위한 수단의 이해 등이다. 그러나 **국가의식과 우리들 공동체의 내용에 대한 형식으로서의 법**이 그 근거를 가질 경우, 그것은 보편타당하게 추론되는 것도, 세계로부터 도출되는 것도 불가능하다.

그러나 종교가 이러한 요구의 명백한 규정들을 세계에서 만날 수 있는 반면, 철학은 오직 유일하게 옳은 것을 추론하는 것이 아니다. 철학은 우선 국가행위의 무제약성을 통해, 법규의 근원을 통해 초월자를 대체로 느낄 수 있도록 하고, 그런 다음 역사적 상황 안에서 진리인 것을 조명하게 하지 않으면 안 된다.

B. 개인과 사회적 객체 사이의 긴장

매우 중요한 관심들에 대한 우발적 고집은 개인을 탐욕적인 투쟁으로, 향락과 안락함으로, 그런 다음 자기의 현존과 타자의 현존에 대한 파괴의 의지나 증오로 이끈다. 이러한 고집은 공허한 주체 안에서 소모된다. 그러나 또한 사회적 객체(Objektivität der Gesellschaft)는 무엇보다도 그 자체 존립의 영광을 가진 국가로서 부여되기도 하고, 매 순간 고립된 객체로서 부패되기도 한다.

사회적 객체는 존립 그 자체로서의 진리가 아니라, 오히려 사회 안에서 찾아지는 주체의 만족을 통해서만 주어지기 때문에, 그러나 그 반면 주체와 객체가 사회 안에서 그 자체로 완결되는 전체로 주어지지 않기 때문에, 개인과 사회의 전체 사이에 긴장이 존재한다. 주체와 객체는 자신에게 저항하는 형태로 진리가 나타나는 것을 본다.

이념과 동일시되는 사회 안에 존재할 때만 개인은 충만한 자기존재가 된다. 그럼에도 역시 개인은 어떤 사회에서도 파기할 수 없는 독립을 유지할 때만 충만한 자기존재가 된다. 고립된 개인은 무(Nichts)로 전락한다. 그러나 개인은 또한 사회적 객체와 주체의 일반화로 인해 자기를 상실한 자(Verlorene)가 되기도 한다.

1. 박애와 사랑

인간은 투쟁으로 살아갈 뿐만 아니라 **상호 간의 도움**으로 살아간다. 그렇기 때문에 이러한 도움은 사회 안에서의 관습들과 제도들을 통해 그 한계를 정할 수 없는 규칙을 가진다. 도움은 두 개의 이질적인 근원을 가진다.

내가 특정한 인간을 돕는 이유는 나에게는 **무엇으로도 대신할 수 없는** 개인으로서 그의 본질과 가능성을 **사랑**하기 때문이다. 나는 순위(Rangordnung)를 객관화하여 그 순위에 따라 장소를 정하지 않고, 본질의 순위 안에서 무엇으로도 대신할 수 없는 개인을 본다. 나는 마음으로부터 그 사람 안의 본래적 자기에게로 향하며, 의무로부터 나온 보편적이고 윤리적인 원칙인 어떤 이론에 따라 행하는 것이 아니라, 내가 그 영혼에 마음이 열려 있기 때문이다. 도움의 물적 측면은 우연한 상황의 결과에 지나지 않는다. 나는 동일한 수준에 머물며, 우월한 자로서 행동하지 않는다. 나는 오히려 사랑의 자명성에 기초하여 오직 무딘 순간에서만 나를 당위로서의 나 자신과 대립시킬 뿐이다.

누구를 **불문**하고 다양한 상황 속에서 우연하게 만나는 **모든** 인간을 이웃으로서 돕는 것은 다른 문제이다. 이러한 도움은 단지 모든 것을 몽땅 선사하며, 세계현존으로서 자기 자신을 포기하는 성인에게만 무제약적으로 존재하며, 그러한 성인은 우연이나 타인의 도움이 자신에게 허용하는 한에서만 살아갈 뿐이다. 그러나 사실적 현존은 살아가기 위해 자신의 의지를 고집할 필요가 있으며, 그로 인해 타인의 생활공간을 불가피하게 제한한다. 불이익을 당하는 사람들(Benachteiligten)에 대한 도움은 상대적이다. 사랑과 구별되는 **박애(Karitas)**는 서로의 수준이 동등하지 않으며, 무제약성이 결핍되어 있어서 고유한 자기존재를 타자의 자기존재에게로 다가가는 친밀감이 없어도 도움을 주는 태도를 말한다.

박애의 동기는 다음과 같이 다양하다.

모든 사람의 예외 없는 **현존의 죄책(Daseinschuld)**은 속죄하려는 행위로 압박한다. 이러한 도움은 죄책을 감소시키지 못한 채, 지속적으로 죄책을 떨쳐버리려는 행위와 같다.

도움을 주는 자 자신 **역시** 그와 같은 상태로 올 수 있게 하거나, 아니면 올 수 있을 것으로 자각한다.

게다가 도움의 동인(Beweggrund)은 자신의 우월함으로 **자선을 베푸는 즐거움**이다. 연민이나 배려의 감정을 맛보는 자기만족, 내가 해주었던 것에 의한 타인의 기쁨에 대한 쾌감, 자신이 기분 좋을 때에 마음 가는 대로 한 사소한 호의에 대한 쾌감, 뜻밖의 선물에 대한 타인의 놀라움과 감사에 대한 쾌감 등이다.

박애는 도움을 주는 자의 완고함을 정지시키고, 본래적인 우정을 남김 없이 드러내도록 이끄는 **능동적 사랑(aktive Liebe)**을 회피하려는 상황에서 가장 강렬하게 밀어붙일 수 있다. 그는 자신에게마저 불분명한 사랑으로 공동의 비약을 이룩하려고 하지 않는다. 그렇기 때문에 확장된 박애는 무자비한 심정(Härte des Herzens)과 자아중심적인 권력의지를 가지고 나타날 수도 있으며, 현존의 위계질서 안에서 합리적으로는 얼마든지 정당화될 수 있는 단순한 능력과 일반적 도덕성에 반하여 그 고귀함을 배신하지 말아야겠지만, 필요한 경우에는 사랑하면서도 박애를 거부할 수 있다.

게다가 박애는 자신의 심정이 움직이는, 그러나 흔들림 없이 추구되는 **감상(Sentimentalität)**으로부터 나온다. 그럼에도 불구하고 자기존재와 타인존재의 핵심을 전혀 건드리지 못하는 격렬한 정서의 움직임은 현실생활의 보상과도 같다. **불행에의 충동(Drang zum Elend)**은 도움을 받는 사람들을 유혹하거나 거부하는 자극이 되지만, 본래적으로 비현실적이다. 그렇기 때문에 역사에서 **거지들**의 역할은 매우 다양했다. 동냥질은 **비난**을 받아왔는데, 그 이유는 받는 것보다는 베푸는 것의 경향성이 인간들의 가능한 밑바탕으로 인정되었기 때문이며, 또한 도움을 필요로 하는 사람들의 관심 속에 변덕과 우연이 아닌, 법규와 규칙에 따라 그들에게 상응하는 것을 베풀어야만 하기 때문이기도 하다. 그러나 동냥질조차 자신의 연민의 정을 압박하지 않고 향유하고자 하는 인간의 평균성에 대한 관심으로 **보호되어** 왔다.

사랑은 동정이나 연민, 위로, 단순한 고통의 기능들 혹은 매정함 등의 정서를 통해 나타나는 것이 아니라, 오히려 오성만이 도움이 되는 내면성에 기초하여 현존 가까이로 다가오는 각각의 특수한 상황의 몰입을 통해서 나타나며, 그런 다음에는 어떤 경우에도 철저하게 옳다고 확증할 수 없는, 본래적으로 도와주는 행위로 나타난다. 냉정한 마음으로 신뢰할 수 있고 끊임없는 성실함으로 타자의 본래적 존재를 위해서 물질적으로 가능한 것은 그 행위에서 일어난다. 사랑은 단지 가능성에 따라서 혹은 실제로 한계상황에 서 있는 자만이 할 수 있는 일이다.

만일 **박애**가 도덕적 보편성에 따라 판단하고, 고려하며, 평가하면서 인간본질의 특수성에 대한 맹목적인 **보편적** 범주들에 따르는 조력행위라면, 그것은 사랑이 없는 것이다. 박애에서는 인간일반에 대한 **또 다른 사랑**의 가능성이 존재한다. 사랑은 그 본래적 힘에서조차 비교, 고려, 평가 등을 완전히 떨쳐버리게 하고, 꽃과 티끌 위에 만물을 비추는 태양과 같은 것이다. 가능한 한 많은, 각각의 이웃들이 모두 도움을 받지 않으면 안 된다. 이러한 박애는 **사회적 객체** 안에 작용하는 자극이 될 수 있다. 사회생활에서 점점 더 복잡해지는 대중의 **질서유지**를 위해서라도 더욱 불가피한 것은 주체적 기반 위에서 의지의 근원을 갖는 것이다. 대중의 생활이 가능하기 위해서 실업, 질병, 근무불능에 대한 안전장치와, 노숙자와 부랑자를 위한 도움과 돌봄을 위한 조직적인 시설이 필요하다. 사회는 절망 속에서 모든 것을 파괴하고자 하는 인간들이 소수일 때만, 공권력이 평균성의 기능으로서 항상 그들을 지배할 수 있을 때만 존립할 수 있다. 절망해서는 안 되며,

조금이라도 희망과 기회, 그리고 현존의 기쁨을 최소한이라도 가져야만 하는 다수의 상대적 만족감이 있을 경우에만 사회는 존립한다. 그렇기 때문에 사회적으로 변한 박애는 큰 집단에 불행이 덮친 것을 물적으로 보살피게 되는 경향성을 또한 갖게 된다. 개인들의 불행 속에 보기 드문 것이나 특수한 것은 배려하지 않는다. 개인이 군중으로 등장한다면, 그를 돕는 반면, 개개인의 불행들에 대해서는 미워할 수 있다.

박애의 사회적 객체는 두 개의 길을 취한다. 사회적 객체는 **교회적** 현실로서 모든 인간에 대한 연대감의 발로(Ausfluß)로서의 박애의 의미를 가진다. **국가적** 현실로서 박애는 권리와 의무의 조직이 된다.

사회복지사업과 보험제도들을 통한 도움의 객체는 관료주의와 그 기관의 기능으로서 **영혼이 없다**(seelenlos). 이와 같은 객체는 인간애와 관련된 근원을 상실한다. 세속적 시설의 기구는 법률을 통해서 확정된 권리 요구를 **실현**하며, 더 나아가 그 기구는 재정적인 힘의 척도에 따라 실제로 필요하다고 여기는 것을 **충족시켜준다**. 그때에 아무런 성과가 없는 자(Leerausgehende)는, 비록 그의 요구의 실제적인 권리가 있다고 하더라도 사회적 연대로부터 배제되기를 기대하게 된다.

오늘날 교회 측 자선사업들이 국가나 지방자치단체의 자선사업들보다 더 진정성 있게 보인다는 것은 분명하다. 개인들의 요구들을 듣고, 구조물자의 수여나 거절을 직무로 삼는 인간들이 항상 문제이기 때문에, 교회의 신앙인들에게 본래적인 것의 의미는 더 무제약적이며, 양심은 더 예민하며, 동정은 더 근원적일 수 있다는 것을 파악할 수 있다. 이에 반해 자유로운 철학함을 통해서만 명석하게 되는 개인이 자신의 신앙에 기초하여 공동체의 분위기 그 자체로부터 부여하지 않는 것을 여기서 만들어내지 않을 경우, 세속적 관료주의는 이 기관을 압박한다.

어떠한 객체적 조직도 그 자체로서 원조하는 사랑과 원조를 필요로 하는 자기존재가 **본래적으로** 원하는 것을 마련해줄 수는 없다. 개인이 개인에게 주고, 개인으로부터 받는 것은 객체 안에서, 그리고 자주 객체에 거슬러서라도 활동할 여지를 강구할 수밖에 없다. 행위들에 대한 법적 의무는 개별적으로 산정할 수 있도록 하며, 동정은 인간의 마음을 상하게도 하지만 동시에 어떤 도움을 주기도 한다. 그러나 권리에 대한 요구도, 연민에 대한 기대도 물질적 행위를 매개로 하여 작용하는, 사랑이 추구하는 것을 산출할 수 없으며, 연대를 통해서만 비로소 생기는 인간적 고귀함에 대한 여지 또한 결코 산출할 수 없다는 것이다. 이러한 연대는 외적으로 측정되는 것이 아니라 수준, 개방성, 명확성, 제한과 봉사를 할 준비가 된 공동의 요구 안에서 인간들을 내적으로 일체가 되게 한다.

2. 공론과 실존

사회의 객체는 토의의 대상으로 제기하지 않는 의견들에 대해 보편성으로서 공표된다. 규칙, 규준, 그리고 판단들에 대한 자명성은 존재하지만, 그것들을 전혀 문제 삼지 않기 때문에 알려지지 않고 있다. 규칙, 규준, 판단들이 언표됨과 동시에 의심스럽게 되는 경우에도, 그것들은 여전히 입장표명에 대한 불확실하고 제한된 총체로서 부분적으로 남아 있다. 이러한 입장표명은 규칙, 규준, 판단들이 나타날 때, 모든 사람에 의해서 기대되고, 언제라도 즉시 인정된다. 규칙, 규준, 판단들이 알려져 있다면, 물론 산정할 수 있다는 의미에서 그것들에 대한 신뢰는 없다. 왜냐하면 그것들은 언젠가 갑자기 거절되기도 하기 때문이다. 전적으로 인정된다고 해도, 그것들은 불확실한 척도로만 작용되고 있을 뿐이다. 왜냐하면 그것들은 **사회적 객체의 장막**이며, 그 배후에 숨어서 개인들 각자가 자기 자신으로 행동하기 때문이다.

이러한 자명성은 변화되며, 특별한 형태들로 변경된다. 이 자명성은 보편적인 것으로서 전체 인류에 대해 오직 추상적 희석화(Verdünnung)로만 존재할 뿐이다. 그것을 대신하여 자기도 모르는 사이에 영속으로 결집된 인간집단의 특수한 독자적 본질에 대해 요구하는 바가 많은 증대(Steigerung)는 자칭 공통의 인간적인 것(Allgemeinmenschliche)으로서 실현된다. 이러한 집단들에서 행위들과 의견들이 공공의 영역으로 나오게 되면, 표면적으로는 마치 공동체적인 것의 영역에서 발생한 것처럼 보인다. 그렇기 때문에 정상적인 것에 대해 흔들리는 자, 자신의 행위와 존재를 통해 회피하려는 자는 자신이 낯설고 달갑지 않은 사회의 일원이라는 것을 결과로서 경험하게 되고, 버림받게 되고, 그리고 결국에는 배척당하게 된다. 그러나 이러한 객체에서의 접촉은—객체의 침해는 그렇게 위험한 것이다—자기존재에 대해서는 완전히 표면적이다. 개인은 실존적으로 개인과 통하며, 그 개인은 자신의 근거에 기초한 이념과 맞닿아 있는 반면에, 여기서 단체는 평균적으로 기대할 수 있는 것, 대중의 특징에 의해 규정된 것과 불가피하게 관련하여 일치된 것으로만 존재할 뿐이다. 그것은 관찰자의 입장으로부터 현실적 현존의 마찰들에 대한 결과로서 특수한 인간사회의 원활한 상태로 존재한다. 현실적 현존에서 공동의 생활을 마찰 없이 경영하기 위해서는 전원에게 접근하기 쉽게 만듦과 동시에 편리한 것만이 보존되었을 때뿐이다. 이러한 평균성과 원활성이 관계자들에게는 사회적 현존의 객체이자 유효한 것이다.

보편적 통념의 객체는 사회의 **존립**을 위해 필연적이다. 은폐(Verdecken)의 형식들은 비록 한계를 가지고 시대의 제약을 받는다고 하더라도 평온한 상태를 만들어내는 조건이다.

예를 들면 **예의범절**은 마치 모든 사람이 모든 사람을 돕고자 하거나 봉사하거나 양보하고자 하는 것처럼, 끊임없이 만족하며 명랑한 것처럼 보이는 태도 등의 표현이다. 그러므로 사람들이 마찰이 없는 공존생활을 하고 있지만, 여기에는 진정한 만족은 없다. 이러한 호의나 도움이 중요한 것이 아니라, 야만성이 억제되고, 아집이 숨겨지며, 자기존재가 폐쇄되어버리는 분위기를 만들어내는 것이 중요하다.

게다가 그것은 항상 **보편성**이 개인보다 **우선**한다. 보편적인 것은 우상이다. 누구도 실제로 열광하여 매달리지는 않지만, 사회의 객체적 존립을 위해 필연적으로 여겨지는 동형(Gleichförmigkeit)의 모든 특성을 평균화시킨다. 그렇기 때문에 모든 자기희생, 모든 포기, 누군가 자신의 자기존재를 포기하는 모든 행위 등이 점점 더 노골적으로 눈에 보이면 보일수록 점점 더 많이 칭송된다. 모든 타협의 양식은 평화를 만들기 때문에 중요하다. 그와 같은 본능의 자명성은, 그것의 공식화를 통해 항상 규정되는 것은 **익명의 힘**이다.

이러한 객체는 모든 것이 그 안에서 움직이고 차이를 없애는 현존 자체의 단순한 매개물이다. 이러한 자명성은 여전히 인간들이 스스로를 자각하는 **실체적 이념**의 객체적 **파생물(Ausläufer)**인 한에서, 개인과 객체의 일치가 순수하게 실현될 수 있다. 그때 객체는 단순한 장막이 아니라 본래적 존재의 외면성으로서 유기적 외피가 된다. 그러나 이러한 이념이 소멸되어 버린다면, 그러한 객체는 사회의 놀이규칙으로 변한다. 실존이 자기를 실현하고자 할 때, 현존에서의 실존에 대한 요구는 놀이규칙을 가지고 노력하는 것이다. 왜냐하면 사회 속에서 현존은 더 이상 소통 안에 있는 소수의 실존들에 의해 성립되는 전체가 아니라, 오히려 집단, 이해관계, 조직들의 질서이며, 모든 개인이 사회의 단순한 일원으로서 소통으로 가는 가능성이지만, 아직은 소통의 현실이 아니기 때문이다. 그렇기 때문에 실존은 반항하며 거부하면서도 현존 안에서 현재의 불가피한 조건들로서 인정하는 이러한 규칙들을 자기 것으로 만든다. 그러한 규칙들은 기술적이고, 어떠한 실체적 진지함도 가지고 있지 않다. 문제가 되는 것은 놀이규칙을 파악할 경우에, 그와는 반대일 경우에, 그리고 어떻게 그 규칙들이 깨어지느냐 하는 경우일 뿐이다. 왜냐하면 실존에게는 언제나 현존이 외적인 질서에서의 정지된 삶으로서 사회 내 현존으로 변하게 된다는 위험이 항상 존재하기 때문이다. 그러나 그렇게 된다면 인간은 모래알이 되어 자기존재를 상실하게 될 것이다.

사회적 장막의 돌파는 다음의 두 가지 근원, 즉 경험적, 생명적 개별현존의 **아집(Eigenwille)**과 가능실존으로부터 일어난다.

자기중심적 **아집**은 부자연스럽게 느껴질 뿐, 원칙적으로 어떤 의무도 지워지지 않는다. 자기중심적 아집은 자신이 무력하기 때문에, 파멸의 위험을 감수하지 않고 규칙들을 침해하지 않는 한에서만 그 규칙들에 복종한다. 자기중심적 아집은 규칙을 이용하고, 규칙들의 그늘에 숨어 앞뒤 가리지 않고 자신의 것을 촉진시켜 모든 기회를 붙잡기 위해서 자신으로부터 규칙을 강조한다. 아집은 법칙들의 억압을 가능한 한, 공적으로 가시화해서는 안 된다는 결정적 순간으로 제한한다. 아집이 사교에서 완전히 몸을 숨기고 있는 동안, 모든 법칙을 깨는 것을 감지할 수 있는 것은 극히 가까운 사람들뿐이다. 인간적 관계의 현실은 단지 만인에 대한 만인의 평화적 투쟁에 지나지 않는다는 것과 개인의 아집이 가차 없이 결정을 내린다는 것은 언제나 그와 같은 관점으로부터 반복적으로 파악되어왔다. 대중 속에서 이러한 현실이 우세하다는 것은 거의 의심의 여지가 없다. 그럼에도 불구하고 현실적인 희생의 기준, 고려와 포기의 기준, 진정한 사교의 기준, 선사와 감사의 기준, 암묵적 지원의 기준, 자신의 정신적 반대자를 탐구하는 기준 등이 특별한 것이라는 것도 의심의 여지가 없고, 규칙적으로 기대할 수 없는 것이기 때문에 단지 한 사회의 질서를 규정하는 이러한 모든 것이 결코 충분하지 않다는 것만이 또한 의심의 여지가 없는 것이다.

이러한 돌파(Durchbruch)는 **가능실존**의 또 다른 근원을 가진다. 장막 속에 산다는 것은 **없는 것**이나 다름없이 존재하는 것이다. 모든 소통에서, 모든 무제약적 행위에서 언제나 실존이 자신을 각성할 경우, 장막은 파괴된다. 그러나 자기중심적 아집과 마찬가지로 실존조차 이러한 돌파를 은폐하고자 한다. 실존은 실존에 대해서만 명확히 하고자 한다. 왜냐하면 실존은 단지 보편적인 것의 매개로서만 보편적인 것의 공공성(Öffentlichkeit)에 대항하기 때문이다. 실존이 의지하는 것은 객체화되어 모든 사람에게 공개되고 보편타당한 요청의 형태를 취한다. 왜냐하면 실존은 모든 사람의 현존을 위해 배려한다는 의미에서 자신의 임무에 옷을 입히기 때문이다. 그러나 실존은 기만하기 위해 그렇게 하는 것이 아니라, 가능실존이 포기될 경우 오히려 실존에게는 불확실하게 남아 있다. 왜냐하면 결국 실존은 실존들이 손을 내밀거나 실존들을 가능하게 만들기 위해 다름 아닌 전체에 헌신하기 때문이다. 그러므로 보편적이며 본능적으로 인정된 자명성으로서 사회의 객체와의 끊임없는 긴장 속에서 가능실존은 한편으로는 가장 극단으로 모든 기만이 가능한 단순한 놀이규칙으로 삼지만, 다른 한편에서는 가능실존이 자신의 주체와 일치하는 자기 자신의 객체로 삼는다.

그러나 다수의 **보편성**이 자아중심적인 아집으로서 혹은 가능실존으로서 **자기현존(Eigendasein)**을 감지한다면, 이 둘은 자기현존을 없애고자 하는 보편성의 적이다. 실존에 이르러서는 더욱 그렇다. 오히려 다수는 이기적인 아집을 견딘다. 왜냐하면 모든 사람은 누구나 자기 안에서 아집이 너무나 후안무치하게 나타날 경우, 그것을 물리치기 위해 암묵적으로 일치하는 연대감 안에서 아집이 현존하고 있다는 것을 느끼기 때문이다. 그러나 즉물성(Sachlichkeit)의 모호함으로 인해 피상적으로 정당화될 수 있는 다수로부터 독립하여 자신을 지배하는 실존은 마치 자신의 현존과 불구대천의 원수인 것처럼 싸운다. 이러한 가능성이 자기 자신 안에서 예감되고, 이 가능성을 원치 않는 다수들은 실존에 대해 두려움을 품고 있는 것처럼 보인다.

3. 객체적 제도와 이단자로서의 개인

모든 사람의 본능적인 견해라는 것은 사회의 공적인 제도들을 통해서 권력을 획득하는 것이다.

객체적 제도는 목적들의 실현을 위해 부득이하게 요구되는 **합리적** 장치를 포함한다. 이 제도는 제도 그 이상일 때, 그 인격적 담당자들을 통해 어떤 명목상의 목적에도 사라지지 않는 전체의 정신에 의해 활기를 불어넣고 있다. 국가와 교회의 조직체, 그리고 이와 함께, 그리고 이를 통해 살아가는 수많은 작은 단체들이 근원적 이념들로부터 현존에게 필요한 것들과의 투쟁에서 생겨난다.

그러나 모든 사회적 형성물 안에는 여전히 긴장이 존재한다. 이념의 의지도, 합목적적인 제도들의 합리성도 확신을 가지고 개인에게 자신의 존재를 허용하는 경우는 없다.

역사학적(historisch)으로 보면 이러한 긴장은 **이단의 역사**를 동반하는 교회사와, 배신자와 반역자의 역사를 동반하는 국가들의 역사에서 정확히 볼 수 있다. 열등한 자, 이기주의자, 범죄자의 끊임없는 현존의 표현에 지나지 않는다고 여기는 자가 있다면, 이러한 낙인은 항상 동시대의 지배적인 권력의 이해이거나 자신의 과거의 정통성을 근거 짓는 논증상의 견해에 지나지 않는다는 사실을 보여준다. 이단자의 역사는 대부분이 진리의 역사이며, 이 역사는 근원적 실존으로부터 영웅적으로 진리를 위해 모든 것을 견딘 사람들에 의해 수 세기 이래 자각되어왔다. 신비가들의 평화로운 역사는 사회학적, 역사학적 활동으로 합일되지는 않았지만, 개별적이며 일시적인 우애관계에 의해서 교회사를 동반하고 나타나는 것은 당시의 제도들에 대해 항상 새로운 형태로 드러나는 불만의 또 다른 특징에 있다. 그러나 국가적 범죄자는 권력의 단순한 장악의 순간적인 관심들에 저항하여 드물지 않게 제도들에 대한 진실한 국가, 본래적 조국 혹은 실존으로서 인간의 보다 높은 관심을 요망했다. 이러한 저항자들은 전체의 창조적인 선도자가 되어 성과를 거두었고, 그 경우에 제도의 고유한 기원은 근본적으로 더 이상 파악할 수 없었던 새로운 제도들을 확립했거나, 아니면 이후의 실존이 그들을 주시함으로써 용기를 얻게 되는 영웅적 인물로서 이해되지 않을 경우에는, 그들은 이단자와 배신자라는 기억 속으로 사라졌고, 그 기억 속에 살아 있다.

이러한 긴장 안에 이중의 경향은 극복될 수 없다. 한편의 경향인 위협적인 독재는 한층 더 열광적으로 또 다른 경향을 불러일으킨다. 전체의 객체적 존재의 이념에 기초하여 제도와 그 질서, 그 기구, 그리고 그 정신적 내용을 보호하고 육성하며, 전체에 한 몸을 바치며, 전체에 일원으로서 사라진다. 그와는 반대인 경향은 개인의 자유를 옹호할 뿐만 아니라, 개인으로서의 실존을 통해 세계에서 초월자와 관계하며 현존의 마지막 실현을 추구한다.

객체적 이념 및 제도의 보호 육성이 무엇보다도 **모든 사람**의 길이자 **사명**이라는 것은 **갈등의 경우**에서도 실존 자체가 **우위**를 차지하는 것과 똑같을 정도로 실존철학에서도 거의 의심할 수 없는 부분이다. 객체적 세계의 적절성과 그 안에서 실존적 삶의 가능성에 대한 종합의 상(像)은 항상 일시적인 것에 지나지 않는다. 그것이 한 개인을 통해 실현된다고 해도, 일반적으로 여전히 이상사회로 남아 있다. 갈등의 경우 우위에 대한 문제가 드러날 때, 투쟁은 종합으로 나아가지 못한다. 이때 다수의 사람들은 항상 실존에 의해 단절된 이념의 편 혹은 빼앗긴 보편성의 이념의 편에 서 있고, 소수의 사람들만이 실존의 편에 서 있다. 이러한 투쟁은 인간사회에서 필연적으로 개인의 현존에 속하게 된다. 이러한 위험 없이는 삶의 진지함도 없다. 이러한 투쟁은 개인의 영혼 속에 소리 없이 존재하며, 분열로 약해질 수 있다. 이러한 투쟁은 현재 상황의 생생한 해결로 이끌 수도 있으며, 마비됨으로써 때때로 냉소적인 특수한 의지와 덧없는 세상의 동향대로 외형상으로만 적합한 무실존의 현존이 될 수도 있다. 그리하여 결국 공허한 무실존적 투쟁은 개인의 범죄자적인 반항으로 전체의 구성원으로서 자격을 상실한 인간의 교의학적인 광신에 의해 전개될 수도 있다.

이단자는 역사학적(historisch)으로 변한다. 각 시대는 과거의 이단자들을 자신의 조상으로서 찬미하기는 해도, 그 시대 특유의 불관용을 지니고 있다. 과거에 종교의 이단자는 신이 영혼의 깊은 내면에서 이야기할 때—마치 신과 이야기라도 나눈 듯이 이단자 스스로 홀로 결정할 수 있다—또한 신의 목소리가 모든 교회의 명령에 우선한다고 말하는 것이 이단자의 특징이 된다면, 완전한 관용과 자유를 찬미하는 시대에서조차도 이단자는 존재한다. 거짓된, 더 이상 근원적이지 않은 학문의식은 이념 없이 대학이 만들어지도록 허용될 것이며, 이단 재판으로 제일 먼저 실존에 반대하게 될 것이다. 대학교수의 자격취득과 임명에서의 선발은 상호 간에 가장 동떨어진 정신적 실존의 연대성을 통해서가 아니라, 오히려 독립된 정신을 배제한, 낡은 과학적 세계관과 전문분야들의 객체와 관련하여 상호 간에 보충하는 빛바랜 평균성을 통해서 행해질 것이며, 조용히 몰락을 야기하게 될 것이다. 언제나 문제가 되는 것은 가슴에 사무치도록 느끼게 하는 다수의 객체에 대한 증오에 대항해줄 희생물이 어디에 있느냐에 있다.

만일 이단자의 영혼 속에 신의 목소리를 인정한다면, 세계에서의 질서가 가능할 수 있는지, 누구나 신의 목소리를 증거로 끌어내는 일이 가능할 것인지, 나아가 충고하는 권위를 가진 신의 목소리를 악마의 목소리와 구별하지 않고 신의 목소리를 인정할 수 있는지 등 이러한 종류의 **항변들**(Einwände)과 이와 같은 항변에 상응하는 변형은 합리주의 시대에서 증명할 수 없는 것을 증명하고자 하는 것이다. 세계에서의 질서라는 것은 질서의 내용 여하에 따라서 비로소 하나의 의미를 갖는 공리주의적 사고이다. 그러나 논증으로서 신의 목소리를 내세우는 것은 이단자에게는 무의미한 일이다. 이단자에게 중요한 것은 자신의 현존과 함께 이러한 목소리에 책임을 지는 일이다. 그리고 역사학적 시선은 자신의 전 현존을 건 신앙인들이 서로에게 **대항하여** 투쟁했다는 것을 인정하지 않을 수 없다. 일반적으로 개별자로서 진리이고자 하는 개인은 또 다른 개별적 실존이든, 객체와 일치하여 나타났던 가능실존들인 대중들에 의해 지지된 강력한 제도의 형태이든 또 다른 진리와 충돌한다.

고유한 실존과 그 진리의 선택이 무제약적인 진지함이 되는 인간들에 대한 **애착**이, 즉 이단자들 혹은 개인들에 대한 애착이 필연적으로 실존철학을 구성한다. 자기 자신과 자신의 친구에 대한 성실함으로, 사랑의 황홀로, 역사적 소멸에서 초월의 시선으로 자신의 현존을 실현했던 인간들에 대한 애착이다. 이들은 사회의 총체적 질서에 대해서는 비현실적인 사람들로 남아 있다. 오히려 철학에 기초하여 제도의 필연성을 상대적으로 긍정한 제도들에 반해, 단지 동일한 결함만을 반복할 뿐, 새로운 내용을 가져오지 못할 또 다른 제도들을 세우는 일은 사리에 어긋나는 일일 수밖에 없다. 그러나 실존철학은 이러한 의식을 비워야 하며, 공간을 요구해야 하며, 긴장이 없어지지 않도록 배려해야 한다.

실존은 그 자체로부터 제도들의 현존을 긍정한다. 왜냐하면 제도들은 실존 자신을 위해 필수적이기 때문이다. 시간현존으로서의 실존은 제도 없이는 명확한 자기의식에 도달할 수 없다. 물론 실존은 당시 현전하는 사회에 전달하는 객관적 역사 안에서 투쟁하고, 다만 그 사회에서 자신의 **독립**을 위한 일원으로만 참여할 뿐이다. 왜냐하면 자유가 영원히 보장될 수 있는 것처럼, 사회에서의 자유는 어떠한 경우에도 저절로 실존에게 주어지는 것이 아니기 때문이다. 그러나 자기를 절대화하는 개인주의가 낯설기만 한 실존은 **자기 자신을 제한한다**. 왜냐하면 사회에서 실존의 독립이란 실존이 현존일반으로 존재하는 것이 아니기 때문이다. 실존은 타자를 존중함과 동시에 저항으로서, 자기 자신과 미래 세대를 위한 확증의 가능성(Bewährungsmöglichkeit) 및 유혹의 위험(Verführungsgefahr)으로서 타자를 **필요로 한다**. 위험이 없는 경우, 현존으로서의 자유와 자기존재로서의 자유는 중단된다. 모든 새로운 실존은 다른 실존의 시선으로, 그들과의 교제를 통해서 자신의 근원으로부터 자유를 획득하지 않으면 안 된다. 자유는 스스로가 획득한 것으로서만 존재한다.

인간을 그 역사와 인격적 위대함으로 알 수 있다는 요구

A. 역사학적(historisch) 타당성의 근원과 형식

1. 보편적 역사성

역사성(Geschichtlichkeit)은 시간 안에서 변화(Bestandlosigkeit)의 절대적 운동으로서 객체적이며 주체적으로 존재한다. 역사성은 자연현상이 우리에게 보이는 것과 같은 단순한 경과가 아니라, 오히려 소통의 지속성에서 단순히 시간적인 것을 돌파하기 위해 역사성 안에 있는 현재를 과거와 미래에 적용한다.

사회의 객체는 역사적이다. 왜냐하면 인간현존의 현재적 질서는 시간 안에서만 객관적으로 통용될 뿐이지, 시간을 초월하여 객관적으로 올바른 것으로서 통용되는 것은 아니기 때문이다. 사회의 객체는 일시적으로 역사적인 것 또한 아니다. 왜냐하면 사회적 객체가 가령 존속할 수 있는 올바른 형태를 아직 발견하지 못해서가 아니라, 그러한 형태를 결코 발견할 수 없기 때문에 본질적으로 역사적이다. 그러나 사회적 객체는 역사적인 것으로서 어떤 경우에도 주어질 수도 도달될 수도 없는 목표를 향한 절망적인 돌진이 아니라, 그 안에 역사적으로 변동하는 질서의 현재 적절하고 유효한 존재인 것이다.

게다가 영속으로서의 불변성이 아닌, 예컨대 인간성으로 표현되는 에토스(Ethos)로서 민족정신의 객체로 존재한다. 에토스는 프랑스의 스키피오 시대이든, 이탈리아의 르네상스 시대이든, 독일의 관념주의 시대이든 다른 모습으로 나타난다. 윤리적으로 판단하고 행해지는 것은 아마도 그 현상 안에서 그 당시에는 각각 객관적이며, 절대적으로 타당한 경우였을 것이다. 에토스의 변화는 그것이 더 옳을 수 있기 때문이 아니라, 오히려 그 반대로 가능한 완성의 이념을 가지고 구체적인 형태를 취하는 것이다. 그러나 그것은 오직 그 시대에만 유효할 뿐이다. 모든 역사성으로부터 자유로울 수 있으며, 언제나 진정한 것으로서 떠오를 수 있는 하나의 에토스로서의 보편적 인간성은 모든 역사적 특수성에 대립될 수밖에 없는 것처럼 보인다. 그러나 이러한 보편적 인간성은 단지 형식적인 것으로서 표상될 수밖에 없을 것이다. 그 결과 모든 것이 구체적인 것을 통해 어떻게 실현되는가가 비로소 중요한 문제가 된다. 만일 우리가 어디서나 발견할 수 있는 인간적인 것, 즉 역사를 통해 인간적인 것으로 근접해가는 것, 무아와 광신, 완고함과 경직의 반감을 일으키는 것 등에 대해 말한다면, 실존의 내용은 항상 특수한 것으로서만 파악될 뿐, 살아 있는 역사적 실존 자체로 가까이 다가가는 것이나 다름없다.

자연 현존 및 영원히 타당한 존립으로서의 현존 등과 같은 **비역사적인 것의 지식조차 역사적이다.** 순수한 사태의 객체는 의식일반의 분명한 소통이 수천 년을 통해 존재하는 지식의 의미이다. 지식의 일부분은 완전히 동일하게 인식되는 것처럼 보이며, 가장 낯선 외지인은 지식의 공통된 인식으로 서로를 이해한다. 이러한 지식의 객체는 그 타당성을 위해 어떠한 실존적 실현을 필요로 하지 않는다. 그렇기 때문에 세계에 정위된 지식의 내용은 객체 그 자체이다. 그러나 이러한 지식의 그때그때의 현재는 역사적 형식을 가지고 있다. 지식이 소유로 변하는 형식, 지식에 흥미를 일으키는 선택, 이러저러한 것을 발견하는 가능성 등이 역사적이다. 게다가 철학적으로 자신의 문제의 근원을 밝히는 연구자는 필연적으로 과학(Wissenschaft)의 역사로 들어가게 된다. 과학의 역사는 지식의 사실적 소유로서, 자기 역사에 대한 의식적 지식으로서 인간현존의 객체를 구성하는 하나의 요소이다.

이러한 모든 예시는 마치 역사적인 것이 관찰적인 의식일반을 통해 그 저 모든 것을 상대화시킬 뿐이라는 사실을 보여준다. 실제로 상대주의는 극단적으로 구속력이 없다는 점에서 외견상으로는 실존적 역사성에서 객체의 해석과 혼동될 수 있다. 절대적 타당성은 마치 그때그때 살아 있는 사람들의 어떤 환상처럼 보인다. 보편적 상대성을 파악하는 관찰은 모든 객체를 그 시대에 정당한 것으로서 인정하게 하며, 그와 같은 자격을 부당하게 "시대가 요구하는 것이다."라고 말함으로써 마치 현재마저 과거인 것처럼, 자신이 속한 현재에 대해 생각하게 한다. 그럼에도 불구하고 실존만큼은 그 자체 외적으로 역사학적 대상인 객체에서 자신의 역사적 현존을 자각한다. 사회, 법규, 당위 등에서 실존의 역사성 없이 현존의 객체에 대한 역사성은 존재하지 않고, 오히려 무한한 상대성들의 역사학만이 존재할 뿐이다. 실존은 역사학적으로 개별적이며 규정된 것에 지나지 않는 현존으로서 자신을 **포괄하며** 수용하는, 자기 자신의 근거들이 되는 보편적 역사성 가운데 있다. 이러한 근거는 실존을 자신의 주체로 파악하여, 이것에 영혼을 불어넣는 **객체의 형태들** 안에서 실존에 대립한다. 이러한 근거의 깊이는 그 근거에 기초하여 실존을 맞이하는 **역사일반(Geschichte überhaupt)**이다.

그러므로 시간 안에서의 현존인 무관심한 경과의 직접적 동요는 처음에는 객체의식에서 극복되지만, 그다음에는 시간을 극복하는 실존함의 **실체성(Substantialität)**에서 상대성으로 극복된다.

2. 전통

사회는 공동생활이며, 그 형태와 내용은 과거에 의해 규정되며, 시간과 함께 눈에 띄지 않게, 혹은 돌발적인 위기에 처하면서 끊임없이 변화하는 것이기 때문에, 사회는 단순한 현재에서 무(Nichts)를 통해서가 아니라 전통을 통해서 성립된다. 그렇기 때문에 사회적 현존의 역사적 실체성은 경건, 외경, 불가침성 등의 관계 속에 남아 있다. 역사학적(historisch)인 심층 차원의 해체에 따라 현존은 스스로가 하나의 근거에 기초하고 있다는 의식의 내용 없이, 좁은 시야와 근시안적인 관점을 가지고, 졸지에 현재적인 것으로서만 원자화되고 기능화하게 된다.

전통은 맨 먼저 의도하지 않게 새로운 세대를 그 유년기에 형성하며, 그것을 성취한다. 그다음 전통은 전승된 것으로서의, 위대한 인간이 형상으로서의 역사에 대한 내적 관계에 의해 의식적으로 만들어진다. 알려진 것으로서, 그리고 그 안에서 습득된 과거로서 역사는 현재의 사실적 내용이 된다. 현재는 단지 과거와의 연속성 속에서 미래를 창조하며, 그것에 의해 내가 자각할 수 없는 인간현존의 객체가 된다.

3. 전승의 기록

모든 실존함은 역사적 객체로 나타나는 현존의 방향과 엇갈리는 것처럼 자신의 초월자를 충분히 가지고 있다. 영원으로 본다면, 실존이 절대적 은폐를 통해 신과 관련되어 있는지, 혹은 행위와 업적들을 통해 이때에, 이 장소에 역사적 세계존재로 알아볼 수 있게 존재하며, 그것에 의해 내적으로 객체에 연관되어 있는 것은 물론, 가능한 역사적 지식에 대한 객체에서도 자신을 보존할 수 있는지, 이 모든 것에 대해서는 무관심할지도 모른다. 그러나 비록 절대적 잠복(Verborgenheit)이 한계 및 원천으로서 그 가능성 안에서 언급되지 않는다고 해도 실존은 현존으로 존재하며, 따라서 실존이 **객체로 출현**할 때만 일반적으로 우리에게는 현실적이다.

나와 밖에서 만나지 않는 실존들은 나를 위해서는 전혀 존재하지 않는다. 그렇기 때문에 가능실존으로서의 나는 모든 다른 사람들을 객체로 **존속해주길 바라며**, 스스로 다른 사람들에 대해 말하면서 세계 속에 현존하지 않으면 안 된다. 정신세계의 이념은 존속하는 존재의 상상이 아닌, 모든 면에 걸쳐 촉진되는 결정적이며 무제한적인 소통에의 의지가 된다. 실현이 소통의 현상으로서 불가피하게 제한되어 그 자체로 충분하다는 사상과 마찬가지로 완결의 사상 또한 성취될 수 없다. 소통은 언제나 가능실존들이 끝없이 빛을 발하는 무한한 어둠에 직면하고 있으며, 그것과는 다른, 즉 실존으로서 자신을 열지 않거나 가능실존으로서 자기를 폐쇄한 채 철저하게 객관적 현재에 직면하고 있다. 왜냐하면 모든 객체는 소통 안에서 존재를 인지할 때에야 비로소 그 자체 해명될 수 있기 때문이다. 그러나 객체적으로 존재하는 것은 언젠가 다시 언어로서 들릴 수 있다. 그렇기 때문에 아직 의미가 명확하지 않은 단순한 사실적 객체조차 우리를 보증할 수 없다. 과거의 인간현존의 기록이 인멸되는 것은 경험적 전망을 위해서는 충분히 자명한 것일지 모르나, 본래적 실존함에 대한 지식을 위해서는 불가해한 것이다. 모든 것이 붕괴되어 폐허와 먼지로 변하는 것은 소통이 단절되는 것과 같은 것이다. 그렇기 때문에 역사적 습득에서 고통이 다음과 같이 존재한다. 본래적으로 말하지 않은 방관자인 대중, 존재했었던 것을 오직 정확히 느낄 수 있는 것에 불과한 많은 유일한 현존의 단편적인 것, 근원이 명백해질 때까지 지워진 타자나 제3자를 향한 반향이 없다면,

다수의 현존이 더 이상 아무것도 증언하지 않는 모호한 다수자에 대한 완전한 상실 등이 그것이다. 그렇기 때문에 다가올 세대의 가능한 역사적 소통을 고려할 때 언어를 왜곡하거나, 오해받을 가능성이 있다는 이유로 기록을 삭제하거나, 본질적인 것을 현재적 관점에 따라 현존의 형상으로 만들며 본질적이지 않은 것은 사적인 것으로 간주하여 제거하거나, 그와 동시에 존재의 객체를 온 세상에 보존하는 대신, 내가 바라는 바의 장래를 위하여 근원적 존재에 대해 발언하게 하는 것 등 이 모두가 실존적 배신이다. 왜냐하면 인간은 자신의 내면의 것을 본래적으로 요청할 때 비로소 탄생하기 때문이다. 허위의 장막이 끊임없이 모든 것 위에 덮어져서 과거를 은폐한다. 하인에게는 위대한 사람이 존재하지 않는다는 표현이 조심스럽게 사용되지만 그 원인은 하인에게 있다. 하인에게 위대한 사람이 존재하지 않는 이유는 임무의 과실로부터 벗어나 있고, 현실을 철저하게 알아야 하고, 기록된 객체를 파괴시킬 권리가 그들에게는 부여되지 않았기 때문이다. 조화와 배타적 인물들의 경향은 실존적으로 현실에 접근하는 것을 두려워하는 허위의 두려움을 초래하며, 그것이 또한 실존을 상실한 야만성에게 값싼 승리를 넘겨준다. 이러한 값싼 승리에 의해 진실하지 않은 단순한 폭로(Entschleierung)가 진실한 것으로 나타난다.

4. 교양(Bildung)

인간문화의 한 요소는 인간역사에 대한 지식형태로서의 교양이다. 교양은 세계와 종교에서 언제나 소통, 각성, 실현의 매개로서 존재하는 역사적 현실의 유일한 언어로서 살아 있다. 습득된 과거로부터 터득할 수 있다는 요청은 과거로부터 획득된 가능성에 근거해 본래적으로 자기 자신이 돼라는 인간에 대한 요청이다.

겉보기에 모든 것을 이해할 수 있는 것처럼 보이는 이러한 교양은 습득을 통해 인간 현실이 되는 것 대신, 지식 안에 오히려 멈추어 서 있을 수 있다. 그와 같은 교양은 뿌리가 잘린 꽃들처럼 피어난다. 교양은 더 이상 자신의 가능성의 빛이 아니다. 이와 반대로 더 이상 자신으로 존재하지 않는 현존의 포기로 인해 확립된 어떤 보편자(Allgemeine)의 존립은 관조를 통해 자기존재를 획득하는 실존함(Existieren)의 계기로서 자신의 객체적 충만함으로 여전히 진실하게 남아 있다. 이러한 실존함은 과거의 현실로 들어감으로써 다른 실존을 위해 가정할 수 있는 역사성의 범위를 자각하는 것이다.

B. 역사학의 가치

실존이 공동의 역사적 근거에서 실존들을 이해하기 위해서는 과거에 대한 **지식**을 필요로 한다. 이러한 지식은 방법적, 비판적으로 검토된 지식으로서 **과학**으로서 **역사학**(Historie)이다. 그런데 이러한 지식이 실존적 자기이해로 변할 때 **역사철학**(Geschichtsphilosophie)이 된다. 양자는 권리로서 어떤 **투쟁**의 대상이며, 이러한 투쟁은 결국 **역사상실**(Geschichtslosigkeit)에의 의지로 침몰할 수 있다.

1. 역사학

만일 역사학적 연구가 오직 역사학적 의식으로서의 지식(Wissen)이기 위해서 실존의 역사적 의식으로부터 해방되는 추세라면, 이러한 변화는 두 가지의 **위험**을 초래한다. 첫 번째 위험은 본래적 역사성이 나로부터 상실되어 **무한한 역사학적인 지식**의 잉여현상으로 남겨질 수 있다는 것이다. 또 다른 위험은 내가 역사학적 객체 안에 **권위**로서 인식하는 보편적인 인간 (allgemeinmenschlich)의 진리를 이러한 역사성으로부터 분리시키고자 한다는 것이다.

역사학적 연구가 역사적 의식에 기여하고 있는 한, 역사학적 연구는 비판적으로 연구가능한 것을 격렬하게 고집하기는 하지만, 연구가능한 것을 통해서 실존이 무엇으로 존재했었는지에 대해 탐구하는 것이다. 모든 역사학적 인물들의 존재를 "신에게로 향하는 즉시" 관찰할 때, 이 연구에 대한 의미의 근원이 존재한다. 역사학적 지식과 관찰을 통해 실존은 마치 몸을 감추는 마법의 외투에서처럼 현존하며, 관찰자에서도, 관찰의 대상에서도 현존한다. 가장 사소한 것에 여전히 존재했었던 사랑은 실존이 사소한 것에서 느낄 수 있는 한, 불가해에 대한 외경, 현재 자신의 고향이나 조국의 근원, 우리에게 위대했었기 때문에 여전히 우리들 세계에 속하는 지나간 모든 것의 의미, 인간이 여전히 우리에게 말하는 가장 오래된 것에 대한 탐구, 해석하고 습득될 준비가 되어 있는 지식에 활력을 불어넣기를 요구한다. 연구가능성과 역사학의 요구에 대한 **혼동**은 역사학적 의식에서 이러한 사태(Sache)가 **오직** 객체가 되는 바로 그 순간에 시작된다. 그때 역사학적으로 이해할 수 있는 것은 끝이 없는 사건들을 통해 계속 증식되어가는 잔해로 변한다는 것이다. 그것에 대한 인식과 수집은 더 이상 아무런 의미가 없다.

역사학적 지식이 역사적 의식에 기여하는 한, 모든 객체의 과거는 현재가 그 역사성의 고유한 근원에 도달하는, 객관화될 수 없는 근거이다. 그때 영원히 획득된, 특정한 어떤 진리의 가치로 존재하는 것이 아니라, 모든 현재가 추론할 수 없는 방식으로 또다시 그 자신이 되지 않으면 안 되는 불특정한 운동의 범위로서 존재하는 것이다. 모든 것에 대한 상대적 의식이 독립적인 자기존재의 결여로 인해 과거를 인위적으로 점점 높여가는 결과로 이끈다면, 외견상으로 우리에게 존립하는 가치와 위대한 것과의 **혼동**이 시작된다. 우선 낭만주의는 자신의 무실존적 현존을 격정적으로 보충하고자 한다. 그런 다음 결국 진정한 역사성으로부터 이루어지는 모든 객체적인 것의 상대화는 그것과는 반대로 강제로 역전된다. 즉 역사학적으로 알려진 것은 권위 있는 가치로서 일면적으로 객체화되며 고정된다.

그러나 내가 역사적으로 의식된, 생소한 역사적 의식으로 소통에 들어선다면, 나는 내가 누구인지 타자에게 전달할 수도, 나의 근거에 기초하여 타자를 떠맡고자 바랄 수도 없다. **역사적 실존의 진리**는 어떠한 경우에도 **모든 사람**에게 유일한 진리가 되기보다는, 오히려 요청으로서의 호소로 남아 있다. 이러한 절대화는 **항상 어두운** 역사적 근거의 자리에 언젠가 역사학에 기초했었던 것으로서 **객관적** 가치를 설정한다. 그렇기 때문에 그 현상 범주를 넘어서 있는 그와 같은 진리의 절대화, 소위 진리의 근거로서 역사학적 사실에 대한 보편화된 진리의 결합은 역사적 실존함을 지양한다. 왜냐하면 어떠한 지식에서도 논리적 보편성과 실존적 역사성이 동일시되는 것은 불가능하기 때문이다.

역사학적 지식이 역사적 의식에 기여하는 한, 역사학적 지식은 습득을 통해 중요시된다. 역사학적 세계의 위대함에 대한 관찰 자체가 삶의 실현으로 변할 때 이미 **혼동**은 시작된다. 현재의 소통 없이 인간의 고독이 사라질 수 있는 것처럼 보인다. 무의 심연 앞에서의 두려움은 객체적 인물들에 열중하도록 몰아세워, 그러한 인물들의 인간적 위대함과 그 작품의 관조를 통해 정신을 빼앗기게 한다. 현존했던 위대함만으로 충분하다. 이러한 찬미는 모든 현재적인 것에 반감을 품는다. 그것의 상처와 추악함이 백일하에 드러나 있으며, 그 안에서 살며 개선에 협력하지 않는 모든 사람을 불쾌하게 한다. 그렇기 때문에 나는 무한의 풍부함으로서 조용히 눈앞에 있는 역사학적 세계를 붙든다. 그러나 나에게 역사학적 세계는 마치 철창에 갇혀 있는 것처럼 나의 현실적 삶으로 들어서지 못하게 한다. 내가 이러한 세계에 접근하는 현실적 견해에도 불구하고, 역사학적 세계의 비할 데 없는 아름다움은 멀리 떨어져 있다. 스스로 실존하는 것 대신, 나는 현재조차 이미 역사로 존재하며, 관찰된 과거와 마찬가지로 인위적인 먼 후일을 통해 경탄의 대상이 될 수 있는 역사학적 영혼(Seele)으로서의 실존에 스스로 만족한다. 그러므로 나는 언제나 생생하게 현재화되어 나에게 나타날 뿐인 타자와 낯선 사람 안에 살며, 형상화된 그 훌륭함 앞에 압도당한 채 홀로 머문다.

내가 무관심하게 된 역사학적 지식, 배타적 진리로 변하는 확정적인 역사학적 사실성, 역사학적 위대함의 다양성에 마음을 빼앗긴 망아(Verlorenheit) 등 이 세 가지 위험으로부터 벗어날 때, 나는 역사적 의식으로서의 나의 근거에 머문다. 나는 나의 근거를 실존으로서가 아니라, 오직 현상에서만 지식으로 상대화한다. 나는 나의 근거를 분리할 수 없지만, 당시의 객체의 형태는 역사적 발전을 통해 **극복된다**.

그러므로 역사학적 인식에서 마침내 항상 작용과 영향이 인과적 관계에 있는 지나간 것의 단순한 변화에 불과한 것, 무한한 인생의 곡절, 시작과 끝이 없는 임의적인 다양성 등 이러한 것들은 실존에게는 역사성으로서의 현존이다. 즉 단순히 소멸하는 것이 아니라, 오히려 과거를 듣는 것과 마찬가지로 가능적 미래를 듣는 언어이기도 하고, **실체적 지금(subtantielle Jetzt)**을 위한 과거와 미래의 유착으로서의 현재이기도 하다. 과거는 소통으로서 더 이상 나의 현존에 대한 단순한 인과적 조건만을 습득하지 않는다. 인과적 조건이 작용하기 위해, 내가 아무것도 알 필요가 없다는 것이 아니라, 과거의 언어 속에서 나에게로 오는 근거로서의 현재적 현실이다. 달리 말하면, 만일 과거의 언어에 대한 요구가 만족된다면, 역사학적 현존의 무존립성(Bestandlosigkeit)은 실존의 역사적 의식 안에서 지양된다. 실존을 포괄하는 객체의 역사성은 오직 실존을 위해서만 본질로서 가시화된다. 실존함은 객체를 기록과 표시를 통해 외형적으로 만나는 한에서, 객체는 시간적으로, 피상적으로 분산된 실존함과 함께 시간적 현상으로서 영원한 존재가 되며, 시간적 현상으로서 영원한 존재를 획득하는 것이다.

2. 역사철학

역사철학으로서 실존의 자기조명은 역사학의 전유함의 존재와 함께 역사적 의식의 근원으로부터 나온다. 역사철학은 다음의 세 가지 단계에서 실현된다.

(a) 세계정위에서 역사철학은 역사학으로서의 역사의 **한계**를 깨닫게 해준다. 역사철학은 역사학적 지식의 조건들과 형태들을 보여주며, 이해의 한계를 파악하며, 나아가 과학으로서 역사학의 의미에 대한 증명불가능성을 명확히 하고, 끝으로 무한한 덧없음에 대한 지식으로의 일탈을 분명히 한다.

(b) 역사철학은 역사의 객체가 나와 타자가 실존하는 전체로서 파악되는 경우, 현재의 내용이 풍부한 **실존조명**이 된다. 순간의 존재의식을 심화하기 위해, 현재의 의식에서 모든 과거는 오늘과 관련되며, 미래의 가능성은 구성적으로 전개된다. 역사적 순간의 독특한 의식은 단순한 관찰로서

의 지식으로 전환되는 것을 통해 미래의 공동근원에 대한 실존함 자체로서의 어떤 지식으로 존재한다.

(c) 전체의 역사성은 마침내 암호문자가 된다. 시작으로부터 종말에 이르는 역사 전체의 형상은 **초월적** 존재의 암호로서 발생한다. 표현의 대상적 수단은 역사학이라는 객관적 과학으로부터 취해지며, 특정한 역사적 근원에 대해 실제로 행해지는 소통을 통해 하나의 **신화**가 확립된다. 이 신화는 초월하는 상상을 통해 역사를 관통하는 초월자의 현재를 역사적 순간으로 표상한다.

3. 역사의 전체성 및 무역사성을 향한 의지와 투쟁하는 실존

역사를 암호문자로 파악하든, 내재적 통일체로 파악하든, 하나의 전체로서 생각하는 것은 역사를 **완결된**(geschlossen) 객체로 만든다. 즉 모든 것이 그 자신의 장소를 점하고, 과제를 갖는 하나의 거대한 과정이라는 것이다. 전체에 대한 지식은 규정되고 제한된 현재의 가능성들을 나에게 보여준다. 과거와 과거로부터 생성된 전체의 상은 순종해야만 할 결정적 권위로 변한다. 현존은 그렇게 생성된 것이기 때문에 그렇게 존재하는 것은 당연하다. 왜냐하면 존재할 수 있는 것은 역사로부터 나오기 때문이다. 그럼에도 불구하고 새롭게 발생한 것이 확증될 때, 보수주의적 의식으로 인정된다면, 그것은 시대가 요구하는, 다시 말해 전체적으로 그 지점에 속한 것을 행하고자 하는 근본태도이다.

먼저 우리들 **지식**은 이러한 전체성에 반란을 일으킨다. 이러한 전체는 알려질 수 없는 것이 아니다. 다만 전체는 내재적으로 생성되어 현재의 세계지식으로서 오해된 암호문자이든지, 존재하는 그대로 그렇게 존재하고자 하는 자기현존의 정당화를 인정하는 어떤 모습이든, 불만족한 자에게서 다른 현존의 모습을 얻고자 투쟁함으로써 자신의 권리를 이끌어내는 전체의 형상이든, 이것들을 앞세울 뿐이라는 것을 우리는 알고 있다. —나아가 실존의 자기존재는 이미 그 전에 알려진 법칙으로의 자기현존에 대한 구분에 대항한다. 실존은 역사학적인 조건들을 거부하고, **모든 것이 가능하다는 것**, 즉 개인이 상황에 기초하여 무엇을 행하는지가 중요하다는 것을 설명한다. 역사의 전체가 있는 것이 아니라, 행위를 통한 그때마다의 창조가 있다. 역사는 자기존재에게 위대함에 대한 감격을 불러일으킬 수 있다. 그러나 역사는 그 자체 현재의 길을 확정짓는, 명백하게 강요된 무거운 짐이 아니다.

인간질서에 대한 객체와 그 이념은 역사적 상황에 따라 변할 수밖에 없기 때문에, 인간제도에 대한 올바른 객체적 형태는 존재하지 않는다. 이러한 형상은 지금 잘못 작동하고 있기는 하지만, 올바르게 조정될 수 있는 기구로서 그려질 수 있을 것이다. 그럼에도 불구하고 이러한 형상은 각각의 인간질서에 대한 전체의 **내부에서** 가능한 관점일 뿐이며, 전체에 대한 관점은 아니다. 그러나 만일 인간질서의 상대성과 불완결성이 주목된다면, 상반되는 오해가 발생한다. 개인과 대중의 기본적 권력에 대한 모든 객체(인과성의 객체는 제외하고)를 부정하면서 확장과 지배에 대한 권력에의 의지에게 자유로운 방향성을 부여한다.

이렇게 발원되는 **무역사성을 향한 의지**는 가능적 전체에 대해 맹목적이 된다. 이러한 의지는 오직 다수의 생명력이 있는 현존의 의지에만 기댄다. 이러한 다수는 지배할 수 있는 통일된 의지로서 결합하게 되고, 관심의 연대를 통해 단결하게 된다. 그리고 다수의 단순한 의지는 국민으로서 미화되고, 국민의 이기주의가 신성한 것으로 미화되거나 모든 사람에 대해 실현하게 될 인류일반으로서 미화된다.

그러나 실존적 진리는 비록 역사적 전체에 대한 신앙과 무역사성 둘 모두를 부정한다고 해도, 그들 양극단 사이, 한가운데에 놓여 있는 것은 아니다. 진리는 대극성(Polarität)이며, 긴장을 없애는 것이 아니다.

실존적 진리는 **전체를 알지는 못하지만**, 전체가 실존적 진리에의 길을 보여줄 수 있는지의 여부에 주의를 기울인다. 물론 궁극적으로 믿을 수 있는 각각의 길을 돌파하는 역사적 결단이 있다는 것은 알지만, 실존적 진리는 최대한의 의미를 원하는데, 그것은 무관심한, 아무것도 결정되지 않는 투쟁들을 회피한다. 실존적 진리는 현재를 우리들의 통찰에 있어서 역사의 길을 조금도 결정하지 않는, 현저한 규모로 불화가 발생하는 사실적 전체로서 본다. 왜냐하면 이러한 불화는 세계사에서 비껴나 있는 미개민족의 학살과 난투로서 더 이상 결정적이지 않은 것처럼 보이기 때문이다. 실존적 진리는 세계를 형성하는 것으로서 승리를 차지하는 질서에 대해 묻고, 미래의 인간에 대해 묻는다. 그리고 실존적 진리는 자신의 진리를 획득하는 힘들과 자신이 일치한다고 믿을 때 자기 자신의 모든 것을 건다. 실존적 진리는 생명적 현존 그 자체를 상대화하며, 최종적 결단에서조차 국민의 생명적 현존을 상대화한다. 이 말은 그리스인인 폴리비우스(Polybius)가 로마정신의 역사학적 세계의미를 파악할 수 있었고, 유대인인 바울(Paulus)이 그리스도교의 세계방식을 파악할 수 있었던 것과 같은 것이다.

실존적 진리는 또한 **무역사성으로 전락하지 않는다**. 그러나 실존적 진리는 초월자 없는 단순한 삶의 유용성을 알아차린다. 그러나 내가 나의 고유한 지배자로서만 존재할 때, 현존으로서의 나 자신이 획득한 기회가 문제가 될 경우, 여기서는 실존의 반항이 아닌 개별현존의 반항을 말한다. 개별적 현존이 이념과 미지의 전체 안에 있는 역사적 가능성과 일치하지 않을 때, 그 개별적 현존은 어두운 정열이며, 오직 다음과 같은 의미만을 가진 것처럼 보인다. 즉 역사적 권력의 일상에 과제를 제기하는 것은 역사적 권력들이 성실한 이해 없이, 하물며 가능한 소통 없이, 미개인을 때려죽이든, 망하게 하든, 둘 중의 하나를 통해 진실임을 증명하는 것이다.

그러나 실존적 진리는 구체적 현재에 있어서 단순하게 반복되는 죽은 역사학적 속박이 어디에 있는지, 단순한 현존이 폭동을 일으키는 무역사성이 어디에 있는지에 대해 어떤 지식을 통해 터득하는 것이 아니다. 실존적 진리 자체는 전체를 알지 못하며, 일자로서의 전체가 실존적 진리 자체를 위해 역사적이며, 나아가 초월자에서만 감지할 수 있기 때문에, 실존적 진리는 신앙하는 자기동일성의 모험(Wagnis der glaubenden Selbstidentifikation)을 통해 역사적 과제를 파악하는 것이다.

이와 같이 실존적 진리는 타자와 불가해한 적대자에 귀를 기울이며, 역사 속에서 파멸되는 것에 대해 경청한다. 세계를 통해 소실되는 것을 여전히 포함하는 초월자를 위해 인류의 전체 역사는 실존적 진리에게는 의심스럽다. 실존적 진리는 역사의 과정에 반대하는 항의의 외침을 모든 시대로부터 듣는다. 실존적 진리는 빈번히 자신에게 무의미한 것이 아니라, 오히려 더 좋은 것이 짓밟힌다는 것을 확인한다.

역사의 객체는 확정되는 것이 아니다. 그것은 싸움에 패배하여 이루어지지 못한 것(Nichtgewordene)을 포함한다. 전체적인 현존의 공간으로서 역사의 객체는 일의적 방식을 보여주는 것도 아니며, 언젠가 가능성으로 규정된, 한정된 방식을 보여주는 것도 아니다. 이 전체성은 역사의 객체가 선명해질수록 더욱더 개연적인 것의 의식만이 고조될 뿐이며, 본래적으로 결정되는 것이 무엇인지 가시화될 수 있는 수준으로 끌어올린다. 우리는 결국 무엇이 문제인지에 대해 아무도 모르는 투쟁 속에 언제나 떨어진다.

우리는 더욱 분명하게 역사의 객체에 서면 설수록, 그만큼 더 많이 인간존재에 대한 과거의 결정들을 다시 의심하게 된다. 패배한 것이 또다시 우방이 될 수 있다. 파멸한 것이 부활할 수 있다.

C. 인간적 위대함의 인물에 대한 가치

그러므로 조망할 수 없는 다양성을 통해 주체로서의 인간은 객체적 인물로 변한다. 이러한 인물은 전형(Vorbid)이거나 반전형(Gegenbild)으로서, 자신의 가능성이거나 생소한 현실로서, 요구되며 끌어당기는 것으로서 혹은 유혹하며 추락시키는 것으로서, 개인이 그것에 **따르거나 거부하는** 방식을 통해서 자기를 파악하는 공간을 채운다.

나의 자기존재는 인간의 관점으로 각성되길 원하기 때문에, 이러한 인물들의 다양성은 나를 안정시키지 못한다. 나에게 이러한 다양성은 인간의 평균성과 소수자의 독립성으로 나누어진다. 그러나 일관된 모든 구성을 통해 이러한 분류방식은 모두 추상적 가능성에 지나지 않는다. 나는 가령 **일반적일** 것 같은 어떤 **인간상**을 기획한다. 시인하든 시인하지 않든 간에 나에게는 인간상에 대한 나의 교섭방식의 근거가 사회적 현존의 보편적 매개를 통해 존재한다. 인간은 유년기를 벗어나 노동하지만 당근과 채찍으로 자신을 독려한다. 인간을 자유롭게 내버려 둘 때, 그는 나태하고 향락적이 된다. 현존에게 먹는 것, 짝짓기, 자는 것 등이 충분히 제공되지 못하면 그 현존은 비참하다. 인간은 기계적으로 숙련된 노동 이외의 것을 수행할 능력이 없다. 습관, 나아가 자신의 영역 안에서 보편적 견해로서 알고 있는 것, 부족한 자기의식에 대한 보상을 추구하는 권세욕 등이 인간을 지배한다. 의지와 행위의 우연성을 통해 운명에 대한 인간의 무능력이 나타난다. 과거의 것은 인간에게 재빨리 무심하게 사라지며, 그에게 예상은 가장 가까운 것과 가장 엉성한 것으로 제한되어 있다. 인간은 자신의 삶을 자각하지 못하고, 오히려 자신의 일상적인 날들을 눈치챌 뿐이다. 신앙은 인간의 영혼을 관통하지 못하고, 행복을 추구하는 맹목적 현존의 의지와 공허한 충동 외에는 인간에게 어떤 것도 제약되지 않는다. 인간이 기계노동을 하든지 연구활동에 참여하든지, 명령하든지 순종하든지, 언제까지 연명할 수 있는지 알지 못한 채 생활이 불안정하거나 안정되어 있든지 등에 상관없이 인간의 본질은 변함이 없다. 인간은 상황들과 우연적 경향에 따라 이리저리로 흔들리며, 끊임없이 유유상종하고 싶은 충동 안에 머물 뿐이다. 공동체에 지속적인 토대도 결여되고, 인간 대 인간으로서의 신뢰 또한 결여된 채, 실체적 존재를 중심으로 한 삶의 발전이 없는 하루살이 존재로 머문다.

이와 같은 인간상이 실제로 얼마나 진실인지 어떤 경험도 결정적이지 않다. 이러한 관점을 보여주는 평범한 집단적 현실을 통해 나타나는 것은 거의 논쟁의 여지가 없으며, 누구나 각자가 스스로를 구해야만 한다는 가능성마저도 하나의 가능성으로 보는 것 또한 논쟁의 여지가 없다. 그러나 관찰과 오성이 이러한 인간상을 몇 번이고 되풀이하여 정당화하는 것처럼 보인다고 해도, 이러한 상에 동의하는 것을 우리 안에서 반대하는 이유는 도대체 무엇일까?

인간존경과 자기존경, 인간경멸과 자기경멸 사이에 불가분의 상관관계가 있다. 내가 인간을 파악하는 것마저도 의식적으로든 무의식적으로든, 나는 나의 가능성을 이해하고 있다는 것이다. 그러나 심리학적이며, 사회학적 관찰이 무력해진 이상(Ideal)을 파괴할 경우, 이러한 관찰은 경험적 평균을 정상적 옳음으로 전가하려 한다. 인간이 "현실적"으로 존재한다는 것은 본래적 인간성으로 존재한다는 것이다. 그 이외의 것은 불성실한 관념주의로서 특유한 목적을 위해 교활하게 인간들을 속여서 삶의 즐거움을 빼앗아가려는 것이다.

그러나 만일 인간의 시선으로 내가 가능실존으로서의 나를 자각함으로써 나 자신에 대해 스스로 결단을 내린다면, 나를 추락시킬 우려가 있을 때, 나는 평균적 인간상에 의해 만들어진 나의 상에 불가피하게 자신의 방식으로 시선을 돌리는 인간적 위대함의 형태로서 비범한 것을 대립시키지 않을 수 없다. 그때 나는 어떤 개인도 외부로부터 표면적으로 보이는 평균으로 존재한다고 믿지 않고, 오히려 한층 더 가능성에 호소할 수 있다고 믿는다. 그 경우, **인간에게 기대하는** 것에 내가 결코 무관심하지 않다는 것을 스스로 경험한다. 나 자신은 타인들이 나에게 기대하는 것에 의존한다. 인간의 기대는 인간현실의 요인이다. 인간이 인간과 마주한다는 것은 사실상 어떤 경우에도 최종적 현실로 마주하는 것이 아니다. 단지 몇몇 인간들만이 나에게 가시화될 뿐이다. 왜냐하면 나는 평균적 인간으로서의 나에게 강요하는 기대와는 다른 기대를 가지고 그들을 대하기 때문이다.

내가 인간에게 기대하는 것에 관해 나 자신 스스로 척도(Maßstab)가 되는 것처럼, 다른 한편으로는 최고 유형의 인간이 나에게 가능하며, 가능해야 할 것에 관한 **척도**가 되는 것처럼, 나의 자기존재는 생활 속에서 구체적으로 만나며, 근원적인 경험에 기초한—물론 이 경험은 점차 빛이 바래지만—인간의 실체를 통해서, 과거로부터 말해지는 인간의 위대함을 통해서 나의 실체가 규정된다.

1. 인격적 위대함의 본질

젊은 시절에 정열적으로, 또한 평생 동안 끊임없이 나는 인간에게 주목한다. 나에게 말을 걸었고, 나에게 답해주었던 사람들을 통해 나 자신이 된다. 그러나 나의 본질의 척도와 나의 실존적 충동의 힘은 내가 인간적 위대함을 알아차릴 때 나에게 생성된다. 심지어 죽은 사람들조차도 여전히 당시의 효과적인 방식으로 나에게 현존하거나 현존하지 않는다. 그들 중 일부는 내 안에 살아 있다. 마치 그들이 나에게 접근해 와서 경외심을 불러일으키는 인물로서 나에게 조언을 해주는 것만 같다.

위대한 인간이 본래적으로 어떤 사람이었는지는 어떤 학문으로도 객관적으로 인식되지 않으며, 어떤 이해로도 성취되지 않는다. 인간이 파악되는지, 어떻게 파악되는지는 역사적 의식 자체를 통해 변화되기 마련이다. 내가 그렇게 말을 걸 당시에 어떤 개인이 존재한다. 그는 본질적으로 더 이상 일반적 유형도, 모범도, 정신의 현실로서의 천재도 아니며, 오히려 나에게 항상 유일한 개인, 오직 이 사람일 뿐이다.

그러나 현존으로서 단지 한 개인에 지나지 않은 것처럼 보이는 것은 나의 지식으로는 보편적인 것과 같은 모습이 된다. 세계정위를 통해 인간은 역사학적 위대함으로서 가시화된다. 인간은 행위들을 통해, 창조적 작품들을 통해, 유용한 성취들을 통해 평가된다. 그러나 설령 우리의 현존이 인간을 통해 규정된다는 것을 우리가 발견한다고 해도, 현존의 변형에 끼친 인간의 예사롭지 않은 영향은 아직 우리와 필연적으로 관련이 없다. 주체와 객체 안에서 보편적인 총체적 표현으로 자기를 완성하는 인물일 때에야 비로소 인간은 위대하다.

위대한 인물들은 유형으로서 객관적으로 사유될 수 있고 인정될 수 있다.

실증적인 유형(발견자, 발명가, 조직가)은 시류에 영합하지 않는 일반적 성격을 갖는 것처럼 보인다. 관념주의적인 유형(예언자, 현자, 천재, 영웅)은 너무 명확한 역사적 상황들에 속한 것처럼 보인다. 예언자는 이스라엘의 고대와 종교가 발생한 시대에 속하며, 현자는 고대의 철학적 자기의식에 속하며, 천재는 18세기의 관념주의적 형태에 속하며, 영웅은 서구역사의 시작과 몰락에 속한다. 이러한 유형들은 그들 측면에서 실증주의적으로, 끊임없이 현재적 가능성들을 자연적 소질로(천재), 항상 가능한 기능(예언자)으로, 역사적으로 독자적인 지적 생활의 이상(현자)으로의 변화를 통해 변형되고 있다.

이와 같은 인간적 위대함에 대해 알려진 것은 **정신과학**의 대상이다. 창조하고, 재창조하는 각각의 개인들의 인격적 형태인 정신은 현실적으로 객관화됨에 따라 현실적일 뿐이다. 인간적 위대함은 확실하며 접근가능하다. 인간적 위대함의 내적인 것이 바로 그것의 외적인 것이다. 모든 정신과학적인 연구들이 부수적이고 제약적 형태(정신적 현존의 기구), 혹은 이념의 확대, 혹은 민족, 국가 사회 등에서 전체의 형태를 추구하는지, 아닌지에 대한 이러한 연구들은 그 대상으로서 인격적 형태들로부터 그 의미를 추론한다. 그 밖에 역사학적인 연구에서 정신의 반영은 인간의 위대함에 접근하는 통로인 이상, 직접적인 역사학적 인물이든, 아니면 정신적 형태(예를 들어 언어와 신비)의 배경의 어두움에 싸여 인격적으로 접근하기 힘든 것이든 가장 사소한 객체로 떨어진다.

오늘날 지구상에 그 누구도 진지하게 천재를 발견할 수 없다는 것, 예언자들이 기껏해야 종파적 집단에서만 동시대인에게 희극적인 역할을 한다는 것, 누군가를 현자로 부르는 것이 상투적으로 작용한다는 것 등은 우연히 일어난 불행이 아니다. 그러나 인간의 현재와 척도로 존재하는 그 사람과 만날 때, 그 사람을 천재로, 현자로, 예언자로 부르는 것은 부적절해 보인다. 왜냐하면 그의 본질적인 것은 보편타당한 형태를 획득하지 못하기 때문이다. 오늘날 본질적인 것으로서 그에게 속하는 것은 오히려 그의 불가시성과 익명성이다.

2. 인격적 위인의 절대화

구체적인 한 인간에 주목하면서 위인에 대해 말하는 것은 세계정위에서만 의미와 가치를 가진다. 이러한 위인을 관찰할 경우에 무한한 만족은 생생하게 그려낸 연구를 통해 나에게 주어진다. 이러한 만족은 나에게 정신과 이념으로부터 가득 채워진 의식일반으로 존재한다. 의식일반에게 개인은 역사학적 이념으로부터 몰아세워진 전체의 부분으로서 나타난다. 그러나 전체는 또한 관찰을 위해 곧바로 심미적 대상으로 변한다.

내가 객관적인 영향과 가치를 가졌던 것을 구할 경우에는 오로지 이러한 개인만이 문제로 삼아진다. 세계 안에서 나는 타자의 모습과 영향을 원한다. 그러나 절대화는 실존에게는 숙명적일 수 있을 것이다. 객체적 인물로서의 인격적 위인은 모든 것이 아니다. 왜냐하면 우리들은 역사학적 위대함으로서의 인간이 자신의 본질을 통해 얼마나 자주 다채롭게 바뀌는지 알아차리기 때문이다. 그 결과 진실하기 위해서 우리의 삶이 자신의 본질로 침잠할 수밖에 없는지, 혹은 현존을 위해 자신의 영향에 깊이 감동되기는 하지만, 전가되는 의미 없이 현존의 내용 안에 있었는지, 정치적 인물 안에 실존적 존재와 그 정치적 영향의 일치가 우리를 사로잡았는지, 혹은 실존적인 것이 위축되어 식별하기 어려울 정도가 되어버렸는지 등은 여전히 문제로 남아 있다.

사랑의 근접성에 개방되어 있지만, 역사학적으로 불확실하게 남아 있는 실존에 대한 가능한 내면성은 실존이 적절한 외부를 가지고 있지 않기 때문에 역사학적 위대함이 아니다. 왜냐하면 역사학적 위인들에서는 객체적 현존에 영향을 미치는 근거가 소멸되어버리기 때문이다. 그러나 한계상황들을 정직하게 견뎌낸 드문 사람들이야말로 익명의 위인들이다. 그들에게 있어서 행위의 무제약성에 대한 중압과 절대적 의식의 충실한 명석성은 한계상황들로부터 산출되고, 그들의 절대적 지배력은 가장 소박한 확신으로 쉼없이 그들 현존의 검소함에 스며들 때, 그들 현존은 각각의 인간들이 상호관계 안에서 무엇이 될 수 있는가를 규정한다. 익명의 위인은 운명 그 자체로 위대해 보인다. 우리들 삶은 그 근접성 안에 존재하는 그대로의 상태로 머물 수 없으며, 오히려 비약하든지 혹은 고독 속에서 스스로를 경멸하지 않을 수 없다.

내가 역사학적 인물들의 위대함과 만나게 되었을 때, 모든 인간이 가능성에 따라 존재한다는 것이 무엇이며, 결정적으로 중요한 것이 무엇인가라는 물음들은 절대화로 사라져버릴 수 있다는 것이다.

이러한 절대화의 결과는 첫째, 업적 여부와는 관계없이 업적에 대한 평가는 업적**으로서** 상대적인 것 대신 절대적으로 평가하는 것이다. 실존은 업적을 객체로서 절대적으로 확신할 수 없는 반면에, 그럼에도 불구하고 절대화는 자기의식을 고유한 업적들에 대한 객관적 반응을 통해 오직 기만적으로 만들 수 있을 뿐이다. 실존은 역사적 상태와 재능의 가능성에 따라 이념들의 참여를 통해서, 구체적 과제들의 파악을 통해서만 명확한 자기의식에 다다른다. 하지만 설사 실존이 목숨을 걸고 현상에서 스스로에 몰두할 때에도, 절대로 자신을 잃어버리지 않는다. 실존은 결코 세계와 그 객체를 통해서 자신의 존재를 획득하지 못한다. 자신으로서의 존재는 어떠한 세계정위에서도 객체적으로 가시화되지 못한다.

절대화의 두 번째 결과는 절대화가 본질적인 것을 **계획하고 만들 수 있다고** 생각하는 태도에 대한 유혹이다. 귀족적 인간들이 결속해야만 한다는 견해가 이러한 태도로부터 발생한다. 그러나 대중이 효과적으로 현존의 관심과 목적을 통해, 그리고 대중을 통해서만이 결합되는 반면에, 실존적 연대는 오직 근원적일 뿐이며, 어떠한 의도도 갖지 않으며, 충동적인 현존적 관심도 갖지 않는다. 그렇기 때문에 실존적 연대는 오직 소규모의 집단에서만 가능하다. 파벌과 결사 그 자체는 실존의 진정성에 반하는 것이다. 실존은 현존상태의 필연적인 약함을 통해 자신의 힘을 발전시키지 않고, 도리어 자신을 결속하는 조직적 강화를 통한 외견상의 강화로 파멸할 수밖에 없다. 왜냐하면 실존은 오직 현존에게만 자신의 맹목적 야만성을 통해 자명하게 보이는 수단들과 싸워야 했기 때문이다. 실존은 단지 총체적 현존의 현실에서만 간접적으로 작용할 수 있을 뿐이지, 최고의 것으로 추정되는 현실의 결합을 통해서 직접적으로 작용할 수 있는 것은 아니다. ─나아가 인격에 달려 있다는 견해도 있다. 사람들이 항상 특별히 주목해야만 하고, 인격을 우선해야 한다고 말하는 사람들은 그럼에도 불구하고 인격성이 아닌, 다른 모든 것을 승인하는 조건들을 갖추게 함으로써 현존이 모든 현실적 인격의 생존을 말살하기 위해 모든 것을 종종 행하고 있다. 또 다른 관점은 인간의 정신이 민족에서 민족으로, 계급에서 계급으로, 제도에서 제도로 역사학적으로 입장을 바꾸고 있음을 보여준다. 그러나 그렇게 생각하는 사람은 정신이 존재하는 곳으로 가기 위해서는 정신을 확실하게 놓쳐야 할 것이다.

절대화의 세 번째 결과는 **개별적 인간의 그릇된 신격화**이다. 위대한 인간을 포함하여 모든 인간적 현존의 유한성과 세계성(Weltlichkeit)을 간과할 때, 숨겨진 신으로서의 초월자에게로 향하는 거리가 제거되고 만다. 절대자로 넘어가는 인간의 현실이 실제로 눈에 보이지 않지만, 오히려 그때 절대화마저도 가능하다. 신앙인들은 이러한 현실을 신화적으로 감추는 일에 조력한다. 절대화가 종교의 창건―이는 다른 경우로서 철학적으로 이해될 수 없다―이 아닐 때, 절대화의 동기는 매우 다양하다. 절대화는 한 인간과 그와 공통된 신앙을 가진 집단의 까다로운 배제에 대한 하나의 수단이 된다. 절대화는 통치자들이 기존의 것을 합법화하는 또 다른 수단이 되기도 한다. 절대화는 교제를 할 때, 그 기준을 충족시키지 못하는 사람들을 없애는 데 도움이 된다. 이러한 절대화는 더 이상 스스로 이의를 제기할 수 없는 죽은 사람들을 신격화하든지, 혹은 살아 있는 사람들일 경우 선택자들의 존재를 대표하는 자로서 신격화하는 특징을 나타낸다. 그렇기 때문에 조건들이 불이행되어 사람들이 재차 절대화를 포기할 때 본능적 조건으로 선택되는 것이거나, 아니면 심리학적으로 이해할 수 있는 복종욕구(Hörigkeitsbedürfnisse)가 예속을 요구하고 그것을 받아들여주는 인간을 발견하게 되는 그러한 특징을 나타내는 것이다.

3. 객체적 위인과 실존

인간적 위대함의 형태에 대한 절대화가 실존을 폐기하는 것이라고 해도, 실존과 위인이 서로 대립하는 것은 아니다.

밖으로 드러나는 것만이 다른 사람들에게는 현실적이다. 실존이 객체적 인간의 위대함을 매개로 하여 명료하게 말하면 말할수록 그만큼 점점 더 현실적이며 명백해진다. 가장 결정적인 실존은 위인을 통해 가능해진다. 절대적 내면성이 소통을 통해 드러날 수 없을 때, 그것은 자신의 초월을 위해서만 존재한다. 절대적 내면성은 세계 안에서의 무를 의미하며 결코 현존하는 것이 아니다. 누구도 절대적 내면성 그 자체를 타자에 대해 혹은 타자로부터 전적으로 주장할 수 없다. 그러나 내면성은 객체화를 통해 알려지게 되며, 이 객체화는 인간적 위대함에서 다른 실존을 각성시키는 비교할 수 없는 언어의 가능성을 획득한다.

실존적 인물의 객체화는 인물의 창조적 표현으로서 비실존적 이해의 측면에서 고찰되는 즐거움을 위한 유혹이 된다. 그러므로 실존적 본질을 파악하기 위해 역사적 인물들을 정신적 영역에서 분류하는 것은 그릇된 일이다. 그들의 본질을 결정하는 것은 실현을 통한 자유로서의 그들의 신앙, 깊이를 통한 현실의 파악으로서의 그들의 사랑, 초월자의 현재로서의 그들의 상상 등을 그들의 본래적 존재로서 하나의 정신적 영역하에 포함시켜 파악하는 것이 아니다. 종교, 정치, 예술, 철학의 영역에서 이상적 인물들로서 성자, 영웅, 시인, 현자 등은 심미적으로만 이해되는 인간의 전형으로 변한다. 만약 그들 안에 있는 입체적 형태가 일반적인 찬미를 위해 간격을 두고 설정된다면, 그들의 명칭 아래에서 실존은 더 이상 발견되지 않는다. 그들과의 가능적 소통은 거부된 채로 있으며, 대중의 숭배 충동이라는 옷을 걸친 현실적 인간은 가면 뒤에 숨어 있다. 이러한 이상성 안에서 완전한 것으로 표상된 인간존재의 방향들은 서로 연결되어 있음으로써 그들의 분리가 인간존재의 근거를 위한 통로를 가로막고 있다. 인간은 몇몇 분야를 위해 어떤 것을 "행한" 것이라든지 "의미하는" 일을 했다든지, 그러한 분야들에 의해 적절하게 특징지을 수 있는 산발적인 존재가 아니다.

인물숭배(Persönlichkeitskult)로서의 영웅화는 서열의 차이를 통해 공통적으로 호소하는 척도들과 요구들을 유지하는 것 대신에, 인간들 사이에 존재하는 본질의 차이를 통해 절대적 거리를 설정한다. 모든 인간이 실존의 가능성일 때, 그렇기 때문에 여기서 어떠한 위인도 그 자체 우위 (설령 위인들이 위계적으로 대단한 간격을 갖는다고 하더라도)를 가지지 않을 때, 실존적으로 진실한 것으로서 **존경과 사랑의 힘**은 인물숭배와 동일하다. 그 힘은 위대한 인간들을 그 근거로부터 통찰할 수 있게 한다. 그 힘은 항상 성실함과 동시에 실제 삶의 현실과 함께 움직이며, 현재에서조차 서열을 인정할 수 있게 한다. 진실로 존경한다는 것은 자기존재의 표현이다. 존경의 힘은 자기 자신으로 존재하는 자의 진정한 겸양이다. 자기 자신으로 존재하는 자는 가장 위대한 사람에 대해서마저도 내적인 결단의 독립과 자유를 가지고 있다. 그는 자기존재를 파멸시키지 않는 한에서만 순종한다. 왜냐하면 그는 죽은 자이든 산 자이든 그 어떤 인간에게도 절대적으로 굽히지 않기 때문이다.

위대함은 교화된 의식 그 자체에 대해 명확한 반면에, 위대함의 실존적 근거는 객체적으로 숨겨져 있다. 그래서 인간의 위대함과 실존을 구분하는 것은 실존적 진실의 필수적 조건이다. 그러나 위인에 대해 실존을 대립시킴과 동시에 실존에게 거짓된 요구들을 한다면, 모든 실존철학에 대해 전형적으로 할 수 있는 **곡해**로서 잘못된 사유가 된다.

오히려 실존은 세계에서 권리를 요구하지 않는다. 실존은 그 자체로서 인정받고자 하는 것이 불가능하며, 오히려 세계에서 오직 업적을 통해서만 인정받길 바랄 수 있을 뿐이다. 실존은 세계정위에 대해서 투시할 수 없는 장막에 가려져 있다. 이 장막은 항상 개별적 소통을 통해서만 걷어낼 수 있을 따름이다. 이는 개인이 세계의 객체성 안에서 표면적으로 현존하지 않는다는 것이다.

4. 가능 실존과 철학자의 존재

진실한 형태로서 성취될 수 있을 인간의 **객체적 형태를** 설정을 통해서도, 올바른 길과 잘못된 길의 객체적 구별을 위한 유효한 규준의 설정을 통해서도 실존조명이 행해질 수 없다는 것이 그것이 지닌 의미이다. 실존은 타자를 위해서든, 자신을 위해서든 형상으로서의 **어떠한 완성도** 달성하지 **못한다.** 왜냐하면 인간은 세계에서 **난파할** 수밖에 없기 때문이다. 실존은 세계에서 형태를 취하는 모든 것의 비연속성을 보기 때문에, 세계로 들어서는 모든 객체에서 더 이상 그 자체에 대한 형태를 얻고자 노력하지 않는다.

가능실존으로서의 인간은 **철학자이다.** 그러나 철학자가 무엇인가 하는 것은 실존과 마찬가지로 최종적인 객체를 획득할 수 없다. 철학자라는 것은 특별한 직업이 아니다. 철학자는 이상을 이루기 위해 형성된 이상이 아니다. 그 이상에 따라 인간은 스스로를 형성할 수 있을지도 모른다. 철학자들의 존재는 철학함의 폭 넓은 영역에서 공간, 가능성, 표현 등을 창조하는 자기됨의 의지이다. 철학자는 형상으로 직관될 수 없다. 철학적 인간의 역사적 형태들은 상호 간에 서로 동질적이다. 철학자들은 맹목적 행복 추구로서, 현존에 대한 배려의 활동으로서 세계 혹은 객관적 권위들에 결합되어 있는 속박으로부터 자유롭게 살았고, 자기의 근거에 기초하여 독립적으로 상호 간에 서로 호소하면서 모든 정신의 자기존재적 공동체로 살았다.

철학자의 현존세계와 철학자의 **주체성에서의** 예비 조건들만큼은 다음과 같이 이해될 수밖에 없다.

철학자는 자기가 누구인지 직접적인 드러남을 통해 귀를 기울이지 않기 때문에, **경험하기** 위해서는 세계로 들어서야만 한다. 철학자는 근원적인 **지식욕(Wissenswollen)**으로부터 세계정위로 현존하거나 자신과 만나는 모든 것에로 주의를 기울인다. 철학자는 과학 안에서 방법적으로 집중하고 있는 것을 정직한 사유의 예비조건이라고 간주한다. 연구한다는 것은 무엇이, **어떻게,** 그리고 어떤 한계로 **알려지는가**라는 의식을 철학자에게 부여하는 것이다. 철학자는 스스로가 보편타당하게 인정되는 **인식들**을 소유한다. 그리고 모든 현실의 형상들과 형태들 또한—자연, 인간, 그리고 인간의 역사—직관적인 직접성에서 철학자에게 현존을 입증한다. 단순한 관찰에서뿐만 아니라, **행위**를 통해, 자연대상의 실험적 행위를 통해, 인간과 사회의 현실적인 행위를 통해 인간은 사물들과 객체들에게 접근한다. 내가 행위하는 것의 명확한 자기의식을 부여하는 행위의 **즉물성(Sachlichkeit)**은 현실적인 것이 무엇인지를 드러내는 일치나 갈등을 초래한다.

철학적 인간에게 세계정위를 통해 객체의 모든 방식을 허용한다고 해도, 아직도 여전히 자기 자신 및 자기와 소통하는 타자가 문제로 남겨진다. 그들은 어떤 객체에서도 남김없이 해소되지 않는다. 철학적 인간은 스스로의 행위의 무제약성, 즉 성실과 일자(Eine)에 의해 자기 자신의 존재를 경험한다. 연구하는 사유와는 다른 사유가 **실존조명**으로서 본래적인 것에 대한 그의 양심을 자극한다. 그러나 진리는 그의 안내자가 된다. 단순한 강제적 올바름을 포괄하는 진리는 궤변 없이 순수하게 파악된 것마저 가능케 한다. 정직성과 참됨에 대한 의미는 거부되고 다시 회복되며, 철학적 인간을 진리 자체의 이율배반으로 데리고 온다. 그는 **암호해독**을 통해 역사적 형태 안에서의 가장 깊은 근거와 만난다.

그러나 철학자는 시간현존으로 존재하기 때문에 초월함으로도 목표에 도달하지 못한다. 단순히 관조적이지도 않고, 단순히 능동적이지도 않고,

어떠한 유형도 아닌, 철학자 자신은 일반화시킬 수 없는 것을 궁극적으로 존재할 수 있게 하는 것처럼 어떠한 결과도 최종적인 것으로서 현존하지 않는다. 전체가 되고자 하는 의지로서의 철학자의 끊임없는 충동은 앞으로 돌진하여 어떠한 지점에도 영원한 휴식을 허락하지 않는다. 난파하고 싶지 않지만, 난파를 경험할 수밖에 없으며, 난파의 필연성 또한 이해할 수 있다. 전체가 되고자 하는 의지는 철학자가 살아 있는 한, 현실성과 가능성에 대해 자신의 본질을 열어놓고 있다.

그러나 철학자로서의 인간은 자신의 현존의 궁극적인 형태를 발견하지 못하며, 자신이 그 형태를 시간현존으로서 발견할 수 없다는 것을 통찰하기 때문에, 그는 자신을 보호하기 위해 다양한 동요의 혼란 속에서도 길을 잃지 않는 **태도**를 필요로 한다. 또한 그는 자신을 타자에 대해 준비되어 있고, 열려 있는 **인간성**을 영혼의 현실로서 획득하고, 어두운 근거의 가능성을 통해 한계를 보여주는 **열정**을 위험으로 간주한다.

자기 자신에 대한 방어로서의 **태도**는 그 자체 조심스러운 행동을 취하고, 상황에 대한 표현을 제한한다. 이러한 태도는 임의의 세상사나 일상사에 자신을 낭비하는 것을 허용하지 않는다. 이러한 태도는 거리를 두고 사물을 그 본질에 따라 구별하며, 인간을 그 위계에 따라 식별한다. 이러한 태도는 모든 것에 어떤 기준을 부여할 수 있다. 이러한 태도는 존엄성을 지닌 현존의 지속적인 억제이며, 형성된 에너지를 변환시키는 맹목적 감정의 흐름을 정체시키는 것이다. 이러한 태도는 용감하며 침착하다. 이러한 태도는 에너지와 함께 구체적인 과제에 착수할 수 있고, 광신에 빠지는 일 없이 실패에 직면해도 평정하게 있을 수 있다.

인간성은 개방적이다. 각각의 다른 관점 위에 서 있는 것이며, 근거들에 귀 기울이는 것이며, 사태의 합리성으로 들어가는 것이며, 이념 속에서 제한

없이 스스로를 확장하는 것이다. 인간성은 궤변에 저항하며, 이기적인 의지에 대한 압박에 저항하며, 뜻밖의 감상에 저항한다. 인간성은 솔직함, 이해, 붙임성, 그리고 가능성이다. 인간성에는 타자를 근원적으로 인정하는 것, 투쟁에서의 기사도 정신, 부끄러움을 느끼지 않으려는 의지, 교제에서의 친절 등이 어울린다. 투명성이 인간성의 본질이다. 인간성의 명석함과 깨끗함으로부터 명료함이 빛을 비춘다.

정열은 불명료한 난폭함으로부터 나와 혼돈상태에 빠지는 위험이 있다. 정열은 낮의 에너지의 원동력이 되기보다는, 오히려 인간 현실의 배후에 위협적으로 서 있는 억제되지 않는 것이다. 정열은 질서와 현존에 거스르는 가능성이며, 무가 아닌 심연이다. 정열은 소통을 단절시키며 현실을 파멸시킨다.

태도가 절대화되면 그것은 경직되고 죽은 것이다. 인간성이 절대화되면 결단을 회피하며, 모든 것을 인식하며, 통찰을 통해 이해하는 것으로 할 일을 끝냈다고 할 수 있는 보편적인 방식으로서 교양이 된다. 정열이 방임될 때, 인간으로 하여금 자신의 세계와 자기 자신을 파괴시킨다.

실존으로부터 떠받쳐진 태도, 인간성, 그리고 정열만이 진실일 수 있다. 철학자들인 인간존재는 태도가 아니라 태도를 획득하는 것이고, 그 태도를 조건들 아래 놓는 것이다. 이러한 제약이 결여될 경우 철학자는 이러한 태도를 포기해버리게 된다. 인간성은 실존적 결단에 근거할 때에야 비로소 삶을 지지하는 의연함을 창조하는 열의와 힘을 갖는다. 보편적 유형으로서의 인간성은 오직 역사적으로만 실현되며, 인간성 자체는 변화에 예속되어 공허하다. 실존적 가능성으로서의 정열은 임의적 충동이 아니다.

철학자는 이른바 자신을 옹호하는 현존의 영역들을 가지고 있다. 철학자는 이러한 현존의 영역들과 일치하지는 않지만, 이러한 현존의 영역 없이

는 존재하지 못한다. 철학자 자체가 무엇인지는 되어감으로만 존재할 뿐
이며 완성 없는 시간 현존으로 존재한다.

제12장

실존들과 함께하는 실존

실존은 대상들 중의 한 존재라는 의미에서, 또한 심리학에 의해 접근가능한 주관의 의미에서 존재하는 것이 아니라 주관성과 객관성 안에서의 현존의 여러 갈래의 분열 안에 나타나기 때문에, 그의 궁극적인 객관성에 도달할 수도 없고 또한 주관성으로서 충분히 파악될 수도 없다.

사람이 세계정위적인 연구와 지식을 통해서, 목적이 있는 행위와 목적이 없는 경험을 통해서, 자기의 일에서 미리 대비하고 봉사하는 것을 통해서, 현존 안에서 여러 측면에 걸쳐서 입지를 획득했다면 그것을 통해서 그는 동시에 자기존재에 대한 어떤 존재의식의 가능성을 획득한 것이다. 그런데 내가 자기존재를 단지 현존 안에서만 발견한다면, 나는 다시 모든 현존으로부터 자기존재에게로 되돌려 던져진다. 그러나 자기존재는 자기를 유일한 존재로 간주할 수도 없고 어떤 다른 보편적 존재가 단적인 존재로서 주장되는 것을 허락할 수도 없다. 세계와 초월자는 그들의 객관성 안에 고착될 수 있다. 그러나 가능실존은 자기를 그로부터 다시 찾는다. 그리고 그에 기초하여서만 초월자가 감득되는, 그러나 그 자신은 자유로서 현전하고 확신될 뿐인 것에로 돌아간다.

가능실존의 **존재의식**은 관찰가능한 현상이 아니다. 그것은 **이러한** 실존 자신과 소통 안에서 그와 연결되어 있는 실존에 대해서만 존재할 뿐이다.

그에 관해서 말하는 것은 마치 그것이 관찰에 나타나는 수많은 예들 안에 존재하는 듯이 피할 수 없는 기만적인 객관화를 초래한다. 이에 반하여 사실은 언어적 표현은, 만일 그것이 존재한다면, 단지 **대체불가능한 이것인** 바의 것을 자기존재로서 깨닫기 위한 호소를 의미할 뿐이다. 주관들은 물론 이 세상에서는 가능실존의 수많은 구체적인 현상형태들이다. 그러나 실존은 오직 자기 자신으로서만 존재하고 그의 자기존재와의 일치 안에서 소통에 연결되어 있다. 실존들은 객관성으로서 고찰되어서도 안 되고, 주관성으로서 고찰되어서도 안 된다. 그렇기 때문에 그들은 현존하는 것으로 인지하거나 다수의 존재처럼 셀 수 없고 오히려 세상 안에 있는 다수의 현존과는 다르게 **실존들에 대한 실존의 존재로서** 존재한다. 물론, 그들은 그와 같은 것으로서 인식될 수는 없고 가능성으로서 조명될 수 있다. 우리가 **본래적으로 존재한다고** 믿을 때 우리들 자신인 것은 **존재와 존재의 연결**이다. 그리고 그 연결은 우리가 실존적으로 그 영역 안에 들어갈 때 우리에 대해서 존재한다.

그러므로 존재는 객관성으로서, 그리고 모든 사람에 대해 보편타당한 하나의 진리로서 발견될 수 있는 것이 아니라 주관성과 객관성의 분열을 가로질러 세상 안에서 가능한 존재의식의 근원 안에, 즉 다른 실존에 대해서 존재하는 실존 안에 있다. 그의 근원은 존재의 **포괄적인** 가능성으로서 그로부터, 시간적 현존 안에서 객관적 통일 안에 폐쇄되거나 주관을 획일성 안에 평준화함이 없이, 본래적인 것이 발생한다. 그러므로 실존의 진리의 밝힘은 존재에 관한 지식(존재론)으로서는 불가능함을 파악하고, 오히려 세계현존 안의 존재를 유일한 참된 진리의 길로서 조명하는 대신에, 신앙에 대립하는 신앙으로서 조명하지 않으면 안 된다.

상호적 존재 안에 있는 진리

1. 하나이며 다수인 진리

실존이 여러 형태의 진리—내가 **강제적인** 것으로 인식하는 진리, 내가 그것에 **참여하는** 진리(이념), 나 **자신인** 바의 진리—를 구별하는 것은 그의 현실화를 가능하게 한다. 단지 합리성과 경험적 판정을 통해서 강제력을 갖는 진리만이 의식일반에 대해서 진리이기 때문에 모든 사람에 대해서 보편타당하다. 그러나 이념의 진리와 실존하는 자아 존재의 진리가 객관적, 직접적으로 말해지는 경우에 나는 그들을 고찰하면서 사람들이 다양하고 대립되는 것들을 그 자체로서 참된 것으로 여겼다는 것을 알게 된다. 그러나 나는 이러한 방식으로는 그중에 어떤 진리도 그들의 근원으로부터 이해할 수가 없다. 왜냐하면 객관적 형태 안에서는, 다수의 신앙된 진리들의 형상 안에서는 단지 그의 현상만이 세계 안에서 자기를 정위하는 의식일반으로서의 나에 대해서 현존하기 때문이다. 진리들은 충돌한다. 그러나 그 진리들에 참여하는 자는 모든 진리를 아는 자가 아니라 그 진리들 중 하나와 자기를 일치시키는 자이다. 내가 실존하는 한에서 내가 자유로서 단적으로 그것인바 나의 진리는 실존하는 자로서의 **타자**의 진리와 충돌한다. 다른 진리를 통해서, 그리고 그와 함께 나의 진리는 자기 자신이 된다. 그는 유일하게 혼자서 존재하는 것이 아니라, 타자에 대해서 서 있으면서 유일하고 대치불가능한 것이다.

이러한 진리로부터 나는 벗어날 수가 없다. 나는 그것을 바라볼 수도 없고 그것을 알 수도 없다. 그로부터 벗어나면 나는 허무 속에 떨어질 것이다. 아마도 나는 그 진리의 객관적 자기이해를 그의 그때그때의 현상으로서 무한한 반성에 맡길 수 있을 것이다. 또한 나는 역사적 순간에 현상으로서의 그것을 절대적인 것으로 여기지만 곧 또다시 그것을 상대화할 수 있다. 그러나 이것은 시간적인 것으로 끊임없이 형성되어가고 있는 실존의 진리에 기초한 것이고 지적으로, 그리고 근원 없이 행해지는 것은 아니다. 실존에 대한 봉사 안에서 비로소 상대화하는 오성은 모든 객관성을 파괴하는 것을 통해서 내용을 가지게 된다. 왜냐하면 실존하는 것으로서의 사고는 객관성을 극복하면서 그와 동시에 새로운 객관성을 산출하기 때문이다. 나는 실존하는 자로서 다른 어떤 곳에서도 편안하지 않고 (이 실존에게 자기 자신을 나타내는 초월자 안에서가 아니라면) 나와의 실존적 일치 안에서 편안하다. 실존은 모든 겉보기의 해답 뒤에 서 있다. 그러나 그것은 해명되는 것이 아니다. 왜냐하면 그 자체가 아니라 그의 그때그때의 현상만이 질문에 의해 접근가능한 것이기 때문이다. 오직 소통에서만 나는 다른 실존의 진리를 본다. 나는 나를 인정하거나 거부할 뿐인 사람들의 기만적인 거울들로부터 돌아서서 단지 진리와 진리의 이러한 접촉 안에서만 확신을 얻으면서 살아간다.

객관적 진리는 만인에 대해서 하나이고, 그것을 근거 지우는 일과의 관련에서 어떤 하나의 입장에 대하여 그때마다 특수하다. 그러나 실존적 진리에 대해서는 다음과 같은 사실이 중요하다. 즉 나는 그것을 관찰하기 위해서 나의 실존의 가능성으로서의 진리 밖으로 나올 수 없기 때문에, 나는 "다수의 진리가 존재한다."라고 말할 수가 없다. 왜냐하면 다수성은 단지 가시적인 형상들의 외적인 현상 안에서만, 그리고 언표가능한 사상이나 도그마들의 경우에만 타당한 것이기 때문이다. 그러나 실존의 진리는 여러 가지가 아니다. 왜냐하면 그것은 다양성으로서 밖에서 볼 수 있는 것이 아니고 실재로서 고정시킬 수 있는 것도 아니기 때문이다. 이와 동시에 나는

"나 자신이 유일한 진리이다."라고도 말할 수 없다. 왜냐하면 나는 내가 관계되어 있는 타자들 없이 존재하는 것이 아니기 때문이다. 나의 실존의 무제약성은 일반적인 것의 타당성을 가지고 있지 않다. 그것은 결코 동일하게 전달될 수 없는 무제약성이다.

2. 진리의 선택

진리는 강제적이고, 그래서 선택되는 것이 아니거나 진리가 선택을 통해서 무제약적이 되거나 둘 중의 하나이다.

현존하는 것으로서의 다수의 무제약적 진리들이 있고, 그래서 내가 그것들에 직면해 서 있으면서 그중 하나를 나를 위해 선택할 수 있는 것이라면 진리의 모든 의미는 사라져버릴 것이다. 그렇게 되면 나는 그들의 무제약성에서 서로를 배제하는 진리들을 다수의 진리로서 알 수 있을 것이다. 그러나 그것은 불가능하다. 설사 내가 진리를 알거나, 진리에 참여하거나 또는 내가 그 진리이거나 간에 그 모든 경우에 비진리를 타자로서 **배제하는** 단지 하나의 진리만이 존재할 수 있다.

사람이 어떤 세계관을 선택하느냐가 그가 어떤 사람인가를 보여준다는 테제에 대해서 무엇들 中에서 선택하느냐에 대한 질문을 할 수 있다. 객관적인 종류의 양자택일은 모두가 특수한 것의 규정성과 상황 안에 있는 특수한 것의 결정성 안에서 타당하다. 그러나 양자택일은 내가 그중에서 하나를 선택할 수 있는 몇 개의 세계관들에 대해서는 타당하지 않다. 왜냐하면 전체가 문제가 될 때에는 특수한 것으로서의 어떤 규정성도 판단을 결정할 수 없기 때문이다. 전체의 이념 안에서 모든 사고가능한 것에게 하나의 자리를 제공하는 것은 언어로 전달되는 사고에 관한 세계정위에 대해서는 의미가 있다. 그러나 세계관들을 인식의 구조로서 조망하는 것은 세계관으로서의 그들을 지양시키는 것이고, 그것은 오히려 세계관의 사상성을 조망하는 자로 하여금 근본적으로 다른 의미의 선택을 할 수 있게 한다. 다시 말하면, 내가 그로부터 출발하는 진리의 근원인 선택은 **실존의 선택**이며 그 선택 안에서 **실존은 자기 자신을 선택한다**. 나는 제공되는 다수의 전형들로부터 하나의 진리를 선택하는 것을 통해서가 아니라 자유의 선택에 기초하여 자기 **혼자에게만** 참인 세계관 안에서 자기를 조명하는 실존을 통해서 진리에 도달하는 것이다.

자기이해는 불확정한 결과들 안에서 삶을 형성하는 개개의 구체적 선택 행위들에서 시작된다. 그때 사람은 다음과 같이 물을 수 있다. 어째서 그런 선택을 했는가? 그러한 선택의 의미는 무엇이고 결과는 무엇인가? 그러한 선택의 근거가 되는 의식되지 않은 전제들 또는 원칙들은 무엇인가? 그와 같은 질문들에 대한 대답에서는 원칙적으로 궁극적인 가능성들에로 이끌어가는 것같이 보이는 합리적인 결과들의 연관관계가 전개되고, 그 가능성들 중에서 어떤 것들을 합리적으로 형성된 세계관의 전제들로서 선택하면 된다고 한다. 그러나 결과들과 더 이상 자기를 근거 지을 수 없는, 그러나 비대상적인 것으로 생각된 것은 아닌 궁극적 전제들을 추구하는 이러한 방법은 단지 하나의 상대적인 결말에로 이끌어갈 뿐이다. 다시 말하면 세계관의 최종적인 양자택일이 필연적인 것으로 주장될 때 나는 불만을 가지게 되고 회의적이 된다. 궁극적 원칙에 근거한 합리적 자기이해의 길은 구체적 선택행위로부터 출발하면서, 오히려 실존 자신을 근거로서, 그리고 해결불가능한 목적으로서 보존한다. 여기서 실존은 소위 궁극의 배타적 근본원칙들에 대한 모든 인식에 대해서 아직 포월적인 가능성으로서 남는다. 단순히 이론적인, 따라서 실존으로서 그의 선택을 목적으로 하지 않는 해석의 길에서는 실존은 자신을 그 자신의 근원의 무제약성에서가 아니라 그의 그때그때의 객관화 안에서 단지 상대적으로만 이해한다.

실존은 그의 진리의 선택에서 그의 현상에 대한 무한한 반성 후에 참된 **근원**—자기가 동시에 **다른 근원**에 대립해 있는 것으로 알고 있는—에로의 비약을 통해서 자기를 이해한다.

이와 같은 근원의 선택은 개체적 실존의 현실성 안에서 수행되는 철학함을 결정적인 확신에로 이끈다. 이 철학함은 자기 자신을 참된 것인 동시에 유일한 것으로서 파악하기 때문에 그것은 모든 다른 진리를 같은 의미에서 참된 것으로 이해할 수 없다. 그러나 물론 다른 진리와의 질문과 투쟁의 소통 안에 들어갈 수는 있을 것이다. 왜냐하면 실존은 자기를 유일한 진리로 이해한다고 해도 그는 결코 모든 것이 아니고, **타자를 향해서 실존하고 있기 때문이다.** 실존은 진리들의 상호적 병존을 개관할 수는 없고, 다만 잔재(capita mortua)로서의 언표된 이론들 안에서 그들의 현상들을 개관할 수 있을 뿐이다. 그러한 개관은 이론의 단편들을 통해서 느낌 안에서 다른 진리들의 근원에 이르기 위한 것이다.

실존조명으로서 자기를 인식하고 있는 철학함의 진리의식의 이러한 태도설정은 보편적 타당성이 중요하지 않음을 밝히는 것을 의미하지 않는다. 그와는 반대로 그는 필연적인 것을 가차 없는 비판을 가지고 지키면서, 그것이 다른 진리와 혼동되는 것을 방지한다. 그것은 또한 실존이 그의 진리를 원하지 않고 자기를 일반적인 것의 한 사례로 만들기를 원하기 때문에 자기를 또다시 포기하는 것을 의미할 수 없다. 그것은 무엇보다도 실존이 자기를 절대시한다는 것을 의미하지 않는다.

다음과 같은 주장들은 오성에 대해서 실존적 진리의 근본적 역설로 남는다. 즉 진리는 개별적으로 존재하지만 다른 진리들을 향해 존재한다는 주장, 다수의 진리가 존재하는 듯이 보이지만, 단지 하나의 진리만이 존재한다는 주장, 그리고 타당성은 그때마다 실존 안에서만 절대적이고 상대성은 항상 단지 사고된 것과 언표된 것의 객관적 현상에만 해당되는 것이기 때문에 절대적 타당성과 상대적 타당성은 서로를 배제하지 않는다는 주장 등이 그러하다.

3. 실존들의 계산불가능성이 의미하는 것

세계 안에 있는 모든 대상적인 것은 그때마다 하나의 단위이다. 그리고 셀 수 있는 다수의 것이 존재한다. 나는 심리적 주관을 하나로 생각하고, 주변 반경 안에 몇 개의 그러한 주관들이 있는지를 계산한다. 혹은 나는 그 안에서 각자가 단순히 임의의 부분이 아니라 하나의 전체의 구성원인 인간적 질서의 세계를 생각한다. 나는 실존들 가운데 존재하는 실존을 그런 식으로 셈할 수 없다. 실존은 그런 것으로 거기에 존재하지 않는다. 나는 실존을 현상으로서 나의 고찰의 시야 안에 들여놓을 수는 있다. 그러나 그런 경우에 나는 어떤 것이 실존적 현상이고 어떤 것이 그렇지 않은지에 대한 어떤 종류의 객관적 기준도 가질 수 없다.

그렇기 때문에 어떤 대상도 파악하지 않는 자유의 기호 이외에는 어떤 범주라도 단지 부적절하게 실존에 적용될 수밖에 없다. 만약 사람이 실존들을 바라볼 수 있다면 그들은 그때마다 하나이고 또 여럿이고 그러한 것으로서 양의 범주를 가지고 셀 수 있을 것이다. 그러나 단일성과 다수성은 세계 안의 현존의 대상적 형식들이지 실존의 존재의 형식은 아니다. 그러나 그러한 형식들을 가지고 불가피하게, 그러나 부적합하고, 그래서 또다시 취소하는 방식으로 실존에 대하여 언급하게 된다. 실존들은 그러므로 다수로서 존재하지만 **셀 수 있는 것으로서** 존재하는 것은 **아니다**. 각각의 실존은 유일회적인 대리불가능한, 서로를 향해 움직이는, 경쟁적이 아닌 양태의 소통 안에서 단지 실존으로서의 나에 대해서만 실존으로서 존재한다. 나는 무한정한 어두움에 둘러싸여서 단지 이 가능실존으로서 이들 다른 실존들과 함께 존재한다. 이러한 실존적 경험의 영역은 결코 전체로 되는 적이 없다. 그러나 내가 그의 구성원인 하나의 **전체로서의** 실존들의 왕국에 대한 사상은 하나의 특수한 사상으로서 근거가 없는 것이다.

그러나 실존을 하나로서, 다수로서, 실존들의 왕국으로서 생각하는 우리의 불가피한 경향성은 모든 다른 것과 동일하게 실존까지도 대상화하려는 충동에 근거를 둔 것이다. 가능성에서 본다면 나는 고찰에서 대상적 현존의 세계로부터, 그리고 그와 함께 주관들이 현존하는 **세계의 밖으로** 나갈 수 있다. 그래서 나는 의식일반으로서 비록 상상적이긴 하지만 "외부의 한 점"을 획득할 수 있다. 나는 세계 안에 있으면서 동시에 세계 밖에 있는 것이다. 그런데 나는 **실존의 밖으로 나갈 수가 없다.** 실존을 바라볼 수 없고 그를 다른 실존과 비교할 수 없고 그들 중의 다수를 객관적으로 나란히 세울 수 없다. 나 자신은 이 한 사람이고, 비록 내가 그 외의 다른 것이려고 시도할지라도 항상 또다시 "나"라는 것, 그리고 그 "나"라고 하는 것은 무엇보다도 먼저 단지 경험적이고 논리적인 주관의 자기동일성일 뿐이다. 그러나 나는 이 동일성 안에서 "나 자신의" 현실성으로서의 실존을 대면할 수 없고 단지 외견상의 형식적 진술 안에서만—그 안에서 나 자신이 실제로 그것을 대면할 수 없는데—대면할 수 있다는 것은 실존이 그 자신 안에 **뿌리를 두고 있음** 때문이다. 그러나 이것을 그 자체로서 언표함은 오해를 초래하게 된다. 왜냐하면 그것은 내가 그것으로부터 자유롭게 되기를 원하지만 그럴 수 없는 근거에 묶여 있거나 매여 있다는 의미에서의 뿌리박고 있음이 아니라 오히려 그로부터 벗어날 수 없다는 바로 이 같은 불가능성 때문에 내가 그것이 다르기를 전혀 원할 수 없고, 그래서 나는 나 자신이기를 원하는 것이기 때문이다. 여기에만 "나는 존재한다."라고 하는 진술의 진리가 존재한다. 이 진리는 말하자면 다시 한 번 다르게 또는 여러 방식으로 나 자신일 수 없게 한다. 그것으로서, 그리고 그 안에서만 나 자신이고 그 옆에 또 그 뒤에서는 나 자신이 아닌 그 존재는 일반적, 형식적인 자유의 한 사례가 아니라, 가장 가까운, 그러나 항상 낯선 것으로서 자기를 자각하는 유일회적이고 대체불가한 자유로서의 나의 존재이다. 그것은 그 자체로서는 결코 객관적인 것은 아니지만 오직 그것만이 나에게 중요한 유일한 확실성인 것이다. 자기에게 "나는 존재한다."고 말하는 어떤 것, 하지만 절대로 고찰의 대상으로는 되지 않는 어떤 것이 존재한다는 것은 대상적인 것과 타당한 것을 보편적으로 상대화하게 되는 **확고한 지점**인 것이다.

실존으로서의 존재와 모든 사람에 대한 존재

세계는 맨 처음의 파악에서는 절대적 공간 안에, 그리고 절대적 시간 안의 현존으로 생각된다. 그다음에 세계는 여러 상대성들로 해체되고 그의 원근법적 성격 안에서 관찰된다. 그리고 이 같은 관찰가능성과 연구가능성 안에서 세계는 모든 절대성을 상실하고 부동상태에 빠진다. 그러나 세계의 존재 그 자체는 동일하게 지속하는 객관성으로서 모든 사람에 대한 존재이다.

실존은 그의 편에서는 세계 안에 서 있다. 그러나 모든 세계현존의 제약성 한가운데에서 자기로부터 무제약성을 경험하는 실존은 근원으로부터 근원에로의 상호성 안에 존재한다. 이 같은 근원에 기초하는 이 존재는 결코 모든 사람에 대한 하나의 존재는 아니다.

모든 사람을 위한 보편적 존재로서의 존재는 세계존재이고 그의 상대성은 그의 보편타당한 인식가능성의 조건이 된다. 각각 하나의 실존인 존재는 세계 안의 현상이지만 그의 절대성은 모든 사람에게 알려질 수 없고 그의 무제약성은 실존적 소통의 범위 안에 있는 실존 그 자신에 대해서만 타당하게 여겨진다. 보편성으로서의 존재와 실존으로서의 존재는 서로 의존하면서 동시에 서로 투쟁한다. 그들 간의 연관과 그들 상호 간의 문제제기는 지속적인 하나의 종합을 허락하지도 않고 두 개의 존재양식 중 하나를 사라지게 하는 것을 허락하지도 않는다. 실존적으로 우선권을 가지는 것은 세계정위적 인식에 대해서는 아무것도 아니다. 세계정위적 인식에 대해서 보편타당한 것은 실존에 대해서는 그 자체로서 존재하는 것이 아니고 본래적 존재도 아니다.

1. 전체성과 근원성

객관성과 주관성은 자기를 고립시키는 그들의 세계현실 안에서 나를 그 안에 사라지게 한다. 즉 내가 나 자신을 실존하는 자로서 다시 찾지 않는다면 나는 거기에 이끌리어 단순한 현존이 되거나 단순히 복종하는 자, 외부로부터 규정된 현존이 된다. 그러나 객관성과 주관성은 그 안에서 실존으로서 실존인 나에게로 향해 오는 그것이 나에게 밝혀지는 매체가 된다. 나는 말 걸어지고 그의 언어로 말을 건넨다. 그 언어에 대해서는 객관적 언어는 단지 통로에 불과하다. 그러나 나는 전체가 되는 것도 전체를 성취하는 것도 아니다.

실존적 다수성은 객관화된 진리들 그 자체 안에는 존재하지 않는다. 즉 객관적인 것 안에는 옳음이 아니면 그름, 선함이 아니면 악함, 참여가 아니면 거절이 존재한다.(그리고 그것은 종합적 결합의 변증법적 가능성으로서 존재한다.) 즉 거기에는 하나의 진리만이 존재한다. 실존적인 다수성은 근원적인 것이다. 그것이 의미하는 바는 나는 나이고 타자는 그 사람 자신이기 때문에 전체가 될 수 없다는 것이다. 그것이 의미하는 바는 더 나아가서 내가 오직 하나인 것처럼 나는 다수를 다수로서 아는 것이 아니고, 또한 모든 다수성이 소실되는 하나의 전체 안에서 아는 것도 아니라는 것이다. 나는 다수를 단지 내가 그와 소통하는 한에서만 안다. 그리고 그는 나와 함께, 나는 그와 함께 일자를 향한 도상에 존재한다.

실존들은 그러므로 그들의 현상 안에서 지식의 총체적 전체 안에 **포섭될 수 없는** 것이다. 그들은 항상 누구에게나 동일하게 존재하는 인식가능한 존재로서 **전환될 수 없다.** 왜냐하면 **현존**의 모든 차이와 대립은 일반적으로 사고될 수 있으나 실존들 사이의 차이는 본래적으로 사유될 수 없기 때문이다. 그 이유는 그 누구라도 사고하면서 실존의 밖으로 나갈 수가 없기 때문이다. 실존들 안에서의 차이로 생각될 수 있는 것이 있다면 바로 그 때문에 즉시 또다시 그것을 그렇게 생각하는 이 실존 그 자신에게 속하는 가능성으로서 실존적으로 서로 결합되어 있음을 인정해야 하는 것이리라. 내가 적극적으로 확신하는 바의 진리의 흐름이 모든 구별을 관통하여 흐른다.

실존의 존재에게 비로소 본래적 현실성이 열린다. 그러나 **현실성**이 무엇인가는 그와 함께 결정되는 것도 아니고, 모든 사람에게 동일한 것도 아니다. 그것은 오히려 실존의 근원에게 동일한 방식으로 자신을 나타내지 않는다. 누가 현실성을 보는가, 그리고 현실성이 **무엇으로서** 보이는가 하는 것이 문제이다. 대답은 그때마다 비약에 의해서 모든 지식으로부터 분리된다. 내가 초월자와의 관계 안에서 무엇인가 하는 것은 무엇이 나에게 현실성으로서 개시되는가와 상관관계에 있다. 그것은 참으로 세계정위에서의 필연적 인식의 대상으로서는 일반적이다. 그러나 현실은 그 자체로서는 결코 내가 경험하고 행위하는 완전한 현실성이 되는 적이 없다. 전자의 현실은 특수하고 상대적이고 후자의 현실은 나에 대해서 전체이다. 전자를 인식하는 나는 의식일반이다. 내가 후자를 인식할 때 나는 그 안에서 초월자와 관계하는 가능실존이다.

2. 실존과 현상적 실존에 대한 고찰

인간은 창조의 최고 절정은 아니다. 왜냐하면 그와는 관련이 없는 전혀 다른 것이 존재하기 때문이다. 그러나 인간은 그 자신에 대해서 필연적으로 중심이다. 그는 의식일반으로서 고찰하면서, 그리고 연구하면서 이 중심으로부터 밖으로 나올 수 있고, 관점을 변경하고, 적어도 가능적으로 "세계 밖의 관점"을 획득할 수 있다. 그러나 아무리 많이 그가 현상 안에서 자신을 고찰하고 이해하고 그의 조건들 안에서 분석한다고 할지라도 그는 실존하면서 실존으로부터 밖으로 나올 수 없기 때문에 모든 지식(심리학과 사회학으로서의)이 그 자신을 파악하지 못한다는 것, 그리고 그가 사고의 가능성 안에서 실존의 밖으로 나오자마자 실존이 그로부터 떠나는 위험이 있음을 경험한다. 그러나 인간은 임의로 멈추지 않고 그의 고찰과 분석의 한계를 정하지 않고, 오히려 그의 본래적 존재 안에서 그 자신이 항상 모든 고찰의 피안에서, 그리고 그에 앞서서 그 자신이 하나의 비약에 의해 분리되어 있음을 안다.

현상의 세계 안에서 실존은 자기 주위를 둘러보면서 현상을 고찰하는 방식으로 또다시 실존을 **탐구**한다. 이때 실존은 현상에 대해서 결코 단순한 고찰을 하지 않는 듯한 방식으로 말하는 성벽이 있어서 **모든 것**을 실존으로 보는 경향을 가진다. 그러나 고찰가능한 자연의 세계는 실제로 실존으로 되지 않는다. 인간과 세계 안에 있는 다른 존재들과의 사이에는 본래적으로 공통적인 것은 없다. 인간존재는 질문하고 대답하려고 한다. 그러나 인간만이 인간에게 대답한다. 그러나 인간들 사이에도 역시 동등성이 존재하지 않는다. 세계 안에서 사람들은 성격학적, 사회학적으로 다르고 단지 특별한 권리와 목적들에 대해서만 동등하다. 인간은 초월자와의 불확정하고 가능적인 관계 안에서 동등하고 그런 점에서 서로 동일한 수준에서 존재한다. 그러나 그와 동시에 그들의 영원한 존재는 말하자면 초월적 위계질서 안에 존재한다. 내가 초월자 앞에 함께 서기 위해서 누구를 향해 서는가, 그리고 누가 거기에서 나를 버리고 떠나는가 하는 것은 실존적으로 개시되는 심연과 같은 불가피성이고, 어떤 오성으로도 제거할 수 없는 것으로서, 그것 자체는 어떤 범주로도 파악할 수 없는 불평등성에 대한 비유와도 같은 것이다.

현상에 있어서의 인간의 비동등성, 즉 그들의 생활형식 및 목적들, 그들의 현존의식과 그들의 사실적 세계 안에서의 비동등성에 대한 고찰은 물론 결코 실존을 파악할 수 없지만 자기를 탐구하는 실존적 관심에 속한다. 인간일반이 무엇인가를 나는 필연적으로 나의 역사적 상황으로부터 설명한다. 나는 객관적으로 미개민족의 원시상태로부터 출발하는 것도 아니고, 주관적으로 나 자신의 알려진 또는 가능한 시원들 또는 나 자신의 현존의 일상성으로부터 출발하지도 않는다. 오히려 나는 본래적 현재로서의 고양된 순간들로부터 출발한다. 실존적 관심으로부터 비로소 원시적으로 보이는 것, 미개민족의 현존과 사고, 인류의 단계들에 대한 안목이 열린다. 그리고 나는 역사적 정신성을 자기화된 것, 극복된 것, 또는 낯선 것으로 볼 수 있게 된다. 또한 나는 성격학적, 사회학적 전형들에 대한 감각을 획득하게 되고 나 자신이 지나온 길과 나의 일상을 보게 된다.

그러나 내가 더 이상 실존으로부터 말걸어지지 않게 되자마자 고찰은 길을 잃는다. 세계 안에서 연구하는 고찰들은 단순히 길에 불과할 뿐이고 이미 어디선가 실존과 대면하고 있는 고찰로서 존재하는 것은 아니다. 만약 실존이 또다시 그의 역사적 현상 안에서 고찰된다면, 그리고 실존의 형식들이 전형들로서 설정되고 그의 다양성들이 어떻게 역사적으로 번갈아 교체되는지가 관찰된다면, 그것은 철학함의 뿌리를 상실하는 오해가 될 것이다. 객관적 고찰에 대해서 나타나는 변화하고 교체되는 것은 심리학적 성격들, 세계상들, 행동의 양식들, 사회학적, 경제학적 상태들, 세계사적 상황들 등이다. 그에 반하여 실존은 다른 형태 안에서 항상 동일하다. 역사적인 것의 고찰을 통하여 역사적인 것이 초월되고 소멸되는 것에 의해서 나는 비로소 본래적으로 존재확신으로서의 역사적 의식에 도달하게 된다.

나는 항상 양자이다. 즉 나는 실존의 가능성과 관찰의 가능성이다. 나의 관찰에 대해서 세계사의 무대가 열리고 거기에서 나는 인간에게 지금까지 가능했던 다양성을 보고 많은 것들 중의 하나로서 나에게 전승된 세계를 본다. 나는 역사적 개인으로서 그 무대 위의 수십억 중의 한 인물이다. 그러나 가능실존으로서의 나는 이 관찰의 모든 것을 행하면서 그 안에 하나의 대상으로 들어가지 않고 고찰을 통하여 낯선 실존과의 접촉을 획득할 수 있다.

그러나 고찰이 실존적 탐구를 위한 보편적 용의에 머무르지 않고, 그의 역사와 가능성들 안에서의 인간의 형상들의 축적으로 된다면 그것은 자기 존재로서 관찰된 것 곁에 있는 것이 아니다. 이와 같이 형성물의 곁에 있음은 다양성에 대한 감각으로서 그의 고찰의 보편성 안에서 실존적 관심의 경계선에까지 갈 수 있으나, 실존의 관심으로부터는 **심연의 간격으로** 떨어져 있다. 랑케에 의하면, 세계사는 국가들과 민족들 사이의 우연한 상호적 투쟁은 아니다. 또한 문화의 진흥도 세계사의 유일한 내용은 아니다. 거기에서는 창조적 생명력과 도덕적 에네르기가 관찰된다. 그들을 정의할 수는 없고, 그들을 관찰하고 지각할 수 있다. 사람은 그들의 현존에 대한 공감을 산출할 수 있다. 그들의 삶, 그들의 소멸, 그리고 항상 보다 더 큰 충실, 보다 더 높은 의미, 보다 더 넓은 영역을 자신 안에 포함하는 그들의 부활 안에 세계사의 비밀이 놓여 있다. 민족들의 다양성과 그들의 문헌의 다양성은 역사가 우리를 끌어당기는 조건이다. 한 사람이 대변하는 사회, 또는 모든 사람이 동일한 수준에서 또는 동일한 평범성을 가지고 항상 같은 것을 말하는 사회는 즐거움과 자극을 제공하지 못한다. 사람은 그 자체에서 순수하게 형성된 다양한 특유성들이 보다 더 높은 공통적인 것 안에서 만나는 곳에서, 이 특유성들이 활기 있게 서로 접촉하고 보충하면서 그 순간들 안에서 공통적인 것을 산출하는 곳에서만 비로소 기쁨을 느낀다. 그러므로 다양한 문헌들이 그들의 특유성을 혼합시켜버린다면 번거로운 권태만이 존재하게 될 것이다. 모든 사람의 결합은 각자의 독립성에 근거를 둔다. 국가들과 국민들의 경우에도 이것은 마찬가지이다. 특수화와 순수한 형성으로부터 조화가 발생했다.

이와 같은 정식화는 실존을 안중에 두고 있는 것같이 보인다. 어쨌든 일반자를 위해 실존을 희생하지 않는 것처럼 보인다. 그러나 그 문장들의 **외견상의 가까움**을 그들 안에서 **표현되고 있는** 의미 전체로부터 근본적으로

구별할 필요가 있다. 즉 후자는 파노라마적, 구상적으로 현상의 풍요로움을 목표로 하고 있다. 다양성, 풍요로움, 넓이 등이 궁극적 가치기준인 것으로 보인다. 그리고 지루함은 부정적 기준이 되고, 전체의 조화가 보편적 관찰의 만족을 위한 전제로 된다. 아직 낯선 특유성이 접촉되지만 즉시 또한 전체에로 보완된다. 랑케는 독립성을 결합의 조건으로 여긴다. 그런데 이 결합은 그에게 하나의 유일한 포괄적 전체로서 의심의 여지없이 가능하다. 그는 평범하지 않은 모든 것을 거의 무조건적으로 인정하는 입장을 고수한다. 이 같은 태도의 사실적 실행에서는—특히 특수한 의미에서 불가사의한 정신인 랑케가 더 이상 그러한 태도를 받아들이지 않을 때에도—형상적 방대함 안에서 편협함에 머무르는 편안한 편애가 세력을 발휘할 것이다. 왜냐하면 그 안에서는 실존의 특유한 운명의식이 표현되고 있지 않기 때문이다. 왜냐하면 실존은 거기에서 조화가 끝나는 존재의 심연에 서 있는 것이 아니라 존재와의 일치 안에 서 있기 때문이다. 그 존재는 실존조명의 언어로 말한다면 이러한 일치를 통해서 **실존의 의미**를 지양시킨다. 설혹 우리가 그러한 일치에 만족한다고 하더라도 본래적 **실존의 가능성**은 파괴될 것이다. 고찰의 광대함은 대조적으로 단순한 고찰로서의 그에게는 여러 실존들 가운데 존재하는 실존 안의 근원이 파묻혀버린다는 것을 보여준다.

3. 모든 사람에게 공통된 것과 실존적 공동체

다수(Viele)는 통일을 추구한다. 그런데 그 통일이 고정된 존재로 된다면, 그에 의해서 다수는 존재하기를 그친다. 그러나 모두를 위한 하나의 존재는 주관성과 객관성 안에 있는 실존에게는 단지 그의 실현의 한 이정표일 뿐이다. 만일 그 하나의 존재가 우선된다면 실존은 망한다. 그것이 거부된다면 실존은 단지 공허한 가능성으로 남을 뿐이다. 그러나 만일 만인을 위한 존재가 실존의 공동체라면 그것은 하나의 정신적 왕국에서의 실존의 완성으로서 비로소 현실적이 될 것이다. 그에 앞서는 것은 단지 그곳을 가리키는 것일 뿐이다.

모든 사람에게 이해가능하고 타당한 것으로서의 공통적인 것은 현존 안에 있는 실존의 과제로서 생생하게 나타낼 필요가 있다. 그것은 그것을 근원 자체 안에 있는 실존의 공동체일 수 있는 것과 대조시키기 위해서이다.

공통적인 것은 **첫 번째**로 경험적 연구와 강제적인 지식의 대상으로서의 현존이다. 그것은 보편타당한 것을 동일하게 인식할 수 있는 가능성으로서의 **의식일반**의 공동체이다. 이 지식에의 사실적, 비판적 헌신은 이러한 공통적 실현에 의해서 가능적, 실존적 결합의 단초가 된다.

공통적인 것은 **두 번째**로 모든 사람이 동일하게 그것인 존재이다. 이것을 사고하는 것은 인간일반의 객관성에로 인도한다. 그러나 이것은 자기존재는 아니다.

인간이 다른 인간과 동일하게 공통적으로 갖는 상황은 다음과 같이 기술할 수 있다. 모든 사람은 동일한 생명적 요구들을 가진다. 그러한 요구들의 충족을 위한 그들의 활동에서 서로 의존한다.(현존의 배려와 가능한 쾌락에서 공통된 것) 그리고 모든 사람은 죽지 않으면 안 된다. 모든 사람은 그들의 운명에서 우연들에 맡겨져 있다. 그러나 상황의 이러한 공통점은 단지 다른 점에서는 역사적으로 다양한 사실성을 포함하는 구조의 공통성에 불과하다. 왜냐하면 이른바 일반적 상황들은 자기존재가 그 상황들을 파악하고 채우는 방식에 따라 비로소 그의 상황들이 되기 때문이다. 죽음은 결코 같은 것이 아니다. 그것에 대한 거의 완전한 무관심으로부터

항상 현전해 있는 종말이기 때문에 삶을 결정하는 것으로 생각되는 데 이르기까지 죽음의 의미와 중요성은 사람이 그것을 어떻게 경험하고 어떻게 말하느냐에 따라 변화한다. 내가 인간의 이러한 근본상황 또는 다른 근본상황을 그들의 중요성을 의식하면서 설명하고자 할 때, 나는 모든 사람에게 해당하는 죽음의 무시간적 일반적인 면에로 직접 향하지 않고 나의 자기존재를 조명한다. 다시 말하면, 내가 소통을 통해서 타자를 어떻게 대하는가를 물으면서, 소통 안에서 타자와 함께하는 나의 자기존재를 조명한다.

끝으로 인간이 모든 시간과 공간을 가로질러서 서로를 이해할 수 있게 하는 공통적인 것은 무엇인가에 대한 질문에 대답하기 위해서는 우선 그의 전제를 다음과 같이 제한하지 않으면 안 된다. 즉 이러한 이해는 결코 주어져 있는 것이 아니다. 그의 완성은 원칙적으로 의문스럽고 그의 길은 영원한 과제이다. 이러한 한계들 안에서 질문에 대해 가능한 대답은 **논리적으로는** 그 공통적인 것이 의식일반이라는 것이다. 의식일반은 대상지향적인 의식으로서의 현존이 갖는 모든 것을 연결하고, 그의 가능성에 있어서는 또한 인간의 한계를 넘어서는 구조를 가진다. **심리학적인** 대답은 공통적인 것은 종으로서의 인간현존의 특성으로서 항상 동일한 인간적 본성이다. **관념론적으로는** 그것은 우리 모두가 그것인 바의 하나의 정신이다. 그리고 **종교적인** 대답은 우리가 그에 근거하여 살고 그것을 삶의 목적으로 삼는 일자로서의 신이다.

공통적인 것의 이러한 통일들 중 그 어느 것도 시간적 현존 안에서는 완성된 것이 아니다. 각각의 통일은 어느 것이나 그것이 현재적 존재로서, 또는 도달가능한 것으로 주장되는 경우, 하나의 예견일 뿐이다. 완전한 지식, 불멸성과 영속적 현존을 가지는 완전한 인간으로서의 인간, 모든 것이 그 안에서 구성분자로서 존재하는 정신의 완결된 세계전체성, 교의적인 신성 등 그중의 어느 하나도 궁극적 현존을 가지는 것이 아니다. 오히려 모든 사람에 대해서 일반적인 존재 또는 그 안에서 실존의 존재가 끝나버리는 완전한 공통성으로서의 통일은 대상적 상대성 안에서만 존재할 뿐이다. 그러나 그에 의해 지탱되면서 비로소 현존 안에서 우리에게 타자가 중요하게 되는 실존의 존재는 자기를 실현하고 있는 무제약성으로서 **공동체**이다. 이 공동체는 **설립**되는 것이고 역사적이며, 결코 단순히 지속되는 것이 아니다. 설립된 것으로서 그것은 **보편적인 것이 아니다.**

다시 말하면 이 공동체는 **우정관계**로서 서로에 대해서 참으로 자기 자신인 사람들의 공동체이고, 자신이 실존으로 존재하지 않고 그렇게 존재할 수도 없는 모든 사람의 공동체는 아니다.

이 공동체는 자기존재를 어떤 지도적 자기존재에 연결시키는 **신뢰관계**(Gefolgschaft)이다. 물론 이 관계는 조건들 밑에 있으나 성실과 신뢰 안에 있는 관계이다. 그 관계는 단순한 복종과 구별된다. 왜냐하면 이 관계는 그 안에서 복종하는 자가 동시에 이해하고 있는 대리불가능한 공동체이기 때문이다. 즉 복종하는 자는 받고 있는, 그러나 가능성에 있어서는 또한 각각의 순간에 주고 있는 소통에 들어가는 자로서, 소통 안에서 자기가 되는 자이다. 신뢰관계는 그러므로 객관적, 보편적인 것으로서의 현존적 관심에 한정되어 있을 경우에는 일어나지 않고, 서로를 연결하고 있는 실존들의 본래적 존재의 근저 안에서 일어난다.

이 공동체는 무의식적 연속성 안에서 형성된 **실체적 생활공동체**로서 어떤 **이념**의 내용에 의해 존재한다. 물론 내적으로는 실존과 실존의 관계가 개인들 사이의 관계보다 근원적이다. 비록 이념은 실존에 근거하는 것이지만 외적으로는 이념이 더 앞선다. 이념은 한 공동체에 속하는 의식되지 않은 실존으로서 그를 통해서 개인은 이미 자기존재의 불안에 넘겨짐 없이 자기 자신이다. 역사적 이념들은 실존이 개인들을 포월하는 전통의 객관성으로서의 그들 안에 참여하고 그들 안에서 자기를 정위하는 현존질서의 과제들에 참여하면서 자기를 발견하는 세력들이다.

이 공동체는 **행위의 공동체**로서 현존을 결정하는 실현체이다. 그것은 국가의 활동들 안에서 가장 명백하게 나타난다.

이 공동체는 **작업공동체**로서 현존 안에서 지식, 발명, 기술적 제작품 등 일상적으로 필수적인 작업생산품을 획득하는 여러 과제들의 실현이다.

이러한 공동체들은 각각 사고된 것과 합목적적인 것의 투명성을 매체로서 필요로 한다. 이런 것들이 실존적 공동체의 뿌리로부터 떠날 때에는 그것은 단순한 공동성으로 희박화되고 경영으로 된다. 실존들의 공동체는 **자기존재가 이해불가능한 것 안에서 서로를 이해하는** 그때마다의 역사적 방식으로 머무르는 곳에서만 존재한다. 보편적이고 투명한 이해의 한계는 실존들의 공동체에 대해서 한계가 아니고 시작이다. 그러나 공동체의 현실성은 보다 더 포괄적이고 무한하게 이해가능성에 의해 관통되고, 각각의 순간이 표현의 매체로 견지되는 그만큼 더 결정적이 된다.

실존들은 모든 관점을 통하여 다른 세계 안에서 접촉하는 현실성으로서 서로를 인정한다. **본래적 진리**는 항상 무제약적이고 입장이 아니다. 실존적이고 보편적인 것이 아니다. 상호적이고 고립된 것이 아니다. 역사적이고 무시간적으로 타당한 것이 아니다. 도상에 있는 것이고 완성된 것이 아니다.

그러므로 실존들의 진리를 그의 객관화된 전체 안에서 하나로서 개관하고 체득하고자 함은 불가능하고 불합리한 일이다. 물론 철학 및 철학적 가능성들의 하나의 일반적인 세계가 존재한다. 그러나 이것을 아는 것은 아직 역사 안에서 발생하는 사상적 형성물들의 총체로서 나타나는 철학에 대한 **세계정위**이다. 한 사람의 머리 속에서 객관적인 세계관들과 정식들을 하나로 **연합하여** 인식하는 것은 언제나 가능하다. 그러나 이 모든 것은 항상 수단에 불과하고 그 자체가 이미 진리인 것은 아니다. 나는 그의 **근원** 안에서 지식을 통해서 자신을 **뛰어넘을** 수 없는 이러한 역사적 존재로 머문다. 나는 일반자로서의 존재의 객관성 안에, 이해가능성과 사고기술 안에 진입할 때 이 매개물들 안에서 내용으로서의 나의 자기존재의 가능성을 다시 발견한다. 나는 단지 나의 근원을 향해서만 나 자신을 초월할 수 있다. 그리고 단지 내가 점점 더 결정적으로 나 자신에게로 돌아가는 것을 통해서만 나는 이를 수행할 수 있다.

실존조명은 존재론이 아니다

존재론은 많은 것들이 주관성과 객관성 안에서 그 근원으로부터 발생하듯이 그로부터 생겨 나오는 총체적인 것(das All)에 대한 생각을 다루었다. 그렇지 않으면 존재론은 다자(das Viele)를 그것이 주관성과 객관성 안에서 존재하는 방식에 따라서 근원적으로 그의 개별성, 특수성, 유일회성에서 파악했다.

존재론은 총체적인 것으로부터 참되게 개별자들에 도달하지 못했고 개별자들로부터 총체적인 것으로서의 일자에 도달하지 못했다.

총체적인 것에 대한 학설로서 존재론은, 그것이 객관성에 중점을 두는 때에는, 형이상학적 실재론이 되었다. 그것이 주관성에 중점을 두면 그와 반대로 모든 존재를 자기의식 안에 해소시키는 관념론이 되었다. 개별자에 관한 학설로서는 그것이 객관성에 중점을 둘 때 다원주의가 되고 주관성에 중점을 두면 단자론이 되었다. 그런데 이 두 경우 존재론은 실존의 탐구에 접근했다.

만일 실존이 객관화된 주관성이 될 수 있다면, 다원주의와 단자론은 오늘날에도 또한 실존을 표현하는 철학적 사상의 형태들이 될 수 있었을 것이다. 그러나 실존은 대상으로 존재할 수도 없고 객관화된 주관으로서도 존재할 수 없으며, 주관성과 객관성 안에서 단지 호소하면서 조명될 수 있을 뿐인 근원으로 머물기 때문에, 실존조명은 그것이 자신을 존재론적 학설로서 전개할 때에는 실패할 것이다.

1. 다원론과 단자론

다원론은 그에 근거하여 모든 것이 대상적 인식에 대해서 그의 현존과 본질에서 파악될 수 있는 **하나**의 절대적인 것은 존재하지 않는다고 주장한다. 하나의 절대적인 것 대신에 다수의 **존재자들**이 존재하고 그들은 부분적으로 서로 접촉하고 그를 통해서 아마도 하나의 통일을 향해 나아갈 것이다. 그러므로 통일이 존재한다면 그것은 목적으로서이지 현존으로서는 아니다. 다수적인 것의 존재는 적극적인 삶과 의미의 근원이고, 그리고 그에 대한 의식으로부터 충만에 대한 개방성으로서의 순수경험이 발생한다고 한다.

세계에 대한 각각의 **대상적** 학설 안에 다양성이 나타나지 않을 수 없다는 것은 옳다. **사물들, 범주들, 정신의 영역** 등의 다양성은 그때그때의 지식 및 세계정위의 관점들과 상관적이다. 그러나 다양한 세계존재에 관한 이러한 대상적 학설에도 통일성은 존재한다.

다시 말하면 어떤 통일성에도 속하지 않는 분산된 사물들이 존재할 뿐만 아니라, 실제의 인식에서는 항상 보편적 상호작용의 전제가 확인된다. 그 전제는 상호작용 안에 들어가지 않는 것은 존재하지 않는다는 원칙 안에서 전개된다. 이 상호작용은 물론 통일성은 아니다. 그러나 그것은 절대적인 무접촉과 접촉불가능성 안에서 존재할 만큼 다른 것으로부터 분리되어 있는 것은 어디에도 존재하지 않는다는 것을 의미한다. 그 자체만으로 절대적인 것은 없고 모든 것은 모든 것에 대해 현실적 또는 가능적 관계 안에 서 있다.

범주들은 하나의 체계 안에서 사고된다. 범주들은 우리의 인식에 대해서 결정적인 체계는 아니지만 그들의 통일성의 이념은 존재한다. 그리고 그 안에서 범주들은 그들 사이의 상호적, 논리적 의존관계의 의미에서 상호적으로 작용한다.

정신의 영역들은 우선은 서로 병립해 있으면서 투쟁 속에서 서로 접촉한다. 그들은 하나의 그때그때의 근원적인 내실에 기초하여 통일을 형성한다. 그리고 그 근원적 내실 안에서 그들은 더 이상 투쟁하는 세력들로 머무르지 않고 그 자신 안에서 다수의 일치를 완성한 하나의 전체로 된다.

그러나 모든 것은 또다시 인간의 소우주 안에서 통일된다. 즉 사물들은 인간의 세계로서, 범주들은 그의 세계정위의 구조로서, 정신의 영역들은 인간의 현존 안에서 통일된 현재로서 통일된다. 그러나 그때에도 또한 하나의 전체는 없고 모든 것은 또다시 전체를 통하여 자기를 현상시키는 실존에 의해서 파악된다.

근원적이기 때문에 참된 다원성 안에 존재하는 것은 실존뿐이다. 실존은 물론 다른 실존과의 소통 안에 서 있으면서도, 실존들의 세계를 고찰을 통해서 명백하게 파악할 수 없으나, 어떤 어두운 가능성을 의식하게 된다.

그런데 그것이 마치 객관적 다양성에 관한 것처럼 오해되어서 다음과 같은 명제 안에서 표현된다. 즉 다수의 실존들이 존재하는데 그들은 서로 만나는 적이 없고, 소통 안에 들어감 없이, 즉 서로를 실존으로서 파악함 없이 현상 안에서 서로 접촉하는 그런 것이다.

과학적 세계정위에서의 **통일성의 참된 이념**(비록 여기서 궁극적 통일성이 획득되는 것이 아니고 세계 그 자체의 무상성 때문에 항상 거듭 파괴되는 것이기는 하지만)으로서의 일원론, 그리고 그에 관한 형이상학적 사상 안에서 일원론이 근원적 장소를 차지하는 초월자 안의 일자로서의 **일원론**이 존재한다. 그러나 실존들은 자기완결적인 정신영역의 이념에 의해서는 우리에게 단적으로 접근불가능한 것이므로 실존들의 **영구한** 다원론이 존재한다. 우리의 앎을 만족시키는 정신영역을 가지고 우리는 그 영역을 향해서 실존에게 열려져 있는 유일한 길, 즉 그의 객관화 불가능한 넓이 안에 있는 어두운 가능성에 근거하여 소통 안에서의 자유로운 행위를 통해서 자기존재와 자기존재를 연결하는 일을 실현하는 길을 차단하게 되리라.

그러한 것으로서 언표된 실존들의 다원론은 결코 **객관적인 것**이 아니다. 그러므로 그것은 그를 지양시키는 보편적 통일을 가리키지 않는다. 물론 성격들, 이념들, 그리고 세계형태들로서 나타나는 실존의 현상은 세계정위 안에서 (거기에서 실존과 비실존을 객관적으로 구별함이 없이) 분명히 나타난다. 그리고 그 현상은 밖에서 볼 때에는 다수성으로 나타나기도 하고 또다시 정신적 통일성으로 되기도 한다. 그러나 이러한 통일성과 다수성은 가령 언표된 신앙내용, 국가형태들, 종교적 생활형식에서와 같이 첫째로 그자체로서 진리도 아니고 근원도 아니다. 둘째로, 세계정위 안에는 단지 그에게만 필수적이고 의미 있는 경향성, 즉 밖에서 본 다원성을, 실존적 근거의 상실을 대가로 치르면서, 하나의 정신적 우주 안에 질서 짓는 경향이 존재한다. 그러므로 참된 실존과 객관적으로 알려진 실존적 세계의 통일 형태는 근본적 모순 안에서 서로 대립한다.

라이프니츠의 면밀하게 숙고된 단자들의 다원론은 단자들을 그들의 근원성 안에서 절대적 자립성을 해치지 않고 예정된 조화 안에 서게 한다. 세계는 수많은 개별적 실존들로 구성될 것이다. 그리고 개별적 실존들은 작용과 반작용의 교환 없이 상호적으로 존재하지만, 각각이 전체인 개별적 세계들로서 자신을 전개하기도 하고 쇠퇴하기도 한다. 단자들 안에서 존재는 객관적으로 사고된 주관들의 다양성으로 되어 있다.

실존철학을 자기 것으로 채택하여 그로부터 많은 실존들의 존재에 관한 앎을 만들어낸 단자론은 사고하면서 자기가 생각한 것 밖에서 입장을 가질 수 있는 의식일반과 원칙상 항상 자기 자신으로서만 존재하는 실존을 혼동하고 있는 것으로 보인다. 의식일반에서 나는 타자를 단지 이해할 뿐이다. 실존으로서 나는 참된 소통 안에 들어간다.

그러나 단자론을 실존철학의 **구상화**로 여긴다면 형이상학적 단자론 안에서 파악되는 것, 즉 단자들에는 "창문이 없다."는 말의 모순을 분명히 볼 수 있을 것이다. 단자들을 실존의 존재와 유사한 것으로 받아들이기 위해 단자들에는 창문이 있다고 말한다 해도 그것은 실존이 되기에 결코 충분치 않을 것이다. 여기서 창문은 단지 다음과 같은 하나의 이해에로 이끌어가는 것에 불과하다. 그 창문은 사람이 서로 상대방을 볼 뿐 아니라 또한 존재와 내용에서 깨우치면서 삶에로 이끈다는 그러한 종류의 내면적 결합의 가능성이 되지 않으면 안 된다.

개개의 단자는 의식이기도 하고 무의식일반이기도 하고, 단자의 **명석성 정도**에 따라서 규정되는 **특수성**을 지닌 **전체적 세계**이다. 단자들은 세계 전체의 복수성이다. 각각의 단자는 또한 의식의 다양한 정도들 안에서이기는 하나 모든 것이다. 실존은 자기 자신만이 홀로 존재하지 않고, 그 자신이 모든 것이 아니라, 그의 존재 안에서 다른 실존을 향해 있고 초월자와의 관계 안에 존재한다.

단자는 실존이 아니고 역사적으로 규정되어 있지 않으며 시간 안에서 사라져가는 실존의 현상이 아니라 **모든** 시간을 통하여 **지속하는** 형이상학적 단위이다. 그러므로 그것은 **가설적 형이상학**의 한 형태이지 실존 및 그에 대한 조명은 아니다. 단자에 대한 사고는 실존에 대한 어떤 **호소**도 일으키지 않는다.

2. 지식욕 안에 있는 유혹

실존조명은 물론 객관성과 주관성을 이용한다. 그러나 실존조명은 그들의 존재에 대한 정위를 하지는 않는다. 실존조명 안에서는 객관성과 주관성은 사실적 확인으로 여겨지지 않고, 정위의 사실로서 질문에 부쳐진다. 과학이 한 것을 다시 한 번 하는 대신에 과학적 지식의 전제 밑에서 가능실존을 환기시킨다. 사실의 현실존재 속으로 깊이 몰두함은 사실에 대한 더 좋은 인식을 가져오는 것이 아니라 자기존재에 대한 그들의 중요성에 대해서 말할 수 있게 한다.

만일 실존조명이 실존에 대한 실존적 진술을 통해서 주관의 **새로운 객관성**에 이르게 된다면 호소하는 사고의 그와 같은 고정화는 그의 인식론적 의미가 상실되고 다음과 같은 오용의 도구가 될 것이다.

가령 내가 잠정적인 실존조명의 사상을 "개인들이 존재하는 만큼의 많은 진리들이 존재한다."는 명제로 고정화시킨다면, 이러한 명제는 그 결과에 있어서 거짓되게 모든 임의의 자기존재의 자의를 승인하는 데 봉사할 것이다. 그렇게 되면 각각의 현존은 그러한 명제의 타당성을 지적하면서 자신을 단순한 현존에 의해서 가치 있는 자로 여겨주기를 요구할 수 있을 것이다. 그러면 다수의 원자론은 소박한 생명력을 가지고서, 소통에서만 가능하게 되는 자기존재에 반항하게 된다. 이것은 실존조명의 의미가 그와 반대되는 것으로 변화되었음을 보여준다.

내가 그와는 반대의 방향에서 객관화하면서 다음의 명제, 즉 실존들의 현존은 소통 안에서 존재하고, 공동체가 통일에 이를 때 참될 수 있다는 명제를 확정시킨다면, 그때 나는 오직 실존적으로만 가능한 것을 어떤 외적인 것에서 얻을 수 있다고 생각할 수 있다. 그에 의해서 나는 독단적으로 모든 사람과의 교제와 친교가 필요하고 어떤 대가를 치르고라도 조직화가 필요함을 주장할 수 있다. 나는 점점 거대화되는 국가의 존재를 위해 존재하고 모든 형태의 전제적인 것을 위한 세계(orbis terrarum)의 통일을 위해 존재한다고 주장할 수 있다. 그러나 외적인 통일이나 전체는 가능실존에게는 단지 수단에 불과한 것이다. 그리고 외적인 통일의 절대화를 통해서 초월자 안에서의 참된 통일이 상실될 때 실존은 파멸한다.

똑같은 오용이 변명, 정당화, 자기지지, 보증 등으로서 인간들의 언설의 영역 안에 나타난다. 실존적인 것을 대상화하는 언설들을 통해 일상 안에서 무제약적인 것이 끊임없이 대상으로 전락한다. 무제약적인 것이 요구되고 그것을 아쉬워하고 보증되고 단언된다. 사람은 사랑에 대해 말하고 한계상황에 대해 한탄하고, 그 자체에 있어서는 비현실적인, 주장된 무제약적인 것에서 모든 가능성과 현실성이 무화되게 한다. 거기에 허위가 존재한다. 즉 절정의 지점에서 진술하는 순간에 표현과 호소로서 의미와 무게를 가지는 것이 일상적 언설의 내용으로서 공허화된다. 이와 같은 오용에 대립하는 침묵은 사실적 무제약성의 정례적 표현이다. 표현의 냉정함과 엄격함, 사실성, 간접성 등이 실존철학적 언명의 양식 안에서 예측적, 통상적으로 만드는 언설의 격정성보다 더 쉽게 참된 소통을 긴밀하게 한다. 일상생활은 결정적인 순간에 일어나는 가능성의 확신에 의해 지탱된다. 말로 표현되어서 인식된 것에 의해서가 아니라 침묵하는 성실성에 의해 지탱된다.

실존조명의 각각의 명제는 호소로서가 아니라, 오직 직접적인 형식에 따라서만 존재하는 **존재의 진술**로 취해질 때 이러한 남용에의 **유혹**이 된다. 전환을 요구하는 호소가 없어져버리면 실존조명의 기호에 대해서 그렇기도 하고 그렇지 않기도 한 것처럼 말하는 **응용적인** 논의가 가능해진다. 수미일관된 학설, 실존의 존재론의 단초가 이미 그와 같은 의미를 가진 것이리라. 그로부터 모든 실존철학에 수반되는 특수한 궤변이 발생한다. 본래적인 것에 가장 가까운 것으로 보이는 곳에서 가장 심각한 추락이 행해진다.

신앙에 대립하는 신앙

신앙하면서 나는 나 자신인 바와 진리로서 타자의 진리로서의 신앙과 충돌하게 된다. 그리고 충돌에서 비로소 나의 신앙이 형성되고 나는 나 자신이 된다.

다음과 같은 반대견해가 제기될 수 있다. 즉 그렇게 되면 진리는 더 이상 존재하지 않을 것이라는 것, 분명히 거기서는 근거가 없는 상대주의가 명백히 나타날 것이라는 것, 왜냐하면 서로 모순되는 진리는 필연적으로 거짓이고, 논쟁에서는 단지 하나만이 참된 것으로 증명되기 때문이라는 것이다. 이러한 반대는 **첫째로** 강제적이고 객관적으로 존립하는 진리만을 유일한 진리로서 전제한다.(그리고 그와 함께 여기서 문제되고 있는 것과는 다른 것에 대하여 말하고 있다.) 둘째로 이러한 반대는 단지 이해하고 추종해야만 하는 이른바 기존의 절대적 객관성을 위하여 실존을 지양시킨다. 셋째로 그것은 모든 소통을 객관적으로 타당한 것에 대한 공통의 이해에로 환원시키고 그 밖의 다른 것들은 아마도 임의의 성애적, 생명적 공감과 증오의 감정으로 환원시킨다. 그렇게 하여 순수한 소통(투쟁하는 사랑 안에서의)을 지양시킨다.

자기가 **신앙하면서** 실존함을 의식하고 있는 사람만이 비로소 필연적, 객관적 지식(그가 추구하고 소유하는, 그러나 자기인 것은 아닌)으로부터 자기를 구별하면서, 그리고 또한 다른 신앙들로부터 자기를 분리하면서, 하나의 근원에 대한 무제약성 안에, 그리고 참된 위험 안에 선다. 그러한 사람만이 타자 안의 실존 그 자체에 대해 그를 단순한 현존과 자기 자신으로부터 구별하면서 존경심을 가진다. 신앙만이 신앙을 이해할 수 있다. 여기서 신앙을 이해한다는 것은 그것을 나의 것으로 한다거나 단지 그의 내용을 이해한다는 것만을 의미하지 않고, 이해의 한계에서 이해불가능한 것을 자기에게 친근하지만 신앙의 다른 근원 안에 있는 낯선 것으로 경험하는 것을 의미한다.

자기존재로서의 진리는 스스로를 폐쇄하지 않는 세계 안에서 다른 진리에 **대하여 마주** 서 있다. 진리는 **초월자** 앞에서 시간 안에서 소멸하는 것이다. 진리들은 시간적 현상 안에 있는 세계현존으로서 **소멸의 양태들**이다.

이 세계 안에서 현존재를 둘러싼 수동적 사건과 능동적 행위로서 이루어지는 투쟁은 그것이 어떤 양식의 것이건 간에 객관적으로는 파악불가능한 **이분법**이 나타날 때 비로소 실존적 투쟁의 수단으로 된다. 그 이분법은 모든 실존은 그 안에서 그가 자기를 실현하는 **경험적 현상**에 매여 있으며 그의 현존을 위하여 다른 모든 현존처럼 투쟁하지 않으면 안 된다는 것, 그리고 실존은 그와 동시에 경험적 현상 **이상**의 것이며, 그러므로 그 현상을 감행할 수 있을 뿐만 아니라 그것을 포기할 수도 있다는 것이다. 실존은 물론 그의 현존 자체를 위해 싸운다. 그러나 모든 것을 다 희생하면서까지 그렇게 하지는 않는다.

1. 신앙의 도약을 위한 투쟁

가능실존은 현존으로서 **자기 자신**과 투쟁한다. 즉 그는 단순한 현존의 맹목적인 반항 안에 존재하는 극복불가능한, 그리고 실존이 결여된 자가 의지의 저항으로서의 **악에 대항하여**, 나의 행위의 최후의 조건을 나의 초월자 앞에서의 확증으로부터 역전시켜서 나의 행위가 단순히 나의 현존을 위한 이익에 한정되게 하는 악에 대항하여, 기피와 방치에 의해 무에로 **전락**하는 모든 양태에 **대항하여**, 그리고 초월자 없는 현존의 향락 또는 현존의 절망 안에 있는 자기 자신의 **불신앙에 대항하여** 투쟁한다. 가능실존은 오직 이러한 투쟁 안에서만 자기를 실현한다. 이 투쟁은 각각의 승리 후에 새롭게 일어나고, 각각의 실패 후에 어려워진 조건들하에서 다시 시작된다. 승리는 안심하고 휴식하는 것을 통해 타락하고, 실패는 심연 앞에서 가장 결정적인 비약에 이르게 한다.

자기 자신과의 투쟁은 같은 내용이면서 다른 양태 안에서 **외부를 향한 투쟁**이 된다. 그러한 것으로서 투쟁은, 권리를 주장하고 시간의 경과에 따라 점점 더 높이가 쌓여가는 진흙처럼 전혀 승리가 아닌 그의 존속을 통해 그의 허무를 드러내는 단순한 현존의 허무로서 자기존재가 없는, 강적에 대항하는 가능실존의 투쟁이다. 이 강적의 측에서는 투쟁은 허무에 대한 증오로부터 존재자에 대항하는 투쟁이다. 그는 자기확인을 원하고, 이러한 자기확인을, 자기를 기만하면서 불만 속에서 현존 안에서의 실존의 현상을 파괴하는 일에서 발견한다. 허무에의 의지는—자기 자신인 바의 허무성으로서—자기 앞에서 자기를 은폐한다. 허무에의 의지는 모든 순수한 존재를 기만하고, 시간 안에서의 그의 존속의 성취를 존재로 보게 되는 결과 그 자신이 기만당한다.

2. 유일의 신앙에 대한 물음

실존이 결여된 세계현존 안에서는 자기가 없는 허무성으로서의 평준화의 의지와 생명체로서의 개별적 현존의 성격학적 소여성이 지배한다. 각자는 타인에게 자기와 같아지기를 원한다. 실존에게 비로소 다음과 같은 질문에 대한 결정이 절박해진다. 즉 내가 진리 안에 서 있다고 믿는 한에서, 나는 모든 다른 사람도 나와 같기를 원할 수 있는가, 나는 나에게 유일하게 참된 나의 신앙을 **단적으로** 유일한 신앙이라고 보고 모든 타자를 그것에로 인도하기를 원해도 좋은가?

그에 대한 부정적 대답이 실존의 현존적 상황으로부터 나온다. 실존은 **현실적**이기 위해서는 **역사적**이지 않으면 안 된다. 오직 실존적 공허가 있는 곳에서만 모든 내용이 아무 **저항 없이** 흘러들 수 있는데, 그때 그것은 다만 어떤 상상적 전체지와 이해에 이르게 될 뿐이고 존재에 이르지는 못한다. 나는 바로 나 자신이라는 이유 때문에 내 안에서의 그의 실현이 나를 파멸시키는 다른 참된 존재자를 받아들일 수 없다. 나는 그것을 받아들이기를 원한다. 왜냐하면 나는 모든 존재 가운데 선다는 의미에서도 진실하기를 원하기 때문이다. 그러나 나는 타자가 그것임에 만족하지 않으면 안 된다.

내가 그것일 수 없을 때에, 바로 그때 나는 존재하는 것을 사랑한다. 나는 수준의 평등을 포기한다. 단적으로 우월한 것과 열등한 것을 바라본다. 판단과 투쟁을 포기하고 사랑하면서의 소통 안에 선다. 그리고 타자가 존재한다는 것, 그리고 그의 존재는, 그가 필연적으로 나를 거부할 때에도, 나를 그만큼 더 결정적으로 나 자신에게로 가져온다는 사실에 위안을 느낀다.

그러나 대부분의 세계관들과 종교적 신앙내용들이 자신을 유일하게 보편적인 것이라고 보는 경향을 가진다는 것은 심리학적, 사회학적 규칙이다. 그들은 그들의 의미에서 모든 사람에게 구원을 가져오기 위해 선전을 한다. 그들은 그들 안에 비관용의 싹을 지니고 있고, 그것이 그들로 하여금 그들의 사실화된 권력의 모든 단계에서 자신을 타자들에게 강요하기 위해서 그때마다 가능한 폭력을 사용하게 한다. 그러한 한에서 그들은 그들의 의지에 따르자면 모든 사람을 위한 것, 즉 보편적인 것이다. 자유의 철학 및 그에 상응하는 종교적 신앙의 양태들에서 비로소 무엇이 의미 있게 강요가능한 것으로 바라도 좋은 것이고 또 바랄 수 있는가, 그리고 그렇게 하기를 바라서는 안 되는 것은 무엇인가라는 질문이 제기된다.

그러므로 앞의 질문에 대한 대답은 이것이다. 나는 각각의 타인 역시 내가 그렇게 되려고 노력하는 방식으로 존재하기를 원한다. 즉 그의 진리 안에서 그의 자기로 존재하기를 바란다. 나를 따르지 말고 네 자신을 따르라는 요구는 실존적이다. 자기존재는 자기존재를 일깨운다. 그러나 자신을 그에게 강요하는 것은 아니다.

그러나 다음과 같은 질문이 있게 된다. 그것은 타자에게 그것에 대한 능력이 없을 때 타자에게 그의 자기존재를 요구해도 되는가, 그리고 그때 자기 자신이 아닌 인간은 오직 그 진리 안에서만 살 수 있을 뿐이므로,

오히려 강제된 신앙이 진리는 아닌가 하는 질문이다. 더 나아가서 자기존재에 대한 요구는 외적 폭력 없이 영혼 안에 자신을 은밀히 침투시키는 가장 비인간적인 폭력을 의미하는 것 아닌가, 그리고 자기존재와 실존에의 호소는 공상적 환상은 아닌가 하는 등의 질문이 생긴다.

그러나 그러한 질문들은 거기에서는 처음부터 자기존재와 자유가 나타나지 않는 현존적 현실의 심리학적 차원에서 움직이고 있다. 이러한 실증주의는 설득력이 없는 것이다. 왜냐하면 자기존재는 타자가 아직 진지하게 의도된 소통 안에 머무르고자 하는 한에서 그에게 요구될 수 있기 때문이다. 더 이상 그 자신이기를 원치 않는 인간의 존재는 철학과 함께 또한 종교도 끝나버리고, 사회의 질서는 어떻게 가능한가, 아마도 미신이 그의 목적에 적합하지 않은가 하는 순수하게 실증주의적인 정치-사회학적 질문만이 남아 있는 그러한 차원에 놓여 있다.

사람은 모두를 위한 유일한 신앙―그 객관적 형태 안에서 한 사람의 권력의지가 작동하는―에 소속되는 대신에 결정적인 순간에 그 모든 형태로부터 나와서 전적으로 자기 자신에게 되던져진다. 그러므로 투쟁은―더이상 현존을 위해서가 아니라 공명성(Offenbarkeit)을 위해서―소통적 신앙의 연대성 안에서도 역시 지속된다. 사랑 안에서 나는 나 자신으로서 나를 그 사람 자신으로서의 타자와 연결한다. 그러나 본래적 존재와의 관계를 통한 모든 일치 안에는 그와 동시에 지속적인 분리성이 남는다. 즉 각사람은 의존함 없이 **자기의** 책임을 가지고, 그러나 타자의 확인과 반향 안에서 산다. 신앙에 **대항하는** 신앙의 **가능성**은 가장 **친밀한** 관계 안에서도 계속 남는다.

3. 신앙 대 신앙의 투쟁

만일 비존재에 대한 존재의 투쟁, 허위에 대한 참됨의 투쟁, 악에 대한 선의 투쟁만이 존재한다면 현존을 관통하여 모든 것을 포괄하는 하나의 운동만이 진행될 것이리라. 그러나 실존의 다양성으로부터 또 하나의 다른 정열로서 실존이 비실존성과 싸우는 것이 아니라 다른 실존과 투쟁하는 일이 발생했다. 실존의 결여는 단지 혐오스럽고 무가치한 것일 뿐이다. 그러나 낯선 실존은 그 자신의 고유한 깊이를 가지고 있다. **실존과 실존 사이의 투쟁**은 신앙과 신앙 사이의 투쟁으로서 참과 허위, 선과 악, 신앙과 불신앙의 어떤 양자택일에도 떨어지지 않는다. 그것은 근원에 있어서 다른 성격을 가진다. 즉 그것은 동일한 가치가 있는 자로서 내면적으로 인정된, 가능적 소통이 가능한 타자와의—그 궁극적 의미가 파악불가능한—투쟁이다. 현존에서의 상황이 판결을 필연적이게 할지라도, 여기서 투쟁하는 당사자들은 그들이 초월자 안에 함께 속하고 있음을 안다.

이 투쟁 안에서는 현존으로서의 낯선 자기존재의 현실존재에 대한 자기존재의 **증오**가 그래도 자기존재인 그 존재에 대한 **사랑**과 쌍을 이루고 있다. 합리적으로 의식되어 있어야 하는 것도 아니고 합목적적으로 의지할 수도 없이, 본래적 **소통을 발견하고자 하는** 최후의 목적이 이러한 소통의 단절을 관통하여 계속 남는다. 투쟁은 단지 자기개현의 과정에 있어서의 하나의 음절(Artikulation)과 같은 것으로서, 그것은 단지 삶의 의지의 현실만을 인식하는 단순한 현존의 투쟁에는 결여되어 있는 하나의 비약을 의미한다. 이 투쟁 안에는 갑자기 출현하여 투쟁을 종식시킬 수 있는 연대성이 존재한다.

실존의 다양성이 존재하고 그의 현존 안에서는 투쟁이 끝날 수 없기 때문에, 실존은 물론 다른 실존과의 소통을 추구한다. 그러나 그 소통은 모든 사람의 공동체를 이룩하는 것이 아니라, 상호적으로 공속하는 책임을 가지고 실존적 연대성에 들어가는, 그리고 그들의 상호적인 선택을 통해 사실적으로 이 선택에 의해 제외된 자로서의 타자에 대한 투쟁 안에 서게 되는 사람들의 현실적, 역사적 공동체를 이룩하게 된다. 모든 **참된** 소통은 **소수자**에게 고유한 것이다. 공동체가 크면 클수록 그만큼 더 비소통적이 된다. 비인격적으로 전체 존재의 안전보장으로 되는 공동체는 이미 신앙 공동체가 아니다. 이 세상에서는 개인주의적 고립화냐, 또는 집단적 전체이냐의 궁극적 양자택일이 통용되는 듯이 보인다. 그러나 이것은 현존 자체의 양자택일이다. 실존적 선택은 초월자와 관계하는 실존과 비실존적, 세간적 성취 사이의 선택일 것이다. 실존의 가능성은 현존 안에서는 아직 신앙 대 신앙의 투쟁을 포함한다. 그러나 세간적 성취는 비록 유토피아적일지라도 모든 무제약성을 초월자 없는 만인을 위한 전체의 질서와 타협시킨다.

신앙 대 신앙의 투쟁에서는 **비관용, 관용, 무관심**은 가능실존이 다른 가능실존과 어떻게 관계하는가를 보여줄 뿐만 아니라 그 자신 그렇게 행동하는 신앙의 본질을 드러낸다. 잘못된 객관화로부터 실존이 상실될 때 **비관용**이 발생한다. 자기로 존재하지 않는 사람들은 그의 객관성을 강요하기를 원하지만 그들의 깃발의 색깔은 허무이다. 관용은 투쟁하는 소통에서 타자들을 인정하려는 용의로부터 생겨난다. 관용은 결국에 가서는 투쟁을 지양시키려는 마음으로 그의 투쟁의 상대자를 인정한다. **무관심**은 접촉의 결여를 나타낸다. 타자는 단 한 번도 가능실존으로 인정받지 못하고 실존적 관심의 밖에 남겨진다. 그것이 내가 그에게 단지 생명을 위해서만 관심을 가지고 더 이상 신앙하면서 관심을 두지 않기 때문이건, 접근을 할 수

없게 만드는 고유한 실존의 편협함에 기인하는 것이건 간에.

비관용은 무엇보다도 먼저 지식욕 안에서 일어나는 객관성의 남용에 수반된다. 그것을 통해서 나 자신을 주장하기 위해 나는 **합리주의적으로 비관용적**이 된다. 그때 신중함과 명석성을 그 본질로 하는 합리적 논의는 흥분과 동요로 가득 찬 것으로 된다. 나는 심리학적으로 이해가능한 권력과 명예욕에 의해 움직여진다. 즉 나를 기만하는 실존의 대용물로 피하려는 비이성적 동기들에 의해 움직여진다.

폭력으로 자신을 극복하고자 함은 자신의 신앙의 약함 때문이다. 즉 타자가 동일한 객관성을 믿지 않을 때에는 내가 그에게 열등한 자, 잘못 믿고 있는 자로 여겨질 수 있다고 추정한다. 왜냐하면 나는 실존적 진리와 객관적으로 보편타당한 진리를 혼동함에 의해 다른 진리를 비진리로 배제시키는 하나의 진리 이외의 다른 진리를 보지 못하기 때문이다.

참된 분노는, 저급한 것에 대한, 실존상실에 대한, 기만적인 것에 대한 분노와 다른 것이다. 그것이 단순히 존재하는 것이 아니라 요구를 하고 지배하고 폭력을 가하는 한에서. 여기서는 신앙이 불신앙에 대립하고 있다.

비관용은 일반성과 객관성을 위해서 자기의 실존을 포기하는 데 반하여, 참된 관용은 아무것도 요구함이 없이 타자를 내면적으로 인정하는 데서만 가능하다. 신앙의 강함으로부터 소통의 공명성이 생기고, 자기를 질문에 부치고 그의 신앙 그 자체 안에서 자기를 검토하고, 모든 실재적 신앙이 그와의 투쟁 안에서도 인정되는 자유로운 분위기 안에서 자기에게로 도달하고자 하는 준비와 의지가 생긴다. 여기서는 모든 신앙을 하나의 신앙으로 종합하는 것이 가능한 목표로서 추구되는 것이 아니고(초월자 없이 정신의 전체성을 이념으로 삼는 관념론의 오류), 하나의 신앙이 모든 실존의 신앙이 되고 모든 시대의 신앙으로 만들어지는 것이 아니다. 이러한 시간적,

역사적 세계 안에서는 궁극적인 것은 어떤 지식 안에서도 그의 목표와 종말을 알 수 없는 위험한 과정 안에서의 각각의 실존의 자기실현이다. 이러한 과정으로부터 고정불가능하고, 마치 하나의 기술이 문제되는 것처럼 모방가능하지도 않은 방식 안에서 초월자에로의 비약이 행해진다. 그러한 비약은 각각의 실존에게 비밀로 남는다. 관용은 기준을 안다. 그러나 결정적인 기준이 아니고 그것은 운동 안에서의 승인 그 자체의 적극적 수행으로서 틀렸다가 맞았다가 하면서 항상 다시 획득되어야 하는 것이다. 관용은 태도로서 그러한 적극성에의 용의이지 결코 무관심이 아니다.

무관심은 아무런 관심도 없이 그대로 방치하는 것이다. 관용이 각각의 경우 그때마다 인격적인 인정이라면 그 누구도 자신의 신앙 때문에 박해받거나 침해받는 일이 없는 사회질서 안에서의 무관심은 관용의 불가피한 희박화이고 그 결과는 관용의 도착(Pervertierung)이다. 무관심은 타자가 생활에 해를 끼치거나 분노를 일으키는 행위를 하지 않은 한에서 그를 괴롭히지 않고 내버려 둔다. 위협 없이 지배하는 자들의 경우에는 스스로를 관용이라고 칭하는 무관심은 각자는 자기의 방식대로 바보가 될 수 있다든가, 좀 더 친절하게 표현한다면 각자는 자기의 양식대로 행복해진다는 근원적으로 비인간적인 신조로 된다. 무관심은 신앙도 없고 소통도 없고 그에 대한 용의도 없다. 각각의 실존에게는 힘과 작용영역의 한계 때문에 사회적 태도로서의 무관심이 불가피하다. 그러나 무관심과 순수한 관용 사이의 결정적 차이는, 순수한 관용은 그가 무관심의 한계에 이를 때까지도 원칙적으로 가능한 한 청취하고 접촉되고자 하는 용의를 가지고 있다는 것이다.

4. 실존들과 함께하는 실존의 존재의 한계

진리의 다양성은 실존에게 근본사실이다. 그러나 이 사실을 객관적으로 표현하고자 하는 시도는 실패한다. 하나의 초월자가 여러 측면에서 자기를 나타낸다고 말하는 것은 너무나 단순하다. 왜냐하면 우리는 초월자로부터 출발하면서 실존하는 자로서 모든 존재자를 초월자로부터 나와서 하나의 전체로 되는 것으로 함에 의해서 그를 원칙상 파악가능한 것으로 만들 수가 없기 때문이다. 그 일자는 측면들의 다양성에 대한 설명에서 파악될 수 없을 것이다. 그러나 이와 마찬가지로 실존들 역시 하나의 존재의 다양한 측면들이 아니다. 왜냐하면 실존은 항상 단지 그 자신이지 타자를 위한 형상은 아니기 때문이다. 실존들이 측면들로 되는 것이 아니고 그들을 위해서 측면들이 존재하는 것이다. 실존에 대해서는 초월자의 해결 이외에 다른 어떤 해결도 없다. 즉 여기에서만, 실존에 대해서만, 그리고 실존이 무엇이 세계 안에 현존하는가를 잊지 않을 때에만 측량불가능한 단적인 타자가 자기를 드러낸다. 한계상황이 아니라 실존에 대한 실존의 존재 안에 있는 **진리의** 이 같은 **다양성**이 비로소 모든 근거로부터 분리되는 심연에서의 **현기증** 안으로 데려간다. 그리고 그로부터 초월자가 해방하거나, 그렇지 않으면 현존이 그가 완강하게, 그리고 불안에 차서 고집하는 폐쇄적인 자기기만 속으로 도피하거나 한다.

지은이

:: 칼 야스퍼스 Karl Jaspers, 1883~1969

야스퍼스는 '실존철학'이라는 용어를 최초로 사용하고 '실존철학'을 제목으로 하는 책을 최초로 쓴 독일의 철학자이다. 실존철학은 물론 심리학, 정신의학, 정치철학, 세계철학사 등에 대한 열정적인 연구를 기반으로 여러 저작을 남겼다. 그가 28세에 쓴 『정신병리학총론』은 아직까지도 정신병리학의 교과서로 자리매김하고 있다. 의학을 먼저 전공하고 심리학, 철학으로 연구 영역을 확장해온 독특한 이력은 그가 철학을 하기 위해 일부러 선택한 과정이었다. 야스퍼스 스스로 의학과 자연과학을 섭렵한 자신에게서는 철학이 살아 숨 쉴 것이라고 말한 바 있다. 이러한 이력 덕분에 야스퍼스는 과학자들에게는 철학자로 여겨지고 철학자들에게는 과학자로 여겨지는 곤란함을 겪었다. 야스퍼스가 보기에 철학자들은 실재를 너무 도외시했고 과학자들은 사유를 충분히 하지 않았다.

야스퍼스의 평생의 화두는 독단에 빠지지 않는 참다운 철학이었다. 야스퍼스는 나치 시절에 부인 거트루드가 유대인이라는 이유로 강제로 휴직을 해야 했을 때 한 마지막 강의에서 "우리의 강의는 중단되지만 철학함의 자세는 앞으로도 계속 이어질 것입니다."라고 말해 그치지 않는 박수를 받았다고 한다. 이러한 야스퍼스의 태도는 나치 통치가 종식된 후 독일에서 대중적 인기를 얻었음에도 불구하고 스위스 바젤로 이주하게 된 이유에서도 엿볼 수 있다. 대중들이 자신을 좋아하면서도 자신의 사상에 동참하지 않는다는 사실에 실망한 야스퍼스에게 대중의 인기는 "우정 어린 마음에서 비롯되었다 해도 참답지 못한 것이어서 유해한" 것이었다. 야스퍼스는 나치 시절을 지나 살아남았다는 것 자체가 죄책이며 인간은 누구나 어떻게 통치되는지에 대해 책임을 가지고 있다는 주장을 펼쳤다. 바젤에서 야스퍼스는 헛된 명성에서 벗어나 인기와는 무관한 자기 자신의 고유한 삶을 살았다.

태어날 때부터 건강이 좋지 않았고 평생토록 죽음의 문턱을 넘나들며 살았던 야스퍼스는 그 덕분에 오히려 삶이란 얼마나 아름다운지를 알았다고 한다. 야스퍼스는 어디에서나 소박함을 유지하기를 바란다는 내용의 유언장을 남기고 세상을 떠났다. 그리고는 생전에 매입해 두었던 조국 독일을 바라볼 수 있는 묘역에 묻혔다. 야스퍼스는 평생 스스로 '다르게는 될 수 없는 자기 자신의 존재'라 묘사했던 그 자기 자신으로 살았다.

주요 저서로 『정신병리학총론』(1913), 『세계관의 심리학』(1919), 『현대의 정신적 상황』(1931), 『철학 I II III』(1932), 『이성과 실존』(1935), 『실존철학』(1938), 『죄책론』(1946), 『진리에 관하여』(1947), 『철학적 신앙』(1948), 『역사의 기원과 목표』(1949), 『원자탄과 인류의 미래』(1958), 『계시에 직면한 철학적 신앙』(1962)이 있다.

옮긴이

신옥희

이화여자대학교 영어영문학과를 졸업하고(1958), 같은 대학교 대학원에서 문학석사 학위(1961)를 받은 후 캐나다 토론토 대학교 대학원에서 철학 전공으로 석사 학위(1966)를 받고, 스위스 바젤 대학교 신학부에서 박사 학위(1976)를 받았다. 그 후 이화여자대학교 기독교학과 교수(1966~1971)로 그리고 같은 대학교 철학과 교수(1976~2000)로 봉직한 후 현재는 같은 대학교의 명예 교수로 있다. 저서로는 『철학하는 방법』(공저, 1980), 『실존·윤리·신앙』(저서, 1995), 『일심과 실존』(저서, 2000), 『칼 야스퍼스, 비극적 실존의 치유자』(공저, 2008), 『야스퍼스와 사유의 거인들』(공저, 2010), 『문학과 실존』(저서, 2014) 등이 있다. 번역서로는 『철학적 신앙』(1979), 『이성의 한계 안에서의 종교』(1984), 『계시에 직면한 철학적 신앙』(공역, 1989) 등이 있다.

홍경자

한양대학교 철학과를 졸업하고(1987), 독일 뮌스터 대학교에서 철학박사 학위(2000)를 받았다. 한림대학교 HK연구교수와 서강대학교 중점철학연구소 연구교수를 거쳐 현재는 한림대학교 생명교육융합대학원 조교수(HK)로 재직하고 있다. 저서로는 『칼 야스퍼스, 비극적 실존의 치유자』(공저, 2008), 『야스퍼스와 사유의 거인들』(공저, 2010), 『양심: 고대로부터 현대에 이르기까지 양심의 의미』(공저, 2012), 『아픈 영혼을 철학으로 치유하기: 철학상담을 위한 공감적 대화와 초월기법』(공저, 2018) 등이 있다. 대표 논문으로는 「죽음을 부르는 '악'은 어디에서 오는가?: 야스퍼스와 아렌트에서의 '악'의 근원과 본질」(2014), 「야스퍼스의 실존조명과 프랑클의 실존분석적 로고테라피와의 관계: 철학실천으로서의 철학상담 이론과 관련하여」(2009), 「야스퍼스에서의 세계철학의 이념과 전망: 세계화시대의 상호문화철학을 중심으로」, 「짐멜과 야스퍼스의 삶과 정신의 문제」(2005), 「야스퍼스의 한계상황과 의미-정향된 철학상담」(2010), 「행복한 삶을 위한 전인적 '영성치유'와 철학상담」(2017), 「자살에 대한 실존론적 해석과 철학상담: 야스퍼스의 자살론을 중심으로」(2019) 등 다수가 있다.

박은미

이화여자대학교 행정학과를 졸업하고(1992), 같은 대학교 대학원에서 문학석사 학위(1996)와 철학박사 학위(2006)를 받았다. 건국대학교 교양학부 강의교수를 거쳐 현재 세종대학교 대양휴머니티칼리지 초빙교수로 재직하고 있다. 저서로는 『칼 야스퍼스, 비극적 실존의 치유자』(공저, 2008), 『야스퍼스와 사유의 거인들』(공저, 2010), 『진짜 나로 살 때 행복하다』(2013), 『철학, 삶을 묻다』(공저, 2016) 등이 있고 대표 논문으로는 「야스퍼스 『철학』 텍스트에 대한 치유적 독해 – '고통의 한계상황'을 중심으로」(2017), 「철학상담 정체성 관련 논문 연구동향」(2016), 「자기실현의 행복을 위한 철학상담」(2014), 「비판적 사고의 활성화를 통한 철학상담의 방법론: 교정적 인식을 중심으로」(2014), 「철학실천으로서의 철학상담: 철학상담과 심리상담의 차이를 중심으로」(2013), 「의사소통과 실존적 상호소통: 하버마스와 야스퍼스의 소통 개념에 관하여」(2009) 등이 있으며 역서로는 『사진과 그림으로 보는 철학의 역사』(2002) 등이 있다.

한국연구재단총서　학술명저번역 서양편 **591**

철학 II

실존조명

1판 1쇄 펴냄 ┆ 2019년 6월 20일
1판 2쇄 펴냄 ┆ 2021년 6월 10일

지은이 ┆ 칼 야스퍼스
옮긴이 ┆ 신옥희·홍경자·박은미
펴낸이 ┆ 김정호
펴낸곳 ┆ 아카넷

출판등록 2000년 1월 24일(제406-2000-000012호)
10881 경기도 파주시 회동길 445-3
전화 ┆ 031-955-9511(편집)·031-955-9514(주문)
팩시밀리 ┆ 031-955-9519
책임편집 ┆ 이하심
www.acanet.co.kr

Printed in Seoul, Korea.

ISBN 978-89-5733-505-5 94160
ISBN 978-89-5733-214-6 (세트)

이 도서의 국립중앙도서관 출판시도서목록(CIP)은
서지정보유통지원시스템 홈페이지(http://seoji.nl.go.kr)와
국가자료공공목록시스템(http://www.nl.go.kr/kolisnet)에서 이용하실 수 있습니다.
(CIP 제어번호: CIP2019016507)